KB022644

협상의
전략

지은이 김연철

강원도 동해시에서 태어났다. 해 뜨는 풍경을 자주 보고, '바다를 사랑하는 소년'으로 자랐다. 성균관대학교에서 정치외교학을 전공했고, 같은 대학 대학원에서 〈북한의 산업화와 공장관리의 정치〉로 정치학 박사학위를 받았다.

1997년 삼성경제연구소 북한연구팀에 들어가 북한의 산업시설과 공장을 직접 둘러보며 대북 사업을 기획했다. 2004년부터 1년 반 동안 참여정부의 통일부 장관 정책보좌관으로서 장관급 회담을 비롯해 다양한 회담에 참여하며 외교 전선의 선두에서 실전 협상을 경험했다. 개성공단 사업을 시작하기 위해 미국 상무부와 협상을 벌였고, 북한의 허허벌판에 공장이 하나둘 늘어나는 것을 지켜보았다. 2005년에는 북핵 문제 해결을 위한 9·19공동선언 현장에 참여했다. 북한을 6자회담에 참여시키기 위해 협상안을 만들어서 설득하고, 미국 조지 W. 부시 행정부와 함께 남한·북한·미국 삼각협상을 진행하기도 했다. 러시아 극동대표부의 초청으로 블라디보스토크를 방문해 남한·북한·러시아 삼각협력을 협의했으며, 북핵 문제를 해결하기 위한 한중협의에도 참여했다.

2008년부터 2년간 한겨레평화연구소 소장을 맡아 남북 문제와 통일 논의를 진전시키기 위해 애썼다. 현재 인제대학교 통일학부 교수로 재직 중이다. 지은 책으로 《북한의 산업화와 경제정책》, 《냉전의 추억》 등이 있고, 통일문제에 관한 논문을 여러 편 발표했다.

남북이 협상 테이블을 사이에 두고 날카롭게 대립하는 현장에서 '협상'의 진정한 의미와 방법을 고민하며 협상에 관한 책을 써야겠다고 결심했다. '우리 안의 분단'을 넘어 한반도에 평화가 정착되기를 소망하며, 세계 여러 나라의 분쟁 해결과 평화 정착에 관심을 갖고 있다.

협상의 전략

세계를 바꾼 협상의 힘

김연철 지음

Humanist

한슬, 한아가 살아갈 세상을 위하여

책을 펴내며

이제는 협상의 시대다

2005년 9월 평양의 새벽을 기억한다. 그날 나는 통일부 장관 정책보좌관으로 남북 장관급 회담의 합의문을 조율하는 과정을 지켜봤다. 기둥을 세우고 공간을 나누고 지붕을 얹듯이, 합의문이라는 집이 모양을 갖출수록 몸속 신경세포들이 곤두섰다. 앞에는 북한이라는 상대가 있고, 뒤에는 언론과 야당이 지켜보고 있었다. 정책보좌관이 되기 전에 근무했던 경제연구소에서도 북한과의 다양한 비즈니스 협상을 경험했지만, 정부의 협상은 달랐다. 날씨 이야기를 해도 뾰족함이 묻어났고, 때때로 결렬을 선언하고 짐을 싸고, 그때마다 말리기는커녕 '잘 가시오' 하면서 상대와 똑같은 행동을 하는 유치한 벼랑 끝 전술을 번갈아 썼다. 밀고 당기는 신경전으로 꼬박 밤을 새운 그날 새벽, 문득 협상에 관한 책을 써야겠다고 생각했다.

10년의 세월이 흘렀다. 다양한 시대와 다양한 나라의 협상을 공부할수록 협상의 보편성이 눈에 들어왔다. 알고 보면 협상은 정부나 기업만 하는 것이 아니다. 우리의 삶 자체가 협상의 연속이다. 가게에서

6 협상의 전략

물건을 살 때나 연인들이 영화를 고를 때, 가족들이 외식을 할 때도 양보하고 타협하고 조정해야 한다. 언제 어디서나 의견 차이가 있고, 그때마다 우리는 밀고 당기는 협상을 한다.

인간관계, 사회관계, 국제관계에서 벌어지는 협상은 수준과 방법은 다르지만 공통점이 있다. 협상의 주체는 사람이다. 협상가는 직위와 제도라는 모자를 쓰지만 감정이 있는 사람이다. 협상에서 성공하려면 이익의 기계적인 배분보다 신뢰를 먼저 쌓는 것이 중요하다. 물론 신뢰는 협상의 조건이 아니라 협상이 얻어야 할 결과다. 믿을 수 있는 사람과는 굳이 협상을 할 필요도 없다. 믿을 수 없기에 협상을 하는 것이고, 협상을 하면서 서로를 알고 약속을 지키면서 신뢰를 쌓아가는 것이다.

협상은 혼자 하는 것이 아니다. 테이블에 마주앉아 '관계'를 이루어야만 협상을 시작할 수 있다. 마주앉는다는 것은 거울 앞에 서는 것과 같다. 거울 앞에서 얼굴을 찡그리고 욕을 하면서, 왜 거울 속의 상대가 웃지 않느냐고 화를 내는 사람도 있다. 관계는 어느 한쪽이 아니라 서로 영향을 미친다. 내가 웃어야 거울 속의 상대도 웃는다.

이 책에는 수많은 협상의 기술이 등장한다. 사람들은 시공간을 초월해서 언제나 통하는 협상의 비법을 찾지만, 그런 것은 세상에 없다. 똑같은 기술이라도 상황에 따라 맞기도 틀리기도 한다. 협상의 기술은 줄타기에서 균형을 잡는 것과 같다. 상대의 의도와 나의 목표 사이에서, 나아갈 때와 물러설 때의 사이에서, 상대에 대한 배려와 내 편의 지지 사이에서 균형을 잃지 말아야 한다. 때를 아는 것이 협상의 유일한 기술이다. 서두르지 않되 기회를 잡아야 하고, 정확해야 하지만 얼버무려야 할 때가 있다. 또한 양보할 때와 얻어야 할 때를 적절히 판단해야 한다. 지금 지더라도 나중에 이길 수 있고, 이번에 양보하면 나중에 얻을 수 있다.

물론 협상의 성공과 실패를 판단하는 기준은 다를 수 있다. 이 책에서는 1938년 뮌헨협상을 첫 번째로 소개한다. 당시 뮌헨에서 체임벌린 영국 총리는 히틀러와 협정을 맺고 평화를 얻었다고 생각했다. 그러나 이후 역사는 협상을 선택한 체임벌린을 악당에게 굴복한 겁쟁이로 낙인찍었다. 결과적으로 뮌헨협상은 실패했지만, '총'이 아니라 '협상'을 선택한 체임벌린의 용기 덕분에 제2차 세계대전은 1년 정도 지연되었다. 그를 조롱하는 사람들이 적지 않았지만 때로는 용기 있는 기다림과 인내가 필요할 때도 있다.

여전히 세계 곳곳에서 혹은 우리 사회에서 크고 작은 갈등이 그치지 않고 있다. 화해의 문을 지나 평화의 들판으로 나아가려면 우리는 '협상의 강'을 건너야 한다. 비즈니스 협상이 실패하면 경제적 손해를 보는 것으로 그칠 수 있지만, 정부의 협상이 실패하면 자칫 극단적인 결과를 초래할 수도 있다. 이 책은 20세기 전쟁의 시대에서 시작해 21세기 오늘날까지 세계 곳곳에서 벌어진 20가지 협상의 명장면을 모았다. 성공한 협상에서는 지혜를 배우고, 실패한 협상에서는 교훈을 찾았다. 잘 알려진 협상은 주목하지 않았던 측면을 부각시키고, 알려지지 않은 협상은 전체적인 과정을 소개했다. 폭력이 남긴 상처를 치유하고 적을 친구로 만든 감동의 역사에서 세상을 바꾼 협상의 힘을 느꼈으면 한다.

지금 우리가 살고 있는 한반도에서 이루어진 협상 가운데 이 책에서는 한국전쟁 휴전협상과 한일협정을 다루었다. 휴전협상이 진행되던 2년 동안 수많은 목숨이 사라졌고 오늘날까지 우리 사회에 널리 퍼져 있는 거대한 증오가 만들어졌다. 왜 협상을 그렇게 오래 끌었을까? 1965년의 한일협정은 눈앞의 이익을 좇으면서 역사 청산을 후대의 몫으로 미뤘다. 아무도 책임지지 않는 잘못 끼운 첫 단추로 인해 상처가 아물지 않고 있다. 이 두 협상을 통해 현재 우리가 직면한 갈등의 배경을 이해할 수 있길 바란다. 그리고 이제는 치유의 정치로 새로운 시대를 열었으면 한다. 차이를 인정하고 서로를 존중하며 함께 어울려 사는 협상의 시대 말이다.

책이 나오기까지 지원과 격려를 아끼지 않은 휴머니스트 출판사와 1년여 동안 꼼꼼하고 성실하게 원고를 다듬어준 역사팀의 노력에 감사드린다. 협상이 없는 풍경은 삭막하고 일방적이며 폭력적이다. 세상이 더 부드러워지고 더 배려하고 더 평화로워지기를 바라며, 협상이 필요한 모든 사람에게 이 책을 바친다.

2016년 7월
김연철

차례

일 | 40번의 남북 정상회담, 그 성과와 한계 | 두 개의 역사와 기억의 분단 | 반쯤 해결된, 그러나 더 이상 진전 없는 | 평화로운 분단의 교착이 정답일까?

4부
화해의 기술

세계 주요 협상

북아일랜드 평화협정
(북아일랜드, 1996~1998)
⑲

레이캬비크 정상회담
(미국-소련, 1986)
⑨

캠프데이비드협정
(이집트-이스라엘, 1978)
⑫

아이슬란드

영국

아일랜드

독일

미국

⑯
미중 관계 개선
(미국-중국, 1972)

포랑스

⑥
유럽석탄철강공동체 창설
(1950~1951)

에스파냐

에스파냐 망각협정
(에스파냐, 1977~2007)⑬

멕시코

쿠바

②
쿠바 미사일 위기
(미국-소련, 1962)

콜롬비아

키프로스 통일협상
(남북키프로스, 1974~)⑮

페루

브라질

⑳
콜롬비아 평화협상
(콜롬비아, 2012~)

칠레

아르헨티나

③
라틴아메리카 비핵지대화 협상
(라틴아메리카 33개국, 1967~2002)

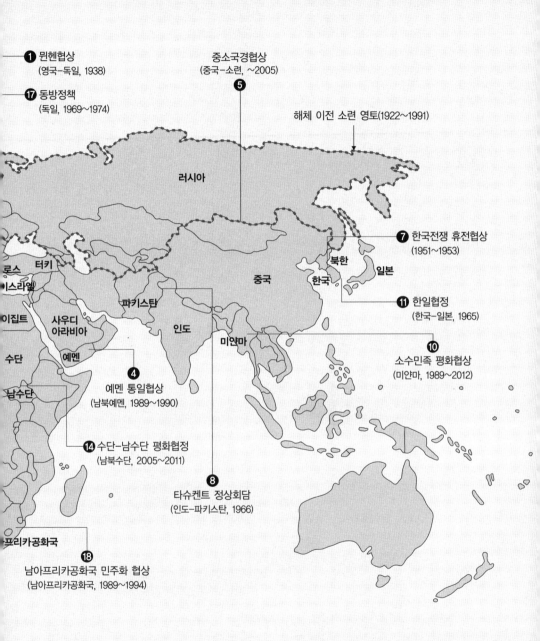

❶ 뮌헨협상
  (영국-독일, 1938)

⓱ 동방정책
  (독일, 1969~1974)

중소국경협상
(중국-소련, ~2005)
❺

해체 이전 소련 영토(1922~1991)

러시아

❼ 한국전쟁 휴전협상
  (1951~1953)

로스
터키
이스라엘
이집트
사우디
아라비아
파키스탄
인도
수단
예멘
남수단
미얀마
중국
북한
한국
일본

⓫ 한일협정
  (한국-일본, 1965)

❿
소수민족 평화협상
(미얀마, 1989~2012)

❹
예멘 통일협상
(남북예멘, 1989~1990)

⓮ 수단-남수단 평화협정
  (남북수단, 2005~2011)

❽
타슈켄트 정상회담
(인도-파키스탄, 1966)

프리카공화국

⓲
남아프리카공화국 민주화 협상
(남아프리카공화국, 1989~1994)

1부

인내의 힘

인내는 힘이다. 모든 것은 때가 있고, 적절한 순간을 기다려야 한다. 특히 적에서 친구가 될 때는 더욱 서두르지 말아야 한다. 치유할 시간이 필요한 상처를 서둘러 봉합하면 반드시 곪는다. 아라비아반도의 예멘처럼 말이다. 서두르는 이유는 욕심이 앞서기 때문이다. 자기 것만 챙기려 하면 당연히 다툼이 벌어진다. 300년이 걸린 중국과 러시아의 국경협상처럼 때로는 '누구의 땅'이 아니라 '공동의 땅'이 해결 방안이 될 수 있다. 위험한 순간에도 서둘러서는 안 된다. 핵전쟁이 코앞으로 다가온 쿠바 미사일 위기 때도 존 F. 케네디 미국 대통령은 열린 토론으로 대안을 찾았다. 라틴아메리카 비핵지대조약처럼 다수가 협상에 참여할 때는 더 많이 참고 더 많이 기다려야 한다. 누구라도 배제하면 보이지 않는 곳에서 갈등의 씨앗이 자란다. 문을 활짝 열어두고, 올 때까지 기다려야 한다.

힘이 없으면 시간이라도 벌어라

뮌헨협상

협상일지

1918년	11월	오스트리아−헝가리제국 해체, 체코슬로바키아공화국 성립
1919년	1월 5일	'독일노동자당' 결성(1920년 '국가사회주의독일노동자당'으로 개칭)
	3월 4일	자치를 요구하는 수데텐 주민들을 체코 경찰이 무력으로 진압
1922년	4월	스탈린, 소련공산당 서기장에 취임
1933년	1월	히틀러, 독일 총리에 취임
	10월	'수데텐 독일당' 결성
1935년	5월	체코, 프랑스·소련과 각각 상호원조협정 체결
1937년	5월	체임벌린, 영국 총리에 취임
1938년	3월 13일	독일, 오스트리아 병합
	5월	체코 지방선거에서 수데텐 독일당이 87%의 지지를 얻음
	9월	히틀러, 체코 침공 계획 구체화를 군부에 지시
	9월 12일	히틀러, 체코 정부에 수데텐 할양을 요구
	9월 15일	체임벌린과 히틀러, 독일 베르히테스가덴에서 만남
	9월 22일	체임벌린과 히틀러, 독일 고데스베르크에서 만남
	9월 30일	영국·프랑스·독일·이탈리아, 뮌헨협정 체결
	10월 1일	독일군, 수데텐 입성
	10월 5일	체코 대통령 베네시 사임
1939년	3월	체코슬로바키아공화국 해체
	9월 1일	독일, 폴란드 침략. 제2차 세계대전 발발
	9월 3일	영국과 프랑스가 독일에 전쟁 선포
1940년	11월 9일	체임벌린 사망
1945년	5월 8일	독일 무조건 항복 선언하고 항복 문서에 서명

1938년 9월 30일 영국의 헤스턴 공항, 쏟아지는 빗속에서 수많은 사람이 비행기를 기다리고 있었다. 얼마 뒤 브리티시항공의 제트기가 착륙하고, 네빌 체임벌린 총리가 손을 흔들며 트랩을 내려왔다. 그는 뮌헨에서 히틀러 독일 총통과 회담을 마치고 막 돌아오는 길이었다. 며칠 전 히틀러는 체코슬로바키아공화국(이하 '체코')을 침략하겠다고 선언했다. 체코의 수데텐(주데텐란트Sudetenland) 지역에서 독일계 주민과 체코 정부 간에 자치 문제를 둘러싸고 갈등이 지속되자, 히틀러는 이 도시를 해방시키겠다고 큰소리쳤다. 체임벌린은 군중을 향해 종이를 흔들었다. 영국과 독일이 서로 전쟁을 하지 않을 것이라는 히틀러의 서명이 담긴 평화 선언 문서였다. 수데텐 지역을 제물로 바치는 대가로 체임벌린이 얻은 성과였다.

체임벌린이 탄 차가 버킹엄궁전을 향했다. 5마일 정도 되는 도로에는 수천 명의 군중이 '네빌'을 환호하며 늘어서 있었다. 버킹엄궁전에 도착한 체임벌린 부부는 조지 6세 부부와 함께 발코니로 나와 군중에게 손을 흔들었다. 조지 6세는 체임벌린에게 눈짓을 했고, 총리는 한 걸음 앞으로 나아가 군중의 환호에 응답했다.

뮌헨에서 히틀러와 회담을 마치고 영국 헤스턴 공항에 도착한 체임벌린 총리가 히틀러의 서명이 담긴 평화 선언 문서를 들어 보이고 있다.

We, the German Führer and Chancellor and the British Prime Minister, have had a further meeting today and are agreed in recognising that the question of Anglo-German relations is of the first importance for the two countries and for Europe.

We regard the agreement signed last night and the Anglo-German Naval Agreement as symbolic of the desire of our two peoples never to go to war with one another again.

We are resolved that the method of consultation shall be the method adopted to deal with any other questions that may concern our two countries, and we are determined to continue our efforts to remove possible sources of difference and thus to contribute to assure the peace of Europe.

Adolf Hitler

Neville Chamberlain

September 30. 1938.

히틀러와 체임벌린이 체결한 영국– 독일 평화 선언 문서. 체임벌린은 이 문서를 '우리 시대의 평화'를 약속하는 징표라고 선언했지만, 히틀러는 아무런 구속력이 없는 것으로 생각했다.

총리 집무실이 있는 다우닝가로 가는 길도 수많은 사람으로 넘쳐
났다. 경찰들은 군중을 헤치고 길을 여느라 애를 먹었다. 총리 관저
앞에도 사람들이 모여 있었다. 한 부인은 "당신이 내 아들을 돌려주
었어. 이제 전쟁터로 가지 않아도 돼요"라면서 고마움을 표시했다. 총
리는 1층 창가에서 고개를 내밀고 외쳤다. "나는 믿습니다. 이것이 우
리 시대의 평화입니다." 그러고는 "여러분, 이제 집으로 돌아가 편안
히 잠들어도 좋습니다"라고 자신만만하게 말했다.

조롱거리가 된
'우리 시대의 평화'

─────── 다음 날인 10월 1일, 영국의 신문들은 일제히 전쟁을
막기 위해 어려운 협상을 마치고 온 '평화의 사도'를 칭송했다. 어떤
신문에서는 체임벌린을 '아마겟돈을 막은 사람'이라고 표현했다. 영
국 하원은 찬성 366표, 반대 144표로 뮌헨협정을 비준했다. 영국의
정치인과 시민 대부분은 전쟁을 원하지 않았다. 여론은 체임벌린의
유화정책을 지지했다.

그날 영국인들이 잠자리에 들 시각, 히틀러의 군대는 체코로 행진
했고, 피 한 방울 흘리지 않은 채 수데텐을 점령했다. 물론 그날 런던
에도 폭탄이 떨어지지 않았다. 그러나 '우리 시대의 평화'는 오래가지
않았다. 1년 뒤인 1939년 9월 히틀러가 폴란드를 침략하자, 영국과
프랑스는 전쟁을 선포했다. 그렇게 제2차 세계대전이 일어났다.

이후 '우리 시대의 평화'라는 단어는 아주 오랫동안 조롱거리가 되

었으며, 체임벌린은 '역사의 죄인'으로 낙인찍혔다. 1999년 영국의 공영방송 BBC가 실시한 여론조사에서 체임벌린은 '20세기 최악의 총리'로 지목되었다. 사람들은 체임벌린의 외교정책을 '갈등을 피하고, 상대의 선의를 유도하기 위해 양보하는 정책'이라는 뜻에서 '유화정책appeasement policy'이라 불렀다. 그 말은 곧 '어리석은 협상'을 대변했다.

체임벌린은 히틀러를 '자기 전에 냉장고 속 케이크를 먹고 싶은데, 엄마에게 우유를 가져다달라고 하는 아이'로 생각했다. 우유는 핑계일 뿐 히틀러의 진짜 목적은 케이크였다. 하지만 체임벌린은 우유를 줘서 케이크를 못 먹게 해야 한다고 판단했다. 그리하여 히틀러는 피한 방울 흘리지 않고 수데텐 지역을 접수했다. 체임벌린은 외교로 전쟁을 막았다고 생각했지만 그것은 착각이었다. 히틀러는 우유로 만족하지 않았다.

역사는 뮌헨협정이 제2차 세계대전의 포문을 열었다고 평가한다. 윈스턴 처칠은 "히틀러는 뮌헨에서 전쟁과 굴욕 중 하나를 고르라고 했다. 체임벌린은 굴욕을 선택했고, 그래서 전쟁이 일어났다"라고 비난했다. 처칠은 체임벌린을 "자기가 마지막 먹잇감이 되기를 바라면서, 악어에게 먹이를 주는 사람"이라고 조롱했다.

제2차 세계대전 이후 정치인들은 정치적 사건을 논할 때 '1938년의 뮌헨'에 빗대어 자기 주장을 펼치곤 했다. 해리 트루먼 미국 대통령 역시 1950년 한국전쟁 참전을 결정할 때 "1930년대의 교훈을 알아야 한다. 도발에는 강력히 대응해야 한다. 유화적으로 대응하면 추가적인 도발만 부추긴다"라고 강조했다. 그랬던 트루먼조차 몇 년 뒤 대통령 선거에서 상대 후보로부터 오히려 유화주의자라는 비판을 받았다. 제2차 세계대전의 영웅 드와이트 아이젠하워 후보는 1952년 미국 대통령 선거에서 트루먼에 대해 "1930년대의 교훈을 새기지 않아 중국을 잃고, 한국전쟁을 초래했다"라고 비판했다.

'뮌헨의 교훈'이 자주 인용되면서 체임벌린의 오명도 널리 퍼졌다. 베트남전쟁에 미국이 개입했을 때도 마찬가지였다. 1965년에 린든 존슨 대통령은 "미국이 베트남에서 물러나면 제2차 세계대전 당시 체임벌린이 당했던 것처럼, 호찌민이 사이공을 점령할 것이다"라고 말했다. 1980년 11월, 미국 대통령 선거에서 공화당의 로널드 레이건 후보는 지미 카터 대통령의 군비 감축을 '유화정책'이라고 비난했다. 그리고 1990년 조지 H. W. 부시 행정부에서 걸프전쟁을 시작할 때도, 2000년대 이후 조지 W. 부시 행정부가 아프가니스탄 및 이라크와 전쟁을 시작할 때도 일단 '1938년의 뮌헨'부터 걸어찼다. 군사 개입은 언제나 '독재자에게 놀아난 순진한 체임벌린'에게 침을 뱉으면서 정당화되었고, 반대로 대화와 협상은 '가짜 평화'라는 이름으로 조롱당했다.

왜 사람들은 체임벌린에게 침을 뱉었을까? 처칠의 말대로 굴욕이 아니라 전쟁을 선택했다면 어떻게 되었을까? 히틀러의 야망을 사전에 차단하고, 야만적인 '홀로코스트'를 막을 수 있었을까? 결국 체임벌린은 오명을 뒤집어쓴 채 1940년 11월 9일에 눈을 감았다. 그는 죽기 12일 전 이런 유언을 남겼다. "뮌헨이 없었다면, 우리는 전쟁에서 졌을 것이다. 그리고 우리의 제국은 1938년에 파괴되었을 것이다. 나는 결코 역사가의 평가가 두렵지 않다." 체임벌린은 어떻게 협상에 대한 자신감을 끝까지 잃지 않을 수 있었을까? 이제 '굴욕'의 오명을 뒤집어쓴 '체임벌린의 협상'을 재해석해보자.

비극의 땅,
수데텐

———————— 체임벌린의 유화정책에 대한 첫 번째 비판은 '왜 수데텐 지역을 양보했느냐'다. 즉 '강대국의 안녕을 위해 약소국을 제물로 삼아도 되는가'라는 비판이다. 수데텐은 강대국 정치에 희생되는 약소국의 비극적 운명의 상징으로 자주 거론된다. 다른 한편으로 영국이 양보했기 때문에, 다시 말해 약한 모습을 보였기 때문에 히틀러가 기세등등해서 전쟁을 시작했다는 주장도 있다.

먼저, 수데텐 지역의 역사를 정확히 이해해야 한다. 비극의 땅, 수데텐은 복잡한 역사를 가지고 있다. 독일인이 이 땅으로 이주한 것은 12세기부터다. 당시 보헤미아 왕국은 적극적인 이민정책을 추진했다. 자국민만으로는 척박한 땅을 개간하기 어려웠기 때문이다. 이주해온 독일인들은 개간을 통해 경제적 안정과 신분 상승의 기회를 얻었다. 그들은 대부분 독일과 체코의 접경 지역인 수데텐에 모여 살며 자신들의 종교와 언어, 문화를 유지했다. 체코인들은 수데텐의 독일인을 경제적 침략자로 여겼고, 17세기부터 민족 갈등이 되풀이되었다.

제1차 세계대전의 결과로 오스트리아-헝가리제국●이 해체되고, 체코와 슬로바키아 지역이 '체코슬로바키아공화국'으로 독립하면서 본격적인 비극이 시작되었다. 당시 체코 인구의 3분의 1을 차지하던 300만 명의

● 오스트리아-헝가리제국은 1867년 오스트리아제국을 유지하려는 합스부르크 왕가와 헝가리 귀족들의 대타협으로 성립되었다. 오스트리아 황제인 프란츠 1세가 헝가리 국왕을 겸임하는 이중제국으로, 유럽에서 러시아와 독일 다음으로 국토 면적이 넓었다. 제1차 세계대전에 독일, 오스만제국과 함께 동맹국으로 참전했으나 패배했다. 그 결과로 대부분의 영토를 잃고 남은 영토마저 오스트리아, 헝가리, 체코슬로바키아로 각각 독립했다.

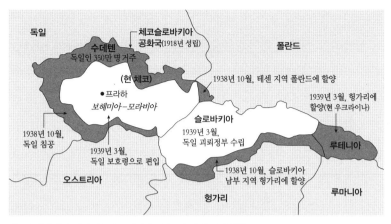

독일

체코슬로바키아
공화국(1918년 성립)

폴란드

수데텐
독일인 350만 명 거주

(현 체코)

1938년 10월, 테센 지역 폴란드에 할양

프라하
보헤미아-모라비아

1939년 3월, 헝가리에
할양(현 우크라이나)

슬로바키아

1938년 10월,
독일 침공

1939년 3월,
독일 괴뢰정부 수립

1939년 3월,
독일 보호령으로 편입

루테니아

1938년 10월, 슬로바키아
남부 지역 헝가리에 할양

오스트리아

헝가리

루마니아

제2차 세계대전 직전 체코슬로바키아공화국의 접경 지역 현황.

수데텐 독일인들은 하루아침에 '슬라브 국가의 소수민족'으로 전락했다. 1918년 체코슬로바키아공화국 성립 당시부터 수데텐 독일계 주민들은 체코 정부에 자치를 요구했지만 받아들여지지 않았다. 수데텐 지역의 자치를 둘러싼 독일과 체코의 갈등도 그때부터 시작되었다.

그러다 1919년 3월 4일, 독일계 주민들은 미국 대통령 우드로 윌슨의 민족자결주의를 근거로 자신들의 자치 독립을 요구하면서 거리로 쏟아져 나왔다. 한반도에 3·1운동의 물결이 일어난 지 3일 뒤의 일이었다. 식민지 조선의 백성이 독립을 외치던 시기에 수데텐 주민들 또한 독립을 요구했다. 체코 경찰은 이들을 해산하기 위해 총을 쏘았다. 60여 명의 비무장 시민을 향해 여자와 어린이를 가리지 않고 자행된 학살은 독일인에게 아주 오랫동안 복수를 정당화하는 근거가 되었다.

1920년대 수데텐 지역의 독일인들은 재산 몰수와 대량 해고를 당했을 뿐 아니라, 학교마저 폐쇄되는 수모를 당했다. 1932년 당시 체코 실업자의 50%가 독일계였다. 이러한 비극적 토양 위에서 1933년 우익 정당인 '수데텐 독일당^{Sudeten Deutsche Partei}'이 탄생했고, 독일계 주민의 압도적 지지를 받으며 나치스와 연결되었다.

히틀러는 1938년 9월 12일 뉘른베르크에서 "체코 침공을 준비하고 있다"고 연설했다. 아울러 수데텐에 사는 300만 독일인의 인권을 보호할 것이며, 이 지역이 '독일제국'에 통합되어야 한다고 주장했다. 이미 그해 4월 히틀러는 국민투표 형식을 빌려 오스트리아를 독일에 병합했다. 히틀러가 내세운 '모든 독일인의 통일', 즉 '게르만 민족주의'는 '독일 이외의 지역에 거주하는 독일인'까지 포함하는 개념이었다. 1938년 당시 동유럽에 흩어져 살던 독일인은 860여만 명이었는데, 그중 약 350만 명이 체코에 살았다.

체코 입장에서 수데텐은 분쟁의 땅이었다. 히틀러가 집권했을 때, 에드바르트 베네시 체코 대통령은 체코인들이 겪을 운명을 예감했다. 하지만 그들은 절망하지도 자신들의 운명을 포기하지도 않았다. 베네시 정권은 먼저 동맹 전략에 기대어 안전보장을 모색했다. 동방 정책을 추진하던 체코는 1934년 6월 소련을 국제법적으로 승인했다. 이어서 1935년 5월 프랑스, 소련과 각각 상호원조협정을 맺었다. 히틀러의 팽창정책에 맞선 체코 정부의 대응이었다. 체코 정부는 프랑스가 약속을 헌신짝처럼 버리리라고는 예상치 못했다. 또한 히틀러가 쳐들어오면, 소련의 붉은 군대가 개입할 것이라고 믿었다.

한편으로, 체코는 오스트리아와 달리 스스로를 지킬 힘이 있다고 생각했다. 1938년 5월 20일부터 21일까지 체코는 부분 동원령을 내렸다. 항공 분야와 보안 부분의 기술군 4만 7,000명, 국가방위군 2만

4,000명, 그리고 각종 전문가 2만 5,000명이 소집되었다. 소집된 예비군은 정규군과 함께 수데텐 지역으로 진군해 독일 전선과 마주 보는 요새들을 장악했다. 만일 체코군의 진군에 맞서 히틀러가 군사행동을 감행했다면 요새를 쉽게 함락하지는 못했을 것이다. 물론 체코의 군사력이 히틀러의 군대를 상대할 정도는 아니었다.

반면, 수데텐 독일인들은 적극적으로 히틀러와 손을 잡았다. 그들은 히틀러를 지지하는 오스트리아 '국가사회주의자들(나치스Nazis)'이 나서서 오스트리아를 독일에 병합하는 과정을 지켜보았다. 이는 수데텐 독일인들이 바라던 바였다. 1938년 5월, 체코 지방선거에서 콘라드 헨라인이 이끄는 수데텐 독일당이 87%의 지지를 얻었다. 히틀러는 체코 침공 계획을 구체적으로 세울 것을 군부에 지시했다. 전쟁의 먹구름이 다시 체코로 몰려왔다.

영국은 수데텐 독일인들의 자치를 허용하는 것이 전쟁을 막는 길이라고 생각했다. 체코 정부 또한 진전된 자치 계획을 제시했다. 그러나 수데텐 독일인들의 요구는 이미 자치 수준을 넘어서고 있었다. 체코 정부가 양보를 거듭했으나 그럴수록 수데텐 독일당은 계속 더 어려운 요구 사항을 제시했다. 협상은 접점을 찾기 힘든 길로 빠져들고 있었다.

영국은 뉘른베르크에서 열린 나치스당의 전당대회 마지막 날인 9월 12일에 히틀러가 체코 침공을 선언할 것으로 예상했다. 다행히 그날 히틀러의 인내심은 바닥을 드러내지 않았다. 그는 흥분해서 연설을 했지만, 선전포고를 하지는 않았다. 다음 날인 9월 13일, 수데텐 지도자들은 체코 정부와 진행하던 협상을 깨고 반란을 시도했으나 실패했다. 체코는 오스트리아처럼 내부로부터 붕괴하지는 않았다.

전쟁이 임박했다고 판단한 영국과 프랑스는 전전긍긍했다. 어떤 방법으로든 전쟁을 피해야 한다는 절박감에 사로잡힌 프랑스와 영국은 체코가 아니라 히틀러의 손을 들어주었다. 약소국의 입장보다는 자국의 이익을 우선시하는 강대국 정치의 냉정함이 드러나는 대목이다. 프랑스와 영국은 전쟁을 피하기 위해 수데텐을 포기하라고 베네시 정권을 설득했다. 베네시는 처음에는 완강히 거부했으나 곧 체코가 강대국 정치의 제물이 되었음을 깨달았다. 베네시는 눈물을 흘리며 수데텐을 포기했다.

1938년 10월 1일, 히틀러의 군대는 친親나치스인 수데텐 분리주의자들의 열렬한 환영을 받으며 수데텐에 입성했다. 체코 대통령 베네시는 결국 사임했다. 그리고 1939년 3월, 히틀러는 체코슬로바키아공화국을 해체했다. 슬로바키아에는 파시스트 꼭두각시 정권을 세웠고, 체코 역시 '보헤미아-모라비아'라는 이름의 보호령으로 개조해버렸다. 이후 가혹한 보복이 잇따랐다. 1939년 가을, 프라하에서 학생 시위가 일어나자 나치스는 시위 주동자들을 모두 처형했다. 특히 나치스 친위대 보안대장 출신으로, 체코 지역의 총독 노릇을 하면서 프라하의 도살자로 불리던 라인하르트 하이드리히가 암살되자, 히틀러는 그에 대한 보복으로 체코인 1만 명을 처형했다. 암살 장소였던 리디체Lidice 마을에서는 16세에서 60세까지의 모든 남성을 처형하고, 여성과 아이들을 강제수용소로 보냈다(리디체 학살).

이후 나치스 독일이 패배했을 때, 수데텐 독일인들 또한 체코를 배신한 대가를 톡톡히 치렀다. 1945년 봄과 여름 사이에 체코는 수십만 명의 수데텐 독일인들을 강제 추방했다. 이 과정에서 수만 명이 목숨을 잃었으며, 추방된 사람들은 모든 재산을 잃었다. 이처럼 수데텐은

1938년 10월 1일, 수데텐에 입성하는 히틀러 군대와 이를 환영하는 수데텐 분리주의자들. 수데텐 분리주의자들은 '하나의 민족, 하나의 제국, 하나의 지도자(Ein Volk, Ein Reich, Ein Führer)'라는 독일제국의 표어를 적은 플래카드를 길목에 내걸고 수데텐 병합을 자축했다.

복수가 다시 복수를 부르는 비극의 땅이었다.

화해는 아주 오랜 시간이 흘러서야 이루어졌다. 1989년 체코의 민주화 혁명을 이끈 바츨라프 하벨은 개인 자격으로 "독일이 사과했듯이, 우리도 사과할 때가 되었다"라고 리하르트 폰 바이츠제커 독일 대통령에게 편지를 썼다. 하벨의 편지가 공개되자 체코에서는 비판 여론이 일었다. 그러나 하벨은 대통령 취임 이후 독일과의 화해를 적극적으로 추진했다. 1997년 1월 21일 마침내 양국은 2년여에 걸친 비공개 협상을 통해 '화해 공동선언'을 채택했다. 프라하에서 열린 서명식에서 헬무트 콜 독일 총리는 "우리는 용서받기를 원하며, 용서하기를 원한다"라고 말했다. 바츨라프 클라우스 체코 총리도 "과거가 미래를 가로 막아서는 안 된다"라고 강조했다.

열망은 높았으나
전략이 없던 아마추어 협상

──────── 히틀러가 수데텐의 갈등을 핑계로 체코를 침략하겠다
고 공공연히 떠들고 다니던 상황에서 체임벌린은 무엇보다도 먼저
전쟁을 막아야겠다고 판단했다. 뮌헨 회담 전에 이미 체임벌린은 히틀
러를 두 번이나 만났다. 첫 번째 만남은 뮌헨 회담 보름 전인 1938년
9월 15일에 이루어졌는데, 당시 체임벌린은 독일 남부 알프스산맥의
휴양도시인 베르히테스가덴으로 갔다. 체코 침공을 선언한 뒤였기에
히틀러는 그가 영국의 참전을 선언하러 오는 줄 알았다. 그러나 당시
68세의 영국 총리는 눈앞에 닥친 전쟁을 막아야겠다는 일념으로 생
애 처음으로 비행기를 타고 바다를 건너 독일로 날아갔다.

체임벌린의 목표는 숭고했다. 그러나 그의 협상은 아마추어적이었
다. 그는 히틀러와 개인적으로 담판을 지으려 했기 때문에 외교부의
전문적인 도움을 받지 않았다. 통역관도 대동하지 않은 탓에 상대국
인 독일 측의 도움을 받았다. 또한 영국 측 회담 기록자도 없어서 회
담이 끝나고 며칠 뒤에야 독일 측에서 기록한 대화록을 겨우 얻을 수
있었다.

체임벌린은 핵심 쟁점인 체코 문제에 관해 구체적으로 파악하지
못했을 뿐 아니라, 그와 관련된 참고자료도 전혀 없었다. 평화에 대한
열망은 높았으나, 협상 준비는 너무 소홀했다. 이에 비해 협상 상대인
히틀러는 속임수와 심리전, 그리고 신경전에 능했다. 체임벌린은 '허
풍이 아님을 보여줄 능력이 없다면, 허풍을 떨어서는 안 된다'고 생각
했다. 한마디로 순진한 생각이었다.

협상을 지배한 쪽은 순진한 신사가 아니라 교활한 악당이었다. 세계 정세부터 논의하자는 체임벌린의 제안에 히틀러는 거짓말로 선수를 쳤다. 히틀러는 회담 당일에 수데텐 독일인 300명이 사살되었다는 거짓 정보로 협상의 주도권을 잡고, 수데텐을 독일제국에 병합하는 문제에 동의하느냐고 단도직입적으로 물었다. 구체적인 정보가 없었던 체임벌린은 히틀러의 기습 질문에 말려들었다. 결국 체임벌린은 개인적으로 독일의 수데텐 병합에 동의하지만, 그에 대한 최종 판단은 내각과 협의해야 한다고 자기 패를 보여주고 말았다.

히틀러와 대화한 이후 체임벌린은 그의 욕심에도 한계가 있으며 목표를 달성하면 약속을 지킬 것이라 오판했다. 9월 22일, 본 근처 휴양지인 고데스베르크에서 가진 두 번째 만남에서도 마찬가지였다. 체임벌린은 수데텐 지역을 양보하는 안을 갖고 갔지만, 히틀러는 더 큰 요구 사항을 들고나왔다. 히틀러는 독일과 체코의 새로운 경계선 설정과 함께 10월 1일까지 체코군 철수를 요구했다. 영국이 참전하지 않을 거라는 판단 아래 밀어붙인 것이다.

고데스베르크 회담이 성과 없이 끝난 뒤 뮌헨에서 다시 만나기까지 일주일 사이에 많은 변화가 일어났다. 영국 여론은 뮌헨 회담에 대해 비관적으로 전망했지만, 체임벌린은 낙관의 끈을 놓치지 않으려 애썼다. 체코는 부대 이동 명령을 내렸고, 영국은 해군 동원령을, 프랑스도 예비군 소집령을 내렸다. 그러나 독일 군부는 전쟁을 시작할 시점이 아니라고 판단했다. 뮌헨 회담 직전인 9월 24일과 25일, 베를린에서 실시된 독일 기계화 사단의 기동훈련에 시민들이 침울하고 냉담하게 반응했다. 회담이 열리는 뮌헨에서도 마찬가지였다. 뮌헨 시민들은 평화의 사도 체임벌린을 열광적으로 환영했다.

뮌헨협정에 서명하기 전에 나란히 선 4개국 대표들. 왼쪽부터 영국의 체임벌린, 프랑스의 달라디에, 독일의 히틀러, 이탈리아의 무솔리니와 외무장관 치아노.

히틀러는 총동원령 발표가 있기 두 시간 전에 영국의 체임벌린, 이탈리아의 베니토 무솔리니, 그리고 프랑스의 에두아르 달라디에 총리에게 회담을 열자고 제안했다. 체임벌린은 당시 영국 하원에서 히틀러와 무솔리니에게 보내는 마지막 호소문을 읽고 있었다. 그때 뮌헨에서 회담을 열자는 히틀러의 제안을 담은 쪽지가 연단에 선 체임벌린에게 전해졌다. 체임벌린에게 그 쪽지는 깜깜한 밤중에 난데없이 나타난 한 줄기 구원의 빛이었다. 체임벌린이 얼굴에 화색을 띤 채 쪽지를 읽자, 회의장을 짓누르고 있던 절망스럽고 초조한 기운이 금세 안도하는 분위기로 바뀌었다. 보수당 쪽에서는 "이런 고마울 데가. 신께서 총리를 통해 우릴 도우시네!"라는 안도의 말이 쏟아졌다.

뮌헨 회담에 참석한 독일·이탈리아·영국·프랑스 4개국 대표는 수데텐 지역을 독일에 넘기는 데 합의했다. 4개국의 서명이 이루어진 뒤 체임벌린은 히틀러에게 양자회담을 제안했다. 그는 영국과 독일의 관계를 개선하고 유럽 평화에 함께 기여하자는 성명서를 작성해 히틀러의 서명을 받았다. 체임벌린에게는 확실한 정치적 성과가 필요했지만, 히틀러에게 그 문서는 아무 의미도 없는 것이었다. 그는 서명을 하면서도 별다른 책임을 느끼지 않았다.

뮌헨협상에서 히틀러와 체임벌린의 결정적 차이는, 히틀러는 협상을 유리하게 이끌 카드를 많이 갖고 있었던 반면, 체임벌린은 그런 카드가 없었다는 점이다. 상대를 움직일 카드도 없이 선의에만 의존하는 협상은 성공하기 어렵다. 체임벌린은 협상의 성과에 매달렸지만, 히틀러는 협상의 성패에 연연하지 않았다. 게다가 히틀러처럼 일방적이고, 소통 능력도 없고, 반칙에 익숙한 상대와 협상을 한다는 것은 결코 쉬운 일이 아니었다.

1938년에 전쟁을 선택했다면, 이겼을까?

───────── 불필요한 전쟁을 막겠다는 체임벌린의 의지는 순진한 발상이었을까? 유화정책을 비판하는 사람들은 히틀러의 야망을 고려할 때, 제2차 세계대전은 불가피한 전쟁이었다고 평가한다. 그래서 체임벌린이 히틀러의 의도를 잘못 파악하고, 허망한 희망에 사로잡혀 군사 개입의 적기를 놓쳤다고 비판한다. 과연 그럴까? 체임벌린이

이끌던 영국 내각은 히틀러의 의도를 모르지 않았다. 당시 영국 외무장관 에드워드 핼리팩스는 여동생에게 보낸 편지에 "수억 명의 목숨이 반쯤 미친 사람의 손에 달려 있다고 생각하니 끔찍하다"라고 썼다.

체임벌린도 히틀러의 실체를 어렴풋이 눈치채고 있었다. 1938년 3월 독일이 오스트리아를 향해 진군했을 때, 그는 자신의 일기에 "독일이 이해하는 유일한 주장은 힘이다. 믿을 수 없다"라고 썼고, 체코에 위기가 감돌기 시작할 때에는 히틀러를 '반쯤 미친 놈'이라고 평한 핼리팩스의 의견에 동의했다.

그러나 1930년대 영국의 유화정책은 국력이 상대적으로 하강 국면에 접어든 시기에 전개되었음을 기억해야 한다. 역사학자 에드워드 카의 회고처럼 1930년대에 영국은 "이미 해는 저물고 잔광만 남은 상태임에도 그 사실을 깨닫지 못한 채 여전히 과거의 황혼에서 살고 있었다".

체임벌린이 1931년 재무장관에 취임했을 당시 영국은 대공황의 여파로 허덕이고 있었다. 파산 직전이던 영국 경제는 1936년경이 되어서야 안정적인 상태로 접어들었다. 막대한 재정 지출로 경제 위기에서 벗어나긴 했지만, 후유증이 만만찮았다. 1936년 영국의 재정 적자는 2억 6,000만 파운드에 달했는데, 1935년의 1억 8,000만 파운드와 비교해보면, 증가폭이 매우 컸다. 체임벌린이 1937년 5월 총리에 취임했을 때, 영국 재무부는 과도한 군비 확대로 인해 경제·사회구조가 약화될 수 있음을 경고했다. 만일 재군비 정책을 선택하면 국방비를 늘려야 하고, 그러면 재정 적자가 더욱 심각해질 상황이었다. 재정 적자는 정부의 경제 개입 능력을 제한하고 파운드화의 가치를 떨어뜨려 경제성장 동력을 약화시킬 것이다. 경제가 어려워지면 당연히 잠재적인 군사력도 약화된다. 여전히 세계 금융·상업의 중심지였던 영국은 평화와 안정이 필요했다. 국내 물가와 파운드화의 가치를 안정적으로 유지해야 한다는 생각에 사로잡힌 것은 체임벌린만이 아니었다.

대외정책에서도 당시 영국은 제국의 황혼기에 접어들었다. 갈수록 약해지는 국력으로 방대한 제국을 유지하기 위해 가쁜 숨을 쉬고 있었다. 영국이 신경 써야 할 지역은 유럽만이 아니었다. 1930년대 영국은 세 지역에서 동시에 안보 위기를 겪고 있었다. 유럽에서는 나치스 독일, 지중해에서는 파시스트 이탈리아, 아시아에서는 군국주의 일본을 상대해야 했다. 캐나다와 남아프리카공화국, 그리고 뉴질랜드와 오스트레일리아 등 영연방 국가들 역시 전쟁에 소극적이었다. 총리인 체임벌린은 안정과 현상 유지에 집착할 수밖에 없었다.

체임벌린이 뮌헨으로 간 가장 중요한 이유는 시간을 벌기 위해서였다. 1936년경 영국 외무장관 앤서니 이든이 볼드윈 내각에 제출한 보고서에서도 "영국은 독일과 전쟁을 할 준비가 되어 있지 않다. 재무장에는 최소한 2년 정도의 시간이 필요하다"라고 언급하고 있다. 실제로 영국은 1936년 히틀러의 라인란트 점령● 때부터 국방비를 증액하기 시작했다. 전체 정부 지출에서 국방비의 비중이 1930년에서 1934년까지 12~14%였지만, 1936년에는 21%, 1937년 26%, 1938년 38%, 그리고 1939년에는 48%까지 늘었다. 1937년 5월, 총리 취임 당시 체임벌린은 자신의 일기에 "재무장과 독일과

● 라인란트는 라인강 양쪽 강변 지역을 일컫는다. 제1차 세계대전의 결과로 맺어진 베르사유강화조약은 라인강 서쪽 전부와 동쪽 강변에서 50킬로미터까지의 지역을 비무장지대로 규정했다. 군사 요새를 설치할 수 없고, 군대를 주둔시킬 수 없으며, 군사훈련 또한 금지되었다. 히틀러의 군대가 라인란트로 진군한 것은 베르사유조약을 깨뜨린 명백한 도발 행위였다.

의 외교를 동시에 추진하는 양면정책이 이 위험한 시대에 우리를 지켜줄 것"이라고 썼다.

역사학자 그레이엄 스튜어트는 1940년 8월 영국이 독일과 본격적으로 전투를 시작했을 때, 영국의 공군력은 1938년 9월과 비교해 거의 10배 정도 발전한 수준이었다고 평가했다. 스코틀랜드에서 사우샘프턴까지 영국의 해안을 따라 레이더 기지를 세운 것도 전쟁 시기에 큰 도움이 되었다. 1937년 첫 레이더 기지 건립 이후 1940년 6월 경까지 영국은 57개의 기지를 건립했다. 뮌헨협상을 통해 유럽에 전쟁이 1년 정도 연기되는 동안 영국은 연안의 레이더망을 완성하고, 전투기의 실전 배치를 끝냈다.

하지만 영국은 국방 전략을 추진하는 과정에서 실수를 했다. 그 이유는 대부분 '정보 실패Intelligence Failure'● 때문이다. 영국은 1930년대 초 독일의 힘을 과소평가했다. 그러나 1938년에는 반대로 독일의 공군력을 과대평가했다. 체임벌린 총리가 히틀러를 만나 담판을 지어야겠다는 결심을 하게 된 데는 런던 공습에 대한 두려움이 과도하게 작용했다. 뮌헨협상이 이루어지던 시기에 런던에서는 공습 대비 팸플릿이 배포되고, 900개 이상의 대피소가 급조되었으며, 거대한 참호 공사가 진행 중이었다. 그러나 1938년 당시 나치스의 폭격기는 비행 능력이 떨어져 독일에서 런던까지 곧바로 날아갈 수 없었다. 런던 공습은 독일이 벨기에와 프랑스 해안을 장악한 1940년이 돼서야 가능했다. 영국은 독일 공군의 능력을 과대평가했기 때문에 공군 위주의 국방

● 정보 실패는 국가안보에 영향을 미치는 현상을 제대로 예측하거나 판단하지 못해 상당한 국가적 손실을 입은 상황을 의미한다. 20세기에 일어난 대표적인 정보 실패의 사례로는 일본의 진주만 기습 징후 무시, 한국전쟁 발발과 중국군 개입 가능성에 대한 오판, 이라크전쟁 개입을 위한 정보 왜곡 등을 들 수 있다.

정책으로 국내 방위에 집중했다. 그런 탓에 독일의 중부 유럽 진출에 적극적으로 대처하지 못했다. 잘못된 정보 수집과 분석으로 인한 전략적 실패였다.

왜 체임벌린만
욕하나?

──────── 1938년 가을, 당시 영국은 전쟁을 치를 수 있는 상황이 아니었다. 단순히 군사력 차원의 문제가 아니라, 그 무렵 반反히틀러 연대가 느슨해지면서 동맹국 사이의 협력도 불투명했기 때문이다. 그중 미국이 고립주의로 돌아섰다는 점이 가장 큰 원인이었다. 미국은 건국 초기부터 유럽 대륙의 정치에 개입하지 않겠다는 고립주의를 전통적인 외교 전략으로 내세웠다. 제1차 세계대전 당시 윌슨 미국 대통령은 국내 고립주의 세력의 반대를 무릅쓰고 유럽의 전쟁에 개입했다. 미국의 개입이 연합국의 승리에 결정적인 역할을 했지만, 미국 내에서는 전쟁 개입에 대한 불만이 적지 않았다.

또한 1930년대 미국은 대공황을 겪으면서 남의 일에 신경을 쓸 여력이 없었다. 프랑스와 마찬가지로 미국은 '세계의 경찰'이 될 생각이 없었다. 1938년 9월 9일, 체코를 둘러싼 위기가 휘몰아칠 때에도, 프랭클린 루스벨트 미국 대통령은 하이드파크 기자회견에서 "만약 체코를 둘러싸고 영국·프랑스가 독일과 전쟁을 한다면 미국이 도우리라 예측하는데, 이는 100% 틀린 것"이라고 말했다. 9월 19일에도 루스벨트는 로널드 린드세이 워싱턴 주재 영국 대사에게 이렇게 말했다. "개인적으로 히틀러와 제3제국*을 반대하지만, 미국 시민들은 유럽의 일에 개입하는 것을 원치 않는다. 만약 전쟁이 나면, 동맹은 패배할 것이다. 하나 미국의 여론을 고려하면, 전쟁이 일어나도 미국이 대서양을 건너 군대를 파견하는 것은 어렵다."

루스벨트는 자기 코가 석 자라 유럽의 전쟁을 강 건너 불구경하듯 했다. 뮌헨협정의 약속이 점차 깨지고 체임벌린의 유화정책이 실패로 돌아갔을 때, 루스벨트는 자신이 뮌헨에 가지 않았다는 사실에 안도했다. 1938년에 루스벨트는 체임벌린을 위해 어떠한 지원도 하지 않았다. 그러니 전쟁 발발의 모든 책임을 체임벌린에게 돌리는 것은 온당치 못하다. 미국 또한 뮌헨에 가지 않아 외교무대에서 정치적 부담을 안을 수밖에 없었다. 이러한 부담감은 제2차 세계대전이 본격화되자 미국이 개입을 결정하는 주요한 배경이 되었다.

다른 한편으로 체임벌린은 '왜 소련과 협력하지 않았는가?'라는 비판을 받는다. 뮌헨 회담에 소련은 초대받지 못했다. 당시 체임벌린의 보수당 정부는 볼셰비즘을 나치즘만큼이나 경계했다. 그래서 소련과 동맹을 맺을 때 따라올 위험은 과대평가한 반면, 그로 인한 이익은 과소평가했다. 영국 외교관들은 소련이 체코에서 제2의 '에스파냐 내전'**을 꾀하려 한다고 의심했다.

스탈린은 과연 영국, 프랑스와 협력할 의사가 있었을까? 뮌헨협정 직후 영국의 핼리팩스 외무장관이 소련의 외무장관 막심 리트비노프에게 물었다. "체코가 독일과 전쟁을 하면 소련은 어떻게 할 것인가?" 리트비노프는 체코를 지원함과 동시에 소련의 30개 보병 사단을 서쪽 국경에 배치할 것이라고 확언했다. 실제로 그는 프랑스, 체코, 소련의 참모회담 개최를 요구하기도 했다. 그러나 영국도 프랑스도 소련의 역할을 중요하게 생각하지 않았다.

소련의 속내는 복잡했다. 파리의 소련 외교관들은 독일이 체코를 공격하면, 프랑스와 함께 체코를 돕겠다고 공공연히 말했다. 스탈린은 소련 바깥에서 일어나는 전쟁을 두려워하지 않았다. 심지어 스탈린은 체코와 독일의 전쟁을 부추기려는 의도도 있었다. 그러면 반드시 프랑스와 영국도 전쟁에 참여할 것으로 예상했다. 그런 상황이 오면 소련은 앉아서 기다리다가 적당한 시기에 가장 적절한 방식으로 개입할 생각이었다.

●● 1936년 에스파냐에서 프란시스코 프랑코 장군이 이끄는 군부가 쿠데타를 일으키면서 '에스파냐 내전'이 시작되었다. 독일의 히틀러와 이탈리아의 무솔리니는 프랑코의 '국민진영'을 지원했고, 소련은 '공화진영'을 지원했다. 영국·프랑스·미국은 공산주의 확산을 우려해서 공화진영을 지원하지 않고 불간섭정책을 폈다. 공화진영을 지원하기 위해 내전에 참여한 소설가 조지 오웰은 《카탈루냐 찬가》에서 소련의 지원을 받는 공산주의자들의 독선과 패권을 고발하기도 했다. 모든 이념의 격전장이며 내전 안의 내전으로 평가받는 '에스파냐 내전'은 사망자 35만 명, 망명자 50만 명, 수감자 30만 명을 낳고 1939년 4월 프랑코 세력의 승리로 끝났다.

그렇다면 당시 소련의 전쟁 수행 능력은 어땠을까? 소련은 이미 미국에 이은 두 번째 산업국가였다. 그러나 뮌헨협정이 체결될 무렵, 소련의 붉은 군대는 비틀거리고 있었다. 군에 대한 스탈린의 대숙청 때문이었다. 1937년 5월부터 1938년 9월까지, 스탈린은 붉은 군대의 장교들을 대량 숙청했다. 고위 장교의 65%, 하급 장교의 15%가 반혁명 혐의로 처형되거나 가혹행위로 사망했다. 붉은 군대의 지휘 능력과 전투력, 그리고 사기가 복원되는 데는 상당한 시간이 필요했다.

1938년 9월 뮌헨협정 이후 전쟁 발발까지 히틀러에 대항할 수 있는 연합과 동맹은 불가능했다. 오히려 방황하던 스탈린을 꼬드긴 것은 히

소련이 제외된 뮌헨협상을 풍자한 만평. 당시 영국 정부는 나치즘만큼 볼셰비즘을 경계했기 때문에 소련과의 협력에 소극적이었다. 영국과 프랑스가 소련과 협력했다면 히틀러를 막을 수 있었을까?

틀러였다. 결국 1939년 8월, 앞문으로 돌진하기 위해 뒷문을 걸어 잠가야 할 상황이었던 히틀러는 소련과 불가침조약을 맺었다. 그리고 9월 1일 독일의 폴란드 침공으로 제2차 세계대전이 시작되었다.

유화정책은
1930년대의 유산

——————— 1940년 5월에 구성된 전시내각을 처칠에게 맡긴 장본인이 바로 체임벌린이라는 사실을 잊지 말아야 한다. 그리고 1945년 2월 독일의 패배가 확실해졌을 때, 히틀러는 "어디서부터 잘못되었을

까?"라고 자문한 적이 있다. 그의 대답은 '뮌헨'이었다. 히틀러는 "1938년에 전쟁을 시작했어야 했다"라고 후회했다.

체임벌린은 제2차 세계대전의 모든 실수와 책임을 뒤집어썼고, 자신을 변명할 기회도 얻지 못했다. '체임벌린'이라는 이름은 오명으로 남았고, 사람들은 '뮌헨의 교훈'을 함부로 이용하곤 했다. 시공을 초월해서 전쟁의 길로 달려가려는 자들은 체임벌린을 제물로 삼는다. 어떤 사람들은 대화와 협상 자체를 유화적인 태도라고 부른다. 그러나 유화정책은 1930년대 영국이 직면한 특수한 상황의 산물이다. 체임벌린이 순진하고 겁을 먹어서, 혹은 용기가 없어서 그런 정책을 취한 것이 아니다. 물론 정보 실패도 있었고, 전략적 판단 착오도 있었다. 하지만 유화정책은 싸울 수 있는 힘을 기르기 위한 시간 벌기였다.

협상이 늘 빛나는 것은 아니다. 수모와 굴욕으로 비칠 수도 있다. 유화정책의 강력한 비판자였던 처칠은 "약자의 유화는 무익하고 치명적이지만, 강자의 유화는 고귀하고 품위가 있는 평화의 길"이라고 말했다.

2

벼랑 끝에도 대안은 있다

쿠바 미사일 위기

협상일지

1959년	1월	쿠바 혁명정부 수립
	10월	미국 아이젠하워 정부, 터키에 핵미사일 배치 합의
1960년	3월	아이젠하워, 피그만 침공 작전 승인
1961년	1월	미국 케네디 대통령 취임
	4월 17일	미 중앙정보국, 피그만 침공 작전 개시
1962년	9월	소련-쿠바무기원조협정 체결
	10월 14일	미국 유인 정찰기 U-2기가 쿠바 상공에서 건설 중인 중거리 핵미사일 기지 촬영
	10월 16일	케네디, 국가안전보장회의 소집
	10월 22일	케네디, 방송을 통해 쿠바의 소련 핵미사일 기지 건설 사실을 알리고 해상 봉쇄 조치 발표
	10월 23일	흐루쇼프, 비상경계태세 명령
	10월 24일	핵미사일 부품을 실은 소련 선박 20척 접근
	10월 26일	흐루쇼프, 미국이 쿠바를 침공하지 않겠다고 약속하면 핵미사일을 철수하겠다고 제안
	10월 27일	미국 유인 정찰기 U-2기 쿠바 상공에서 격침, 조종사 사망
		흐루쇼프, 쿠바 내 핵미사일 철수 조건으로 터키 주둔 미국 핵미사일 철수 요구
		로버트 케네디 미국 법무장관과 도브리닌 소련 대사의 비밀협상에서 미국 측이 타협안을 제시
	10월 28일	흐루쇼프, 핵미사일 철수 발표
1963년	2월	터키, 핵미사일 철수 공식 발표
	6월	미국 소련 간 핫라인 개설

"핵무기로 소련을 공격하라!" 미치광이 리퍼 장군은 대통령의 허락도 없이 최후의 명령을 내린다. 폭격기 조종사들은 한 치의 의심도 없이 명령을 따른다. 뒤늦게 이 사실을 안 미국 대통령은 소련 지도자에게 핵 보복을 하지 말라고 요청한 뒤 미국 폭격기를 격추할 수 있는 정보를 제공한다. 곧이어 이미 출격한 폭격기 조종사에게는 기수를 돌리라고 명령한다. 폭격기 대부분은 격추되고, 몇 대는 운좋게 기수를 돌려 돌아온다. 그런데 단 한 대만이 통신 고장으로 명령을 듣지 못한 채 소련을 향해 계속 비행한다. 그리고 고장 수리 과정에서 핵폭탄이 실수로 발사된다. 그 뒤 자동적으로 이어진 소련의 보복 공격.

영화 〈닥터 스트레인지러브^{Dr. Strangelove}〉(1964)의 내용이다. 마지막 장면에 히로시마에서, 비키니섬에서, 혹은 대서양에서 이루어진 핵폭발 장면이 반복적으로 나오면서 조용히 음악이 흐른다. 운명의 날을 상징하는 버섯구름이 화면 가득 퍼지고, 베라 린이 우아한 목소리로 노래하는 〈우리 다시 만나리^{We'll meet again}〉가 태연하게 흘러나오면서 영화는 끝을 맺는다.

"우리 다시 만나리. 언제인지 몰라도. 어디서인지 몰라도. 난 알아요. 다시 만날 것을. 어느 화창한 봄날에."

외교사의 전설로 남은 '위기의 13일'

────── 1964년 1월에 개봉된 스탠리 큐브릭 감독의 〈닥터 스트레인지러브〉는 그렇게 지구 최후의 날을 그렸다. 이 영화는 '블랙코미디'다. 미치광이 장군, 맹목적인 관료, 그리고 무능한 대통령이 얽히고설켜 한바탕 소동이 벌어진다. 비록 영화 속 가상의 사건이지만 이제껏 인류가 경험하지 않은 핵전쟁의 끔찍한 결말을 예견케 한다. 핵전쟁은 과거의 전쟁과 다르다. 제한전쟁이라는 개념 자체가 성립되지 않는다. 전쟁이 일어나는 순간 모든 것이 끝이다.

큐브릭 감독은 이 영화에서 냉전시대 미국과 소련의 초기 핵전략을 꼬집었다. 1950년대에 등장한 '핵억지$^{Nuclear\ Deterrence}$' 개념이 한 예다. '억지'라고 번역된 'deterrence'는 '겁먹게 하다'라는 뜻의 라틴어 'terrere'에서 유래했다. '억지 전략'이란 한마디로 겁먹게 하는 전략이다. 다시 말해 '나는 확실한 보복 능력을 갖고 있기 때문에, 만약 네가 공격하면 너는 죽게 된다'라는 뜻이다. 그러나 서로 핵을 갖고 있다면? 너만 죽는가? 나도 죽는다. 그래서 핵억지를 '서로^{Mutual} 확실하게 ^{Assured} 파괴한다^{Destruction}'는 의미에서 '상호확증파괴'라고 부른다. 약자로 'MAD'라고 쓰기도 하는데, '미친' 또는 '미치광이'라는 뜻의 영어 단어 'mad'를 연상시킨다.

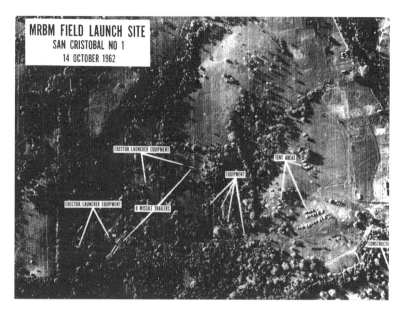

1962년 10월 14일, 미국의 유인 정찰기 U-2기가 쿠바 상공에서 찍은 소련 핵미사일 기지.

핵을 둘러싼 미국과 소련의 '미친 짓'은 영화가 만들어지기 전에 이미 일어났다. 역사학자 아서 슐레진저는 1962년 쿠바 미사일 위기를 "인류 역사에서 가장 위험했던 순간"이라고 말했다. 큐브릭 감독은 이 사건에 관련된 여러 인물을 영화에 등장시켰다. 당시 핵전쟁이 일어났다면, 다시 말해 제3차 세계대전이 일어났다면, 〈닥터 스트레인지러브〉의 마지막 장면처럼 인류는 이 지구에서 사라졌을 것이다. 다행히 미국과 소련 양국은 핵전쟁의 문턱에서 멈추었다. 아마겟돈, 최초의 그러나 최후의 핵전쟁은 일어나지 않았다.

사건은 한 장의 사진으로 시작되었다. 1962년 10월 14일 미국의 유인 정찰기 U-2기가 쿠바 상공에서 중요 군사시설을 촬영했다. 15일 영상사진을 판독한 정보 분석관들은 소련이 중거리 핵미사일 기지를 건설하고 있음을 알게 되었다. 10월 16일 이에 대한 보고를 받은 존 F. 케네디 미국 대통령은 외교안보 분야의 고위 관계자들을 소집했다. 이날부터 미국과 소련이 극적으로 타협한 10월 28일까지 13일간의 기록은 외교사의 전설이자, 게임 이론을 비롯한 국제정치 이론의 원천이며, 위기관리 리더십의 상징적 사례가 되었다.

지금까지도 쿠바 미사일 위기가 여전히 협상의 교과서로 자주 언급되는 이유는 무엇일까? 협상 과정에서 일어날 수 있는 거의 대부분의 장면이 이 한 편의 드라마에 포함되어 있다. 그중에서도 특히 위기 상황에서 지도자의 리더십이 돋보인다. 무능한 지도자는 위기를 만들고, 유능한 지도자는 위기를 해결한다. 케네디, 그는 46년 6개월의 생애와 2년 10개월의 짧은 재임 기간을 보낸 비운의 대통령이지만, 그가 쿠바 미사일 위기에서 보여준 용기와 지혜, 그리고 역사적 책임감은 전설로 남았다.

전문가를
믿지 마라

──────── 왜 소련공산당 서기장 니키타 흐루쇼프는 쿠바에 핵미사일을 배치하려고 했을까? 그것은 두 가지 이유 때문이었다. 하나는 미국이 터키에 핵미사일 기지를 만든 데 대한 반격이었다. 미국이 소련의 턱밑에 비수를 겨누었으니, 소련도 미국에 맞대응하겠다는 것이다.

다른 하나는 미국의 피그만 침공 사건 때문이었다. 미국의 지원하에 과테말라에서 훈련을 마친 1,400여 명의 쿠바 망명자 부대가 1961년 4월 17일, 쿠바의 피그만에 상륙했다. 쿠바의 수도 아바나에서 남쪽으로 140킬로미터 떨어진 해안 마을은 상륙 작전을 펼치기에 적절한 장소가 아니었다. 작전은 아주 어설펐다. 작전 시작 전부터 쿠바 망명자들 사이에는 소문이 쫙 퍼져 있었다. 또한, 이미 3월 22일자 《뉴욕 헤럴드 트리뷴》에서 이 작전의 어슴푸레한 윤곽을 보도한 탓에 카스트로 정부 역시 눈치를 채고 있었다. 카스트로 정부는 이에 대한 대비책으로 잠재적인 저항 세력을 구금하여 내부 봉기를 원천 봉쇄했다. 그리고 오합지졸 게릴라들이 상륙할 해안에 미리 2만여 명의 쿠바 정부군을 배치하고 기다렸다.

미국 중앙정보국[CIA]은 피그만 해안 지역이 반反카스트로운동의 중심지여서 게릴라군이 상륙하는 즉시 쿠바의 반체제 세력이 봉기할 것이라고 케네디에게 보고했다. 하지만 그런 일은 일어나지 않았고, 결과는 오히려 참혹했다. 3일 만에 118명이 사망하고, 1,189명이 포로로 잡혔다. '완벽한 실패'였다. 미국의 체면이 구겨진 반면, 카스트로 정권은 자신감을 얻었다.

1959년 쿠바혁명 이후 쿠바는 미국 안보의 직접적인 위협 요소였다. 미국 중앙정보국은 혁명 직후부터 반미와 친소를 표방하는 쿠바 체제를 전복하려고 호시탐탐 기회를 노렸다. 게다가 쿠바의 망명객들이 앞장서서 호언장담하며 개입을 재촉했다. 1960년 3월, 당시 미국 대통령 아이젠하워는 피그만 침공 작전을 승인했다. 같은 해 11월 대통령 선거에서도 쿠바는 중요한 쟁점이었다. 케네디는 쿠바혁명을 막지 못한 아이젠하워 행정부의 무능과 부통령이었던 리처드 닉슨 대통령 후보의 책임을 물었다. 공화당 대통령 후보로 나선 닉슨은 실제로 쿠바 전복 작전을 총괄했다. 대통령 선거에서 승리한 케네디는 임기를 시작하면서 이미 준비가 상당히 진행된 이 작전을 반대할 수 없었다. 작전을 취소하면 과테말라에 모여 있는 쿠바 망명자들이 미국 본토로 몰려와 '카스트로에게 겁먹고 굴복한 대통령'이라고 성토할 것이 뻔했다.

케네디는 물론 미군의 직접 침공이 실패한다면 더 큰 정치적 타격을 입을 것이라는 점을 잘 알고 있었다. 그래서 중앙정보국이 게릴라를 모아 과테말라에서 훈련을 실시하고 구체적인 침공 작전을 수립하는 상황에서도 케네디는 미국의 직접 개입을 감추고자 했다. 공군의 지원도, 포격 지원도 없었다. 이처럼 어설픈 타협과 판단은 결국 작전의 실패를 예고했다. 결과적으로 케네디 역시 피그만 침공 작전 실패에 대한 책임에서 벗어날 수는 없었다.

케네디는 실패의 경험에서 많은 것을 얻었다. 그것이 이후 쿠바 미사일 위기를 극복하는 데 중요한 역할을 했다. 피그만 침공이 실패하자 케네디는 군부와 중앙정보국을 믿은 자신의 순진함을 자책했다. 그들은 얼마나 자신만만했던가? 그러나 정보는 실제 상황과 어긋났고, 작전은 허술했으며, 결과는 예상도 못한 것이었다. 중앙정보국은 1954년 과테말라에서 반혁명 쿠데타를 성공시킨 경험을 과신했다. 앨런 덜레스 중앙정보국 국장은 당시 쿠바의 상황이 과테말라보다 훨씬 유리하다고 케네디를 설득했다. 합동참모본부 또한 지나친 낙관주의에 사로잡혀 있었다. 케네디 대통령이 미군이 군사 개입을 하지 않는다는 조건으로 침공 작전을 승인했을 때, 군부는 젊은 대통령을 만만히 보았고, 실제로 전투가 벌어져 승리와 패배의 갈림길에 서면 어쩔 수 없이 대통령이 미군의 동원을 허가할 것이라고 내다보았다. 이처럼 작전의 진행 과정에는 곳곳에 허점이 도사리고 있었다.

케네디는 '완벽한 실패'를 겪은 뒤 "군이나 정보당국, 이른바 전문가를 믿지 마라"라는 교훈을 얻었다. 케네디는 피그만 사건 당시 《뉴스위크》 워싱턴 지국장이었던 벤자민 브래들리에게 "내 후임자에게 맨 먼저 충고해줄 말이 있소. 장군들을 예의 주시할 것. 군인이라는 이유만으로 군사 문제에 관한 그들의 의견이 마치 굉장한 값어치가 있을 것이라는 판단을 피할 것"이라고 말했다.

물론 최종 결정은 당연히 지도자의 몫이기에 결과에 대한 책임에서 벗어나기 어렵다. 케네디는 공식 기자회견에서 "책임져야 할 정부 관리는 바로 저입니다"라고 말하면서, 실무자가 아닌 대통령 자신이 정책 실행 결과에 대한 책임자임을 분명히 했다. 그러나 피그만 사건을 계기로 중앙정보국의 무능과 군인들의 무모함에 대해 확실한 경계심을 갖게 되었다. 물론 군부의 특성에 대해서는 이미 어느 정도 이해하고 있었다. 케네디는 제2차 세계대전 당시 해군 어뢰함 함장으로 근무한 경험을 통해 군인의 실전 심리를 파악하고 있었다. 결과적으로 피그만 침공 작전의 실패는 그가 1년 뒤 쿠바 미사일 위기에서 한층 성숙한 결정을 내리는 학습의 기회였다.

입장에 따라 사건을 해석하는 시각은 다를 수밖에 없다. 소련의 흐루쇼프와 쿠바의 카스트로에게 피그만 침공 사건은 미국에 대한 견제가 불가피함을 확증하는 계기가 되었다. 즉, 피그만 침공 사건이 쿠바 미사일 위기에 직접적인 영향을 미친 것이다. 소련은 케네디 정부가 반드시 쿠바를 침공할 것이라는 '의지의 증거'로서 이 사건을 해석했다. 피그만 침공을 '미국의 직접 침공의 전조'로 본 것이다. 카스트로 역시 미국의 코앞에서 벌어진 쿠바혁명을 미국이 결코 인정하

쿠바 미사일 위기가 일어나기 전인 1961년 6월, 오스트리아 빈에서 만난 케네디 미국 대통령(왼쪽)과 흐루쇼프 소련공산당 서기장(오른쪽). 흐루쇼프는 젊은 케네디를 얕잡아 보았고, 모멸을 당한 케네디는 강한 모습을 보여주리라 다짐했다. 이후 사태 전개에 빈 정상회담은 많은 영향을 미쳤다.

지 않을 것으로 단정했다. 그래서 미국의 침공은 이미 정해진 일일 터이고, 그 시기가 '언제'인가만 남았다고 판단했다. 소련과 쿠바는 빠른 시일 안에 쿠바에 핵미사일을 배치하는 것이 미국의 침공을 막을 수 있는 유일한 길이라고 생각했다.

흐루쇼프는 피그만 침공 사건을 계기로 쿠바의 가치를 재평가했다. 미국이 쿠바를 눈엣가시로 여기는 만큼 소련은 쿠바를 지키고 활용해야만 했다. 피그만 침공 과정에서 드러난 케네디 정부의 무능도 흐루쇼프가 자신감을 갖는 데 한몫했다. 흐루쇼프는 젊은 케네디를 얕잡아 보았다. 그는 이 사건이 케네디에게 미친 영향을 짐작하지 못했다.

열린 토론,
대안을 만들다

──────── 위기의 순간, 자신이 쓸 수 있는 시간이 얼마나 되는지 판단하는 일은 중요하다. 합리적인 선택을 위해서는 어느 정도의 시간이 반드시 필요하기 때문이다. 물론 당장 불이 나거나 건물이 무너지는 상황이라면 생각할 필요도 없이 즉시 탈출해야 한다. 그러나 위기의 징후가 발견된 뒤 최종 단계에 이르기까지 늘 얼마 정도의 시간은 있다. '주어진 시간 안에 가장 합리적인 대응을 찾아라.' 이것이 쿠바 미사일 위기의 첫 번째 교훈이다.

당시 미국 국가안보 보좌관이던 맥조지 번디는 최종 선택을 하기까지 쓸 수 있는 시간을 6일 정도로 예상했다. 핵미사일 부품을 실은 소련 배가 쿠바 인근 해역으로 접근하는 데 걸리는 시간을 계산한 것이다. 만약 48시간 정도의 짧은 시간 안에 결정해야 했다면 선택은 훨씬 더 제한되었을 것이다.

케네디 대통령이 10월 16일 국가안전보장회의^{National Security Council, NSC}를 소집했을 때, 당장 눈앞에 놓인 선택은 두 가지였다. 먼저 공격할 것인가, 아니면 쿠바의 소련 핵미사일을 받아들일 것인가. 만일 먼저 공격한다면 핵전쟁으로 이어질 게 뻔했다. 그렇다고 소련 핵미사일을 용인한다면 국내적으로는 정치적 자살행위가 될 것이며, 국제적으로는 미국의 위신에 손상을 입힐 터였다. 두 가지 선택 모두 적절하지 않다면 제3의 대안을 찾아야 했다.

케네디가 주어진 시간 동안 찾아낸 제3의 대안은 해상 봉쇄였다. 국민에게 상황을 알리고 해당 조처를 발표한 것이 10월 22일이었다.

1962년 10월 16일, 백악관에서 열린 국가안전보장회의. 회의 내용은 참석자들에게 알리지 않은 채 대부분 녹취되었으며, 이것은 이후 '위기의 13일'을 입체적으로 분석하는 근거가 되었다.

1962년 10월 22일, 케네디 대통령은 방송을 통해 국민에게 소련이 쿠바에 미사일 기지를 건설 중이고, 미사일을 실은 소련 배가 쿠바로 향하고 있다고 설명하며 해상 봉쇄 조치를 발표했다.

그 6일간 케네디 행정부는 가능한 선택을 나열한 뒤 각각의 결과를 검토해 가장 나쁜 선택부터 배제했다. 그러한 과정을 통해 얻어낸 타협안이 해상 봉쇄였다. 소련이 양보하면 가장 좋겠지만, 그것이 아니라면 시간을 벌 수 있는 방안이었다. 시간을 벌면 그사이에 더 나은 대안을 준비할 수 있으리라 여겼다.

격렬한 논쟁이 벌어졌다. 군부는 처음부터 선제공격을 주장했다. 어차피 맞붙어야 한다면, 먼저 주먹을 날리는 것이 유리하다는 입장이었다. 그러나 케네디 대통령은 군부의 주장을 받아들이지 않고 더 나은 대안을 찾을 수 있도록 토론 분위기를 이끌었다. 누구나 자유롭게 반론을 제기할 수 있는 토론 분위기를 만들어 장군의 주장에 대령이 반론을 펼 수 있도록 했다.

국무부와 국방부 혹은 다른 정부 부처에도 문을 열어 서로 의견을 내고 비판할 수 있도록 했다. 대통령 자신도 예외가 아니었다. 또한 새로운 정보를 통해 얼마든지 자신의 주장을 변경할 수 있도록 했다. 그렇게 해서 다양한 선택지를 마련하고, 그 선택지들이 구체적으로 어떤 결과를 가져올지를 검증했다.

케네디의 국가안전보장회의는 열린 토론으로 집단적 사고의 위험에서 벗어났다. 시간을 다투는 급박한 상황에서는 서로 자신의 의견을 펼치는 열린 토론보다는 일사불란한 논의가 더 효율적이지 않을까 하는 의문을 제기할 수 있다. 위기의 순간에는 독재적 결정이 민주적 결정보다 더 효율적이라고 생각하기 쉬우나 반드시 그렇지만은 않다. 케네디는 피그만 침공 작전의 실패를 잊지 않았다. 그는 다양한 가능성에 대한 구체적인 결과를 예측해야 최악의 상황을 피할 수 있다고 생각했다.

긴장이 높아지면
사건이 일어난다

──────── 해상 봉쇄는 최선의 해법이 아니었다. 미봉책이었을 뿐 위기의 원인은 해소되지 않았다. 핵전쟁의 공포가 미국 시민들에게 몰려왔다. 10월 24일, 핵미사일 부품을 실은 소련 선박 20척이 정선停船 지점까지 다가왔다. TV에서는 공포의 카운트다운을 생중계했다. 3마일, 2마일, 그리고 1마일. 이제 선을 넘으면 예고대로 발포할 것이고, 그러면 핵전쟁이 시작된다. 누군가는 공포에 떨며 절망하고, 누군가는 방공호를 더욱 깊게 팠다. 또 다른 누군가는 기도를 했다.

물론 당시 흐루쇼프 소련공산당 서기장은 자국 선박에 선을 넘지 말라고 지시했다. 소련도 문턱을 넘었을 때의 결과를 잘 알고 있었다. 교착 상황에서 10월 26일에 흐루쇼프가 먼저 "미국이 쿠바를 침공하지 않겠다고 약속하면 미사일을 철수하겠다"라고 해결책을 제시했다. 다음 날 두 번째 메시지에서는 "터키의 미국 미사일 기지도 철수할 것"을 요구했다.

'검은 토요일'이라고 불리는 10월 27일은 위기의 13일 중에서, 그리고 미국의 외교 역사에서 가장 극적인 하루였다. 국가안전보장회의 참석자들은 흐루쇼프의 제안을 거부해야 한다고 주장했다. 특히 터키의 핵미사일 기지를 철수한다면 북대서양조약기구NATO 동맹국의 반발을 초래할 뿐 아니라 미국의 협상력이 약화될 것이며, 소련에 대한 굴복으로 비쳐 국내 여론의 질타를 받을 것이라고 경고했다.

강경론이 우세한 가운데 불에 기름을 붓는 사고가 발생했다. 긴장이 높아지면 우발적 사건이 일어나는 법. 미군 10만 명이 쿠바 침공

1962년 10월 25일, 미국의 해상 봉쇄 조치 발표에 이어 소련이 강력한 보복 공격을 선언하자 UN 안전보장이사회가 소집되었다. 긴급회의 참가자들은 미국의 쿠바 침공을 방지하고 소련 핵미사일 을 해체하는 방안에 대해 논의했다.

을 준비하는 긴장된 상황에서 10월 27일에 어처구니없는 일이 일어 났다. 오전 11시 59분, 공군 조종사 찰스 W. 몰츠비가 몰던 정찰기 U-2기가 소련 영공을 침범했다. 소련의 핵실험 물질을 조사하기 위 해 북극으로 향하던 중 내비게이션 고장으로 항로를 이탈한 것이다. 소련의 미그기가 긴급 발진했다. 알래스카 공군기지에서도 F-102 전 투기 두 대가 발진했다. 전투기에는 공대공 핵미사일이 장착되어 있 었다. 오후 1시 41분에 로버트 맥나마라 미 국방장관이 U-2기의 실 종 보고를 받고, 4분 뒤 케네디 대통령에게 전화로 이 사실을 알렸다. 케네디는 "이럴 때 늘 말 안 듣는 빌어먹을 놈들이 꼭 있다니까" 하면 서 불같이 화를 냈다. 다행히도 이 정찰기는 천신만고 끝에 이날 오 후 알래스카 빙판 위에 비상착륙했다.

그런데 또 다른 사고가 일어났다. 같은 날 오후 2시 3분, 쿠바 동부 지역에서 정보 수집을 하던 미국 정찰기 U-2기가 소련의 지대공 미사일에 격추되면서 조종사가 사망했다. 모스크바의 승인을 받지 않은 채 현지 지휘관들의 자체 판단으로 벌어진 일이었다. 쿠바군도 이미 미국 정찰기가 사정권으로 들어오면 무조건 발사하라는 카스트로 국가평의회 의장의 지시를 받은 상태였다. 미국 공군의 U-2기가 상공에 나타나자 소련군 장성들은 상부의 지침을 얻기 위해 연락을 취했지만, 하필이면 통신 사정으로 연결이 되지 않았다. 소련의 쿠바 현지 지휘관들은 쿠바군의 실전 심리에 동조해 격추를 명령했다. 뒤늦게 이 사실을 안 흐루쇼프는 격노했고, 자신의 상황 통제 능력에 한계가 있음을 깨달았다.

바다 아래에서도 아찔한 일이 벌어졌다. 그날 소련 잠수함 B-59함은 자국 화물선을 호위하고 있었다. 당시 미국 해군은 이 잠수함에 핵무기가 탑재되어 있다는 사실을 몰랐다. 잠수함에는 15킬로톤의 폭발력을 가진 핵탄두가 탑재되어 있었다. 히로시마에 떨어진 원자폭탄의 폭발력과 맞먹는 가공할 무기였다. 미국 해군은 이런 사실도 모른 채 경고용 폭뢰를 투하했다. 소련 잠수함의 선체가 일부 손상되면서 산소가 고갈되기 시작해 몇몇 승무원이 실신했다. 발렌틴 샤비츠키 함장은 이성을 잃은 채 안절부절못했다. 그는 이렇게 앉아서 죽을 바에는 핵미사일을 발사하자고 주장했다. 그런데 역시나 이런 결정적 순간에 모스크바와 통신이 두절되었다. 매뉴얼에는 함장을 포함한 핵통제 장교 세 명의 만장일치로 발사 여부를 결정하도록 되어 있었다. 세 명이 모두 동의하기만 하면 핵무기가 발사될 터였다. 그런데 아주 다행스럽게도 핵통제 장교 한 명이 반대했다. 그는 모

1962년 10월 22일, 미국의 해상 봉쇄 조치 발표에 대해 쿠바의 피델 카스트로 국가평의회 의장은 방송을 통해 "양키들에게 항복하느니 조국을 지키다 죽겠다"라고 선언했다.

스크바와 통신이 재가동될 때까지 발사를 연기하자고 제안했다. 그리고 흥분한 함장을 진정시켰다. 다행히 상황은 더 이상 악화되지 않았다.

쿠바에서도 상황이 급박하게 돌아갔다. 피델 카스트로 국가평의회 의장은 쿠바군에 미국 정찰기를 격추하라는 지시를 한 데 이어, 그날 새벽 아바나의 소련 대사관을 찾아가서 "앞으로 24시간, 늦어도 72시간 내로 미국의 공습이 임박했다"라고 흐루쇼프에게 알렸다. 그리고 미국이 침공하는 즉시 소련이 미국을 향해 핵 공격을 감행해줄 것을 요청했다. 카스트로는 이미 TV와 라디오를 통해 "양키들에게 항복하느니 조국을 지키다 죽겠다"라고 선언하기까지 했다.

소련의 쿠바 지역 사령관인 이사 플리예프 역시 전쟁이 코앞에 다가왔다고 생각했다. 그는 무기고에 있던 핵탄두를 트럭에 싣도록 명령했다. 당시 미국은 몰랐지만 이미 쿠바에는 전술핵무기[•] 98기가 배치되어 있었다. 또한 당시 미국은 쿠바에 주둔한 소련군을 8,000명에서 1만 명 정도로 추정했으나, 사실은 그보다 훨씬 많았다. 30년 뒤에 공개된 비밀자료에 따르면, 당시 쿠바에는 소련군 4만 2,822명이 주둔하고 있었다. 중무장 전투부대가 포함되었을 뿐 아니라, 전술핵무기도 배치되어 있었다. 다만 흐루쇼프는 플리예프에게 발포권이 자신에게 있음을 강조했다. 그러나 중요한 순간에 모스크바와 쿠바의 통신 상태는 원활하지 않았고, 현장의 실전 심리는 가득 차올랐다.

그날 미국 중앙정보국은 소련 본토의 미사일 기지 여섯 곳 가운데 다섯 곳이 가동 중이라고 보고했다. 미군 역시 전투기에 연료를 주입하고, 미사일 발사 준비에 착수했다. 전투함과 잠수함 들도 전투 준비에 들어갔다. 하늘과 땅, 그리고 바다에서 전쟁의 기운이 부풀어 올랐다. 작은 불씨가 닿기라도 한다면 곧 터져버릴 기세였다.

맥나마라 미국 국방장관은 그날 저녁을 이렇게 기억한다. "회의를 마치고 백악관을 나설 때는 아름다운 가을 저녁이었다. 그러나 곧 다음 주 토요일 밤에는 아마도 살아 있지 못할 것이라는 두려움이 밀려왔다." 그날의 위험성은 사람들이 상상한 것 이상이었다. 상대의 반응을 예측할 수 없었던 만큼 오판의 가능성도 매우 컸다. 맥나마라는 1963년 의회 청문회에서 '검은 토요일'을 회상하며, "미국이 쿠바를 군사적으로 공격하면, 당연히 소련이 핵미사일로 반격할 것이고, 그렇게 되면 자연스럽게 핵전쟁으로 이어질 것"으로 판단했다고 말했다.

벼랑 끝에서
협상을 준비하다

─────── 미국과 소련은 게임 이론에서 '치킨 게임' 혹은 '겁쟁이 게임'이라고 부르는, 파국을 향한 경쟁을 하고 있었다. 전쟁 일보 직전의 상황에서도 미국 군부는 겁쟁이처럼 핸들을 먼저 꺾어서는 안 된다고 주장했다. 그러나 최소한 출구를 마련해주고 상대를 몰아야 파국을 면할 수 있다.

벼랑 끝에서 케네디 대통령은 무엇을 준비하고 있었을까? 그는 비밀접촉을 시도했다. 10월 27일 급박했던 하루가 저물어가던 저녁 8시쯤, 대통령의 동생이자 당시 법무장관이었던 로버트 케네디가 미국 주재 소련 대사 아나톨리 도브리닌에게 만나자고 제안했다. 도브리닌은 1962년부터 1986년까지 24년간 미국에서 소련 대사로 근무한 전설적인 외교관이다. 로버트 케네디는 1962년 5월 도브리닌이 미국에 부임한 이래 줄곧 그와 잦은 만남을 가져왔다. 그해 10월 16일 이후에도 로버트 케네디는 새벽 1시가 넘어 소련 대사관저를 몇 차례 더 방문했다. 이처럼 상대의 의도를 읽고 협상의 쟁점을 조율하려면 비밀채널이 반드시 필요하다.

당시 미국과 소련 사이에는 세 개의 채널이 가동되고 있었다. 첫째는 양국 대사관이다. 대사관은 공식 채널이었지만 복잡한 절차를 거쳐야만 상대편 지도자에게 의사를 전달할 수 있었다. 쿠바 미사일 위기가 발생했을 때, 한쪽 편지가 상대편 지도자에게 전달되기까지 12시간 이상이 걸렸다. 결과적으로 대사관은 긴급한 상황에 대응할 수 있는 적절한 채널이 아니었다.

둘째는 공개적인 미디어였다. 흐루쇼프는 주로 모스크바 라디오를 활용했고, 케네디는 TV를 활용했다. 이 채널은 빠르고 언제든지 활용할 수 있다는 장점이 있는 반면, 청중이 너무 많다는 단점이 있었다. 협상 상대와 여론을 동시에 만족시키는 것은 어려운 일이다.

셋째는 상대국 지도자와 직접 연결 가능한 비밀채널이다. 당시 로버트 케네디와 도브리닌의 관계가 이에 해당한다. 물론 이 채널 역시 그렇게 빠르지도, 그렇다고 비밀이 보장되지도 않았다. 당시 도브리닌의 메모는 자전거 택배로 웨스턴유니언 전화국을 통해 소련으로 전달되었다.

다만, 이 세 번째 채널은 효과적인 비밀채널의 조건을 두루 갖추고 있었다. 비밀채널은 상호신뢰를 바탕으로 당사자들이 언제든지 만날 수 있어야 하며, 최소한 외교와 정치 분야를 동시에 알아야 하고, 최고지도자와 직접 연결돼 있어야 한다. 물론 비밀채널을 통해 서로 외교 게임을 할 수도 있다. 자신의 의지를 과장할 수도 있고, 상대의 양보를 시험할 수도 있다. 그러나 역정보를 흘리는 행위는 위험하다. 속임수와 거짓이 밝혀지면, 협상의 가장 밑바탕이 되는 신뢰를 잃게 되기 때문이다.

그날 밤 로버트 케네디는 소련이 핵미사일을 쿠바에서 철수하면 쿠바 봉쇄를 풀고 불가침을 선언하겠다고 했다. 그러자 도브리닌은 그렇다면 터키는 어떻게 할 것인지 물었다. 로버트 케네디는 4~5개월 내로 터키에서 미사일 기지를 철수하겠다며, 다만 북대서양조약기구 동맹국의 동의를 얻을 시간이 필요하고, 이러한 사항은 구두약속이므로 비밀이 지켜져야 한다는 단서를 달았다. 케네디 대통령과 충분히 상의하고 결정한 협상 전술이었다. 케네디 측은 상대의 요구를 수용하면서도 긴박한 순간에 비밀협상의 위험을 차단할 안전장치를 마련하는 고도의 협상 기술을 구사했다.

내부 강경파를
협상의 수단으로 활용하라

──────── 로버트 케네디 법무장관은 또 한 가지 결정적인 협상의 기술을 발휘했다. 내부 강경파를 협상 수단으로 활용한 것이다. 그는 도브리닌 소련 대사에게 "군부는 무조건 싸우려 하고, 대통령은 더 이상 군부의 공습 요구를 거부할 수 없는 상황이다. 앞으로 12시간, 최대 24시간 내에 어떤 결정을 내릴 수밖에 없다"라고 말했다. 로버트 케네디는 내부 강경파의 주장을 협상 카드로 활용했지만, 그것은 과장된 행동이 아니었다. 백악관 국가안전보장회의의 군부 쪽 참가자들은 시간이 흐르면서 긴장감이 높아지자, 선제공격을 아주 강하게 주장했다.

로버트 케네디는 도브리닌에게 다음 날인 10월 28일까지 답을 달라고 했다. 그리고 "우리가 얼마나 오랫동안 군부에 맞서 통제를 유지할 수 있을지 모르겠다"라는 말을 고백처럼 던졌다. 당시 흐루쇼프도 군부의 압력에 직면해 있었다. 그러나 군부의 압력을 협상 카드로 효과적으로 활용한 것은 미국 쪽이었다.

미국 공군 참모총장 커티스 르메이는 군사적 공격을 머뭇거리는 케네디 대통령을 강하게 몰아붙였다. 르메이는 해상 봉쇄를 "1938년 뮌헨에서 있었던 유화정책과 다름없다"라고 비판했다. 또한 해상 봉쇄는 상대가 만만하게 여길 만한 조치여서 오히려 강경하고 도발적인 추가 행동을 부추길 것이라며, 쿠바의 소련 핵미사일 기지, 쿠바 공군, 그리고 통신시설에 무차별적인 공습을 즉각 감행하자고 주장했다. 국무부, 국방부, 중앙정보국도 비슷한 의견이었다. 그러나 케네디 대통령은 동의하지 않았다. 케네디는 선제공격을 줄기차게 주장하면서도 소련의 맞대응이 없을 것이라고 장담하는 장군들을 보면서 자신의 측근에게 이렇게 말했다. "장군들의 주장은 엄청난 장점이 하나 있지. 그들이 해달라는 대로 해주면 나중에 우리 중 아무도 그들이 틀렸다고 말해줄 수 없을걸. 우리는 다 죽고 없을 테니까 말이야."

케네디 대통령은 비장의 카드를 준비했다. 로버트 케네디의 담판이 실패했을 때 사용할 카드였다. 케네디 대통령은 쿠바의 소련 핵미사일과 터키의 미국 핵미사일을 동시에 철수하자는 공식적인 제안을 당시 UN 사무총장인 우 탄트가 발표하도록 요청할 계획이었다. 소련의 요구를 수용할 명분이 필요했던 것이다. 비밀거래를 위해 딘 러스크 국무장관의 오랜 친구인 앤드루 코디어 당시 미국 컬럼비아대학교 국제관계학장을 활용할 생각이었다. 코디어 학장은 얼마 전까지 우 탄트의 수석보좌관으로 일했다. 그러나 다행스럽게도 이 카드는 쓸 필요가 없었다. 흐루쇼프가 로버트 케네디의 제안을 즉각 수용했기 때문이다. 그래서 비장의 카드는 대통령과 국무장관, 그리고 코디어 세 사람만 아는 비밀로 남게 되었다.

10월 28일, 도브리닌이 안드레이 그로미코 소련 외무장관의 공식 전문을 미국의 로버트 케네디 법무장관에게 전해주었다. 전문을 읽은 뒤 로버트 케네디는 "마침내 아이들을 보러 갈 수 있겠네. 집에 가는 길을 거의 잊어버렸어"라고 말하며 웃었다. 도브리닌은 쿠바 미사

케네디 대통령(오른쪽)과 르메이 공군 참모총장(가운데). 르메이는 즉각적인 선제공격을 주장했으나, 케네디는 군부가 무모하고 무책임하다고 생각했다.

일 위기 이후 미국 법무장관의 미소를 그때 처음 보았다고 기억한다. 그렇게 위기는 끝났다. 터키의 미사일 철수 약속을 비밀로 했기 때문에 협상의 승자는 케네디 대통령이 될 수 있었다. 흐루쇼프도 체면을 잃지는 않았으나 공개할 수 없는 거래 내용 때문에 이후 정치국 위원들로부터 비판을 받았다.

케네디는 당시에도 그 이후에도 의회와 언론에서 터키의 미사일 철수 거래를 공식적으로 부인했다. 그러나 소련이 언제 거래 내용을 밝힐지 모른다는 가능성에 대비해야 했다. 10월 27일, 케네디는 급박하게 돌아가는 상황에서도 터키 주재 미국 대사에게 터키 총리를 만나라고 지시했다. 터키 총리에게 "터키에 대한 미국의 안보 공약은 변함이 없으며, 다만 쿠바 미사일 위기를 해결하기 위해서는 터키의 미사일 철수 말고는 다른 방도가 없다"라는 말을 전달해놓아야만 했다.

터키를 달래는 일은 또 하나의 협상이었다. 1959년 아이젠하워 정부와 핵미사일 배치를 합의한 이후 터키는 소련의 위협 속에서도 그것을 안보의 징표로 삼아왔다. 미국은 두 가지 측면에서 터키를 설득했다. 첫째는 터키에 배치된 핵미사일이 더 이상 쓸모가 없어졌다는 점이다. 대륙간 탄도미사일의 성능이 개선되고 숫자가 많아지면서 중거리 미사일의 군사적 효능은 확실히 약화되었다. 둘째는 핵미사일을 다른 수단으로 대체한다는 약속이다. 미국은 동지중해에 핵잠수함을 배치하고, 터키가 바라는 전투기 F-104도 여러 대 제공할 뿐 아니라, 터키의 미군 기지도 그대로 유지하겠다고 약속했다. 1963년 2월, 마침내 터키 총리가 미사일 철수를 공식적으로 발표했다. 곧바로 맥나마라 미국 국방장관이 중심이 되어 미사일 철수를 시작했고, 4월 말 완료했다. 이로써 쿠바 미사일 위기를 해결하기 위한 협상이 마침내 끝났다.

신뢰는
협상의 조건이 아니라 결과

————— 쿠바 미사일 위기 상황에서 미소 양국은 수많은 실수와 오해, 그리고 그 결과물인 오판을 거듭했다. 오해는 상대를 알지 못하기 때문에 발생한다. 상대의 의도를 제대로 읽지 못하면, 대체로 자신의 생각에 따라 행동하게 된다. 오해가 오판을 부르는 것이다. 소련의 흐루쇼프는 미국의 젊은 대통령을 얕보았고, 미국 역시 '정보 실

패'를 거듭했다.

미소 양국은 오해가 발생했을 때, 그것을 바로잡을 수 있는 안정적인 소통 수단이 있어야 한다는 점을 깨달았다. 양국은 이듬해인 1963년 6월 '핫라인'을 설치했다. 크렘린과 백악관 사이에 소통 수단을 마련한 것이다. 핫라인은 자주 사용되지는 않았다. 그러나 오해를 확인하고 상대의 오판을 막는 데 중요한 역할을 했다. 1967년 이스라엘이 이집트를 공습했을 때(6일전쟁), 당시 린든 존슨 미국 대통령은 알렉세이 코시긴 소련 총리에게 전쟁을 원치 않는다는 의사를 확실히 전달했다. 당시 6일 동안 20개의 메시지가 소련에 전달되었다.

협상을 할 때 신뢰는 중요하다. 이때 신뢰는 조건이 아니라 협상의 결과다. 케네디는 흐루쇼프의 거짓말에 분노했다. 쿠바에 건설 중이던 핵미사일 기지를 미국이 알아내기 전까지 흐루쇼프는 쿠바에 방어용 무기만 있다고 말했기 때문이다. 인간은 누구나 상대가 자신을 속였다고 판단하면 그때부터 상대방의 어떤 말도 믿지 않으려 한다. 케네디가 보여준 놀라운 점은 분노의 감정에 휩싸이지 않고, 신중하게 사태를 파악해 합리적으로 대안을 마련했다는 것이다.

위기 상황에서도 케네디는 언제나 상대를 합리적 행위자로 간주했다. 자신이 선제공격을 고려하면 상대도 똑같이 그 방법을 택할 것이고, 결국 제어할 수 없는 상황에 몰려 핵전쟁의 문턱을 넘어설 수도 있다고 생각했다. 협상은 전쟁만큼이나 어렵다. 자칫하면 정치적으로 사망할 수도 있다. 또 극도의 불신관계에서는 상대의 약속을 믿기도 어렵다. 그러나 폭력을 사용하지 않고 위기를 해결하기 위해서는 협상이 필요하다. 케네디 대통령의 말처럼 "두려움 때문에 협상을 시작할 필요는 없지만, 협상 자체를 두려워해서는 안 된다".

3

WHAT YOU SEE HERE
WHAT YOU DO HERE
WHAT YOU HEAR HERE
WHEN YOU LEAVE HERE
LET IT STAY HERE

올 때까지 문을 열어두어라

라틴아메리카 비핵지대조약

협상일지

1945년	7월 16일	미국 맨해튼 프로젝트, 트리니티 핵실험 성공(8월, 일본 히로시마와 나가사키에 원자폭탄 투하)
1946년	1월	UN 원자력위원회 설립(1952년 해체)
1949년	8월 29일	소련 핵실험 성공
1957년	7월	국제원자력기구 설립
	10월	폴란드, UN 총회에서 중부 유럽 비핵지대 구상 제안(라파츠키 플랜)
1958년	1월	코스타리카, 라틴아메리카 비핵지대화 제안
1962년	10월	쿠바 미사일 위기
	10월 29일	브라질, 라틴라메리카 비핵지대 결의안 제출
1963년	4월	멕시코·브라질·칠레·에콰도르·볼리비아, 라틴아메리카 비핵지대를 위한 5개국 공동선언 발표
	11월 27일	라틴아메리카 비핵지대 권고 UN 총회 결의안 제1911호 채택
1964년	11월	멕시코, 17개국 초청 라티아메리카 비핵지대화를 위한 준비위원회 결성
1967년	2월	라틴아메리카의 비핵지대조약 '틀라텔롤코조약' 체결
1968년	7월	국제원자력기구, 핵비확산조약 채택
1982년	4월	아르헨티나−영국 간 포클랜드전쟁 발발
1990년	11월	아르헨티나−브라질 정상회담 개최, 공동원자력정책 선언,
1991년	6월	'아르헨티나−브라질핵물질통제기구' 설립
1994년	1월	아르헨티나·칠레 틀라텔롤코조약 비준
	5월	브라질 틀라텔롤코조약 비준
2002년	9월	쿠바, 핵비확산조약 가입 및 틀라텔롤코조약 비준

"이제 나는 죽음의 신, 세계의 파괴자가 되었다." 1945년 7월 16일, 미국 뉴멕시코주의 사막 위로 버섯구름이 피어오를 때, 맨해튼 프로젝트의 책임자인 로버트 오펜하이머는 힌두교 경전에 나오는 비슈누 신의 말을 중얼거렸다. 그 순간부터 그는 '아메리칸 프로메테우스'•라 불렸다. 그는 자기 눈앞에 펼쳐진 풍경의 의미를 잘 알았다. '성부, 성자, 성령의 삼위일체', 즉 '트리니티Trinity'라는 이름의 핵실험 이후 인류는 핵무기 시대로 접어들었다.

핵무기 확산,
어떻게 막을 것인가?

—————— 실험 3주 뒤인 1945년 8월 6일 히로시마에, 8월 9일 나가사키에 핵폭탄이 투하되었다. 히로시마에 핵폭탄이 터졌을 때 7만여 명이 그 자리에서 죽었다. 나가사키에서도 비슷한 규모의 사상자가 발생했다. 히로시마에서만 그 뒤 5년 동안 낙진과 방사능 피해로

● 카이 버드와 마틴 셔윈이 쓴 오펜하이머의 전기 제목에서 유래했다. 그들이 오펜하이머를 '아메리칸 프로메테우스'라고 부른 이유는 이중적이다. 프로메테우스는 제우스로부터 불을 훔쳐 인류에게 주었지만, 제우스의 분노를 사서 코카서스 바위에 묶여 독수리에게 간을 쪼아 먹히는 형벌을 받았다. 전기에서도 오펜하이머가 맨해튼 프로젝트로 원자폭탄을 개발하는 전반부와 양심의 가책을 겪는 후반부를 균형 있게 다루었다. 오펜하이머는 핵폭탄이 터진 히로시마와 나가사키의 참상을 접한 뒤 평화운동에 참여하고 핵 확산 방지를 위해 노력했다. 그래서 오랫동안 '공산주의자'로 몰려 비미(非美)활동특별조사위원회(일명 매카시 위원회)에 불려나가 수모를 겪었다.

20만 명이 넘는 사람들이 죽어갔다.

오펜하이머는 괴로워했다. 1945년 10월 25일 백악관에서 트루먼 대통령을 만났을 때, 그는 "각하, 내 손에 피가 묻어 있습니다"라고 말했다. 오펜하이머는 인류의 멸망이 멀지 않았다고 생각했다. 그는 곧 다가올 파국을 막기 위해 핵무기를 통제할 국제기관을 만들자고 주장했다.

1946년에 미국 국무차관 딘 애치슨과 원자력위원회의 데이비드 릴리엔탈이 공동으로 작성한 〈원자력의 국제 통제에 관한 보고서〉가 발표되었다. 오펜하이머도 '애치슨-릴리엔탈 보고서'로 알려진 이 작업에 주도적으로 참여했다. 그들은 보고서에서 "핵전쟁을 예방하려면 국제적인 차원에서 경찰의 역할이 필요하다"라고 주장하면서, "국제적인 '원자력 관리 관청'을 만들어 모든 우라늄 광산, 원자력발전소, 연구소를 통제하자"라고 제안했다. 오펜하이머를 비롯한 '고뇌하는 과학자'들은 '핵무기 없는 세상'을 만들어야 한다고 주장했다.

그러나 미국 정부의 생각은 달랐다. 트루먼 대통령은 미국만이 '가공할 만한 새로운 무기'를 소유해야 한다고 생각했다. UN은 원자력위원회를 만들어 '핵무기 통제' 방안을 찾아보기로 했지만 합의는 쉽지 않았다. 미국 대표 버나드 바루치는 "모든 핵물질과 관련 시설을 국제적으로 통제하자. 통제를 위반한 국가를 처벌하기 위해 UN 안전보장이사회의 거부권을 적용하지 말자"라고 제안했다. 언뜻 보기에는 과격한 주장인 듯하지만, 바루치는 "미국은 국제적인 통제가 이루어지기 전까지 핵무기를 보유하고 있어야 한다"라는 단서를 붙여 미국만 예외로 두려 했다. 1946년 6월, 당시 미국은 핵무기 9기를 보유하고 있었다.

이에 대해 소련은 즉각 거부했다. 안전보장이사회의 의사 결정 방식은 만장일치제로, 5개 상임이사국은 거부권을 행사할 수 있다. 그런데 핵 문제와 관련해 거부권 행사에 제한을 두자는 미국의 제안을 소련은 받아들일 수 없었다. UN의 소련 대사 그로미코는 "소련 정부는 소련 경제의 일부를 외국인의 통제 아래 둘 수 없다"라고 주장하면서, "미국이 먼저 핵무기를 폐기하라"고 촉구했다. 소련은 1949년 8월 핵실험에 성공했다. 결국 UN 원자력위원회는 1952년 아무런 성과 없이 최종적으로 해체되었다. 그리고 영국(1952), 프랑스(1960), 중국(1964)도 핵무기 보유국이 되었다.

국제사회는 핵무기 확산에 대한 두려움과 더불어 '핵무기 없는 세상'을 만들자는 목소리도 커져갔다. 다만, 강대국들이 핵무장을 하면서 '비핵화'가 아니라 '비확산'이라는 개념이 등장했다. 핵무기를 보유한 5개 강대국을 인정하고, 더 이상 핵무기가 확산되지 않도록 국제기구를 만들어 감시와 통제를 강화하자는 발상이다. 국제사회는 1957년 국제원자력기구^{IAEA}를 설립하고, 1968년 핵비확산조약^{NPT}을 채택했다. 비확산을 둘러싸고 핵보유국과 비보유국 사이의 갈등도 시작되었다. 그런 상황에서 1967년 라틴아메리카의 비핵지대조약인

'틀라텔롤코조약Tlatelolco treaty'이 맺어졌다. 틀라텔롤코는 멕시코 외무부가 있는 도시 이름으로, 이곳에서 처음으로 예비회담이 열렸고 협정 서명이 시작되었으며, 현재에도 조약 이행을 위한 사무국이 있다. 최초로 이루어진 인간 거주 지역의 '핵 없는 세계'는 어떻게 가능했을까?

쿠바 미사일 위기로 등장한
비핵지대 논의

———————— '비핵지대Nuclear [Weapon] Free Zones, NWFZ'라는 개념은 '비무장지대Demilitarized Zone, DMZ'에서 빌려온 것으로, 핵무기의 배치, 생산, 사용 등이 금지된 지역을 의미한다. 1956년 소련이 중부 유럽의 비핵지대화를 처음으로 제안했다. 북대서양조약기구가 중부 유럽으로 확대되는 것을 막아보자는 의도였다. 그 뒤 1957년 10월, 폴란드의 아담 라파츠키 외무장관이 UN 총회에서 중부 유럽 비핵지대 구상을 다시 제안했다. '라파츠키 플랜'으로 불리는 이 제안의 핵심은 "동독과 서독이 핵무기의 생산과 보유를 금지한다면, 폴란드도 따를 것"이라는 것이다. 폴란드 정부는 서독의 핵무장을 두려워하면서 만일 그렇게 된다면 소련이 폴란드 영토에 핵무기를 배치할 것으로 보았다.

미국과 영국은 중부 유럽의 비핵지대 구상을 반대했다. 동유럽에 대한 소련의 영향력이 현존하는 상태에서, 서유럽의 군사력만 약화될 것이라는 우려 때문이었다. 당시까지 동독을 국가로 인정하지 않던 서독 역시 동서독이 함께 다자협정에 서명할 수 없다는 입장이었다. 이처럼 1950년대 냉전의 절정기에 유럽에서 비핵지대가 실현될

'라파츠키 플랜'이라 불리는 중부 유럽 비핵지대 구상을 제안한 폴란드 외무장관 아담 라파츠키 (가운데).

가능성은 거의 없었다.

1960년 프랑스가 알제리에서 핵실험을 하자, 다음 해에 14개 아프리카 국가들이 UN 총회에서 '아프리카 비핵지대' 결의안을 제출했다. 그러나 1991년 남아프리카공화국이 핵비확산조약에 가입해 핵무기를 스스로 폐기할 때까지는 별다른 진전이 없었다. 1963년에는 핀란드 대통령이 북유럽 비핵지대 설치를 제안했다. 덴마크, 핀란드, 아이슬란드, 노르웨이, 스웨덴 등 북유럽 국가들은 지역 협력에 대해 공감했지만 핵 문제에 대해서는 의견 차이가 있었다. 북대서양조약기구 회원국인 덴마크, 노르웨이, 아이슬란드는 비핵지대에 소극적이었지만, 회원국이 아닌 핀란드와 스웨덴은 비핵지대화를 찬성하며 어떤 상황에서도 자국 영토에 핵무기를 들이지 않겠다고 선언했다.

라틴아메리카 지역의 비핵지대 주장은 1958년 코스타리카가 처음으로 제기했다. 아르헨티나와 브라질의 핵개발 움직임을 우려하던 미국은 코스타리카의 제안을 적극 환영했다. 그 뒤 UN 외교무대에서 몇 번의 제안이 더 있었고, 결정적으로 1962년 쿠바 미사일 위기가 전환의 계기였다. 다행히도 핵미사일을 싣고 쿠바로 향하던 배를 다시 소련으로 돌리긴 했지만 라틴아메리카 국가들은 핵전쟁의 가능성을 실감했다. 쿠바 미사일 위기 직후 브라질이 UN 총회에서 라틴아메리카 비핵지대 결의안을 다시 제안했다. 이에 멕시코가 적극적으로 호응하면서 아예 주도자로 나섰다.

멕시코는 쿠바 미사일 위기 때 어느 국가보다도 큰 충격을 받았다. 쿠바와 이웃 국가인 멕시코는 쿠바혁명 이후에도 외교관계를 유지했으며, 미주기구Organization of American States, OAS에서 쿠바가 자격을 유지할 수 있도록 지원했다. 멕시코는 쿠바의 핵무장을 원치 않았을 뿐 아니라, 미국과 국경을 맞대고 있었기 때문에 쿠바를 둘러싸고 미소 간에 핵전쟁이 일어나면 직접적인 타격 대상이 될 수 있다고 판단했다. 멕시코는 선택의 기로에 섰다. 소련의 공격에 대응하기 위해 핵무장을 할지, 아니면 캐나다처럼 미국의 핵우산 아래로 들어갈지를 결정해야 했다. 핵보유국의 핵우산 아래에 들어간다는 것은 핵 공격을 받았을 때 핵보유국이 대신 보복해준다는 의미다. 캐나다는 북대서양조약기구 회원국이기 때문에 자연스럽게 미국의 핵우산에 포함되었다. 하지만 멕시코는 처지가 달랐다. 미국의 핵우산 아래에 들어가면 안보정책을 미국에 의존할 수밖에 없었다.

멕시코가 양자택일이라는 '악마의 선물'에서 벗어나 새로운 대안으로 생각한 것은 비핵지대였다. 핵무기 경쟁에 뛰어드는 것이 아니라 오히려 벗어나서, 라틴아메리카를 비핵지대로 만드는 데 앞장서는 것이었다. 멕시코는 라틴아메리카의 많은 국가와 원만한 관계를 유지해왔고, 미국과도 소통이 원활한 편이었기에 이 일을 추진하는 데 적격이었다.

양자택일에서 벗어난
멕시코의 유연성

──────── 1962년 10월 29일, 흐루쇼프가 소련의 핵미사일을 쿠바에서 철수하겠다고 발표한 다음 날, 브라질이 먼저 라틴아메리카 비핵지대 결의안을 제출했다. 11월에 다시 내용을 보완하고 볼리비아, 에콰도르, 칠레가 공동 제안자로 참여해 결의안을 제출했다. 당시 멕시코는 신중한 입장이었다. 너무 서둘러서는 안 되고, UN 총회의 결의안에서 한발 더 나아간 국가 간 협정 체결 방식으로, 가능하면 라틴아메리카 중심으로 추진해야 한다는 것이 멕시코의 판단이었다.

1963년 4월, 멕시코는 브라질·칠레·에콰도르·볼리비아 대통령을 초청해서 비핵지대를 위한 5개국 공동선언을 발표했다. 멕시코가 제시한 내용은 훨씬 구체적이었고, 브라질을 비롯한 참여국들은 즉각 환영했다. 멕시코는 곧바로 미국과 협의를 시작했다. 미국도 적극적으로 지지했다. 그 결과 그해 11월 27일에 라틴아메리카 비핵지대를 권고하는 UN 총회 결의안 제1911호가 채택되었다. 91개국이 찬성했고 반대표는 없었으며, 쿠바와 베네수엘라가 기권했다.

멕시코는 국제적 지지를 등에 업고 1964년 11월에 17개국을 초청하여, 라틴아메리카 비핵지대화를 위한 준비위원회를 결성했다. 당시 멕시코 외무차관이었던 알폰소 가르시아 로블레스가 위원장을 맡았다. 그는 유연하고, 헌신적이며, 성실한 자세로 협상을 성공적으로 이끌었다.

협상을 시작한 1964년은 격변기였다. 소련에서는 흐루쇼프 공산당 서기장이 실각했고, 베트남전쟁이 시작되었으며, 중국은 그해 10월 핵실험에 성공했다. 라틴아메리카 국가들의 노력은 어두운 국제 정세 속에서 더욱 빛났다. 협상 과정에서 미국의 적극적인 협력도 중요하게 작용했다. 라틴아메리카의 미래에 대해 미국과 라틴아메리카 국가들의 생각은 달랐지만, 양쪽 모두 비핵지대의 필요성에는 공감했다. 미국은 이 지역의 비핵지대화가 국제적인 비확산 노력에 동력을 제공할 것으로 기대했다. 반면, 라틴아메리카 국가들은 미국의 핵 패권에서 벗어나기 위해 비핵지대가 필요하다고 판단했다.

1967년까지 네 차례의 회담이 열리는 동안 어려운 고비도 많았다. 우선적인 과제는 쿠바의 참여 문제였다. 준비위원회의 로블레스 위원장은 쿠바의 카스트로 국가평의회 의장에게 편지로 참여를 요청했다. 그러나 카스트로는 쿠바섬의 일부인 관타나모에 미국이 해군기지를 유지하는 것을 비난하면서, 미국이 쿠바에 대한 적대정책을 포기하지 않는 이상 참여하지 않겠다는 입장을 전했다.

비핵지대조약을 만드는 과정에서 가장 핵심적인 쟁점은 '검증' 문제였다. 약속 이행을 어떻게 확인하는가는 결코 쉬운 문제가 아니었다. 단순히 각국의 선의에 맡길 수도 없는 일이었다. 초안을 작성하면서 '사회적 검증'이라는 개념이 제기되기도 했다. 각 국가에서 국민이 직접 검증할 수 있도록 하자는 것이었다. 그러나 "어떤 정부가 자신의 시민에게 스파이 노릇을 허용하겠는가?"라는 반론이 제기되었다.

라틴아메리카 비핵지대화를 위한 준비위원회 위원장 알폰소 가르시아 로블레스(오른쪽). 그는 '틀라텔롤코조약의 아버지' 혹은 '미스터 군축'이라고 불렸으며, 1982년 노벨평화상을 받았다.

결국 검증은 각 나라가 국제원자력기구와 안전협정을 체결하는 것으로 결론을 내렸다.

다자협상은 양자협상보다 훨씬 어렵다. 의견이 여러 갈래로 나뉘기 때문에 조정 과정도 복잡하다. 준비위원회에서도 편이 갈렸다. 한쪽은 멕시코가 주도했다. 이쪽에서는 집단적 규범을 강조하고, 실용적 접근을 중시했다. 다른 쪽에는 브라질과 아르헨티나가 있었다. 브라질은 처음에 비핵지대조약에 적극적이었지만, 1964년 군사 쿠데타가 일어나면서 입장이 바뀌었다. 아르헨티나에서도 1966년 군사 쿠데타가 일어났다. 양국의 군사정부는 멕시코가 주도하는 협상에서 공동전선을 펴면서 다른 목소리를 내기 시작했다. 양국은 집단적 규범이 아니라, 각국의 재량권을 허용해야 한다고 주장했다.

제3차 실무회담에서 브라질은 엄격한 전제 조건을 제시했다. 라틴 아메리카 지역의 모든 국가와 중국을 포함한 모든 핵보유국, 그리고 영토적 이해관계에 있는 프랑스, 네덜란드, 영국, 미국 등 모든 국가가 조약을 비준해야 한다고 주장한 것이다. 브라질의 주장대로 하면, 이 조약은 체결이 불가능했다. 이미 쿠바가 불참을 통고했고, 중국의 참여도 불투명한 상황이었다.

게다가 브라질과 아르헨티나는 핵무기를 실은 항공기나 배의 통과를 금지해야 한다고 주장했다. 미국의 파나마운하 통과를 문제 삼은 것이다. 당시 미국과 영국은 통과 조항을 양보할 생각이 없었다. 핵미사일을 장착한 항공모함이나 핵잠수함이 파나마운하를 통과하지 못하고 남아메리카를 돌아가야 한다면, 전략의 문제뿐 아니라 경제적인 측면에서도 부담이 컸다. 또한 핵무기를 싣고 간다고 의심되는 선박을 강제로 세워 소유자의 동의 없이 검색한다는 것은 현실적으로 어려운 일이었다. 준비위원장 로블레스가 중재에 나서서 '파나마운하 통과 문제'는 각국의 재량권에 맡기는 것으로 절충했다.

'평화적 핵폭발'이라는
이상한 주장

─────── 협상 막바지에 아르헨티나와 브라질은 '평화적 핵폭발 Peaceful Nuclear Explosions'을 허용해야 한다는 새로운 주장을 들고나왔다. 이 주장은 원래 1953년 UN 총회에서 아이젠하워 미국 대통령이 제창한 '평화를 위한 원자력' 구상에서 비롯된 것으로, 당시 미국의 주

장은 사회주의권을 제외하고 원자력의 평화적 혜택을 나누어 갖자는 것이었다. 미국의 원자력위원회는 이를 '보습 프로젝트^{Project Plowshare}'라고 불렀다. "칼을 쳐서 보습을 만들고, 창을 쳐서 낫을 만들 것이다"라는 《성경》 구절에서 따온 것이다.

평화적 핵폭발이라는 개념을 직접 창안한 사람은 맨해튼 프로젝트의 '문제적 인물'인 에드워드 텔러다. 맨해튼 프로젝트에 참여했던 과학자들은 아시아태평양전쟁 이후 두 패로 나뉘었다. 오펜하이머처럼 '양심적이고 고뇌하는 과학자'도 있었지만, 텔러처럼 더욱 강력한 무기 개발에 나선 과학자도 있었다. '수소폭탄의 아버지'라 불리는 텔러는 원자폭탄 폭발에 사용된 방사선을 이용해 수소폭탄 실험에 성공한 뒤, 핵실험에 대한 국제사회의 부정적 여론을 피해가기 위해 평화적 핵폭발이란 개념을 만들어냈다.

텔러는 방사능 낙진이 없고 비용이 적게 드는 매우 경제적인 수단이라는 이유를 내세워 평화적 핵폭발을 '깨끗한 핵폭발'이라고 불렀다. 미국은 1958년 평화적 핵폭발과 관련된 연구를 시작해 1977년 마칠 때까지 총 7억 7,000만 달러를 투자했다. 그사이에 27번의 핵폭발이 이루어졌다. 알래스카에 항구를 건설하기 위해, 캘리포니아에 산맥을 가로질러 고속도로를 만들기 위해, 파나마운하를 확장하기 위해 핵폭발을 이용했다.

그러나 미국 내에서 핵폭발로 인한 낙진 피해가 발생하고, 환경에 미치는 부정적 영향이 불거지면서 강력한 반대 여론이 일었다. 미국은 자국 내에서 평화적 핵폭발을 중단하면서 곧이어 라틴아메리카 비핵지대조약의 평화적 핵폭발에 관한 조항을 허용할 수 없다는 영국과 소련의 입장에 합류했다. 군사적 목적과 평화적 목적을 구분하기 어렵다

1953년 UN 총회에서 '평화를 위한 원자력' 구상에 대해 연설하는 아이젠하워 미국 대통령(왼쪽)과 '평화적 핵폭발' 개념을 창안한 에드워드 텔러(오른쪽).

는 것이 그 이유였다.

그러나 브라질 군사정권은 원자력을 저발전을 극복하기 위한 수단으로 생각했다. 그들은 아마존 정글지대를 개발하기 위해 평화적 핵폭발을 구체적으로 검토했다. 운하를 파고, 강을 연결시키고, 유전과 가스를 개발하는 데 평화적 핵폭발을 활용하려고 했다. 아르헨티나도 브라질 편을 들었다.

로블레스가 다시 협상의 기술을 발휘해 평화적 핵폭발을 허용하는 조항을 두되, 전제 조건을 엄격하게 규정해 각국마다 접근을 달리할 수 있도록 했다. 멕시코를 비롯한 대부분의 국가들은 평화적 목적과 군사적 목적을 구분할 수 있을 때까지 평화적 핵폭발을 금지해야 한다고 해석했다. 그러나 아르헨티나와 브라질은 평화적인 용도라면 가능한 것으로 해석했다. 1990년 아르헨티나와 브라질이 모든 핵실험 금지에 동의할 때까지 해석의 차이는 계속되었다.

이처럼 조약 체결 과정에서 가장 큰 쟁점은 브라질과 아르헨티나의 참여 문제였다. 너무 구체적인 합의를 요구하면 양국은 떨어져나갈 것이고, 그러면 지역 대표성을 유지할 수 없게 될 터였다. 멕시코는 두 국가의 참여를 독려하기 위해 조약 발효 시점을 신축성 있게 운용하자고 제안했다. 조건부 유보, 즉 웨이버 조항.Waiver Clause •을 두어서 아르헨티나와 브라질의 체면을 살려주었다. 또한 조약 체결 뒤에라도 양국의 주장이 반영될 수 있도록 회원국 가운데 3분의 2의 지지로 기존 조약 내용을 개정할 수 있는 조항도 두었다.

1967년 아르헨티나는 조약에 서명은 했으나 비준은 유보했다. 브라질과 칠레는 조건부로 비준했다. 즉 지역 내 모든 라틴아메리카 국가를 비롯해 영토적 이해관계에 있는 지역 바깥의 국가와 핵보유국이 모두 비준할 때까지 효력을 유보하겠다는 입장이었다. 쿠바가 불참한 가운데 1967년 '틀라텔롤코조약'은 출발했다.

> •　웨이버는 의무 면제를 의미한다. 국내 법률에서는 예외 조항을 두어서 법을 신축성 있게 적용하고, 국제 조약에서는 일부 조항의 의무를 면제해 다수 국가의 합의를 유도하기 위해 활용된다. 예를 들어 세계무역기구(WTO) 협정에서 '쌀시장 개방'의 유예는 대표적인 웨이버 조항이다. 일반적으로 의무 면제에 관한 조항은 조건이 달려 있고, 법률로 정해진 동의 절차 과정을 거쳐 결정한다.

조약은 서문, 본문, 그리고 두 개의 부속의정서로 구성되었다. '부속의정서 I'은 라틴아메리카에 영토적 이해가 있는 국가들의 의무에 관한 것이고, '부속의정서 II'는 핵보유국들이 이 지역 국가들에 핵무기를 사용하거나 위협하지 않는다는 내용이다. 1970년대를 거치면서 라틴아메리카에 속령을 갖고 있던 국가와 핵보유 국가는 모두 조약에 참여했다.

브라질과 아르헨티나의
핵개발

———————— 라틴아메리카 비핵지대조약 체결의 결정적인 열쇠를
쥐고 있던 브라질과 아르헨티나가 조약 비준에 소극적이었던 이유는
따로 있었다. 비밀리에 핵개발을 추진하고 있던 양국은 조약 체결을
연기해 시간을 벌고자 했다. 브라질과 아르헨티나가 핵개발에 나선
이유는 에너지 문제였다. 1950년대 라틴아메리카는 경제 발전의 시
대였다. 당시 브라질의 수도였던 리우데자네이루와 아르헨티나의 수
도 부에노스아이레스는 산업화 지역으로 변신했고, 그만큼 에너지
소비도 증가했다.

마침 미국은 '평화를 위한 원자력' 프로그램을 강조하면서 제3세계
에 기술 이전을 장려하고 있었다. 브라질과 아르헨티나가 이를 거절
할 이유가 없었다. 아르헨티나는 이미 1950년 5월에 원자력위원회를
설립했다. 그리고 나치스 독일에서 핵개발에 참여했던 과학자를 초
빙해 대규모 연구시설을 제공했다. 심지어 로널드 리히터라는 과학
자가 1951년 3월에 소규모지만 핵분열 실험에 성공했다고 발표했다
가 연구 결과가 사기로 밝혀져 쫓겨나는 일도 있었다. 이후에도 아르
헨티나는 노력을 계속해 1960년대 중반에 이미 핵 재처리 기술을 보
유하게 되었다.

아르헨티나는 라틴아메리카에서 가장 발전된 핵개발 프로그램을
진행하고 있었기 때문에 비핵지대 제안에 반대했다. 아르헨티나는
'핵주기' 완성을 목표로 했다. 즉 우라늄을 광산에서 채굴하는 것부터
시작해서 각종 관련 시설과 장비를 갖추어 정련 과정을 거치고, 핵물

질을 생산하는 두 가지 대표적인 방법인 우라늄 농축과 플루토늄의 재처리를 병행하고, 마지막으로 핵폐기물 처리까지 전 과정을 갖출 계획이었다.

브라질은 1960년대에 군사정권이 들어서면서 핵 문제에 대한 입장을 바꾸었다. 1960년대 '브라질의 기적'이라고 부르는 급속한 경제성장은 우호적인 국제환경과 저렴한 에너지 공급 덕분에 가능했다. 브라질은 원래 수력발전이 풍부했다. 당시 파라나강에는 세계 최대 규모인 12,000MW급 수력발전소를 짓고 있었다. 그러나 1973년 세계적인 석유 위기(제1차 오일쇼크)를 겪으며 좀 더 안정적인 원자력발전이 필요했다.

브라질의 핵개발 프로그램은 군사정권이 '수입 대체 산업화'의 길을 선택하면서 더욱 강화되었다. 국제무역을 중시하는 '수출 지향 산업화'가 아니라, 외국에서 수입하던 기술과 장비를 국내 생산으로 대체하는 '수입 대체 산업화'는 국제사회와 거리를 둔 브라질 자립 선언이었다. 특히 브라질의 군사정권은 원자력을 '자립 경제'의 수단으로 생각했다.

브라질 군사정권은 육·해·공군으로 나누어 핵무기 프로그램을 추진했다. 공군은 레이저 농축을 연구했고, 육군은 흑연 원자로를 건설하고, 해군은 원심 분리기를 통해 우라늄 농축을 시도했다. 해군은 특히 우라늄 농축을 통해 핵 추진 잠수함을 개발하고자 했다. 해군의 프로젝트 담당자는 미국 매사추세츠 공대(MIT)에서 핵공학을 공부하고 돌아온 군인이었다.

브라질의 핵개발 프로그램에 관한 정보를 입수한 미국은 강력하게 대응했다. 브라질은 핵무기 생산 의심 국가 명단에 올랐고, 미국은 고

성능 컴퓨터를 비롯한 첨단 장비의 브라질 수출을 막았다. 그 바람에 브라질의 석유회사, 우주 연구소, 대학 연구소의 장비 구입이 한꺼번에 중단되었다. 미국 상무부는 브라질의 몇몇 기업이 미국 회사에서 구매한 장비들을 수출 금지 품목으로 분류해 통관을 막았다. 게다가 미국은 브라질에 대한 국제금융기구의 차관도 중단시켰다. 이로 인해 미국과 브라질 관계는 급격하게 악화되었다.

<h2 style="text-align:center">공동의 적에 맞서다
정이 들다</h2>

─────────── 아르헨티나와 브라질은 라틴아메리카에서 가장 덩치가 큰 인접 국가로, 19세기에 독립한 이후로 서로 영토 분쟁을 겪기도 했다. 그 뒤 양국은 경쟁관계였지만, 적대적이지는 않았다. 양국은 각자 핵개발을 추진해오다 1970년대 후반부터 공동대응을 모색했다. 핵 문제에 대해 양국이 신뢰를 구축해간 과정은 한마디로 공동의 적에 맞서다 정이 든 경우라 할 수 있다.

브라질과 아르헨티나는 미국을 비롯한 선진국의 기술을 도입해 원자력발전에 뛰어들었다. 그런데 1974년에 인도가 핵실험을 하자, 미국은 원자력 기술 이전 정책을 전면적으로 재검토했다. 특히 미국의 카터 행정부는 1978년 핵확산을 막기 위해 핵물질 관련 시설을 엄격하게 통제하는 '핵비확산법Nuclear Non-Proliferation Act'을 제정했다. 이 법은 핵비확산조약에 가입하지 않은 국가들의 원자력의 평화적 이용 권리를 제한하겠다는 것이었다. 따라서 아르헨티나와 브라질이 원자력

발전에 필요한 원료와 기술을 얻기가 훨씬 어려워졌다.

이미 1977년 1월 브라질 정부가 서독에서 우라늄 농축 기술을 도입하고자 했을 때, 카터 미국 대통령은 월터 먼데일 부통령을 직접 보내 이 거래를 막았다. 그리고 1978년 브라질이 서독과 원자력협력 협정을 맺고, 우라늄 농축과 사용 후 연료의 재처리 기술 이전 및 8개의 원자력발전소 건설을 합의했을 때에도 미국은 이를 적극적으로 막았다. 또한 서독 정부를 설득해서 브라질이 국제원자력기구와 안전협정을 맺지 않으면 수출을 할 수 없도록 했다. 결국 브라질 군사정권은 미국의 제재에 강력하게 반발하면서, 핵개발을 비밀리에 추진하는 방향으로 바꾸었다.

아르헨티나도 마찬가지였다. 카터 행정부가 핵무기 관련 시설에 대한 국제적인 통제를 강화하자, 아르헨티나 역시 강력하게 반발했다. 또한 미국의 정책을 '주권 침해'라고 비판했다. 1978년 아르헨티나는 국가핵에너지위원회 산하에 비밀기관을 설치하고, 농축 기술과 플루토늄 재처리 기술의 개발을 추진했다. 1960년대 후반에 이미 성공했던 실험실 수준의 프로그램을 더욱 확대하고 구체화하기 위한 조치였다.

아르헨티나와 브라질은 미국이 주도한 핵비확산조약에 강력히 저항하면서 서명을 거부했다. 양국은 핵비확산조약을 '기술제국주의'라고 비난했다. UN의 아르헨티나 대사 카라사레스는 핵비확산조약을 '무장하지 않은 사람을 무장해제하려는 강대국의 부당한 간섭'이라고 비판했다. 특히 핵을 보유한 국가(UN 안전보장이사회 상임이사국인 미국, 영국, 프랑스, 소련, 중국)와 비핵 국가를 차별하고, 법적 의무에서 다른 기준을 요구하는 것은 불평등한 조치라며 반발했다.

미국을 비롯한 핵 공급 국가들이 아르헨티나와 브라질에 강력한 수출 통제 조치를 취하자, 양국은 적극적으로 공동대응에 나섰다. 양국은 외무장관 회담을 열어 원자력위원회의 기술 공유를 선언했다. 브라질은 서독과 체결한 원자력협력협정 이행에 차질이 빚어졌고, 아르헨티나 역시 경수로 원자로 도입 문제로 미국과 갈등을 겪었다.

1982년 아르헨티나가 영국과 포클랜드(말비나스)전쟁●을 치르면서 아르헨티나와 브라질의 관계는 더욱 깊어졌다. 대부분의 라틴아메리카 국가들은 영국을 비난하면서 아르헨티나 편을 들었다. 당시 영국의 핵 추진 잠수함이 아르헨티나 함선을 침몰시켜 323명의 승무원이 사망했는데, 이 숫자는 전쟁에서 사망한 아르헨티나군의 50%에 해당했다. 핵 추진 잠수함은 원자력에서 발생하는 열을 이용한다. 연소 과정이 없기 때문에 디젤 잠수함처럼 수면 위로 떠올라 축전蓄電을 할 필요가 없을 뿐 아니라, 원료를 한 번 공급하면 수만 킬로미터를 이동할 수 있다. 아르헨티나는 핵 추진 잠수함이 원자력의 평화적 사용 원칙을 위반하는 것이라고 주장했다. 그러나 영국은 핵무기가 아니라고 반격했다.

라틴아메리카 국가들은 영국의 핵 추진 잠수함에 핵미사일도 장착되어 있었다고 주장했다. 틀라텔롤코조약의 '부속의정서 II'는

● 포클랜드 제도(아르헨티나명 말비나스)는 아르헨티나에서 680킬로미터, 영국에서 1만 3,000킬로미터 떨어진 섬으로 인구가 1,800여 명에 불과한 황량한 섬이었다. 19세기 초에 에스파냐와 프랑스가 일시적으로 점유한 적이 있으며, 1833년부터 영국이 군사력을 동원해 점령했다. 1826년부터 이 섬의 영유권을 주장해온 아르헨티나가 영국의 점령은 불법이라며 반발하면서 영유권을 둘러싼 분쟁이 시작되었다. 1970년대 영국과 아르헨티나는 영유권 분쟁을 평화적으로 해결하기 위해 협상을 벌였으나 실패했다. 1982년 4월 아르헨티나 군사정부는 인플레이션과 실업률 증가 등 경제 악화로 인한 불만을 잠재우고 국민들의 시선을 외부로 돌리기 위해 해병대를 동원해 이 섬을 무력 침공했다. 아르헨티나 정부는 영국이 '보잘것없는 섬' 때문에 전쟁을 벌이리라고 생각하지는 않았다. 그러나 대처 총리가 이끄는 영국 정부는 해군과 공군을 총동원해 강력하게 대응했다. 영국은 기습공격으로 74일 만에 이 섬을 재점령했다.

"핵보유국이 핵폭발 장치를 지역 내로 이전해서도 안 되고, 회원국들을 위협해서도 안 된다"라고 규정했다. 영국은 의정서에 서명한 상태였지만, 아르헨티나는 협정을 비준하지 않아 회원국 자격을 갖추지 않았기 때문에 영국은 협정 위반이 아니라고 주장했다.

그러나 라틴아메리카 국가들은 그렇게 생각하지 않았다. 특히 브라질은 틀라텔롤코 체제가 핵 위기에 아무런 구속력이 없음을 확인하고, 비확산체제의 실효성을 의심했다. 브라질은 '말비나스섬'에 대한 아르헨티나의 주권을 인정하고, 국제적인 비확산체제에 맞서 공동대응을 하기로 합의했다.

민주화와 핵 포기의
상관관계

————— 1980년대 들어 브라질과 아르헨티나에서 민주화가 이루어지고 민간 정부가 출범하면서 양국 협력의 성격도 달라졌다. 아르헨티나에서는 라울 알폰신이 대통령에 당선되면서 핵정책도 변했다. 마침 브라질에서도 군사정권이 끝나고 민간 정부가 들어섰으며, 주제 사르네이가 대통령에 당선되었다. 민주화 이후 시기인 1985년과 1986년에 양국 대통령은 여덟 차례나 만났고, 31건의 협정에 서명했다. 군사독재 시기인 1976년에서 1982년 사이에 단지 세 차례 만난 것과 비교해보면 양국 관계가 크게 달라졌음을 알 수 있다.

1987년 7월, 알폰신 아르헨티나 대통령은 필카니예우 지역의 우라늄 농축 시설에 사르네이 브라질 대통령을 초청했다. 그동안 비밀에

1990년 9월 19일, 핵개발 의혹 시설을 공개한 멜루 브라질 대통령(오른쪽).

부쳤던 시설을 경쟁국에 과감히 개방한 것이다. 브라질 역시 같은 방식으로 화답했다. 1988년 브라질은 아르헨티나의 알폰신 대통령을 아라모 지역의 농축 시설로 초청했다. 양국 대통령은 과학기술 분야 장관 및 전문가들과 함께 상대 지역의 핵시설을 방문했다. 이는 서로 신뢰를 구축하는 가장 확실한 조치였다.

브라질은 1988년 9월 새로운 헌법에서 "모든 핵 활동은 평화적 목적에 제한되며, 의회의 승인을 받는다"라고 규정했다. 1990년 민간 정부가 들어섰지만 군부 통치의 유산이 남아 특히 원자력 분야에서 보수 정당과 손을 잡은 군부가 완강히 저항했다. 언론은 군부 주도로 핵실험이 실시될 것이라는 뜬소문을 보도하기 시작했다. 페르난두 아폰수 콜로르 지 멜루 브라질 대통령은 핵 포기 의지를 좀 더 확실하게 국내외에 보여주어야 한다고 생각했다. 그는 2년 뒤에 부패 혐의로 탄핵당하지만, 당시만 하더라도 브라질에서 인기가 높았다.

1990년 9월 19일, 멜루 대통령은 아마존 정글 오지에 있는 핵개발 의혹 장소로 육·해·공군 참모총장들을 모두 소집했다. 용도를 알 수 없는 깊은 구덩이를 메우기 위해 그가 삽을 들자 수십 명의 기자들이 한꺼번에 카메라 플래시를 터뜨렸다. 그는 옆에 선 측근에게 "이놈들은 미쳤어. 진짜로 폭탄을 만들려고 했다니"라고 중얼거렸다. 그날 이후 구덩이는 시멘트로 메워졌고, 브라질 군부가 비밀리에 추진했던 핵무기 개발도 함께 묻혔다. 《뉴욕타임스》는 1990년 10월 5일자에 "브라질은 군부의 핵개발 계획을 발견하고 중단시켰다"라는 제목으로 이 사건을 보도했다.

　멜루는 아마존 정글 속 구덩이가 핵실험을 위한 용도였다고 주장했지만, 사실은 그렇지 않았다. 그 구덩이는 이미 1986년에 알려졌고, 핵실험 계획은 1987년에 모두 중단된 상태였다. 실험에 사용되었다고 할 만한 무기도 존재하지 않았다. 몇 년 뒤 멜루는 '핵무기에 관한 증거'는 발견하지 못했다고 털어놓았다. 다만, 당시 멜루는 브라질의 비핵화 의지를 국제사회에 효과적으로 전달하기 위한 퍼포먼스가 필요했고, 계획은 성공했다.

　멜루는 실질적으로 군부의 지원을 받고 있던 핵 기득권층에 과감히 맞섰다. 그는 국방 예산을 1989년 6%에서 1990년 2.2%로 대폭 삭감했다. 군인 32만 명의 봉급 인상도 거부했으며, 정부 주요 부처의 요직에 있던 군부 출신을 모두 몰아냈다. 군부가 장악하고 있던 국가정보국을 '전략부'로 개편하고, 젊은 기업인 출신을 국장에 임명했다. 멜루는 주제 골뎀버그를 과학기술부 장관에 임명했는데, 그는 그동안 원자력산업의 비밀주의와 군부 통제를 강력하게 비판한 인물이었다. 그는 국제원자력기구의 기술 지원을 받아 민간 통제체제를 새롭게 만들어야 한다고 주장했다.

민주화 이후에 들어선 민간 정부는 왜 핵개발을 포기했을까? 그 이유로 먼저 경제 문제를 들 수 있다. 1982년 멕시코가 외채를 더 이상 갚을 능력이 없다며 모라토리엄(채무상환 유예)을 선언했다. 1983년경에는 라틴아메리카 국가들이 제3세계 전체 외채 가운데 절반을 차지했다. 1982년 라틴아메리카의 외채 총액은 수출의 66%에 달했다. 1983년 중반에는 국제통화기금International Monetary Fund, IMF을 시작으로 민간 상업은행들이 브라질에 대한 추가 대출을 중단했다. 1985년 브라질은 재정 적자를 줄이기 위해 재정 지출을 50% 삭감했다.

아르헨티나도 사정이 비슷했다. 전체 외채 규모가 435억 달러에 이를 정도로 막대했다. 미국이 5억 달러를 긴급 지원해서 겨우 모라토리엄을 선언하는 사태를 피할 수 있었다. 다만, 미국은 자금 지원의 대가로 엄격한 긴축정책을 요구했다. 아르헨티나의 경제는 추락을 거듭했다. 1989년에는 소비재 가격이 5,000% 오르면서 아르헨티나의 화폐 가치는 있으나 마나 할 정도로 떨어졌다. 그해 국민총생산은 -5.1%를 기록했다. 하이퍼인플레이션이 지속되고 주요 도시에서 식량 폭동이 일어났다. 세계적인 식량 수출국이었던 아르헨티나에 그 것은 악몽이었다.

외채 위기에서 시작된 경제 악화로 브라질과 아르헨티나는 국제통화기금과 세계은행 등 국제금융기구에 매달리는 신세가 되었다. 결국 미국과 관계를 개선하지 않을 수 없었다. 미국은 양국에 확실한 핵 투명성을 요구했고, 국제 비확산체제에 가입하라고 재촉했다. 결국 브라질과 아르헨티나는 어려운 경제를 살리기 위해 비확산체제에 들어가기로 했다.

'이웃을 지켜보는 이웃'이라는
새로운 모델

──────── 1990년 양국 국경 지역에 걸쳐 있는 이구아수폭포에서 역사적인 정상회담이 이루어졌다. 카를로스 메넴 아르헨티나 대통령과 멜루 브라질 대통령은 라틴아메리카 비핵지대 구상을 지지하고, '평화적 핵폭발'을 포기하며, 국제원자력기구의 안전 조치를 지키기로 합의했다. 오랫동안 양국이 거부해온 국제적인 비확산체제를 받아들이기로 한 것이다.

양국은 핵비확산조약 서명 과정에서 대가를 톡톡히 치러야 했다. 그동안 UN 기구나 국제원자력기구에서 핵비확산조약의 불평등성을 주장하던 고위 외교관들이 사임했다. 군부의 지원을 받아온 원자력 업계는 고의적인 태업에 들어갔고, 이들을 지지하는 보수 정치인들은 의회에서 협정 비준을 방해했다. 언론과 대중 또한 외세에 대한 굴복이라고 강력하게 비판했다.

양국은 국제적인 비확산체제에 대한 국내의 거부감을 완화하기 위해 양자 검증체제를 추진했다. 1991년 6월 '아르헨티나–브라질핵물질통제기구^{Argentina-Brazillian Agency for Accounting and Control of Nuclear Materials, ABACC'}를 만들어 양국이 1년씩 돌아가면서 책임을 맡고, 각각 25명씩 조사관 50명을 구성해 상대 국가의 시설을 검증하도록 했다.

'이웃을 지켜보는 이웃'이란 취지의 공동기구는 비확산의 새로운 모델이었다. 그동안 구체적인 검증 절차인 사찰 방법을 둘러싸고 국제원자력기구와 개별 국가 사이에 갈등이 많았다. 그런데 브라질과 아르헨티나의 공동기구는 합의 뒤 8개월 만에 정상적으로 가동되었

브라질과 아르헨티나는 1991년 12월 13일 국제원자력기구에 의한 원자력 자재의 수출입 확인 및 신고 시설의 사찰을 인정하는 내용을 담은 '전면적 안전조치협정'을 체결했다. 왼쪽부터 한스 블릭스 국제원자력기구 사무총장, 멜루 브라질 대통령, 메넴 아르헨티나 대통령.

다. 양국 전문가들의 교차근무나 공동근무는 오랫동안 교류하면서 쌓아온 신뢰와 투명하고 안전한 원자력산업의 발전이라는 공통 목표가 있었기에 가능한 일이었다. 양국 지식공동체의 공감대 형성은 라틴아메리카 비확산체제의 큰 특징이라 할 수 있다.

양국은 국제원자력기구의 일방적 요구를 완화하고, 국제기구의 요구에 대해 주권 침해라고 주장하는 의회를 설득하는 수단으로 공동기구를 활용했다. 또한 양자협력과 더불어 1991년 12월에 국제원자력기구와 '전면적 안전조치협정'을 체결함으로써 핵무기 개발에 대한 의혹을 완벽하게 불식시켰다.

1992년 8월, 아르헨티나, 브라질, 그리고 칠레와 멕시코는 틀라텔롤코조약의 개정을 요구했다. 이들은 조약의 검증 방법을 더 구체적이고 엄격하게 하자고 제안해서 많은 국가의 지지를 얻었다. 이로써 아르헨티나, 칠레, 브라질은 개정 조항을 명분으로 1994년에 최종 비준을 했다. 조건부 참여의 길을 열어놓았던 조약은 엄격한 법적 규범으로 완성되었다.

2002년 9월에는 쿠바가 핵비확산조약에 가입함과 동시에 틀라텔롤코조약도 비준했다. 그동안 쿠바는 비확산체제의 불평등성을 비판해왔다. 핵보유국은 핵무기를 줄이지 않으면서, 약소국에만 가혹한 핵 확산 방지 요구를 한다고 비난했던 것이다. 쿠바가 태도를 바꾼 것은 테러리즘에 강경하게 대응하는 조지 W. 부시 행정부의 공격 대상에서 벗어나기 위해서였다. 쿠바는 자신들이 핵무기를 개발하려는 '악의 축'이 아님을 보여주고자 했다. 쿠바의 조약 비준으로 라틴아메리카와 카리브해의 비핵지대가 완성되었다.

동북아 비핵지대도 가능할까?

—————— 1967년 서명을 시작해서 2002년 쿠바가 조약을 비준할 때까지 35년이 흘렀다. 오랜 세월이 흘렀지만 라틴아메리카와 카리브해에 소속된 33개국 모두 가입하면서, 라틴아메리카 지역은 명실상부한 비핵지대로 완성되었다.

이 과정에서 준비위원회 위원장을 맡았던 로블레스의 외교력이 빛났다. 로블레스는 1967년 틀라텔롤코조약을 마련하는 과정에서 놀라운 인내와 지혜로운 협상 기술을 발휘했다. 그는 UN 주재 멕시코 대

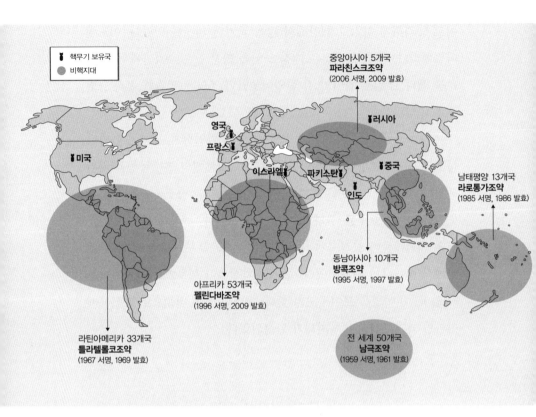

세계 비핵지대와 핵무기 보유국 현황.

사(1971~1975)로서 군축을 이루기 위해 애썼으며, 멕시코 외무장관
(1975~1976)을 잠시 맡았다가 다시 제네바의 UN 군축위원회에서 오
랫동안 일했다. '틀라텔롤코조약의 아버지'이자 '미스터 군축^Mr.
Disarmament'이라고 불릴 정도로 국제적인 군축 행정가였던 로블레스는
이 공로로 1982년에 노벨평화상을 받았다. 그는 노벨상 수상 연설에
서 1978년 UN 군축위원회의 첫 번째 회의에서 자신이 한 연설을 다
시 한 번 인용했다. "핵전쟁의 위험성을 제거하는 것이 모든 국가의

즉각적인 목표가 되어야 한다. 인류는 선택에 직면해 있다. 군비 경쟁을 멈추고 군축에 나설 것인가? 아니면 절멸에 직면할 것인가?"

2015년 현재 인간 거주 지역의 비핵지대는 라틴아메리카를 포함해 남태평양(라로통가조약), 아프리카(펠린다바조약), 동남아시아(방콕조약), 중앙아시아(파라친스크조약) 등 5개 지역이다. 총 116개국이 소속되어 있으며, 전 세계 인구의 33%를 포괄하고 있다.

동북아시아에서 비핵지대는 불가능할까? 상황의 차이를 말하는 사람들이 있다. 그러나 알고 보면, 라틴아메리카도 그렇게 쉽지 않았고 오랜 시간이 걸렸다. 미국, 중국, 러시아 등 핵보유국이 참여할 것인지에 대한 우려도 있다. 그러나 틀라텔롤코조약에도 이미 핵을 보유한 국가의 의무를 병기해놓았다. 북핵 문제라는 변수도 만만찮다. 그러나 아르헨티나와 브라질의 사례는 서로 관계를 개선하고 신뢰를 쌓으면 핵무기를 포기할 수도 있음을 보여준다. 쉬운 협상이 어디에 있겠는가? 라틴아메리카 국가들은 숭고한 목표와 해결 의지, 인내와 설득으로 불신이라는 두꺼운 얼음을 녹였다. 공멸의 공포를 공생의 희망으로 전환하고자 하는 결심이 필요할 뿐이다.

4

서두르면 망한다
예멘 통일협상

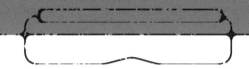

협상일지

1918년	11월	제1차 세계대전 후 북예멘 독립, 남예멘 영국 지배
1967년	11월	남예멘 독립, 사회주의 정권 수립. 제3차 중동전쟁
1972년	10월	군사 충돌 후 카이로협정에서 통일 원칙 합의
1974년	6월	북예멘 총리, 보수파의 저항으로 실각. 통일 합의 무산
1977년	2월	남북예멘 정상회담에서 6개월마다 합동각료회의 개최 합의
	10월 11일	북예멘 이브라힘 알 함디 대통령(대남 포용정책 추진) 암살
1978년	6월 24일	북예멘 아메드 알가시미 대통령 암살
	7월	북예멘, 군의 지지로 알리 압둘라 살레 대통령 취임
1979년	2월	남북예멘 국경에서 군사 충돌
1981년	11월	북예멘 살레 대통령, 남예멘 방문. '예멘 협력 및 조정에 관한 협정' 체결
1986년	1월	남예멘, 알리 나세르 무하마드 총리가 일으킨 친위 쿠데타가 내전으로 확대(1986년 사건). 나세르 총리 북예멘으로 망명
1988년	5월	남북예멘 정상회담, 접경 지역 석유 탐사를 위한 공동투자회사 설립하기로 합의
	7월	남북 자유 왕래 시작
1989년	11월	남북예멘 지도자, 통일 선포 계획 발표
1990년	5월 22일	남북예멘 통일, 예멘공화국 수립
1993년	4월	총선 이후 권력 분배 합의 파기
1994년	4월	남북의 군대 충돌로 내전 돌입(~7월)
2007년	5월	남부 분리를 주장하는 세력이 '남부운동'이라는 단체를 설립, 사실상의 내전 돌입
2012년	2월	'아랍의 봄' 시위로 살레 대통령 퇴진

아라비아반도 끝자락에 있는 예멘은 《천일야화千一夜話》, '아라비안나이트'의 무대다. 서부에는 높은 산맥, 중부에는 넓은 사막, 그리고 동부에는 협곡이 있다. 자연이 사람들을 갈라놓음으로써 분열의 운명을 타고난 곳이다. 예멘의 현대사는 아주 슬픈 아라비안나이트다. 1990년 5월 22일, 분단의 시대를 마감하고 통일의 새날을 열었을 때, 모두들 이제 비극은 끝났다고 생각했다.

예멘의 통일은 아무도 예상하지 못했다. 통일은 말 그대로 도둑처럼 왔다. 분단되어 서로 다른 체제에 살면서 전쟁을 치렀고, 원한과 복수의 상처가 여전히 남아 있는 가운데 대화와 협상으로 통일을 했다는 것은 그야말로 기적이었다.

통일의 꿈이
이루어지다

——————— 1990년 5월 22일, 남예멘의 수도 아덴에서 통일 선포

식이 열렸다. 아덴은 아라비아반도에 위치한 전통적인 항구로, 아라비아해와 홍해가 만나는 길목에 있다. 홍해를 따라 올라가면, 유럽과 아시아를 잇는 수에즈운하가 나온다. 아덴은 오랫동안 유럽과 아시아, 그리고 아프리카를 잇는 교통의 꼭짓점으로, 동서 교류의 중심지 역할을 해왔다.

통일의 그날, 북예멘 대통령 알리 압둘라 살레는 통일국가의 초대 대통령이 되어 항구에서 가까운 대통령위원회 건물에서 새로운 통일 예멘 국기를 흔들었다. 순교자의 피와 통일을 의미하는 붉은색, 밝은 미래를 뜻하는 흰색, 어두운 과거를 되새기자는 뜻의 검은색, 이렇게 3색 가로줄로 구성된 깃발이 나부끼자 해안경비대는 축포를 쏘았고, 항구에 정박한 배들은 길게 뱃고동을 울렸다. 통일 선포식에서 살레는 "새로운 통일국가는 분단시대에 만들어진 모든 상상의 경계를 제거할 것이다"라고 선언했다. 기념식에 참석한 사람들과 아덴의 시민들은 한목소리로 "통일은 힘이다"라고 외쳤다.

북예멘의 수도였다가 통일예멘의 행정수도가 된 사나에서도 수천 명이 국립경기장에 모여 통일을 축하했다. 축포가 울렸고, 하늘에는 형형색색의 폭죽이 쉼 없이 터졌다. 거리에는 '통일은 민주주의, 발전, 그리고 자유를 위한 영원한 승리'라는 구호판들이 내걸렸다.

남이나 북이나 그날 하루는 벅찬 감동과 희망으로 부풀어 올랐다. 얼마나 소망하던 통일이던가? 분단시대에 통일은 가장 강력한 구호였고, 정치의 명분이자 미래의 목표였다. 정치인들은 현재의 모든 어려움이 분단 때문이라고 주장했고, 통일이 모든 문제를 해결해줄 거라고 강조했다. 남북의 작가들은 지속적인 교류를 통해 통일을 이야기하고, 가수들은 통일을 노래했으며, 화가들은 통일의 미래를 그리

남북예멘은 내분과 국경지대에서의 잦은 충돌 문제 등을 극복하고 1989년 통일협상에 이르렀다. 통일협상 끝에 두 남북 지도자, 알리 살렘 알베이드(왼쪽)와 알리 압둘라 살레(오른쪽)는 1990년 5월 22일 통일협정에 서명했다.

남북 지도자들의 통일의 날 기념사진. 통일 이후 예멘의 모든 관공서에 이 사진이 걸렸다.

고, 학교는 '우리의 소원은 통일'이라고 가르쳤다.

모두가 통일을 간절히 기다렸던 이유는 현실이 너무 힘들었기 때문이다. 남예멘은 1980년대 후반 소련의 지원이 끊기면서 심각한 경제 위기를 겪고 있었다. 1989년 11월에 살레 북예멘 대통령이 아덴을 방문했을 때, 남예멘 사람들은 열렬히 환영했다. 그리고 통일을 목청껏 외쳤다. 마침내 6개월 만에 아무도 예상하지 못한 통일이 이루어졌다. 통일이 되던 날, 남예멘 사람들은 이제 지긋지긋한 가난에서 벗어날 수 있다는 희망에 들떠 있었다.

그날 이후 예멘의 모든 관공서 벽에는 아덴에서 양쪽 지도자들이 함께 찍은 '통일의 날 기념사진'이 걸렸다. 그날, 남북 정치인들의 얼굴은 역사적 사명을 마침내 완수했다는 자신감으로 밝게 빛났다. 그렇게 모두들 마침내 꿈이 이루어졌다고 생각했다. 아무도 그때는 몰랐다. 그 꿈이 악몽으로 변할 줄을.

분단 시절,
전쟁과 대화의 반복

─────── 예멘의 분단은 스스로 선택한 길이 아니라 강대국 정치의 산물이었다. 예멘은 1500년대부터 오스만제국의 영토였다. 분단의 비극은 유럽, 아시아, 아프리카의 길목에 자리한 아덴항을 1839년에 영국이 점령하면서 시작되었다. 1850년에 아덴은 '자유지역'으로 지정되어 인도와 동아프리카, 동남아시아 이민자들로 넘쳐나는 국제도시가 되었다. 그 뒤 1904년에 영국과 오스만제국이 '경계위원

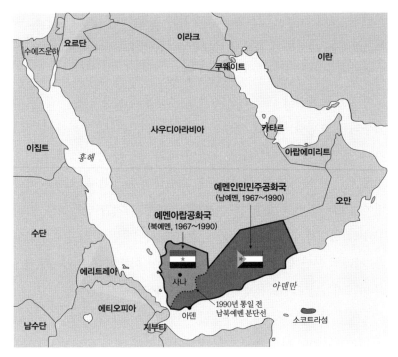

지도 속 지명:
요르단, 이라크, 이란, 수에즈운하, 쿠웨이트, 카타르, 사우디아라비아, 아랍에미리트, 이집트, 홍해, 오만, 수단, 예멘인민주공화국(남예멘, 1967~1990), 예멘아랍공화국(북예멘, 1967~1990), 에리트레아, 사나, 아덴만, 에티오피아, 아덴, 1990년 통일 전 남북예멘 분단선, 소코트라섬, 남수단, 지부티

남북예멘과 주요 도시.

회'를 만들어 남북예멘으로 국경을 나누면서 북부는 오스만제국이, 남부는 영국이 지배하게 되었다.

1918년 제1차 세계대전에서 오스만제국이 패배하자 예멘의 지배권이 승전국인 영국에 넘어갔다. 영국은 오스만제국의 지배 아래에 있던 북예멘은 즉각 독립시켰지만, 수에즈운하의 길목에 있는 아덴의 지정학적 가치 때문에 아덴을 포함한 남예멘은 놓아주지 않았다.

약 50년 뒤인 1967년에 남예멘이 마침내 영국으로부터 독립하면서 북예멘과 남예멘의 실질적인 분단시대가 시작되었다. 독립의 날, 아덴은 환호와 기대로 넘쳐났지만, 그들을 기다리고 있는 건 시련뿐이었다. 그해 터진 이집트와 이스라엘의 전쟁(제3차 중동전쟁)으로 수에즈운하가 폐쇄되는 바람에 아덴을 지나던 선박들이 아프리카로 돌아가면서 항구의 경제도 점점 쇠퇴했다.

아덴은 남예멘의 모든 역사가 응축된 남부의 심장이다. 독립 후 사회주의를 표방한 남예멘 정부가 아덴의 자유무역항 지위를 중지하자, 이곳을 드나드는 선박들은 높은 관세와 세금을 물어야 했다. 이후 영국 해군이 물러간 항구를 곧바로 소련군이 차지했다. 소련은 아라비아반도의 전략적 요충지인 아덴에 잠수함 기지를 만들었다. 그리고 1980년대까지 800~1,000명의 소련 군사자문단이 이곳에 머물렀다. 지리적 분단에 이어 체제에 따른 분단이 이루어졌고, 남북예멘은 곧 아라비아반도의 냉전체제를 상징하게 되었다.

아덴은 남예멘 경제의 전부였다. 남예멘은 국토의 대부분이 바위와 사막으로 이루어진 불모지로, 경작이 가능한 땅은 전 국토의 1%도 안 되었다. 따라서 대부분의 사람과 경제활동이 아덴에 집중될 수밖에 없었다. 영국이 남겨놓은 정유공장을 비롯한 산업시설도 아덴 근처에 몰려 있었다.

한편, 북예멘은 독립 이후 왕정체제를 유지했지만, 1962년 공화파 장교들이 쿠데타를 일으켜 '예멘아랍공화국'을 선포했다. 이후 북부 고원지대로 쫓겨난 왕당파는 사우디아라비아와 이란 등 보수적인 아랍 국가의 지원을 받아 재기를 노렸다. 반면, 공화파는 이집트와 이라크 등 상대적으로 진보적인 아랍 국가의 지원을 받았다. 공화파와 왕당파의 내전이 지속되는 가운데, 후견국가인 사우디아라비아와 이집트가 1967년에 내전 중단에 합의하자 양쪽은 연립정부를 구성할 수밖에 없었다. 북예멘 정부는 보수화되고, 사우디아라비아의 영향력은 더욱 커졌다. 북예멘은 남예멘이 정부를 해체하고 북예멘의 한 지역으로 편입되어야 한다는 흡수통일론을 통일정책으로 내세웠다.

분단된 남북예멘은 전쟁과 통일 사이를 분주히 넘나들었다. 1970년대는 전쟁-관계 개선-갈등-전쟁의 반복이었다. 관계 악화로 인한 군사적 충돌과 평화를 표방한 통일 합의가 되풀이되었다. 1972년의 통일 합의도 전쟁 이후에 있었다. 당시 전쟁은 남북이 각각 상대의 반체제 세력을 지원하는 과정에서 일어났다. 전쟁이 일어나자 아랍연맹이 적극적으로 중재에 나섰고, 그해 10월 이집트의 카이로에서 남북 총리가 만났다. 양쪽은 다양한 분야의 공동위원회를 열어 현안을 해결하고 통일을 준비하자는 데 공감했다. 양쪽이 쉽게 합의에 이를 수 있었던 것은 북예멘 정국을 중도좌파 성향인 모신 아메드 알에이니 총리가 주도하고 있었기 때문이다. 그는 예멘의 모스크바 주재 대사를 지냈으며, 사우디아라비아 등 외세의 개입을 반대하면서 남북예멘의 통합에 적극적이었다.

그다음 달인 11월에는 압둘 라마 알이리아니 북예멘 대통령과 살림 루바이 알리 남예멘 서기장이 리비아의 트리폴리에서 만나 총리 회담에서 합의한 통일 원칙을 재확인하고, 8개 분과위원회의 위원 임명에 합의했다. 북예멘은 남북예멘의 통합을 적극 추진했다. 남예멘도 국내 정치적 혼란을 잠재우기 위한 수단으로 남북 관계를 이용했다. 남예멘은 이슬람교를 국교로 해야 한다는 북예멘의 주장을 받아들였고, 북예멘도 사회주의와 민주주의를 국가 이념으로 채택해야 한다는 남예멘의 주장을 수용했다.

그러나 곧바로 강경파의 저항에 부딪혔다. 북예멘의 보수적인 부족장들은 협정 비준을 거부했다. 북예멘을 지원해온 사우디아라비아 역시 원조를 중단하겠다는 압력을 행사하며 북예멘의 보수파를 부추겼다. 결국 1974년 6월, 진보 성향의 북예멘 총리가 실각했다. 남예멘은 이후 북예멘 진보 세력이 한데 모여 민족민주전선을 결성해 무장투쟁에 나서도록 부추기는 등 대결 노선으로 전환했다. 첫 번째 통일 합의는 이렇게 더 큰 갈등을 불러오고 대립만 키운 채 없던 일이 되어버렸다.

두 번째 통일 노력은 1977년부터 시작되었다. 그해 2월 북예멘의 카타바에서 남북 정상회담이 열렸고, 양쪽은 남북 합동각료회의를 만들어서 6개월 간격으로 회의를 개최하기로 합의했다. 북예멘은 보수적인 부족 세력과 사우디아라비아의 지나친 영향력을 상쇄할 필요가 있었다. 남예멘 역시 친소파의 영향력을 차단하기 위해 남북 관계 개선에 나섰다. 두 번째 시도에서 남북예멘은 통일이 아니라 평화공존에 합의했으나, 양쪽 강경파는 화해 자체를 반대하며 협력을 거부했다.

이 과정에서 대남 포용정책을 추진했던 이브라힘 알 함디 북예멘 대통령이 그해 10월 11일에 암살되었다. 정상회담을 위해 남예멘의 수도인 아덴으로 출발하기 하루 전이었다. 통일을 반대하는 사우디아라비아가 암살의 배후로 지목되었다. 1978년 6월 24일에는 남예멘 대통령의 특사를 면담 중이던 아메드 알가시미 북예멘 대통령이 암살되었다. 특사의 가방에서 폭탄이 터진 것이다. 암살 사건은 남예멘 권력 갈등의 결과였다. 친소파가 남북 협력을 추진하던 친중파를 제거하기 위해 특사의 서류가방을 폭탄가방으로 바꿔치기 한 것이다. 사건 직후 남예멘의 친소파는 쿠데타를 일으켜 대북 협력정책을 추진했던 살림 루바이 알리 서기장을 처형했다.

통일 전야,
내우외환의 혼란기

──────── 북예멘에서는 살레가 1978년에 군의 지지로 대통령이 되었다. 1980년대 살레 정권은 보수적인 부족 세력과 남예멘의 지원을 받는 민족민주전선의 도전에 시달렸다. 특히 고원지대의 부족들은 살레 정권에 맞서 오랫동안 게릴라 투쟁을 지속했다.

북예멘의 경제도 어려움을 겪었다. 지나친 국방비 지출이 문제였다. 1978년 북예멘의 국방비는 전체 예산 15억 달러 중 약 7,900만 달러였다. 1981년에는 2억 달러를 넘어섰고, 1982년에는 5억 2,700만 달러로 늘어났다. 대부분 미소 양국에서 무기를 구매하는 데 돈을 썼다. 살레 정권은 통일을 하면 국방비가 줄어들어 경제가 나아질 거라고 생각했다.

북예멘의 국내 상황은 여전히 불안했지만, 그래도 살레 대통령이 확실하게 권력을 통제하고 있었다. 이에 비해 사회주의 국가인 남예멘은 훨씬 혼란스러웠다. 정치 권력을 둘러싸고 친소파와 친중파의 갈등이 끊이지 않았다. 1970년대 친중파는 소련에 대한 의존도를 줄이기 위해 남북협상에 적극적이었지만 결국 1978년에 친소 쿠데타로 쫓겨났다.

1980년대 초는 남북예멘 간 평화공존과 교류협력의 시기였다. 1981년 11월 30일, 살레는 북예멘 대통령으로는 처음으로 남예멘의 수도 아덴을 방문했다. 살레는 남예멘의 알리 나세르 무하마드 총리와 정상회담을 갖고서 '예멘 협력 및 조정에 관한 협정'을 체결했다. 이후 1985년 12월까지 공동의회 격인 예멘최고평의회를 네 차례, 공동각료회의를 세 차례 열었다. 정례적인 만남으로 남북 간 상호신뢰를 구축했으나 그 이상의 발전은 어려웠다. 북예멘의 대남정책은 부족 세력과 사우디아라비아의 견제를 받았고, 남예멘 역시 친소 강경파의 견제를 받고 있었다.

불안정한 정치 상황이 이어지던 가운데 남예멘에서 결정적인 '1986년 사건'이 일어났다. 남예멘 국내파 출신으로 실용주의 노선을 추진하던 알리 나세르 무하마드 총리가 친소 강경파를 제거하기 위해 친위 쿠데타를 일으킨 것이다. 나세르파는 정치국 회의를 소집한 뒤, 보안대를 동원해 강경파를 일망타진했다. 그러나 곧 보복 공격이 이어졌고, 2주 동안 4,300여 명이 사망하는 내전으로 확대되었다. 결국 끝내 버티지 못한 나세르파가 북예멘으로 망명함으로써 내전은 끝이 났다.

그 후 정권을 잡은 예멘사회당의 알리 살렘 알베이드 대통령은 1986년의 얼룩을 씻을 명분이 필요했다. 내전 이후의 혼란을 수습하는 데 무엇보다 통일은 흡인력 있는 사안이었다. 물론 당내 반발이 적지 않았다. 남예멘 내무부 장관이 통일협상에 반발해 사표를 냈고, 당 정치국에서 공식적으로 통일협상안을 승인하지 않아, 할 수 없이 알베이드 대통령이 개인 자격으로 서명할 정도였다. 당은 어수선했고, 지도력은 허약했다. 분파는 남예멘 내부에만 있지 않았다. 북예멘으로 망명한 나세르파 역시 또 하나의 경쟁 세력이었다. 알베이드 측은 통일협상 과정에서 북예멘으로 망명한 알리 나세르 무하마드가 국외로 나가야 하고, 그의 측근들이 통일정부에 참여하지 않는다는 조건을 내세우기도 했다.

남예멘 정치권에서는 통일에 대한 입장 차이가 존재했지만, 대중 사이에는 오히려 통일에 대한 공감대가 크게 형성되어 있었다. 그들이 처한 상황에서는 다른 출구가 보이지 않았기 때문이다. 그러한 상황에서 드디어 동서 냉전체제가 끝났다. 냉전의 종식은 남예멘의 위기를 의미했다. 1989년 쿠바가 앙골라에서 떠나고, 베트남이 캄보디아에서 철수할 때, 소련도 아프가니스탄에서 철수했다. 그리고 동독이 붕괴했다. 1990년 초가 되자, 소련은 남예멘에 대한 연간 4억 달러 규모의 경제적 지원을 중단했으며, 군사원조도 대폭 줄였다. 나아가 소련공산당 서기장 고르바초프는 "소련은 더 이상 예멘의 통일을 반대하지 않는다"라고 선언했다. 남예멘의 바람막이였던 냉전이 끝나자, 냉전의 전초기지라는 전략적 가치가 사라졌다. 남예멘은 이제 새로운 출구를 찾아야 했다.

갑작스런 통일 발표, 왜 그렇게 서둘렀나?

──────── 통일 논의에 적극적이었던 알리 나세르 무하마드 총리가 1986년 남예멘 내전 당시 북예멘으로 망명했을 때 당분간 통일의 기회는 사라진 것으로 관측되었다. 그런데 다시 남북 관계를 개선해야만 하는 상황이 다가왔다.

1988년 4월, 접경 지역의 석유 개발을 둘러싸고 남북 간에 소규모 군사 충돌이 일어났다. 양쪽은 즉각 군대를 경계선으로 집결했다. 전쟁이 코앞에 다가온 순간이었다. 다행히 협상으로 문제를 해결하기로 결정했고, 4월 17일에 접경 도시 타이즈^{Taiz}에서 실무급 각료회의가 열렸다. 남북은 충돌 가능성이 높은 중부 내륙의 접경 지역에서 군대를 철수하기로 합의했다.

곧이어 5월 4일, 북예멘의 수도 사나에서 정상회담이 열렸다. 이 회담에서 남북 지도자들은 접경 지역의 석유 탐사를 위해 공동투자 회사를 설립하기로 합의했다. 분쟁의 씨앗을 오히려 공동협력의 기회로 삼자는 합의였다. 접경 지역의 석유는 남북에 평화를 가져왔다. 북예멘은 남예멘과의 전쟁으로 석유를 잃고 싶지 않았다. 석유는 빈곤에서 벗어날 수 있는 유일한 돌파구였고, 그것은 남예멘도 마찬가지였다. 양쪽은 모두 해외 지원에 대한 의존도가 높았다. 따라서 안정적으로 석유를 생산할 수만 있다면, 양쪽 다 재정 상황을 개선할 수 있으리라 여겼다. 남북은 석유가 발견된 접경 지역에 비무장지대를 설치하기로 하고, 이미 합의한 '남북 합작회사'의 구체적인 내용을 논의했다. 곧이어 국경 왕래에 관한 합의서를 채택했고, 7월 1일부터 자유 왕래가 이루어졌다. 분쟁이 아니라 상호이익을 앞세운 합리적인 타협이었다.

공존이 이루어졌고, 교류가 시작되었다. 그러나 당시 누구도 이 만남이 통일로 이어지리라 예상하지 못했다. 1988년 여름, 북예멘의 한 고위 관료가 북예멘 주재 미국 대사에게 "통일은 최소한 50년이 지나야 가능할 것"이라고 말할 정도였다. 모두가 점진적인 통일을 예상했다. 그러나 현실은 달랐다. 통일이라는 물꼬가 터지자, 아무도 속도를 조절할 수 없었다.

1989년 11월 살레 대통령이 남예멘의 독립기념일을 축하하기 위해 아덴을 방문했을 때, 그는 양쪽의 국방부와 외교부를 합치자고 제안했다. 처음으로 구체적인 통일 방안을 제시한 것이다. 낮은 수준의

1989년 남예멘의 독립기념일을 축하하기 위해 아덴을 방문한 살레 북예멘 대통령(왼쪽)과 나란히 앉은 알베이드 남예멘 대통령(오른쪽). 두 지도자는 아무도 예상하지 못한 통일 합의를 전격적으로 발표했다.

연방제와 비슷한 단계적인 접근이었다. 그런데 알베이드를 주축으로 한 예멘사회당이 이 제안을 거부하고 오히려 즉각적인 통일이라는 역제안을 들고나왔다.

살레가 전혀 예상하지 못한 파격적인 제안이었다. 살레는 남예멘의 제안을 즉석에서 받아들였다. 북예멘 내부의 공론화는 물론, 북예멘의 어떠한 정치인과도 상의하지 않은 단독 결정이었다. 아덴에서 살레와 알베이드가 "1년 이내에 완전한 통일을 하기로 합의했다"라고 발표했을 때, 국제사회는 말할 것도 없고 남북예멘의 모든 사람이 깜짝 놀랐다.

통일은 살레와 알베이드 모두에게 모험이었다. 그런데도 그들은 왜 그렇게 서둘렀을까? 당시 남북예멘의 통일 문제에는 이라크가 끼여 있었다. 냉전이 끝난 상황에서 남예멘은 부유한 걸프 국가와 협력을 추구했다. 그런데 마침 이라크의 사담 후세인이 요르단, 예멘, 그리고 이집트를 포괄하는 아랍협력위원회Arab Cooperation Council를 만들려고 했다. 남예멘은 통일을 해서 이 기구에 가입하는 것이 자신들의 살길이라고 판단했다. 살레는 머뭇거렸지만, 사담 후세인이 강력하게 재촉했다. 살레는 통일을 하면 경제적 특혜를 제공할 것이라는 후세인의 약속에 솔깃했다.

결국 통일 합의라는 깜짝 발표는 알베이드의 제안을 살레가 덜컥 받아들였기 때문에 가능했다. 살레는 통일이 자신의 권력 강화에 도움이 될 것이라 판단했다. 살레는 통일 이후에 남부 군대를 동원해 아주 오랫동안 정권에 반대했던 고원지대의 부족들을 군사적으로 공격하기도 했다. 그러면 왜 알베이드는 즉각적인 통일을 주장했을까? 그는 점진적 통일이 남예멘에 불리하다고 판단했다. 통일이 점진적으로 이루어진다면 그 과정에서 결국 국력이 약한 남예멘이 북예멘에 흡수될 것으로 판단했다. 그는 북예멘 주도의 통일을 두려워했다.

알베이드는 '즉각 통일'을 주장하면서, 통일의 구심력을 제어할 장치로 두 가지를 제안했다. 하나는 50 대 50의 권력 분배이고, 다른 하나는 다원적인 다당제였다. 1990년 당시 북부의 인구는 1,100만 명이고, 남부는 250만 명이었다. 네 배 이상의 인구 차이였다. 알베이드는 남예멘이 권력의 절반을 차지한다면, 비록 인구 규모가 북예멘에 비해 4분의 1밖에 안 되지만 통일 이후 정치적 경쟁에서 어느 정도 균형을 맞출 수 있을 것으로 판단했다.

또한 알베이드는 다원적인 다당제로 통일하면, 정치적 수완을 발휘해 점차 북부까지 영향력을 확대할 수 있을 것으로 예상했다. 알베이드는 1950년대 시리아가 가말 압델 나세르가 이끄는 이집트와 통일해서 '통일아랍공화국'●을 만들었을 때를 떠올렸다. 당시 시리아는 나세르의 요청으로 통합 이전 자신들의 집권당인 바티스타당을 해체하는 바람에 통일 이후 자신들의 정치적 이해를 대변할 효과적인 수단을 상실했다. 알베이드는 시리아와 달리 자유민주주의 체제에서 사회당의 활동이 보장되면, 북부에서도 자신들의 지지층을 확보할 수 있으리라 여겼다.

● 1958년 2월, 나세르 이집트 대통령과 알 쿠와틀리 시리아 대통령이 카이로에서 만나 양국 합병 조약에 서명했다. 통일아랍공화국은 아랍과 이슬람권을 경제·문화 분야뿐 아니라 정치적으로도 통합하자는 범아랍주의를 반영했다. 하지만 양국은 아랍민족으로서 언어와 종교를 공유했지만, 지리적으로 너무 멀리 떨어져 있어 통합정부를 운영하는 데 상당한 어려움을 겪었다. 1961년 9월, 시리아에서 쿠데타가 발생하고, 승리한 쿠데타 세력이 연방에서 탈퇴하면서 통일아랍공화국은 해체되었다.

그럼, 살레는 왜 알베이드의 제안을 받아들였을까? 그는 남북예멘의 국력 차이가 현격한 상황에서 통일이 되면 무조건 북예멘에 유리하다고 판단했다. 알베이드가 요구한 조건, 즉 권력을 절반씩 나누어 가져도 결국 힘은 북예멘 쪽으로 쏠릴 수밖에 없다고 생각했다.

뉴스로 통일 합의 소식을 접한 북예멘의 정치인들도 처음에는 당황했지만, 한편으로는 오히려 잘되었다고 생각했다. 1980년대 후반 당시 북예멘은 남예멘의 급작스러운 붕괴를 걱정했다. 남예멘에 내전이 또 일어나거나 정치적 혼란이 지속된다면, 북예멘에 도움은커녕 남북 간에 다시 전쟁이 일어날 가능성도 있었다. 북예멘 정치인들은 통일이 예측 불가능한 남예멘의 정치 상황을 제어하는 하나의 대안이라고 생각했다.

권력 나누기,
명분과 실제

──────── 통일예멘의 대통령은 북예멘의 살레가 맡았다. 부통령
은 남예멘의 알베이드였다. 최고 의사결정기구로 대통령위원회를 설
치했는데, 살레를 포함한 북예멘 쪽 3인과 알베이드를 포함한 남예멘
쪽 2인이 위원으로 참여했다. 북예멘에 유리한 구성이었지만, 총리와
국회의장직을 남예멘에서 맡아 권력 배분의 균형을 맞추었다.

장관직은 북부와 남부가 공평하게 나누었다. 남부가 국방부, 석유·
광물부, 무역부를, 북부가 재무부, 내무부, 외교부를 차지했다. 차관은
장관과 다른 지역 출신이 맡았다. 장관이 북부면, 차관은 남부 출신이
맡는 방식이었다. 기계적인 균형이었다. 외교직도 마찬가지 방식으로
나누었다. 양쪽은 분단시대에 각자 운영했던 해외 대사관을 하나로
합쳤고, 대사의 수도 공평하게 나누었다.

이러한 기계적인 권력 분배는 결국 분열의 씨앗이 되어 또 다른 비
극을 연출했다. 권력을 나누었을 뿐인데, 왜 정부가 분열되었을까?
정부 청사에서 북부 출신과 남부 출신은 끼리끼리 어울렸고, 서로 대
화조차 나누지 않았으며, 결코 협력하지도 않았다. 통일은 되었지만
사실상 두 개의 정부가 존재했다.

무역부의 경우, 남부 출신 장관은 북부 출신들이 무역자유화정책
자체를 반대하는 것을 보고 충격을 받았다. 사회주의체제를 경험한
남부 출신들은 북부 출신들에 비해 상대적으로 자유롭고, 분권에 익
숙했으며, 민주적 성향을 보였다. 이에 비해 북부 출신들은 여전히 부
족정치에 휘둘렸고, 전통적이고 중앙집권적인 방식을 선호했다. 게다

통일예멘 정부는 기계적인 방식으로 권력의 균형을 맞추었다. 1990년 5월 25일에 열린 대통령위원회. 왼쪽부터 살레 대통령과 알베이드 부통령.

가 부패한 정치 행태를 보였다.

　통일이 이루어진 뒤에도 남과 북은 서로 협력하지 않고 각자 행동했다. 예를 들어, 알베이드 부통령이 미국을 방문했지만 예멘 외교부는 사전에 그 사실을 파악하지 못했고, 심지어 주미 예멘 대사관도 나중에야 알았다. 분단시대에 고착된 정치 행태는 쉽게 고쳐지지 않았고, 여전히 국가의 이익보다 지역 정파의 이익을 우선시했다.

　이권을 둘러싼 갈등 또한 심각했다. 특히 경제적으로 가장 중요한 석유·광물부의 운영 과정에서 심각한 갈등이 일어났다. 통일 이후 남예멘에서도 석유가 발견되었는데, 바로 알베이드의 고향 지역이었다. 석유·광물부 장관은 남부 출신이 맡고 있었지만 남부 사람들은 전혀 혜택을 보지 못했다. 석유 수출 대금은 석유·광물부보다 서열이 높은 재무부 담당이었다. 당시 재무부 장관은 북부의 몫이었고, 살레의 측근이 맡고 있었다.

남부 출신들은 석유 수출 이익의 공정한 배분을 요구했지만 받아들여지지 않았다. 한때 석유는 통일의 불씨였지만, 통일 이후에는 오히려 불만의 씨앗이 되었다. 남부 출신들은 차라리 통일을 하지 말았으면 더 나았겠다고 생각하기 시작했다.

위기가 깊어지고 있었지만 정부의 행정력은 작동하지 않았다. 오히려 통일 이후 비효율적인 정부 운영이 위기를 부채질했다. 통일 2년 차인 1991년 식료품 가격은 통일 전에 비해 400%나 올랐고, 파업과 시위도 끊이지 않았다. 그러나 정부 안에서는 남부와 북부 출신들이 서로 의심과 불신으로 날을 지새웠다. 그들이 대립하는 동안 중요한 정책 결정은 언제나 뒷전으로 밀려났다.

통일 외교의 신패,
사우디아라비아의 보복

───────── 결국 경제 위기가 통일예멘을 강타했다. 내부에서 자라나던 위기의 씨앗들이 외부의 충격을 접하면서 예멘 경제는 점차 무너져내렸다. 통일 다음 해인 1991년에 걸프전쟁이 일어났을 때, 예멘은 쿠웨이트를 침공한 이라크 편에 섰다. 이미 사담 후세인은 예멘의 통일 과정에 깊숙이 개입한 바 있었다. 예멘은 이라크의 쿠웨이트 침공을 비난하는 성명을 발표하긴 했지만, 미국을 비롯한 다국적군이 요구한 기지 제공을 거부했다.

또한 예멘은 당시 UN 안전보장이사회 비상임 이사국을 맡고 있었는데, 이라크 제재 결의안에도 반대했다. 예멘 국민 다수도 이라크를 지지했다. 이웃 국가인 사우디아라비아에 대한 반감이 컸기 때문이다. 살레는 이라크를 지지하지 않으면 정권의 안정성을 보장받을 수 없다고 판단했다.

그러나 오판의 대가는 참혹했다. 사우디아라비아를 비롯한 아랍 국가 대부분이 예멘에 대한 모든 경제적 지원을 중단했다. 그리고 자국에 들어온 예멘 노동자들을 추방했다. 특히 사우디아라비아는 80만 명의 예멘 노동자를 한꺼번에 추방했다. 그동안 북예멘의 외화 대부분은 이들이 벌어들인 것이었다.

사우디아라비아는 또한 통일 이전 북예멘에 지원해왔던 연평균 6억 달러의 재정 지원을 중단했다. 그러자 통일예멘의 경제는 침몰하기 시작했다. 1991년부터 1993년까지 1인당 국민소득은 석유 생산이 늘었음에도 46%나 감소했다. 실업률은 1990년 4%에서 1993년 25%로 증가했다. 도시에서는 약탈이 벌어지고, 일부 지역에서는 폭동이 일어났다.

사우디아라비아의 강경 조치가 직접적인 타격이 되었다. 사우디아라비아는 예멘이 분단된 이후 일관되게 통일을 반대했고, 통일 움직임을 적극적으로 방해했다. 남예멘에서 영국이 철수하고 사회주의 정권이 들어섰을 때부터 사우디아라비아는 북예멘과 반공전선을 구축했다. 남예멘이 북예멘의 왕정을 몰아내기 위해 반군을 지원하자, 사우디아라비아는 북예멘의 전략적 가치를 재평가했다. 그때부터 북예멘은 대부분의 재정을 사우디아라비아에 의존했고, 사우디아라비아 역시 북예멘의 부족장, 군 장교, 정치인 들을 지원하면서 친사우디아라비아 세력을 양성했다.

분단시대에 사우디아라비아는 북예멘이 남예멘을 물리치기를 바랐지만, 그렇다고 북예멘이 자국을 위협할 정도로 강해지는 것은 원치 않았다. 1979년 남북예멘이 국경에서 군사적으로 충돌했을 때, 미국은 약 5억 달러에 달하는 무기를 북예멘에 지원하기로 결정했다. 이때 사우디아라비아는 무기 대금의 지불과 더불어 북예멘에 무기를 공급해주는 통로 역할을 맡았다. 그러나 무기가 다 들어오기도 전에 국지전 양상을 보이던 충돌이 끝나면서 무기 지원이 중단되었다. 이후 남예멘이 지원하는 민족민주전선이 북예멘에서 게릴라전을 지속하자, 북예멘 정부는 사우디아라비아와 미국에 무기 이전을 요구했다. 그러나 사우디아라비아는 끝내 이를 거부했다. 무기 공급에 어려움을 겪던 북예멘 정부는 차선책으로 소련에 눈을 돌렸고, 결국 경제는 사우디아라비아에 의존하면서 군사는 소련에 의존하는 불균형이 발생했다.

사우디아라비아가 예멘의 통일을 반대한 이유는 뻔했다. 통일예멘이 경쟁자로 부상하는 것을 원치 않았기 때문이다. 1990년에 남북예멘이 통일을 향해 질주하자, 사우디아라비아는 보수적인 북예멘의 종교 지도자들을 부추겨 통일에 반대하는 목소리를 높였다. 그런 역사가 있었기 때문에 통일예멘이 이라크 사담 후세인의 편에 섰을 때, 사우디아라비아는 그동안 쌓인 통일예멘에 대한 반감을 노골적으로 드러냈다.

통일을 너무 서둘렀기 때문에 당시 예멘은 주변국의 지지를 얻어낼 전략도 없었고, 그럴 만한 시간적 여유도 없었다. 예멘은 경제를 사우디아라비아에 의존했지만, 통일을 반대하는 사우디아라비아의 역공 가능성에 대해서는 미처 생각하지 못했다. 양국 간에 전략적 이해가 충돌하면 얼마든지 경제적으로 보복할 가능성이 있는데도 말이다. 이처럼 통일의 이상과 현실 사이의 거대한 격차는 사우디아라비아와의 관계, 즉 지역 질서를 고민하지 않은 데서도 재확인되었다.

권력 나누기의
붕괴

—————— 파국의 절정은 1993년 4월 27일에 실시된 첫 번째 총선이었다. 선거의 열기는 뜨거웠다. 국제사회가 참관단을 조직해 관찰한 결과, 선거는 자유롭고 공정하게 치러졌다. 모두 20개 정당이 나섰고, 3,000여 명의 후보가 난립했다. 301석을 뽑는 선거이니, 경쟁률이 10 대 1이나 되었다.

선거 결과는 분란과 파국을 예고했다. 살레의 국민회의당이 전체 의석 301석 가운데 123석을, 북부를 기반으로 한 이슬람주의 정당인 이슬라당Islah(예멘개혁당)이 62석을, 남부에 기반을 둔 예멘사회당이 56석을 얻었다. 나머지는 무소속과 소수 정당이 차지했다. 이슬람 정당이 두 번째로 많은 표를 얻을 거라고는 아무도 예상치 못했다.

아랍어로 개혁이라는 뜻의 이슬라당은 1990년 통일 선언 이후에 만들어졌다. 이슬람연맹의 정치조직으로 출발해 정당으로 발전한 것이다. 무슬림들이 정당을 만들어 총선에 참여하기로 결정한 이유는 무엇보다 통일에 대한 반감 때문이었다. 그들은 남예멘 사회주의자들을 이단으로 규정하면서 극도의 반감을 드러냈다. 살레는 공식적

عبدالوهاب الأنسي   عبدالوهاب الديلمي   محمد العمراني   عبدالله بن حسين الأحمر   يحيى لطف الفسيل

1990 / 9 / 13   مؤسسي التجمع اليمني للإصلاح   1990 / 9 / 13

عبدالله قشوة   عمر احمد سيف   محمد علي عجلان   عبدالرحمن العماد   حمود هاشم الذارحي

예멘 통일 후 1990년 9월 13일에 창당한 이슬라당은 1993년 선거에서 제2당으로 부상했다.

으로 이슬라당과 거리를 두었지만, 사실 살레의 가족이나 측근들은 이슬라당 지도부와 연결되어 있었다.

예멘사회당은 갑자기 나타난 이슬라당의 존재에 경악했다. 이슬라당은 교육의 종교화를 강력하게 주장했다. 실제로 선거 직후에 교육과정이 개편되어 무슬림 교사들이 대규모로 채용되었고,《코란》교육 시간이 늘었다. 그러나 이슬라당의 보수적인 성격만큼 걱정스러운 것은 살레와의 관계였다. 이 정당의 지지 기반인 사업가, 종교 지도자, 그리고 주요 부족 족장 들은 오래전부터 살레를 지지해왔다. 특히나 이슬라당의 대표인 압둘라 알아흐메르는 하시드Hashid 부족연합의 대표를 맡고 있었는데, 살레가 속한 산한Sanhan 부족이 바로 이 연합 소속이었다.

한편, 선거 결과는 지역 문제의 심각성을 다시 한 번 드러냈다. 인구 비례에 따라 선거구를 결정했기 때문에 압도적으로 북부 지역에

1993년 4월 27일 총선이 실시된 사나 지역의 개표 현장. 검수 위원들이 후보와 당 대표자가 참관한 가운데 투표용지를 세고 있다.

선거구가 많았다. 그런 까닭에 예멘사회당이 남부 지역을 거의 싹쓸이했음에도 겨우 56석만을 차지했던 것이다. 예멘사회당은 후보를 낸 남부에서 단 두 곳을 제외하고 모두 당선되었다. 과거 북예멘의 소외 지역이던 중부 지역에서 일부 당선된 것을 제외하곤, 말 그대로 남부에서만 지지를 받았다. 물론 이슬라당은 남부 지역 21곳에 후보를 냈지만 단 한 석도 얻지 못했다.

선거 이후 예멘사회당은 연방헌법의 개정을 요구했다. 통일 당시 합의대로 50 대 50의 권력 분배를 법적으로 보장하라는 것이었다. 그렇지만 살레는 이슬라당의 실체를 인정해야 한다며 3자 연합을 주장했다. 합의가 어려웠다. 당장 남부 몫이었던 국회의장직이 이슬라당으로 넘어갔다. 국회에서 예멘사회당이 할 수 있는 일은 없었다.

행정부의 최고 의사결정기구인 대통령위원회의 구성 비율도 문제가 되었다. 살레 측은 국민회의당, 예멘사회당, 이슬라당의 비율을 3:1:1로 하자고 주장했다. 알베이드는 강력하게 반발하면서 최소한 2:2:1로 하자고 수정안을 제시했다. 통일 당사자들이 같은 수로 나누고 이슬람주의 정당에게 한 자리를 주자는 제안이었다. 논리적으로 설득력이 없었다. 밀고 당기기가 반복되자 살레가 양보했고, 일단 1993년 10월 15일까지 현행대로 유지하기로 잠정 합의했다.

내각의 권력 분배도 문제였다. 상당한 논쟁과 진통을 겪고 나서야, 국민회의당이 16개, 예멘사회당이 9개, 이슬라당이 6개 부처를 차지했다. 남부의 예멘사회당은 국방부와 석유·광물부를 차지했지만, 법무부·노동부·정보부 등은 국민회의당에 넘길 수밖에 없었다. 무역부와 지방 행정부는 이슬라당으로 돌아갔다.

모든 문제의 근원은 서둘러 합의한 헌법이었다. 원래 1989년 11월에 남북 양쪽 지도자는 1년 뒤에 통일을 선포하겠다고 발표했다. 그러나 통일 선포식은 다음 해 5월 22일에 열렸다. 1년으로 계획했던 통일 준비 기간 자체를 6개월로 줄인 것이다.

헌법에서 권력 분배를 명확하게 규정하지 않은 채 총선거를 치른 것이 치명적인 결함이었다. 1993년 여름과 가을, 새로운 의회는 헌법 개정 논의를 시작했다. 분권화가 핵심 쟁점이었다. 그것은 남부가 통일 조건으로 내세운 가장 중요한 명분이기도 했다. 그러나 선거로 이미 정치권의 질서가 바뀐 뒤였기에 권력에 관한 협상이 제대로 이루어질 리 만무했다. 살레와 국민회의당은 분권화 자체를 거부했다. 예정된 지방선거도 무기한 연기되었다.

50 대 50의 권력 분배 합의는 선거라는 민주적 과정에 의해 부정되었다. 분단시대에 만들어진 정당이 상대 지역에서 지지를 얻기는

매우 어려웠다. 북부에 기반을 둔 보수적인 이슬라당이 무시할 수 없는 정치 세력으로 등장하면서 감추어진 모순들이 드러났을 뿐이다. 권력 분배 합의와 총선 결과가 충돌했고, 결국 가장 중요한 통일의 전제 조건이 무너지는 사태가 발생한 것이다.

알베이드 부통령은 남부 출신을 이끌고 사나에서 철수했다. 통일 수도 사나에는 결국 북부 출신만 남았다. 과거 분단시대처럼 말이다. 요르단 국왕이 중재에 나섰고, 남북예멘의 시민사회 또한 정치권을 향해 이성적으로 대처해달라고 호소했다. 그러나 아덴에 거주하던 알베이드에 대한 암살 시도를 계기로 분단을 향한 원심력이 강하게 작동하기 시작했다. 1993년 11월 중순이 되자, 남북은 이제 노골적으로 전쟁을 준비하기 시작했다.

실패한 군대 통합,
전쟁의 불씨가 되다

─────── 그래도 꼭 전쟁을 해야 했을까? 정치의 가능성이 사라지면서 또 다른 수단인 전쟁 가능성이 부상했다. 결정적인 것은 남북예멘이 군대 통합에 실패했다는 점이다. 다른 분야는 삐거덕거리면서도 통합을 위한 진통을 겪었지만, 군대는 과거 분단시대와 마찬가지로 남북으로 갈라져 있었다.

통일 선포 40일 전에 남북의 군부가 만났다. 그러나 군대 통합과 관련한 양쪽의 의견 차이가 좁혀지지 않아, 할 수 없이 당분간 남북이 따로 군 조직을 운영하기로 했다. 다만 군사적 신뢰 구축을 위해 양쪽 군대 가운데 일부 부대를 교차 주둔하기로 잠정 합의했다. 몇몇 남쪽 부대가 북쪽으로 가고, 북쪽 부대도 남쪽으로 왔다. 통일예멘의 초대 국방장관은 남예멘 육군참모총장 출신인 하이탐 타헤르가 맡았다. 북부를 믿지 못해 불안해하는 남부를 다독이기 위한 살레 대통령의 배려였다.

그러나 불신은 오래되었고, 의심은 아주 깊었다. 군인들 대부분은 통일 이전의 군복을 그대로 입었다. 군복이나 군기軍旗 등 군대의 상징물에 대한 통합조차 시도되지 않았다. 군부에 대한 인사에도 큰 변화가 없었다. 예를 들어, 사나 근처의 포병대 대장은 살레의 친척이 그대로 맡았다. 이라크에서 훈련받은 5,000명의 경비대와 공군은 살레 대통령의 직접적인 통제 아래 있었다. 1991년 남부 출신들이 경비대의 관할권을 국방부로 넘겨야 한다고 강력하게 주장했지만, 살레는 대통령이 직접 통제하는 방식을 포기하지 않았다. 예멘사회당 역시 남예멘 군대에 대한 통제력을 포기하지 않는 상황이었기에 남부의 주장도 사실 설득력이 없었다.

국방부 장관 바로 아래의 육군참모총장은 북예멘 출신이 맡았다. 국방부에서는 장관과 참모총장 사이의 갈등이 끊이지 않았다. 결국 1993년 7월, 참모총장이 장관에게 반발해 사표를 제출하는 하극상이 연출되기도 했다. 국방부는 늘 논쟁과 대립으로 밤을 지새웠고, 양쪽 군인들은 도를 넘어선 술수를 부렸다.

통일 직후 알베이드 부통령과 남부 출신의 군부는 과거 민족민주전선에 참여했던 게릴라 부대를 정규군에 포함시키려 했다. 남부의 이러한 조치에 대해 살레 대통령은 그렇다면 민족민주전선과 싸웠던 이슬람 전사들도 정규군에 포함시키겠다고 위협하며 강력하게 반발했다. 물론 살레는 뒤에서 몰래 민족민주전선의 게릴라들을 매수해 예멘사회당과 분열을 조장하는 공작을 벌였다.

어수선한 분위기에서 남부 출신 정치인들에 대한 암살 사건이 잇달아 발생했다. 1991년에서 1993년 사이에만 100여 건의 암살 시도가 있었고, 그 대상도 남부 출신 국회의장이나 법무부 장관 등 고위층들이었다. 이 중 많은 수가 폭탄 테러 또는 저격으로 사망했다. 남부 출신들은 살레를 의심했지만 증거는 없었다.

암살자로 밝혀진 인물들은 '아랍-아프칸 전사'라고 불리는, 아프가니스탄전쟁에 참여했던 예멘 군인들이었다. 소련과 맞서 싸웠던 이들은 대부분 북예멘 보안부서에서 일했다. 이들은 남부의 소련파 출신 정치인들을 증오했고, 소련군에 의해 죽임을 당한 동료들의 복수에 나섰다. 다른 한편에서는 북예멘에 망명해 있던 알리 나세르파도 암살에 가담했다. 그들의 목적은 단지 정치적인 복수였다.

아랍-아프칸 전사들이나 나세르파나 모두 북부 군부의 지원을 받았다. 살레 대통령은 자신의 개입을 강력하게 부인했지만 책임을 면하기는 어려웠다. 남부 출신들의 강력한 진상조사 요구가 있었지만 끝내 배후는 밝혀지지 않았다. 물론 남부 출신들도 당하고 있지만 않았다. 1992년 9월, 알베이드 부통령이 신변의 안전을 이유로 사나를 떠나 아덴으로 돌아가자, 북부 출신 정치인들에 대한 보복 테러가 증가했다.

국내외에서 이러한 위기를 해소하려는 시도도 있었다. 1993년 말에 아덴으로 향한 살레는 알베이드를 만나 국민회의당과 예멘사회당을 합당하자고 적극적으로 설득했다. 국제적으로도 후세인 요르단 국왕이 나서서 1994년 1월 20일에 '약속협정'을 만들었다. 협정 내용

1993년 자유롭고 공정한 선거를 치르고 새 헌법을 채택했음에도 성급한 통일과 예상치 못한 권력 분배, 군대 통합의 실패로 결국 1994년 4월 내전이 일어났다. 북예멘 군대는 남예멘 군사력을 신속히 제압했다. 전쟁에서 패한 남예멘의 지도자들은 대부분 국외로 망명했다.

에서는 군부 재편이 중요한 비중을 차지했다. 전쟁을 막기 위한 권고안을 보면, 군의 정치적 역할을 축소하고, 통일정부가 군에 대한 통제권을 확립하며, 군의 순환근무를 제도화해서 특정 부족과 정치 세력의 사병화를 막고자 했다.

그러나 이미 전쟁을 향한 폭주를 멈출 수 없었다. 그동안 쌓인 불만이 터지면서 1994년 4월, 남부 군대 야영지에서 남북의 군대가 충돌하는 일이 벌어졌다. 불씨가 불길로 번지듯이, 결국 5월 5일경에는 전면전으로 확대되었다. 당시 양쪽 군대가 상대 지역에 교차 주둔하고 있었기 때문에, 전쟁이 일어나자 서로 상대의 핵심 경제시설인 공항, 항구, 발전소, 석유시설 등을 먼저 폭격했다. 전쟁은 두 달 동안 지속되었고, 5,000~7,000명 정도가 사망했다. 전쟁은 북부의 일방적인 승리로 끝났다.

어떻게 북쪽이 이겼을까? 1990년 5월, 통일 당시 인구는 북쪽이 남쪽의 네 배로 훨씬 많았지만, 군사력은 북쪽이 약간 우세한 정도였다. 당시 북예멘의 군인 수는 3만 7,000명 정도였고, 탱크는 664대를 보유했다. 남예멘은 군인 2만 7,000명, 그리고 탱크 480여 대를 보유했다. 심지어 공군력에서는 과거 소련의 지원을 받았던 남쪽이 우세했다. 그리고 남부군이 살레를 체포하기 위해 기습적으로 전쟁을 시작했기 때문에 전세는 남부에 유리했다. 그러나 결과는 달랐다.

살레는 오래전부터 전쟁에 대비하고 있었다. 북부에 진출한 남부 부대 옆에 자신의 군대를 주둔시켜 늘 남부군의 동향을 파악했고, 언제든지 즉각 대응할 수 있도록 준비 태세를 취하고 있었다. 살레가 직접 통제하고 있던 가족과 부족, 그리고 측근 부대 들의 활약도 두드러졌다. 또한 살레는 아랍-아프칸 전사들을 앞세웠다. 이들은 아프가니스탄에서 갈고닦은 전투 실력을 유감없이 발휘해 혁혁한 공을 세웠다.

이슬람 공동체도 적극적인 지원에 나섰다. 이들은 남부를 '공산주의를 믿는 이단'으로 규정했다. 당시 영향력 있던 한 이슬람 부족장은 북예멘 군대에서 연설하면서, "이 전쟁은 이슬람 공동체를 파괴하려는 이단들에 대한 성전聖戰(지하드Jihad)"이라는 점을 강조했다.

결정적인 또 하나의 요인은 남부 군대의 사기 저하에 있었다. 전쟁이 나자마자, 남부 출신 군인들 다수가 북부에 투항했다. 물론, 통일 직후부터 살레 정권은 남부 출신 군부를 적극적으로 매수했고, 예멘 사회당의 분열을 부추겼다. 북부군은 자기 지역에서 승리하자, 아덴을 향해 진군했다. UN과 주변국들이 중재에 나설 수 있으므로 북부군은 속전속결로 전쟁을 끝내려고 했다.

다시 분단을 요구하는
남부운동의 등장

———————— 합의 통일은 미완이었지만, 전쟁은 통일을 완성했다. 살레는 전쟁에서 승리한 뒤, 남예멘의 예멘사회당과 정치 엘리트들을 한꺼번에 제거했다. 전쟁 직후 2만여 명의 남예멘 군인들이 곧바로 해고되었다. 공무원도 대부분 일자리를 잃었다.

군부의 고위 장교도 남부 출신은 거의 사라졌다. 남예멘 경제도 완전히 무너졌다. 1994년 이전에는 남예멘에서 75개의 공장이 가동되었지만 전쟁 이후에는 3개로 줄었다. 국유 재산 대부분이 민영화되었는데, 살레의 측근들이 전리품으로 나누어 가졌다.

통일 후 남부는 북부의 식민지가 되었다. 1994년 전쟁 직전 알베이드가 남부 분리를 선언했을 때, 아덴의 거의 모든 시민이 거리로 나와 춤을 추었다. 남부 입장에서 통일 이후 4년은 박탈의 세월이자 차별의 시대였다. 그들은 자신들을 통일의 피해자라고 생각했다. 아덴 사람들은 "통일 이전에 우리는 두 개의 국가에 살았지만, 한 종류의 사람이었다. 그러나 통일 이후 우리는 하나의 국가에 살지만 두 종류의 사람으로 나뉘었다"라고 말했다.

남부는 왜 통일을 후회했을까? 통일 이후 사회주의체제가 갖고 있던 상대적 장점이 사라지면서 그들은 상실감을 맛보았다. 식량과 생필품에 대한 보조정책이 폐지되고, 공적인 복지정책도 중단되었다. 특히 남부는 시민 질서의 후퇴가 심각한 지경에 이르렀다. 북부에서는 교통규범이나 주차 질서 같은 기본 규범이 애당초 존재하지 않았다. 행정 서비스라는 개념도 없었다. 통일 이후 남부 사람들은 북부

다시 분리를 요구하고 있는 남예멘의 주민들. 아덴 거리에는 독립국가였을 당시 사용했던 옛 남예멘 국기를 그린 낙서가 가득하다.

출신 주지사, 공무원 들과 함께 남하한 무질서와 무법천지, 그리고 부패에 치를 떨었다. 물론, 과거 남예멘에서 법의 공정성과 시민 질서가 얼마나 지켜졌는지는 의문이다. 그러나 북부의 전통적이고 후진적인 행정을 접하면서, 남부 사람들은 자신들의 체제를 실제보다 이상적으로 추억했다.

전쟁이 끝나자 권력 분배 합의는 무용지물이 되었다. 아니 더 이상 남부와 권력을 나눌 필요가 없었다. 알베이드를 비롯한 예멘사회당은 국외로 망명했다. 남부를 대표할 정당이 없어진 것이다. 남부에 진출한 보수적인 이슬람 정당은 아덴을 비롯한 남부 지역의 개방성을 위축시키는 정책을 펼쳤다. 살레가 북부에서 활용했던 전통적인 부족 통치 방법, 즉 이름에 부족명을 표기하고, 부족별로 권한을 분배하는 방식을 남부에도 그대로 적용한 것이다. 북부식 통치 방식은 남부에서 심각한 파열음을 내며 남부인들의 반감을 샀다. 이미 남부는 사회주의 정권을 거치면서 부족정치에서 벗어나 있었기 때문이다.

북부 세력의 실질적인 지배가 시작되자, 북부인들에 대한 남부인들의 적대감은 눈덩이처럼 커졌다. 1995년 4월 아덴에서 축구경기가 열렸을 때, 남부 사람들은 북부 팀을 향해 저주를 퍼부었다. 단순한 야유로 시작된 울분이 한꺼번에 폭발하며 폭동으로 번져갔다. 최루가스로 진압을 시도하던 북부 출신 보안대의 발포로 마침내 4~5명의 사망자가 발생했다.

남부의 박탈감은 점차 조직화되었다. 1998년 하드라마우트 지역에서 일어난 무장군인들의 무자비한 시위 진압이 계기가 되어 남부인들의 분리운동이 고개를 들기 시작했다. 2007년부터 '남부운동'이라는 이름의 반정부 단체가 등장했다. 처음에는 통일국가를 인정하면서 남과 북의 평등을 요구했으나 정부의 탄압이 강화되면서 남부운동도 점차 과격해졌다. 예멘 남부의 혼란과 분노는 갈수록 커져갔고, 결국 이슬람 무장단체인 알카에다를 불러들이는 지경에 이르렀다. 예멘 남부는 점차 이슬람 테러의 배후 기지로 변해갔다. 2009년부터는 과거 남예멘의 국기가 남부 전역에서 다시 나부끼기 시작했다. 남부는 다시 분단을 요구하고 있다.

서두르다
망했다

───── 통일의 꿈이 악몽으로 변한 것은 너무 서둘렀기 때문이다. 특히 통일의 수단이었던 권력 분배가 오히려 분열을 가속화하

고, 갈등을 부채질하고, 통합을 가로막았다. 한 번은 합의로, 다른 한
번은 폭력으로 통일을 이룬 뒤 많은 세월이 흘렀지만, 분열의 현실은
크게 나아지지 않았다. 그러다 2011년 아랍권의 민주화운동인 '아랍
의 봄'이 예멘을 덮쳤다. 예멘 군부가 살레 충성파와 반대파로 분열했
고, 시위와 탄압이 반복되면서 국가가 비틀거렸다. 결국 걸프협력회
의GCC가 나서서 살레 대통령의 퇴진을 이끌었다. '33년', 아랍에서 가
장 오래된 독재자 중 한 명이 물러났다. 그러나 그가 무대에서 완전
히 퇴장한 것은 아니었다. 살레는 독재정치의 악행을 사면받은 뒤 여
전히 집권당에서 영향력을 유지했다.

　형식적으로만 이루어진 통일은 얼마나 허망한가? 사람과 사람 사
이, 부족과 부족 사이, 그리고 지역과 지역 사이, 분열의 골이 더 깊어
졌다. 분단시대에 통일은 희망이었다. 그러나 통일 이후 희망이 없음
을 확인했을 때 느낀 절망은 치명적이었다. 예멘의 통일은 '우리는 하
나'라는 민족적 정체성을 만들지 못했다. 경제적으로 나아지지도 않
았고, 주권이 국민에게 돌아가지도 않았다. 예멘은 통일을 이루었지
만 실패한 국가가 되었고, 급하게 이룬 통일로 인해 지금도 값비싼
대가를 치르고 있다.

5

성과에 집착하지 마라
300년의 중소국경협상

협상일지

1689년	8월	청나라−제정러시아 네르친스크조약 체결로 국경 합의
1858년	5월	청나라−제정러시아 아이훈조약 체결. 청나라, 아무르강 이북 영토 상실
1860년	10월	청나라−제정러시아 베이징조약 체결. 청나라, 연해주 상실
1919년	7월	소련, 카라한 선언
1950년	2월	중국−소련 우호동맹상호원조조약 체결
1953년	3월	스탈린 사망. 9월 흐루쇼프 소련공산당 서기장에 취임
1956년	2월	흐루쇼프, 제20차 소련공산당대회에서 '평화공존론' 제시
1959년	9월 30일	흐루쇼프의 중국 방문 후 중소 간 합작사업 파기. 중국, 독자 노선 채택
1964년	2~8월	중소 제1차 국경 담판, 6개월 동안 지속했으나 결렬
1969년	3월 2일	다만스키섬(전바오섬)에서 중국군의 공격으로 소련과 무력 충돌
	9월	코시긴 소련 총리와 저우언라이 중국 총리 회담 후 중소국경협상 재개
1979년	12월	소련의 아프가니스탄 침공으로 협상 중단
1982년	3월	브레즈네프, 타슈켄트 방문 연설 중 중국과의 관계 개신 언급
	10월	베이징에서 중소 관계 개선을 위한 협상 재개
1985년	3월	고르바초프 서기장 취임. 중국공산당, 국방비와 병력 감축 시작
1986년	7월	고르바초프, '블라디보스토크 선언' 발표
1987년	8월	국경 원칙 합의하고 구체적인 국경선 획정 작업 공동 추진
1989년	5월 15일	고르바초프가 베이징을 방문하여 30년 만에 중소 정상회담 개최
1991년	5월	장쩌민이 모스크바를 방문해 중소 국경에 대한 최초의 협정문서 체결
1992~2002년		중국, 소련 해체 후 러시아에 이어 그 외 나라들과 국경협상 추진
2004년	10월	푸틴과 장쩌민 회담. 미해결 분쟁지역의 해결 방안 합의
2005년	4월	중국 전국인민대표자대회 국경협정 비준
	5월	러시아 상하원 국경협정 비준

1954년 베이징의 권력 중심지 중난하이^{中南海}의 수영장, 마오쩌둥과 흐루쇼프가 나란히 누워서 대화를 나누고 있다. 그동안 '사회주의 형제'라며 관계를 돈독히 다져온 중국과 소련은 스탈린이 사망한 이후 사회주의권의 주도권을 두고 암암리에 경쟁하고 있었다. 흐루쇼프는 자신이 사회주의의 대표라고 여긴 반면, 마오쩌둥은 이제 자신이 맏형이라고 생각했다.

마오쩌둥이 사회주의의 군사력이 자본주의보다 훨씬 우세하기 때문에 전쟁을 두려워하지 말아야 한다고 말하자, 흐루쇼프는 "원자탄이 등장한 세계에서 군사의 수가 뭐가 중요하겠소"라고 대꾸했다. 마오쩌둥은 "당신이 미국과 전쟁을 시작하면 우리가 100개, 200개, 아니 필요하다면 1,000개 사단을 지원하겠다"라고 큰소리를 쳤다. 마오쩌둥은 소련 지도자를 '겁쟁이'라고 생각했고, 흐루쇼프는 중국 지도자를 무모하다고 판단했다. 흐루쇼프는 귀국 길에 "중국과의 대립은 불가피하다"라고 말했다.

마오쩌둥과 흐루쇼프의
수영장 외교

──────── 1953년 3월, 스탈린의 사망은 한 시대가 저물었음을 의미했지만 동시에 새로운 변화의 시작을 알렸다. 그해 9월 정권을 잡은 흐루쇼프는 스탈린의 개인숭배를 비판하면서 오랜 독재의 어두운 터널에서 벗어나고자 했다. 1956년 제20차 소련공산당대회는 스탈린 시대와의 단절을 선언하는 자리였다. 스탈린의 개인숭배를 비판하면서 어두웠던 과거와 이별했고, '평화공존론'이라는 새로운 외교 노선을 제시했다.

흐루쇼프 노선을 지지하는 동유럽 국가들은 개혁정책을 선택했다. 폴란드, 헝가리, 체코 등은 강제로 추진한 협동농장을 해체하고, 시장을 허용하며, 억압을 완화했다. 그러나 중국과 북한 등 스탈린식 정치를 유지해온 국가들은 흐루쇼프 노선에 반발했다. 특히 평화공존론이 비판의 대상이었다.

자본주의와 사회주의가 적대적 대립관계가 아니라 얼마든지 평화적으로 공존할 수 있다는 입장은 흐루쇼프의 달라진 외교관을 반영했다. 그의 평화공존론은 핵전쟁 가능성을 막고 미국에 대한 적대감을 완화해 국방비를 줄임으로써 경제 발전에 힘을 쏟기 위한 것이었다. 중국은 평화공존론을 '제국주의와 타협하려는 수정주의'라고 비판했다. 이에 대해 소련은 중국을 '교조주의'로 몰아세웠다. 정치·경제·외교 등 다양한 분야의 이론들을 둘러싸고 누가 마르크스-레닌주의의 적자인가를 둘러싼 논쟁이 벌어졌다. 중소 분쟁은 그렇게 시작되었다.

1957년 11월, 10월혁명 40주년 기념행사와 세계공산당대회에 참석하기 위해 모스크바를 방문한 마오쩌둥은 거만했다. 64개국 공산당 지도자들이 참석한 회의에서 마오쩌둥은 유일하게 앉아서 발언을 했다. 소련 지도자들은 화가 나서 얼굴을 붉혔다. 마오쩌둥은 발레 공연을 보러 가서도 1막만 보고 퇴장했다. 흐루쇼프를 만난 마오쩌둥은 그의 평화공존론을 노골적으로 조롱했다. "우리는 전쟁을 두려워해서는 안 됩니다. 원자탄과 미사일을 두려워할 필요가 없어요. 제국주의가 쳐들어오면 우린 3억 명쯤 잃겠죠. 그래서 어떻다는 말이요? 더 많은 아이를 낳으면 되오."

　　1958년 7월 31일, 베이징을 방문한 흐루쇼프는 노골적인 모욕을 당했다. 베이징의 뜨거운 여름 날씨에도 소련 대표단이 묵은 초대소에 에어컨 시설이 없어 더위를 식힐 수가 없었고, 밤에는 모기들이 극성이었다. 마오쩌둥은 또 중난하이의 수영장에서 회담을 하자고 제안했다. 양쯔강에서 정기적으로 수영을 할 정도로 물을 좋아하는 마오쩌둥과 달리, 흐루쇼프는 물이라면 질색이었고 수영도 할 줄 몰랐다. 흐루쇼프에게는 내키지 않는 회담이었지만 초청자의 요구를 거절할 수는 없었다.

　　1954년 그들이 처음 만났을 때만 하더라도 마오쩌둥은 주로 수영장 옆의 욕실에서 나란히 누워 대화를 나눌 만큼 흐루쇼프를 배려했다. 그러나 1958년의 마오쩌둥은 혼자 수영을 하면서 이쪽저쪽으로 움직였고, 그때마다 통역사가 두 사람 사이를 왔다 갔다 하느라 고생을 했다. 흐루쇼프는 구명조끼를 입은 채 안절부절못하면서 한쪽 구석에 서 있었다. 수영장 회담에 참여했던 소련 외교관은 "절대 잊을 수 없는 끔찍한 장면"이었다고 회고했다.

중국 지도부 집무실과 관저가 있는 중난하이는 중국 권력의 심장으로 불린다. 마오쩌둥은 특히 이곳 수영장에서 대내외 주요 인사들과 시간을 자주 보냈다. 흐루쇼프와의 수영장 외교는 중소 관계를 상 징하는 사례로 종종 언급된다.

1959년 9월 30일, 흐루쇼프의 마지막 베이징 방문도 크게 다르지 않았다. 흐루쇼프는 베이징에 오기 보름 전인 9월 15일에 미국을 방문했다. 아이젠하워 미국 대통령은 흐루쇼프를 캠프데이비드 별장으로 초대해 미소 양국이 평화공존을 이룬다면 아마도 흐루쇼프가 "역사상 가장 위대한 정치인이 될" 거라고 치켜세웠다. 소련 지도자는 한껏 우쭐해서 베이징에 들렀다. 그러나 마오쩌둥은 소련이 보내온 미소 정상회담 대화록을 읽고 잔뜩 화가 난 상태였고, 소련 지도자에 대한 반감과 모욕을 노골적으로 드러냈다.

흐루쇼프는 마오쩌둥을 다시 만나고 싶지 않았지만, 중국에 가야만 하는 이유가 있었다. 소련은 중국에 무선중계소와 잠수함 기지를 대여해달라고 요청하고 있었다. 태평양함대에 소속된 장거리 잠수함

1959년 중국을 방문한 흐루쇼프는 마오쩌둥과 계속 의견 충돌을 빚었고, 양국은 화해의 기미가 보이지 않았다. 서로 웃고 있지만, 이 만남 이후 소련과 중국은 여러 합작사업을 파기하고 독자 노선을 걸었다.

은 연료를 보충하거나 수리하고 휴식을 취할 중간 기착지가 필요했고, 소련 본부와 교신하기 위한 무선중계소도 필요한 상황이었다. 중국은 소련의 제안을 이미 그 전해에 거절했지만, 소련은 쉽게 포기할수 없었다. 마오쩌둥을 만난 흐루쇼프는 소련 자금으로 무선중계소를 건설하고 중국에 소유권을 넘겨줄 테니, 사용할 권리만 달라고 부탁했다. 마오쩌둥은 버럭 화를 내면서, "어느 나라도 자기 멋대로 우리 영토를 사용하지 못합니다"라고 소리쳤다.

흐루쇼프는 뒷날 자신의 회고록에서 그날의 만남을 "마치 사람이 아니라 인형이 말하는 것처럼 들렸다. 어떻게 저런 사람이 최고 지위에 올랐는지 모르겠다"라고 치를 떨었다. 그는 마오쩌둥을 '싸움닭', '낡은 장화'라고 표현했고, '싸우지 않아도 사이가 나빠지는 사람'이라고 말했다. 흐루쇼프가 돌아간 뒤, 이미 흔들거리던 양국 관계는 빠르게 악화되었다. 중국과 소련의 기술 협력이 중단되고, 중국에 파견된 소련의 기술 인력도 모두 철수했다.

국가 간의 관계가 나빠지면 그 영향을 크게 받는 곳이 바로 국경이다. 중국과 소련의 국경은 6,681킬로미터에 이르는, 지구에서 가장 긴 경계선이다. 긴 거리만큼 국경을 둘러싼 역사도 파란만장했다. 사이가 좋을 때는 드러나지 않았던 경계를 둘러싼 갈등이 다시 고개를 내밀었다. 결국 양국 관계가 악화됨에 따라 국경은 점차 충돌의 공간으로 변했다. 국경이 다시 화해와 협력의 공간으로 자리매김하기까지는 수십 년의 시간과 수백 번의 협상이 필요했다. 어떻게 '대립'의 굵은 경계선이 '협력'의 열린 점선으로 바뀔 수 있었을까?

관계가 악화되면
국경에 긴장이 흐른다

──────── 국경은 근대국가의 산물이다. 민족과 국가의 정체성이 경계를 만들고, 경계가 생기면서 다툼이 벌어졌다. 중국 청나라와 제정러시아는 1689년 네르친스크조약을 맺으면서 국경을 합의했다. 이후 양국 국경은 국력의 우세에 따라 변했다. 1840년 아편전쟁 이후 청나라의 국운이 기울어갈 때, 영국을 비롯한 서구 열강과 함께 제정러시아도 그 틈을 놓치지 않고 무력을 앞세워 자국에 유리하게 경계를 다시 정했다.

중국이 러시아와 맺은 '불평등조약'들은 모두 청나라 말기에 이루어졌다. 아이훈조약(1858)에서 러시아는 아무르강(중국명 헤이룽강)과 우수리강(중국명 우쑤리강) 등에서 강과 하천의 가운데가 아니라 중국 쪽 제방을 국경으로 정했다. 그 결과 강과 하천에 있는 모든 섬이 러시아의 땅이 되었다. 베이징조약(1860)에서 중국은 우수리강 동쪽인 연해주를 잃었을 뿐 아니라, 두만강을 통해 동해로 나갈 수 있는 권리도 잃었다. 동해를 통해 태평양으로 나가는 출구를 상실했다는 사실은 그 뒤로도 오랫동안 중국에 상처로 남았다.

1917년 러시아혁명 뒤에도 국경의 이해관계는 달라지지 않았다. 물론, 1919년에 소련의 카라한 외무장관이 과거 제정러시아가 중국과 맺은 불평등조약을 폐기한다는 선언(카라한 선언)을 했지만, 이 선언이 사회주의 소련이 제국주의 영토 확장을 포기한다는 의미는 아니었다. 당시 바이칼호 동쪽 지역은 여전히 제정러시아 황제의 군대, 즉 백군의 지배 아래에 있었다. 붉은 군대(적군)가 이르쿠츠크를 탈환하고 극동의 통제권을 회복하자, 소련은 슬그머니 카라한 선언을 거두어들였다.

한편, 1949년 내전에서 승리한 중국공산당이 중화인민공화국을 건국했다. 건국 초기에 중국과 소련의 관계는 순탄했다. 1950년 2월, 양국이 '우호동맹상호원조조약'을 체결하면서 수천 명의 소련 군사고문단이 중국에 체류하고, 1,500여 명의 중국 장교들이 소련에서 교육을 받았다. 소련은 중국의 다롄항과 뤼순항을 해군기지로 임대해 사용했으며, 중국에 핵무기 기술을 전수하고 관련 부품을 제공하는 등 중국의 핵개발을 도왔다. 경제적으로도 1950년에 소련은 중국에 3억 달러의 차관을 연리 1%로 제공했고, 기술 지원도 아끼지 않았다.

스탈린이 사망하면서 중소 관계는 흔들리기 시작했고, 1956년에

1956년 제20차 소련공산당대회에
서 스탈린의 개인숭배를 비판하는
흐루쇼프. 이후 중소 관계는 급격
히 악화되었다.

흐루쇼프가 제20차 소련공산당대회에서 스탈린의 개인숭배를 비판
하면서 파국을 맞이했다. 중소 분쟁이 조금씩 심각해지면서 외교정
책을 둘러싼 갈등이 고개를 내밀었다. 소련의 흐루쇼프는 미국과 '평
화공존의 길'을 가겠다고 주장했지만, 중국은 제국주의와 '투쟁의 길'
을 가겠다고 고집했다.

　특히 1962년 10월 중국-인도 국경 분쟁에서 소련이 인도 편을 들
면서 중소 관계는 돌이킬 수 없는 길로 접어들었다. 비슷한 시기에
벌어진 '쿠바 미사일 위기' 당시 흐루쇼프가 미사일을 싣고 쿠바로

가던 배의 항로를 돌리자, 중국은 '인도 편을 든 소련'에 화풀이할 기회를 잡았다. 이때 중국은 소련을 '제국주의에 굴복한 겁쟁이'라고 비판했다. 당시 중국은 미국이 터키에 있던 미사일 기지를 철수하는 조건으로 소련이 쿠바 미사일 기지를 포기했다는 사실을 몰랐다.

중국의 자주의식은 적극적인 영토 주권에 대한 주장으로 이어졌다. 1960년에는 중국 외교부 산하에 '중소 변계 문제 판공실'이 설치되었다. 마침 그해 8월, 소련 국경수비대가 국경을 넘어 신장웨이우얼자치구新疆維吾爾自治區를 침략했다. 국경을 넘는 중국 유목민들을 단속한다는 명분이었다. 이 지역은 한때 국경선이 따로 없다시피 했다. 풀을 찾아 양떼를 몰고 다니는 유목민에게 국경이란 의미가 없었다. 중국 영토였음에도 오랫동안 지리적으로나 인종적·역사적 혹은 종교적으로 소련의 지배권 아래에 있었던 신장 지역에는 소련 국적을 가진 사람들이 많이 살았다. 양국 관계가 악화되자, 열려 있는 점선 혹은 눈에 보이지 않았던 경계선이 점차 경계를 나누는 실선으로 변했고, 그만큼 충돌도 늘어났다.

상대를 불필요하게
자극하지 마라

——————— 양국이 국경 문제를 해결하기 위해 노력하지 않은 것은 아니다. 1950년대만 하더라도 양국은 상대적으로 좋은 관계에서 비밀협상을 했다. 그런데 만나서 대화를 해보니 쉽게 끝날 협상이 아니었고, '사회주의 형제'라고 공공연히 떠드는 사이지만 국경 문제만

은 쉽게 양보할 수 없음을 깨달았다.

관계가 한창 나빠지고 있던 1964년 양국은 공식적인 국경협상을 시작했다. 중국은 먼저 청나라 때 제정러시아와 맺은 조약들을 '제국주의 시대의 불평등조약'으로 규정하고, 소련에 새로운 조약을 체결하자고 주장했다. 기존 조약을 무효화한 상태에서 새로운 조약을 체결하지 못하면 자신들만 곤란해질 거라고 판단한 소련은 이 제안을 받아들이지 않았다. 지도자들끼리 담판을 벌일 수 있는 상황도 아니고, 그런다고 해결될 문제도 아니므로 실무 차원의 협상부터 시작하기로 했다.

당시 양국 상층부의 관계는 엉망이었지만, 실무자들은 국경협상의 접점을 찾기 위해 노력했다. 소련은 수로의 중앙선을 국경으로 하자는 중국의 주장을 받아들였다. 우수리강과 아무르강에 있는 수백 개의 섬을 중국에 돌려줄 수 있다는 그야말로 파격적인 양보였다. 다만, 소련은 자국 주민들이 거주하는 몇 개의 섬을 예외로 해달라고 요구했다. 조금만 더 협의하면 해결할 수 있는 상황이었다.

그런데 협상이 갑자기 중단되는 사건이 일어났다. 1964년 7월 10일, 마오쩌둥은 '제2차 아세아경제토론회'에 참가한 일본 사회당 대표단을 만난 자리에서 "소련은 다른 나라의 영토를 너무 많이 차지하고 있다"라고 비난하면서, 몽골·쿠릴섬·동독·폴란드·핀란드를 예로 들었다. 그러면서 "소련이 바이칼호 동쪽으로 진출한 것은 겨우 100년 전이다"라는 말도 덧붙였다. 마오쩌둥의 발언이 알려지자, 국경협상을 하던 소련 대표단은 즉각 철수했다. 9월 2일, 소련공산당 기관지《프라우다Pravda》는 "마오쩌둥의 발언은 중국의 팽창주의를 드러내는 증거"라고 비난했다.

마오쩌둥은 협상을 유리하게 이끌기 위한 의도라고 했지만, 결과는 협상 중단으로 나타났다. 양국 관계가 악화되고 지도자들 역시 반감을 드러내는 상황에서 실무 차원의 협상이 계속 진행되기는 어려웠다. 당시 마오쩌둥의 자극적인 발언은 협상 중단의 직접적인 계기가 되었다.

　마오쩌둥은 10월 초에 베이징을 방문한 북한의 최용건 최고인민회의 상임위원장에게 그날의 발언이 의도적이었다고 털어놓았다. 최용건은 일본 식민지 시절 중국공산당 동북성위원회의 간부였으며, 조선과 중국의 항일 연합부대인 동북항일연군의 지도자였다. 마오쩌둥은 최용건에게 "당신 생각에 흐루쇼프가 중국을 공격할 것 같소? 소련이 군대를 보내 신장, 헤이룽장성 혹은 내몽골을 점령하는 것이 가능하겠소?"라고 물었다. 이에 앞서 9월 15일에 흐루쇼프는 모스크바를 방문한 일본 대표단에게 소련이 중국과 전쟁을 한다면, "우리가 가진 모든 무기를 사용할 것"이라고 말했다. 양국 관계는 최악의 국면으로 접어들었고, 모두 최후의 가능성을 배제하지 않았다.

　그런데 1964년 10월, 갑작스럽게 흐루쇼프가 실각했다. 휴가를 간 사이에 당 간부들이 합법적인 절차로 그를 해임한 것이다. 흐루쇼프는 당내에서 강경파와 온건파 모두의 지지를 잃었고, 대중적인 인기도 별로 없었다. 흐루쇼프의 실각으로 중국에 유리했던 실무 차원의 국경협상은 물거품이 되었다. 흐루쇼프가 실각했을 때 일부에서는 중소 관계의 개선을 예상하는 시각들이 적지 않았다. 양국 지도자들의 반감으로 관계가 악화되었다고 생각한 사람들은 지도부가 교체되면 당연히 긴장이 완화될 것으로 내다보았다. 그러나 문제는 그렇게 단순하지 않았다. 중국과 소련은 국제 사회주의운동에서 서로 패권을 다투는 상황에서 양국 간의 증폭된 이념 논쟁이 국내 정치에도 영향을 미치고 있었다. 게다가 국경에서는 이미 복수의 서막을 예고하고 있었다.

1964년 10월, 소련에서 브레즈네프 체제가 출범했지만, 중소 관계는 악화의 길에서 벗어나지 못했다. 1965년부터 소련은 중소 국경지역의 군사력을 증강했다. 1960년대 중반까지만 하더라도 14개 사단이 주둔했는데, 1969년에는 27~34개 사단으로 늘어났다. 1966년 1월, 소련은 몽골과 상호방위조약을 체결해 중국을 군사적으로 포위했다. 1967년부터 핵무기를 장착한 SS-12 미사일이 중국의 국경 지역에 배치되었다. 국경 지역의 충돌도 늘어나기 시작했다. 1960년부터 1964년 흐루쇼프 실각 때까지 4년간 2,072건의 국경 충돌이 일어난 반면, 1964년 10월부터 1969년 5월 사이에는 4,189건으로 거의 두 배나 증가했다. 소련군이 우수리강과 아무르강에서 중국 어선을 공격해 어민들을 강제로 구금하는 사례도 늘어났다.

다만스키섬 분쟁,
전쟁을 예방하기 위한 전쟁

———————— 중소 관계가 악화된 배경에는 중국 국내 정치의 변화도 작용했다. 중국에서는 1960년대 중반을 지나면서 문화혁명●의 광풍이 불었다. 홍위병들은 소련의 수정주의에 극도의 적대감을 드러냈다. 1966년 11월, 중소우호협회 소련 대표단이 베이징을 방문했을 때의 일이다. 대표단은 소련의 노력영웅,●● 예술인, 그리고 교수와

언론인으로 구성되었다. 마침 그들이 베이징을 방문했을 때가 개혁파인 덩샤오핑과 류샤오치가 자아비판을 하고 구금된 직후였다. 문화혁명의 소용돌이가 휘몰아치던 베이징에서 소련 대표단은 봉변을 당했다. 미술관을 관람하던 소련 대표단을 홍위병들이 에워싸고는 소련을 비판하는 구호를 외치기 시작했다. 신변에 위험을 느낄 만큼 위협적인 상황이었다. 소련 대표단은 위기 상황에서 겨우 빠져나왔지만 호텔로 돌아가는 길에 또다시 담벼락에 온통 소련을 비판하는 구호와 포스터 들로 도배되어 있는 광경을 목격했다. 다음 날 날이 밝자 대표단은 바로 소련으로 돌아갔고, 그나마 이따금씩 이어지던 양국의 인적 교류는 완전히 중단되었다.

충돌의 분위기가 무르익고 있었다. 작은 불씨라도 닿으면 언제든지 펑 하고 터질 듯

● 문화혁명은 1966년 5월, 마오쩌둥이 부르주아 계급이 남긴 자본주의와 봉건주의, 관료주의를 제거해야 한다고 선언하면서 시작되었다. 곧이어 문화혁명을 지도할 문혁소조가 설치되고, 대학생과 청년을 중심으로 홍위병이 조직되었다. 7월 27일, 홍위병 대표단이 마오쩌둥에게 갈아서 엎어야 한다는 '조반(造反)'을 건의하고 마오쩌둥이 '옳다(有理)'고 대답하면서(造反有理), '반혁명분자'와 '우파'에 대한 비판과 폭력이 시작되었다. 이 과정에서 1960년대 초반 개혁정책을 추진했던 류샤오치와 덩샤오핑이 주자파(走資派, 자본주의 노선을 걷는 자)로 몰려 숙청을 당했다. 홍위병들의 폭력이 과도해지자 마오쩌둥은 1969년에 문화혁명이 끝났다고 선언하고 이들을 지방으로 보내는 하방운동을 전개했다. 문화혁명은 1976년 마오쩌둥의 사망과 이후 문화혁명을 주도했던 4인방이 체포되면서 마무리되었다. 중국 정부는 이후 1966년부터 1976년까지의 문화혁명 기간을 '10년 동란(十年動亂)'으로 규정했다.

했다. 중국 지도부는 '전쟁을 예방하기 위한 전쟁'을 검토했다. 제한 전쟁으로 본때를 보여준다면 더 큰 전쟁을 막을 수 있을 거라고 생각했다. 중국은 기습적인 보복 공격의 장소로 우수리강 중류의 다만스키섬(중국명 전바오섬珍寶島)을 선택했다.

다만스키섬은 사람이 살지 않는 작은 섬으로, 중국 쪽 강변에서 200미터, 소련에서 300미터가량 떨어져 있었다. 강물이 불어나면 물

●● 노력영웅은 사회주의 국가에서 특별한 실적을 올린 노동자에게 내리는 영예칭호다. 대표적인 노력영웅으로는 소련의 1930년대 '스타하노프운동'의 모델인 광부 스타하노프가 있고, 북한의 1950년대 대중동원운동인 천리마운동의 기수들이 있다. 노력영웅들에게는 주로 의회(북한의 최고인민회의) 진출과 같은 정치적 보상, 직위 상승과 같은 사회적 보상, 그리고 경제적 보상이 뒤따랐다.

에 잠기기도 하는 쓸모없는 땅이고 전략적 가치도 거의 없었기에, 소련은 1964년 국경 협상에서 이 섬을 양보할 수 있다는 의사를 내비치기도 했다. 중국이 이곳에서 이긴다 하더라도 그야말로 위신 말고는 얻을 것이 전혀 없는 섬이었다. 다만, 이 섬은 실제로 전투가 벌어졌을 때 지형적으로 중국에게 유리한 장소였다.

마오쩌둥은 기습보복 공격을 최종적으로 승인하면서 두 가지 상반된 지시를 내렸다. 하나는 '승리가 확실하지 않으면 싸우지 마라'였고, 다른 하나는 '따끔한 맛을 보여주라'는 것이었다. 이러한 지시를 받은 인민해방군 헤이룽장성 군구는 확실하게 이길 수 있는 방법을 치밀하게 준비했다. 날쌘 병사들로 구성된 정예군을 현장에 파견해 소련의 통신선을 차단하고, 소련군 탱크가 지나가는 길목에 지뢰를 설치하는 등 만반의 대비를 했다.

1969년 3월 2일 아침, 소련 국경 초소의 한 병사가 얼어붙은 우수리강을 건너오는 중국군 순찰 차량을 보았다. 초소 분대장이 병사들을 데리고 강으로 걸어갔다. 당시 이런 상황은 늘 반복되는 일상이었다. 서로 고함을 치거나 주먹다짐을 하고, 때로는 몸싸움을 하며 얼음 위에서 뒹군 적도 있었다. 폭력이 점차 심해지면 돌을 던지거나 몽둥이를 휘두르기도 했다.

그러나 그날은 달랐다. 중국 병사들은 소련 병사들이 얼어붙은 강 위를 걸어오는 것을 기다리다 그들이 사정거리에 들어오자 그대로 자동소총을 발사했다. 여섯 명의 소련 병사가 그 자리에서 사망했다.

우수리강의 다만스키섬에서는 중소 병사들 간에 말다툼에서 시작해 주먹다짐으로 가는 식의 잦은 충돌이 있었는데, 1969년 3월 2일에는 중국군이 계획적으로 매복하여 30여 명의 소련 군인을 사살했다.

중소 갈등이 국경에서의 무력 충돌로 비화해 사망자까지 발생하자, 충돌 다음 날인 3월 3일 모스크바 중국 대사관 앞에서 마오쩌둥과 중국을 비난하는 시민들의 격렬한 항의 시위가 열렸다.

총소리가 나자 양쪽 초소에서 총알이 날아왔고, 얼마 지나지 않아 박격포가 발사되었다. 두 시간 동안 이어진 전투에서 소련 국경수비대 31명이 사망했고, 14명이 부상을 입었다. 중국 쪽 사상자는 알려지지 않았으나, 20여 명이 사망한 것으로 추정되었다. 며칠 동안 소강상태였다가 다시 더 큰 규모로 충돌했고, 다음 달까지 일고여덟 번의 전투가 더 이어졌다. 전투에 참여한 병력도 수천 명 수준으로 늘어났다. 소련군은 대규모 탱크부대를 동원했으며, 트럭에서 발사하는 단거리 로켓도 등장했다.

물론, 양국은 전쟁을 원하지 않았다. 두 번 크게 부딪친 뒤인 3월 15일에 마오쩌둥은 저우언라이에게 "여기서 멈추어야 한다. 더 이상 싸우지 마라"라고 지시했다. 언론과 대중집회에서 '소련과 싸워 이기자'라는 구호가 넘쳐났지만, 군사적으로는 소강상태를 유지했다. 소련은 노골적으로 핵 공격 가능성을 흘리기 시작했다. 소련은 중국어 방송을 통해 처음으로 "전투에 참여한 로켓부대가 핵무기를 보유하고 있다"라고 언급했고, 며칠 뒤에는 "핵무기를 사용하면 수억 명이 사망할 수 있다"라고 겁을 주기 시작했다.

소련은 또한 여러 외교 경로를 통해 핵무기로 중국을 공격할 수 있다는 소문을 노골적으로 퍼뜨렸다. 1969년 8월, 미국 중앙정보국 국장 리처드 헬름스는 "소련 외교관들이 중국에 핵 공격을 하면, 해당 국가는 어떻게 대응할 것인지를 묻고 있다"라고 언론에 밝혔다. 워싱턴 주재 소련 대사 도브리닌도 헨리 키신저 미국 국가안보 보좌관에게 소련이 중국에 핵무기를 사용하면, 미국은 어떻게 행동할 것인지를 물었다. 중국은 소련이 핵무기로 공격할 수 있다고 판단했고, 대응 공격을 준비했다.

성과 없는
대화의 성과

─────── 한편, 1969년 3월 2일 최초 교전 이후 소련은 중국의
군사행동에 보복을 하면서, 동시에 외교적 수단을 동원해 중국 지도
부와 접촉하려 했다. 3월 21일, 코시긴 소련 총리가 직통전화로 중국
에 연락해 마오쩌둥이나 저우언라이를 바꿔달라고 요청했다. 그러나
중국 교환원은 상부의 뜻을 알아본 뒤 연결을 거부했다. 코시긴은 다
시 베이징의 소련 대사에게 직통전화를 받아줄 것을 중국 외교부에
전달하라고 지시했다. 그러나 중국은 저우언라이가 소집한 정치국
회의에서 '전화를 직접 받지 말자'고 의견을 모았다. 다만, 외교 경로
를 통해 무슨 말을 할지 들어나 보자고 결정했다. 양국은 주먹다짐
이후 자존심을 내세우는 심리전을 계속 펼쳤다.

중국도 한편으로는 긴장 완화를 위한 조치를 취했다. "소련이 추가
도발을 하면 강력하게 반격할 것"이라고 경고하면서도, 중국은 "국경
분쟁을 평화적으로 해결해야 한다"라는 내용의 성명을 발표했다. 이
런 과정을 거쳐 1969년 9월, 코시긴과 저우언라이가 베이징 공항에
서 만났다. 코시긴은 당시 베트남의 호찌민 장례식에 참석했다 돌아
가는 길이었다. 마오쩌둥은 자존심을 고려해서 만남의 장소를 베이
징 시내가 아니라 공항으로 제한했다.

저우언라이는 앉자마자 직설적으로 "당신들이 우리 핵시설을 파괴
하기 위해 선제공격을 할 것이라는 말을 들었다. 만약 그렇게 하면
우리는 끝까지 싸울 것이다"라고 경고하면서, "당신들이 우리가 전쟁
을 원한다고 말하는데, 그렇지 않다. 우리는 해결해야 할 국내 문제가

1969년 9월 11일, 코시긴 소련 총리(왼쪽)는 호찌민 장례식에 참석하고 돌아가는 길에 베이징 공항에서 저우언라이 중국 총리(오른쪽)를 만나 양국의 긴장 완화 방안을 논의했다.

적지 않다. 어떻게 당신들이 우리가 전쟁을 원한다고 말하는지 이해하기 어렵다"라고 솔직하게 말했다. 서로 간에 적대적 감정은 쌓여 있었지만, 더는 군사적 충돌이 확대되는 것을 바라지 않았다. 두 총리는 "이념적 차이가 국가 관계 정상화에 걸림돌이 되지 말아야 하며, 국경 분쟁 때문에 전쟁을 해서는 안 된다. 그리고 현재 국경의 실제 통제선을 잠정적으로 유지한다"라고 합의했다.

또한 저우언라이와 코시긴은 양국 관계의 발전을 위해 무역과 교통편 확대 등을 합의했다. 양국은 충돌의 원인인 국경 분쟁을 평화적으로 해결하기 위해 그해 10월부터 국경협상을 시작했다. 저우언라이와 코시긴의 만남은 그 자체로 확실히 긴장을 완화하는 효과가 있었다. 그러나 마오쩌둥은 갑작스런 긴장 완화를 의심의 눈초리로 바

라보았다. 린뱌오 등 강경파도 더 큰 전쟁을 준비하기 위한 소련의
위장전술이 아닐까 의심했다.

1969년의 중소 국경 충돌은 중국이 미국과 적극적인 관계 개선에
나서는 계기가 되었다. 국경협상이 재개되면서 소련과 중국의 관계
가 다소 완화되었지만, 중국은 소련에 대응할 수 있는 새로운 외교
전략을 모색했다. 이후 세계 질서는 미소 양극체제에서 미중소 삼각
체제로 전환되었다.

1969년 다시 시작된 국경협상은 1978년 6월까지 15차례나 이어졌
다. 이 과정에서 40번의 준비회담과 156번의 대표회담이 열렸다. 충
돌을 막기 위해 현재의 국경선을 유지한다는 입장에 양국이 동의했
으나 서로 간에 차이는 분명했다. 가장 중요한 차이는 기존 조약, 즉
'제정러시아와 청나라가 맺은 조약의 성격을 어떻게 보느냐'였다. 중
국은 불평등조약이라고 주장하면서 새로운 국경조약을 맺어야 한다
는 입장이었다. 그러나 소련은 불평등성을 인정하는 순간 협상력이
약화되고 국경 재조정이라는 개념을 받아들여야 하며, 그러면 결국
소련이 양보할 수밖에 없다는 판단 아래 중국의 주장을 거부했다.
소련은 기존 조약의 유효성을 주장하면서 몇몇 지역을 예외로 검토
할 수 있다는 입장이었다. 이처럼 1970년대 중소 관계는 악화도 진
전도 아닌 상태였고, 국경협상 또한 서로 팽팽하게 평행선을 그으면
서도 중단되지는 않았다. 9년 동안 협상이 이어졌지만 성과는 없었
다. 결국 소련이 1979년에 아프가니스탄을 침공하면서 중소 간의 협
상도 또다시 중단되었다.

1980년대가 시작되었지만 양국 관계는 여전히 냉랭했고, 대화 통
로도 없었다. 그러던 중 1982년 소련의 브레즈네프 서기장이 타슈켄

1982년 3월 우즈베키스탄의 타슈켄트를 방문한 브레즈네프(맨 앞). 그의 방문 연설 내용 가운데 중국의 주권을 존중하고, 관계 개선을 원한다는 내용이 포함되어 있었다. 당시 중국은 소련의 미묘한 정책 변화를 감지하고 그에 호응함으로써 그해 10월 양국 간 협상이 재개되었다.

트를 방문해 연설을 했다. 상투적으로 중국을 비난하는 내용들이 대부분이었지만, 연설 내용에 새로운 요소가 있었다. 브레즈네프는 중국의 주권을 존중하고, "중국과 관계를 개선하고 싶다"는 말을 슬쩍 덧붙였다. 중국은 소련의 미묘한 변화를 읽었다. 덩샤오핑은 외교부에 긍정적인 반응을 보이라고 지시했다. 그때까지 중국 외교부에는 언론 브리핑 제도가 없었는데, 당시 외교부 신문사장司長(국장급)이던 첸지천이 외교부 복도에 기자들을 모아놓고 브레즈네프 연설에 대한 중국의 입장을 발표했다. 중국도 원칙을 앞세웠지만, '주목'과 '중시'라는 단어를 사용해 다시 시작된 대화에 기대감을 드러냈다.

1982년 10월, 베이징에서 중소 관계 개선을 위한 협상이 오랜만에 다시 시작되었다. 덩샤오핑은 당시 협상 대표단에게 "조급해하지 말고, 성과에 집착하지 마라"라고 당부했다. 중국 협상 대표단은 성과를 만들어야 한다는 부담에서 벗어나 유연한 자세로 협상에 참여했다. 너무 오랫동안 접촉이 없었기 때문에 양국의 불신은 깊었고, 회담은 겉돌았다. 중국은 중소 관계가 개선되기 위해서는 소련이 3대 장애를 제거해야 한다고 주장했다. 첫째는 중소 국경과 몽골에서 소련군이 철수하고, 둘째는 아프가니스탄에서 철군하며, 셋째는 베트남이 캄보디아에서 철수하도록 설득하라는 조항이었다.

소련도 대화에 나섰으나 양보할 생각은 없었다. 당시 협상 대표였던 첸지천은 뒷날 자신의 회고록에서 "소련의 주장은 '물속의 달'이나 '거울 속의 꽃'처럼 공허했다"라고 비판했다. 중국은 소련이 3대 장애를 해결하지 않은 채 관계를 개선하려는 것은 허황된 망상에 불과하다는 입장이었다. 협상은 1년에 두 차례 서로 오가며 꾸준히 이루어졌다. 끝을 알 수 없는 마라톤협상이었다. 인내력을 시험할 만큼 지루했고, 서로 말싸움에 지지 않기 위해 온갖 논리를 동원하는 가식적인 협상이었다.

결국 아무런 성과도 내지 못한 대화였다. 그러나 대화를 하지 않는 것보다는 나았다. 상대의 입장을 이해할 수 있었고, 입씨름이라도 하는 동안 상황은 더 나빠지지 않았다. 그사이에 교류도 조금씩 늘었다. 1980년대 초반에 양국 관계가 교착상태에 빠졌던 것은 소련의 정치 상황 때문이기도 했다. 소련에서는 노령의 병든 지도자들이 교대로 정권을 이어받으면서 줄초상이 이어졌다. 브레즈네프(1982. 11.), 안드로포프(1984. 2.) 체르넨코(1985. 3.)가 연이어 사망했다. 중요한 정책 결정이 이루어지기 어려운 상황이었다. 당시 중국은 세 차례 장례외교의 기회를 놓치지 않았다.

덩샤오핑과 고르바초프의
역사적 만남

―――――― 기다리다 보면 언젠가는 때가 온다. 미하일 고르바초프가 역사의 무대에 등장하면서 세계 질서가 요동치기 시작했다. 1986년 7월, 고르바초프의 '블라디보스토크 선언'은 아시아 질서의 극적 전환을 예고했다. 고르바초프는 경제개혁을 위해 평화적인 대외환경을 조성하는 데 적극적으로 나섰다. 아시아에서 가장 중요한 것은 중국과 소련의 관계였다. 그는 연설에서 중국이 오랫동안 주장해온 3대 장애 가운데 두 가지를 해결했다. 아프가니스탄에서 완전 철군하겠다고 선언했고, 몽골에서도 주력부대를 철수하고, 중소 국경지대의 병력을 감축하겠다는 입장을 밝혔다.

특히 고르바초프는 중국의 누구라도 만나겠다는 의지를 보여주었다. 소련의 젊은 지도자는 중소 국경과 관련해 주 항로의 중심선을 경계로 하자는 제안을 통해 국경협상의 돌파구를 마련했다. 중국이 국경의 기준으로 오랫동안 주장해온 수로 중앙선의 원칙을 받아들인 것이나 다름없었다. 이 원칙은 국제적으로 하천의 국경을 정할 때 가장 널리 통용되던 기준으로, 배가 다닐 수 있는 하천은 가장 깊은 곳을 국경으로 정하고, 그렇지 않은 하천은 중앙선을 기준으로 정하는 것이다. 블라디보스토크 선언은 소련의 입장에서 쉽지 않은 결단이었다. 고르바초프는 새로운 국경이 '평화와 우호의 경계'가 되기를 희망한다고 말했다.

중국도 전환의 시기를 맞이할 준비를 갖추고 있었다. 덩샤오핑은 1979년 개혁·개방 정책을 시작했다. 투자환경을 조성하고 산업구조를 개편하기 위해서는 대외환경을 개선해야만 했다. 또한 연초에 이미 미국의 카터 행정부와 국교 수립을 마무리 짓고, 중소 관계로 관심을 돌렸다. 1985년 중국공산당 중앙군사위원회는 전쟁 준비 중심에서 '경제 발전을 위한 평화시대의 국방 현대화'로 안보정책을 전환하기로 결정했다. 1985~1987년 사이 중국은 국방비를 줄이고 산업인구를 늘리기 위해 인민해방군을 100만 명가량 줄였다. 병력 감축은 긴장 완화의 견인차 역할을 했다. 따라서 1986년 고르바초프의 블라디보스토크 선언은 중국이 바라던 바였다.

그렇지만 환경이 조성되었다고 해서 금방 협상이 타결되는 것은 아니다. 때가 온 것은 분명하지만, 과거 대립의 시대가 물려준 불신도 여전히 남아 있었다. 중국은 여전히 신중하게 접근했다. 1986년 9월, 덩샤오핑은 미국 방송사와 진행한 회견에서 "베트남이 캄보디아에서 철군하는 문제가 중소 관계 개선의 관건"이라고 다시 한 번 강조하며, 중소 관계 개선의 세 가지 전제 조건 가운데 남은 문제의 해결을 촉구했다. 그리고 이 문제를 소련이 해결하면, "소련의 어느 곳이든 가서 고르바초프를 만나겠다"라고 밝혔다. 그달에 니콜라이 탈라진 부총리가 소련 대표단을 이끌고 중국을 방문했을 때는 국경 문제와 더불어 베트남-캄보디아 문제가 중점적으로 다루어졌다.

1987년 2월, 이번에는 첸지천이 모스크바를 방문해 국경협상을 본격적으로 다시 진행했다. 그해 8월 제2차 회담에서 고르바초프가 이미 밝힌 주 항로의 중간선을 국경으로 하는 원칙을 합의하고, 구체적인 국경선 획정 작업을 공동으로 추진했다. 또한 1988년 5월 17일부터 동부 지역 국경을 중심으로 항공 촬영을 시작했다.

양국 관계가 포괄적으로 개선되면서 국경협상의 속도는 더욱 빨라졌다. 양국은 정치적 관계뿐 아니라 군사 분야에서도 신뢰를 쌓기 시작했다. 1987년 말에 소련은 아시아에서 중단거리 핵미사일을 폐기했다. 그해 12월 8일, 미국의 레이건과 고르바초프가 진행한 세계적 수준의 군비감축 합의(중거리핵미사일협정)에 따른 것이지만, 효과는 중국과 소련의 군사적 긴장 완화로 나타났다. 또한 1988년 12월, 고르바초프는 중소 국경지대에서 50만 명의 병력을 줄이겠다고 약속했다. 1989년 2월에 베이징을 방문한 셰바르드나제 소련 외무장관은 몽골에서 소련군의 4분의 3을 철수한 뒤 극동에서 20만 명의 병력을 추가로 줄이고, 태평양함대도 30% 이상 감축하겠다고 밝혔다. 셰바르드나제는 일방적인 병력 감축을 제시하면서, 군사훈련 제한과 검증 절차의 마련 등 군사적 신뢰 구축 방안을 함께 제안했다.

그리고 마침내 1989년 5월 15일, 고르바초프가 베이징을 방문했다. 1959년 흐루쇼프와 마오쩌둥의 불쾌한 만남 이후 30년 만에 이루어진 중소 정상회담이었다. 파란만장했던 정치 인생에서 퇴장 중인 85세의 덩샤오핑과 냉전 이후 세계 질서의 변화를 주도하고 있는 58세의 고르바초프, 두 사람의 만남은 '역사의 한 장면'이었다. 20세기 사회주의 선배 세대와 후배 세대의 만남이었고, 두 사람 모두 '개혁'의 상징이었다.

덩샤오핑은 고르바초프에 대한 의전과 관련해 '악수는 하되 포옹은 하지 않는다'고 정리했다. 당시 중소 관계의 미묘한 이중성을 상징적으로 드러내는 지시였다. 고르바초프는 3년 전 블라디보스토크 선언 당시를 회고했다. 당시 덩샤오핑은 그 연설을 듣고 차우셰스쿠 루마니아 대통령에게 "중소 관계가 전환될 기회라고 생각하지만 소련이 3대 장애를 먼저 해결해야 한다"라는 중국의 입장을 전해달라고

고르바초프(왼쪽)와 덩샤오핑(오른쪽)의 역사적 만남. 1959년 흐루쇼프와 마오쩌둥의 불쾌한 만남 이후 30년 만에 이루어진 중소 정상회담은 새로운 미래를 열었다.

부탁했다. 선언 이후 3년 만에 중국을 방문한 고르바초프는 덩샤오핑에게 "세 가지 문제를 해결하는데, 한 문제에 1년씩 3년이 걸렸네요"라고 말했다.

덩샤오핑은 국경 문제에 대한 중국의 원칙적인 입장을 설명했다. "과거 제정러시아는 불평등조약으로 150만 제곱킬로미터 이상의 중국 영토를 차지했고, 10월혁명으로 사회주의 국가를 이룬 소련도 제국주의 시대와 마찬가지로 영토 확장을 꾀하며 아무르강과 우수리강의 섬들을 모두 차지했다"라고 분명히 지적했다. 그리고 "국경 문제의 핵심은 불평등이다"라는 점도 다시 한 번 강조했다. 그리고 중소분쟁을 회상하면서 "우리 또한 잘못했다"라는 입장을 밝히며, 당시 양국의 날선 논쟁을 "전부 빈말"이었다고 평가했다. 덩샤오핑은 "이 얘기를 다시 꺼낸 것은 과거를 닫고 미래를 열자는 데 있다"라고 하면서, "앞으로 다시는 과거를 말하지 말자"라고 강조했다.

고르바초프는 새로운 미래를 열어갈 준비가 되어 있었다. 그는 국경 지역의 병력을 최소한으로 줄여 비무장지대로 만들고, 그곳을 평화롭고 우호적인 접촉의 공간으로 전환하자고 제안했다.

당시 전 세계 기자들이 역사적인 중소 정상회담을 취재하기 위해 베이징으로 몰려들었다. 사회주의체제의 특성상 정상회담의 구체적인 내용이 언론에 친절하게 전달되지 않는 상황에 대해 서방 언론들은 불만을 표시했다. 언론과 방송은 중난하이에서 흘러나오는 뉴스가 구체적이지 않자 자연스럽게 톈안먼광장으로 이동했다.

그해 4월 15일 후야오방 총서기 사망 이후 그의 명예 회복을 요구하는 학생 시위가 계속되고 있었다. 중소 정상회담 기간에 중국 정부는 시위대에 자제를 요청했으나, 시위 지도부는 이때가 자신들의 요구를 전 세계에 알릴 수 있는 기회라고 생각했다. 결국 톈안먼광장이 중소 정상회담을 밀어내고 당시 국제사회의 시선을 차지했다(톈안먼 사태).•

그러나 덩샤오핑과 고르바초프의 만남은

• 1989년 4월 15일 당시 급진개혁주의로자로 학생들의 추앙을 받아오던 후야오방 전 당 총서기가 사망한 후, 대학생과 지식인을 중심으로 후야오방의 명예회복과 민주화를 요구하는 대규모 시위기 일어났다. 5월 15일 소련의 고르바초프가 베이징에 도착했으나, 100만 명이 넘는 대규모 시위가 계속돼 일정을 변경해야만 하는 사태가 발생했다. 중국 정부는 계엄군을 동원해 시위대를 해산시켰다. 이 과정에서 무차별적으로 총기를 난사해 수천 명의 사상자가 발생했다. 이 사건은 당시 중소 정상회담 취재차 입국했던 외국 기자들에 의해 전 세계로 보도되었으며, 미국을 비롯한 유럽 여러 나라는 중국 정부의 비인도적 처사를 규탄하는 비난성명을 냈다.

언론이 상투적으로 부여한 의미를 넘어서는 것이었다. 아주 오랫동안 경쟁자이자 적대국이던 두 거대 국가가 갈등의 역사를 끝내고 영구적인 평화와 공동번영의 시대로 전환하는 순간이었다. 어쩌면 오랜 역사에서 중소 양국이 진정성을 담아 악수를 나눈 것은 그때가 처음이었으리라. 세계 질서의 변화 속에서 당시 정상회담의 의미는 상당했다. 양국은 정상회담 이후 국경협상의 대표를 차관급에서 장관급으로 한 단계 높였다. 그리고 국경협상과 군사적 신뢰 구축을 함께 논의하기 위해 외교와 군사 합동팀을 구성했다. 정치와 경제, 군사와 사회·문화 전 영역에 걸쳐 양국의 포괄적인 관계 개선이 시작되었다.

잠정협정의
지혜

─────── 국경협상이 다시 시작되었지만 해결해야 할 문제가 산더미처럼 쌓여 있었다. 그동안 시간이 흐르면서 문제가 더욱 복잡해진 민감한 지역도 많았다. 양국은 예전에 대화를 하면서도 전혀 성과를 내지 못했던 경험을 떠올리며 이번 국경협상에서는 잠정협정(모두스 비벤디$^{modus\ vivendi}$)의 지혜를 발휘했다. 즉, 특정 지역에 대한 합의가 이루어지지 않을 때에는 그 문제를 보류하자는 것이다. 또한 다른 지역의 협상과 연계하지 않고, 먼저 해결할 수 있는 부분부터 집중하자는 원칙을 세웠다. 이러한 의도적 모호함은 양국의 오랜 성과 없는 대화에서 터득한 지혜였다.

1991년 5월에 장쩌민 주석이 모스크바를 방문했을 때, 국경에 대한 최초의 협정문서가 체결되었다. 양국은 아무르강과 우수리강 등 하천 지역 섬들의 주권을 먼저 확정했다. 당시 섬들은 약 1,845개에 달했다. 협정을 통해 소련이 945개, 중국이 896개의 섬을 갖기로 했다. 그리고 협정 체결 이후 국경선을 구체적으로 획정하기 위한 실무 협상이 이어졌다. 1993년 4월부터 시작된 실무 협상에는 지질학자, 국경수비대, 양쪽 국경 지역의 주민 대표 등을 망라해 1,000명 이상이 참여했다. 국경선 획정 작업은 5년 정도 걸릴 것으로 예상되었다. 양국 공동 국경 탐사위원회는 육지와 하천에 각 2~3킬로미터마다 경계를 표시해 1,183개의 표시판을 설치했다.

양국 모두 내부의 반발이 적지 않았다. 러시아 지역정부는 오랫동안 통치한 지역을 중국에 넘겨야 하는 협상 결과에 강력하게 반발했다. 하바롭스크 시장은 국경협정을 거부해야 한다고 주장했다. 얻는 것이 있으면 잃는 것도 생기게 마련이다. 러시아 중앙정부는 극동 지역의 작은 이익보다는 중러 관계의 새로운 미래를 더 중시했다.

중국의 서쪽 국경과 관련해 1991년 소련의 해체는 새로운 도전이었지만, 새로 독립한 중앙아시아 국가들도 공존과 공동번영을 거부할 이유가 없었다. 달라진 환경 속에서도 국경협상의 흐름은 지속되었다. 서쪽 국경 2,978킬로미터 중 러시아연방의 55킬로미터를 제외한 나머지는 카자흐스탄, 키르기스스탄, 타지키스탄의 국경이 되었다. 1992년부터 러시아를 포함한 4개국과 동시에 국경협상이 추진되었다. 1994년 중국-카자흐스탄협정이 체결된 뒤 차례로 협정이 타결되었다. 러시아와 중앙아시아 국가들이 동시다발적으로 추진했던 국경협상은 이후 '상하이협력기구Shanghai Cooperation Organization, SCO'로 발전했다. 국경에 대한 합의를 모았던 과정이 다자간 안보협력의 필요성

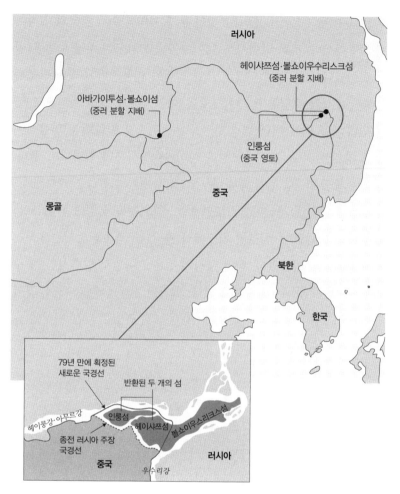

러시아

헤이샤쯔섬·볼쇼이우수리스크섬
(중러 분할 지배)

아바가이투섬·볼쇼이섬
(중러 분할 지배)

인룽섬
(중국 영토)

몽골

중국

북한

한국

79년 만에 획정된
새로운 국경선

반환된 두 개의 섬

헤이룽강·아무르강

인룽섬

헤이샤쯔섬

볼쇼이우수리크스섬

종전 러시아 주장
국경선

중국

우수리강

러시아

중국-러시아 간 국경 분쟁 타결 지역.

으로 발전한 것이다.

1997년 11월, 동부 국경의 98%가 해결되었다. 남은 것은 아무르강과 우수리강이 만나는 곳에 위치한 인룽섬(러시아명 타라바로프섬)과 헤이샤쯔섬(러시아명 볼쇼이우수리스크섬), 그리고 아르군강의 아바가이투섬(러시아명 볼쇼이섬) 등 대표적인 분쟁 지역이었다. 양국의 입장이 팽팽히 맞섰다. 특히 헤이샤쯔섬은 1969년에 양국이 무장 충돌을 벌인 곳이었다. 2004년에 이르러 푸틴 러시아 대통령이 중국을 방문해 장쩌민 주석과 회담을 진행함으로써, 마지막까지 분쟁 지역으로 남아 있던 세 지역에 대한 해결 방안을 최종적으로 합의했다. 인룽섬은 중국 영토로 하고, 헤이샤쯔섬과 아바가이투섬은 분할하기로 했다. 양국은 해당 지역을 동등하게 나누고, 공동 개발과 협력을 약속했다.

2005년 마침내 블라디보스토크에서 '중러 동쪽 국경에 관한 보충 협정'이 체결되었다. 이로써 지구에서 가장 긴 국경을 둘러싼 300년의 협상이 마무리되었다. 중러 국경 분쟁은 그야말로 일반적인 '영토 분쟁'의 모든 요소를 포함하고 있다. 최악의 갈등을 겪고 나서, 최선의 해결책을 찾아나간 과정은 영토 분쟁을 겪고 있는 다른 지역에 중요한 교훈을 준다.

경계가 사라지면
갈등도 사라진다

─────── 중국과 러시아는 2004년에 아무르강과 우수리강이 만나는 곳에 위치한 헤이샤쯔섬을 공평하게 분할하기로 합의한 뒤, 양국 전문가들의 현지 측량 작업을 거쳐 2008년에 서로 반반씩 나누었다. 이때 양국은 화해와 공동번영을 위한 새로운 공간으로 만들자는 합의 아래 이 섬을 생태관광 지역으로 탈바꿈할 계획을 세웠다. 섬의 75%는 습지 지역으로 보존하고, 나머지 25%에 상업 관광시설을 건

설해 중국 본토와 철도 및 다리로 연결하자는 구상이었다. 그리고 비자 면제 등 국경을 초월한 관광협력제도를 만들었다.

2011년 7월, 시범관광이 시작되어 중국과 러시아에서 각각 150여 명이 참여했다. 그들의 시선을 붙잡은 대표적인 관광지는 러시아의 오래된 군부대 건물이었다. 새로운 생태관광 지역에 남겨진 과거 대립시대의 흔적은 그 자체가 성찰의 공간이었다. 싸우지 않고 자연을 함께 즐기니 얼마나 좋은가?

아무르강에도 화해와 협력의 공간들이 생겨나고 있다. 아무르주의 행정 중심 도시 블라고베센스크^{Blagoveshchensk}와 헤이룽장성의 헤이허黑河 사이로 길이 800미터 정도의 아무르강이 흐른다. 2007년부터 두 도시가 함께 '쌍둥이 도시의 여름'이라는 이름으로 축제를 열고 있다. 이 지역은 강만 건너도 도시 풍경이 달라지고, 외국 여행을 하는 기분을 느낄 수 있다. 2013년에 헤이허를 다녀간 관광객이 400만 명을 넘어섰다. 러시아는 중국 관광객을 유치하기를 희망하고, 중국도 더 많은 러시아 사람이 와서 값싼 중국 제품을 사가기를 바란다. 그 밖에도 중국과 러시아는 이 지역에 홍수 방지를 위한 댐을 공동으로 건설하고, 수질 관리를 위해 협력하며, 화해와 공동번영을 위한 기간시설을 건설하고 있다.

중러 양국 국경에는 대립의 경계선이 아니라 화해의 공간이 마련되고, 경계가 사라진 자리를 협력이 메우면서, 과거의 갈등은 사라지고 미래의 번영이 싹트고 있다. 아무르강, 우수리강 또는 아르군강은 이제 더 이상 다툼의 공간이 아니다. 누구의 강이 아니라 모두의 강이 되자, 강물 위로 평화가 흐르기 시작했다.

2부

인정의 가치

협상은 혼자 하는 것이 아니다. 먼저 상대를 인정해야 협상을 시작할 수 있고, 협상을 해야 친구가 될 수 있다. 제2차 세계대전 당시 적이었던 프랑스와 독일은 전쟁이 끝난 후 '유럽석탄철강공동체'를 만들어 동업자가 되었다. 남아프리카공화국의 백인 정권은 죄수인 넬슨 만델라와 협상을 시작해 큰 변화를 만들어냈다. 대표적인 다민족 국가인 미얀마에서는 소수민족을 인정함으로써 평화협상을 시작할 수 있었다. 한국전쟁의 휴전협상처럼 상대를 인정하지 않으면 휴전협정에 서명해도 전쟁은 다른 형식으로 계속된다. 보통의 지도자는 기존의 '적대관계'를 유지하고 활용하지만, 역사를 바꾼 지도자는 상대를 인정해서 관계를 변화시킨다. 폭력에서 협상으로 전환하려면 상대를 인정하는 관문을 통과해야 한다. 인정의 문 뒤에 또 다른 다툼이 있을 수 있지만, 그것은 폭력의 세계와 다르다.

6

적을 동업자로 만들어라

유럽석탄철강공동체

협상일지

1945년	7월 26일	포츠담 선언 발표
1947년	6월 5일	미국, 마셜 플랜 공표
1948년	2월	체코슬로바키아 공산정권 수립
	6월	소련, 베를린 봉쇄(~1949년 5월)
	12월	미국·영국·프랑스 연합국 3자회담 개최. 루르국제관리청 설립
1949년	5월 5일	유럽평의회 설립(프랑스 스트라스부르)
	8월	소련 핵실험 성공. 미소 핵무기 경쟁 돌입
	9월	독일연방공화국(서독) 수립. 아데나워 총리 취임
	10월	독일민주공화국(동독) 수립
1950년	4월 28일	모네, 슈만의 비서실장 클라피에를 만나 유럽 통합을 위한 보고서 전달
	5월 1일	슈만, 모네의 계획에 동의한다는 의사 표명
	5월 7일	모네, 슈만 플랜 수정 회의에 미국 애치슨 국무장관 초대
	5월 8일	슈만, 비밀리에 독일 아데나워 총리에게 슈만 플랜 제안
	5월 9일	슈만, 슈만 플랜 발표(영국 불참)
	5월 11일	미국·영국·프랑스 3국 외무장관 회담(런던 회담)
	6월 20일	슈만 플랜 구체화를 위해 프랑스·독일·이탈리아·네덜란드·벨기에·룩셈부르크 6자회담 개최
	6월 25일	한국전쟁 발발
1951년	4월 18일	프랑스 파리에서 유럽석탄철강공동체조약 체결 및 기구 설립
1952년	7월 23일	유럽석탄철강공동체조약 발효

"**알자스와 로렌 지방의** 학교에서 이제 독일어만 가르치라는 명령이 베를린으로부터 왔다. 오늘 이 시간이 너희들의 마지막 프랑스어 시간이다. 열심히 들어주기 바란다." 알퐁스 도데의 소설《마지막 수업》에서 땅을 빼앗긴 뒤 모국어까지 잃게 되는 설움을 보여주는 장면이다.

독일과 프랑스는 영토 소유권을 놓고 무수히 많은 전쟁을 치렀는데, 그중 양국이 가장 첨예하게 대립했던 곳이 바로 알자스-로렌 지역이다. 양국의 접경 지역인 알자스-로렌은 분쟁의 출발지이자 비극의 땅이었다.《마지막 수업》의 무대가 되는 이 지역은 프랑스와 독일이 충돌할 때마다 가해자와 피해자가 뒤바뀌는 시련을 겪었다. 이 소설만 보면 알자스-로렌 지역이 본래 프랑스 영토이고 독일이 침략자처럼 보이지만, 사실 이 지역은 중세 이래로 줄곧 독일어를 사용해온 지역이었다. 뒷날 프랑스가 알자스-로렌 지역을 되찾았을 때 아마도 독일 사람들의 '마지막 독일어 수업'도 있었으리라.

스트라스부르,
갈등의 땅에서 유럽의 수도로

───────── 프랑스혁명 이후 제2차 세계대전까지 150년 동안 일어난 유럽의 전쟁은 대부분 독일과 프랑스의 대결이었다. 알자스 지방은 언제나 전쟁터였다. 알프스산맥에서 발원한 라인강은 알자스의 중심 도시 스트라스부르를 지나 독일의 루르 지역으로 흘러간다. 스트라스부르는 구텐베르크가 1430년에 인쇄업을 시작한 지식의 도시이며, 프랑스어와 독일어를 함께 사용하고 프로테스탄트와 가톨릭이 어울려 사는 공존의 도시였다.

도시국가에서 민족국가 시대로 변하면서 접경 도시의 비극이 시작되었다. 알자스 지역은 라인강의 서쪽과 동쪽을 이어주는 '연결 공간'이었다. 프랑스 입장에서는 프랑스 동쪽을 방어하는 천혜의 장벽으로, 라인강을 관통하는 독일의 교통로를 단절시켜 전략적 우위를 점할 수 있는 지역이었다. 반면 독일 입장에서는 이 지역을 점령하면 라인강을 통해 직접 대서양으로 진출할 수 있는 장점이 있었다.

17세기에 루이 14세는 이 땅을 점령해 프랑스 영토로 만들었다. 그러나 1871년 프로이센과 프랑스의 전쟁에서 비스마르크가 승리하면서 다시 독일 땅이 되었다. 알퐁스 도데의 소설은 비스마르크가 전쟁에 승리한 직후를 배경으로 하고 있다. 비스마르크는 알자스와 로렌을 한 지역으로 묶고 독일풍의 신시가지를 만들어 독일인들을 이주시켰으며, 독일어를 공식 언어로 채택했다.

그 뒤 제1차 세계대전으로 알자스는 또다시 전쟁터가 되었다. 독일군은 프랑스계 알자스인을 체포했고, 프랑스군은 독일계 알자스인을 체포했다. 독일은 패배했고, 1919년 베르사유조약에서 알자스는 프랑스로 귀속되었다. 독일군에 복무했던 알자스인들은 투옥되거나 죽임을 당했고, 수많은 이주 독일인이 알자스에서 추방되었다. 1939년 제2차 세계대전이 일어나자 나치스 독일이 다시 알자스와 로렌을 차지했다. 프랑스계 알자스인들은 피난길에 올랐고, 미처 피난을 떠나지 못한 사람들은 독일인들의 복수를 견뎌야만 했다. 특히 접경 지역의 지리적 이점 때문에 이 지역에서 오랫동안 살아온 유대인들이 큰 피해를 당했다. 당시 알자스와 로렌 지역에 살던 1만여 명의 유대인 중 2,000명이 사망했다.

알자스-로렌 지역은 지리적 이점뿐 아니라 경제적 측면에서도 가치가 상당한 지역이다. 특히 광물자원이 풍부한데, 라인강 서쪽의 알자스-로렌 지역에는 프랑스 철광석의 90%가 매장되어 있다. 라인강 동쪽인 루르 지역의 탄전은 독일 석탄 생산의 45%를 담당하고 있으며, 품질이 우수한 것으로 유명하다. 석탄과 철강산업은 경제의 꽃이기도 하지만, 동시에 가장 핵심적인 전쟁물자를 제공한다. 유럽 통합의 첫 단추라고 할 수 있는 유럽석탄철강공동체^{European Coal and Steel Community, ECSC}는 바로 프랑스와 독일 접경 지역의 석탄과 철강을 공동 관리하자는 것이 핵심이었다. 독점을 위한 전쟁이 아닌 공유를 위한 화해를 제안한 것이다.

이제 알자스의 중심 도시 스트라스부르는 더 이상 분쟁의 땅이 아니다. 1949년 유럽평의회^{Council of Europe} 건물이 스트라스부르에 들어섰다. 베빈 영국 외교장관은 유럽평의회의 출범을 축하하며 스트라스부르를 "전쟁으로 문제를 해결하려던 유럽 국가들의 어리석음 때문에 희생되었던 도시"라고 규정하고, "이제 이 도시가 화해와 평화의

1949년 알자스의 중심 도시 스트라스부르에 들어선 유럽평의회.

상징이 되기를" 소망했다. 스트라스부르에는 1952년 유럽의회를 시
작으로 유럽인권재판소를 비롯해 많은 국제기구가 들어섰다. 분쟁의
접경 도시였던 스트라스부르는 어떻게 '유럽의 수도'로 변했을까?

대독일 정책,
징벌 대신 화해를 택하다

────────── 문명을 파괴한 야만의 전쟁인 제2차 세계대전이 끝났
을 때, 누구나 독일에 대한 보복과 징벌을 떠올렸다. 1945년 7월의 포
츠담 회담에서 영국의 처칠, 미국의 루스벨트, 소련의 스탈린이 모여

독일의 무장해제와 더불어 모든 군사적 요소를 뿌리 뽑기로 합의했다. 다시 전쟁을 일으킬 수 없도록 군수품을 생산하는 모든 산업시설을 해체하고 통제하기로 결정한 것이다.

미국은 전쟁이 끝나기도 전에 '모겐소 플랜'을 세워 독일의 발톱을 뺄 궁리를 했다. 1944년 미국 재무장관인 헨리 모겐소의 이름을 딴 이 계획은 독일을 지역별로 분할하고 산업시설을 해체해 원시적인 영구 농경국가로 만들자는 내용이었다. 너무 가혹해서 모겐소조차도 자신의 이름이 들어가지 않기를 바랄 정도였다. 모겐소 플랜은 실제로 집행되지는 않았지만, 일부 지역에서 경제 주권을 제한하는 방법으로 실행되었다.

전쟁이 끝났을 때 이웃 국가 프랑스의 피해는 만만치 않았고, 독일에 대한 적대감은 켜켜이 쌓인 과거의 상처와 상승작용을 일으키면서 끓어올랐다. 1945년 11월, 샤를 드골 프랑스공화국 임시정부 수반은 "독일이 지난 145년 동안 프랑스를 일곱 번 침략하고 파리를 네 번 점령했다"라는 사실을 상기시키며, 프랑스의 안전을 위해 독일의 회생 가능성을 미리 차단해야 한다고 강조했다.● 드골은 연합국에 독일의 재무장을 막는 방법으로 루르에서 자르로 이어지는 산업 요충지를 독일에서 떼어내 연합국의 관할 아래에 두자는 제안을 했다. 한마디로 산업자원을 박탈해서 군사력 재건을 막자는 대독일 강경책이었다.

전쟁 이후 프랑스가 직면한 경제 현실도 대독일 강경정책의 원인이 되었다. 전쟁 직전인 1938년 프랑스는 제철과 제강산업에 필요한 석탄과 코크스의 40%를 외국에서

● 독일은 프랑스를 1792년, 1793년, 1814년, 1815년, 1870년, 1914년, 1940년 등 일곱 차례 침략하고, 파리를 1814년, 1815년, 1871년, 1940년 등 네 차례 점령한 적이 있다.

구매했다. 1944년 프랑스의 국내 석탄 생산량은 1938년의 절반 이하로 줄었다. 전쟁이 끝나고 1년이 지난 1946년 프랑스의 국내 석탄 생산량은 전쟁 이전인 1938년의 수준을 회복했지만, 여전히 상당한 양을 수입해야 했다. 문제는 필요한 만큼의 석탄을 수입할 외화가 없었다는 점이다. 수출을 해야 외화를 벌 수 있는데, 전쟁 후유증에서 벗어나는 데는 시간이 필요했다. 독일의 석탄과 코크스가 아니면 전후 프랑스의 경제 회복은 어려워 보였다.

제2차 세계대전이 끝나면서 승전국이 된 영국이 루르 지방을 점령하자, 프랑스는 프랑스 점령지 안에 위치한 자르 지방을 독일에서 분리해 프랑스 보호령으로 만들었다. 1948년 12월, 미국·영국·프랑스 3국은 연합국 3자회담을 통해 루르 지방의 석탄과 철강의 생산과 분배를 담당할 루르국제관리청International Authority for Ruhr●을 설립했다. 프랑스가 줄곧 주장해온 대독일 강경정책의 승리였다.

●　1949년 미국·영국·프랑스와 베네룩스 3국이 독일 루르 지역의 석탄과 철강을 통제하기 위해 설립한 국제기구다. 각국 대표가 의사결정권을 행사하던 이사국이 석탄과 철강의 생산과 판매를 통제했다. 이 기구는 1951년 유럽석탄철강공동체의 설립을 결정한 파리조약으로 해체되었다.

그러나 독일에 대한 징벌정책은 지속되지 못했다. 냉전의 먹구름이 몰려오기 시작했고, 독일은 소련의 남진을 막는 유럽의 전방초소로서 재평가되었다. 특히 미국은 유럽 국가들의 우려 속에서도 독일의 재무장을 서두르기 시작했다. 1948년 2월에 체코슬로바키아에 공산정권이 들어서자, 미국 주도의 서방 연합국은 먼저 독일 경제 재건을 위해 그해 6월에 연합국 점령지구인 서부 독일 지역에서만 화폐개혁을 실시했다. 소련은 이에 대한 보복으로 서부 독일에서 베를린으로 가는 도로와 철도를 차단했다. 이 사건이 바로 '베를린 봉쇄'●●이다. 베를린은 동부 독일에 둘러싸인 분단의 섬이 되었고, 유럽 냉전의 현장으로 변했다.

베를린 봉쇄를 계기로 유럽의 냉전은 속도를 내기 시작했다. 경제냉전도 시작되었다. 앞서 1947년 6월 5일 하버드대학 졸업식에서 당시 미국 국무장관이던 조지 마셜은 "제2차 세계대전의 피해를 입은 유럽 국가들의 경제 회복을 위해 미국이 대규모 재정 지원을 하겠다"라고 연설했다. '마셜 플랜'으로 알려진 '유럽 복구 계획European Recovery Program'의 지원 대상은 원래 소련과 동유럽 국가까지 모두 포함한 것이었다. 그러나 소련이 강력하게 반대하고 압력을 행사하면서 결국 동유럽 국가는 원조 대상에서 제외되었다.

소련은 마셜 플랜을 경제적 지원 문제로 보지 않고 정치적 차원에서 해석했다. 즉 소련은 마셜 플랜에 경제 지원이라는 형식을 빌려 소련의 위협을 막으려는 안보적 목적이 숨어 있다고 보았다. 1948년부터 1952년 원조가 종결될 때까지 미국이 지출한 총액은 약 130억 달러로 그 이전까지 미국이 외국에 지원한 총액보다 많았다. 경제원조가 서유럽 국가들을 대상으로 이루어지자 소련

●● 1948년 6월 23일 소련에 의해 항공로를 제외하고는 베를린으로 통하는 모든 길이 끊겨버리자, 미국·영국 연합군은 6월 26일부터 항공을 이용해 물자와 전력 보급이 차단된 서베를린 지역에 수송기로 생필품을 공수하기 시작했다. 역사상 초유의 '공중 수송 작전(Berlin Airlift)'이 전개된 것이다. 서베를린 지역에 거주하는 250만 명에 달하는 시민들을 위해 62초마다 생활필수품을 실은 비행기가 착륙했다. 1년 넘게 진행된 베를린 공수 작전을 위해 총 27만 7,264회의 수송기 이륙이 이루어졌다. 결국 이듬해 1949년 5월 12일 소련은 11개월 만에 '베를린 봉쇄'를 해제했다. 이후 1949년 9월 미국·영국·프랑스 연합국 점령지구에는 서독 정부의 독일연방공화국이, 한 달 뒤인 10월에는 소련 점령지구에 동독 정권의 독일민주공화국이 선포되어 독일은 분단국가가 되었다. 이를 기점으로 세계 각국은 서구권과 동구권으로 분열되어 동서 냉전체제가 본격화되었다.

은 동유럽 국가들과 경제적 격차가 벌어질 것을 우려해 진영 내부의 결속을 강화했고, 그 결과는 경제 분야의 냉전을 재촉했다.

1949년 소련이 핵무기를 갖게 되면서 미소 양국의 핵무기 경쟁 시대가 시작되었다. 또한 그해에 중국공산당이 내전에서 승리하면서 아시아에서 공산주의의 확산이 예상되었다. 미국과 영국은 소련을 견제하기 위해 독일 재건을 허용할 생각이었다. 1950년 4월, 북대서양조약기구는 유럽의 재래식 군사력 증강을 위해 서독의 군사적 기여가 필요하다고 강조했다. 그리고 5월 2일에는 미국 합동참모본부가 처음으로 서유럽 방위에 서독의 참여를 요구했다. 이미 동독에는 8만 명 이상의 '인민 경찰(동독의 비밀경찰)'이 존재했기 때문에 서독의 재무장을 추진할 명분은 충분했다.

미국은 서독의 재무장과 더불어 유럽의 경제통합을 재촉했다. 원래 전쟁 직후 미국은 다른 유럽 국가와 루르 지역의 석탄·철강산업을 묶어서 공동의 기구로 통합하자고 프랑스에 제안했다. 이에 대해 프랑스는 2년 가까이 응하지 않았다. 그러다 냉전이 본격화되자 미국은 서독의 경제 재건을 위해 루르 지역의 생산 제한을 풀려고 했다.

미국의 구상대로라면 서독은 프랑스보다 저렴한 양질의 철을 생산할 것이고, 프랑스의 현대화 계획은 위기를 맞게 될 것이다. 서독과 경쟁하기 위해 프랑스는 석탄의 수입 관세를 인상할 수밖에 없을 테고, 그러면 프랑스의 경쟁력은 더 약화될 것이다. 반면, 서독은 시장 확보를 위해 동유럽과 진행하던 정치적 협력을 더욱 확대할 것이다. 결국 유럽 통합은 멀어지고, 프랑스의 경제 회복 역시 늦어짐은 물론, 미소 냉전이 유럽에서 더욱 심화될 상황이었다.

장 모네,
생각을 파는 사람

──────── 독일에 대한 강경정책을 더 이상 지속하기는 어려웠다. 프랑스는 달라진 상황에서 새로운 대안을 모색해야 했다. 전환기의 순간에 등장한 사람이 바로 장 모네다. 모네는 전후 유럽 질서의 변화를 읽고, 유럽석탄철강공동체를 만든 사람으로, '유럽 통합의 아버지'라고 불린다. 모네는 '무엇이 되고 싶은 사람'이 아니라, '무언가를 이루려는 사람'의 전형이다. 모네는 지위를 탐낸 적이 없고, 명성을 추구하지도 않았으며, 대중의 평가에 연연해하지도 않았다.

모네는 미국의 대독일 정책의 변화를 읽었다. 전쟁이 끝난 직후에 드골에 의해 경제계획청장으로 임명된 모네는 당시에는 프랑스 정부의 대독일 강경정책에 공감했다. 그러나 징벌이 아니라 화해가 필요하고, 나아가 서독을 유럽 통합에 참여시키는 것이 해법이라고 생각하는 미국의 정책 변화를 보면서, 모네는 자신의 생각을 바꾸었다.

모네가 어떻게 유럽석탄철강공동체의 설계자가 되었는지를 알기 위해서는 그가 살아온 과정을 이해해야 한다. 장 모네는 프랑스 코냐크에서 태어나 16살에 학교를 그만두고 가업인 코냑 판매 사업을 위해 전 세계를 돌아다녔다. 정규교육을 받지 않았기 때문에 그는 프랑스와 영국의 역사 혹은 경제학에 깊은 지식이 없었다. 하지만 그 점이 그에게 약점이 되지는 않았다. 오히려 그는 문제를 대할 때 이론보다는 실용적 접근을 선호했으며, 모두가 현실의 장애를 이유로 불가능하다고 할 때 그는 자유로운 사고를 바탕으로 자신의 숭고한 이상을 밀어붙였다.

제1차 세계대전이 터졌을 때, 모네는 26세였다. 그는 코냑 장사를 그만두고 전쟁 중에 자신이 할 일을 찾았다. 전쟁 초기에 프랑스와 영국이 서로 협력하지 않자, 모네는 군수물자 공동 수송안을 마련해 양국의 지도자를 직접 찾아갔다. 양국이 그의 제안을 받아들임으로써 모네는 프랑스·영국 물자공급위원회의 책임자로 일했다.

제1차 세계대전이 끝난 뒤, 모네는 베르사유조약 준비회담에 참여해 1919년부터 1923년까지 국제연맹 사무차장으로 일했다. 그러나 모네는 국익이 충돌할 때마다 보여준 국제연맹의 무능함에 환멸을 느껴 다시 고향으로 돌아가 가업을 이었다. 그러다 1925년 그는 미국 투자은행의 유럽 지부장으로 활동하기도 했고, 1934년부터 2년간 중국에서 장제스 정부와 함께 중국개발은행조합을 만들어 중국 철도 건설에 관여하기도 했다.

제2차 세계대전이 일어나자 프랑스와 영국의 지도자들은 모네에게 다시 군수물자 공급 업무를 맡겼다. 1940년 8월, 미국 전투기가 필요해진 처칠은 모네를 특사로 임명해 루스벨트 대통령에게 보냈다. 프랑스 여권을 들고 영국 공무원 신분으로 미국에 간 매우 특이한 사절이었다. 당시 미국은 유럽의 일에 개입하지 않는다는 고립주의를 표방하고 있었다. 미국 정부 안에서는 유럽의 전쟁에 개입하지 말아야 한다는 주장이 강했고, 루스벨트 역시 대통령 선거에서 '전쟁에 개입하지 않겠다'고 공약한 상태였다. 모네는 오래전부터 유지해온 '인적 네트워크'를 총동원해서 루스벨트를 설득했고, 성공적으로 임무를 완수했다.

모네는 먼저 루스벨트 대통령에게 접근할 수 있는 통로를 찾았다. 통로는 바로 하버드 법대 교수 출신으로 대통령 자문역이었던 펠릭스 프랑크푸르터였다. 그는 루스벨트 대통령에게 모네를 소개하면서, "내가 완벽하게 신뢰할 수 있는 프랑스인"이라는 표현을 썼다. 모네와 프랑크푸르터는 이미 1920년대부터 알고 지낸 오랜 친구 사이로, 유럽과 미국이 협력해야 한다는 데 뜻을 같이했다. 모네는 루스벨트를 만나 군수산업의 재가동이 미국 경제에 긍정적인 영향을 미칠 수 있음을 적극적으로 설득했다. 이후 루스벨트가 전쟁 참여를 결정했을 때, 그는 오히려 모네에게 소극적인 미국의 여론 주도층을 설득해 달라고 부탁했다.

전쟁 중에 영국 재무성에서 일했던 존 메이너스 케인스는 "모네의 노력으로 제2차 세계대전이 1년 앞당겨 끝났다"라고 말할 정도로 그를 높이 평가했다. 드골은 모네의 역할을 눈여겨보고, 전쟁이 끝난 직후 그를 프랑스 경제계획청장으로 임명했다. 모네는 프랑스의 전후 복구 계획을 세우면서 산업 경쟁력을 회복하기 위해서는 양질의 석탄을 저렴한 가격으로 확보해 원자재 수급 비용을 낮추는 것이 우선 과제라고 판단했다. 이 과제를 해결하기 위해 모네는 석탄과 철강이 풍부한 알자스-로렌과 자르-루르 지역으로 눈을 돌렸다.

프랑스와 독일의 접경 지역인 알자스-로렌과 자르-루르의 석탄 및 철강은 그동안 분쟁의 씨앗이었다. 당시 산업의 기초였던 석탄과 철강은 유사시에 군수물자로 전용될 수 있었기에 그 생산량은 국력과 군사력을 측정하는 주요 기준이었다. 특히 두 차례의 세계대전에서 루르와 자르의 석탄 및 철강은 독일의 군사적 우위를 보증해주는 중요한 자원이었다. 당시 미국은 1948년 6월부터 1년간 지속된 베를린 봉쇄 이후 소련의 위협에 대항하기 위해서는 패전국 독일의 경제를 부흥시키고 결국에는 재무장시키는 방법밖에 없다는 결론을 내렸다.

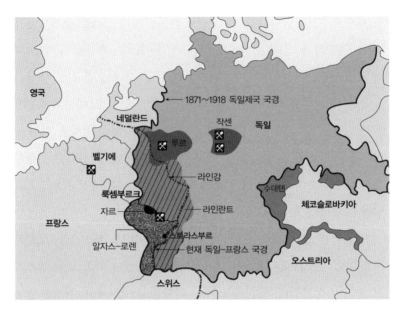

독일-프랑스 국경의 공업지대.

지도 속 라벨: 영국, 네덜란드, 1871~1918 독일제국 국경, 작센, 독일, 루르, 벨기에, 라인강, 룩셈부르크, 수데텐, 체코슬로바키아, 자르, 라인란트, 프랑스, 스트라스부르, 알자스-로렌, 현재 독일-프랑스 국경, 오스트리아, 스위스

미국은 영국과 프랑스의 동참을 요구했다. 하지만 프랑스의 국내 여론은 과거 역사뿐 아니라 양차 세계대전 동안 독일로부터 겪은 수모를 잊지 못한 터라 오히려 강경한 대독일 정책을 주문했다. 이런 상황에서 모네는 자국 경제를 현대화하고 독일의 호전적인 민족주의를 제어하기 위해서는 통합밖에 없다고 진단했다. 그는 접경 지역의 석탄과 철강을 공동으로 생산·분배하며, 동일한 조건으로 판매하는 초국가적 관리기구의 설립을 구상했다. 불과 몇 년 전까지 서로 목숨을 걸고 싸웠던 적국과 자원을 함께 생산하고 공유하며 판매한다는 것은 결코 평범하지 않은 '발상의 전환'이었다. 모네의 구상은 독일을 배제하지 않고 유럽의 통합을 이루는 제안이자, 프랑스의 산업을 하루빨리 재건하기 위한 중요한 단서였다.

접경의 정치인,
로베르 슈만

————— 모네는 누구를 통해 이 거대한 계획을 실행에 옮길지를 검토했다. 마침 1950년 5월 11일부터 영국 런던에서 미국의 애치슨, 영국의 베빈, 프랑스의 슈만, 이렇게 3국의 외무장관 회담이 예정되어 있었다. 런던 회담 전인 1949년 9월에 이미 뉴욕에서 미국의 애치슨과 영국의 베빈이 슈만에게 '3국 공동의 대독일 정책'을 준비해 달라고 부탁한 상태였다. 프랑스는 수세에 몰려 있었다.

서독에 대한 미국의 전략적 평가가 달라지면서 유럽 통합을 둘러싸고 프랑스와 미국의 입장 차이가 벌어졌다. 미국은 런던 회담에서 루르 지역의 철강산업을 제한하던 모든 조치를 해제할 생각이었다. 이미 미국의 압력으로 산업 통제가 완화되면서, 독일의 철강 생산이 증가하고 있었다. 슈만 장관의 고민은 더욱 깊어졌다.

모네는 '고뇌하는 슈만'을 설득하기로 했다. 모네는 타고난 협상가로서 설득의 지혜를 알고 있었다. 오랫동안 상업에 종사하며 몸으로 체험한 그의 설득 전략은 바로 목표가 분명해야 한다는 점이다. 모네는 제2차 세계대전 중에 미국의 지원을 얻어낼 때 '나치즘에 대한 승리'를 내세웠고, 전후 프랑스 경제계획청에서 일할 때는 '프랑스의 재건'을, 그리고 슈만을 설득하는 데는 '유럽의 평화와 통합'을 제시했다. 모네가 제시한 목표는 숭고한 이념이자 아무도 부정할 수 없는 목표였다.

모네는 '생각을 파는 사람'이었다. 언제나 자신의 생각을 다듬은 다음에 그것을 실행할 힘 있는 사람을 찾았다. 다만, 모네는 최고지도자에 직접 접근하기 전에 지도자를 설득할 위치에 있는 2인자를 먼저 찾았다. 바쁜 지도자와 처음부터 많은 시간을 함께하기 어렵기 때문에 2인자를 자기편으로 만들어 그 사람이 지도자의 의심을 불식시키고 최종 결심을 돕도록 하는 것이 효과적이라고 생각했다. 지도자와 만나기 전에 서로 공감이 이루어질 수 있도록 준비하는 것이 모네의 설득 요령이었다.

모네는 슈만의 비서실장인 베르나르 클라피에를 주목했다. 알아보니 그는 상관인 슈만의 생각을 바꿀 수 있을 정도로 영향력이 있는 측근이었다. 런던 회담이 1950년 5월 11일에 열릴 예정이었기 때문에 시간이 별로 없었다. 4월 28일 금요일, 모네는 클라피에와 대화를 나누고, 자신의 팀이 정성껏 마련한 보고서를 슈만에게 전달해달라고 요청했다. 그날 오후 슈만은 시골집에서 주말을 보내기 위해 기차역에서 메츠행 기차를 기다리고 있었다. 아슬아슬하게 모네의 보고서가 슈만에게 전달되었다. 5월 1일 월요일 아침, 기차역에서 파리로 돌아오는 슈만을 초조하게 기다리던 클라피에에게 슈만은 "모네의 계획에 동의하고 활용하겠다"라고 말했다.

슈만은 모네의 계획을 단번에 알아봤다. 그 계획은 자신의 생각과 크게 다르지 않았다. 그는 접경 도시에서 태어나고 자란 경계인이었다. 슈만은 독일과 프랑스 사이에 위치한 룩셈부르크에서 태어났지만, 그의 아버지가 당시 독일 영토였던 알자스 지방 출신이었기 때문에 혈통주의에 따라 독일인이 되었다. 슈만은 대학 생활도 독일에서 했고, 1912년 독일 로렌 지방의 도시였던 메츠에서 법률회사를 개업했으며, 1918년 시의원이 되었다. 하지만 그해에 독일이 제1차 세계대전에서 패배하고 알자스-로렌 지역이 다시 프랑스로 넘어가면서

평화 경제 구상을 '슈만 플랜'으로 탄생시킨 주역들. 왼쪽부터 슈만의 비서실장 클라피에, 슈만, 모네.

그의 정치 인생도 큰 변화를 맞았다.

슈만은 독일에서 프랑스로 넘어간 로렌 지역의 자치를 주장하는 '로렌공화국연합' 소속이었다. 1919년 슈만은 프랑스 국회의원으로 당선되었고, 제2차 세계대전까지 정치인으로 활동했다. 하지만 슈만의 인생은 제2차 세계대전으로 다시 바뀌었다. 1940년 파리에서 로렌으로 돌아가던 중에 독일 비밀경찰에 의해 체포되어 감옥에 갇힌 것이다. 그러나 슈만은 1942년 8월 극적으로 탈출에 성공해 레지스탕스 활동에 참여했다.

전쟁이 끝나고 슈만은 다시 프랑스 국회위원에 당선되었고, 1946년에 재무장관, 그리고 1948년에 외무장관이 되었다. 그는 독일과 프랑스 사이에 낀 알자스-로렌 지방의 비극적인 지정학을 몸소 체험한 사람으로서, 양국의 공존과 평화 그리고 공동번영을 위한 과제를 수 슈만 플랜 초고와 최종고의 일부분. 핵심 내용은 독일과 프랑스 접경의 석탄과 철강을 공동으로 관리하자는 것이다. 한마디로 '평화를 위한 생산의 연대'다.

행하는 데 적임자였다. 그는 1949년 국회에서 "내가 이 위치에 있는 것은 나 자신이 이 자리를 차지하기 위해 애썼기 때문이 아니라, 분쟁을 겪은 두 나라가 평화적으로 공존하도록 국경지대 출신 누군가를 요구했기 때문"이라고 말했다.

　슈만은 모네가 마련한 보고서의 핵심 내용을 런던 회담에서 제안하기로 했고, 내각회의에서 대략적인 윤곽을 먼저 발표했다. 회의가 끝난 뒤, 조르주 비도 총리는 경제계획청장인 모네를 불러서 왜 자신에게 먼저 보고하지 않았는지 다그쳐 물었다. 모네는 이미 며칠 전 비서실장을 통해 계획안을 동봉한 편지를 보냈다는 사실을 말했다. 편지는 뜯기지도 않은 채 비도 총리의 책상 위에 놓여 있었다. 총리는 새로운 미래의 문을 열 비책을 알아보지 못했던 것이다. 이로써 '슈만 플랜'이 아니라 '비도 플랜'이 될 뻔한 역사적 기회도 놓쳐버렸다.

모네와 슈만은 한 팀이 되어 계획안을 다듬었다. 모네는 슈만에게 "평화는 평등에 기초해야 한다"라고 말했다. 징벌이나 보복은 새로운 갈등을 낳을 뿐이라는 점을 슈만도 잘 알고 있었다. 두 사람 모두 제1차 세계대전의 전후 처리가 빚은 비극적 결과를 되풀이하지 말아야 한다고 생각했다. 히틀러 현상은 막대한 전쟁 배상금에 대한 독일 국민의 반감을 기반으로 등장했다. 모네와 슈만은 독일에 대한 보복정책이 오히려 독일의 민족주의를 자극해 유럽의 불안정을 가져올 거라는 점을 잘 알고 있었다.

모네는 미국의 애치슨 국무장관이 '슈만의 이름으로 발표할 구상'을 사전에 이해하는 것이 매우 중요하다고 판단했다. 미국의 지지를 얻어야 일을 성사시킬 수 있기 때문이었다. 마침 애치슨이 런던 회담에 참석하기 전에 파리에 들렀다. 모네는 1950년 5월 7일 일요일, 선언문을 다듬는 비밀회의에 애치슨을 직접 초대했다. 애치슨은 슈만의 생각을 들을 수 있는 기회라고 생각하면서 오랜 친구인 모네의 제안을 주저 없이 받아들였다.

프랑스 내각의 다른 장관들도 아직 잘 알지 못하던 상황에서 모네가 애치슨을 초대한 것은 둘 사이에 오랫동안 쌓인 신뢰가 있었기 때문이다. 모네의 구상을 들은 애치슨 미국 국무장관은 '석탄과 철강의 대규모 카르텔이 자유 경쟁의 원칙을 위배하는 것이 아닌가'라는 의문을 제기했다. 모네는 오랜 친구에게 이 계획의 취지를 자세히 설명했고, 애치슨은 금방 공감했다. 미국은 이미 제2차 세계대전 직후부터 유럽의 통합을 추구했다. 애치슨은 몇 시간 만에 슈만의 강력한 지지자가 되었다. 다만 모네는 애치슨과 대화하면서 처음 이 계획을

1950년 5월, 모네는 런던 회담에 앞서 파리를 방문한 딘 애치슨 미국 국무장관(왼쪽에서 세 번째) 을 회의에 초대해 유럽 통합에 대한 계획을 설명했다. 애치슨은 이 회의에서 슈만(오른쪽에서 두 번째)의 생각도 미리 들어볼 기회를 가졌다.

듣는 사람들이 가질 수 있는 오해의 지점을 발견했고, 이 기구가 전 통적인 카르텔과 전혀 다르다는 근거를 보강하기로 했다.

아데나워, 인정해줄 때 올라타자

——————— 슈만 플랜이 구체화되는 과정에서 서독의 콘라트 아데 나워 총리도 중요한 역할을 했다. 슈만 플랜의 발표는 아데나워가 전 적으로 동의했기 때문에 가능했다. 서독 내 일부 여론의 반발이 있었

음에도 아데나워가 동의한 이유는 무엇일까? 아데나워가 보기에 슈만의 제안은 독일을 동반자로 인정해주고, 유럽 통합이라는 미래의 문을 함께 열자는 것이었다. 가혹한 전후 처리 계획과 비교할 수 없을 정도로 독일에 우호적인 제안이었다.

아데나워는 유럽 통합에 호의적이었다. 1920년대 중반 이미 유럽 평화를 위해 프랑스와 독일의 경제 통합을 주장했을 정도다. 1949년 총리로 취임했을 때 아데나워는 "독일연방 총리는 유능한 독일인이어야 하는 동시에 유능한 유럽인이어야 한다"라고 말했다. 아데나워는 독일이 정상적인 국가로 다시 부활하기 위해서는 유럽의 우려를 해소해야 하고, 그러기 위해서는 유럽 통합에 대한 의지를 끊임없이 보여주는 것이 필요하다고 생각했다.

슈만은 5월 8일 비밀리에 자신의 측근을 아데나워에게 보냈다. 아데나워의 자서전에 따르면, 각료회의를 하고 있는데 프랑스 외무장관인 슈만이 보낸 사람이 긴급하고 중요한 편지를 전달하러 왔다고 말했다. 이름도 직책도 알 수 없는 사람이 '프랑스 내각에서는 오늘 이 편지에 담긴 내용을 논의할 예정'이라고 하면서 두 통의 편지를 전달했다. 하나는 다음 날 슈만 장관이 발표할 유럽석탄철강공동체에 대한 제안이었고, 다른 하나는 슈만의 개인적인 편지였다.

슈만은 자신의 제안 목적이 경제가 아니라 정치라는 점을 강조했다. 그는 독일이 전쟁 후유증에서 벗어나면 다시 프랑스를 침략할지 모른다는 두려움이 프랑스 사람들에게 있다고 고백하면서, "이 기구는 전쟁 가능성을 없애고 프랑스에게 위안을 가져다줄 것이다"라고 강조했다. 아데나워는 편지를 읽자마자 그 자리에서 "전적으로 동의한다"는 의견을 슈만에게 전해달라고 말했다.

슈만의 제안은 패전국 독일에 대한 국제사회의 초대장이었고, 독일의 추락한 국제적 위상을 높일 수 있는 기회였다. 아데나워는 나중에 "슈만은 처음으로 독일연방공화국을 다른 독립국가들과 동등한 조건으로 국제기구에 초대했다"라고 평가했다. 독일로서는 '서방 동맹'에 참여할 수 있는 기회를 마다할 이유가 없었다.

독일 입장에서 볼 때 경제적으로도 나쁠 것이 없었다. 냉전으로 유럽이 동과 서로 분리되면서 서독은 더 이상 동유럽 국가들과 경제관계를 지속할 수 없었다. 서유럽과 진행해온 경제협력은 선택이 아니라 유일한 출구였다. 1949년 연합국이 건국의 대가로 경제 주권의 포기를 요구하자 서독은 울며 겨자 먹기로 이를 받아들였다. 따라서 유럽석탄철강공동체가 만들어지면 루르국제관리청도 사라질 것이고, 그러면 독일의 경제 주권도 회복할 수 있다고 보았다.

독일로 보낸 측근이 전화로 아데나워의 동의를 전한 뒤에야, 슈만은 자신이 다음 날 발표할 구상의 핵심 내용을 내각 장관들에게 설명했다. 아데나워가 찬성 입장을 밝힘으로써 유럽석탄철강공동체 제안은 프랑스의 일방적인 주장이 아니라, 그야말로 프랑스와 독일의 공동제안으로 거듭났다. 모네와 슈만 모두 바라던 바였고, 유럽석탄철강공동체의 실현 가능성을 높이는 확실한 근거였다.

1950년 5월 9일, 슈만은 수백 명의 기자들 앞에서 자신의 구상을 발표했다. 그는 "이제 탄생할 '생산의 연대'는 프랑스와 독일 사이에 어떠한 전쟁 가능성도 생각할 수 없게 만들 뿐 아니라, 물리적으로도 불가능하게 할 것"이라고 선언했다. '평화를 위한 생산의 연대', 즉 슈만 플랜은 독일과 프랑스 접경 지역의 석탄과 철강을 공동으로 관리하자는 것이다. 군수공업의 핵심을 관리해서 전쟁의 근원을 없애자

1950년 5월 9일, 프랑스 외무부에서 유럽석탄철강공동체안을 발표하는 슈만 외무장관(가운데).
슈만 플랜은 유럽 통합을 향한 첫 번째 발걸음이었다.

는 획기적인 제안이었다. 아데나워는 서독의 수도 본에서 기자들에
게 "이것은 프랑스와 독일 관계의 결정적인 일보입니다"라고 확실하
게 힘을 실어주었다.

한국전쟁을 반면교사로
평화 경제를 꿈꾸다

—————— 미국 또한 슈만 플랜을 환영했다. 미국은 일관되게 "유
럽의 경제 통합이 유럽에 안정과 번영을 가져다줄 것"이라고 생각했

고, "프랑스와 독일의 화해로 유럽의 정치적 안정을 확보"하는 것을 외교 목표로 삼았다. 이웃 국가들을 불안하게 하지 않으면서 독일을 재건할 방법은 화해이고 통합이었다. 1949년 여름까지 미국이 제안한 초국가적 유럽 통합은 영국의 거부로 지지부진했다. 미국은 영국이 주도하는 서유럽 전체의 통합 구상을 포기하고, 프랑스 주도의 '소유럽 통합'으로 돌아섰다. 그때 등장한 슈만 플랜은 바로 미국이 바라던 바였다.

1950년 6월 20일, 슈만 플랜을 구체화하기 위한 협상이 시작되었다. 며칠 뒤 아주 멀리 떨어져 있지만, 전 세계를 걱정으로 몰아넣은 전쟁이 터졌다. 두 번의 세계대전을 겪은 유럽 사람들에게는 가슴이 철렁 내려앉는 두려움 그 자체였다. 6월 25일 북한군이 남침했다는 소식을 들었을 때, 모네는 시골 별장에 있었다. 그는 한 달 전 슈만 플랜을 발표할 때, 젊은이들이 길거리에서 "이제는 전쟁터에 끌려갈 필요가 없다"라고 말하는 것을 들었다. 그런 상황에서 한국전쟁이 터진 것이다. 당장 미국이 개입할 것이고, 미국은 유럽에서 서독의 역할을 재평가할 것이다. 미국이 서독의 재무장을 재촉하면 할수록, 슈만 플랜과 유럽 통합에 상당한 난관이 조성되리라는 걱정이 앞섰다.

한국전쟁이 일어나자 미 국방부는 서독의 재무장안을 밀어붙이려했다. 프랑스군은 인도차이나에서 어려운 전쟁을 하고 있었고, 영국군은 전 세계에 흩어져 있는 상황이었다. 미국이 유럽의 안보를 위해 독일의 재무장을 요구하는 것은 당연했다. 1950년 9월, 뉴욕에서 열린 북대서양조약기구 회의에서 미국의 애치슨 국무장관은 프랑스와 영국 대표에게 독일 재무장을 승인해달라고 종용했다. 미국은 이미 동맹국의 동의가 없어도 독일의 재무장을 허용할 생각이었다.

다행스러운 것은 이에 대해 서독의 아데나워 총리가 신중한 태도로 대응했다는 점이다. 아데나워는 독일의 재무장을 촉구하는 국내외의 의견에 "우리 나라는 충분히 많은 피를 흘렸습니다. 우리는 재무장을 원하지 않습니다"라고 잘라 말했다. 아데나워의 사려 깊은 태도는 군비 강화라는 과거의 전통적인 방식을 답습하는 것이 아니라, 평화와 경제가 선순환하는 미래로 나아갈 수 있는 동력을 제공했다. 바로 유럽석탄철강공동체였다. 프랑스와 유럽의 입장에서는 대단한 행운이었다.

머나먼 아시아에서 전쟁이 일어나면서 유럽석탄철강공동체를 향한 발걸음이 분주해졌다. 그러나 협상은 쉽지 않았다. 영국은 처음부터 부정적이었다. 베빈 영국 외무장관은 슈만 플랜이 발표되었을 때, '프랑스와 미국의 음모'라고 비난했다. 당시 영국은 '서유럽 연합'을 제안했다. 영국 외무장관이었던 이든의 이름을 빌려 '이든 플랜'이라 불린 이 제안은 영국의 역할과 영향력이 확대된 '대서양 방위공동체'를 만들어 독일의 재무장 문제를 해결하자는 것이었다. 경제적으로 영국은 대륙 국가들보다 형편이 나았다. 전후 무역활동이 빠르게 회복되었고, 무역 상대국도 전 세계에 고루 걸쳐 있었다. 영국은 전망이 불투명한 국가들과 구속력이 있는 경제조약을 맺는 것은 얻는 것보다 잃는 것이 많을 거라고 판단했다.

프랑스는 영국의 참여를 기다릴 상황이 아니었다. 물론 모네가 유럽석탄철강공동체를 구상하면서 처음부터 영국을 제외하고자 한 것은 아니다. 영국은 모네의 제안을 듣고, 유럽석탄철강공동체의 초국가성과 '고위행정관청High Authority'이 국내법과 충돌한다는 이유로 반대했다. 그러다 영국은 마지막으로 고위행정관청의 초국가적 성격을 완화한다면 참여해볼 수 있다는 양보안을 제시했다. 모네는 단호히 거절했다. 영국을 참여시키기 위해 가장 중요한 원칙인 초국가적 성격을 훼손할 수는 없다고 판단했다.

프랑스 내부에서도 반발이 만만치 않았다. "영국을 빼고 가능하겠느냐?"라는 우려는 우익인 드골파와 좌익인 공산당 모두 똑같았다. 프랑스 공산당은 유럽석탄철강공동체가 반공적이고 반소련적이라는 입장에서 반대했고, 드골파도 국가주의적 입장에서 초국가적 협력을 반대했다. 드골은 "석탄과 철강을 뒤죽박죽 뒤섞어서 운영이 될지, 누가 이득을 볼지 알 수 없다"라고 비판했다. 드골파는 국민국가를 중시했고 국가 간 협력체제를 주장했기 때문에, 모네의 초국가적 기구 설립 제안을 반대했다.

서독에서도 반대하는 목소리가 작지 않았다. 루르 지역에는 전 독일제국 군사력의 바탕이 된 콘체른*이나 트러스트**가 매우 자연스럽게 구축되어 있었다. 광산들끼리 '불필요한 경쟁'을 피하기 위해 만든 카르텔은 석탄 가격을 통제했으며, 1912년 당시 카르텔에 소속된 기업집단의 생산량은 독일 전체 석탄 생산량의 50%에 이를 정도였다. 철강 분야의 카르텔도 1938년 국제 강철 거래의 90%를 통제할 만큼 막강했다. 제2차 세계대전이 시작되고 생산 제한이 풀리면서 카르텔이 자연스럽게 해체되었지만, 전쟁이 끝나자 주요 기업집단들이 다시 움직이기 시작했다. 석탄과 철강 생산이 주권국가의 관리를 뛰어넘어 공동의 관리기구에 위임되면, 기업집단의 독점적 지위가 깨

* 콘체른은 독일에서 유래한 기업 집중 형태로, 법적으로 독립된 여러 회사들이 통일적인 관리 아래 단일한 경제체를 이루는 것이다.

** 트러스트는 시장을 지배할 목적으로 동종 혹은 다른 성격의 기업들이 자본 결합을 통해 하나의 기업이 된 형태다. 트러스트는 독점의 가장 강력한 형태다.

1950년 5월, 독일의 만화가 롤랜드 스티굴린스키가 그린 만평. 군중의 격려를 받으며 독일 총리 아데나워와 프랑스 외무장관 슈만이 유럽 통합을 향해 갈 자동차 엔진의 시동을 걸고 있다. 유럽 통합을 상징하는 깃발을 단 자동차에는 새로운 공동체에 함께할 유럽의 지도자와 정치가들이 타고 있다.

(왼쪽) 1950년 5월 10일 소련의 비평지에 실린 에피모프의 만평. 슈만 플랜과 프랑스-독일의 화해를 미국의 이익을 위해 만들어진 '편리한 결혼'이라고 비판하고 있다. (오른쪽) 1950년 6월 6일 영국 만화가 데이비드 로우가 그린 만평. 영국이 불참한 가운데 프랑스·독일·이탈리아·네덜란드·벨기에·룩셈부르크 6개국이 참여해 슈만 플랜을 논의하고 있다.

지는 것이므로 반발이 특히 심했다. 야당인 독일사회민주당은 유럽석탄철강공동체가 미국과 프랑스 자본가들의 음모라고 비판했다.

초국가적 협력은
국가 간 협력이 아니다

───────── 유럽석탄철강공동체 출범을 위한 협상은 프랑스와 독일, 이탈리아, 그리고 벨기에, 네덜란드, 룩셈부르크의 6자회담으로 이루어졌다. 특히나 프랑스와 독일 사이에 위치한 베네룩스 3국(벨기에·네덜란드·룩셈부르크)은 지리적으로 양국과 직접적인 이해관계에 놓여 있었을 뿐 아니라 경제적으로도 의존하고 있었다. 베네룩스 3국은 프랑스와 독일이 충돌할 때마다 전쟁터로 변하는 완충국가의 입장에서 양국의 평화를 간절히 원했다. 반면, 이탈리아는 지리적으로는 떨어져 있었으나, 패전국 독일과 마찬가지로 '국제정치적인 위상을 복원'해야 하는 상황이었다.

1950년 6월 20일, 첫 회의 참여자는 국가별로 10명씩 모두 60명으로 구성되었다. 베네룩스 3국은 소수파의 견제를 강조했다. 이 계획을 처음으로 만든 모네가 회의를 주재했다. 모네는 분열을 극복하고 공동의 이익을 추구하며 서로 협력하게 만드는 데 타고난 재주를 지녔다. 모네는 회의를 시작하면서 "여기서 우리는 자기 나라의 이익을 위해서가 아니라, 우리 모두의 이익을 위해 이 자리에 있다는 점을 잊지 말아야 한다"라고 강조했다.

당시까지 국민국가 간에 초국가적으로 협력한 경험은 거의 없었다. 함께 토론하면서 공동의 의식이 조성되었지만, 본국에 돌아가 지침을 받아오면 다시 국가별 이익을 앞세우는 식으로 회의는 제자리를 맴돌았다. 모네가 강조한 초국가성은 국가 간 협력과는 다른 것이었다. 유럽석탄철강공동체는 정부 간 협의기구가 아니라, 개별 국가의 주권을 일부 이양한 초국가적 기구다. 모든 참여국은 석탄과 철강 분야에 대한 주권을 독립적인 기구인 고위행정관청에 넘겨야 한다.

고위행정관청은 국가를 넘어서는 발상이었다. 처음부터 모네는 "모든 참여국은 구속력을 가진 고위행정관청의 위상과 역할을 반드시 인정해야 한다"라는 점을 강조했다. 모네가 초대 집행위원장을 맡았고, 집행위원은 프랑스·서독·이탈리아 3개국이 2명씩, 그리고 베네룩스 3국이 1명씩 총 9명으로 구성되었다. 모네는 집행부가 참여국을 대표하는 성격을 띠지만, 구성원은 참여국의 영향에서 자유로운 독립적이고 유능한 개인들로 이루어지기를 원했다. 물론 견제 장치도 마련했다. 각국 장관들로 구성된 각료이사회Council of Ministers를 설치해 최고 의사결정기구의 위상을 부여했을 뿐 아니라, 각국 의회 의원들 78명으로 구성된 공동의회를 통해 고위행정관청의 업무를 견제했다.

10개월에 걸친 노력의 결과로 마침내 1951년 4월 18일, 파리에서 유럽석탄철강공동체조약이 체결되었다. 파리에서 열린 조약식은 아데나워 독일 총리의 첫 번째 공식 해외 출장이자, 제2차 세계대전 이후 독일 정부 관료의 첫 번째 파리 방문이었다. 그날 조약식에 참석한 지도자 중 세 명이 접경 지역 출신이었다. 슈만은 프랑스와 독일의 접경인 로렌 지역 출신이고, 아데나워는 라인강변의 라인란트 출신이었다. 그리고 알치데 데 가스페리 이탈리아 총리 역시 한때 오스

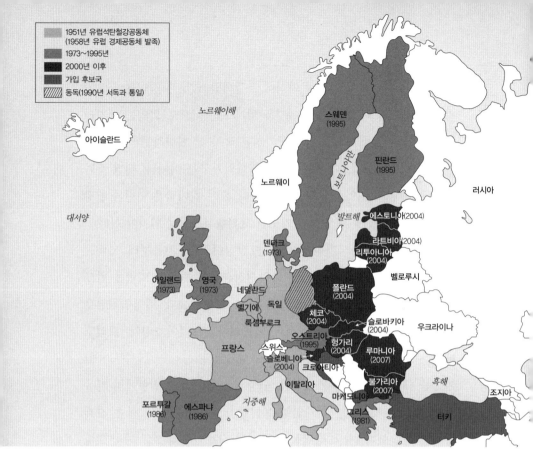

범례:
- 1951년 유럽석탄철강공동체 (1958 유럽 경제공동체 발족)
- 1973~1995년
- 2000년 이후
- 가입 후보국
- 동독(1990년 서독과 통일)

노르웨이해

아이슬란드

스웨덴 (1995)

핀란드 (1995)

보트니아만

러시아

노르웨이

발트해

에스토니아(2004)

대서양

라트비아(2004)

리투아니아 (2004)

덴마크 (1973)

벨로루시

아일랜드 (1973)

영국 (1973)

네덜란드

폴란드 (2004)

벨기에

독일

우크라이나

룩셈부르크

체코 (2004)

슬로바키아 (2004)

오스트리아 (1995)

헝가리 (2004)

프랑스

스위스

루마니아 (2007)

슬로베니아 (2004)

크로아티아

흑해

조지아

이탈리아

불가리아 (2007)

마케도니아

포르투갈 (1986)

에스파냐 (1986)

지중해

그리스 (1981)

터키

유럽 경제공동체 및 유럽연합 가입 현황

트리아-헝가리제국의 일부였던 트렌토 출신이었다. 세 사람이 만났을 때, 그들은 공통 언어인 독일어로 대화했다.

조약식은 초국가적인 방식으로 이루어졌다. 네덜란드산 고급 피지에 독일제 잉크로 프랑스 출판국에서 조약 사본을 인쇄해, 이탈리아산 실크 리본을 룩셈부르크산 풀로 붙이고 벨기에 양피지로 묶었다. 6개국은 석탄과 철강 생산에 협력하기로 합의했고, 사법재판소·고위행정관청·각료이사회·공동의회 등의 독립기구를 구성했다. 조약은 각 나라별 비준을 거쳐 1952년 7월 23일에 발효되었다.

사람은 역사를 만들고,
제도는 그것을 지속시킨다

——————— 칼을 녹여 쟁기를 만들었다. 유럽석탄철강공동체는 '지속 가능한 평화'의 증거이며, 유럽 통합의 출발이었다. 불가능을 가능으로 전환시킨 배경에는 장 모네의 위대한 전망과 헌신적인 설득, 그리고 국제적인 네트워크가 중요한 역할을 했다. 미국의 케네디 대통령은 1963년 모네에게 자유의 메달을 수여하면서, "수백 년 동안 황제와 왕 혹은 독재자들이 힘으로 유럽을 통합하고자 했지만 모두 실패했다. 그러나 지난 20년 동안 모네의 노력으로 유럽은 천년 동안 움직인 것보다 더 많이 통합으로 이동했다"라고 찬사를 보냈다.

장 모네는 유럽 통합에 헌신한 공로로 1976년 유럽정상회의에서 '최초의 유럽 명예시민'으로 추대되었다. 1979년에 사망한 뒤 1988년 탄생 100주년이 되던 해에 '가장 위대하고 영예로운 프랑스인'만 갈 수 있는 파리의 팡테옹Pantheon에 묻혔다. 모네는 말했다. "사람 없이는 아무것도 가능하지 않고, 제도 없이는 아무것도 지속할 수 없다."

7

총은 내려놓고 만나라

한국전쟁 휴전협상

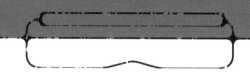

협상일지

1950년	6월 25일	한국전쟁 발발
	6월 26일	미국, UN 안전보장이사회에 결의안 제출, 채택(UN군 조직)
	7월 14일	이승만 정부, 한국군 작전지휘권 UN군 총사령관에게 이양
	11월 30일	트루먼 미국 대통령, 한국전쟁에 원자폭탄 사용 가능성 언급
	12월 13일	13개 아프리카·아시아 국가의 휴전에 관한 결의안 UN 총회 채택
1951년	4월 11일	트루먼, 맥아더 UN군 총사령관 해임
	5월 18일	조지 케넌, UN 주재 소련 대표 야콥 말리크와 회담
	6월 23일	소련, 공식적인 휴전 제안
	6월 29일	미국, 국가안전보장회의 소집해 휴전을 받아들이기로 결정
	6월 30일	리지웨이 UN군 총사령관, 공산군에 '휴전을 위한 군사회담' 제안
	7월 8일	개성에서 휴전 예비회담 개최
	7월 10일	휴전회담 시작(개성 내봉장)
	7월 26일	군사분계선 협상 시작
	11월 23일	군사분계선 및 비무장지대 설정 합의
	12월	포로 송환 협상 시작
1952년	5월 7일	거제도 포로수용소에서 반공포로 폭동 발생
	11월 4일	아이젠하워, 미국 대통령에 당선
1953년	3월 5일	스탈린 사망
	5월 8일	이승만 대통령, 미국 정부에 휴전 반대 통고
	6월 8일	포로교환협정 조인
	6월 18일	이승만 정부, 일방적인 반공포로 석방
	7월 27일	휴전협정 조인 후 한국전쟁 휴전. 포로의 중립국 소환위원회 구성

전쟁의 끝을 기억하는 이유는 화해를 위해서고, 전쟁의 시
작을 강조하는 이유는 증오 때문이다. 한국전쟁은 1950년 6월 25일
북한의 남침으로 시작되었고, 1953년 7월 27일 끝났다. 전쟁 발발 당
시 38도선에서 형성된 전선은 남쪽 끝과 북쪽 끝을 오르내리다 9개
월 만에 제자리로 되돌아왔다. 1951년 7월 양측 모두 전쟁의 승리를
장담할 수 없게 되었을 때 협상이 시작되었다. 이후 2년 동안 전투는
계속되었지만 전선은 크게 달라지지 않았다. 끝나야 할 전쟁이 끝날
기회를 찾지 못해 헤매는 동안, 그 뒤로도 아주 오랫동안 한반도를 배
회할 거대한 증오가 잉태되었다. 휴전협상은 왜 그렇게 길어졌을까?

전쟁 같은
협상

─────── 휴전회담이 처음 열린 곳은 개성에서 서북쪽으로 약 2킬
로미터 떨어진 곳에 위치한 내봉장_{來鳳莊}이었다. 내봉장은 99칸 한옥으

1951년 7월 10일부터 휴전협상 예비회담장으로 쓰였던 개성의 내봉장. 이후 같은 해 10월 25일에 휴전협상 회담장을 판문점으로 옮겼다.

로 한때 개성의 부잣집이었다. 그러나 회담이 열리던 당시에는 폭격으로 본채 지붕에 구멍이 뚫리는 등 주변이 어수선했다. UN군(국제연합군)은 첫 접촉을 위해 7월 8일에 연락장교가 개성에 도착했을 때에야 이곳이 중립 지역이 아니라는 사실을 알았다. 회담장 주변에는 중국군과 북한군 부대가 주둔하고 있었다. 개성은 원래 38도선 아래에 있는 도시였지만 당시에는 공산군의 점령 지역이었다.

회담장 분위기는 총만 안 들었지 전쟁터와 다름없이 살벌했다. 1951년 7월 10일 10시에 쌍방 대표가 내봉장 뜰에서 만나 회의장으로 들어갔고, 각자 지정된 자리에 앉아 상호 신임장을 확인했다. 중무장한 중국군이 주변을 둘러싸고 있었다. 서로 악수도 하지 않은 채 팽팽한 긴장감만이 방 안을 가득 채웠다. 한국군 통역장교인 이수영 중령이 의자가 있는 줄 알고 허공에 앉다가 공중제비를 돌았지만 웃는 사람은 아무도 없었다.

UN군 측은 처음부터 회담 장소와 회담장까지 가는 접근 통로를 중립 지역으로 하자고 줄기차게 요구했다. 분위기가 험악해지고 회담을 거부하는 사태까지 이르자 무장부대가 회담 장소로부터 일정 거리 이상 떨어진 곳으로 이동했고, 7월 15일 제3차 회담부터 비로소 회담장 주변이 중립 지역이 되었다. UN군은 임진강 남쪽 문산 부근 사과밭에 천막을 세우고 그곳에서 회담을 준비했다.

회담 중에도 신경전이 만만치 않았다. 공산군 측은 상대를 내려다보는 효과를 내기 위해 UN군 측이 앉을 의자의 높이를 일부러 낮추었다. UN군 측의 항의로 의자를 바꾸긴 했지만 이미 공산군 측에서 높은 의자에 앉아 상대를 내려다보는 모습을 카메라로 다 찍은 뒤였다. 첫 번째 만남 때 UN군 측은 공산군 측에서 제공한 음식이나 차를 건들지도 않았다. 양측 모두 사소한 동작 하나까지 신경 쓰며 만만하게 보이지 않으려 애썼다.

UN군 수석대표인 터너 조이 미국 해군 중장이 먼저 "휴전협정이 맺어질 때까지 전쟁은 계속될 것이고, 협의가 지연되면 그만큼 사상자가 늘어날 것"이라고 위협조로 말했다. 공산군 측이 중국어와 우리말로 말하면 다시 우리말과 영어로 통역이 되었고, UN군 측의 영어는 우리말과 중국어로 통역되었다.

회의 도중에 욕설이 난무했고, 어떨 때는 아무 말 없이 노려볼 때도 있었다. 어느 날 북한 대표인 남일이 왜 38도선을 분계선으로 받아들일 수 없는지 이해할 수 없다고 신경질을 내자, UN군 수석대표 조이는 담배를 피워 물고 아무런 말도 하지 않았다. 남일 역시 상아 담뱃대를 입에 물고 분노를 참지 못한 채 눈을 부릅뜨고 조이를 노려

(왼쪽) 공산군 측 대표단. 가운데가 공산군 측 수석대표인 남일이다. (오른쪽) 7월 8일 예비회담에 참석한 UN군 측 대표단. 이수영 중령과 연락장교 대표인 키니 공군 대령.

보았다.

　침묵의 시간이 하염없이 흘러갔다. 그때 북한 대표인 이상조의 얼굴에 큰 파리가 한 마리 날아들었다. 파리가 얼굴을 여기저기 기어 다녀도 이상조는 꼼짝도 하지 않고 맞은편 한국군 대표인 백선엽을 쏘아보았다. 한참 뒤에 파리가 날아갔지만 아무도 웃지 않았다. 다음 날부터 UN군 대표들은 이상조를 '파리가 얼굴에 앉아도 꼼짝하지 않은 친구'라고 불렀다. 계속 침묵이 이어지는 와중에 중국 측 연락관이 조용히 나가 지휘반에 어떻게 할 것인지를 물었지만 그대로 앉아 있으라는 대답뿐이었다. 연락관은 다시 회의장에 들어와 '그대로 앉아 있으라'는 쪽지를 돌렸다. 양쪽 대표들은 132분 동안 단 한마디의 말도 하지 않았다.

　신경전이 시작되면 양쪽 모두 상대방에 대한 모욕도 서슴지 않았다. 하루는 북한 대표인 이상조가 맞은편 백선엽에게 '제국주의의 주구는 상갓집 개만도 못하다'라고 종이에 써서 흔들었다. 어떤 때는 상대가 먼저 말을 꺼내기 전까지 침묵을 지킬 때도 있었고, 반대로 한

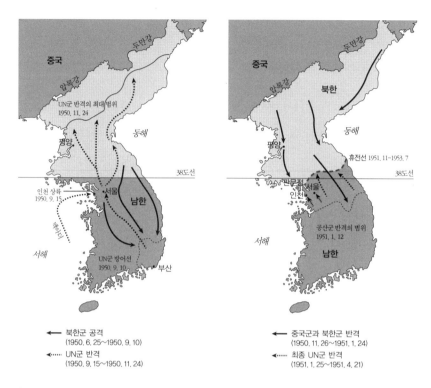

UN군 반격의 최대 범위
1950. 11. 24

중국

두만강

압록강

평양

동해

인천 상륙
1950. 9. 15

서울

남한

38도선

낙동강

서해

UN군 방어선
1950. 9. 10

부산

← 북한군 공격
(1950. 6. 25~1950. 9. 10)
◁···· UN군 반격
(1950. 9. 15~1950. 11. 24)

중국

두만강

압록강

북한

평양

동해

판문점 서울
인천

휴전선 1951. 11~1953. 7

38도선

서해

공산군 반격의 범위
1951. 1. 12

남한

← 중국군과 북한군 반격
(1950. 11. 26~1951. 1. 24)
◁···· 최종 UN군 반격
(1951. 1. 25~1951. 4. 21)

한국전쟁의 전선 변화와 군사분계선

시간 이상 쉬지 않고 장광설을 늘어놓기도 했다. 회담이 며칠씩 중단
되는 경우도 적지 않았다.

1951년 7월에 회담을 시작할 때, 개성의 내봉장에 모인 사람들은
모두 여름이 지나기 전에 이 회담이 끝날 것으로 생각했다. 조이 장
군은 자신의 일기장에 "회담은 아무리 길어도 두 달을 넘기지 않을
것"이라고 썼다. 중국 대표들도 마찬가지였다. 그들은 여름옷만 챙겨
개성으로 왔다. 그 누구도 이 회담이 두 달이 아니라 2년이 넘게 걸릴
줄 예상하지 못했다.

케넌과 말리크의
비밀접촉

──────── 그렇다면 누가 먼저 휴전을 제안했을까? 최초의 휴전 제의는 1950년 6월 26일에 미국이 한 것으로 알려져 있다. 전쟁이 발발하고 하루가 지난 시점에 과연 그것이 가능했을까? 결과적으로 이 주장은 사실과 다르다. 주한 미국 대사인 존 무초가 전쟁 발발 직후 미국 국무부로 전문을 보냈을 때가 미국 시각으로 6월 24일 저녁 9시 26분이었다. 이후 실무 관료들이 회의를 열어 트루먼 대통령에게 보고를 하고, UN 안전보장이사회를 소집했다. 안전보장이사회에서는 결의안 초안을 작성해 돌려 보고, 토의를 거쳐 결의안을 채택했다. 이 모든 일들이 21시간 동안에 이루어졌다. 즉, 6월 25일(한국 시각으로 6월 26일) 저녁 6시 무렵에 UN 안전보장이사회 결의안이 통과되었다.

결의안의 핵심은 북한의 무력 공격이 '평화에 대한 위반'에 해당한다는 것이었다. 이 결의안을 근거로 UN군이 조직되었으며, 미국은 UN군의 모자를 쓰고 한국전쟁에 참전했다. 또한 결의안에는 "분쟁을 중지하고 군사력을 38도선 이북으로 철수할 것"을 북한 당국에 요구하는 내용이 들어 있다. 이 대목을 휴전 제의로 해석할 수 있을까? 사실 휴전 제의로 해석할 수 있는 맥락도 아니고, 그런 형식도 아니다. 1950년 10월 초에 UN군이 38도선을 넘어 북진하자, 소련 측도 즉각 휴전과 외국군 철수 결의안을 UN 총회에 제출했다.

다시 중국군의 참전으로 전세가 역전되자, 미국에서도 국무부를 중심으로 휴전을 검토하기 시작했다. 중국군의 참전은 한국전쟁의 성격을 바꾸어놓았다. 국제사회는 제3차 세계대전의 발발 가능성을 우려하기 시작했다. 제2차 세계대전이 끝난 지 겨우 5년이 지난 시점이었다. 특히 1950년 11월 30일, 트루먼 대통령이 기자회견에서 원자폭탄의 사용 가능성을 언급하자, 한국전쟁이 확산될 거라는 전망이 더욱 강해졌다.

영국이 유럽 국가의 걱정을 미국에 전달했다. 1950년 12월 4일, 클레멘트 애틀리 영국 총리가 트루먼 대통령을 만났다. 애틀리는 미국과 중국의 전쟁은 제3차 세계대전으로 이어질 가능성이 높다고 경고했다. 영국을 비롯한 유럽 국가 대부분은 미국이 아시아의 전쟁에 깊숙이 얽혀들면 유럽에 대한 군사·경제적 원조가 줄어들 것이므로 확전을 막아야 한다고 한목소리를 냈다. 애틀리는 트루먼에게 중국군의 진출을 38도선에서 저지하고 휴전해야 한다고 제안했다.

인도를 비롯한 중립국들도 전쟁 중단을 촉구하고 휴전을 제안했다. 1950년 12월 5일, 인도의 주도로 13개 아프리카·아시아 회원국들이 '아시아 선언'을 발표했다. 북한과 중국군이 38도선에서 공격을 멈추고 휴전한 뒤, 관련국들이 만나 한국 문제의 최종 해법을 논의하자는 제안이었다. 12월 13일, 13개국이 제출한 휴전에 관한 결의안이 UN 총회에서 51 대 5(1개국 기권)로 채택되었다. UN 총회 의장국인 이란, 캐나다, 인도 대표로 휴전 그룹이 만들어졌다.

하지만 이길 수 있다고 생각하는 쪽은 휴전을 고려하지 않는다. 1951년 초에 인도는 휴전을 받아들이라고 중국을 계속 설득했으나, 중국 지도부는 그럴 생각이 없었다. 중국군의 참전으로 전선은 다시 남쪽으로 이동했다. 그러나 1951년 4월쯤에는 38도선 근처에서 교착상태에 빠졌다. 힘의 균형이 이루어지면서 UN군이나 공산군 모두 이 전쟁에서 일방적인 승리가 쉽지 않다는 점을 어렴풋이 알게 되었다.

1950년 12월 16일 트루먼 미국 대통령이 백악관 집무실에서 국가 비상사태 선언문에 서명하고 있다.

　미국에서는 군사가 길이 막히자 외교가 다시 고개를 들었다. 결정적으로 '확전론'을 주도했던 UN군 총사령관 맥아더와 '제한전쟁론'을 강조했던 트루먼 대통령 사이에 진행된 '또 하나의 전쟁'에서 맥아더가 패배했다. 1951년 4월 5일, "장제스의 군대를 활용해 아시아에서 공산주의를 몰아내야 한다"라는 맥아더의 발언이 공개되자 미국 언론들은 난리가 났다. 중국군이 개입한 이후 워싱턴과 UN군 사령부 사이의 갈등은 더욱 커졌다. 맥아더는 노골적으로 트루먼 정부의 '제한전쟁론'을 비웃고 조롱했다. 대통령의 작전 명령도 어기고, 공군에 압록강 너머 폭격을 지시하기도 했다. 트루먼 대통령은 맥아더의 발언을 보도한 신문을 보고 책상을 내리치면서 "이런 매국노가 있나?"라며 분통을 터뜨렸다고 한다. 대통령은 4월 11일에 맥아더를 UN군 총사령관 직위에서 해임했다.

1951년 5월 3일부터 5일까지 미국 상원의 군사·외교합동위원회에서 '맥아더 해임 청문회'가 열렸다. 공화당과 맥아더는 청문회에서 '겁쟁이 대통령'의 실체를 드러내려고 했다. 그러나 청문회에서 드러난 것은 중국군의 개입을 예측하지 못한 맥아더의 오판과 무능, 그리고 무모함이었다. 맥아더는 한국전쟁에 대한 미국 국민의 의식이 변화하고 있음을 눈치채지 못했다. 사상자 수가 늘어나자 국민 다수는 더 이상 전쟁의 확대를 바라지 않았다. 늙은 군인 맥아더는 "노병은 죽지 않는다. 다만 사라질 뿐이다"라는 군가 가사를 인용해 자신을 변호했지만, 공화당 대통령 경선이 시작되기도 전에 사람들의 뇌리에서 잊혔다. 전쟁의 현실과 동떨어진 '확전론'도 자취를 감추었다.

　미국 국무부가 진지하게 휴전을 검토한 것은 중국군 참전 이후였다. 애치슨 국무장관은 당시 국무부 일선에서 물러나 프린스턴대학 연구소에 있던 조지 케넌에게 도움을 청했다. 케넌은 모스크바 주재 미국 대사를 역임하고, 미국의 대소련 정책을 입안한 전략가였다. 1950년 12월, 애치슨의 부탁을 받은 케넌은 "외교란 상대를 압박할 카드가 있을 때 효과가 있는데, 지금은 때가 아니다"라고 지적했다.

　1951년 5월이 되자 상황은 달라졌다. 어느 날 기회는 그야말로 우연히 찾아왔다. 당시 뉴욕의 UN 본부 건물이 공사 중이어서, 맨해튼에서 차로 1시간 거리에 있는 롱아일랜드에서 안전보장이사회 회의가 임시로 열렸다. 5월 2일, 마지막 회의가 너무 늦게 끝나는 바람에 미국 외교관인 토마스 코리와 프랭크 코리건이 뉴욕으로 돌아갈 차편이 없어 당황하고 있었다.

　그때 그들 앞에 대형 크라이슬러 승용차가 멈추었다. 차를 얻어 탄 미국 외교관들은 호의를 베푼 사람이 바로 UN 주재 소련 대표인 야

MESSAGE **UNCLASSIFIED**

DEPARTMENT OF THE ARMY
STAFF COMMUNICATIONS OFFICE

DOWNGRADED TO UNCLASSIFIED PER
DA 34102 (12 APR 51)

PARAPHRASE NOT REQUIRED

CHAIRMAN JOINT CHIEFS OF STAFF
OMAR N BRADLEY CJCS

TO: CINCFE TOKYO JAPAN

NR: JCS 88180   11 APR 51

From CJCS PERSONAL FROM BRADLEY PERSONAL TO MACARTHUR.

I have been directed to relay the following message to you from President Truman:

"I deeply regret that it becomes my duty as President and Commander-in-Chief of the United States Military Forces to replace you as Supreme Commander, Allied Powers; Commander in Chief, United Nations Command; Commander in Chief, Far East; and Commanding General, US Army, Far East.

"You will turn over your commands, effective at once, to Lieutenant General Matthew B Ridgway. You are authorized to have issued such orders as are necessary to complete desired travel to such place as you select.

"My reasons for your replacement, will be made public concurrently with the delivery to you of the fore-going order, and are contained in the next following message. Signed Harry S Truman".

JCS Files Only For Record
Purposes Per Col Matthews
011520 EDT Aug 51.

ORIGIN: GEN BRADLEY

JCS 88180   (APR 51)   DTG: 110510Z rlk

~~TOP SECRET~~

J. C. S. FILE COPY **UNCLASSIFIED**

MEV 8-14-51

OCS FORM 375-4 1 MAR. 51   REPLACES OCS FORM 331.1 AUG. 50, WHICH MAY BE USED.

~~TOP SECRET~~

오마 브래들리 미국 합동참모본부 의장이 1951년 4월 11일자로 맥아더 총사령관에게 보낸 트루먼의 맥아더 해임 통고 전문(電文)이다. 내용이 중대 사안인 만큼 비밀등급 1급이고, 타전 우선순위도 제1급인 '화급(Flash)'으로 지정되어 있다.

브래들리 의장은 '트루먼 대통령으로부터 귀관께 아래 메시지를 전달하라는 지시를 받았음'이라는 짧은 문장과 함께, 세 문단으로 이루어진 대통령 전달 사항 전문(全文)을 인용문 형태로 기술했다. 인용문은 '대통령으로서 귀관을 연합군 최고사령관, UN군 사령부 총사령관, 극동군 총사령관, 미 극동 육군 총사령관직에서 해임하는 직무를 수행하게 된 것을 매우 유감스럽게 생각함'이라는 내용으로 시작한다.

콥 말리크라는 걸 알고 깜짝 놀랐다. 그들은 썰렁한 농담으로 시작해서 미국 자동차 얘기로 시시덕거리다 결국 당시 안전보장이사회의 가장 중요한 현안인 한국전쟁으로 대화의 주제를 옮겼다. 그들은 한국전쟁 해결의 출구를 마련하기 위해서는 미소 양국의 협의가 필요하다는 점에 공감했다. 말리크는 양국의 구체적인 협의를 기대한다고 말하면서, "조지 케넌은 요즘 뭐 하고 지내냐?"라고 물었다.

그날의 우연한 동승과 차 안에서 이루어진 대화는 다음 날 국무부 상부에 보고되었다. 국무부는 회의를 소집해 말리크의 제안에 어떻게 대응할지를 검토했다. 애치슨 장관을 비롯한 고위직들은 만남의 필요성은 인정하지만 스탈린이 속임수를 쓸 수 있기 때문에 위험 부담을 최소화해야 한다고 판단했다. '비공식적으로' '철저하게 비밀을 지키며' '안 되면 잡아떼야' 하는데, 그 적임자는 케넌밖에 없었다.

케넌이 나서서 일정을 잡고, 5월 18일에 롱아일랜드의 소련 대표부 별장을 방문했다. 말리크와 케넌은 외교가 실종된 책임을 서로 미루면서 상대 국가를 비판했지만, 이제 외교가 나서야 할 때라는 점에는 공감했다. 케넌은 한국전쟁을 휴전하고, 현재의 전선을 기준으로 군사분계선을 정한 뒤 국제적인 휴전감시기구를 만들자고 제안했다. 이에 말리크는 모스크바와 협의하겠다고 말했다.

6월 5일, 케넌이 다시 차를 몰고 롱아일랜드로 갔다. 말리크는 모스크바로부터 받은 대답을 전달했다. 가능하면 조속히 한국전쟁을 끝내고 싶다는 긍정적인 메시지였지만, 한편으로는 소련이 이 전쟁에 직접 개입하지 않았기 때문에 휴전협상에 참여할 수 없다는 애매한 의견이 섞여 있었다. 말리크는 미국이 북한과 중국을 직접 상대해야 한다고 덧붙였다.

휴전협상이
시작되다

──────── 1951년 6월 23일, 소련의 말리크가 공식적으로 휴전을 제안했다. 미국도 6월 29일에 트루먼 대통령이 국가안전보장회의를 소집해 휴전을 받아들이기로 결정했다. 협상을 시작하라는 대통령의 훈령이 곧바로 매슈 리지웨이 UN군 총사령관에게 전달되었다. 다음 날 리지웨이는 원산항에 정박 중인 덴마크 병원선 유틀란디아^{Jutlandia}에서 '휴전을 위한 군사회담'을 갖자고 공산군 측에 제안했다.

중국은 선상 회담을 거부했다. 일본이 미국의 미주리호에서 항복 서명을 했던 이미지를 연상시킬 수 있다는 판단에서였다. 7월 1일에 소련, 중국, 북한은 서로 협의하여 회담 장소를 개성으로 변경해 제안했다. 개성은 UN군이 북진하는 길목에 해당하는 곳으로, 이곳을 중립 지역으로 만들면 UN군의 진격을 막는 효과가 있었다. UN군 측은 회담이 금방 끝나리라 생각했기 때문에 장소에 연연하지 않고 공산군 측의 수정 제안을 즉각 받아들였다.

그러나 UN군이 개성을 받아들인 것은 실수였다. 전쟁 전 개성은 38도선 이남 지역이었지만, 당시에는 공산군이 통제하고 있었다. 그해 10월 회담 장소가 판문점으로 변경되고 이후 판문점을 중심으로 군사분계선이 그어지면서 판문점 북쪽의 개성은 자연스럽게 북한의 영토가 되었다. '열린 성'이라는 운명 같은 이름처럼, 이후 50년이 지나서야 개성은 공단의 형태로 남쪽에 개방되었다.

미국은 의제를 순수한 군사 문제에 국한하겠다고 회담의 기본 방침을 정했다. 미국은 중국과 북한의 주권을 인정할 수 없기에 한국 문제의 정치적 해결 방안이나 타이완 문제를 논의하지 않기로 했다. 그래서 협상에 참여할 수석대표를 터너 조이 미국 해군 중장으로 정하고, 나머지 대표들도 군인들 가운데서 임명했다.

미국은 휴전 결정을 한국의 이승만 정부와 협의하지 않았다. 이승만 정부는 작전지휘권을 UN군에 이양했기 때문에 권한도 없었다. 게다가 결정적으로 이승만 정부는 휴전에 맹렬히 반대했다. 1951년 6월 30일, 이승만 대통령은 휴전회담의 전제 조건으로 '중공군의 완전 철수와 북한 인민군의 무장해제'를 포함한 5개항을 제시했다. 완전한 승리가 아니라면 타협하지 않겠다는 뜻이었으며, 휴전을 의제로 하는 대화 자체를 반대했다. 이런 탓에 미국은 이승만을 설득하기는커녕 무시로 일관했다.

미국은 UN군의 이름으로 참전한 나머지 15개국도 휴전회담에 참여시키지 않았다. 도쿄의 UN군 사령부 역시 한국 정부와 사전 협의 없이 "백선엽 장군을 휴전회담 한국 대표로 지명한다"라고 통보했다. 미국 대통령-합동참모본부-UN군 총사령관-협상 대표단으로 이어지는 지극히 배타적이며 중앙 통제적인 협상 구조가 만들어졌다.

중국 측은 협상단을 이원적으로 구성했는데, 막후에서 전략을 수립하고 조정하는 지휘반과 회담에 나가는 대표단을 구분했다. 지휘반은 1928년 중국공산당과 국민당 사이에 진행된 국공 회담에 참여한 경험이 있는 외교부 제1부부장 겸 중국공산당 군사위원회 정보부장인 리커눙이 맡았다. 그의 보좌관으로는 국제 문제에 밝은 외교부 정책위원회 부회장 차오관화가 임명되었다. 협상 대표로는 중장 덩화와 참모장인 소장 셰팡이 나섰다.

중국은 협상 대표 구성에서 '북한 주도'의 인상을 심어주려고 했다.

MEMORANDUM OF CONVERSATION

REG. NO. 79 0-21

DATE: July 2, 1951
Downgraded to _____
By Authority of 3/14/53
Despatch 601

SUBJECT: Cease-Fire Conversations

PARTICIPANTS: President Rhee
Prime Minister Chang
Foreign Minister Pyon
Ambassador Muccio
General Coulter

DISTRIBUTION: For the files

I have been following the plan of seeing President Rhee and other senior Korean officials as frequently as possible during these tense days with a view to giving them an opportunity of blowing off steam and, at the same time, influencing the direction of their public announcements. I telephoned General Coulter this morning and inquired if he had anything we could use as a pretext for dropping in on President Rhee and we decided to use the visit of the Under-Secretary of the Army tomorrow. I made an appointment to see President Rhee at 11:30. Fortunately, just prior to leaving my office, I received the Department's telegraphic instruction No. 1 of July 1, 1951.

Upon arrival at the President's residence, we found the entire cabinet in session al fresco. President Rhee, accompanied by the Prime Minister and the Foreign Minister, came in. I opened the conversation by stating that my Government was very eager to keep the Korean Government fully informed of all developments in connection with the cease-fire arrangements and that, in line with this, Ambassador Yang had been invited to sit in with the bi-weekly briefings of the sixteen national representatives in Washington. I also mentioned that I assumed Ambassador Yang had informed his Government of the results of the conversation he had with Assistant Secretary Rusk on Saturday afternoon. President Rhee said he had not yet heard, whereupon I verbally paraphrased the telegram.

President Rhee expressed appreciation and stated that he had told the cabinet at the meeting just ended that they were all to publicly keep mum on the subject of cease-fire. He went on that Korea would, of course, have to go along with any decision made by the United States and the United Nations but gave vent to his convictions that any agreement or settlement at this time would be an indication of weakness which would in turn lead to a third world war. The President put me on the spot by asking for a copy of the telegram. I pointed out that I was precluded from giving him the desired copy but I would be glad to give him a paraphrase thereof.

JJMuccio:rdj

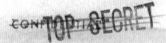

무초 주한 미국 대사가 휴전협정을 반대하는 이승만 대통령을 찾아가 나눈 대화 내용을 기록한 문서(1951년 7월 2일자). 총 4페이지로 된 이 문서는 무초가 이승만을 설득하기 위해 휴전협정에 대한 미국의 입장을 설명하는 내용과 이에 대한 이승만의 반응, 그리고 휴전협정에 반대하는 한국 측 논리가 상세히 적혀 있다.
이승만은 '한국은 미국과 UN이 어떤 결론을 내리든 그 결정에 따를 것'이라고 하면서도 '지금 휴전에 동의하면 우리가 약하다는 것을 보여주는 것이며, 그 약점 때문에 결국 제3차 세계대전으로 이어질 것'이라는 주장을 굽히지 않았다.

전쟁 당사자는 북한이고, 중국군은 자발적 지원군으로서 사회주의 형제 나라를 존중한다는 명분을 앞세웠다. 그래서 수석대표를 북한의 남일 대장이 맡고, 이상조 소장과 장평산 소장 역시 대표로 내세웠다. 형식적으로 북한을 앞세웠지만, 실질적인 결정 권한은 중국에 있었다. 김일성의 역할은 제한적이었으며, 중요한 결정은 대부분 리커눙과 마오쩌둥 라인을 통해 이루어졌다. UN군도 두세 차례 회담을 하고 나서는 남일이 공산군 측 협상 대표지만 실질적인 권한은 중국 대표에게 있음을 알아챘다. 물론 더 중요한 결정은 멀리 모스크바의 스탈린 몫이었다.

비극의 씨앗,
전투 계속의 원칙

─────── 1951년 7월 8일의 예비회담을 거쳐 7월 10일 개성의 내봉장에서 역사적인 휴전회담이 시작되었다. 의제를 정하는 데만 2주일이 걸렸다. ① 의제 채택과 일정 ② 군사분계선 설정 ③ 휴전 감시 기구 ④ 전쟁포로 처리 ⑤ 외국군 철수와 평화적 해결 등 5개항의 의제가 결정되었다.

7월 26일부터 두 번째 의제이자 실질적으로 첫 번째 의제나 마찬가지인 군사분계선 협상이 시작되었다. UN군과 공산군 양측의 논쟁점은 어디서가 아니라 언제 전투를 중지할 것인가로 모아졌다. 공산군은 군사분계선과 비무장지대가 결정되면 전투를 중단하기를 원했다. 그러나 UN군은 '전투 계속의 원칙'을 고집했다.

협정에 서명할 때까지 전투를 계속한다는 원칙은 휴전협상이 시작될 때부터 UN군이 강조한 조항으로, 압도적인 군사력을 이용해 공산군을 압박하는 것이 협상에 유리하다고 판단했기 때문이다. 이러한 판단에는 전투를 중단하면 공산군이 시간을 벌어 군사력을 증강할 수 있다는 불신도 작용했다. 더 중요한 것은 이 원칙이 미국 내 강경파와 온건파 간 절충의 산물이라는 점이다. 외교적 해결을 강조하는 미국 국무부와 군사적 해결을 주장하는 국방부가 논쟁 끝에 타협한 원칙이기도 했다.

1951년 2월에 애치슨 국무장관은 38도선을 넘어 북상하는 것을 보류해야 한다고 주장했다. 중국 참전과 소련 개입의 명분을 주어서는 안 된다는 입장이었다. 그러나 미국 국방부와 합동참모본부는 38도선을 돌파해 평양과 원산에서 방어선을 확보해야 한다고 주장했다. 결국 트루먼 대통령은 온건파와 강경파의 입장을 절충해 "휴전회담을 하되, 군사작전을 계속한다"로 방향을 정했다.

군사분계선의 기준도 쟁점이었다. 공산군은 전쟁 이전 군사분계선인 38도선을 제안했으나, UN군은 해상과 공중의 전력을 반영해서 육상분계선을 정해야 한다고 주장했다. 당시 공산군 측의 해군은 궤멸했고, 동해와 서해 모두 UN군이 장악했다. 공군력에서도 UN군이 월등히 우세했다. 그래서 UN군은 휴전회담이 열리는 개성 인근을 제외한 나머지 지역에서 38도선보다 훨씬 북상한 위치로 군사분계선을 정해야 한다고 맞섰다.

38도선에 대한 심리적 거부감도 컸다. 휴전회담을 시작할 때 미국의 합동참모본부는 리지웨이 UN군 총사령관에게 38도선 문제를 언급하지 말라고 지시했다. 미국은 비기는 것에 만족할 수 없었다. 한국

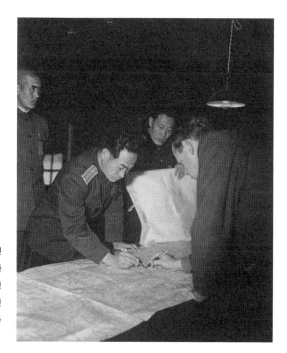

1951년 11월 27일, 조선인
민군 장춘산 상좌(왼쪽)와
UN군을 대표한 미국 해병
대의 제임스 머레이 대령
(오른쪽)이 지도 위에 군사
분계선을 그리고 있다.

의 이승만 정부는 휴전 자체를 반대했기 때문에 38도선을 군사분계
선으로 인정하는 것을 치욕으로 생각했다. 결국 미국은 휴전협상을
위한 기본 지침을 준비하면서 "현 전선을 군사분계선으로 한다"라는
방침을 정했다.

공산군은 UN군의 침략을 막아내 결국 자신들이 승리했다는 증거
로 38도선을 내세우려고 했다. 그러나 38도선을 군사분계선으로 한
다면 UN군에게 더 이익이었다. 우선 옛 고려왕조의 수도이며 전략
적 요충지인 개성이 38도선 아래에 있었다. 또한 UN군이 차지한 동
부전선보다 공산군에게 돌려받을 서부전선의 이익이 훨씬 더 컸다.
동부는 면적은 넓었지만 대부분 산악 지역이고 교통이 불편하며 인구도 적었다. 그에 비해 서부는 면적은 작았지만 대부분 농경지여서 훨씬 쓸모가 있었다.

1951년 11월 23일, 양측은 군사분계선과 비무장지대 설정에 합의했다. 양측이 각각 2킬로미터씩 후퇴해서 비무장지대를 설정하되, 휴전협정에 서명할 때까지 전투를 계속한다고 결정했다. 만약 협상이 이루어지는 동안 전투 중지에 합의했다면 어떻게 되었을까? 소모적인 고지전은 물론 사망자도 더 이상 늘지 않았을 것이다. 또한 공중폭격도 중단되고, 민간인 피해도 많이 줄었을 것이다. 하지만 전투는 계속되었고, 군사분계선 협상이 이루어지던 1951년 7월부터 11월까지 UN군 사상자는 6만 명에 달했다. 공산군 사상자도 23만 명이나 되었다.

이해관계가 달랐던
북중소 삼각관계

──────── 전쟁의 시작과 휴전, 그리고 중요한 쟁점에 대한 결정은 스탈린, 마오쩌둥, 김일성의 협의로 이루어졌다. 물론 최종 결정권한은 스탈린에게 있었다. 스탈린은 전쟁 중인 한반도를 '미국의 발목을 잡고 늘어져 힘을 빼는 공간'으로 여겼다. 소련은 한국전쟁을 시작할 때 이미 미국의 개입을 염두에 두었다. 1950년 6월 25일, 북한이 38도선을 넘어 본격적으로 공세를 펼칠 무렵 미국은 UN 안전보장이사회에서 UN군 파견 결의안을 채택했는데, 당시 소련은 이 회의에 불참했다. UN 안전보장이사회 소련 대표인 그로미코가 "소련

이 불참하면 UN 안전보장이사회가 군대를 파견할 가능성이 높다"라고 예상했지만, 스탈린은 그래도 참여하지 말라고 지시했다. 스탈린은 미국을 아시아에 묶어두고 그사이에 동유럽 사회주의 국가를 강화할 생각이었다.

이후 스탈린은 한국전쟁의 확산을 우려해 휴전회담에 합의했지만, 조기 휴전에는 반대했다. 1951년 6월 5일, 스탈린은 마오쩌둥에게 편지를 보내 "장기전은 중국 군대를 현대화하고 강한 군대로 변모시킬 수 있는 기회"라고 치켜세웠다. 또한 스탈린은 중국과 북한에게 휴전을 원하는 쪽은 미국이므로 협상을 서두르거나 협상 진전에 관심을 보이지 말라고 당부했다. 휴전협상이 소모적인 신경전을 거듭하면서 장기전으로 흐른 데는 스탈린의 고집이 중요하게 작용했다. 스탈린은 한반도에서 전쟁이 장기화될수록 미국의 힘이 약해져 제3차 세계대전의 발발을 지연시킬 거라고 믿었다.

마오쩌둥도 휴전회담에 소극적이었다. 그는 유리한 고지에서 휴전협정을 체결해야 한다고 믿었다. 장기전이 되면 무기가 아니라 정신력이 더 중요해진다고 판단했고, 그러면 당연히 자신들이 더 유리해질 거라고 믿었다. 중국 입장에서 볼 때 한국전쟁은 국공 내전의 후유증을 해소하는 계기였다. 중국은 한국전쟁 참여를 명분으로 내세워 인민들에 대한 정치적 동원과 경제적 결핍을 정당화하고, 문화적인 통제를 제도화했다.

반면, 북한의 입장은 중국·소련과는 차이가 있었다. 1951년 7월 휴전회담을 시작할 때만 해도 북한은 휴전에 부정적이었다. 그러나 전선이 38도선 근처에서 교착되고 UN군의 공중폭격으로 북한 전역에 피해가 막대해지자 입장을 바꾸었다. 전시 경제는 어려웠고, 인명 피해도 계속 늘고 있었다. 더 이상 승리할 가능성이 보이지 않는 상황에서 인민들의 전쟁 피로감은 커져만 갔다. 1952년 2월, 북한 주재 소련 대사인 라주바예프는 모스크바에 보낸 전문에서 "미국 공군의 공습으로 피해가 커지면서, 김일성은 전쟁의 장기화를 더 이상 원하지 않는다"라고 평가했다. 1952년 7월에도 김일성은 스탈린에게 "협상을 시작한 뒤 미국은 아무런 피해도 입지 않고 있지만, 북한은 병력 손실과 물질적 피해가 적지 않다"라고 호소했다. 1952년 8월 저우언라이를 단장으로 대규모 사절단이 모스크바를 방문했을 때, 중국은 스탈린이 나서서 김일성을 설득해주기를 원했다. 저우언라이는 "만약 우리가 조선에서 미국의 공세를 중단시킬 수 있다면, 세계대전이 15년에서 20년은 연기될 것이다"라고 큰소리를 쳤다. 이는 스탈린의 생각과 일치했다. 스탈린은 북한 지도자들의 인내심이 필요하다며, "한국전쟁이 끝나면 미국은 더 이상 대규모 전쟁을 치를 수 없을 것"이라고 저우언라이와 같은 입장을 보였다.

스탈린은 전쟁을 끝내고 싶어 하는 김일성을 모스크바로 불러서 직접 설득하기도 했다. 1952년 9월 1일, 스탈린은 김일성과 박헌영, 펑더화이를 비밀리에 모스크바로 초청했다. 스탈린이 휴전협상에 대해 "중국과 (입장) 차이가 있느냐?"라고 물었을 때, 김일성은 "원칙적으로는 차이가 없다. 다만 조선 인민은 조속한 휴전에 관심이 많다"라고 대답했다. 스탈린은 전쟁을 계속할수록 유리하므로 미국의 포로 교환 조건을 쉽게 받아들이지 말라고 요구했다. 북한의 피해는 날이 갈수록 심각해졌지만 소련과 중국은 미국의 발목을 잡고 늘어질 수 있는 기회를 쉽게 놓으려 하지 않았다. 김일성은 자신의 의지대로 전쟁을 종결할 수 없음을 알고 낙담했다.

이념전쟁이 된
포로협상

──────── 군사분계선에 대한 합의가 이루어졌을 때, UN군은 이제 중요한 고비를 넘겼다고 생각했다. 그리고 한 달 정도면 충분히 남은 의제를 합의해 휴전을 할 수 있으리라 예상했다. 휴전감시기구에 대한 논의 과정에서 양측의 입장 차이가 적지 않았지만 이 또한 몇 번의 신경전을 거친 뒤 합의에 이르렀다.

다음 의제는 전쟁포로 처리 문제였다. 협상을 시작할 때만 해도 양측은 이 문제의 심각성을 전혀 몰랐다. 1949년 전쟁포로에 관한 제네바협정대로 전쟁이 끝나면 포로를 전부 돌려보내면 된다고 생각했다. 미국도 회원국 가입을 신청한 상태였고, 공산군 측도 제네바협정 준수를 강조하고 있었다. 1951년 12월 포로 송환협상을 시작할 때, 이 문제로 휴전협상의 3분의 2에 해당하는 1년 6개월 동안 서로 씨름하게 되리라 예측한 사람은 아무도 없었다.

양측은 포로 명부를 교환하면서 어렴풋이 불길한 인상을 받았다. UN군은 13만 2,000여 명의 명단을 제시했지만, 공산군이 제시한 숫자는 겨우 1만 1,500여 명에 불과했다. 공산군이 제시한 포로 규모는 예상에 비해 턱없이 적었다. UN군은 상대가 제네바협정을 부정하는 상황에서 자신들만 지킬 수는 없다고 생각했다. 그래서 대안으로 제시한 것이 일대일 교환 원칙이었다. 공산군이 더 많은 포로를 받으려면 '납북 민간인'을 포로 명부에 포함해야 한다는 계산도 했다. 그러나 공산군 측은 일대일 교환 원칙에 응하지 않았다.

UN군이 '전원 송환' 원칙을 깨자, 자연스럽게 '자원 송환' 원칙으로 바뀌었다. 돌아가고 싶은 포로들만 돌려보내자는 것이다. 포로의 다양성은 한국전쟁의 특수성을 반영했다. 남한 출신의 북한군 포로는 대부분 북한의 남한 지역 점령 기간에 북한군으로 징집되었다가 UN군의 인천 상륙 작전으로 퇴로가 차단되어 포로가 된 경우였다. 북한군에 의해 강제로 동원되었다가 포로가 된 '민간인 억류자'도 약 4만 명 정도로 추정되었다.

그런 탓에 포로수용소에서는 반공포로와 친공포로의 유혈 충돌이 끊이지 않았다. 포로수용소 소장이 포로들의 포로가 되는 사건이 일어나기도 했다. 1952년 5월, 거제도 포로수용소 소장 프란시스 도드는 제76 수용동 대표의 면담 요청에 응했다가 포로들에 의해 납치되었다. 3일 만에 석방되었지만 그는 석방 조건으로 포로들에 대한 비인도적 잔혹행위를 인정하고 재발 방지를 약속하는 각서를 썼다. 공산군은 이 각서를 근거로 UN군이 제네바협정을 위반했다고 주장했다. 이 사건으로 협상이 몇 주간 중단되기도 했다.

자원 송환 원칙에는 심리전의 요소가 깔려 있었다. 송환을 원하지 않는다는 것은 포로들이 자기 체제의 정당성을 부정한다는 의미였다. 양측은 송환 거부 포로가 많으면 많을수록 상대 체제의 약점이 드러날 거라고 해석했다. UN군 쪽에서는 남한 출신 반공포로가 아니더라도 송환 거부 포로들이 꽤 많았다. UN군이 제시한 송환 거부 포로는 북한군 출신이 7,900여 명, 중국군 출신이 14,704명이나 되었다. 중국군 중 다수가 장제스의 국민당군 출신이었다. 국공 내전 당시 포로로 잡혔다가 한국전쟁에 강제 징집된 이들은 중국이 아니라 타이완으로 돌아가기를 원했다.

당시 휴전회담을 주도하고 있던 중국은 전체 송환 포로 수보다 중

1951년 4월, 부산의 UN군 포로수용소에 수용된 북한군과 중국군.

국군 포로의 송환 비율을 더 중시했다. 중국 포로의 다수가 타이완으로 돌아가기를 원하자 중국은 경악했다. 결국 중국은 중국공산당 체제의 자존심을 내세우며 비타협적 입장으로 돌아섰다. 1952년 7월, UN군이 송환 포로 규모를 총 8만 3,000명으로 제시했을 때, 북한은 받아들일 생각이었다. 그러나 중국은 단호히 반대했다. 8만 3,000명 중에 중국군 포로는 단지 6,400명에 불과했기 때문이다.

포로 송환을 둘러싸고 북한과 중국의 입장 차이가 분명하게 드러났다. 문제는 휴전에 부정적인 스탈린이 중국 편을 들면서 공산군의 입장이 경직되었고, 협상은 계속해서 표류했다. 1952년 9월 1일, 김일성과 박헌영, 그리고 중국 측 사령관 펑더화이가 모스크바를 방문했을 때, 스탈린은 "소련과 중국은 미국이 제안한 전쟁포로 교환 조건을 거부하기로 했다"라고 김일성에게 통고했다. 만약 당시 공산군이 UN군이 제시한 조건을 받아들였다면 협상은 타결되고 전쟁은 끝났을 것이다. 이후 1년의 시간이 흐르는 동안 소모적인 전투로 인해 또다시 많은 목숨이 사라져갔다.

아이젠하워의 등장과
스탈린의 죽음

──────── 포로 문제에 막혀 휴전회담은 출구를 잃었다. 폭격과 고지전으로 무수한 생명들이 사라져갔지만, 기약 없이 시간만 흘렀다. 이런 상황에서 1952년 말, 중요한 변화가 일어났다. 미국 대통령 선거에서 아이젠하워가 당선된 것이다. 1952년 초만 하더라도 아이젠하워는 북대서양조약기구의 사령관으로 파리에서 근무했다. 당시 미국 공화당은 정권을 잡을 좋은 기회라 여기며, 1952년 11월에 있을 대통령 선거에 가장 가능성 있는 후보로 아이젠하워를 내세웠다.

한국전쟁은 미국 대통령 선거에서 가장 중요한 쟁점으로 부상했다. 미국인들은 지루한 장기전으로 접어든 전쟁에 피로감을 느꼈고, 무능한 트루먼 정부에 등을 돌렸다. 공화당 후보로 나선 아이젠하워는 민주당의 외교 실패를 부각했다. 애치슨 국무장관이 한국을 미국 방위선에서 제외하는 바람에 공산주의자들에게 공격의 빌미를 제공했다고 비판했다.

선거 열흘 전인 10월 24일, 아이젠하워는 디트로이트에서 트루먼 정부의 한국 정책을 비난하면서 새로운 공화당 정부의 첫 과제는 한국전쟁의 '명예로운 조기 종식an early and honorable end'을 이루어내는 것이

1953년 2월, 미국 대통령 선거에서 승리한 뒤 한국을 방문한 아이젠하워(가운데).

라고 주장했다. 이를 위해 "나는 한국에 갈 것이다 $^{\text{I shall go to Korea}}$"라고 약속했다. 이 연설은 전쟁영웅 아이젠하워의 이미지를 부각시키는 계기가 되었으며, 그의 당선에 결정적 영향을 미쳤다. 대다수 정치 평론가들은 그날 그 순간에 대해 "선거는 끝난 것이나 다름없었다"라고 평가했다. 가장 적절한 순간에 가장 효과적인 방식으로 아이젠하워는 자신의 이미지를 활용했다.

　민주당 후보였던 애들레이 스티븐슨도 한국에 직접 가서 전쟁을 끝내겠다고 말할 참이었다. 그러나 그 말을 아이젠하워가 하는 것과 스티븐슨이 하는 것은 큰 차이가 있었다. 대신 스티븐슨은 10월 31일 뉴욕에서 한국전쟁의 조기 휴전이 필요하나, 단지 그 이유로 반공포로들을 공산군 측에 강제로 돌려보낼 수는 없다고 선언했다. 그는 "조기 휴전이라는 거짓 약속을 하느니, 차라리 선거에서 패배를 택하겠다"라고 말했다.

아이젠하워는 39개 주에서 승리했으며 3,400만 표(55.2%)를 얻었다. 1932년 공화당의 허버트 후버가 민주당의 루스벨트에게 참패한 이후 20년 만에 공화당이 이긴 선거였다. 아이젠하워의 등장은 정치적으로 너무 허약해서 휴전을 할 수도 없고, 그렇다고 위험 부담이 커서 확전도 못하던 '트루먼의 딜레마'를 한꺼번에 해결했다.

공산군 측에서도 중요한 변화가 일어났다. 소련의 오랜 독재자 스탈린이 1953년 3월 5일에 사망한 것이다. 스탈린이 사라진 소련은 내부 문제를 해결하기 위해서라도 전쟁이 계속되는 것을 원하지 않았다. 스탈린 사후 임시로 정권을 잡은 게오르기 말렌코프는 한반도 분쟁의 조속한 해결을 희망했다.

휴전을 간절히 원하던 북한은 소련의 바뀐 태도를 환영했다. 1953년 초에는 UN군의 폭격으로 북한에서 매일 300~400명의 사상자가 발생했다. 결국 중국은 소련의 입장을 존중할 수밖에 없었다. 중국 역시 전쟁을 무한정으로 끌고 갈 수는 없었다.

반공포로와
중립국 선택 포로

———————— 1953년 중반, 그 시점에 휴전을 반대한 유일한 존재는 이승만 정부였다. 1950년 전쟁이 일어난 직후 이승만 정부는 7월 14일에 한국군에 대한 작전지휘권을 UN군에 넘겼기 때문에 전쟁에 대해 아무런 권한이 없었다. 미국은 이승만 정부의 태도를 별로 신경

쓰지 않았다. 휴전회담의 진행 과정에서나 휴전회담을 끝낼 때에도 미국은 한국 정부의 입장을 무시했다. 심지어는 한국 기자들이 휴전 회담을 취재하는 것조차 힘들었다. 휴전회담 초기에 취재단으로 UN 군 측 기자 20여 명의 출입을 허용했지만, 유독 한국 기자만 자리가 부족하다는 이유로 출입을 거절했다. 결국 몇 차례 항의 끝에 겨우 두 명의 기자만 출입할 수 있었다.

이승만 정부는 휴전 반대를 주장하는 관제 시위를 조직해서 자신의 입장을 과시했다. 휴전회담을 시작할 무렵 부산을 시작으로 '38도선 정전 반대 국토 통일 국민 궐기대회'가 주요 도시에서 열렸다. 1952년에도 동원된 수만 명의 학생이 '통일이 아니면 죽음을 달라'는 혈서를 쓰며 시위를 벌였다. 1953년 5월 7일, 이승만은 미국 INS통신(UPI통신의 전신)과 진행한 회견에서 "통일 한국을 보장하지 않는 휴전은 수용할 수 없다. 필요하다면 한국군 단독으로 북진하겠다"라고 선언했다. 물론 한국군은 단독 북진을 할 만한 능력도 없었다. 당시 한국의 국방장관이 일선 사단을 방문해 독자 공격 능력을 알아본 결과, 한국군에게는 겨우 3일분의 공격용 탄약밖에 없었다고 한다.

6월이 되자 대부분의 쟁점들이 타결되었다. 휴전이 가까워지자, 이승만 정부의 휴전 반대 움직임도 격렬해졌다. 이승만 대통령은 UN군 휴전 대표단에서 한국 대표를 소환하고, UN군의 작전통제권에서 이탈하여 독자적으로 북진을 추진할 각오를 하고 있다는 성명을 계속해서 발표했다.

이런 과정에서 6월 18일에 전격적으로 반공포로 석방이 이루어졌다. 당시 UN군은 친공포로와 반공포로의 충돌을 완화하기 위해 육지의 일곱 개 수용소에 반공포로를 분산·수용했다. 이승만은 원용덕 헌병 총사령관을 불러 비밀리에 반공포로를 석방하라고 지시했다. 6월 18일, 칠흑 같은 어둠 속에서 쏟아지는 비를 맞으며 포로들이 철조망을 뚫고 탈출했다. 미군은 조명탄을 쏘고 기관총을 난사했고, 탈출 과정에서 60여 명의 포로들이 사망했다. 당시 3만 5,000여 명의 반공포로들 중 2만 7,000여 명이 탈출에 성공했다. 이승만 정부의 일방적인 반공포로 석방으로 북한이 억류한 4만 2,000명의 국군포로가 귀환할 가능성도 사라졌다.

미국은 이승만의 행위를 강력하게 비판했다. 마크 클라크 UN군 총사령관은 이 사건을 '쿠데타적인' 조치로 해석했다. 미국이 우려한 것은 사실 반공포로 석방이 아니었다. 클라크 UN군 총사령관조차도 반공포로의 일방적 석방을 본국에 건의할 정도였다. 당시 미국이 우려한 것은 바로 한국의 작전지휘권 이양 철회 가능성이었다. 미국은 이를 대비해 '에버레디 플랜Everready Plan'이라는 비상계획을 수립했다. UN군의 이름으로 계엄령을 선포하고 이승만을 대통령에서 몰아내는 작전이었다. 반면, 이승만은 국내 정치적 지지 기반을 다지고, 한미상호방위조약●을 이끌어내는 협상 수단으로 휴전 반대 시위와 반공포로 석방을 활용했다. 결국 미국은 '에버레디 플랜'이라는 채찍이 아니라, 스티븐슨 차관보를 서울에 보내 이승만 정부와 협상하는 당근을 선택했다.

● 한미상호방위조약은 1953년 8월 8일 가조인되었고, 그해 10월 1일 워싱턴에서 덜레스 미국 국무장관과 변영태 외무장관에 의해 정식 조인되었다. 조약의 핵심 내용은 '외부의 무력 위협에 대한 양국 헌법 절차에 따른 대응'(3조)과 '미국의 한국 주둔 허용'(4조)이다.

포로 문제는 매우 복잡했다. 휴전회담 막바지에 맞닥뜨린 최대 난제는 바로 송환 거부 포로 문제였다. 당사국들은 모두 포로 송환 문제를 '체제 정당성'과 관련된 문제로 인식했다. 이승만 정부도 마찬가지였다. 이승만 정부는 송환 거부 포로를 반공포로로 간주했으며, 따라서 즉각 석방해야 한다고 주장했다. 이승만 정부는 송환 거부 포로에 대한 중립국 감시위원회의 설득 작업을 처음부터 반대했고, 어쩔 수 없이 그런 절차에 합의하더라도 "그러나^{But} 이것은 북한군 포로에 적용하지 않으며 휴전 이후에 석방한다"라는 조항을 관철하려 했다. 미국은 처음에 이승만 정부의 요구를 수용하려 했으나, 이 조항 때문에 협상이 어려움을 겪자 공산군 측에 순순히 양보했다. UN군의 'But' 조항 포기가 이승만이 반공포로 석방을 결행하는 결정적인 계기였다.

1953년 7월 27일 바로 전쟁을 멈추기로 한 날, 중립국 송환위원회가 구성되었다. UN군 측에서 추천한 스위스와 스웨덴, 공산군 측에서 추천한 폴란드와 체코슬로바키아, 이렇게 4개국 대표가 위원으로 참여했다. 위원장은 인도 대표가 맡았다. 1953년 9월, 약 5,000명의 인도군과 함께 위원들이 인천항으로 입국해서 판문점 인근 비무장지대에 도착했다.

남북 여러 지역에 흩어져 있던 송환 거부 포로들도 비무장지대로 이송되었다. 1953년 9월 8일 제주도의 송환 거부 포로들이 인천을 거쳐 도착했고, 다른 지역 포로들도 기차를 타고 9월 23일까지 모두 판문점 근처로 모였다.

비무장지대 장단역 근처에 16개의 막사를 세우고, UN군과 공산군이 인도군의 관리 아래 송환 거부 포로들에 대한 설득 작업을 시작했다. 본국 송환을 거부한 포로들은 휴전협정에 따라 120일간 비무장지대 내에서 중립국 송환위원회의 보호와 관리하에 양 국가의 관리자로부터 설득을 받는 과정이 있었다. 1954년 1월 21일까지 북한군 포로 7,900명 중 188명과 중국군 포로 14,704명 중 440명만이 공산

한국의 반공청년단원들은 인천항에서 중립국으로 떠나는 반공포로들을 향해 태극기를 흔들며 "한국의 품으로 돌아오라"고 외쳤다.

군 측으로 송환되었다. 반공포로를 석방할 때 석 달이나 공산군 측의 설득 작업을 허용하면 모두 공산국가로 끌려갈 것이라던 이승만 대통령의 주장과는 상당히 다른 결과였다. 설득 기간 중 사망·탈출·행방불명자를 제외한 21,820명의 송환 거부 포로는 각각 남한과 타이완으로 보내졌다.

마지막으로 중립국행 포로 88명이 남았다. 중국군 12명, 북한군 74명, 그리고 한국군 2명이었다. 남과 북 어느 쪽도 선택하지 않은 포로들은 비무장지대에서 기차를 타고 인천항으로 갔다. 반공단체들은 중립국을 선택한 포로들을 '조국을 배반한 배신자'로 규정했다. 만약의 사태에 대비하기 위해 UN군 사령부의 무장 경호대가 기차를 호위했다. 1954년 2월 9일, 1,800명의 인도군과 함께 중립국을 선택한 88명의 포로들이 영국 군함 아스트리아스호에 올랐다.

항구 주변 언덕에 설치된 대형 스피커에서 "외국인들과 떠나지 말고 조국에서 함께 살자"라는 애절하면서도 협박조의 호소가 흘러나왔다. 150여 명의 반공청년단원들이 태극기를 흔들며 "한국의 품으로 돌아오라"라고 외치는 함성을 뒤로하고 뱃고동을 울리며 아스트리아스호가 인도의 마드라스로 향했다.

최인훈의 소설 《광장》에서 주인공 이명준은 인도로 가는 배에서 차디찬 동지나해의 파도에 몸을 던졌다. 그의 마지막 독백은 "북에는 광장밖에 없고 남에는 밀실밖에 없다"였다. 88명의 포로들이 중립국을 택한 포로들의 이유는 다양했다. 더 넓은 세상에 나가고 싶은 사람도 있었고, 더 나은 치료를 받으려는 사람도 있었다. 그러나 적색포로와 백색 포로의 틈바구니에서 아비규환의 이념전쟁을 겪으며 그곳에서 벗어나고 싶다는 의지가 가장 크게 작용했을 것이다.

비기기 위해
죽어야 했던 전쟁

──────── 전쟁이 끝난 1953년 7월 27일을 기억해야 한다. 그날 오전 10시에 휴전협정 조인식이 이루어졌다. 판문점의 하늘도 맑게 개었다. 공산군 측 수석대표인 남일 대장과 UN군 측 수석대표인 윌리엄 해리슨 미국 육군 중장이 회의 탁자에 앉았다. 10분 만에 서명이 끝났다. 먼저 협상 대표들이 서명한 뒤, 양쪽 군사지휘관들의 서명

1953년 7월 27일, 판문점에 세워진 '평화의 전당'에서 UN군 수석대표 해리스 미국 육군 중장과 공산군 수석대표 북한의 남일 대장이 휴전협정에 서명했다. 서명의 효력은 12시간이 지난 밤 10시에 발효되었고, 그때 모든 전쟁의 기계음이 마침내 그쳤다.

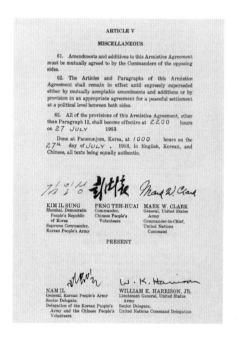

한국전쟁 휴전협정문(영문본). 한국 정부는 작전지휘권을 UN군에 이양했기 때문에 휴전회담에 참여할 수 없었다.

을 받았다.

조인한 뒤 12시간 이후에 휴전이 발효되었다. 조인식이 열리던 순간에도 멈추지 않았던 포성은 그날 밤 10시가 되어서야 일제히 그쳤다. 동해에서 서해까지 길게 이어진 전선 지역에서 보병, 포병, 탱크 부대, 고사포 부대가 일시에 사격을 중단했다. 파괴적인 기계음들이 일시에 멎고, 화약 냄새가 여름밤의 서늘한 바람을 따라 흩어졌다. 전선 양쪽의 사람들은 그동안 들리지 않던 소리가 들리자 눈물을 흘렸다. 바로 풀벌레 우는 소리였다. 휴전회담을 시작한 지 2년 18일째 되는 날이었다.

그날 전쟁은 일시적으로 중단되었을 뿐이다. 오랜 세월이 흘렀지만 한반도는 지금도 휴전과 종전 사이에서 혹은 전쟁과 평화 사이에서 헤매고 있다. 해상경계선 문제처럼 휴전체제에서 빠뜨린 부분이 지금까지도 논란이 되어 충돌이 재연되고 있다. 아무도 승리하지 못했지만 아무도 패배하지 않으려 했던 '비기기 위한 협상'이 남긴 상처가 그 뒤로도 오랫동안 한반도를 배회하고 있다.

8

만만한 상대는 없다

타슈켄트 정상회담

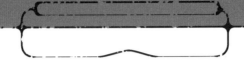

협상일지

1947년	8월 15일	인도와 파키스탄, 영국으로부터 분리 독립
	10월	제1차 인도－파키스탄 전쟁(~1949년)
1949년	1월	UN 안전보장이사회 개입으로 휴전, 인도령과 파키스탄령으로 카슈미르 분할
1958년	10월	파키스탄의 아유브 칸, 쿠데타로 집권
1962년	10월	인도－중국 국경 분쟁
1964년	5월	인도 네루 총리 사망
1965년	4월	인도－파키스탄 쿠츠 분쟁
	6월 30일	인도－파키스탄, 전쟁 중단 협정 체결
	8~9월	제2차 인도－파키스탄 전쟁
1966년	1월 3일	타슈켄트 정상회담 개최
	1월 10일	인도－파키스탄 '타슈켄트 선언' 발표
	1월 11일	정상회담 환송 만찬 후 인도 샤스트리 총리 심장마비로 사망
1967년	5월	인도 인디라 간디 총리, 카슈미르 협상은 없다고 선언
1969년	3월	아유브 칸 파키스탄 대통령 실각
1971년	12월	부토 파키스탄 대통령 취임(1977년 군부 쿠데타로 실각)
		제3차 인도－파키스탄 전쟁
1972년	7월	인도－파키스탄 간 카슈미르 정전통제선 확정(심라협정)
1999년	5월	파키스탄 무장 게릴라군, 인도령 카슈미르 침공(카길 분쟁)
2003년	11월	인도－파키스탄, 카슈미르 국경선 일대 전면 휴전 합의
2005년	4월	인도령 카슈미르와 파키스탄령 카슈미르를 오가는 '평화의 버스' 운행 시작

"여기가 바로 천국이다." 17세기 초 무굴제국의 황제는 카슈미르를 보고 이렇게 말했다. 그런데 20세기를 지나면서 카슈미르는 "여기가 바로 지옥이다"라는 말을 들을 정도로 변했다. 카라코람과 히말라야산맥, 그리고 파미르고원의 아름다운 경치는 변함이 없다. 그러나 카슈미르는 이산과 분단의 땅이고, 피로 얼룩진 전쟁의 땅이자, 비극이 그치지 않는 눈물의 땅이 되었다.

세계에서 가장 높은 분쟁의 땅, 카슈미르

———— 한반도와 비슷한 크기로, 심장부에 카슈미르 계곡이 자리 잡고 있는 카슈미르는 남쪽으로 잠무, 동쪽으로 라다크, 북쪽으로 발티스탄, 더 북쪽으로 훈자와 나가르로 이어지는 거대한 산악지대다. 워낙 광대하고 험준해서 지역 정체성이 존재하지 않고, 지역 내 교류도 거의 없다. 1947년 인도가 영국에게서 독립할 때, 카슈미르

지역 주민은 400만 명 정도였다, 그들 가운데 무슬림이 77%, 힌두교도가 20%, 그리고 나머지는 시크교도와 불교도였다.

카슈미르의 비극은 힌두교도와 무슬림이 서로 통합을 이루지 못한 채 힌두교도가 대다수인 인도와 무슬림이 대다수인 파키스탄으로 분리 독립하면서 벌어졌다. 영국이 정권 이양을 약속한 1947년 8월 15일이 다가오자 피바람이 불었다. 위대한 지도자 간디만이 통일 인도를 지탱하기 위해 애를 썼지만, 그의 도덕적 호소는 분리 독립을 향해 질주하는 권력 앞에서 무력했다.

분리 독립의 광풍이 카슈미르에도 들이닥쳤다. 카슈미르는 영국이 인도 아대륙에 허용했던 토후국이었다. 독립 당시 인도에는 500여 개의 토후국이 있었다. 식민지 시절 영국은 외교·국방·통신을 장악하고, 토후국의 내정을 전통적인 왕에게 맡겼다. 영국의 마지막 인도 총독인 마운트배튼 경은 토후국들이 인도와 파키스탄 중 하나를 골라 편입하도록 유도했다. 또한 토후국이 독립을 선택하더라도 인정하지도 지지하지도 않을 것이라고 공포했다. 토후국 대부분은 지리적 위치와 종교 분포에 따라 인도와 파키스탄 중 하나를 선택했다.

카슈미르 공국은 주민 다수가 무슬림이었지만, 통치자는 힌두교도인 마흐라자 하리 싱이었다. 그는 독립국으로 남을 수 있다는 헛된 기대감을 품은 채, 인도와 파키스탄의 독립 당일까지도 카슈미르 공국의 운명을 결정하지 않았다. 분리 독립은 인도에 살던 무슬림과 파키스탄에 살던 힌두교도들의 대이동을 의미했다. 쫓아내는 또는 쫓겨가는 과정에서 폭력이 난무했고, 일부 지역에서는 학살이 벌어졌다.

인도와 파키스탄의 길목에 위치한 카슈미르는 금세 폭력의 공간으로 변했다. 1947년 8월, 잠무카슈미르 지역에서 힌두교도와 시크교도들이 먼저 무슬림을 공격했다. 석 달 동안 20만 명의 무슬림이 살해되었다. 그러자 잠무카슈미르 지역에서 가장 가까이 있던 파키스탄의 파슈툰족(파탄족)이 복수를 위해 카슈미르 지역으로 넘어왔다. 대부분 영국의 식민지 군대에서 복무했던 무슬림 병사들이었다. 다급해진 하리 싱은 인도에 군사 지원을 요청했다. 그러자 인도는 군사 개입의 합법성을 위해 병합협정에 서명할 것을 요구했다. 파키스탄에 함락되기 직전, 하리 싱은 어쩔 수 없이 인도의 요구에 동의했다.

언제든 개입할 틈을 엿보던 인도는 합법적인 형식을 갖춘 뒤에야 카슈미르에 정규군을 파견했다. 그렇게 제1차 인도-파키스탄 전쟁이 벌어졌다. 전쟁은 잠깐의 휴전을 거치고 1948년까지 지속되었다. 이상하고 보기 드문 전쟁이었다. 영국군이 완전히 철수하지 않은 상황에서 전쟁이 벌어졌기에, 양쪽 모두 영국군 장교들이 지휘를 맡았다. 또한 전장은 세상에서 가장 접근하기 어려운, 해발고도가 가장 높은 지역이었다. 1949년 1월에 UN 안전보장이사회가 개입해서 휴전이 선포되었다. 800킬로미터나 되는, 게다가 일부는 협곡으로 이루어진 아주 긴 휴전선이 그어졌다. 카슈미르는 분단되었고, 인도가 카슈미르 전체 면적의 63%, 파키스탄이 37%를 차지했다.

아주 오래되고 세상에서 가장 풀기 어려운 분쟁의 역사는 이렇게 시작되었다. 인도와 파키스탄이 카슈미르를 차지하려고 했던 이유는 모두 전략적 가치 때문이다. 파키스탄은 카슈미르를 처음부터 자신의 영토라고 생각했기에 분단 결정을 받아들일 수 없었다. 1930년대 초 처음으로 무슬림 국가를 구상할 때, 나라 이름도 무슬림이 많이 거주하는 5개 지역의 이름, 즉 펀자브^{Punjab}의 P, 아프간^{Afghan}의 A, 카슈미르^{Kashmir}의 KI, 신드^{Sind}의 S와 발루치스탄^{Baluchistan}의 TAN에서 따

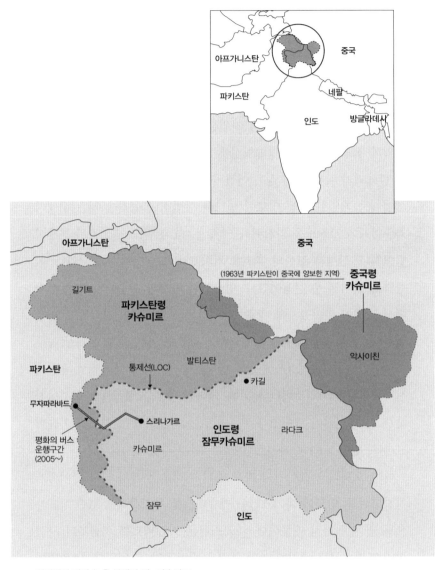

세계에서 가장 높은 분쟁의 땅, 카슈미르.

올 정도로 파키스탄에게 카슈미르 병합은 이미 정해진 일이었다.

파키스탄 건국의 아버지 무함마드 알리 진나는 카슈미르를 '파키스탄의 급소'라고 말했다. 파키스탄을 흐르는 다섯 개의 강 가운데 세 개의 강, 즉 인더스Indus, 젤룸Jelhum, 체나브Chenab 강의 발원지가 바로 카슈미르다. 카슈미르에서 파키스탄 서부 지역으로 흐르는 강물이 막히면 농사를 지을 수 없다. 모든 철도와 도로·교통 역시 이 지역을 통과해 파키스탄과 연결된다. 카슈미르를 잃으면 파키스탄은 북쪽 중국이나 중앙아시아 국가로 이동할 때 제한을 받을 수밖에 없다.

카슈미르가 중요하기는 인도도 마찬가지였다. 마하트마 간디는 카슈미르 주민의 의사를 존중해야 한다고 말했지만, 인도 건국의 아버지 자와할랄 네루는 "사람을 끄는 어떤 기운이 있고, 공기가 상쾌한 카슈미르를 사랑한다"라며 카슈미르를 양보할 수 없는 선조의 땅이라고 말했다. 네루의 선조는 카슈미르 지역의 브라만 계급이었다. 카슈미르는 아주 오랫동안 중앙아시아와 인도 아대륙의 카라반 무역의 통로였으며, 지리적으로 중앙아시아를 향해 열려 있는 유일한 관문이었다. 또한 인도는 무슬림이 다수인 카슈미르를 종교적 화합과 국가적 통합의 상징이라고 강조했다.

적의 적은
친구다

——————— 1949년 카슈미르 분단 이후 인도는 '현상 유지'를 원했지만, 파키스탄은 '현상 변화'를 추구했다. 파키스탄은 카슈미르 문제

를 해결하기 위해 동분서주했다. 먼저 할 수 있는 일은 외교적 해결이었다.

파키스탄은 독립 직후부터 친미 국가였다. 막강한 인도를 견제하기 위해 강대국의 힘을 빌리고자 한 의도도 있었지만, 인도가 비동맹 노선을 취하면서 소련과 친해지자 파키스탄은 자연스럽게 미국과 가까워졌다. 1958년 파키스탄에서 아유브 칸이 쿠데타로 권력을 잡은 이후 미국은 파키스탄을 '가장 동맹다운 동맹'이라 부르며 막대한 규모의 경제·군사 원조를 제공했다.

파키스탄은 원조를 받는 대가로 미국에 군사기지를 제공했다. 파키스탄 공군기지 가운데 네 곳에서 소련을 정탐하는 정찰기인 미군의 U-2기가 뜨고 내렸다. 소련은 강력하게 반발했다. U-2기가 이륙하면 파키스탄에 직접 보복 폭격을 하겠다고 경고했다. 한편, 소련은 파키스탄의 미군을 견제하기 위해 인도에 군사원조를 제공했다.

하지만 국가 관계는 이익에 따라 언제든지 변할 수 있다. 미국과 파키스탄, 소련과 인도가 각각 긴밀히 연결되어 전개된 대립 구도는 1960년대 들어와서 달라지기 시작했다. 미국의 케네디 행정부는 북베트남을 비롯해 아시아에서 공산주의가 도미노처럼 확산될 가능성을 심각하게 우려하며, 그에 대한 방어책으로 비동맹 국가의 맹주인 인도를 미국편으로 끌어들이고자 했다. 미국에 고대하고 고대하던 기회가 1962년에 찾아왔다. 바로 중국과 인도 사이에 국경 분쟁이 일어난 것이다.

당시까지 중국과 인도는 국경선을 획정하지 못한 상태였다. 그때까지 국경선이었던 '맥마흔 라인McMahon line'은 1914년 독립국이었던 티베트와 영국 사이에 체결된 것으로, 당시 협상에 나섰던 인도 정청政廳

1961년 7월 11일 미국 워싱턴을 방문한 아유브 칸 파키스탄 대통령(왼쪽)과 케네디 미국 대통령 (오른쪽)의 카퍼레이드. 독립 직후부터 친미국가였던 파키스탄은 미국에 군사기지를 제공하고 경제·군사 원조를 받았다.

외무장관 헨리 맥마흔의 이름에서 따온 것이다. 히말라야산맥의 분수령을 따라 그어진 국경선은 지형적 특성 때문에 애매한 부분이 많았다. 티베트라는 완충 국가가 존재할 때는 문제가 없었으나, 중국이 1950년 티베트를 점령하면서 중국과 인도는 '애매하고 모호한' 국경을 맞대게 되었다.

티베트 정세가 나빠지면서 인도와 중국의 국경에 긴장이 흐르기 시작했다. 1959년 티베트 독립운동이 중국의 탄압으로 무산되자, 히말라야산맥을 넘어 달라이 라마가 인도로 망명했다. 중국령 악사이친[Aksai Chin]에서 인도령 라다크로 이어지는 산악 길은 1년에 겨우 여름

몇 달 동안만 접근이 가능하지만, 나라를 잃은 티베트인들의 유일한 탈출구였다. 중국은 미국과 인도가 티베트 독립운동을 지원한다고 비난했다.

1962년 10월 20일 중국의 대규모 병력이 맥마흔 라인을 넘어온 날은 바로 케네디 정부가 쿠바 미사일 위기로 정신을 차릴 수 없을 때였다. 중국군이 물밀듯 국경선을 넘어왔을 때, 인도군은 아무런 대응도 못하고 도망을 갔다. 평균고도가 3,000미터가 넘고, 6,950미터의 빙하 지역을 끼고 있는 히말라야의 눈밭에서 인도군은 얇은 군화를 신고서 제대로 된 겨울용 텐트도 없이 전투를 치러야 했다. 중국군은 악사이친과 인도의 동쪽 국경으로 쳐들어왔는데, 개전 6일 만에 160킬로미터를 진격했다.

중국은 전투를 시작한 지 32일째 되는 날인 11월 21일에 일방적으로 휴전을 선언했다. 사실 중국은 전투의 승리가 아니라 국경 문제의 해결을 원했다. 인도와 진행하던 국경협상이 교착상태에 빠지자 힘을 동원했고, 힘을 과시했다고 판단하자 전투를 중단했다. 중국은 점령 지역에서 철수했고, 포로로 잡은 4,000여 명의 인도군을 아무런 조건 없이 석방했다. 중국의 압도적인 승리였고, 인도의 처참한 패배였다. 그러나 1962년 짧은 전쟁의 후유증은 만만치 않았다. 남아시아의 지역 질서를 뒤흔든 전환의 순간이었다. 중국과 인도의 관계는 동지에서 적으로 변했다. 티베트 문제는 장기화되었으며, 인도가 비동맹 노선에서 탈피해 미국과 가까워지자 파키스탄은 중국과 소련에 접근했다.

인도는 패배의 충격에 휩싸였고, 정치인들의 반성이 뒤따랐다. 크리슈나 메논 국방장관은 즉각 해임되었다. 그는 사회주의적인 성향이 강한 인물로, 서방 국가에 비판적이었을 뿐 아니라 국방정책에서도 자력갱생의 신봉자였다. 그는 독립 이후 국방 장비의 수입은 물론, 국방비 증액을 요구하는 군부의 요구를 거절했다. 군수공장을 머리핀과 압력솥 생산 라인으로 바꾼 인물이기도 하다. 메논의 해임은 인도 국방정책의 변화를 의미했다. 처참한 패배는 한편으로 독립 이후 잠자고 있던 민족주의 의식을 깨웠다. 가정주부들은 히말라야의 병사들을 위해 스웨터를 뜨고, 귀금속을 기부했다.

인도의 외교정책도 달라졌다. 전쟁이 일어나자 소련과 대부분의 비동맹 국가들은 중립을 선언했다. 건국 이후 비동맹운동을 주도했던 인도는 배신감을 느꼈다. 결국 인도는 중국이 맥마흔 라인을 넘어선 직후 미국과 영국에 군사 지원을 요청했다. 네루 총리는 미국의 케네디 대통령에게 보내는 편지에서 "중국의 침략은 인도만이 아니라 세계를 겨냥한 것"이라고 썼다.

인도의 지원 요청은 미국과 영국이 바라던 기회였다. 미국의 인도 주재 대사 존 케네스 갤브레이스는 인도의 다급한 지원 요청을 "한 세대에 한 번 올까 말까 한 기회"라고 말했다. 인도를 소련과 떼어놓을 수 있는 절호의 기회이자, 중국을 저지하기 위한 방파제로 삼을 수 있는 기회였다. 군수품이 인도로 쏟아져 들어왔다. 영국은 '영국항공British Airways'으로 총과 탄약, 그리고 겨울옷을 긴급 수송했다. 미국 역시 독일 공군기지에 있던 수송기에 군수품을 싣고서 인도로 날아왔다. 네루는 특히 미국에 전투기와 폭격기를 보내달라고 요청했다.

미국과 영국은 서로 협의하여 1억 2,000만 달러의 군사원조를 절반씩 분담하기로 했다. 그리고 공동으로 항공 방위와 전투기 지원을 약속했다. 뉴델리 외곽에는 미국 공군기지가, 콜카타 근처에는 영국

친선관계를 맺은 네루 인도 총리(오른쪽)와 케네디 미국 대통령(왼쪽). 1962년 인도-중국 국경 분쟁이 일어나자 미국과 영국은 아시아에서 공산주의 도미노를 막기 위해 인도에 군사적 지원을 서둘렀다.

의 공군기지가 1963년 11월쯤 건립되었다. 중국은 1962년에 히말라야에서 인도를 향해 자국의 실력을 보여주었지만, 사실 잃은 것이 더 많았다. 잠재적 동맹국인 인도와 완전히 적대관계가 되었고, 소련과도 관계가 나빠졌다.

파키스탄은 1962년 중국에 일방적으로 패하는 인도를 보면서 기뻐하는 동시에, 인도가 저 정도라면 "우리도 싸워 이길 수 있다"라고 안심했다. 그러나 돌아가는 상황이 심상치 않았다. 미국에서 인도로 들어간 무기는 중국 방어용만이 아니었다. 인도와 파키스탄이 싸우면 결국 미국이 원조한 무기가 파키스탄을 향할 것이기 때문이다. 파키스탄의 아유브 칸 대통령은 케네디 대통령에게 편지를 보내 인도

1963년 중국의 마오쩌둥(왼쪽)을 만난 파키스탄의 아유브 칸 대통령(오른쪽). 미국과 가까워진 인도를 견제하기 위해 파키스탄은 카슈미르 북부 땅을 양보하며 중국에 접근했다.

에 대한 지원을 자제해달라고 요청했다. 그러나 이미 남아시아의 지역 질서는 변해 있었다. 미국에 배신감을 느낀 파키스탄은 다시 살길을 모색했다.

적의 적은 서로 친구가 될 수 있다. 파키스탄은 먼저 인도와 싸운 중국에 다가갔다. 1963년 파키스탄은 실크로드의 일부인 카슈미르 북부의 땅을 중국에게 양보했다. 중국 입장에서도 미국이 군사기지를 두고 반공 거점으로 삼고 있는 친미 국가 파키스탄을 중립화할 수 있는 좋은 기회였다. 그해 파키스탄 국제항공은 비공산주의 국가 항공사로서는 처음으로 중국을 운항하게 되었다. 1964년부터 중국은 인도-파키스탄의 카슈미르 분쟁과 관련해 카슈미르 주민들이 스스로 운명을 결정해야 한다는 파키스탄의 주장을 지지했다. 물론, 당시 중국은 공산국가로서 UN 회원국이 아니었기 때문에 외교적으로 별로 도움이 되지는 않았다.

파키스탄이 중국에 접근하자, 미국은 부정적으로 반응했다. 특히 미국은 중국 봉쇄정책이 흔들릴 수 있다는 판단 아래 파키스탄이 중국과 항공협정을 맺는 것을 강력하게 반대했다. 1963년 11월 케네디 미국 대통령의 장례식에 파키스탄의 줄피카르 알리 부토 외무장관이 참석했을 때, 당시 미국 부통령으로 대통령직을 승계하게 된 린든 존슨은 "저우언라이의 파키스탄 방문이 이루어지면 미국과 관계가 끝장날 것"이라고 협박했다. 곧이어 미국 대통령에 취임한 존슨은 파키스탄에 대한 경제·군사 원조를 중단했을 뿐 아니라, 공개적으로 '더 이상 원조는 없다'고 선언하기까지 했다.

파키스탄은 미국의 경고에 겁먹지 않았다. 미국이 인도와 가까워진 이상 파키스탄 역시 외교적으로 살길을 찾을 수밖에 없었다. 파키스탄은 미국의 반발이 있더라도 소련과 관계를 개선하기 위해 적극 나섰다. 이렇게 한다 해도 미국이 결코 파키스탄을 버리지는 못할 것이라고 생각했다. 파키스탄이 미국, 중국, 그리고 소련과 동시에 우호관계를 유지하고, 때로는 현란한 삼각외교에 나선 유일한 이유는 인도를 견제하기 위해서였다. 더불어 카슈미르를 회복하기 위한 외교적 환경을 조성하려는 목적도 있었다.

인도는 카슈미르에서 중앙아시아로 통하는 라다크, 전략적 요충지인 카길, 그리고 잠무카슈미르에서 가장 큰 도시인 스리나가르를 차지하고 있었기 때문에 현상 유지를 원했다. 그러나 파키스탄은 어떻게 해서든 현재의 구도를 흔들어 변화를 꾀하고자 했다. 파키스탄은 무슬림이 인구의 다수를 차지하는 카슈미르의 운명을 주민이 직접 결정할 수 있도록 국민투표를 실시하는 것을 외교 목표로 삼았다.

인도와 파키스탄의 입장이 정반대로 엇갈리면서 카슈미르 문제가 외교적으로 해결될 가능성은 거의 없어졌다. 그러나 강대국들은 계속해서 외교적 해결을 주문했다. 미국과 영국의 입장에서는 대중국 봉쇄와 소련의 영향력을 줄이기 위해 인도와 파키스탄 사이의 평화가 반드시 필요했다. 미국은 노골적으로 경제원조를 조건으로 두 나라에 화해를 요구했다. 1962년 전쟁 이후 인도와 파키스탄이 장관급 대화에 나선 것은 원해서가 아니라 미영 양국의 압력 때문이었다.

당시 네루 총리는 카슈미르 계곡 지역을 양보할 의사가 있었지만 파키스탄은 그 정도로 만족할 수 없었다. 외무장관 회담이 세 차례 이루어졌지만 아무런 진전도 없이 1963년에 막을 내렸다. 1964년에도 장관급 회담이 여섯 달 동안 여섯 차례 열렸다. 하지만 그해 5월에 네루가 사망하자, 더 이상 인도에서 네루만큼 융통성을 발휘할 카리스마 있는 정치인은 존재하지 않았다.

파키스탄,
전쟁을 재촉하다

———————— 파키스탄은 카슈미르 문제의 평화적 해결이 어렵다고 판단했다. 인도와 회담을 했지만 더 이상 나아갈 수 없는 벽을 실감했다. 미국과 영국은 누구의 편도 아닌 중립을 유지했고, UN의 중재도 기대할 수 없었다. 그러나 파키스탄 내에서는 카슈미르를 되찾아

야 한다는 강력한 요구가 계속되었다. 다른 접근, 즉 말로 안 되니 주먹을 쓰라는 아우성이었다.

1965년 상대적으로 온건한 아유브 칸 대통령도 더 이상 강경파들의 요구를 무시할 수 없었다. 파키스탄 군부 내 친서방파와 민족주의파는 입장 차이로 서로 의견이 갈렸다. 아유브 칸은 상대적으로 온건하고 외교를 중시하는 친서방파를 대변했다. 그는 영국 식민지 시절 영국의 군사학교를 졸업하고, 식민지 군대에서 경력을 쌓았다. 참모총장을 맡을 정도로 역량이 뛰어난 편은 아니었지만, 파키스탄이 독립한 이후 그의 군 선배들이 잇달아 사망하는 바람에 1951년에 군 최고위직에 올랐다.

1958년 쿠데타로 정권을 잡았지만 아유브 칸은 절차적 정당성을 중시했다. 그래서 1962년 대통령 중심제로 헌법을 개정해 정부와 군이 지역별로 지명한 8만 명의 대의원을 통해 국회의원과 대통령을 선출하도록 했다. 헌법 개정 후 1965년 1월에 대통령 선거가 실시되었다. 직접선거가 아닌 간접선거로, 해보나 마나 아유브 칸이 대통령에 당선될 터였다. 그런데 선거 과정은 전혀 예상하지 못한 방향으로 흘러갔다. 야권에서 독립 직후 사망한 파키스탄 건국의 아버지 진나의 여동생인 파티마 진나를 대통령 후보로 내세운 것이다. 그녀는 당시 71세의 고령이었지만 여전히 대중적인 영향력이 있었다. 그녀는 카슈미르 회복을 비롯한 파키스탄의 건국 정신을 강조했고, 정부의 타협적 태도를 비판했다. 아유브 칸이 4만 9,000표를 얻어 당선되었지만, 진나는 무려 3만 8,000표를 얻었다. 선거 부정과 조작이 없었다면 아유브 칸이 졌을 것이다.

확실한 결과를 원하는 대중의 눈에 외교적 해결에 매달리는 아유브 칸은 '우유부단한 지도자'로 비쳤다. 사실상 탄핵에 가까운 모욕적인 선거 결과였다. '카슈미르 강경파'는 대중의 인기를 회복할 수 있는 유일한 방법은 카슈미르의 회복이며, 마침내 때가 왔다고 아유브 칸을 설득하기 시작했다. 그들이 첫 번째로 꼽은 기회는 바로 1964년 네루의 갑작스러운 사망이었다. 1947년 독립 이전부터 인도의 지도자로서 큰 역할을 했고, 독립 이후 17년 동안 총리직을 수행한 네루가 심장마비로 사망하자 인도 정국은 안개 속으로 빠져들었다.

후계자 랄 바하두르 샤스트리 총리는 1930년대부터 인도 국민회의가 주도한 시민불복종운동에 적극 참여했고, 그때 네루의 눈에 들어 국민회의 지역 간부로 성장했다. 독립운동과 관련해 영국 식민 당국에 구속된 경력도 있었다. 그는 독립 이후 교통장관, 산업장관, 내무장관 등을 역임했으며, 철도 사고에 책임을 지고 사임할 만큼 책임감이 강했다. 인도 정계에서 '지혜롭고 긍정적이며 공적인 것을 중시하는 사람'으로 널리 존경받을 정도로, 부정과 부패로부터 거의 완벽하게 자유로운 보기 드물게 청렴결백한 정치인이었다.

그러나 샤스트리는 국제적으로 알려져 있지 않은 수수께끼 같은 인물이었다. 그는 태어나서 남아시아 밖으로 한 번도 나가본 적이 없었다. 국제정치에 관심이 없었고, 당연히 외교 경험도 전혀 없었다.

파키스탄의 강경파들은 인도 정계가 혼란한 틈을 노려야 한다고 주장했다. 특히 강경파의 중심인물인 부토 외무장관은 "지금 행동하지 않으면 때를 놓치게 될 것"이라고 강력하게 주장했다. 당시 파키스탄 경제는 호황이었지만, 인도는 정치적 혼란과 더불어 경제적으로도 식량 위기를 겪고 있었다. 1962년 중국과 국경 분쟁을 치르며 드러난 인도군의 실력도 만만해 보였다. 파키스탄 강경파들은 중국군에 쫓겨 도망치는 인도군의 모습만을 과장해서 기억했다. 그들은 인도가 중국에 치욕스런 패배를 당한 이후 달라진 인도군과 국민들의 애국주의, 그리고 인도에 대한 미국과 영국의 군사원조를 과소평가했다.

한편, 파키스탄 군부의 강경파들은 베트남전쟁에서 베트콩●의 게릴라전술에 강한 인상을 받았다. 마침 카슈미르의 정세도 나빠져 매우 혼란스런 상황이었다. 1964년 스리나가르 근처 이슬람 유적지에서 성물인 선지자 무함마드의 머리카락을 도난당하는 사건이 일어났다. 이후 카슈미르 자치를 둘러싼 주민 간 대립이 어려운 경제 상황과 맞물리면서 종교 갈등으로 분출했다. 폭동이 일어나 무슬림들이 주도하는 총파업으로 이어졌다. 파키스탄은 무슬림 대중들의 분노를 조직할 수 있다면 인도와 전쟁을 벌여도 충분히 승산이 있다고 판단했다.

● 1960년 12월에 결성된 남베트남 게릴라 조직으로, 정식 명칭은 '남베트남민족해방전선'이다. 결성 당시 친미 독재정권인 고딘디엠 정권 타도와 남북베트남의 통일을 목표로 남베트남 및 미국과 치열한 싸움을 이어갔다. 1969년 8월에 남베트남공화국 임시혁명정부를 수립했으며, 1973년 1월에 베트남 평화협정에 조인했다. 1975년 4월 북베트남 군대와 함께 사이공을 함락시키고 구엔반티우 정권을 물리침으로써 베트남전쟁을 종식시켰다. 1976년 베트남이 통일된 뒤 베트남공산당 등과 통합해 베트남민족통일전선을 만들었다.

아유브 칸은 전쟁을 하기 전에 유리한 외교환경을 조성하고자 했다. 1965년 3월에 중국을 방문해 군사 지원 가능성을 알아보고, 4월 초에는 소련을 방문해 소련의 중립을 촉구했으며, 곧이어 4월 말에는 미국을 방문해 최소한의 관계라도 회복한다는 야심찬 외교 일정을 세웠다. 중국 방문의 성과는 예상보다 크지 않았지만 양국 관계를 다지는 계기는 되었다. 그리고 그해 4월 3일 파키스탄 대통령으로서는 최초로 아유브 칸이 모스크바를 방문했다. 아유브 칸은 만약 소련이

UN 안전보장이사회에서 인도 편을 들지 않는다면 파키스탄에 있는 미군 기지를 철수하겠다는 그야말로 파격적인 제안을 했다. 당연히 소련은 파키스탄의 제안을 환영했고, 경제원조뿐 아니라 군사원조도 하겠다고 나섰다.

그러나 미국과 파키스탄의 관계는 계속 꼬여만 갔다. 존슨 대통령은 아유브 칸의 미국 방문 일정을 연기시켰다. 중국과 소련은 파키스탄과 미국의 관계가 악화되는 상황을 보고 오히려 파키스탄의 진정성을 재평가했다. 미국이 파키스탄에 대한 모든 원조를 중단하자, 아유브 칸은 미국에 상당한 반감을 드러냈다. 애초부터 서방 국가들과의 관계에 부정적이었던 외무장관 부토는 전쟁의 길로 아유브 칸을 재촉했다.

아무것도 얻지 못한
전면전

──────── 싸우겠다는 의지가 넘쳐나자 결국 군사적 충돌이 일어났다. 다만, 전쟁터는 카슈미르가 아니라 정반대 지역인 란 쿠츠^{Rann of Kutch}(쿠츠 습지) 지역이었다. 이곳은 아라비아해 근처 인도의 서쪽 끝 국경으로, 거대한 습지다. 5월과 10월 사이 우기가 되면 물에 잠기고 건기에는 돌과 소금으로 뒤덮이는, 사람이 살기 어렵고 경제적으로도 쓸모가 없는 땅이다.

1960년 양국은 인더스강 사용에 대한 협정을 맺어 인더스강을 둘러싼 물 분쟁을 평화적으로 해결했지만, 당시 이 지역은 합의를 보지 못했다. 인도는 쿠츠 습지 북쪽 경계를 경계선으로 주장했지만, 파키스탄은 이 지역을 내해 혹은 내륙 호수로 볼 수 있기 때문에 중간을 경계로 해야 한다고 주장했다. 1965년 4월, 포병까지 동원된 전투가 몇 차례 일어났다. 5월에도 인도가 국경 경찰을 군대로 교체하면서 충돌이 간헐적으로 벌어졌다.

거의 두 달 동안 이어진 분쟁이 6월 30일 전쟁 중단 협정을 맺으며 끝을 맺었다. 인도와 파키스탄은 협정을 통해 한 달 안에 양쪽 장관들이 만나 국경을 다시 논의하고, 이후 3인으로 구성된 위원회에서 최종적으로 경계를 획정하도록 했다. 양국이 제3국 인사로 1인씩, UN 사무총장이 양국의 동의를 얻어 1인을 임명하기로 했다. 파키스탄은 전 이란 외무장관을 지명했고, 인도는 유고슬라비아의 판사를, UN 사무총장은 스웨덴 판사를 지명했다. 분쟁의 땅은 다시 물에 잠겼다.

쿠츠 분쟁의 해결 과정은 파키스탄이 카슈미르 전쟁을 단행하는 직접적인 계기가 되었다. 파키스탄은 국경 분쟁이 발생하면 국제사회가 개입해서 양쪽 입장을 조정하고 중재하는 방식이 카슈미르에도 적용될 수 있다고 판단했다. 카슈미르의 현재 상태를 흔들어서 다시 조정의 기회가 생기기를 간절히 원했는데, 그 가능성을 확인한 것이다. 그리고 쿠츠 분쟁에서 보여준 인도군의 대응은 1962년 중국-인도 국경 분쟁에서 보여준 '도망치는 군대'의 재연이나 마찬가지 수준이어서, 파키스탄은 싸우면 이길 수 있다는 확신을 갖게 되었다.

그러나 이는 아주 분명한 오판이었다. 싸우겠다는 열망이 너무 커서, 보고 싶은 것만 보는 희망적인 사고였다. 쿠츠 지역에서 인도군의 허술한 대응은 그만한 이유가 있었다. 파키스탄은 쿠츠 습지를 전략상 요충지라 판단하고 군사를 전진 배치했지만 인도는 그럴 필요가 없었다. 인도의 입장에서 쿠츠 습지는 주요 도시에서 너무 멀리 떨어져 있고 전략적으로도 중요도가 낮은 지역이었다. 현장의 인도군이 싸우지 않고 도망간 것은 지원을 받을 수 있는 본부가 너무 멀리 떨어져 있었기 때문이다. 파키스탄은 쿠츠 전투로 전체 인도군을 평가하는 '일반화의 오류'에 빠졌던 것이다.

또한 파키스탄은 쿠츠 전투를 둘러싸고 인도 내부에서 격렬한 논쟁이 있었다는 사실을 몰랐다. 인도군은 1962년 중국에 힘 한번 제대로 써보지 못하고 당한 허술한 군대가 더 이상 아니었다. 그동안 인도군 내부에 상당한 변화가 있었다. 군부는 샤스트리 총리에게 중국이든 파키스탄이든 누구라도 군사적으로 도발한다면 반드시 보복해야 한다고 강력히 주장했다. 총리는 자제를 부탁하면서, 대신 파키스탄 국경 지역인 펀자브와 벵골 지역에 대규모 병력을 증원하고, 언제든지 파키스탄이 공격하면 받아치도록 했다.

파키스탄은 카슈미르를 무력으로 탈환할 때가 왔다고 판단했다. 파키스탄의 작전은 일단 게릴라들을 보내서 인도 지배에 대항하는 민중봉기를 선동하고, 유혈 사태가 벌어지면 신속하게 정규군이 개입해 인도령 가운데 일부를 확보하는 것이었다. 그 작전에 따라 민간인 복장을 한 군대가 카슈미르 무슬림의 봉기를 선동하는 각종 포스터와 팸플릿을 들고 휴전선을 넘었다.

파키스탄은 인도령의 일부 지역을 차지하면 국제사회가 개입할 것이고, 정전협정을 맺는 과정에서 현재의 카슈미르 분단선을 변경할 수 있을 것으로 판단했다. 그리고 미국이 나서서 인도가 카슈미르 지역의 주민 투표를 받아들이게 만드는 것을 최선의 목표로 삼았다. 나중에 밝혀지지만 파키스탄의 이 시나리오는 너무 허술했다. 그야말로 현실과 동떨어진 파키스탄의 자기중심적인 작전으로, 어느 것 하나 들어맞는 것이 없었다.

1965년 8월 9일, 공격 개시일이 밝았다. 그날은 정치범 석방과 주민 자치권을 요구하는 대규모 시위가 계획된 날이었다. 민간인 복장을 하고 있었지만 경기관총으로 무장한 파키스탄 게릴라 3,000여 명이 휴전선을 넘었다. 그들은 소요를 틈타 주정부 건물을 폭파하고 방송국, 전화국, 비행장 등을 장악할 계획이었다. 그러나 그들이 카슈미르의 주도인 스리나가르를 향해 진군할 때, 전혀 예상하지 못했던 상황이 벌어졌다. 자치권 요구 시위가 끝나자 무슬림 주민들이 파키스탄군을 환영하는 대신 모두 집으로 돌아가 평온한 일상을 보낸 것이다. 그들은 정부를 비판하는 것과 폭동에 참여하는 것은 서로 다른 문제라고 여겼다. 파키스탄 게릴라들만 어색하고 엉거주춤한 모습으로 산악 지역의 작은 마을을 지나 도시를 향해 진군했다.

이후 인도의 대응은 파키스탄이 전혀 예측하지 못한 상황으로 전개되었다. 인도는 9월 6일 아무런 선전포고도 없이 파키스탄 동부 편자브주의 주도인 라호르를 대대적으로 공격하기 시작했다. 그곳은 카슈미르 지역도 아니었다. 파키스탄은 카슈미르에서 게릴라전을 계획했는데, 인도는 파키스탄의 심장부를 상대로 전면전으로 대응한 것이다. 공군의 공중폭격과 함께 그동안의 치욕을 만회하려는 듯 인도군은 그야말로 용맹스럽게 파키스탄 국경을 넘어 진격했다. 파키스탄은 처음부터 전면전이나 장기전을 고려하지 않았기 때문에 아무런 대비를 하지 못했다.

전선은 카슈미르에서 라자스탄 남쪽까지 거의 1,500킬로미터로 확대되었다. 양국의 공군까지 총출동한 전면전이었다. 일정 시간이 지

1965년 10월 25일, UN 안전보장이사회에서 인도−파키스탄 문제에 대해 발언하는 부토 파키스탄 외무장관.

나자 전쟁은 교착상태에 빠졌다. 국제사회는 두 나라가 벌인 전면전에 깜짝 놀랐다. 미국과 소련은 중국의 개입을 우려하며 매우 적극적이고 신속하게 전쟁 중단을 요구했다. 전쟁이 시작되자마자 미국과 영국이 인도와 파키스탄 모두에 무기 지원을 중단했기 때문에 더 이상 전쟁을 지속하기도 어려웠다.

파키스탄은 전쟁을 시작하면서 중국의 지원을 기대했다. 아유브 칸 대통령은 전쟁이 예상과 달리 전개되자, 부토 외무장관과 함께 비밀리에 중국에 가서 저우언라이와 천이 장군을 만났다. 저우언라이는 도시 몇 개를 잃더라도 계속 싸워야 한다며, 장기전으로 가면 결코 숫자가 중요하지 않다고 충고했다. 하지만 이는 파키스탄이 원하는 대답이 아니었다. 파키스탄은 장기전을 할 수도 없었고, 하고 싶지도 않았다.

9월 23일, 국제사회의 요구를 수용한 인도와 파키스탄이 전쟁 중단에 합의했다. 아유브 칸은 전쟁을 계속해봐야 승산이 없다고 판단했다. 중국의 군사적 지원은 미미했고, 더 많은 지원을 받는다 해도 미국과 관계가 단절되는 상황을 감수해야 하기 때문에 실익이 없었다. 전쟁으로 입은 피해에 대해서는 양쪽의 주장이 서로 달랐다. 객관적이라고 평가할 수 있는 영국의 집계에 따르면, 인도의 사상자는 4,000~6,000명, 파키스탄은 3,000~5,000명이었다. 인도는 약 300대의 탱크와 50대의 비행기를 잃었고, 파키스탄은 250대의 탱크와 50대의 비행기를 잃었다.

타슈켄트로
가는 길

──────── 인도와 파키스탄의 평화를 위해 소련이 가장 적극적으로 나섰다. 소련은 자신들의 남쪽 국경에서 뜨거운 전쟁이 일어난 상황을 불편하게 여겼다. 코시긴 소련 총리는 전쟁 직후 양국 지도자에게 편지를 써서 전쟁을 중단하고 평화를 회복하라고 호소하며, 1965년 말에 타슈켄트에서 정상회담을 하자고 제안했다. 소련은 연방에 속해 있는 우즈베키스탄의 타슈켄트가 양국에서 멀지 않고 공평한 장소라고 생각했다. 미국과 인도는 즉각 환영 의사를 밝혔다. 특히 인도는 소련의 제안을 거부할 이유가 없었다. 그러나 파키스탄 입장에서는 반가운 소식이 아니었다. 아유브 칸 파키스탄 대통령이 존슨 미

국 대통령에게 전화를 해 외교적인 지원을 요청했지만, 존슨은 카슈미르 문제에 중립을 지킬 거라고 대답했다.

소련은 전통적으로 비동맹 노선을 채택해온 인도와 가까웠다. 1965년 당시 인도에 대한 소련의 경제원조는 10억 달러가 넘었고, 군사원조도 3억 달러에 달했다. 중국과 소련의 관계가 악화되면서 인도의 전략적 가치는 더욱 커졌다. 상황이 나빠져 파키스탄-중국 연합군이 인도를 공격하면 큰일이라고 판단한 소련은 인도와 파키스탄 사이에 적극적으로 개입해 그 가능성을 차단해야 한다고 생각했다. 게다가 소련-인도-파키스탄의 삼각협력이 확대되면 미국의 영향력을 축소하는 동시에 중국을 견제할 수도 있을 터였다.

파키스탄은 타슈켄트 회담에 부정적이었지만 결국은 받아들였다. 인도가 UN에서 카슈미르에 대한 논의 자체를 거부하는 상황에서 달리 대안도 없었다. 아유브 칸은 영국을 방문해 "서방 국가들이 도와주지 않아 할 수 없이 타슈켄트로 간다"라고 원망 섞인 말을 했다. 아유브 칸은 타슈켄트로 가기 직전인 12월에 워싱턴을 방문해서 존슨 미국 대통령을 만났다. 존슨은 "타슈켄트에서 성과가 있기를 기도하겠다"라고 말했다. 미국은 카슈미르 문제와 관련해 어느 쪽도 편들지 않겠다는 점을 재확인하면서, 파키스탄이 더 이상 중국과 가까이 지내지 않기를 바란다는 충고도 빠뜨리지 않았다.

존슨이 아유브 칸에게 소련이 나서주는 것을 고맙게 생각한다고 말할 정도로 미국은 소련의 제안을 좋게 여기고 있었다. 타슈켄트 회담이 성공하면 남아시아 사태가 진정될 것이고, 실패하면 지난 20년 동안 미국이 인도와 파키스탄 사이에서 겪었던 어려움을 소련도 겪을 것이니, 미소 양국이 이 문제에 대한 인식을 공유할 수 있는 기회

(왼쪽부터) 타슈켄트 정상회담에 참석한 샤스트리 인도 총리, 아유브 칸 파키스탄 대통령, 코시긴 소련 총리.

가 될 것이라 생각했다.

1966년 1월 3일, 파키스탄의 아유브 칸 대통령과 인도의 샤스트리 총리가 타슈켄트에 도착했다. 소련은 양국에 대한 의전을 공평하게 하기 위해 많은 신경을 썼다. 코시긴 소련 총리는 첫날 저녁에 아유브 칸과 샤스트리를 각각 만나 이 회담의 의도를 설명하고 양쪽의 입장을 들었다.

인도는 카슈미르 문제와 관련해 어떤 양보도 하지 않을 것이라는 입장을 분명히 했다. 단지 파키스탄에게 더 이상 선제공격을 하지 않겠다는 다짐을 받고 전쟁 이전 상태로 돌아가면 된다고 밝혔다. 그러나 파키스탄은 카슈미르 문제의 평화적 해결을 원한다며, 인도가 양보할 수 있도록 소련이 나서주기를 부탁했다.

강경파 부토와
파키스탄의 내분

─────── 1월 4일 아침에 3자회담을 시작했다. 샤스트리 총리가
인도의 입장을 낭독했을 때, 참석자들은 모두 의례적으로 박수를 쳤
다. 그러나 파키스탄의 부토 외무장관만 유일하게 박수를 치지 않았
다. 아유브 칸 대통령이 옆자리의 부토를 팔꿈치로 툭툭 쳤지만 그는
아랑곳하지 않고 노골적으로 반감을 드러냈다. 부토는 회담 기간 내
내 회담에 대한 적의를 공개적으로 표현했다.

부토는 1962년 34세의 나이로 외무장관이 되어 국제적으로 파키
스탄을 대표했다. 부토의 아버지는 영국으로부터 작위를 받은 귀족
이었으며, 부토 또한 영국의 명문 옥스퍼드대학을 졸업한 인재로 좌
파 민족주의자였으며, 비동맹 노선을 선호했다. 아유브 칸은 부토가
파키스탄의 '새로운 외교'를 추진할 적임자라 여겼다. 아유브 칸은 파
키스탄이 미국의 꼭두각시라는 인상에서 벗어날 수 있도록 소련·중
국과 파키스탄의 관계 개선에 적극적으로 나서주기를 바라며 젊은
외무장관에게 상당한 권한을 주었다.

그런데 카슈미르 문제 때문에 대통령과 외무장관 사이가 틀어지기
시작했다. 부토는 카슈미르를 인도로부터 해방시켜야 한다는 강경파
의 상징적 인물이었다. 1965년의 전쟁은 사실 부토가 군부와 합작해
일으킨 전쟁이나 다름없었다. 부토는 제한적인 게릴라전이라면 인도
가 전면전으로 대응하지 않을 것이라고 장담했다. 그리고 지금이 전
쟁을 할 적절한 시점이므로 이때를 놓치지 말아야 한다고 아유브 칸
을 강하게 재촉했다. 하지만 전쟁 결과 아유브 칸은 부토의 오판 때

문에 파키스탄이 위험에 빠졌고, 미국과의 관계도 더 나빠졌다고 보았다.

회담이 시작되자마자 가장 민감한 쟁점인 카슈미르 문제가 떠올랐다. 인도는 이번 회담에서 카슈미르 문제를 논의하지 않는다는 것을 협상 원칙으로 삼았다. 그러나 파키스탄 대표단은 카슈미르와 관련된 모든 문제를 논의하겠다며 전의를 불태웠다. 아유브 칸은 샤스트리를 만난 첫날에는 인도의 입장을 고려해 일부러 카슈미르라는 단어를 언급하지 않았다. 다음 날 인도 언론은 신중한 아유브 칸을 칭찬했다. 그러나 파키스탄에서는 불만이 불거지기 시작했고, 특히 부토는 대통령을 질책했다. 할 수 없이 파키스탄 대변인이 나서서 "카슈미르 문제가 해결되지 않으면, 한 발짝도 나아가지 못할 것"이라고 배수진을 쳤다.

부토는 노골적으로 협상을 방해했다. 그는 인도 국방장관에게 "카슈미르 문제의 해결 없이는 어떤 합의도 없다"라고 경고했다. 추상적인 합의라도 채택하고자 했던 아유브 칸 대통령의 입장과 온도 차이가 있는 발언이었다.

인도의 샤스트리 총리는 부토의 거친 개입에 대해 중재 역할을 맡은 소련의 코시긴 총리에게 항의했다. 아유브 칸이 코시긴에게 '무력 사용 금지' 조항을 수용하겠다고 말했으나, 부토는 수정안을 소련에 제시할 때 자기 멋대로 그 조항을 삭제했다. 부토는 전쟁으로 문제를 해결해야 한다고 생각했기 때문에 그 조항을 받아들일 수 없었다. 코시긴은 부토가 일으키는 소동을 참을 수 없어 아유브 칸에게 "당신의 외무장관을 협상에서 배제하지 않으면, 아무런 진전이 없을 것"이라고 질책했다.

아무 의미 없는
추상적 합의

─────── 소련의 코시긴 총리는 파키스탄의 아유브 칸 대통령과 인도의 샤스트리 총리 사이를 바쁘게 오가면서 차이를 좁히려 노력했다. 코시긴은 "카슈미르 문제를 논의해야 한다"라며 샤스트리 총리를 설득했다. 인도의 회담 목표는 '더 이상 전쟁을 하지 않는다'는 부전不戰협정에 합의하는 것이었다. 그러나 파키스탄은 카슈미르 문제부터 논의하자는 입장이었다. 서로가 입장 차이를 좁히지 못한 채 시간만 흘렀다. 신경전은 계속되었고, 옥신각신하면서 엿새가 지났다. 언론들은 대부분 협상이 결렬되었다고 보도하기 시작했다.

7일째 되는 날, 14시간에 걸친 코시긴의 마지막 조정이 시도되었다. 강도 높은 압력과 달콤한 설득을 병행하던 코시긴은 이날 아유브 칸을 타슈켄트 외곽의 전투기 생산 공장으로 데려갔다. 코시긴은 해마다 '소비에트연방'에서 전투기와 탱크, 그리고 대포가 얼마나 많이 생산되는지를 설명했다. 그리고 "이제 제3세계에서 전쟁은 더 이상 분쟁을 해결하는 수단이 될 수 없다. 무력으로 영토 문제를 해결하려는 시도는 미친 짓이다"라고 말했다. 코시긴은 "만약 파키스탄이 무력으로 카슈미르를 장악하려 한다면, 소련은 인도를 지원할 것"이라는 말도 빼놓지 않았다. 아유브 칸은 깊은 인상을 받았다. 코시긴은 인도에도 같은 압력을 행사했다. 만약 샤스트리 총리가 조정안을 받아들이지 않으면, 앞으로 소련은 UN에서 인도 편을 들지 않겠다고 협박했다.

그런 과정을 거쳐 '타슈켄트 선언'이라는 제목으로 9개항의 합의 내용이 발표되었다. 상호 내정 불간섭, 비방 금지, 포로 교환, 경제·문

TASHKENT DECLARATION

The President of Pakistan and the Prime Minister of India, having met at Tashkent and having discussed the existing relations between Pakistan and India, hereby declare their firm resolve to restore normal and peaceful relations between their countries and to promote understanding and friendly relations between their peoples. They consider the attainment of these objectives of vital importance for the welfare of the 600 million people of Pakistan and India.

I

The President of Pakistan and the Prime Minister of India agree that both sides will exert all efforts to create good neighbourly relations between Pakistan and India in accordance with the United Nations Charter. They reaffirm their obligation under the Charter not to have recourse to force and to settle their disputes through peaceful means. They considered that the interests of peace in their region and particularly in the Indo-Pakistan Sub-Continent and, indeed, the interests of the peoples of Pakistan and India were not served by the continuance of tension between the two countries. It was against this background that Jammu and Kashmir was discussed, and each of the sides set forth its respective position.

II

The President of Pakistan and the Prime Minister of India have agreed that all armed personnel of the two countries shall be withdrawn not later than 25 February 1966 to the positions they held prior to 5 August 1965, and both sides shall observe the cease-fire terms on the cease-fire line.

III

The President of Pakistan and the Prime Minister of India have agreed that relations between Pakistan and India shall be based on the principle of non-interference in the internal affairs of each other.

IV

The President of Pakistan and the Prime Minister of India have agreed that both sides will discourage any propaganda directed against the other country, and will encourage propaganda which promotes the development of friendly relations between the two countries.

V

The President of Pakistan and the Prime Minister of India have agreed that the High Commissioner of Pakistan to India and the High Commissioner of India to Pakistan will return to their posts and that the normal functioning of diplomatic missions of both countries will be restored. Both Governments shall observe the Vienna Convention of 1961 on Diplomatic Intercourse.

Tashkent, 10 January 1966

VI

The President of Pakistan and the Prime Minister of India have agreed to consider measures towards the restoration of economic and trade relations, communications, as well as cultural exchanges between Pakistan and India, and to take measures to implement the existing agreements between Pakistan and India.

VII

The President of Pakistan and the Prime Minister of India have agreed that they give instructions to their respective authorities to carry out the repatriation of the prisoners of war.

VIII

The President of Pakistan and the Prime Minister of India have agreed that the sides will continue the discussion of questions relating to the problems of refugees and evictions/illegal immigrations. They also agreed that both sides will create conditions which will prevent the exodus of people. They further agreed to discuss the return of the property and assets taken over by either side in connection with the conflict.

IX

The President of Pakistan and the Prime Minister of India have agreed that the sides will continue meetings both at the highest and at other levels on matters of direct concern to both countries. Both sides have recognized the need to set up joint Pakistani-Indian bodies which will report to their Governments in order to decide what further steps should be taken.

* *

The President of Pakistan and the Prime Minister of India record their feelings of deep appreciation and gratitude to the leaders of the Soviet Union, the Soviet Government and personally to the Chairman of the Council of Ministers of the U.S.S.R. for their constructive, friendly and noble part in bringing about the present meeting which has resulted in mutually satisfactory results. They also express to the Government and friendly people of Uzbekistan their sincere thankfulness for their overwhelming reception and generous hospitality.

They invite the Chairman of the Council of Ministers of the U.S.S.R. to witness this Declaration.

PRESIDENT OF PAKISTAN   PRIME MINISTER OF INDIA

1966년 1월 10일 발표된 타슈켄트 선언 전문(영문본).

화 교류, 그리고 지속적인 대화 등을 담고 있었다. 합의 사항 가운데 양국의 군대를 1965년 8월 전쟁 이전 상태로 되돌린다는 구체적인 조항이 들어 있었지만, 그것을 제외하고는 모두 우호, 친선, 평화, 협력이라는 추상적 단어들이 선언문에 가득했다.

선언문을 채우고 있는 단어들은 모호함 그 자체였다. 가장 중요한 쟁점인 카슈미르 문제에 대해서는 "잠무카슈미르 문제가 논의되었고, 양측은 각자의 입장을 밝혔다"라는 표현이 전부였다. 인도와 소련은 만족했고, 파키스탄 대표단은 실망과 좌절감에 휩싸였다. 부토는 서명식에서도 박수를 치지 않았다.

타슈켄트 선언이 발표되자, 국제사회는 지지의 박수를 보냈다. 미국도 소련의 중재 노력을 긍정적으로 평가했다. 미국은 중국을 견제하면서 남아시아 지역의 안정을 바란다는 점에서 소련의 전략적 목표와 일치했다. 아시아와 아프리카의 제3세계 국가들도 소련의 중재를 높이 평가했다.

그런데 이 불길한 드라마의 끝에 아무도 예상하지 못한 반전이 기다리고 있었다. 1월 11일 밤 환송 만찬이 끝나고 잠자리에 든 인도의 샤스트리 총리가 갑자기 사망했다. 사인은 심장마비였다. 몇 시간 전에 축배를 들었던 협상 당사자가 갑자기 사망하자 음모론이 난무했다. 사실 샤스트리 총리는 그전에도 두 번이나 심장 발작을 일으킨 적이 있었다. 총리 취임 직후에 심장 발작으로 영국 방문 계획을 갑자기 취소하기도 했다.

가장 놀란 것은 협상 파트너였던 아유브 칸이었다. 두 사람은 적대로 그득한 역사, 내부 강경파의 압력, 타협하기 어려운 기본 입장 속에서도 서로를 이해하고자 애쓰며 개인적인 신뢰를 쌓았다. 외교에서 지도자들 간의 개인적인 신뢰는 아주 중요하다. 아유브 칸은 샤스트리를 '인도-파키스탄의 우호를 위해 생명을 바친 평화의 인물'이라고 추모했다. 그리고 인도항공 비행기에 그의 관을 실을 때, 직접 운구에 참여했다. 또한 아유브 칸은 샤스트리의 관을 실은 비행기가 파키스탄 영공을 통과해서 직선 노선으로 갈 수 있도록 배려했다.

타슈켄트 선언이 인도에 알려졌을 때, 강경 힌두교 정당들은 비난했지만, 전반적인 여론은 우호적이었다. 샤스트리 총리에 대한 추모의 감정도 한몫했다. 샤스트리의 뒤를 이은 인디라 간디 총리는 타슈켄트 정신을 강조했다. 죽은 자에 대한 예의였다. 실제로 타슈켄트 선언으로 인도가 잃은 것은 없었다. 인도의 주요 언론들은 인도 외교의 승리라고 평가했다.

타슈켄트 선언 이후 양국 군대는 1965년 8월 전쟁 이전 상태로 철수했고, 포로 교환도 이루어졌다. 또한 양국은 상호 비방을 중단하고 내정 불간섭 약속도 지켰다. 교류협력을 강화하기 위해 전화와 우편도 복구했고, 문화 교류도 이루어졌다. 그러나 그뿐이었다. 양국의 관계는 그 이상 발전하지 않았다.

인도는 파키스탄과 관계를 진전시킬 의지가 없었다. 전쟁 후유증과 함께 경제 위기와 식량 부족 상황이 지속되었다. 네루의 딸인 인디라 간디가 샤스트리 총리의 후임을 맡았지만, 그녀는 외교 경험이 별로 없었고 국내 정치를 더 중시했다. 인디라 간디 총리는 1966년 3월에 뉴욕에서 "카슈미르는 인도 안보의 중대 사안"이라고 선언했지만, 1년 뒤에 "카슈미르에 관해서는 어떤 협상도 없다"는 원칙으로 되돌아갔다. 파키스탄과 인도의 관계는 정책의 우선순위에서 밀려났다.

협상을 잘못하면
권력을 잃는다

──────── 파키스탄에서는 협상의 후유증이 훨씬 컸다. 타슈켄트 선언이 합의되었을 때, 인도 대표단은 웃고 있었지만 파키스탄 대표단은 침울한 표정이었다. 양국 대표단의 대조적인 표정이 실린 신문을 보고, 파키스탄 국민들은 거리로 쏟아져 나왔다. 전쟁 이전 상황으로 돌아간 것은 파키스탄이 회담에서 아무것도 얻지 못했다는 뜻이었다. 회담에 대한 불만은 의회에서 합법적인 민주주의 방식이 아니라 거리에서 폭력적인 방식으로 터져 나왔다.

거리로 나선 시위대는 "대통령이 카슈미르를 힌두교도들에게 팔아먹었다"라고 비난했다. 그 와중에 라호르에서 시위하던 학생 두 명이 경찰의 총격으로 사망하는 일이 일어났다. 학생들은 "우리가 흘린 피에 대해 대답하라"라는 현수막을 들고 나와 강력히 항의했다. 1965년 대통령 선거에서 패배한 파티마 진나는 "용감한 전사들의 피로 얻은 성과가 회담 테이블에서 사라졌다"라고 비난했다.

1966년 1월 12일, 파키스탄 내각회의에서 아유브 칸 대통령은 왜 합의에 서명했는지를 설명했다. 파키스탄이 거부하면 UN에서 소련이 인도에 유리한 방식으로 결의안을 채택하고 미국도 동조할 가능성이 있었다고 합의 배경에 대해 밝혔다. 이처럼 대통령은 어쩔 수 없는 상황이었음을 설명했지만, 외무장관인 부토는 침묵으로 일관했다. 대통령의 설명에 동의할 수 없다는 무언의 시위였다.

부토는 타슈켄트 회담 자체에 부정적이었다. 그의 주도로 시작된 1965년 전쟁은 비록 실패했지만, 결과와 관계없이 부토는 가장 인기 있는 정치인으로 부상했다. 아유브 칸 대통령이 타슈켄트에서 합의하기로 결심했을 때, 부토는 외무장관직의 사임을 허락해달라고 요청했다. 타슈켄트에서 진행되는 합의를 부정할 수 있는 기회를 달라는 요구였다. 아유브 칸은 사임을 허락하지 않았고, 자리를 지켜달라고 명령했다. 부토는 결국 귀국해서 대통령과 갈라섰고, 1967년 파키스탄인민당을 만들었다.

타슈켄트로 향하던 비행기에서 파키스탄 대표단의 일원이었던 라피 장군이 아유브 칸 대통령에게 물었다. "만약에 합의가 이루어지면, 우리 국민이 그것을 받아들일까요?" 대통령은 말했다. "나는 대통령이고, 결정할 권한이 있소. 국민이 나의 결정을 싫어한다면, 자신들에게 맞는 대통령을 뽑으면 될 것 아니요?" 아유브 칸은 자신의 말대로 1969년에 실각했다.

부토는 1971년 대통령 선거에서 "샤스트리가 죽어서 너무 기뻤다"라는 발언과 함께 타슈켄트 회담을 '조국에 대한 배신' 행위로 규정했다. 마치 당시 국제적 음모에 의해 회담이 성립된 것처럼 분위기를 몰아가면서 "시간이 되면 폭로하겠다"라는 발언을 서슴지 않았다. 그는 1971년 대통령 선거에서 당선되었고, 1973년 내각책임제 개헌 이후 총리가 되었다. 그러나 1977년 군부 쿠데타로 실각했으며, 1979년 부패와 살인죄로 기소되어 그해 4월 교수형에 처해졌다. 10년 뒤인 1988년 그의 딸 베나지르 부토가 아버지가 만든 파키스탄인민당 당수로 취임해 총선을 승리로 이끌고 이슬람 국가 역사상 최초로 여성 총리가 되었다. 재선에도 성공했지만 이후 부패 혐의로 수감되는 등 부침을 겪었다. 그녀는 2007년 12월에 군부에 의해 암살되었다.

카슈미르를 달리는
평화의 버스

———————— 2005년 인도령 잠무카슈미르의 스리나가르와 파키스탄령 아자드카슈미르의 무자파라바드에서 각각 상대 지역을 향해 버스가 출발했다. 무자파라바드를 출발한 버스에는 30명이 타고 있었고, 스리나가르에서 출발한 버스에는 19명이 타고 있었다. 두 대의 버스는 카만 다리에서 만났다. 49명의 양쪽 승객은 휴전선 너머에 살고 있는 친척들을 만나러 가는 이산가족들이었다.

제1차 인도-파키스탄 전쟁이 일어난 지 60년 만인 2005년부터 인도령 잠무카슈미르와 파키스탄령 아자드카슈미르를 오가는 '평화의 버스'가 운행되고 있다.

이산가족으로 제한했지만 1947년 카슈미르 전쟁 이후 60년 만에 처음으로 교류가 이루어졌다. 분단의 땅, 카슈미르를 가로지르는 '평화의 버스'는 지진 때문에 또는 양국 관계 악화로 잠시 중단되기도 했으나 꾸준히 이어졌다. 2005년부터 2012년까지 2만여 명의 이산가족들이 오고 갔다.

'평화의 버스'는 점차 국경 무역으로 발전했다. 2005년부터 두 도시 간 우편업무가 시작되었으며, 21개 품목의 특산품에 대한 면세 무역도 허용되었다. 그러나 카슈미르는 여전히 분단의 땅이다. 사람과 사람 간의 관계는 가까워졌으나, 국가와 국가 사이는 아직 무척 멀다. 인적 접촉은 여전히 이산가족에 한정되어 있고, 안보를 이유로 전화 통화도 할 수 없으며, 금융 거래도 불가능하다. 세상에서 가장 높은 분쟁 지역인 카슈미르에 항구적인 평화는 언제쯤 찾아올까?

9

고집부리다 발목 잡힌다

레이캬비크 정상회담

협상일지

1981년	1월	로널드 레이건 미국 대통령 취임
1983년	3월 23일	레이건, SDI 계획 발표
1985년	3월	미하일 고르바초프 소련공산당 서기장 취임
	4월	고르바초프, 유럽에 SS-20 미사일 배치 중단을 선언
	7월	고르바초프, 8월부터 핵실험을 6개월간 중단하겠다고 일방적으로 선언
	8, 9월	미국, 핵실험 단행
	11월	미소 제네바 정상회담. 레이건 대통령과 고르바초프 서기장의 첫 만남
1986년	8월 23일	미국 연방수사국, 소련 물리학자 게나디 자하로프 체포
	8월 30일	소련 국가보안위원회, 미국 언론인 니콜라스 다닐로프를 간첩 혐의로 체포
	9월 19일	셰바르드나제 소련 외무장관, 워싱턴에서 슐츠 미국 국무장관을 만나 다닐로프 문제의 출구 모색
	10월 11일	레이카비크 정상회담 개최(~12일), 합의 없이 종료
	10월 19일	미소, 상대국의 외교관들 추방
	11월	이란-콘트라 사건 발생. 백악관 외교안보팀 전격 교체
1987년	2월	핵물리학자 사하로프, 모스크바 군축 포럼에서 SDI의 기술적 결함 지적
	12월	미소, 워싱턴 정상회담. 중거리핵미사일협정 체결

1986년 10월 9일 저녁 7시, 레이건 미국 대통령을 태운 대통령 전용기 에어포스원이 아이슬란드의 공항에 착륙했다. 3주 전인 9월 15일, 고르바초프 소련공산당 서기장은 장장 여섯 쪽에 달하는 긴 편지를 레이건 대통령에게 전달했다. 주요 내용은 "런던 혹은 아이슬란드 정도의 중간 지역에서 만나 형식에 치우치지 말고 비공개로 군비 통제 문제를 솔직하게 논의하자"는 것이었다. 편지 내용은 절절했고, 형식도 파격적이었다. 이례적인 방식이었지만 백악관의 소련 전문가들은 고르바초프의 편지에서 적극적인 협상 의지를 읽었다. 레이건은 번잡한 런던이 아니라 조용한 아이슬란드를 선택했다.

유령의 집에서 만난
레이건과 고르바초프

─────── 레이캬비크는 아이슬란드의 수도다. 먼 옛날 이 도시를 처음 발견한 사람이 근처 온천에서 피어오르는 수증기를 보고 '연

기가 나는 만'이라는 뜻에서 붙인 이름이다. 인구 12만 명 정도의 작고 조용한 도시가 갑자기 지구촌 전체가 주목하는 뉴스의 현장으로 변했다. 정상회담이 가까워지자 3,100여 명의 외신기자들이 모여들었다. ABC·NBC·CBS 등 미국의 주요 방송국들은 앵커를 직접 보내 현지 생방송을 준비했다. 평화운동가들도 몰려들었다. 평화를 노래하는 가수 존 바에즈의 공연과 반핵·평화운동 단체들의 시위도 예정되어 있었다.

호텔이 몇 개밖에 없는 작은 도시라서 숙소 잡기가 하늘의 별 따기였다. 아이슬란드 정부는 비상조치를 취했다. 정상회담 기간에 시내 호텔을 예약한 사람들에게 상황을 설명하고 보상금을 지불하는 등 양해를 구해 최대한 숙소를 확보했다. 또한 숙소를 제공할 가정을 찾고, 그것도 모자라 학교와 공공시설을 임시숙소로 개조했다.

레이건 대통령은 숙소가 마땅치 않아 할 수 없이 아이슬란드 미국 대사의 사저에 짐을 풀었다. 미국 대사는 생각지도 못한 그야말로 떠들썩한 드라마의 현장을 보지도 못한 채 잠시 도시를 떠나 있어야 했다. 고르바초프는 에스토니아 출신의 바리톤 가수 '게오르그 오츠'의 이름을 딴 대형 유람선을 항구에 정박시켜 숙소로 활용했다.

아이슬란드 정부는 회담 장소로 시내에서 가장 시설이 좋은 호텔을 추천했지만, 미국과 소련의 보안 담당자들은 이구동성으로 허허벌판의 외딴집 호프디하우스^{Höfdi House}를 꼽았다. 방이 여섯 개인 작은 2층 건물이었지만 보안과 안전 관리에 편리했기 때문이다. 이 집은 19세기에 아이슬란드 어장으로 대거 진출한 프랑스 어부들을 관리하기 위해 파견된 프랑스 감독관의 관사였다가, 제2차 세계대전 중에는 영국 대사관 직원들이 살았던 사연 많은 공간이었다. 1986년 당시에는

1986년 레이캬비크 정상회담이 열린 호프디하우스. 허허벌판의 외딴집을 두고 마을 아이들은 '유령의 집'이라 불렀지만, 미소 양국의 보안 책임자들은 안전 관리에 편리하다는 이유로 회담장으로 선택했다.

1985년 11월 제네바 정상회담 이후 1년 만에 레이캬비크에서 다시 만난 레이건 대통령(왼쪽)과 고르바초프 서기장(오른쪽).

사람이 살지 않았고 소유자인 레이캬비크 시 당국에서 이따금 행사장으로 사용했다. 마을 아이들은 이 집을 '유령의 집'이라고 불렀다.

정상회담은 1986년 10월 11일 토요일부터 일요일까지 이틀 동안 열렸다. 회담은 아무런 합의문도 채택하지 못한 채 끝났다. 레이건과 고르바초프 모두 돌아가는 발걸음이 무거웠다. 기대가 컸던 만큼 실망도 컸다. 양쪽은 상대를 원망했고, 언론은 회담 이후를 비관적으로 전망했다. 그러나 몇 달 뒤 만남의 긍정적 효과가 드러났다. 뒷날 레이건과 고르바초프는 모두 레이캬비크 정상회담을 하나의 전환점으로 회고했다. 역사는 이 만남을 냉전 종식의 시작으로 기록했다. 당시에는 실패했다고 생각했는데 어떻게 성공한 협상이 되었을까? 레이캬비크의 외딴집에서 이틀 동안 무슨 일이 벌어졌을까?

레이건의
'레이건 부정하기'

———————— 냉전 종식에 관해 이야기할 때 사람들은 고르바초프를 내세우며, 그의 '새로운 사고'가 역사를 바꾸었다고 평가한다. 그러나 관계는 결코 일방적이지 않다. 고르바초프에게만 공을 돌릴 수는 없다. 미국 대통령 레이건의 의지와 노력, 세계를 바라보는 인식의 전환에도 주목할 필요가 있다.

레이건은 냉전의 전사로 정치무대에 등장했다. 1968년 미국의 정보수집함 푸에블로호가 원산 앞바다에서 북한에 나포되자, 당시 캘리포니아 주지사였던 레이건은 승무원을 전원 석방할 때까지 북한에

한 시간에 한 방씩 폭탄을 퍼붓자고 주장할 정도로 강경했다. 1980년 공화당 대통령 후보 지명 전당대회에 참석하기 위해 디트로이트로 가는 비행기에서 누군가 레이건에게 왜 대통령이 되고 싶냐고 묻자, 그는 한 치의 망설임도 없이 '냉전을 끝내기 위해서'라고 대답했다.

1981년 1월, 대통령 취임 후 백악관에서 열린 첫 번째 기자회견에서 레이건은 "데탕트는 지금까지 소련이 자신의 목적을 달성하기 위해 이용한 일방통행로였다"라고 비판했다. 또한 그는 대화나 협상을 '겁쟁이들이나 쓰는 단어'로 여겼다. 1982년에 영국 하원에서 한 연설에서는 "공산주의는 한 줌의 재로 사라질 것"이라고 목소리를 높였고, 1983년 3월에 미국 기독교 단체가 주최한 모임에서는 소련을 '악의 제국'이라고 표현했다.

그런데 1983년에 레이건의 인식을 바꾸어놓은 두 가지 사건이 발생했다. 그해 9월 대한항공 여객기가 소련 공군기에 의해 격추당했다. 소련은 여객기를 군용기로 착각하는 바람에 일어난 일이라며 즉각 자신들의 실수를 미국에 알렸다. 잘못된 판단이 군사적 충돌로 비화될 뻔한 아슬아슬한 순간이었다. 그리고 11월 20일, ABC 방송국에서 핵전쟁을 다룬 TV 영화 〈그날 이후^{The Day After}〉●를 방영했다. 약 1억 명의 시청자들이 본 핵전쟁의 참상은 매우 충격적이었다. 이를 계기로 대중 사이에서 반핵운동이 시작되었다. 레이건도 영화를 본 뒤 "가능한 모든 방법을 동원해서 핵전쟁이 일어나지 않도록 하겠다"라고 일기에 적었다.

영화를 보고 나서 레이건은 관련 부처에 핵전쟁 시나리오를 보고하라고 지시했다. 대통령은 영화와 현실의 차이가 별로 크지 않다는 점을 확인하고 다시 한 번 놀랐다. 그해 11월에 미국과 북대서양조약

● 1983년 11월 20일 미국의 ABC 방송에서 방영한 TV 영화. 미국 중서부 지방 캔자스주를 무대로 핵전쟁이 가져올 비참한 상황을 그린 2시간 15분짜리 대작이다. 약 1억 명이 시청했다는 이 드라마는 미국과 소련이 전면적인 핵전쟁에 돌입했다는 가정 아래 전개되는 상황을 사실감 있게 다루어 핵전쟁은 언제든지 일어날 수 있다는 경고로 큰 반향을 일으켰다.

기구가 벌인 핵무기 사용을 가정한 군사훈련 '에이블 아처 83^{Able Archer 83}'은 영화의 도입부와 비슷했다. 레이건은 핵무기 통제의 필요성을 절감했다.

소련에 대한 레이건의 태도는 초기의 강경한 입장에서 점차 대화와 협상 쪽으로 무게중심이 이동했다. 1984년 1월, 레이건은 공개 연설에서 "소련의 이반과 마샤가 미국의 짐과 샐리를 만난다면 공동의 이해를 갖게 될 것"이라고 말했다. 다양한 분야에서 보통 사람들의 교류, 즉 사회·문화 교류를 활성화하겠다는 선언이었다. 이러한 변화는 레이건 외교안보팀 내부의 변화로 이어졌다. 레이건은 국방부와 중앙정보국 강경파를 멀리하고, 유연하고 합리적인 조지 슐츠 국무장관에게 힘을 실어주었다.

슐츠는 닉슨 행정부 시절(1969~1974) 노동부 장관과 재무부 장관을 역임했기 때문에 관료체제의 속성을 잘 알고 있었다. 한마디로 경험이 풍부하고 노련한 행정가 스타일의 인물이었다. 레이건이 캘리포니아 주지사를 지낼 때, 슐츠는 샌프란시스코에 본부를 둔 다국적 에너지 기업 벡텔^{Bectel}의 최고경영자였다. 1980년 대통령 당선 직후에 레이건은 개인적으로 친분이 있는 슐츠를 경제 분야 인수팀장으로 임명했다. 슐츠는 언제나 '정치는 포용의 예술'이라고 생각했고, 비판을 수용하고 갈등을 조정하는 데 탁월한 능력을 발휘했다.

(왼쪽) 레이건을 도와 소련과의 협상을 준비한 조지 슐츠 국무장관. (오른쪽) 레이건과 대화하는 소련 전문가인 잭 매틀록 국가안전보장회의 유럽·소련 국장.

국가안전보장회의의 개편도 이루어졌다. 소련 전문가이면서, 상대적으로 합리적인 잭 매틀록 체코 주재 미국 대사를 국가안전보장회의 유럽·소련 국장으로 임명해 소련과 대화를 준비하기 시작했다. 이런 움직임은 고르바초프가 등장하기 전의 일이다. 이렇듯 레이건 행정부가 일찍부터 협상을 준비했음을 기억할 필요가 있다.

외교안보정책은 다른 분야에 비해 대통령 개인의 역할이 차지하는 비중이 매우 높은 분야다. 그런데 레이건 대통령은 다양한 정상회담에서 자신의 주장과 상대의 주장을 구분하지 못하거나 이분법적인 태도를 보이곤 했다. 심지어 자신이 출연했던 영화의 한 장면을 자신이 실제로 경험한 일로 착각한 일도 있었다. 그러나 레이건의 장점도 분명했다. 그는 영화배우 출신답게 대중에게 노출되는 각종 행사에서 자신을 표현하는 데 탁월한 재주를 지녔다. 또한 새로운 정보에 개방적이고 상대의 말에 귀를 기울였다. 특히 전문 분야에서 관료들의 결정을 존중해주었기 때문에, 그의 보좌진 대부분이 직무에 대한 만족도가 높은 편이었다.

레이건 행정부의 대소련 정책은 조금씩 변화했다. 물론, '힘을 통한 평화'라는 기본 전략에 따라 비행기·탱크·선박 등의 구입 비용을 두 배 이상 늘렸고, 레이건 집권 초기에 3,400억 달러이던 전체 국방 예산을 1986년에는 거의 4,500억 달러로 늘리기도 했다. 그러나 레이건 정부는 1980년대 중반을 거치면서 힘으로 소련 체제를 무너뜨릴 의사가 없으며, 그런 목적을 추구하는 집단에 물질적 지원을 하지 않겠다는 방침을 분명히 했다. 또한 소련의 인권 개선을 촉구했지만 그것을 모든 현안의 전제 조건으로 삼지는 않았다.

늙은 제국의 젊은 지도자,
고르바초프

———— 소련은 1970년대 후반부터 고령의 병자들이 다스리는 나라였다. 1982년 11월에 고령으로 사망한 레오니트 브레즈네프 공산당 서기장은 마지막 몇 년 동안 정상적으로 업무를 보지 못했다. 그 뒤를 이은 유리 안드로포프 서기장 역시 집권한 지 2년도 채 안 돼 1984년 2월에 병으로 사망했고, 권력을 넘겨받은 콘스탄틴 체르넨코도 1년 1개월 만인 1985년 3월에 중병으로 사망했다. 이렇게 소련은 늙은 지도자들이 돌아가면서 권력을 차지하는 과두체제의 후유증으로 해마다 국상을 치렀다.

1985년 3월 11일, 미하일 고르바초프는 54세의 비교적 젊은 나이로 소련공산당 서기장이 되었다. 그가 물려받은 체제는 너무 낡았고,

겨우 숨을 쉬고 있었다. 레이건 대통령에게 레이캬비크에서 만나자고 한 배경에는 소련의 절박한 사정이 있었다. 1986년경 양국의 국방비 총액은 미국이 소련보다 많았지만 경제에 미치는 부담은 소련이 훨씬 컸다. 당시 미국의 국방비는 국민총생산의 7% 정도였지만, 소련은 30% 이상이었다.

고르바초프는 핵무기 감축에 관해 서로 충돌하는 견해를 동시에 주장하는 레이건의 발언에 헷갈려 했지만, 좋은 쪽으로 해석하려고 노력했다. 강경한 냉전 전사이면서 동시에 평화의 십자군을 자처하는 레이건의 이중성 중 한쪽을 활용할 생각이었다. 국내 개혁을 위해서는 대외관계의 안정이 절실히 필요했기 때문이다. 고르바초프는 정권을 잡은 직후인 1985년 4월 유럽에 SS-20 미사일 배치 중단을 선언했고, 그해 7월에는 8월부터 핵실험을 6개월간 중단하겠다고 일방적으로 선언했다. 고르바초프는 미국이 핵실험 중단에 호응하기를 원했다. 미국이 합의하면 소련은 영구히 핵실험을 중단하겠다고 약속했다. 그러나 미국은 그럴 생각이 없었다. 레이건 정부는 핵무기가 있는 한 실험을 해야 한다는 입장이었고, 8월 17일과 9월 27일에도 핵실험을 실시했다. 그런데도 고르바초프가 핵실험 중단 약속을 지속한 것은 확실한 군축 의지를 보여주기 위해서였다.

1986년 초에 고르바초프는 다시 미국에 '15년 안에 핵무기 없는 세계'를 만들자고 야심차게 제안했다. 소련이 먼저 핵무기를 포기할 테니 미국도 동참하라고 주장했지만, 소련의 젊은 지도자의 진심이 서방에 알려지는 데는 시간이 걸렸다. 오랜 냉전의 세월 동안 서로에 대한 신뢰가 거의 없었기에 서방 국가들은 고르바초프의 제안을 과거의 상투적인 선전과 다를 바 없다고 판단했다. 대화 분위기도 마련

(왼쪽) 고르바초프(앞)와 함께 아이슬란드에 도착한 셰바르드나제 소련 외무장관(뒤). (오른쪽) 최장수 미국 대사를 역임한 도브리닌 소련 국제부장.

되지 않았기 때문에 당연히 검증 가능성도 불분명했다.

하지만 고르바초프는 말로만 그치지 않고, 냉전 종식을 실행하기 위해 새로운 외교 진용을 구성하는 등 구체적으로 움직이기 시작했다. 고르바초프가 등장하자마자 안드레이 그로미코가 외부장관직에서 물러났다. 그는 소련 냉전 외교의 상징적 인물로, 1957년부터 1985년에 그만둘 때까지 28년간 외무장관을 지냈다. 이제 새로운 외교를 맡을 새 인물이 필요했다. 고르바초프는 국제적으로는 말할 것도 없고 국내에도 잘 알려지지 않은, 그야말로 외교 경험이 전혀 없는 옛 그루지야 출신의 예두아르트 셰바르드나제를 선택했다.

그는 고르바초프보다 세 살이 많았지만 서로 닮은 점이 많았다. 둘 다 농촌에서 자랐고 청년 정치조직인 콤소몰에서 함께 경력을 쌓았으며, 지방 당에서 오랫동안 일했다. 그리고 무엇보다도 개혁 의지가 가득했다. 고르바초프는 그를 잘 알고 있었기 때문에 아무런 망설임

없이 외무장관에 임명했다.

또 한 명의 주목할 만한 인물이 있다. 1986년 2월, 소련공산당 제27차 당대회에서 당의 새로운 국제부장으로 임명된 아나톨리 도브리닌이다. 그는 24년간 주미 소련 대사를 지낸 소련 외교의 전설적인 인물이었다. 1950년대 미국의 트루먼 행정부 시절에 워싱턴 근무를 시작했고, 1962년 케네디 행정부 시절에 쿠바 미사일 위기를 해결했다. 또한 1970년대 닉슨 행정부 시절에 헨리 키신저 국가안보 보좌관과 호흡을 맞추어 '데탕트'를 만든 당사자였다. 레이건 대통령이 그가 소련공산당 국제부장으로 임명되었다는 보고를 받고, "그 사람이 공산주의자였나요?"라고 물을 정도로 그는 이념의 경계를 넘어선 세련된 외교관이었다.

그리고 캐나다 대사를 지냈던 알렉산드르 야코블레프가 선전부장을 맡았고, 소련 외교부 군축국의 인원도 대부분 바뀌었다. 전통적인 냉전시대 외교와 결별하고 본격적으로 미소 관계를 재정립함으로써 군비 통제를 실제로 실현할 수 있는 팀을 갖춘 것이다.

레이캬비크로
가는 길

──────── 레이캬비크 정상회담은 미국과 소련 정상의 두 번째 만남이었다. 레이건과 고르바초프는 1년 전인 1985년 11월에 제네바에서 처음 만났다. 레이건 대통령 취임 5년 만에 이루어진 정상회담이었다. 제네바 회담에서 양국은 별도의 합의문을 채택하지 않았다.

1985년 11월 20일 제네바 정상회담에서 처음 만난 레이건과 고르바초프. 양국 보좌진들이 두 정상을 둘러싸고 있다. 제네바 회담에서 양국은 별다른 성과를 얻지 못했지만, 두 지도자가 서로를 이해하는 기회였다.

다만, 미소 양국은 고르바초프의 워싱턴 방문에 합의하고 구체적인 일정은 나중에 논의하기로 했다. 제네바 회담 이후 레이건은 서방 지도자 중에서 고르바초프를 맨 먼저 만났던 영국 대처 총리의 '같이 일할 수 있는 사람'이라는 고르바초프에 대한 평가를 인정했다.

하지만 제네바 회담 이후 미국과 소련 사이에는 우여곡절이 많았다. 미국 해군 함대가 크림반도에 나타나서 군사적 긴장이 조성되기도 했고, 미국은 고르바초프가 핵실험을 중단하겠다고 발표했음에도 핵실험을 계속했다.

1986년 8월 23일, 미국 연방수사국[FBI]이 UN 사무국에 근무하던 소련 물리학자 게나디 자하로프를 체포했을 때가 가장 큰 고비였다.

소련 정보요원들은 그동안 뉴욕의 UN 사무국 직원으로 위장해서 정보활동을 해왔다. 미국 연방수사국이 오랫동안 이런 움직임을 추적해오다 자하로프를 체포한 것이다. 정보요원 체포와 추방은 양국 관계가 악화되면 늘 일어나던 익숙한 풍경이었다. 한쪽에서 추방하면 반대쪽에서 보복 조치를 취하는 양상을 띠었다. 이번에는 정확히 일주일 뒤인 8월 30일, 소련 정보기관인 국가보안위원회[KGB]가 모스크바에서 근무하던 미국 언론인 니콜라스 다닐로프를 간첩 혐의로 체포했다.

소련은 자하로프와 다닐로프를 교환하자고 제안했다. 레이건 대통령은 중앙정보국 국장 윌리엄 케이시를 불러 다닐로프가 정보활동과 관련이 있는지를 물었다. 케이시는 중앙정보국과는 아무런 관련이 없다고 보고했고, 그 말을 들은 레이건은 고르바초프에게 다닐로프의 석방을 요구하는 편지를 썼다. 그러나 소련은 아예 레이건의 편지 자체를 접수하지 않았다.

소련은 거래를 원했지만, 레이건 행정부는 자하로프와 다닐로프의 사건이 다르다는 점을 강조했다. 미국은 소련이 무고한 언론인을 체포했다고 비판하면서 소련의 인권 유린을 규탄했다. 나아가 소련의 반체제 인사인 유리 오를로프와 그의 아내를 석방하고 이들의 미국 방문을 허용하라고 촉구했다.

미국은 소련이 다닐로프를 무조건 석방할 때까지 양국 관계의 모든 협의를 중단하기로 결정했다. 예정돼 있던 학술 교류가 취소되는 등 미소 양국의 민간 교류도 위축되었다. 셰바르드나제 외무장관의 워싱턴 방문도 연기되었다. 레이건 정부 일각에서는 다닐로프를 석방할 때까지 UN 본부에서 일하는 소련인을 매일 한 명씩 강제 추방하자는 강경한 주장도 제기되었다. 실제로 미국 국무부는 소속 직무와 관계없는 일을 하거나 정보활동에 관여한 '의혹 인물' 25명의 명단을 소련에 전달했다. 언론과 의회도 다닐로프의 석방을 촉구하고 나섰다. 그러나 소련은 다닐로프의 간첩 혐의를 입증할 증거를 갖고 있다며 완강하게 나왔다.

고르바초프는 다닐로프에 대한 언급이나 레이건의 편지에 대한 답변 없이 제네바 회담에서 후속 회담으로 약속한 워싱턴 회담 전에 런던이나 레이캬비크에서 준비회담을 갖자고 제안했다. 하지만 미국은 무조건 다닐로프를 먼저 석방해야 한다는 점을 분명히 했다. 레이건 대통령이 레이캬비크 정상회담을 수락하기 3일 전, 슐츠 국무장관이 해법을 제시했다. 그는 소련에 중앙정보국 모스크바 지부가 다닐로프 본인에게 알리지 않고, 협조자를 구하는 데 그의 이름을 활용했다는 점을 알렸다. 미국 국무부가 중앙정보국의 활동을 간접 비판한 것은 기존 입장에서 볼 때 큰 변화였다. 더 이상 다닐로프의 무죄를 주장하지 않고, 소련이 원하는 거래 방식을 수용하겠다는 입장으로 전환한 것이다.

9월 19일 워싱턴을 방문한 셰바르드나제가 슐츠를 만났을 때, 두 사람은 먼저 다닐로프 문제의 출구를 모색했다. 이 문제는 레이캬비크 정상회담을 준비하기 전에 반드시 해결해야 할 장애물이었다. 해법은 미국이 다닐로프의 무죄 주장을 철회하는 대신 소련이 먼저 다닐로프를 석방해서 미국 의회와 언론을 진정시킨 다음, 다시 소련이 반체제 인사인 유리 오를로프를 석방하고 미국이 자하로프를 석방해 서로 균형을 맞추는 것이었다. 양국 협상파가 머리를 맞대고 출구를 찾아 마침내 레이캬비크로 가는 길을 열었다.

믿어라
그러나 검증하라

─────── 10월 11일 토요일 아침, 레이건이 먼저 회담장에 도착했다. 그는 제네바에서 마치 주인처럼 젊은 고르바초프를 맞이했던 장면이 언론의 좋은 평가를 받았다는 점을 기억하고 있었다. 그래서 이번에도 먼저 도착해 고르바초프를 맞이했다. 두 사람이 안으로 들어가 마주 앉았을 때, 레이건은 "이 만남을 제안해서 기쁘고, 추후 당신의 미국 방문이 성과가 있을 것으로 확신한다"라고 말했다. 고르바초프도 제안에 응한 레이건의 결단을 높이 평가했다.

레이건이 다음에 예정된 워싱턴 정상회담을 염두에 두고 고르바초프의 구체적인 미국 방문 일정을 묻자, 고르바초프는 만남 자체가 아니라 만남의 내용이 중요하며 이번 회담에서 중요한 문제에 대해 차이를 줄여야 성과를 만들 수 있다고 강조했다. 그래서 그는 먼저 군비 감축을 논의하고, 이어서 지역 현안과 인도주의 그리고 양국의 포괄적 관계에 관해 논의하자며 진행 순서를 제안했다.

고르바초프가 핵무기 경쟁을 끝내자고 말했을 때, 레이건은 "믿어라. 그러나 검증하라$^{Doveryai\ no\ Proveryai}$"라는 아주 오래된 러시아 속담을 러시아어로 말하면서 신뢰가 중요하다고 받아쳤다. 고르바초프는 레이건의 어색한 러시아어 발음을 듣고 미소를 지었지만, 회담 분위기는 서서히 신경전으로 변해갔다.

회담에서 문제의 핵심은 '전략방위구상$^{Strategic\ Defence\ Initiative}$'(이하 'SDI')이었다. 레이건은 우주 공간에서 레이저나 엑스레이 기술을 활용해 핵미사일을 요격한다는 이 구상이 핵무기 경쟁을 끝낼 거라고 주장했다. 고르바초프는 오히려 SDI가 우주에서 핵무기 경쟁을 촉발할 것이고, 방어가 되면 얼마든지 공격에 나설 수 있기에 방어용이 아니라 공격용이라고 주장했다. 고르바초프는 앞으로 10년간 SDI를 실험실 수준으로 제한하자고 제안했다.

레이건은 "미국이 실험할 때 소련이 와서 보고, 성공하면 기술을 나누자"라고 말하면서, 자신의 진심을 왜 믿지 못하냐고 호소했다. 하지만 고르바초프는 그것은 불가능한 일이며, 결국 첨단기술 경쟁이 시작되면 소련이 불리하다고 판단했다. 레이건의 주장은 새로운 내용도 아니었다. 레이건은 1년 전 제네바에서도 똑같은 이야기를 했다. 그때 "핵무기를 감축하면 SDI가 군이 필요 없지 않으냐?"라는 고르바초프의 주장에 가스마스크 이야기로 대응했는데, 이번에도 마찬

미국과 소련(러시아) 핵무기 추이 비교

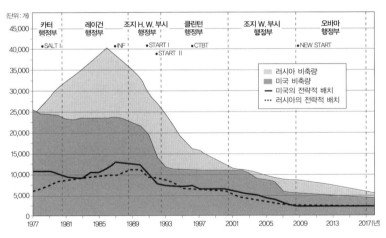

· SALT I: 제1차 전략무기제한협정 · INF: 중거리핵전력조약
· START I: 제1차 전략무기감축협정 · START II: 제2차 전략무기감축협정
· CTBT: 포괄적핵실험금지조약 · NEW STAR: 신전략무기감축협정

가지였다. 레이건은 제1차 세계대전 이후 모든 국가가 화학무기 사용을 금지하기로 합의했지만 대부분의 나라에서 가스마스크를 계속 생산했다는 점을 강조하면서, 누군가 독가스를 사용할 수도 있기 때문에 보호장치를 버릴 수 없다고 했다.

고르바초프는 제네바에서 이미 들었던 독가스와 가스마스크의 비유를 또다시 들으면서 당황스러웠다. 그는 레이캬비크에서 돌파구를 마련할 수 있을 거라고 생각했는데, 레이건은 협상의 출발부터 유연성이 전혀 없는 과거의 주장을 단순 반복하고 있었다.

SDI에 대한 레이건의 확신은 제네바 회담 때보다 훨씬 강했다. 레이건은 "SDI가 불가피하게 우주 기반의 공격 무기가 될 거라는 지적은 전혀 사실이 아니다"라고 하면서, "지표면의 대상을 가장 빠르고 확실하게 타격할 수 있는 것은 탄도미사일이고 그것을 우리가 이미 많이 갖고 있는데, 뭐 하러 우주에 그렇게 많은 비용을 들여 또 만들겠는가?"라는 논리로 대응했다.

SDI에 대한 양국의 입장 차이는 자연스럽게 ABM조약^Anti-Ballistic Missile Treaty(탄도탄요격미사일제한조약)에 대한 입장 차이로 이어졌다. 이 조약은 1972년에 모스크바에서 닉슨 미국 대통령과 브레즈네프 소련 공산당 서기장이 서명한 것이다. 탄도미사일을 요격하는 미사일을 만들지 말자는 내용으로, 얼핏 보면 이상한 약속처럼 보이지만 사실 그것이 냉전시대를 안정적으로 관리하는 방법이었다.

ABM조약은 기본적으로 '상호확증파괴^MAD', 즉 서로 보복 능력을 갖고 있으면 선제공격을 할 수 없다는 공감대를 기초로 하고 있다. 상대에 대한 취약성이 역설적으로 상호안전을 보장한다는 개념인 ABM조약은 쉽게 말해 서로 방패를 만들지 말자는 약속이었다.

그런데 만약 어느 한쪽이 어떤 창도 막을 수 있는 방패를 만든다면 그것은 완전히 이야기가 달라진다. 레이건은 확실한 방패가 있으면 불안정한 평화를 튼튼한 평화로 바꿀 수 있다고 주장했지만, 고르바초프는 방패가 있으면 그 방패를 뚫기 위해 더 날카로운 창을 개발하게 되고, 그것이 새로운 군비 경쟁을 불러올 거라고 비판했다. 결국 레이건이 SDI 계획을 발전시키려면 ABM조약의 틀에서 벗어나야 하는데, 고르바초프는 미사일 방어망을 제약하는 ABM조약의 준수를 강조했다.

어이없는 두 사람의
SDI 집착

─────── SDI에 대한 레이건의 입장은 한마디로 집착이었다. SDI를 구상하게 된 계기는 1979년으로 거슬러 올라간다. 그해 7월 레이건은 캘리포니아 주지사를 마치고 백악관으로 가는 꿈을 꾸면서 외교안보 분야를 공부하고 있었다. 콜로라도주의 콜로라도스프링스에 있는 북미방공사령부North American Air Defence Command를 방문했을 때, 레이건은 "소련의 핵미사일 공격을 받으면 어떻게 반격할 것인가?" 하고 물었다. 사령관은 "추적하고 보복할 수는 있지만 격추할 수는 없다"라고 대답했다. 레이건은 돌아오는 길에 "그렇게 많은 돈을 쓰고 그렇게 많은 장비를 갖고도 우리를 공격하는 핵미사일을 막을 수 없다는 것이 말이 안 된다"라고 하면서 혀를 찼다.

그때 아마 레이건은 자신이 주인공으로 출연했던 영화 〈공중에서

1983년 3월 23일, 레이건 대통령은 정부 내 사전 검토 없이 SDI 계획을 발표했다.

의 살인^{Murder in the Air}〉(1940)을 떠올렸을 것이다. 레이건은 이 영화에서
비밀무기를 훔치려는 공산주의 스파이를 막는 미국의 영웅으로 나오
는데, 이 영화에 나오는 신무기가 바로 적기를 격추할 수 있는 관성
발사기였다.

1983년 3월 23일에 레이건 대통령이 처음으로 SDI 계획을 발표했
을 때, 전 세계뿐 아니라 미국 행정부의 담당자들도 깜짝 놀랐다. 아
무런 사전 검토가 이루어지지 않은 그야말로 깜짝 발표였다. 슐츠 국
무장관과 와인버거 국방장관은 발표 이틀 전에 이 사실을 듣고 'SDI'
라는 표현을 삭제하거나 최소한 완화된 표현을 사용해야 한다고 주
장했지만 레이건을 말릴 수는 없었다. 국방부의 기술 전문가들이 어
이가 없다는 표정을 지을 정도로 SDI 계획에 대한 기술적 검토도 전
혀 이루어지지 않았고, 부처 간 협의도 없었다. 시사주간지《타임^{Time}》

은 '대통령의 비디오게임 비전'이라고 조롱했으며, 민주당은 '공상과학 영화'라고 비판했다. 레이건이 속한 공화당은 아무 말도 못하고 침묵했다.

물론 SDI는 레이건 개인의 고집만으로 이루어진 것은 아니었다. 기술적으로 가능하다고 부추긴 사람들이 있었다. 원자폭탄 개발에 참여하고 이후 수소폭탄을 개발한 에드워드 텔러는 1982년에 레이건 대통령에게 편지를 보내 지상 공격을 위한 우주 기반 무기가 기술적으로 가능하다는 점을 강조했다. 그는 편지에서 이 무기만 있으면 30분 안에 산업화된 한 나라를 18세기의 모습으로 돌려놓을 수 있다고 장담했다. 그러나 과학자들이 참여한 검토 과정에서 텔러의 주장은 기술적 결함이 많다는 점이 드러났다.

레이건 행정부 내부에서 SDI의 실현 가능성을 믿는 사람은 거의 없었지만 각자의 입장에 따라 SDI를 유용한 카드로 재해석했다. 국방부가 주로 SDI를 군사적 효용성으로 접근했다면, 슐츠 국무장관과 국무부는 미소 군축협상에서 이용할 수 있는 하나의 협상 카드로 여겼다. 물론 리처드 펄 국방부 차관 같은 강경파는 SDI를 군비 경쟁을 부추겨 결국 소련을 굴복시킬 확실한 카드라고 생각했다. 이들은 SDI의 기술적 실현 가능성에 대해서는 별로 관심이 없었다. 다만 SDI가 눈엣가시 같던 ABM조약을 좌절시킬 확실한 무기가 될 거라고 판단했다.

레이건과 고르바초프는 토요일 오전 협상에서 SDI에 관해 명백한 입장 차이가 있음을 확인했다. 차이가 분명해지면서 감정도 고조되었지만, 레이건은 분위기를 가라앉힐 생각이 없었다. 그는 "SDI가 20세기 평화를 위해 가장 중요한 시대적 과제"라는 점을 역설하다가,

"SDI의 혜택을 다른 나라에 제공할 수 없다면 자신은 포기할 생각이니 믿어달라"라며 호소하기도 했다. 고르바초프는 한숨을 쉬면서 미국 대통령이 자신이 무슨 말을 하는지 모르고 있다고 속으로 생각했다. 서로의 차이를 확실히 파악하자 두 사람은 점점 더 노골적으로 자신의 주장을 내세웠다.

사실 고르바초프도 SDI에 지나치게 집착했다. 소련의 과학자들 가운데 일부는 SDI에 관해 기술적으로 무의미하다고 평가했다. 소련도 1960년대부터 레이저를 이용해 미사일을 방어할 수 있는 가능성을 연구했지만, 결론은 우주를 기반으로 한 공격 무기가 투자 비용에 비해 효과가 거의 없고 성공 가능성도 높지 않다는 것이었다. 그러나 고르바초프와 소련의 군부는 기본적으로 미국의 기술 발전에 대한 두려움이 있었다. 그들은 만약 미국이 레이저나 고출력 마이크로웨이브를 이용해 미사일 방어망을 구축하면 선제공격을 감행할지도 모른다는 위기의식을 느끼고 있었다.

군축협상,
당신의 무기부터 없애라

─────── 군축협상을 이야기할 때는 언제나 1932년 제네바 군축회의에서 에스파냐 대표가 한 연설을 떠올리게 된다. "숲의 평화를 위해 동물들이 모이자, 사자가 독수리에게 엄숙하게 말했습니다. 우리 발톱을 없애자. 이어 코끼리가 호랑이에게 말했습니다. 우리 이빨과 턱을 없애자. 그러자 모든 동물이 자기에게 없는 것을 없애자고

말하기 시작했습니다. 그때 곰이 일어나 부드럽게 말했습니다. 여러분, 상대방에 대한 포용만 남기고 모든 것을 없애지요."

우주에서 핵무기 경쟁은 미국이 소련에 비해 훨씬 우세했다. 전자산업과 시스템 통합 분야 기술이 앞서 있었기 때문이다. 반대로 고르바초프가 탄도미사일을 50% 감축하자고 제안했을 때 레이건이 아예 완전히 없애자고 받아친 이유는, 소련이 유일하게 미국보다 앞선 분야가 바로 탄도미사일이었기 때문이다.

첫날 저녁까지 협상이 계속되었지만 전략무기 감축, 유럽과 아시아에서 중거리 미사일 철수, 그리고 SDI와 ABM조약 관계 등 모든 문제가 겉돌고 있었다. 그날 밤 레이건은 양국의 전문가 토론을 제안했다. 슐츠 국무장관과 셰바르드나제 외무장관이 논의 결과를 정리하기로 했지만, 토론 과정은 양국 군축 전문가들에게 맡기기로 했다. 미국 팀은 폴 니츠가 이끌었다. 그는 1950년대 트루먼 행정부 시절부터 레이건 행정부까지 아주 오랜 시간 국무부와 국방부를 넘나들며 대소련 전략과 군비 통제 협상을 주도한 안보 분야의 살아 있는 진설이었다. 당시 폴 니츠의 나이는 79세였다. 소련 팀은 잘 알려지지 않은 인물인 세르게이 아흐로메예프 참모총장이 이끌었다. 토론은 통역 없이 영어로 진행되었다.

저녁 8시 10분에 시작된 전문가 토론은 군축 분야와 그 밖의 양국 현안들로 나누어 진행되었는데, 새벽 3시쯤 한 차례 휴식 시간을 갖고 나서 꼬박 밤을 새웠다. 토론은 전문가들답게 감정을 앞세우지 않는 이성적인 분위기에서, 이념보다는 구체적이고 실무적인 내용을 중심으로 전개되었다. 미국 쪽 참가자들은 아흐로메예프 장군의 조용하면서도 생산적인 토론 자세를 높이 평가했다.

군비 감축에 대한 양국 전문가 토론을 이끈 미국의 폴 니츠(왼쪽)와 소련의 세르게이 아흐로메예프
(오른쪽).

밤을 꼬박 새우면서 진행된 전문가 토론의 성과는 대단했다. 탄도미사일의 50% 감축을 비롯해 유럽 중거리 미사일 철거 등 레이건 행정부가 등장한 이후 7년 동안 진전을 이루지 못했던 문제들까지 양국이 서로 합의하는 수준에 이르렀다. 더 중요한 것은 양국 전문가들 사이에 친밀감이 쌓였다는 점이다.

첫날 레이건과 고르바초프가 호프디하우스 1층에서 신경전을 벌이는 동안 양국 전문가들은 2층에 모여 있었다. 지도자들의 논의에 끼어들 수도 없고, 따로 할 일도 없었다. 그렇다고 마땅히 갈 데도 없어, 그들은 무료함을 달래기 위해 서로 대화를 나누었다. 자기가 아는 사람들의 안부도 묻고 가족 이야기며 음식 이야기도 나누면서 그들은 서로 친해졌다. 밤을 꼬박 새우고 다시 만난 이튿날은 더욱 친해졌다. 서로 두터워진 친밀감은 아무도 예상하지 못한 성과였다. 이후 협상의 고비에서 불신이 엄습할 때마다 중심을 잡고 해법을 찾는 데 서로에 대한 신뢰와 이해가 중요한 역할을 했다. 협상에서 개인적 친분과 상호이해는 매우 중요한 변수다.

후손들이
용서하지 않을 것이다

─────── 양국의 계획은 10월 12일 일요일 오전 정상회담에서 합의 사항을 점검하고, 점심을 함께 먹은 뒤 헤어지는 것이었다. 그래서 아침식사가 끝나자 관계자들은 짐을 싸서 비행기에 싣기 시작했다. 그러나 할 말이 여전히 많이 남아 있던 두 지도자는 헤어지는 것을 무척 아쉬워했다. 실제로 그날 아침에 양국 간에 합의된 부분이 많았다.

첫날 고르바초프가 공격 무기의 50%를 서로 감축하자고 제안했는데, 둘째 날 아침에는 10년 안에 모든 핵무기를 철폐하자고 한 걸음 더 나갔다. 레이건 대통령이 다시 한 번 "모든 종류의 모든 무기를 다 없애자는 것이냐?"라고 물었을 때, 고르바초프는 그렇다고 확실하게 말했다. 레이건은 "10년 뒤 양국의 마지막 미사일을 없앤 뒤에 아이슬란드에 다시 와서 축배를 듭시다. 그때가 되면 난 너무 늙어서 당신이 나를 몰라볼 수도 있을 거요"라고 말하며 웃었다. 레이건은 "여전히 국방부의 일부 사람들은 핵전쟁에서 우리가 승리할 수 있다고 주장하지만, 솔직히 나는 그들이 제정신이 아니라고 생각합니다"라고 말하기도 했다.

오전 회의가 끝나고 슐츠 미국 국무장관과 셰바르드나제 소련 외무장관이 양국의 협의 사항을 정리하기로 했다. 두 사람이 그동안의 논의 사항을 정리하고 현안별로 검토하는 과정에서 합의된 사항도 있었지만 구체적인 부분에서 많은 차이가 드러나기도 했다. 소련은 맨 먼저 모든 전략무기를 폐기하자고 제안했지만, 미국은 탄도미사일 분야만 먼저 감축하자고 주장했다. 미국이 전략폭격기와 크루즈 미사일 분야에서는 우위에 있었기 때문이다.

양국의 입장이 결정적으로 부딪친 지점은 역시나 SDI였다. 셰바르드나제는 고르바초프와 마찬가지로 "10년 동안 실험실 수준으로 제한"하자는 표현을 양보하지 않으려 했고, 슐츠는 그 표현을 삭제하자고 했다. 두 장관이 옥신각신하는 바람에 오후 회의가 30분이나 늦게 시작되었다.

오후에 레이건과 고르바초프는 양국 외무장관이 정리한 분야별 쟁점을 다시 한 번 검토했다. 고르바초프는 "소련은 양보를 많이 했는데, 미국은 양보하지 않으려 한다"라고 불평했다. 레이건은 그렇지 않다고 하면서 모든 탄도미사일을 50% 감축하는 것이 아니라 10년 안에 전부 철폐하자고 제안했다. 다만, SDI는 실험 단계로 제한할 수 없다고 강력하게 주장했다.

레이건은 "나는 당신에게는 없는 문제가 하나 있소. 소련에서 당신을 비판하는 사람은 감옥에 가겠지요. 그러나 미국에는 오랫동안 소련을 비판한 사람들이 있소. 만약 내가 SDI를 포기한 것으로 비치면 우파와 보수 언론들이 들고일어나 나를 비판할 것이고, 나는 정치적으로 치명상을 입게 될 것이오"라고 말하면서 자신의 입장을 고려해달라고 부탁했다.

고르바초프도 이에 지지 않았다. 그는 "SDI를 실험실 수준으로 제한하면 우리는 역사적 합의를 할 수 있습니다"라고 하면서, 그것이 아니라면 "그냥 안녕 하고 헤어지고, 이틀 동안 논의한 모든 것을 잊어버립시다"라고 세게 나왔다. 레이건은 "실험실이라는 한 단어 때문에 역사적 기회를 걷어차는 것이 말이 된다고 생각하느냐"라며 다시

한 번 호소했다. 고르바초프는 "단어가 아니라, 원칙의 문제"라고 단호하게 대응했다.

이때 과묵한 인상의 셰바르드나제 소련 외무장관이 끼어들었다. 그는 "먼 훗날 우리 후손들이 우리가 논의한 내용을 읽는다면 우리가 얼마나 합의에 가깝게 다가갔는지 알 것이고, 그런데도 우리가 역사적 기회를 그냥 흘려보낸 것을 알게 되면 결코 우리를 용서하지 않을 것입니다"라고 비장하게 말했다.

레이건은 고르바초프에게 다시 한 번 "한 단어 때문에 이렇게 무산될 수 없소"라고 말했고, 고르바초프는 "그것은 단어가 아니라 원칙입니다"라고 반복해서 말했다. 결국 두 지도자는 아무 말도 하지 않고 책상 위 서류들을 주섬주섬 챙긴 뒤 어색한 표정으로 회담장을 나왔다. 건물 바깥에서 대기하고 있던 방송사 카메라들은 두 지도자의 어두운 표정에서 '실패'라는 단어를 읽었다.

물론 합의가 가능한 부분도 많았다. 감축 기간과 세부 분야에서 실무적인 조정이 필요하지만 전략무기 감축에 의견을 모았고, 중거리 미사일의 경우 유럽에서는 완전히 철거하고 아시아에서는 100기로 축소한다는 데 서로 합의하기도 했다. 그러나 문제는 처음부터 끝까지 모든 논의를 가로막았던 SDI에 대한 입장 차이였다.

레이건은 회담장에서 나와 북대서양조약기구 기지로 향했다. 그곳에서는 미국과 서유럽 출신의 병사들과 가족들이 대통령을 기다리고 있었다. 레이건은 방송사 카메라가 지켜보는 가운데, "자유세계의 시민들을 핵미사일로부터 방어할 수 있는 SDI의 개발과 실험, 배치 권리를 포기할 수 없었다. 그렇게 해서도 안 된다고 생각했다"라고 말했다. 박수와 환호가 터져 나왔지만 언론들은 레이캬비크 정상회담

1986년 10월 12일, 아무런 합의문도 채택하지 못한 채 굳은 표정으로 회담장을 떠나는 레이건과 고르바초프.

이 왜 실패했는지를 짐작할 수 있었다.

같은 시각 고르바초프는 기자들이 모여 있는 곳으로 가면서 회담 실패에 대해 어떻게 말할지를 고민했다. 그는 실망이 아니라 희망을 강조하기로 결심하고 "아직 문이 닫히지 않았다", "우리는 처음으로 수평선 너머를 보았다"라고 말해 기자들의 박수를 받았다.

미국 여론은 레이건 대통령을 지지했지만, 언론들 대부분은 회담을 실패로 규정했다. 그리고 성공할 것 같던 아침의 낙관적인 분위기에서 한나절 만에 실패라는 반전에 이른 원인은 SDI에 대한 레이건의 고집 때문이라고 짐작했다. 결과적으로 언론은 레이건의 비현실적인 SDI에 대한 집착이 세계를 바꿀 수 있는 군비 감축 협정을 거부했다고 비판했다.

합의 수준을
확인하는 과정의 중요성

──────── 실패한 정상회담은 반드시 후유증을 남긴다. 레이캬비크에서 어색하게 헤어진 이후 미소 양국은 몇 달 동안 실패의 책임을 상대에게 떠넘기려 했다. 이럴 때 대체로 강경파가 틈을 비집고 상황을 주도하려고 하는 바람에 사태가 더욱 악화되는 경향이 있다. 회담 일주일 뒤인 1986년 10월 19일, 미국은 소련의 UN 사무국 직원 가운데 25명을 추방했다. 그 보복 조치로 소련도 곧바로 모스크바 미국 대사관에 근무하던 미국 외교관 5명을 추방했다. 이틀 뒤 미국은 다시 55명의 소련 외교관을 추가로 추방했고, 소련 역시 모스크바 미국 대사관에 근무하던 소련 현지 직원 가운데 260여 명을 해고해 대사관 기능을 마비시켰다.

레이건 행정부 내부에서도 결정적 악재가 등장해 발목을 잡았다. 11월 첫째 주에 슐츠 미국 국무장관이 오스트리아 빈에서 셰바르드나제 소련 외무장관을 만나고 있을 때, 미국이 적대 국가인 이란에 무기를 팔았다는 뉴스가 흘러나왔다. 레바논에 붙잡혀 있던 미국인 인질을 석방시키기 위한 거래였다. 게다가 무기 판매 대금의 일부가 니카라과의 혁명정부를 무너뜨리려는 친미 성향의 콘트라 반군에 지원되었다는 사실도 밝혀졌다. '이란-콘트라 스캔들'이라 불리는 이 정치 사건은 곧바로 레이건 행정부를 강타했다.

공개적으로 도덕외교를 주장해온 레이건 행정부가 뒤에서 '더러운 거래'에 관련되었다는 사실은 상당한 충격을 주었다. 레이건은 1979년 이란에 혁명정부가 수립되는 과정에서 벌어진 이란 주재 미국 대사관 인질 사태를 해결하지 못한 카터 행정부의 유약한 이미지 때문에 대통령 선거에서 쉽게 이길 수 있었다. 그런데 그런 국가와 뒷거래를 했다는 사실은 레이건이라는 강력한 국가 지도자의 이미지를 무너뜨렸다.

사태는 쉽게 진정되지 않았다. 적대 국가인 이란에 무기를 판매한데 대해 이스라엘로부터 강력한 항의를 받았다. 또한 무기 판매 이익금으로 콘트라 반군을 지원한 것 자체가 미국 국내법상 명백한 불법행위였다. 의혹이 일파만파로 번지면서 앞서 탄핵당한 닉슨의 전철을 밟지 않을까 하는 우려가 커졌다. 레이건은 의혹의 불길을 차단하기 위해 할 수 없이 백악관 외교안보팀을 잘라냈다.

11월 22일에 존 포인덱스터 국가안전보장회의 보좌관이 책임을 지고 사임했다. 이후 레이건은 이란-콘트라 사건의 실무를 맡았던 올리버 노스 중령을 해임했고, 새로운 안보 담당 보좌관으로 프랭크 칼루치를, 부보좌관으로 콜린 파월을 임명했다. 이렇듯 백악관 외교안보팀이 바뀌는 어수선한 상황으로 인해 레이캬비크 정상회담에 대한 후속 조치는 제대로 논의조차 되지 못한 채 멈춰 있었다.

양국이 논의 사항을 재검토하고 후속 논의를 준비하는 데에는 다시 몇 달의 시간이 걸렸다. 레이캬비크 정상회담 직후 양국은 합의 가능한 수준이 어느 정도인지를 서로 확인해보는 것이 얼마나 중요한지 그 효과를 바로 알아차리지 못했다. 레이캬비크에서 양국은 10년 안에 모든 미사일을 없애자는 협정에 거의 도달할 뻔했다. 그리고 그 자리에서 고르바초프는 중거리 핵무기를 모두 없애는 제로 옵션 Zero Option을 받아들일 준비가 되어 있다고 밝혔다. 유럽의 지도자들이 레이캬비크에서 레이건과 고르바초프가 협의한 내용을 듣고 충격을

소련의 핵물리학자 안드레이 사하로프는 1987년 2월 모스크바에서 열린 군축 포럼에 참석해 SDI의 기술적 결함을 정확하게 지적했고, 이를 통해 고르바초프는 SDI에 대한 입장을 재정립했다.

받았을 정도였다.

어수선한 분위기가 이어지는 동안 결정적인 인식의 변화도 일어났다. 그것은 바로 고르바초프가 SDI를 실험실 수준으로 제한해야 한다는 주장에서 한 발 물러선 것이다. 고르바초프의 생각을 바꾼 인물은 역설적이게도 소련 반체제 인사인 안드레이 사하로프 박사였다. 그는 소련에서 수소폭탄을 개발한 핵물리학자이자 소련 인권운동의 상징적 인물로, 1975년에 노벨평화상을 받아 서방에도 잘 알려진 유명 인사였다. 사하로프는 1980년대 초에 다시 반체제 활동을 벌여 유배형을 받았다가 고르바초프 등장 이후 석방되었다.

1987년 2월, 사하로프는 모스크바에서 열린 군축 포럼에 참석해 SDI의 기술적 결함을 정확하게 지적했다. 우주 공간에 엑스레이 레이

1987년 12월 8일 워싱턴에서 열린 미소 정상회담에서 레이건(오른쪽)과 고르바초프(왼쪽)는 사정 거리 1,000킬로미터 이상의 모든 미사일을 폐기하는 '중거리핵미사일협정'에 서명했다.

저를 설치할 수 있지만 그것을 방해하는 기술적인 방법이 얼마든지 있으며, 구멍이 숭숭 뚫린 방패는 아무런 의미가 없다는 점을 그는 아주 쉽게 설명했다. 그리고 왜 소련이 이 어이없는 기술과 핵무기 감축을 연계시켰는지 그 허점을 동시에 비판했다. 그 자리에 참석한 고르바초프는 SDI에 대한 입장을 확실하게 재정립했다.

1987년 12월 워싱턴 정상회담에서 다시 만난 레이건이 SDI를 실험실 수준으로 제한할 수 없다는 기존 입장을 고수하자, 고르바초프는 이렇게 응수했다. "대통령 각하. 그렇게 하세요. 개발을 하고 실험을 하고 실제로 배치할 생각이라면 그렇게 해도 됩니다. 다만, 제가 하고 싶은 말은 각하께서 돈을 낭비할 필요가 있을까 하는 점입니다. 아마 생각대로 잘 작동하지 않을 것입니다." 고르바초프가 SDI와 다른 현안의 연계를 끊어버리자 드디어 합의가 가능해졌다. 워싱턴 정상회담에서 양국은 사정거리가 1,000킬로미터가 넘는 모든 미사일을 폐기하는 '중거리핵미사일협정'에 서명했다. 이 서명은 4년 뒤인 1991년에 조지 H. W. 부시 대통령과 고르바초프 서기장이 '전략무기감축협정Strategic Arms Reduction Talks, START'을 체결하는 데 중대한 기반이 되었다.

레이캬비크의 선물

─────────── 레이건의 군사 강경정책이 소련의 변화를 불러와 결국 냉전이 종식되었다는 주장이 있지만 그것은 사실이 아니다. 고르바초프의 대미 정책 실무를 책임졌던 도브리닌 소련 국제부장은 "만약 레이건이 강성책을 지속하면서 협상을 거부했다면 고르바초프 역시 소련 내부에서 강경파의 반대에 부딪혔을 것이고, 그 결과로 국내 개혁과 국제적인 개방을 시도하지 못했을 것"이라고 밝혔다.

미소 양국은 레이캬비크에서 서로 양보할 수 없는 수준을 알았기에, 1년 뒤 워싱턴 정상회담에서 어디까지 합의할 수 있는지 잘 알 수 있었다. 레이캬비크에서 만나고 한참이 지난 뒤에야 양국 당사자들은 그 회담의 중요성을 인식했다. 고르바초프는 그때가 '실질적인 돌파의 계기'라고 말했고 '냉전 종식의 전환점'이라고 회고했다. 그 이유로 그는 "양국 지도자들이 처음으로 핵심 쟁점에 대해 솔직하고 직접적으로 대화했다"는 점을 강조했다.

고르바초프의 말처럼 레이캬비크 정상회담은 일종의 심리적 전환점이었다. 미국과 소련, 두 나라 모두 레이캬비크를 겪고 난 뒤에는 그 이전처럼 행동할 수 없었다. 레이건은 1987년 워싱턴 정상회담을 '소련과의 정상회담 중 역대 최고'라고 평가했는데, 그것은 "성급하지 않았고, 그래서 속내를 털어놓고 서로를 이해할 수 있었던" 레이캬비크 정상회담이 준 선물이었다.

소수파를 배려하라

미얀마의 소수민족 평화협상

협상일지

1947년	2월 12일	아웅산 장군 주도로 소수민족 지도자들 팡롱협정 서명
	7월 19일	아웅산 장군 암살, 팡롱협정 무산
1948년	1월 4일	버마 독립. 소수민족 무장투쟁 시작
1962년	3월	네윈, 군사 쿠데타로 집권(일당독재체제 구축)
1988년	8월 8일	8888민주화운동. 군정, 시위대를 무력으로 진압하고 민간인 학살
	9월	신군부가 쿠데타로 정권 장악
1989년	6월	국가명을 '버마'에서 '미얀마'로, 수도명을 '랑군'에서 '양곤'으로 개정
	7월 20일	민주주의민족동맹 지도자 아웅산 수치 가택연금
1990년	5월	총선에서 민주주의민족동맹이 전체 의석의 80% 차지, 군부 선거 결과 무효화
1991년	12월	아웅산 수치, 노벨평화상 수상
2010년	11월	총선 실시. 민주주의민족동맹의 불참으로 통합단결발전당 승리
2011년	2월	소수민족 무장단체들, 정부와의 협상을 위해 '연합민족연방위원회' 설립
	3월	군 출신 테인 세인 대통령 취임
	12월	테인 세인 정부, 샨족 남부군과 평화협상 체결. 힐러리 클린턴 미국 국무장관 미얀마 방문
2012년	1~3월	테인 세인 정부, 카렌민족연합·친족민족전선·신몬주당·카야민족진보당과 정전협정 체결
	10월	소수민족 평화협상 전담기구인 '미얀마평화센터' 출범
	11월	버락 오바마 미국 대통령, 미얀마 방문
2015년	10월 15일	15개 소수민족 단체 중 8개 단체가 '전국적 휴전협정'에 서명
	11월 8일	자유총선거 실시(아웅산 수치가 이끄는 민주주의민족동맹 압승)

흰 코끼리는 석가모니의 어머니인 마야 부인의 태몽에 등장한 영물이다. 불교 국가인 미얀마에서 이 동물은 오랫동안 평화와 번영의 상징이었다. 미얀마의 수도 네피도에 가면 흰 코끼리를 볼 수 있다. 미얀마 정부는 이 동물을 화합의 상징으로 내세운다. 채찍이 아니라 피리를 불어서 조련한다는 흰 코끼리처럼, 과연 세계적인 다민족 국가이며 오랫동안 군부독재와 내전을 겪은 미얀마에서 '조화'가 가능할까?

미얀마,
민주주의를 향해 출발

─────── 미얀마, 과거에는 버마라고 불렀던 이 나라는 1989년에 군사정부가 들어서면서 국명을 '버마'에서 '미얀마'로 바꾸었다. 미얀마는 '빠르고 강한'이라는 뜻이다. 군사정부는 당시 수도였던 '랑군'이라는 지명도 '양곤'으로 바꾸었다. 군사정부의 불법성을 비판하

는 사람들은 여전히 버마라고 부른다. 그러나 정부가 민주화를 추진하고 국제사회와 관계를 개선하기 위해 적극적으로 나서자, 비판적인 해외 언론에서도 다수 종족인 버마족에서 유래한 버마라는 과거의 명칭보다는 미얀마라는 새로운 국명을 대체로 사용한다(이 글에서는 1989년 이전 시기는 버마, 그 이후는 미얀마라고 표기했다).

2011년 테인 세인 대통령 집권 이후 미얀마는 군부독재를 끝내고 민주주의를 향해 길을 떠났다. 외부의 압력이나 아래로부터의 변화가 아닌 군부가 스스로 선택한 길이다. 물론 군부는 의회 의석의 25%를 현직 군인에게 배정하도록 헌법으로 정해 안전판을 마련해놓았다. 국회가 열리면 군복을 입은 군인들이 질서 정연하게 국회의사당에 앉아 있는 풍경을 볼 수 있다. 테인 세인 대통령 역시 4성 장군 출신이다.

처음에 미얀마 군부가 '개혁'을 언급했을 때, 국제사회의 기대는 높지 않았다. 그러나 테인 세인 정부가 추진한 변화의 폭은 국제사회의 예상을 훨씬 넘어섰다. 언론 검열을 과감히 없애고, 정치범 대부분을 석방했으며, 노동조합의 파업권을 인정하고, 시위와 집회의 자유를 보장했다. 테인 세인 대통령은 2011년 8월 19일에 아웅산 수치를 전격 방문한 이후 그녀를 국정 운영의 동반자로 인정하고 건설적인 관계를 유지했다. 노벨평화상 수상자인 아웅산 수치는 미얀마 민주화운동의 상징이자 국제사회가 미얀마의 민주주의 수준을 평가하는 기준이기도 했다.

외교관계도 달라졌다. 1988년 8월 8일, 당시 버마 군사정부가 학생과 승려 들이 중심이 되어 들불처럼 타올랐던 민주화 시위(8888민주화운동)를 무자비하게 진압하고, 한 치의 망설임도 없이 민간인 수천 명

미얀마 민주화운동의 상징인 아웅산 수치(오른쪽)와 악수를 나누는 군부 출신의 테인 세인 대통령
(왼쪽). 2011년 집권 이후 테인 세인 대통령은 아웅산 수치를 국정 운영의 동반자로 인정하고 건
설적인 관계를 유지해왔다.

을 학살했을 때, 미국과 유럽연합^{EU}을 비롯한 대부분의 서방 국가들
은 버마와 외교관계를 단절했다. 그리고 UN을 중심으로 경제 제재
를 단행했다. 조지 W. 부시 행정부 때, 콘돌리자 라이스 국무장관은
의회 청문회에서 버마를 '폭정의 전초기지'라고 불렀다.

　미얀마가 민주화의 길에 들어서자 국제사회의 평가가 달라졌다.
그리고 미국의 오바마 행정부가 중국을 견제하기 위해 '아시아 귀환
정책$^{Return\ to\ Asia}$'을 추진하면서 주변국에 공을 들이자, 미얀마의 전략
적 가치가 더욱 올라갔다. 2011년 11월, 힐러리 클린턴 미국 국무장
관이 56년 만에 미얀마를 방문했다. 그리고 미국은 2012년 4월에 미
얀마에 대한 인도적 지원을 다시 시작하는 한편, 5월에 투자 금지 조
항을 철폐했다.

미얀마가 가야 할 길은 아직 멀다. 그중에서도 소수민족과 평화를 이루는 것이 필수적이다. 테인 세인 대통령은 2011년에 새로운 정부가 출범할 때, "평화 없이 앞으로 나아갈 수 없다"라고 선언했다. 2012년 11월에 미얀마를 방문한 오바마 미국 대통령도 양곤대학에서 연설 중에 "내가 대통령에 취임할 때 공포정치를 하는 국가들이 주먹을 펴면 우리가 손을 내밀겠다고 말했다. 오늘 나는 그 약속을 지키게 됐다"라고 말했다. 그는 이어서 "어떤 개혁도 민족 화해 없이 성공하기는 어렵다"라고 강조했다.

미얀마는 135개의 다민족으로 구성된 국가다. 버마족이 미얀마 인구의 67% 정도를 차지한다. 언제나 버마족이 중심이었고, 소수민족들은 정치적으로나 지리적으로 변방으로 밀려났다. '평화적인 다민족 연방국가'는 1948년 버마의 독립 정신이지만, 한 번도 실현된 적이 없다. 민주주의를 향한 첫걸음을 힘차게 내딛은 미얀마에서 과연 소수민족에게도 평화가 찾아올까?

왜 군부는 개혁을
받아들였을까?

───────── 미얀마 군부는 스스로 국가의 수호자임을 자부한다. 미얀마 군부의 뿌리는 아웅산 장군을 비롯한 '30인의 동지'라는 이름의 젊은 민족주의자들이다. 이들은 1941년에 영국 식민지에서 벗어나기 위해 일본과 손을 잡는 한편, 타이에서 '버마독립군'을 창설했다. 그리고 일본에서 군사훈련을 받고 1942년 3월에 일본군을 따라

버마의 독립과 근대 국가 성립을 위해 힘쓴 아웅산 장군(오른쪽)과 30인의 동지들(왼쪽). 이들은 버마독립군을 창설해 일본과 손을 잡고 영국을 몰아냈지만, 이후 일본군이 잔인한 식민 통치를 펼치자 저항운동을 벌였다. 아웅산은 버마 독립 직전 정치적 반대파의 폭탄 테러로 암살당했다.

버마로 진격했다. 영국을 몰아냈지만 랑군(지금의 양곤)을 점령한 일본군이 실제로 버마의 독립을 허용하지 않고 영국보다 잔인한 방법으로 식민 통치를 펼치자, 아웅산은 30인의 동지와 함께 일본에 대한 저항운동을 시작했다.

제2차 세계대전에서 일본이 패망한 뒤 영국군이 승전국이 되어 다시 들어왔을 때, 버마에는 두 개의 군대가 존재했다. 하나는 아웅산 장군의 버마독립군이고, 다른 하나는 영국군에 소속된 애국버마군이다. 버마독립군 구성원 대부분은 버마족이었지만, 애국버마군은 소수민족으로 구성되었다. 두 군대는 서로 적대적이었다. 아웅산 장군이 정치적 반대파에 의해 암살된 1947년 이후 혼란은 더욱 커졌다. 1948

년 독립 당시에는 사실상 군대도, 국가도 정상적인 기능을 발휘하지 못했다.

독립 직후, 기존의 버마독립군과 애국버마군을 통합한 버마군은 15개의 대대로 재편되었다. 다만 각 부대는 민족별로 구성되었는데, 버마 부대, 카렌 부대, 카친 부대 등이었다. 버마라는 지붕에 함께 살았지만, 그들은 서로를 적대시했다. 결국 독립 후 몇 달이 지나지 않아 3개 부대가 폭동을 일으켜 공산반군으로 돌아섰다. 당시 군 병력은 3,000여 명 정도여서 수도였던 랑군을 제외하고는 대부분의 지역을 통제할 수 없었다.

소수민족의 무장투쟁은 아웅산 장군이 폭탄 테러로 암살당한 뒤 정치적으로 분열된 상황에서 독립이 버마족을 중심으로 준비되면서부터 예고된 결과였다. 즉, 1948년의 버마 독립은 소수민족 무장투쟁의 시작을 의미했다. 1949년에는 중국 내전에서 공산당에 패배한 국민당군 일부가 버마 북동부의 샨주Shan State로 넘어와 군사기지를 설치하고, 마약 재배와 밀무역을 시작했다.

1960년에 우누 정권●이 불교를 국교로 지정하자, 비불교도 소수민족들의 반발이 더욱 심해졌다. 산족·몬족·라카인족의 지도자들은 지역 자치를 요구했고, 일부 소수민족은 분리 독립을 공공연하게 주장했다. 1962

● 버마 독립을 위해 영국 정부와의 교섭을 담당하던 아웅산이 암살당한 뒤 그의 유업을 이어받은 우누가 영국과의 협상을 마무리짓고. 1948년 1월 4일 마침내 버마의 독립을 이루어냈다. 사진은 1947년 10월 1일 런던에서 우누와 영국의 클레멘트 애틀리 총리가 '누-애틀리협정'에 서명하는 장면이다. 우누는 1962년 3월 네윈 총사령관의 쿠데타에 의해 권좌에서 물러날 때까지 10여 년간 총리로 재임하면서 신생 국가의 기반을 닦기 위해 노력했다. 그러나 공산당과 소수민족의 반란에 따른 내전 등으로 집권 기간 중 많은 어려움을 겪었다.

년에는 아웅산 장군과 함께 30인의 동지 가운데 한 명이었던 네윈이 군사 쿠데타를 일으켰다. 그가 내세운 명분은 바로 소수민족의 분리 독립에 대한 우려였다. 군인들은 소수민족의 분리 요구를 국가의 위기로 여겼고, 국가의 통일과 단결을 위해 정치에 개입할 수밖에 없다고 주장했다. 군부는 민간 정치인들을 부패하고, 이기적이며, 무능한 집단으로 간주했다.

1962년 쿠데타 이후 군은 '혁명위원회'를 구성해 버마사회주의계획당Burma Socialist Programme Party, BSPP을 제외한 모든 정당을 불법화하면서 일당독재체제를 구축했다. '버마식 사회주의'는 외세의 도움을 받지 않는 독자적인 발전을 지향했지만, 결국 국제적으로 고립되었다. 민주주의는 중단되었고, 더 이상 선거는 치러지지 않았다.

1988년 8월, 아주 오랫동안 군부독재에 억눌려 있던 민중들이 '군인들의 부패와 무능이 만든 경제 위기'가 일상의 삶을 위협하자 거리로 쏟아져 나왔다. 그러나 1988년의 민주화 시위는 '대량 살상'으로 진압되었고, 학생운동 세력은 국경 지역의 정글과 산악으로 들어가 소수민족의 무장투쟁에 합류했다. 이후 군부의 얼굴은 바뀌었지만, 군부독재는 지속되었다.

2000년대 들어와서도 군부의 정책 결정은 일방적이었다. 예를 들어 2005년 11월, 정부는 수도를 양곤에서 내륙 지역인 네피도로 이전한다고 선언했다. 양곤은 경제수도로 남았지만, 대통령과 행정부 그리고 국회 모두 네피도로 옮겼다. 지리적으로 미얀마의 중앙인 네피도로 이전해서 국토의 균형적인 발전을 이룬다는 것이 명분이었지만, 해안 도시인 양곤의 외세 공격 가능성을 우려한 결과였다. 이 과정에서 군부는 미신과 점성술에 따라 수도 이전 장소를 네피도로 결정했다고 한다. 난데없는 수도 이전은 군부의 일방적이고 전근대적인 정책 결정 과정을 보여주는 한 사례였다. 이런 일이 수도 없이 오랫동안 반복되었다.

그러다가 2011년에 테인 세인 대통령이 집권하면서 군부는 변화를 선택했다. 변화의 핵심은 군부가 가진 권력을 일정 부문 포기하는 것이었다. 어떤 이유로 군부는 스스로 권력을 양보하려 했을까? 몇 가지 견해가 엇갈린다. 먼저 1988년 민주화운동에 대한 미얀마 군부의 폭력적인 진압 이후, 국제사회가 오랫동안 진행해온 경제 제재의 효과로 설명하는 의견이 있다. 그러나 사실 경제 제재의 효과는 크지 않았다. 1988년에서 2010년 사이 미얀마의 국민총생산은 126억 달러에서 454억 달러로 증가했다. 제재 대상인 수출입에서도 오히려 큰 폭의 증가세를 보였다. 같은 기간 수출은 1억 6,700만 달러에서 87억 달러로 증가했다. 외국인 투자도 400만 달러에서 83억 달러로 증가했다.

경제적 배경보다는 과도한 중국 의존에 대한 반발이라는 정치적 이유에서 군부의 변화 배경을 찾는 견해도 있다. 서방의 제재가 시작된 1988년 이후로 미얀마에 대한 중국의 영향력이 더욱 커졌다. 미국과 유럽연합이 미얀마에 경제 제재를 취하자, 미얀마가 경제적으로 의존할 수 있는 국가는 중국뿐이었다. 중국은 UN이라는 국제무대에서 언제나 미얀마의 입장을 지지하며 외교적 후원을 아끼지 않는 등 바람막이 역할을 해주었다. 그러나 미얀마와 중국의 관계에서 일방적으로 미얀마가 받기만 한 것은 아니었다. 이웃 국가로서 중국은 정치적 영향력뿐 아니라, 미얀마가 갖고 있는 경제적 가치를 충분히 활용했다.

미얀마 정부가 미국 및 유럽연합과 관계를 확대했다고 해서 중국과 협력이 줄어든 것도 아니다. 미얀마는 '새로운 친구 미국'과 '오래된 친구 중국'을 모두 중시하고 있다. 미얀마는 아시아에서 미국과 중국 양국의 패권 경쟁을 오히려 자국의 이익으로 활용하는 대표적인 국가다. 따라서 대중국 의존도를 줄이기 위해 서방 국가와 관계 개선에 나섰다는 일부의 설명도 설득력이 떨어진다.

아웅산 수치의 선택, 군부와 춤을

──────── 군부는 달라진 국내외 환경에서 더 이상 통치자의 역할을 유지할 수 없음을 인식했다. 군부가 정치에 개입했던 명분, 즉 안보의 위협이 감소하면서 군부의 퇴각이 불가피해진 측면도 작용했다. 세계적으로 냉전이 끝났고, 동남아시아 지역의 질서는 과거의 대립적인 구도가 아니라 협력적인 관계로 전환했다.

변화를 바라는 국내의 열망과 국제적 압력이 결합되면서 군부는 자신의 권력을 일부 포기하기로 한 것이다. 언제든지 버려야 얻을 수 있다. 총이 아니라 투표함으로도 권력을 유지할 수 있다는 자신감도 작용했다. 군부는 새로운 정치환경에 능동적으로 대응하기 위해 2010년 6월에 통합단결발전당Union Solidarity and Development Party, USDP을 새롭게 창당했다.

그해 11월 7일에 실시된 총선거에서 통합단결발전당은 연방의회와 각 지방의회에서 76.5%를 얻었다. 아웅산 수치가 이끄는 민주주의민족동맹$^{\text{National League for Democracy, NLD}}$이 선거를 거부한 결과였다. 20년 전인 1990년 5월 총선거에서 민주주의민족동맹이 80%의 의석을 차지하자, 군부는 선거 결과를 무효화하고 또다시 아웅산 수치를 장기간 연금했다. 20년 뒤인 2010년에 민주주의민족동맹은 실질적인 민주화를 요구하며 선거에 불참했고, 그 자리를 통합단결발전당이 차지한 것이다.

2010년의 선거는 군부에 의한, 군부를 위한 독무대였지만, 동시에 놀랄 만한 변화의 출발선이기도 했다. 바로 그 선거 결과로 테인 세인 대통령이 등장했고, 그는 개혁의 길로 질주했다. 이후 2012년 4월 보궐선거는 비교적 공정하고 자유롭게 치러졌다. 아웅산 수치가 85%의 압도적인 득표율로 국회의원에 당선되었고, 민주주의민족동맹은 44석 중 43석을 차지했다. 그리고 2015년 11월 8일에 총선거가 실시되었다. 2010년 총선거를 야당이 거부했기 때문에 2015년 선거는 1990년 이후 25년 만에 이루어진 실질적인 자유선거였다.

아웅산 수치가 이끄는 민주주의민족동맹은 78%의 득표율로 압승을 거두었다.• 국제사회는 25년 전처럼 군부가 선거 결과를 무효화하는 것이 아닌지 불안한 시선으로 지켜봤다. 그러나 상황이 달라졌고 군부도 그럴 생각이 없었다. 테인 세인 대통령을 포함한 대부분의 군부 출신들이 선거 결과에 승

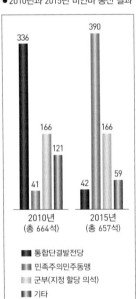

• 2010년과 2015년 미얀마 총선 결과

2010년
(총 664석)

2015년
(총 657석)

336
390
166
166
121
59
41
42

■ 통합단결발전당
■ 민족주의민주동맹
■ 군부(지정 할당 의석)
■ 기타

상하원 전체 의석의 25%를 차지하고 있는 미야마 군부. 2008년 신헌법을 제정하면서 개헌 저지 선인 국회의원 25%를 군부가 지명해 정치적 영향력을 잃지 않도록 제도를 마련해놓았다.

복하고, 민주주의민족동맹의 승리를 흔쾌히 축하했다.

군부 출신 정치인들이 민주화 세력에게 호의적인 태도를 보이는 데는 그만한 사정이 있다. 이미 군부는 2008년 신헌법을 통해 정치적 영향력을 제도적으로 보장해놓았기 때문이다. 군부는 상하원을 포함한 전체 의석의 25%를 지명할 수 있다. 따라서 민주주의민족동맹이 2015년 선거에서 78%의 득표율을 얻었지만 실질적으로는 59%의 의석만 얻었다. 그리고 정부의 핵심적인 세 개 부처, 즉 국경부·국방부·내무부 장관을 군부가 맡도록 헌법으로 정해놓았다. 대외 부문과 대내 부문의 공권력 통제를 군부가 하겠다는 것이다.

그리고 결정적으로 2008년 신헌법에 따르면, 아웅산 수치는 대통령으로 출마할 수 없는 상황이다. 헌법 제3장 59조에서는 "배우자나

자식이 외국 국적을 소유한 경우는 대통령의 자격이 없다"라고 규정했는데, 이는 전적으로 아웅산 수치를 겨냥한 조항이다. 수치의 사망한 남편은 영국인이고, 두 자녀는 영국 시민권자다.

그동안 민주주의민족동맹은 지속적으로 헌법 개정을 요구했지만, 결과적으로 군부는 이를 받아들이지 않았다. 2015년 6월, 헌법 개정을 위한 표결에서도 찬성 의견은 상하원 합해서 60%에 불과했다. 군부가 개헌 저지선인 25%를 차지하고 있는 상황에서 제도적으로 개헌은 불가능하다. 미얀마에서 대통령 선출은 상원과 하원에서 한 명씩, 그리고 군부에서 한 명, 이렇게 총 세 명의 후보가 나오면 전체 상하원 의원들이 투표로 결정한다.

2015년 11월의 선거 결과에 따라 민주주의민족동맹은 대통령과 부통령을 지명하고, 또 한 명의 부통령은 군부 출신이 맡는다. 실질적인 대통령인 아웅산 수치와 명목상의 대통령이 어우러질 수 있을지 의문이다. 그리고 민주주의민족동맹과 군부의 관계 정립도 큰 과제다. 표면적으로 민주주의민족동맹이 정국의 주도권을 행사하지만, 군부는 여전히 정치적 권한뿐 아니라 군과 경찰의 공권력을 통제하며, 경제적으로도 막대한 권한을 가지고 있다.

미얀마가 해결해야 할 과제는 '제도 안의 협력'만이 아니다. 그보다 더 중요한 과제는 '제도 밖의 평화'다. 오랫동안 제도에서 추방된 소수민족들의 평화가 미얀마 민주주의의 운명을 결정할 것이다. 민주주의는 평화가 있어야 가능하고, 평화는 민주주의를 통해 지속될 수 있다.

다민족 연방국가의 꿈,
'팡롱협정'

────────── 미얀마는 대표적인 7개 소수민족을 포함해 135개의
종족으로 구성된 다민족 국가다. 인구가 가장 많은 버마족과 나머지
소수민족의 갈등은 역사가 오래되었다. 결정적으로 영국의 식민지
정책으로 인해 분열이 확대되고 원한이 깊어졌다. 영국은 버마족을
중심으로 한 중심부는 인도 관리들을 통해 통치했고, 주변부의 소수
민족에 대해서는 전통적 지도자들의 통치를 그대로 인정해주었다.
이미 19세기부터 중심과 주변, 버마족과 소수민족의 분단이 지리뿐
아니라 행정적으로도 이루어졌다.

영국은 한편으로는 식민지 하부 관료들을 다수 종족인 버마족이

미얀마의 민족 구성

민족	포함된 종족 수	총인구 중 비율(%)	
		1983년	2000년
버마족	9	69	66.9
샨족	33	8.5	10.5
카인족·카렌족	11	6.2	6.2
라카인족	7	4.5	4.2
몬족	1	2.4	2.6
친족	53	2.2	2.0
카친족	12	1.4	1.4
카야족	9	0.4	0.4

아닌 소수민족 출신 가운데서 충원했다. 군대도 제2차 세계대전 이전에는 영국식 분할 통치 원칙에 따라 버마족은 배제하고 친족, 카친족, 카렌족 등 주로 소수민족 출신을 중심으로 버마군을 구성했다. 버마족 입장에서 볼 때 소수민족들은 식민지 통치의 대리인이었을 뿐이다. 1930년대 일부 지역에서 폭동이 일어났을 때, 카렌족으로 구성된 군대가 버마족을 무자비하게 유혈 진압했던 기억이 오랫동안 버마족에게 남아 소수민족을 바라보는 하나의 시각으로 굳어졌다. 카렌족은 기독교도의 비중이 30%가 넘는 등 영국 식민지 통치의 직접적인 영향 아래 있었다.

독립은 식민지 통치가 남겨놓은 분열을 극복하고, 새로운 국가를 건설할 기회였다. 소수민족의 자치를 보장하는 다민족 연방국가의 건설은 독립 정신이자 미얀마의 오랜 정치적 목표였다. 그 핵심에 바로 '팡롱협정Panglong Agreement' 혹은 '팡롱정신'이 자리 잡고 있다.

팡롱은 샨주의 작은 도시다. 독립 직전인 1947년에 아웅산 장군은 팡롱에서 소수민족 지도자들과 만났다. 당시 아웅산 장군은 영국으로부터 독립하기에 앞서 소수민족의 협력이 필요했다. 2월 12일, 그들은 이른바 팡롱협정에 서명했다. 소수민족의 자치를 보장하는 연방정부 구성에 합의하고, 10년 뒤인 1957년에 분리할 수 있는 권한이 있음을 약속했다.

물론, 당시 팡롱협정의 한계도 분명했다. 소수민족들 사이에 의견 통일도 이루어지지 않았고, 공통의 전략도 존재하지 않았다. 수많은 소수민족 중 팡롱협정에 참여한 민족은 카친족, 친족, 그리고 샨족이 전부였다. 하지만 자치를 보장한 팡롱정신이 이후 소수민족 협상에서 원칙이자 근거로 통한다는 점은 분명하다.

PANGLONG CONFERENCE O.U.H.P

Back Row L. to R;:   Thakin Wa Tin;   Duwa Shawng Gyung;   U Thang Lian;   U Sein;   Saohpalong of Baw. SaohPalong of Lollong.
Saohpalong of Pangtara.,   Saohpalong of Samka.   U Taikwel.
Front Row ;;   Mr.Labang Grong.   U Tin Aye.   Duwa Dingra Tan.   Sama Duwa Sinwa Nawng.   Saohpalong of Pwela.   Saohpalong of Laihka.
Saohpalong of Yawnghwe.   Saohpalong of Tawngpeng.   Saohpalong of North Hsenwi.   Saohpalong of Hsamonghkam.
U Tun Myint.   Duwa Zau Lawn.
Sitting ;;   U Po Han.   Capt. Mang Tung Nung.   U Thein Maung.   Sanda Thaike.   Mrs.Duwa Zau Lawn.   Mahadevi of Yawnhwe.
Sir. Maung Gyee.   Lady Maung Gyee.   Mrs. Shan Lone   U Aung Zan Wai.   Major Shan Lone.

1947년 팡롱에서 열린 회의에 참석한 아웅산 장군과 소수민족 지도자들. 이들은 소수민족의 자치를 보장하는 연방정부 구성에 합의하는 팡롱협정에 서명했다.

아웅산 장군이 팡롱협정을 맺고 그로부터 몇 달 뒤인 7월에 암살되면서, 팡롱정신은 실현되기 어려워졌다. 이후 버마 현대사에서 아웅산 장군이 소수민족에게 약속한 '자체 행정조직을 갖춘 완전한 자치'는 결코 실현된 적이 없다. 오히려 독립 이후 '통일된 국가의 단결'이라는 이데올로기가 앞서면서, 소수민족 및 지역의 언어와 문화가 억압되었다.

통일이라는 이념은 소수민족에게 폭력을 의미했다. 예를 들어, 지배 세력인 버마족의 종교인 불교는 나중에 국교 수준으로 강조되었다. 그러한 상황에서 이슬람교도와 힌두교도 같은 비불교도들은 교육과 고용에서 차별을 받았으며, 그들의 종교시설은 파괴 대상이 되었다. 차이를 존중하는 팡롱정신은 현실적으로 이루어지기 힘들었고, 오히려 통일이라는 이름의 폭력으로 인해 훼손되었다.

총을 내려놓지 못하는
소수민족

─────── '자치'의 희망이 사라지자, 소수민족들은 총을 들고 스스로를 지키고자 했다. 1947년 독립 직전부터 소수민족들은 불만을 드러냈고, 1948년 1월 영국으로부터 독립하자마자 공산당의 무장투쟁과 함께 무슬림 거주 지역인 라카인주(아라칸주)에서 무자혜딘의 활동이 시작되었다. 군부는 소수민족의 무장투쟁을 자신들이 정치에 개입하는 명분으로 삼았다. 1962년에 쿠데타로 집권한 네윈 정권은 '4금 정책', 즉 소수민족 지역에 식량·금융·병력·정보를 차단하는 강력한 억압정책을 실시했다. 그러나 강경정책은 성공하지 못했다.

2000년대 들어와 미얀마 전국에서 활동하는 소수민족 무장반군의 수는 10만 명 정도로 추정된다. 카친독립군은 7,000명에서 1만 명 정도로 규모가 커졌고, 카렌민족해방군은 7개 대대에 4,000~6,000여 명의 병사를 두었다. 카친독립군은 버마 독립 당시인 1940년대 후반부터 활동한 오래된 반군이다.

카렌민족해방군은 외국 기독교 단체들의 지원을 받았는데, 냉전시대에는 특히 미국과 영국의 지원을 받았다. 이들이 주장하는 4대 원칙은 "첫째, 항복하지 않는다. 둘째, 무장을 포기하지 않는다. 셋째, 카렌국가를 인정받을 때까지 투쟁한다. 넷째, 우리의 정치적 운명은 스스로 결정한다" 등이다. 이러한 원칙은 1990년대 이후 정부와 협상을 진행할 때 유연한 판단을 가로막고, 내부 분란의 빌미를 제공했다.

100만 명 정도로 추정되는 몬족은 원래 과거 버마의 지배적인 민족언어 집단이었다. 그런데 정부에서 소수민족의 고유 언어 사용을 금지하고 버마어를 공용어로 채택하자, 몬족 역시 신몬주당^{The New Mon} ^{State Party}을 결성해 무장투쟁에 나섰다. 500~700여 명의 무장반군들은 몬족 언어의 사수를 주요 투쟁 목표로 삼았다.

1990년대 들어와 군사정부는 소수민족 반군과 타협을 시도했다. 특히 탄 슈웨 정권은 반군들에게 중국이나 타이 등지에서 벌여오던 전쟁을 중단하자는 '정전협상'을 제안했다. 정전협상은 주로 군 정보기관과 소수민족 일부 지도자들 사이의 거래 형식으로 이루어졌는데, 반군들이 전투 중단을 약속하면 소수민족의 경제활동을 허용해주었다. 물론 자치권 보장을 비롯해 그동안 소수민족들이 요구해온 정치적 문제까지 해결하는 수준으로 이어지지는 못했다. 경제 지원이라는 수단으로 일시적인 전투 중단을 이끌어냈지만, 정전 이후 오히려 국경지대의 불법활동이 증가하는 현상이 나타나기도 했다.

'국경 경제'는 미얀마의 소수민족 분쟁을 지속시키는 가장 큰 동력이다. 전쟁의 이념과 가치도 중요하지만, 병력을 유지하고 무기를 들여오기 위해서는 돈이 있어야 한다. 일반적으로 내전에서 정부군이 승리할 가능성이 높은 이유 역시 장기간 전쟁을 지속할 수 있는 경제력, 즉 국가 재정이 뒷받침되기 때문이다. 마찬가지로 반군도 경제력이 뒷받침되지 못하면, 조직을 오래 유지하기 어렵다. 그래서 가난은 내전의 원인이 될 수는 있지만, 내전을 지속시키지는 못한다.

미얀마의 소수민족들이 분쟁을 지속할 수 있었던 주요한 이유 역시 경제력에 있다. 미얀마는 여러 나라와 넓은 육상 국경을 맞대고 있다. 미얀마 소수민족들의 무장투쟁 무대는 주로 정글과 계곡으로 이루어진 국경 지역이어서 이웃 국가들의 지원을 받기가 쉽다. 그동안 중국·인도·방글라데시·타이 등 여러 나라가 미얀마 소수민족들에게 피신처를 제공하고, 국경 무역을 허용했으며, 무기를 지원했다.

중국은 과거 버마공산당을 비롯해 카친독립군과 연합와주군The United Wa State Army, UWSA을 오랫동안 지원해왔다. 코캉족, 와족, 샨족, 카친족은 대체로 중국계 소수민족으로 분류할 수 있다. 타이 역시 과거 미얀마 군사정권과 관계가 좋지 않았기에 소수민족 무장단체들에게 안식처를 제공했다. 방글라데시는 종교 분쟁 지역인 라카인주의 로힝야족 이슬람 반군들을 지원해왔다. 인도도 미얀마 동북부의 소수민족 무장단체를 지원했다.

그러나 냉전시대가 끝나면서 미얀마 국경의 정치 판도가 달라지기 시작했다. 중국은 1989년 버마공산당에 대한 지원을 중단하고, 그 대신 버마 정부와 관계를 맺기 시작했다. 타이 역시 버마의 반공 게릴라 지원을 중단했다. 지역의 안보협력기구인 동남아시아국가연합Association of Southeast Asian Nations, ASEAN 역시 지역 질서의 변화를 반영해 버마 정부와 함께 소수민족 반군에 대한 '건설적 개입'을 시작했다.

이웃 국가의 입장에서 보면 국경지대의 평화는 새로운 경제적 기회를 의미한다. 중국은 미얀마 정부와 카친족의 평화협상을 적극적으로 중재했다. 그리고 2009년 코캉 사태 당시 중국은 갈등을 관리하고, 국경 지역의 긴장을 완화하기 위해 노력했다. 코캉 사태의 발단은, 소수민족 민병대를 중앙정부의 통제를 받는 국경수비대로 전환

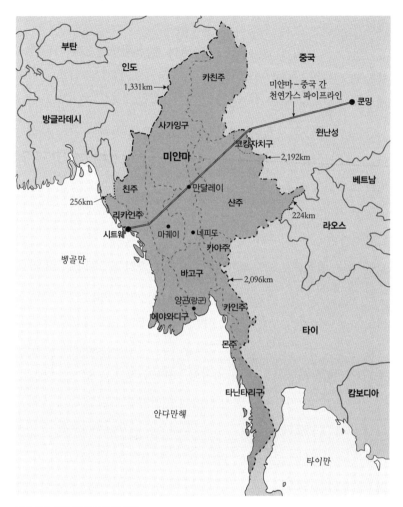

미얀마와 이웃 국가의 국경 현황.

하려는 미얀마 군부의 조치에 소수민족들이 반발하자, 미얀마 군부가 이를 제압하기 위해 실력을 행사하면서 비롯되었다. 2009년 8월 말에 미얀마 군부는 소수민족 군대 가운데서도 가장 약한 코캉족의 특별행정구역을 압도적인 전력으로 공격했고, 결국 많은 난민이 발생했다.

당시 코캉 지역의 난민 3만 7,000명이 중국 윈난성으로 이동했다. 무장투쟁 세력 700여 명도 중국으로 들어갔는데, 중국 정부는 난민 캠프를 운영하며 인도적 지원을 아끼지 않았다. 중국은 미얀마 정부의 군사적 개입을 강력히 비난했지만, 갈등을 완화하고 안정을 회복하는 데 적극적으로 나섰다. 그리고 모든 사태가 제자리를 찾았을 때 비로소 난민들을 돌려보냈다.

국경 지역에서 소수민족들의 경제활동은 지역 특성에 따라 품목은 다르지만 방식은 비슷하다. 카렌 반군은 이웃 국가인 타이에서 소비재를 밀수 형식으로 들여와 막대한 이익을 챙길 뿐 아니라, 타이 기업과 합작 방식으로 광산을 운영하고, 밀을 재배해 타이로 수출한다. 대부분의 소수민족 무장단체는 치안 유지를 명목으로 주민들에게 세금을 거두는 등 사실상 정부의 역할을 했다. 1970~1980년대 타이 정부는 카렌민족해방군을 국경 지역의 '하나의 정부'로 인정할 정도였다. 카렌 반군의 지도자들 역시 타이에 근거지를 마련해 버마 정부군의 공세에 대응했다.

몬족도 마찬가지로 타이와 인접한 국경 지역을 근거지로 삼아 경제활동을 유지해왔다. 그런데 1991년에 정부군이 타이 철도 건설과 천연가스 파이프라인 공사를 위해 몬족 근거지에 대한 대규모 군사 공격을 시작했다. 이후 1995년에 정부군과 몬족 사이에 정전협정이 체결된 뒤로 정부는 매달 3,500달러의 보조금을 지원했다.

미얀마 정부는 그동안 꾸준히 국경 지역의 불법 거래를 합법적으로 전환하기 위한 조치를 취했다. 정부는 소수민족들이 국경의 광물 자원을 개발하는 데 개입해 이웃 국가들의 합작투자를 주선하고 장

'마약왕' 로싱한(왼쪽)과 그의 아들 스티븐 로(오른쪽). 마약 거래 등으로 큰돈을 번 로싱한은 정부에 세탁세를 지불하고 합법적인 기업가로 변신했다. 그는 1992년에 '아시아 월드'를 설립해 대형 국가 기반사업을 독차지했다.

려했다. 특히 카렌을 비롯한 몇몇 지역에서 광산 개발과 임업을 계획하자, 정부가 나서서 타이·말레이시아 등의 합작투자를 직접 주선하기도 했다. 그리고 국경 지역의 지도자들이 불법으로 얻은 부를 국가경제에 투자하도록 장려했다. 밀수나 마약 거래 등으로 얻은 불법 소득 가운데 25% 정도를 이른바 '세탁세$^{\text{The Whitening Tax}}$'로 지불하면 국영은행에서 돈세탁을 할 수 있도록 허용하기도 했다.

1990년대 '마약왕'으로 악명이 높았던 로싱한은 군부의 이런 정책에 따라 미얀마의 가장 대표적인 재벌로 변신했다. 로싱한은 1970년대 샨족 무장반군의 지도자로 활동하면서 마약 거래와 목재 벌채 등으로 큰돈을 벌었다. 군부정권은 한편으로는 압력을, 다른 한편으로는 대화로 로싱한을 설득했고, 그는 세탁세를 지불한 다음 합법적인 기업가로 변신했다. 로싱한은 1992년에 '아시아 월드^Asia World'라는 기업을 설립해 도로공사나 대형 국책사업 등 국가 기반사업을 독차지했다. 2013년 7월에 로싱한이 사망한 뒤로는 그의 아들들이 '아시아 월드'를 경영하고 있다.

동남아 마약 생산의 핵심 지역인 황금의 삼각주(미얀마-타이-라오스)에서 오랫동안 활동했던 마약왕 쿤사의 이야기도 비슷하다. 그는 중국인 아버지와 샨족 어머니 사이에서 태어났고, 샨족의 지도자로 활동했다. 1990년에 미국에서 유통되는 헤로인의 45% 정도를 공급했던 쿤사는 세계적인 마약 생산자이자 유통업자로 악명을 떨쳤다. 그는 1996년에 미얀마 정부에 항복하고 세탁세를 지불한 뒤 가택연금 상태로 노후를 보냈다. 1990년에서 2005년 사이 미얀마의 공식 무역에서 밀수의 비중은 약 85%에서 50%로 하락했다.

테인 세인 정부,
무장단체와 악수하다

─────── 민주주의가 평화를 가져올까? 대부분의 미얀마 사람들은 그렇게 생각한다. 그러나 민주주의와 평화의 관계는 그렇게 단순하지 않다. 다민족 국가에서는 민주화로 인해 오히려 내전이 촉발되는 경우도 있다. 민주화가 정치적 공간을 만들고 새로운 경쟁을 유발하기 때문에, 이행기를 평화적으로 관리하기 위한 타협의 정치가 필요하다.

테인 세인 정부는 2011년 말부터 양자 평화협상을 동시다발로 여

주요 소수민족 무장단체와 진행한 정전협상

	분쟁 시점	전투원 규모	정전협정 체결	활동 거점
연합와주군	1989년 버마공산당 해체 이후	2만 명	1989년 5월 체결 이후 파기와 합의를 반복함	북부 샨주
카친독립군	1962년 네윈 쿠데타 이후	1만 명(예비군 1만 명)	1994년 정전협정 2011년 파기	중국 국경
카렌민족연합	1947년	1만 4,000명 최근 약화됨	2012년 1월	타이 국경
신몬주당	1958년	1,000여 명	2012년 2월	남동부
샨주군	1964년	북부와 남부로 분열됨	2011년 12월	동부 국경
친족민족전선	1988년	파벌로 분열됨	2012년 1월	서부 국경
민주카렌불교군	1995년		2012년	타이 국경
아라칸해방군	1967년		2012년	북부 국경

러 건 추진해왔다. 2011년 12월에 샨족 남부군과 처음으로 수도인 네피도에서 평화협정을 체결한 이후, 2012년 1월에는 카렌민족연합과 친족민족전선, 2월에는 신몬주당, 3월에는 카야민족진보당과 정전협정을 맺었다.

이후 테인 세인 정부는 소수민족과 평화협상을 좀 더 체계적으로 진행하기 위해 전담기구를 두었다. 그 결과 2012년 10월에 미얀마평화센터^{Myanmar Peace Center, MPC}가 양곤에서 출범했다. 이 기구는 노르웨이와 유럽연합이 지원하는 평화기부지원단체^{Peace Donor Support Group}의 공동기구 형식으로 구성되었으며, 유럽연합이 먼저 제1차 5개년계획을 위해 3,000만 달러를 지원했다.

테인 세인 정부가 평화협상에 적극적으로 나선 이유는 무엇일까? 먼저, 민주화로 이행할 수 있는 평화적 환경을 조성하고자 하는 정치적 이유와 함께 국경 지역을 안정시켜 무역과 투자를 활성화하기 위한 경제적 이유가 있었다. 또한 외교적으로도 미국과 유럽연합이 경제제재를 해제하기 위한 전제 조건으로 평화협상을 재촉했기 때문이다.

소수민족 무장단체의 입장도 마찬가지다. 연합와주군을 제외한 나머지 무장단체들은 군사력이 대단하지 않았다. 오히려 소수민족들은 분쟁을 지속하면서 동력을 소진한 상태였기 때문에 정치적 해결을 선호했다. 2011년 2월에는 소수민족 무장단체들도 정부와 협상하기 위해 '연합민족연방위원회United Nationalities Federal Council, UNFC'라는 연합기구를 만들었다. 11개 소수민족이 참여해 자신들의 관할권을 인정하고 자치와 경제활동을 보장해달라고 정부에 요구했다.

테인 세인 정부는 2015년 10월 15일을 목표로 '전국적 휴전협정National Cease-fire Agreement, NCA'을 추진했다. 마감 시한까지 15개 소수민족단체 중 8개 단체가 최종 서명했다. 정부는 '60년 내전을 끝낼 역사적 승리'라고 평가했지만, 소수민족 단체들은 여전히 '잠정적 합의'로 보았다. 일시적인 전투 중단이 영구적인 평화로 전환되기 위해서는 해결해야 할 과제가 아직도 많기 때문이다.

그렇다면 2011년 이후에 진행된 평화협상은 과거와 어떻게 다른가? 첫째, 과거의 평화협상은 구두합의가 대부분이었지만 이때부터는 서면합의를 중시했다. 둘째, 과거에는 주로 군부의 지역 책임자가 나섰다면 이때부터는 정부가 직접 서명 당사자로 나섰다. 셋째, 정전합의가 일회성 만남으로 그치지 않고 정치 대화를 지속하는 계기가 되었다.

테인 세인 정부와 소수민족 무장단체들은 대화를 통해 평화협정 초안을 마련하고, 2015년에 전국적 휴전협정을 추진했다.

    테인 세인 정부는 3단계 이행안을 준비해서 평화협상을 진행했다. 첫째는 정전 합의, 둘째는 정전협정 이행, 셋째는 정치 대화다. 이러한 과정을 이행해나갈 때 가장 중요한 것은 바로 신뢰 구축이다. 오랫동안 적대관계를 유지해왔기 때문에 신뢰가 형성되는 과정이 무엇보다 필요하다.

    2011년 이후 정부 대표로 평화협상을 주도해온 아웅민 대통령실 장관 역시 신뢰 형성을 가장 강조했다. 그가 처음 소수민족 무장단체를 방문했을 때, "그들은 필수적으로 무기 소지 여부를 확인했다. 그리고 우리가 가져간 음식에 손을 대지 않았으며, 어떤 선물도 받으려 하지 않았다"고 한다. 음식에 독을 타거나 선물에 폭탄을 숨길 수 있다고 의심한 것이다. 평화협상이 속도를 내기 시작한 것은 소수민족들이 정부의 진정성을 신뢰하기 시작했을 때부터다.

소수민족과 평화를 영구적으로 정착시키기 위해서는 해결해야 할 과제들이 많다. 먼저 소수민족의 자치권을 법적으로 보장하고, 소수민족 정부에 결정 권한을 부여해야 한다. 소수민족들은 권력 분점을 헌법에 명문화하라고 요구하고 있다.

국경 경제,
소수민족 배려와 탄압

─────── 국경의 경제적 가치가 커지자 미얀마 정부는 소수민족을 배려하면서도 한편으로는 서둘러 무장을 해제하려고 했다. 그러나 민주화가 진행되면서 정부가 일방적으로 국책사업을 결정하는 데 제동이 걸렸다. 대표적으로 정부와 카친족이 분쟁 지역인 카친주에 있는 미드소네댐 공사를 둘러싸고 갈등하다가 공사를 중단하는 일이 생겼다.

2006년에 중국의 전력투자공사는 윈난성의 전력난을 해소하기 위해 36억 달러의 공사비 중 대부분을 부담하는 방식으로 미얀마 정부와 댐 공사를 계약했다. 그런데 여론이 이 사업의 타당성에 의문을 제기하면서 공사를 가로막고 나섰다. 댐 건설 후 생산 전력의 90%를 윈난성에 송전한다는 계약 내용에 대해 대중은 크게 반발했다. 카친족의 약 1만 5,000가구가 수몰되는 등 인도적 문제까지 겹치면서 반대 여론은 더욱 높아졌다. 과거 군사정부 시절 같았다면 일방적으로 밀어붙였을 것이다. 그러나 민주화로 인해 전국의 언론환경이 달라져 있었다. 소수민족의 입장을 지지하는 지역 언론이 비판적인 보도를 계속했고, 중앙 언론 가운데서도 정부를 비판하는 목소리가 들려왔다. 민주화가 정책 결정 구조에 큰 변화를 몰고 온 것이다.

특히 2011년에 아웅산 수치가 공개적으로 댐 건설을 반대하면서, 결국 테인 세인 정부는 댐 건설 중단을 결정했다. 일부 분석가들은 댐 건설 중단을 미얀마와 미국의 관계 개선에 따라 중국의 영향력을 조정하기 위한 조치로 해석하기도 하지만, 이는 근거가 부족한 견해다. 댐 건설 외에도 중국과 다른 협력 사업들을 계속 추진하고 있기 때문이다.

테인 세인 정부는 댐 건설을 중단하라는 여론을 수용하는 한편, 이를 카친족과 평화협상을 진전시키기 위한 명분으로 활용했다. 정부는 2011년 9월에 댐 건설 중단을 발표할 때, 소수민족의 요구 사항을 정부가 적극 수용했다는 점을 강조했다.

그러나 민주화는 시작일 뿐이다. 과도기라는 특성 때문에 과거의 관성과 미래를 향한 노력들이 충돌하고, 민주화가 내전을 부추길 수도 있다. 2011년 6월, 정부군과 카친독립군은 17년간 유지해온 정전협정을 깨고 전투를 다시 시작했다. 정부군이 먼저 군사적으로 공격했다. 당시 군부는 대통령의 정전 명령을 세 번이나 어겼다. 대통령은 자위권 차원이 아닌 선제공격을 중단하라고 지시했다. 그러나 군은 자위적 조치를 그야말로 자의적으로 해석하면서 대통령의 명령을 어겼다. 군은 또한 샨족과 맺은 정전협정도 먼저 위반했다.

이 상황을 어떻게 해석할 수 있을까? 소수민족과 맺은 평화협상에 대해 대통령과 군부 사이의 의견 차이 때문이라는 견해가 있지만 단순히 그렇게 보기는 어렵다. 카친독립군에 대한 공격 결정은 지역 군부대 단위에서 할 수 있는 일이 아니다. 한편, 서로 불신이 쌓여 카친 독립군이 전투 재개 직전에 폭발한 것이라는 해석도 있다. 정부는 2010년에 선거를 준비하면서 카친독립군에게 무장을 해제한 뒤 국경 수비대로 편입하라고 요구했으나 거부당했다. 이 과정에서 불신이 쌓여서 결국 전투 재개로 이어졌다는 분석이다. 그러나 양쪽 간의 불신은 아주 오래전부터 쌓여온 것이어서 전투 재개를 설명하는 직접적인 변수로는 충분하지 않다.

오히려 국경 경제의 중요성과 경제 이익을 추구한 결과라는 설명이 가장 설득력이 있다. 2013년에 완공된 미얀마-중국 간 천연가스 파이프라인이 미얀마 해상에서 시작해 카친 반군 지역을 통과해 윈난성으로 가게 되자, 미얀마 정부가 가스 수송의 안정성을 확보하기 위해 군사적 개입을 서둘렀다는 것이다.

물론 정부와 군 사이에 소수민족에 대한 시각 차이도 존재한다. 군은 2009년에 소수민족 무장단체들을 국경수비대로 통합하는 계획을 발표하면서 소수민족에 대한 공세를 강화했다. 이는 무장단체들에게 국방부의 지휘를 받는 국경수비대로 들어오라는 제안이었다. 그러나 대부분의 소수민족 무장단체들은 이를 거부했다.

군의 공세적 자세는 민주화 이행 과정에서 분쟁의 요소를 서둘러 해결하겠다는 의지가 넘쳐난 결과라고 볼 수 있다. 정부와 군부 모두 소수민족과 평화를 유지하는 것이 국가 발전의 전제라는 점에 동의한다. 그러나 군 일부에서는 여전히 무장단체를 불법적인 반군으로 여기고, 그래서 정치적 협상 상대로 인정할 수 없다고 본다. 이들은 정부가 소수민족 무장단체를 대화 상대로 인정하고, 협상 테이블에서 양보하고 조정하는 과정을 불만의 시각으로 바라보고 있다.

로힝야족,
협상에 초대받지 못한 손님

─────── 민주화 과정은 새로운 정치 경쟁의 공간을 만든다. 열린 공간에는 언제나 미래뿐 아니라 과거의 낡은 것들도 고개를 디밀게 마련이다. 과거에는 '아라칸'이라고 불렸지만, 군부정권이 1989년부터 '라카인'이라고 부르는 곳에서 2012년 6월부터 불교도들이 소수민족을 학살한 사건이 벌어졌다. 이 문제는 미얀마가 해결해야 할 새로운 양상의 종교 분쟁이다.

방글라데시와 국경을 맞대고 있는 라카인주는 미얀마에서 가장 가난하고 고립된 지역이다. 이 지역의 주민 구성은 불교도인 라카인족이 다수를 차지하며, 이슬람교를 믿는 로힝야족이 두 번째로, 주 전체 인구의 30% 정도를 차지한다. 2012년 기준으로 200만 명 정도가 이곳에 살고 있는데, 로힝야족은 불교 국가인 미얀마에서 이슬람을 믿는다는 이유로 미얀마 소수민족 가운데 가장 많은 차별을 받고 있다. 로힝야족은 어떻게 불교도가 다수인 지역에서 살게 되었을까? 그들은 7세기경 아랍 무슬림 상인들의 후예로 이 지역에 정착하기 시작했고, 20세기에 들어와 라카인주에 모여 살기 시작했다.

1948년 독립 당시, 우누 정부(1948~1962)는 로힝야족을 토착 소수민족으로 인정했다. 그러나 이후 쿠데타로 들어선 군사정권은 로힝야족을 토착민으로 인정하지 않고, 19세기 중엽에 영국이 미얀마를 식민 통치하던 시절 같은 영국 식민지였던 방글라데시와 동남아시아에서 건너온 이주민으로 간주했다. 1978년 2월, 군사정부는 이 지역에서 대규모 군사작전인 '용왕 작전Operation Dragon King'을 펼쳤다. 명분

이슬람교를 믿는 로힝야족을 반대하는 미얀마 불교 승려들. 2012년 6월부터 리카인주에서 불교도들이 소수민족을 학살하는 사건이 벌어졌다.

은 무슬림 무장반군의 소탕이었지만, 이 과정에서 라카인주 북부의 로힝야족 주민들이 대량 학살당했나. 당시 수만 명의 민간인이 사망했으며, 20만 명 이상이 난민이 되어 방글라데시 국경을 넘어 피난했다.

또한 군사정부는 이들을 '국민'에서 제외했다. 1982년 시민권에 관한 법률을 개정하면서 시민권을 세 가지로 분류했는데, 그중 '완전시민Full citizen'은 1823년(제1차 미얀마-영국 전쟁) 영국 식민지가 되기 이전에 버마에 살았던 135개 소수민족으로 한정했다. '연합시민Associate citizen'은 1948년 버마 독립 이전에 버마에 정착해 버마의 언어를 한 가지 이상 말하고, 자녀가 버마에서 태어난 경우에 해당한다. 마지막으로 '귀화시민Naturalized citizen'이 있다. 그런데 군사정부는 로힝야족을 135개 소수민족에서 제외했을 뿐 아니라 연합시민으로도 인정하지

로힝야족 난민들. 정부의 탄압과 불교 강경파들의 폭력을 피해 많은 수의 로힝야족이 난민이 되어 국경을 넘고 있다.

않았다. 게다가 로힝야족의 귀화 신청도 대부분 거부했다.

군사정부의 무슬림 소수민족 탄압은 일종의 분할 통치 전략에서 이루어진 것으로, 다수 불교도들의 반이슬람 정서를 부추긴 측면이 있었다. 군사정부와 다수 불교도들은 통일을 강조하며 소수민족의 문화나 종교를 인정하지 않으려 했다. 특히 로힝야족을 추방하거나 동화되어야 할 존재로 취급했다. 통일은 다수파의 요구 사항이었고, 결국 소수파에게는 폭력의 다른 이름일 뿐이었다.

1948년 미얀마 독립 이후 1962년까지 로힝야족은 소수의 국회의 원과 장관을 배출한 적이 있지만, 군사정부(1962~1995) 기간에는 단 한 명도 차관급 이상의 고위 관료로 올라가지 못했다. 또한 군사정부 시절에 대다수 로힝야족은 외국인도 아니고, 내국인도 아닌 상태로 살아왔다. 로힝야족은 신분증이 없어서 라카인주를 벗어나 이웃의 다른 주로 여행하기 위해서는 여행 증명서가 필요하지만 정부는 몇몇 예외적인 경우를 제외하고는 이들의 이동을 허가하지 않았다.

정부의 탄압과 불교도들의 폭력으로 인해 많은 수의 로힝야족이 국외로 피난했다. 2009년 통계에 따르면 사우디아라비아에 50만 명, 파키스탄에 20만 명, 아랍에미리트에 5만 명이 거주하는 것으로 알려졌다. 박해를 피해 고향을 떠나는 로힝야족 난민 문제는 국경을 맞대고 있는 미얀마와 방글라데시의 가장 민감한 사안이다. 1978년 이후 방글라데시 국경을 넘어간 사람은 20만 명이 넘으며, 방글라데시 정부는 20여 곳에 난민 캠프를 설치했다.

하지만 방글라데시 정부는 로힝야족 난민 수용에 소극적이다. 로힝야족은 방글라데시의 난민 캠프에서 어떤 법적 보호도 받지 못한 채, 난민으로서 지위를 인정받을 수 있는 국제법적 절차도 거부당하고 있다. 2012년 5월과 6월 사이에 발생한 불교도들의 폭력으로 660여 명의 난민이 16척의 허름한 뗏목에 나눠 타고 국경 지역에 있는 나프강을 건너 방글라데시로 피신했으나, 방글라데시 정부는 이들의 입국을 거부했다. 국제인권단체와 유엔인권이사회[UNHRC] 등이 난민 수용을 강력히 요구했지만, 방글라데시 정부는 자국의 과잉인구와 열악한 경제 사정을 이유로 1,500여 명을 다시 미얀마로 추방했다. 그래서 많은 수의 로힝야족이 낡은 배에 운명을 맡긴 채 안다만해를 떠돌고 있다. 말레이시아나 인도네시아도 난민 수용을 거부하기 때문에 이들은 동남아시아의 대표적인 '보트피플'이 되었다.

로힝야족은 테인 세인 정부가 추진한 소수민족 평화협상에도 초대받지 못했다. 정부는 무슬림에 대한 불교 강경파들의 폭력을 방관했다. 특히 아신 위라투라는 승려가 시작한 '969운동'은 전국에서 무슬림에 대한 폭력을 부추김으로써 라카인주에서 폭력과 학살이 일어나는 배경이 되었다. 969운동에서 9는 붓다의 아홉 가지 특징, 6은 붓다의 여섯 가지 가르침, 마지막 9는 불교 교리의 아홉 가지 가르침을 뜻한다. 969운동 세력은 '969'라는 표식을 붙여 불교도와 비불교도를 구분하고 차별하며, 특히 무슬림들의 사업을 거부하는 등 불교 극단주의운동을 펼치고 있다. 테인 세인 대통령은 969운동을 '평화의 상징'으로, 이 운동을 주도하는 과격한 불교 승려인 위라투를 '부처님의 아들'로 치켜세우기도 했다.

로힝야족은 오랫동안 박해를 받아온 탓에 하나의 세력으로 조직화되어 있지 않다. 아웅산 수치 쪽에서도 로힝야족의 인권에 대해서는 소극적이다. 그들 역시 불교 국가인 미얀마에서 다수 불교도들을 의식하기 때문이다. 다른 소수민족들도 로힝야족에 대해서는 철저하게 무시한다. 로힝야족은 자신의 목소리를 내지도 못하고, 정부가 진행하는 다자간 대화에서도 배제되어 있다. 또한 다른 소수민족들의 도움도 불가능한 상태다. 로힝야족 문제는 미얀마의 민주화가 극복해야 할 중요한 과제다.

'질서 있는 변화'는
가능할까?

————— 미얀마의 민주화는 성공할 수 있을까? 군부는 과거처럼 다시 총을 들고 정치에 끼어들 생각이 없다. 민주화 세력 역시 과

거의 학습 효과에 따라 군부가 개입할 명분을 주지 않겠다는 입장이다. 아웅산 수치가 이끄는 민주주의민족동맹과 군부는 조심스럽게 공존을 모색하고 있다. 그러나 민주주의는 '호랑이 등에 올라타는 것'과 같아서 일단 민주화 과정이 시작되면, 다시 말해 호랑이가 달리기 시작하면 내리고 싶어도 내릴 수 없다. 즉, 권위적인 개입을 통해 민주화 과정을 후퇴시킬 수는 있지만, 변화의 흐름을 조정하기는 어렵다.

미얀마도 에스파냐나 남아프리카공화국처럼 체제 내 개혁파와 온건민주파의 타협을 통해 민주화 과정을 평화적으로 관리할 가능성이 있다. 물론 이 과정에서 군부 통치 기간에 벌어졌던 수많은 인권 침해 문제를 역사적으로 어떻게 기억할 것인지는 중요한 과제다. 이미 이 문제에 관해서는 1988년 민주화운동을 주도했던 학생운동 세대를 중심으로 논의가 시작되었다.

정부군과 소수민족 반군 사이에 해결해야 할 과제도 아직 많다. 평화 과정을 관리하지 못하면 평화는 언제든지 깨질 수 있다. 샨주북부군$^{SSA-North}$ 역시 2012년 1월에 정전협정을 체결했지만, 정부군이 몇 주 뒤에 반군의 진지를 공격하면서 협정이 다시 깨졌다. 당시 합의가 깨진 이유는 양쪽 통제 구역에서 상대측에게 어떤 통로를 허용할 것인지에 대한 합의가 제대로 이루어지지 않았기 때문이다.

내전 안의 내전도 주목해야 할 변수다. 대부분 소수민족들이 거주하는 국경 지역은 산악지대이기 때문에 관할권이 겹치는 경우가 많다. 앞으로 지역별 연방제를 실시한다면, 특정 지역에서 다수민족과 소수민족의 갈등이 커질 수 있다. 소수민족 내부의 분열 역시 매우 해결하기 어려운 과제다. 카렌족의 경우, 기독교도와 불교도 사이의 종교적 긴장이 분열의 요소로 작용하고 있다. 친족은 언어가 다른 북부와 남부가 이미 내분을 일으키고 있다. 무장단체와 해당 소수민족 사회, 그리고 이들의 이익을 대변하는 정당 조직의 역동적인 관계에도 주목해야 한다.

미얀마와 소수민족의 관계는 민주화 이후의 민주주의를 결정하는 중요한 변수다. 현재까지 아웅산 수치가 이끄는 민주주의민족동맹과 소수민족 정당들은 협력을 유지하고 있지만 이해관계에서 분명한 차이가 존재한다. 소수민족을 포함하는 평화로운 다민족 연방국가의 건설은 민주주의가 뒷받침되어야 가능하다. 그리고 다수결 원칙과 소수파 배려 사이의 긴장을 어떻게 조화시킬 것인지도 매우 중요한 문제다. 흰 코끼리를 조율하는 피리처럼, 미얀마의 민족 갈등을 조정하는 민주주의의 조화로움이 필요하다.

3부

양보의 역설

협상은 주고받는 것이다. 상대에게 얻을 것이 있으면 과감히 자신이 움켜쥐고 있던 것을 내줄 수 있어야 한다. 조금 주고 많이 얻으면 성공이라 하지만, 득실의 계산은 그렇게 단순하지 않다. 때로는 지금 양보하는 것이 나중에 크게 얻는 기회가 되기도 한다. 1978년 캠프데이비드에서 이스라엘은 양보하지 않고 평화협정을 맺었다. 그 결과 평화는 오지 않았다. 키프로스의 통일협상도 마찬가지다. 양보하지 않아 이익을 지켰다고 생각하지만, 문제가 해결되지 않으면 언제든 다시 대가를 치러야 한다. 반대로 쉽게 양보할 수 없는 영역도 있다. 한일협정은 쉬운 타협을 선택했기에 청산되지 않은 과거가 다시 살아나 미래의 발목을 잡고 있다. 에스파냐 역시 독재 시대의 망각을 선택했지만, 과거와의 단절은 오래가지 않았다. 진실을 대면하는 일은 고통스럽지만, 기억은 양보하고 싶어도 양보하기 어려운 것이다.

11

쉽게 타협하면 역사가 복수한다

한일협정

협상일지

1945년	8월 15일	아시아태평양전쟁 종결
1947년	8월	미국 극동위원회, 대일 배상 자격을 연합국으로 한정, 한국 제외
1949년	12월 29일	제6차 대일강화조약 초안에 일본 영유도서로 '다케시마' 포함
1950년	6월 25일	한국전쟁 발발
	8월 7일	제7차 대일강화조약 초안에서 한국이 돌려받아야 할 영토에서 '독도' 삭제
1951년	3~6월	영미 협의를 거쳐 대일강화조약 참여국에서 한국 제외 결정
	9월 8일	일본과 48개 연합국, 샌프란시스코 평화조약 체결
	10월 20일	한일회담을 위한 제1차 예비회담 개최
1952년	1월 18일	이승만 '인접 해양의 주권에 관한 대통령 선언'(평화선) 발표
	4월 28일	샌프란시스코 평화조약 발효. 연합국의 일본 점령정책 완료, 맥아더 라인 무효화
1961년	6월	케네디 대통령, 미일정상회담에서 이케다 총리에게 한일협정 빠른 타결 촉구
	7월	북한-중국, 북한-소련 간 우호동맹 체결
	11월	박정희, 미국에 특별 차관 및 기술원조 요청. 케네디, 한일 국교 정상화 조기 실현 촉구
1962년	8월	케네디 대통령, 한일 교섭의 조기 타결을 촉구하는 친서 발송
	11월	김종필-오히라 회담
1964년	8월	베트남전쟁 발발. 한일협정 논의 가속화
1965년	6월 22일	한일협정·한일어업협정 체결, 한일 국교 정상화
2011년	8월	한국 헌법재판소, 일본군 '위안부' 피해자의 개인 청구권 인정
2012년	5월	한국 대법원, 일제 강제 징용 피해자의 개인 청구권 인정

1951년 9월 4일, 샌프란시스코 오페라하우스에 51개국 대표들이 모였다. 4일 뒤인 9월 8일, 일본과 48개국이 '샌프란시스코 평화조약'에 서명했다. 소련은 '사회주의 중국의 불참, 미군의 일본 주둔, 일본에 유리한 영토 처리' 등에 항의하면서 평화조약 서명에 불참했다. 폴란드와 체코슬로바키아도 소련의 뒤를 따랐다. 다음 해인 1952년 4월 28일에 조약이 발효됨으로써 1945년 10월부터 6년 반 동안 이어진 연합국의 일본 점령정책은 막을 내렸다. 서명에 참여했던 요시다 시게루 일본 총리는 뒷날 자신의 회고록에서 "평화조약이 공정하고, 일본에 관대했다"라고 술회했다.

샌프란시스코 평화조약은 아시아태평양전쟁 당사자인 연합국과 일본 간에 이루어진 전쟁 종결을 위한 조약이다. 이때 한국은 샌프란시스코에 초대받지 못했다. 미국이 한국을 연합국의 일원으로 인정하지 않았기 때문이다. 1950년에 일어난 동족상잔의 전쟁을 치르느라 외교력을 발휘할 수도 없었다. 한국이 부재한 상황에서 일본의 전후 처리가 결정되었다. 샌프란시스코 평화조약은 일본에는 관대한 조약이었지만, 한국에는 잘못 끼운 첫 단추와 같았다. 이후 한국과 일본 간에 이루어진 한일협정은 샌프란시스코 평화조약의 그늘에서 벗어날 수 없었다.

왜 한국은
샌프란시스코에 초대받지 못했나?

———————— 1947년 3월, 맥아더 연합군 최고사령관은 일본에 대한 점령 통치를 끝내고 일본과 강화조약을 맺어야 한다고 주장했다. 그해 8월 하순에 '남조선 과도입법의원'●은 트루먼 미국 대통령에게 대일강화회의에 직접 참여할 권리가 있음을 알리는 서한을 보냈다. 하지만 안타깝게도 한국은 전후 처리 과정에서 주체로 인정받지 못했다. 1945년 8월 17일, 미국은 일본이 항복한 뒤 '인반명령 제1호'를 발포해 일본군이 항복해야 할 대상에 대해 규정했다. 이 명령에서는 한반도의 경우 38도선 이북에서는 소련 극동군 사령관에게, 38도선 이남에서는 미국 태평양 육군 사령관에게 일본군이 항복하도록 했다. 즉, 일본이 한반도에서 항복할 대상은 소련과 미국이지 한국이 아니었다. 한국은 일본을 상대로 한 직접적인 교전 당사국의 지위를 얻는 데 실패했다.

● 대한민국 정부 수립 이전 과도기의 입법기관이다. 1946년 7월, 미군 사령관 하지의 동의를 얻어 8월 24일 창설되었고, 그해 12월 12일 개원식이 열렸다. 의장은 김규식이 맡았다. 1948년 5월, 정부 수립이 가까워지고 정식 국회가 준비되면서 해산되었다.

1945년 12월, 배상 문제를 검토하기 위해 일본을 방문했던 에드윈 폴리 특사는 "한국은 대일전 승리에 공헌하지 않았기 때문에 배상받을 권리가 없다"라고 트루먼 대통령에게 보고했다. 1947년 미국의 국

1951년 9월 8일 샌프란시스코 평화조약 협정문에 서명하는 요시다 시게루 일본 총리.

무부·전쟁부·해군부가 공동으로 구성한 극동위원회는 한국을 '적국의 영토로부터 분리된 땅'으로 규정하고, "대일 배상을 받을 수 있는 자격을 연합국에 한정한다"라는 점을 분명히 했다.

이처럼 한국은 일본의 교전 상대로 인정받지 못했지만 그렇다고 처음부터 샌프란시스코에 갈 수 없었던 것은 아니다. 1950년 6월, 샌프란시스코 평화조약 초안 담당 특사인 존 포스터 덜레스가 샌프란시스코 회의 준비를 위해 한국을 방문했을 때, 이승만 정부는 한국이 샌프란시스코 회의에 반드시 참여해야 한다고 주장했다. 그해 7월에 미국 국무부에서는 한국을 예비회담 구성국으로 분명히 기록했다. 또한 1951년 4월에 일본을 방문한 덜레스 특사는 한국의 참여를 고려하고 있다고 일본에 전했다.

하지만 일본은 한국의 참여를 원치 않았다. 일본에 '관대한 조약'을 맺을 수 있었던 데에는 미국이 반공전선의 전방 초소로서 일본의 전략적 가치를 재평가한 덕도 있지만, 일본의 치밀한 준비도 무시할 수 없다. 일본은 1946년에 외무성 조약국을 중심으로 '평화조약 문제 연구 간사회'를 설치해 미국을 설득하기 위한 준비 작업에 들어갔다. 간사회에서는 일본의 피해 상황에 대한 구체적인 통계와 경제 상황, 그리고 영토 분쟁의 여지가 있는 주요 섬들에 대한 역사·지리·경제적 측면을 상세하게 정리한 영문 자료를 마련했다.

일본과 미국 사이에 핵심적인 연결고리 역할을 한 인물도 있었다. 그는 바로 1947년부터 1952년까지 주일 미국 국무부 정치고문과 연합군 최고사령부Supreme Commander of the Allied Powers, SCAP/GHQ 외교국장을 역임한 윌리엄 시볼드다. 시볼드는 일본인이나 다름없을 정도로 국제무대에서 적극적으로 일본의 이해관계를 대변했다. 미국 해군사관학교 출신인 시볼드는 1925년 주일 미국 대사관 무관부에 근무하면서 3년간 일본어 과정을 이수했다. 그리고 그 무렵에 일본계 영국인과 결혼했다. 시볼드의 장모는 일본인 화가였고, 장인은 20세기 초에 일본에 정착한 영국인으로 일본의 근대 법률을 만드는 데 공헌한 인물이었다. 1930년에 전역한 그는 미국에서 변호사 자격을 딴 뒤 1933년부터 장인이 일본에서 운영하던 법률회사를 맡았다.

1939년 전쟁이 일어나자 미국으로 돌아간 시볼드는 1945년 전쟁이 끝난 뒤 이번에는 외교관 신분으로 일본으로 돌아왔다. 시볼드는 과거 일본 체류 경력을 인정받아 연합군 최고사령부 정치고문단 특별 보좌역에 임명되었다. 맥아더 연합군 최고사령관은 연합군 최고사령부 외교국장이 비행기 추락 사고로 사망하자, 시볼드를 그 자리

월리엄 시볼드는 일본과 미국 사이에 핵심적인 연결고리 역할을 하면서 국제무대에서 일본의 이해관계를 적극적으로 대변했다. 1951년 1월 31일, 도쿄의 한 리셉션장에서 환담하는 (왼쪽부터) 덜레스 미국 대통령 특사와 시볼드 연합군 최고사령부 외교국장, 요시다 일본 총리.

에 앉혔다. 대부분 군인으로 구성된 연합군 최고사령부에서 그는 핵심적인 민간 외교관이었다.

시볼드는 일본인 황족과 군 고위 장성, 극우 정치인 들과 친밀한 관계를 유지했다. 그는 연합국의 대일 점령정책에 대응해 일본의 입장에서 천황제 유지를 옹호하고 재벌 해체를 적극적으로 반대했다. 일본의 이익을 대변하는 입장에 선 시볼드는 한국에 대해서도 일본 측 입장에서 판단했다. 그는 30대 때부터 한국을 여섯 차례 방문했는데, 자신의 일기에 한국을 가난하고 음울하며 불행한 민족으로 묘사했다. 샌프란시스코 평화조약이 만들어지는 과정에서 시볼드는 일본의 입장을 반영하는 창구였다.

한국은 어떻게 대응했을까? 미국 국무부가 1951년 3월 27일 조약 초안을 주미 한국 대사관을 통해 한국 정부에 이송했을 때, 이 문서는 부산 임시수도의 대통령 비서실 실무자 책상 서랍에서 2주일 이상 잠자고 있었다. 당시 한국은 전쟁 중이었다. 법무부 법무국장 홍진기는 4월 7일에 일본《아사히신문》을 보고 깜짝 놀랐다. 강화조약 초안이 실려 있었기 때문이다. 한국의 이해관계와 어긋나는 부분이 많았고, 특히나 제2조 A항에는 한국의 부속도서로 제주도, 거문도, 울릉도만 명시되어 있었다.

보고를 받은 김준연 법무장관이 장면 총리와 함께 이승만 대통령을 찾아갔다. 두 사람이 "귀속재산 처리와 영토 문제를 수정해야 한다"라고 보고했으나, 이승만은 맥아더 최고사령관이 선처해주기로 약속했으니 조약 내용에 관해 수정 요청을 할 필요가 없다고 말했다. 이런 이승만 대통령을 설득해서 '대일강화회의 준비회의'를 설치한 것은 4월 16일이고, 한국의 입장을 미국에 전달한 것이 5월 초였다. 당시 한국은 조약의 체결 주체로서 회의 참여와 서명, 대마도(쓰시마섬)와 파랑도가 포함된 영토 조항, 그리고 일본의 어업 구역을 제한한 맥아더 라인의 유지 등을 주장했다.

반면, 일본은 시볼드를 통해 3월 27일에 초안을 전달받아, 4월 4일에 다시 시볼드를 통해 미국에 의견서를 전달했다. 한국보다 거의 한 달 이상 빨랐다. 일본 외무성 조약국에서 만든 영문 자료들도 이미 미국 국무부 관료들에게 넘어간 뒤였다. 미국은 일본 외무성 자료의 접수를 공식적으로 거부했지만, 시볼드가 국장으로 있는 연합군 최고사령부 외교국을 경유한 자료들은 대부분 미국 실무자에게 전달되었다. 한국이 의견서를 보냈을 때는 이미 주요 쟁점에 대한 미국의 입장 정리가 끝난 뒤였다.

1951년 4월 23일, 요시다 시게루 총리는 일본을 방문 중이던 덜레스 샌프란시스코 평화조약 초안 담당 특사와 회담을 하면서 "한국이 전쟁 혹은 교전 상태에 있지 않았기 때문에 연합국의 일원으로 간주할 수 없고, 양국 문제는 한일 양자협정에 따라 해결되어야 한다"라고 주장했다. 일본은 국내 압력을 협상 수단으로 활용하기도 했다. 전국 귀환자단체 연합회를 중심으로 강화조약 체결 반대운동이 본격화되었고, 덜레스 특사가 일본을 방문했을 때 단체로 혈서를 써서 전달하기도 했다.

한국이 최종적으로 제외된 것은 1951년 3월부터 6월까지 전개된 미국과 영국의 최종 협의에서였다. 당시 영국은 "한국을 강화회의에 참여시키면 중국을 자극할 것"이라고 주장했다. 미국과 영국은 중국의 대표권 문제를 둘러싸고 의견이 서로 달랐다. 미국은 중화민국이 참여해야 한다고 했지만, 영국은 중화인민공화국을 대표로 해야 한다고 주장했다. 결국 중화민국이든 중화인민공화국이든 할 것 없이 중국을 참여시키지 않기로 합의하면서, 자연스럽게 한국의 불참도 결정되었다.

1951년 7월, 제2차 초안이 한국 정부에 전달되었다. 양유찬 주미 대사는 덜레스 특사를 방문해 독도의 영유권 인정, 맥아더 라인 존속, 한국에 남아 있는 일본 재산의 한국 양도 등에 대한 의견서를 전달했다. 하지만 미국은 대부분 받아들이지 않았다. 한국은 미국과 협상하는 과정에서 다른 나라의 지지를 얻을 수도 없었다. 1951년 8월 미국과 영국이 평화조약 최종안을 발표했을 때, 일본은 환영했고 한국은 당황했다.

준비 없이 맞닥뜨린
첫 번째 한일회담

———————— 샌프란시스코 평화조약 서명국에서 제외된 한국에 남아 있는 선택지는 일본과 직접 협상하는 것뿐이었다. 이승만 정부는 협상에 부정적이었지만, 한편으로 평화조약 체결 이후 시간이 흐르면 흐를수록 일본에 유리한 상황이 될 거라고 판단했다. 한국은 땅에 떨어진 국제적 위상을 회복하기 위해 가능한 한 빨리 배상 문제를 비롯해 어업권과 재일 조선인●의 국적 등 현안을 해결해야 했다. 반면 일본은 협상을 서두를 필요가 없을 정도로 유리한 입장이었다. 다만 한 가지, 재일 조선인 문제만큼은 가능한 빨리 매듭지어야 할 사안이었다. 일본은 재일 조선인을 공포와 불신, 위협의 대상으로 여겼고, 특히 공산주의 세력과 연계된 일부 사람들을 추방하거나 관리하고자 했다.

● 이승만 정부는 북한이 일본에 살고 있는 동포들을 '재일 조선인'이라고 부르자 북한의 입장과 차별화하기 위해 '재일 한인'이라는 명칭을 사용하기도 했다.

미국도 냉전 전략 차원에서 한국과 일본의 관계 개선 문제를 중요하게 여겼다. 한국전쟁을 치르면서 이미 전시 지원을 위한 한미일 삼각관계가 구축된 상황에서, 미국 국무부는 한국과 일본의 관계 개선이 한국의 전쟁 수행에 도움이 된다고 판단했다. 1951년 여름 미국 국무부, 도쿄의 연합군 최고사령부 외교국, 부산의 주미 대사관 사이에 한일회담 개최 여부를 둘러싸고 의견 교환이 이루어졌다. 마침내 미국 국무부는 미국의 중재 아래 한일회담 개최를 요구한 한국의 입장을 받아들였다. 그러나 시볼드 외교국장과 일본은 미국의 참여를 반대했다. 할 수 없이 미국 국무부에서는 미국은 참관인의 역할을 하며, 회담에 대해서는 '불간섭 원칙'을 고수하겠다는 입장을 정했다.

한일회담을 위한 첫 번째 예비회담이 1951년 10월 20일, 도쿄의 연합군 최고사령부 외교국 사무실에서 열렸다. 외교국장 시볼드가 개막 연설을 했다. 그는 한일 양국을 초대한 목적이 "재일 조선인의 국적과 법적 지위 문제를 해결하기 위한 것"이라고 말했다. 회담을 실무 문제에 한정하려는 일본의 생각을 대변한 발언이었다.

한국은 아무런 준비도 없이 일본에 갔다. 대표단에 참여했던 유진 오는 "회담 출발 전에 대표단 내부적으로 회의 한 번 하지 않았고, 출발 전날 서로 인사만 했을 뿐"이라고 회고했다. 회담 대책도 따로 없었고, 정부의 훈령도 없었다. 한국은 평화조약에 규정된 문제들을 한일 양자회담에서 '받기만 하면 되는 줄' 알았다.

이승만 대통령은 한일회담에 처음부터 부정적이었다. 이승만은 회담의 수석대표로 주미 대사 양유찬을 지명했는데, 그 이유는 아주 단순했다. 양유찬은 이승만이 프린스턴대학에서 박사학위를 받고 하와이에서 교사로 일할 때 만난 제자로, 1951년 당시 하와이에서 치과를 운영하던 중 주미 대사직을 제안받았다. 미국에서 성장한 양유찬은 한국어와 일본어를 할 줄 몰랐다. 이승만은 수석대표가 일본과 대화를 할 필요가 없고 미국하고만 협의를 하면 된다고 생각했다. 그래서 영어만 잘하는 양유찬을 선택했다.

이승만은 양유찬에게 "우리가 한일회담을 하고 싶어서 하는 줄 아나. 미국이 자꾸 하라고 권해서 마지못해 하는 것이지. 자네 분명히 들어둬. 내가 눈을 감을 때까지 이 땅에 일장기를 다시 꽂지 못하게 할 거야"라고 당부했다. 양유찬은 이승만이 직접 작성한 개막 연설문을 읽었다. "일본이 과거의 잘못을 철저하게 반성하고 다시는 인접 국가들을 침략할 의도가 없다는 점을 보여주어야 한다"라는 내용이 핵심이었다. 시볼드는 양유찬에게 "험악한 언사로 일본의 협력을 얻을 수 없다"라고 참견했다.

한일 예비회담은 의제 선정부터 난관에 부딪혔다. 한국은 청구권 문제, 어업 문제, 재일 조선인의 법적 지위 문제 등 한일 관계의 현안 전체를 논의하자고 주장했다. 일본은 시볼드가 개막 연설에서 주장했듯이, 재일 조선인 문제에 한정하고자 했다. 6개월 뒤에 샌프란시스코 평화조약이 발효되면 60만 명의 재일 조선인은 일본 국적을 상실해 무국적자로 전락하게 된다. 그렇게 되면 재일 조선인이 강제 추방당할 것이라는 유언비어도 돌았다. 일본은 재일 조선인의 법적 지위 문제를 하루빨리 해결하고 싶어 했다.

일본에 유리한 청구권 협상과
미국의 압력

─────── 한국이 가장 중요하게 생각한 의제는 배상 문제였다. 샌프란시스코 평화조약 제4조는 한국이 식민지 지배에 대한 배상을 일본에 요구할 수 있는 길을 막아버렸다. 한국은 전쟁 중 일본의 통치 아래 있었지만, 일본의 패전으로 일본에서 분리된 지역으로 분류되었다. 즉, 한국은 식민지 피해국일 뿐 전쟁 당사자가 아니기 때문에 배상을 요구할 수 없고, 다만 분리에 따른 상호 재산 및 청구권만을 협상할 수 있게 된 것이다.

대일강화조약이 준비되던 당시 이승만 정부는 조약 체결을 대비해 전쟁 배상 요구안을 준비했다. 1949년에 작성된 500여 쪽의 보고서에는 현물뿐 아니라 채권과 전쟁의 인적·물적 피해, 그리고 일본의 저가 수탈에 따른 손해 배상 및 보상이 포함되었다. 총액은 약 310억 엔(종전 직전 환율 15엔 대 1달러 기준으로 약 20억 달러)에 달했다. 그러나 샌프란시스코 평화조약에 따라 한국은 국제법을 기준으로 전쟁 배상을 받을 수 있는 자격을 잃었다.

결국 1952년 제1차 한일회담에서 한국은 전쟁 배상을 위해 작성한 조서에서 전쟁의 인적·물적 피해를 축소하고, 일반인의 보상 요구를 줄일 수밖에 없었다. 또한 일본 정부의 수탈로 인한 피해를 삭제했다. 그런데도 일본은 한국의 청구권 요구에 대응하기 위한 협상 전술로서 조선에 살았던 일본인들의 재산에 대한 권리, 즉 역청구권을 들고 나왔다. 당시 전후 복구 과정에 있던 일본은 배상의 경제적 부담을 걱정했다. 그뿐 아니라 조선에서 살다 일본으로 돌아온 귀환자 50만 명의 요구와 압력을 무시할 수 없었다.

일본의 역청구권 주장에 대해 한국은 1952년 미국 정부에 해석을 요청했다. 회담 기간에 한일 양국은 계속해서 미국에 중재를 요청했다. 그래서 한일협정을 양자협상이 아니라, 아예 3자협상으로 규정하는 의견도 있다. 1952년 4월, 미국 국무성은 주미 한국 대사관에 답신을 보내왔다. 국무장관 러스크의 서한이었다. 미국은 그 서한에서 샌프란시스코 평화조약 제4조를 근거로 "재한 일본인의 재산은 소멸되었으며, 이 재산에 대해 유효한 청구권을 주장할 수 없다"라고 의견을 밝혔다. 일본의 역청구권 주장은 근거가 없다는 답변이었다. 그러나 동시에 "재한 일본인의 재산 소멸의 사실이 재일 한국인의 재산 처리를 결정하는 데 고려되어야 한다"라고 권고했다. 이는 한국의 대일 청구권은 일본인의 재산 처분으로 상쇄되었다는 일본의 주장에 힘을 실어주는 의견이었다.

1950년대 이승만 정부 시절의 한일회담은 더 이상 앞으로 나가지 못했다. 한일 관계가 악화되면서 회담은 결렬과 재개 그리고 다시 결렬을 반복했고, 그중 청구권 문제를 둘러싼 인식 차이는 쉽사리 좁혀지지 않았다. 1959년에는 일본이 재일 조선인을 북한으로 송환해버리자, 북송 반대를 주장했던 이승만 정부가 대일 통상 중단으로 대응하는 등 양국 관계가 최악으로 치닫기도 했다.

1960년대 들어 4·19혁명을 거치면서 한일회담을 둘러싼 환경이 변하기 시작했다. 한일회담은 냉전이라는 무대 위에서 전개되었다. 미국은 아시아에 확고한 반공전선을 구축하기 위해 한일협정을 절실히 원했다. 1961년에는 북한과 중국, 북한과 소련 간 우호동맹이 체결되면서 북중소 삼각관계가 한층 강화되었다. 케네디 행정부는 한일회담의 표류를 더 이상 지켜볼 수 없었다. 미국은 한국에는 실질적 이득을, 일본에는 지원의 명분을 제공하면서 한일 간 입장 차이를 좁히려 시도했다. 그러다 보니 두 나라의 차이가 분명한 역사 문제를 회피하고 가능하면 외면하려 했다.

미국의 입장에서는 경제적으로도 한일협정이 하루빨리 성사되어야 했다. 1950년대 후반 미국은 국제수지 적자가 증가하자 대외 무상 원조를 차관으로 전환했다. 또 일본에 경제적 책임 분담을 요구하면서 한일 간 협상에 적극적으로 임하라고 촉구했다. 1961년 6월, 케네디 대통령은 이케다 하야토 총리와 진행한 정상회담에서 한일협정의 빠른 타결을 촉구하고, 한국에 대한 일본의 경제적 지원을 요구했다. 케네디 행정부는 당시 일본의 대외 채무 변제 금액을 4억 9,000만 달러로 확정하고 이를 저개발국 원조에 사용하기로 합의했다.

1961년 11월, 쿠데타로 집권한 박정희가 미국을 방문해서 케네디 대통령에게 특별 차관과 기술원조를 포함해 총 2억 달러에 가까운 원조를 요청했을 때, 케네디는 미국의 국내 사정으로 인해 어렵겠다고 하면서 한일 국교 정상화의 조기 실현을 재촉했다. 1962년 7월, 미국 국무부는 주한 미국 대사에게 "한국 정부에 청구권의 명목에 구애받지 말고 일본의 경제원조를 받아들이라고 전하고, 만약 응하지 않으면 미국의 원조를 재검토하겠다는 압력을 가할 것"이라는 내용의 훈령을 보냈다. 그해 8월 케네디 대통령은 박정희 대통령과 이케다 총리에게 교섭의 조기 타결을 촉구하는 친서를 보냈다.

금액을 둘러싼 한일 양국의 입장 차이도 컸다. 양국은 실무 차원의 협의가 입장 차이로 부딪치자, 양국 외무장관이 직접 나서는 고위급 정치회의를 열기로 합의했다. 그래서 1962년 3월 도쿄의 외무성에서 제1차 정치회담이 열렸다. 양국은 그동안 청구권 금액을 둘러싸고 탐색전을 벌였다. 제1차 정치회담에서 공식적으로 양국의 청구권 금액이 제시되었다. 한국의 최덕신 외무장관은 7억 달러를 요구했지만, 일본의 고사카 젠타로 외무대신은 7,000만 달러를 제시했다. 7억 달러 대 7,000만 달러의 차이는 너무 컸다.

라이샤워 주일 대사는 이케다 총리를 만나 "5억 달러 이하로 일부만 청구권 관련 금액으로 (한국을) 강하게 설득하겠다"라고 말했다. 한국 정부는 9월 12일자로 케네디 대통령에게 한국의 최종 양보선이 3억 5,000만 달러임을 통보했다. 이 금액은 미국이 중재 과정에서 제시했던 3억에서 4억 5,000만 달러에 가까웠다.

한국과 일본은 여러 번 미국에 공식적인 견해 표명이나 유권해석

한일 양국은 미국과 접촉하면서 자국의 입장을 상대에게 전달하는 창구로 활용했다. 1961년 6월 20일, 케네디 대통령은 이케다 하야토 총리와 진행한 정상회담에서 한일협정의 빠른 타결을 촉구하고, 한국에 대한 일본의 경제적 지원을 요구했다.

을 요구했다. 또한 한일 양국은 막후에서 미국과 접촉하면서 상대방에 관한 정보를 얻고 자국의 입장을 상대에게 전달하는 창구로 활용했다. 미국의 압력이 양국에 얼마나 균형적으로 작용했는지는 의문이다. 압력의 크기는 그것을 받아들이는 상대의 반응에 따라 달라질 수밖에 없다. 미국의 조정에 따른 협상 결과는 일본에 유리했다. 미국의 입장에서는 일본보다 한국에 압력을 행사하는 것이 훨씬 쉬웠기 때문이다.

1962년 11월, 김종필 중앙정보부장과 오히라 마사요시 외무대신의 회담에서 대략적인 액수가 합의되었다. 무상 원조 3억 달러, 유상 원조 2억 달러, 상업 차관 1억 달러 이상이었다. 당시 회담에서 오히라

1961년 11월 14일, 미국을 방문한 박정희 국가재건최고회의 의장이 미국의 특별 차관과 경제원조를 요청하자 케네디 대통령은 미국 국내 사정으로 인해 어렵겠다고 하면서 일본에 대해서와 마찬가지로 한일 국교 정상화의 조기 실현을 재촉했다.

의 협상 전략은 "가능하면 개인 청구권에 한정하고, 무상 공여와 유상 경제협력을 추가해서 총액 수준에서 한국의 요구에 접근하고, 그 대신 대일 청구권 명목을 포기시킨다"라는 것이었다. 일본의 전략은 철저한 증거 논쟁으로 한국의 청구권 요구를 단념시키고 경제협력 방식으로 협상을 타결하는 것이었다.

　일본은 1960년대 들어서면서 한일 관계의 경제적 측면을 부각시켰다. 청구권이라는 개념에는 과거 식민지 역사에 대한 평가가 깔려 있기 때문에, 일본은 회담 기간 내내 돈의 명목을 '독립 축하금 또는 경제협력 자금'이라고 주장했다. 경제협력 방식이 일본에 결코 불리하지 않다는 계산도 작용했다. 당시 외무성 조약국장이던 나카가와 도오루는 "상대국에 공장이 생기고 일본의 기계가 돌아가면, 수리를 위해 일본에서 부품을 수입하게 되고, 그렇게 되면 일본의 손해가 아니다"라고 말했다.

한국이 일본의 경제협력 방식을 수용한 것은 1960년 장면 정부 때부터다. 경제 회복을 주요 국정 목표로 내세운 장면 정부는 명분보다 이익이 더 중요하다고 판단했다. 박정희 정권 또한 한일협정의 경제적 이익을 적극적으로 홍보했다. 1961년 11월, 박정희 국가재건최고회의 의장이 미국에 가는 길에 도쿄에 들렀다. 이케다 총리와 진행한 정상회담에서 그는, "일본이 성의를 갖고 청구권 문제에 임한다면 한국은 법률적 근거가 있는 청구권만을 요구할 것이며, 정치적 배상을 요구하지 않을 것"이라고 말했다.

한국은 경제적인 이유에서 한일협정을 서둘렀다. 수출 위주의 산업화를 위해서는 한일 양국의 국제 분업 체계를 더 강화해야 한다고 생각했다. 대일 청구권의 법적 근거가 부족하고 증빙자료가 불충분해서 협상 과정에서 청구권 금액이 감액되는 것보다 경제협력 방식에 주력하는 것이 훨씬 유리하다는 판단도 했다.

1964년부터 한일협정을 둘러싼 한미일 삼각관계가 더 빨리 돌아가기 시작했다. 8월 통킹만 사건●을 계기로 미국은 북베트남에 폭격을 시작했다. 베트남전쟁이 본격적으로 시작된 것이다. 9월부터는 한국도 의무대와 태권도 교관단 파견을 시작으로 베트남전쟁에 발을 들여놓았다. 10월에는 중국이 핵실

● 1964년 8월 2일과 4일 북베트남의 통킹만 공해에서 미국의 구축함 두 척이 북베트남 어뢰정의 공격을 받자, 미국이 보복 폭격을 하면서 베트남전쟁이 시작되었다. 그러나 이 사건은 2001년 미국 국가안보국의 자체 감사에서 당시 국가안보국의 중간 간부가 전문을 의도적으로 왜곡한 것으로 밝혀지면서 조작 논란에 휩싸였다. 실제로는 미국의 구축함이 먼저 공격했고, 8월 4일 북베트남의 공격은 아예 없었던 것으로 밝혀졌다.

동남아 4개국에 대한 일본의 배상 금액••

국가	협정 발효 시점	배상 총액
미얀마	1955. 4. 6	720억 엔(2억 달러) * 1963년 추가 협정−경제 협정 473억 3,600만 엔 　(1억 4,000만 달러)
필리핀	1956. 7. 23	1,980억 엔(5억 5,000만 달러)
인도네시아	1958. 4. 15	803억 880만 엔(2억 2,308만 달러) * 무역채권 1억 7,000만 달러 소멸
베트남	1960. 1. 12	140억 4,000만 엔(3,900만 달러)

험에 성공했다. 1965년 3월에는 오키나와에 주둔하던 미국 해병대 2개 대대 3,500여 명이 처음으로 베트남 중부의 다낭에 상륙했다. 그해 말까지 베트남 땅에 발을 디딘 미군은 19만여 명으로 늘어났다. 미국의 입장에서는 한일 양국을 묶는 반공전선을 더욱 강화해야만 했다.

청구권에 대한 합의는 한일협정 체결로 이어졌다. 당시 한국이 인정받은 청구권의 성격과 보상 액수(무상 원조 3억 달러, 유상 원조 2억 달러, 상업 차관 3억 달러)를 다른 동남아 국가와 비교해서 평가해야 한다. 먼저 유상 차관과 상업 차관을 제외한 무상 금액만 비교해보자. 미얀마는 3억 4,000만 달러(1955년 2억 달러, 1963년 추가 협정으로 1억 4,000만 달러), 필리핀은 5억 5,000만 달러를 일본으로부터 배상받았다. 인도네시아도 1958년에 3억 9,308만 달러(2억 2,308만 달러, 무역 채권 1억 7,000만 달러 소멸)를 배상받았다. 명칭도 미

•• 일본의 전후배상 정책의 전체상을 체계적으로 조감하고 있는 주목할 만한 연구는 永野愼一郎·近藤正臣 編,《日本の戰後賠償: アジア經濟協力の出發》(勁草書房, 1999)이 있다. 이 연구는 일본이 수행한 17개의 전후 처리 개별 사례를 분석했는데, 일본의 전후 배상이 아시아 국가들과 경제협력의 토대가 되었다는 점을 강조하고 있다.

안마는 '배상 및 경제협력 협정'으로 했고, 필리핀은 아예 '배상 협정' 과 '경제개발 차관에 관한 교환 공문'을 각각 달리 작성했다. 그런데 한일협정은 금액도 다른 나라에 비해 상대적으로 적었고, 명분도 살리지 못했다.

한일협정의 더 심각한 문제는 개인 청구권의 근거를 봉쇄했다는 점이다. 한일협정은 "청구권 문제가 완전히 그리고 최종적으로 해결되었다"(제2조)라고 규정했다. 일본은 이 조항을 근거로 전쟁 피해자들의 개인 청구권이 소멸되었다고 주장했다. 1945년 8월 히로시마와 나가사키의 조선인 원폭 피해자, 징용·징병 피해자, 그리고 일본군 '위안부'가 일본 정부로부터 보상받을 근거가 사라진 것이다.

박정희 정권은 민간인의 대일 보상 문제를 한국 내에서 일괄 처리한다고 밝혔지만, 절차가 까다로워 실제로 보상받은 사람들은 거의 없었다. 2011년 8월, 한국의 헌법재판소는 일본군 '위안부'의 개인 청구권이 존재함을 인정했고, 2012년 5월, 대법원 역시 강제 징용자 피해에 대해 개인 청구권을 인정했다. 그러나 일본은 1965년 한일협정을 근거로 개인 청구권을 여전히 거부하고 있다.

망언과 분노의
악순환

───────── 1951년 예비회담 개최 이후 1965년 본협정 체결까지 13년 8개월의 세월이 흘렀다. 회담이 가다 서다를 반복한 결정적 이유는 한일 양국이 '일본의 식민지 지배'를 바라보는 시각이 달랐기

때문이다. 한국은 1910년 한국병합조약과 그 이전의 협약이 원천적으로 무효라는 입장이었다. 그래서 식민지 지배의 불법성을 강조했다. 그러나 일본은 총독부의 통치가 합법적이라고 주장했다. 그래서 한국병합조약이 일본의 패전 혹은 대한민국의 성립으로 무효가 되었다고 주장했다.

서로 다른 시각은 모호하게 봉합되었다. 한일기본조약 제2조에서 양국은 "1910년 8월 22일 및 그 이전에 대한제국과 대일본제국 간에 체결된 모든 조약 및 협정이 이미 무효임을 확인한다"라고 합의했다. 회담 당시에는 협상의 기술을 발휘해 양국 간의 입장 차이를 '이미'라는 모호한 표현으로 봉합했으나, 이에 대한 한일 양국의 해석은 큰 차이를 보였다. 한국은 '이미'의 시점을 1910년 한국병합조약의 체결 시점으로 해석했다. 그러나 일본은 일본의 패전 이후로 해석했다. 일본 정부는 비준국회에서 이 조항을 "지금은 무효이나 당시는 유효하고 합법적이었다"라는 뜻으로 보고했다. 처음부터 식민지 지배에 대한 일본의 역사적 성찰은 없었다.

일본은 한일회담을 시작하면서 일본의 식민지 지배가 합법적이었다고 일관되게 주장했다. 이러한 입장을 관철시키기 위해 일본은 회담 과정에서도 '망언'을 서슴지 않았다. 가장 대표적인 것은 '구보타 망언'이다. 1953년 10월, 제3차 회담에서 일본 수석대표로 나온 구보타 간이치로는 "일본이 진출하지 않았다면 한국은 중국이나 러시아에 점령되어 더욱 비참한 상태에 놓였을 것"이라며 일본의 식민지 지배를 정당화하는 궤변을 쏟아냈다. 구보타는 청구권을 요구하는 한국의 주장에 산림녹화, 철도 부설, 항만 건설 등을 예로 들며 '총독 정치가 조선에 공헌한 점'이라고 강조하기도 했다.

당시 도쿄에 체류 중이던 변영태 외무장관은 사태의 전말을 보고받고 일본의 망언을 심각하게 판단했다. 그러나 일본의 오카자키 가쓰오 외무대신은 구보타의 발언에 대해 "당연한 것을 당연하게 말한 것일 뿐"이라는 입장을 보였다. 이는 구보타 개인의 의견이 아니라 일본 정부의 공통된 인식이었다. '구보타 망언'으로 회담은 이후 4년 동안 중단되었다.

1960년대 들어 한일 양국은 그동안 쟁점이 되었던 문제에 대해 해결의 실마리를 찾아갔지만, 역사 인식의 차이는 그대로였다. 1965년 1월 한일협정이 막바지에 접어들 무렵, 제7차 회담의 일본 수석대표였던 다카스키 신이치가 외무성 기자회견에서 "지금 한국에는 산에 나무가 하나도 없다. 20년쯤 더 일본과 상종했다면 그렇게 되지 않았을 것"이라고 말했다. 외무성은 이 발언이 몰고 올 파장을 고려해 언론에 '오프 더 레코드'로 해줄 것을 요청했다. 대부분의 언론은 외무성의 요청을 받아들여 보도하지 않았지만, 공산당 기관지인 《아카하다赤旗》가 1면으로 발언 전문을 보도했다. 다카스키 신이치는 '사실 무근'이며 '한일회담을 파괴하기 위한 공산당의 공작'이라며 비난의 화살을 피하려 했다. 협상을 빨리 마무리하고 싶었던 박정희 정부도 이를 문제 삼지 않았다.

일본은 역사 인식을 양보할 생각이 없었고, 한국 역시 올바른 역사 인식보다는 눈앞의 이익을 좇았다. 한일협정 체결 이후에도 식민지 역사에 관한 일본 정부의 망언은 지속되었다. 이에 맞서 한국 내부에서도 '역사 인식'의 부재를 비판하는 목소리가 이어졌다. 한일협정 체결 당시 경동교회의 강원룡 목사는 '정상화가 아니라 비정상화를 위한 회담'이라고 비판했다.

굴욕외교라고 평가받은
어업협상

─────── 1962년쯤 양국은 청구권협상에서 실질적으로 합의를 이루었다. 그러나 협상 타결은 어업협상 문제로 인해 이후 3년 이상 지연되었다. 조선이 식민지에서 해방되었을 때, 어업 경계선의 기준은 '맥아더 라인'이었다. 점령 당국인 미군은 일본의 마구잡이식 어업 활동을 제한하기 위해 1945년 9월, 일본 주변 해역에 '일본의 어업 및 포경업 허가 구역에 관한 각서'를 발표했다. 이것이 바로 연합군 최고사령관 맥아더의 이름을 딴 '맥아더 라인'이다.

맥아더 라인은 군사·안보적인 이유가 아니라 어업정책 차원에서 선포되었다. 식민지가 사라진 일본은 이제 자국 내 자원을 최대한 활용해 평화적인 국민국가로 거듭나야 하고, 그런 차원에서 일본이 더 이상 원양어업에 매달릴 것이 아니라 연안어업과 양식어업에 집중해야 한다는 방침이었다.

그러나 일본 어선들은 공공연하게 선을 넘어 한국 해역으로 넘어왔다. 한국전쟁으로 한미 해군이 맥아더 라인을 경계할 여유가 없는 틈을 타서 일본 어선들은 계획적이고 조직적으로 불법 어로행위를 계속했다. 1951년 4월, 당시 맥아더 라인을 불법으로 침범하여 나포된 일본 어선은 36척, 억류된 일본인은 2,000여 명에 이르렀다.

1952년 4월 28일 샌프란시스코 평화조약이 발효되면서 맥아더 라인은 효력을 잃었다. 이에 앞서 1952년 1월 18일, 이승만 정부는 맥아더 라인의 무효화를 대비해 '인접 해양의 주권에 관한 대통령 선언'을 선포했다. 새로 발표된 해양 경계선은 1953년 2월부터 '평화선'

으로 불렸다. 평화선은 맥아더 라인을 계승한 탓에 내용에서도 큰 차이가 없었다. 다만, 독도가 울릉도의 부속도서로서 경상북도에 속한다는 내용이 추가되었다.

평화선은 영세한 한국 어민들의 생계 보장을 위한 수단이었다. 당시로서는 평화선 말고는 어로 장비에서 월등한 격차를 보이는 일본 어선들을 규제할 만한 수단이 마땅히 없었다. 미국도 이미 이 점을 잘 알고 있었다. 미국은 1952년 1월 25일 일본 외무성에 공문을 보내 이 해역에 대한 한국의 통제권을 재확인한다고 통고했다. 일본은 평화선이 공해의 자유를 위반했다는 점과 독도 영유권을 주장한 점에 대해 항의했다.

한국은 평화선을 넘어온 일본 어선에 총격을 가하는 등 강력하게 대응했다. 이로 인해 일본인 선장이 사망하는 사건이 일어나기도 했다. 1965년 국교 정상화와 함께 한일어업협정이 체결될 때까지 328척의 일본 선박이 나포되었고, 3,929명의 일본인이 체포되었다. '억류된 일본인 어부'들은 한일 관계의 새로운 문제로 떠올랐다. 1960년 9월, 윤보선 대통령 취임 직후 한국의 새로운 정권 탄생을 축하하기 위해 고사카 젠타로 외무대신이 '친선사절단' 자격으로 방한하자, 한국은 당시까지 억류되어 있던 일본 어부 40여 명을 전부 석방했다.

평화선은 이승만 정부가 일본을 압박하기 위한 카드였다. 동시에 불안정한 국내 정치를 관리하기 위한 조치로서, 강경한 대일정책의 상징이었다. 일본은 평화선이 공해에 대한 일방적인 주권 선언으로 국제법 위반이라는 입장을 끊임없이 제기했다. 1963년 2월, 오히라 외무대신은 "평화선을 철회하지 않으면 협상이 결렬될 것"이라고 경고했다. 3월에 이케다 일본 총리도 같은 발언을 했다. 일본은 처음부

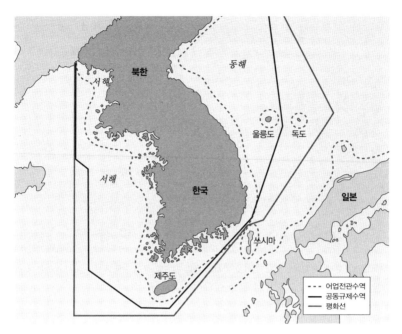

한일어업협정 수역도.

터 청구권과 평화선을 상쇄하자고 주장했다. 평화선 무력화는 일본
이 한일협상에서 얻어내야 할 가시적인 목표였다.

한일협상이 막바지로 접어들면서 한국 내에서도 평화선에 대한 의
견 차이가 적지 않았다. 외무부는 일본이 마지노선으로 제시한 12해
리 전관수역을 받아들여야 한다고 주장하며, 해양 영토에 관한 국제
법의 흐름을 반영해야 한다고 덧붙였다. 국제사회에서는 1958년과
1960년 UN해양법 회의를 거치면서 영해의 범위를 12해리 이상 주
장하는 것은 국제법에 어긋난다는 의견에 동의하는 분위기였다.

그러나 수산업 관계자들은 평화선을 포기하는 것은 어민들을 모두
죽이는 행위라고 강력하게 반발했다. 관련 부처인 농림부에서는 영

1964년 3월 24일 한일회담 반대 집회를 마치고 거리 시위를 하기 위해 교문을 나서고 있는 서울대학교 문리과대학 학생들. 당시 시위에서 핵심적인 구호는 '평화선 사수'였다.

세 어민 보호를 위해 40해리 전관수역을 일관되게 주장했다. 1963년 7월, 어업 문제 대책회의에서 유병하 농림부 장관은 박정희 대통령이 화를 내고 있음에노 전관수역 12해리 안을 강력하게 반대했다.

한국 국민들은 평화선과 청구권을 상쇄하자는 주장을 '주권을 파는 행위'로 간주했다. 야당은 평화선 양보를 '국치적 행위'로 여겼다. 야당과 지식인들은 일본에 평화선을 양보하면 일본 어선들이 월등한 기술력을 바탕으로 한국 근해의 어업자원을 말살할 것이라고 걱정했다. 1964년 3월의 한일회담 반대 시위에서 핵심적인 구호는 바로 '평화선 사수'였다.

한일어업협정은 '평화선'을 우회해서 타결되었다. 한국은 전관수역 12해리, 공동규제수역 40해리를 확보했기 때문에 평화선 선포의 효력이 유지되었다고 평가했다. 그러나 일본은 어업협정의 체결로 평화선이 소멸되었다고 주장했다. 한국은 1958년 UN해양법에 기초해서 전관수역을 12해리로 축소할 수밖에 없었다. 국제법에 따라 어차피 축소해야 할 어업 수역을 양보하는 대신, 일본으로부터 어업협력 기금을 얻어냈다는 점에서 실패한 협상으로 보기는 어렵다.

미해결 과제로 남은
독도 문제

─────── 독도 문제도 한일협정의 중요한 쟁점이었다. 일본은 샌프란시스코 평화조약을 근거로 처음부터 독도가 자신들의 영토임을 주장했다. 샌프란시스코 평화조약 제2조에는 일본이 한국에 반환해야 할 섬으로 제주도, 거문도, 울릉도만 명시되어 있을 뿐 독도는 빠졌다. 처음부터 없었던 것이 아니라 어느 순간에 사라졌다. 1947년 3월, 미국 국무부에서 작성한 평화조약 초안의 제1장 '영토 조항' 제1조를 보면, 일본에 귀속될 영토에 독도는 포함되지 않았고, 일본이 포기해야 할 조선의 일부에 분명히 포함되어 있었다. 1949년 11월의 초안에도 변함이 없었다.

결정적인 변화는 1949년 11월에 일어났다. 그때 초안에 대한 시볼드 연합군 최고사령부 외교국장의 의견서가 결정적 역할을 했다. 그는 미국 국무부에 "리앙쿠르암●에 대한 재고를 건의함. 이 섬에 대한 일본의 주장은 오래되고 타당성이 있는 것으로 사료됨"이라고 건의했다. 그 결과로 1949년 12월 29일자 미국 국무부의 제6차 조약 초안에 일본이 영유할 도서로 '다케시마'가 포함되고, 영해의 기점으로 설

● 리앙쿠르암(Liancourt Rocks)은 1849년 프랑스 포경선인 리앙쿠르호가 동해에서 고래잡이를 하다가 해도에 없는 섬을 보고 프랑스 해군성에 보고하자, 이후 배 이름을 따서 지은 이름이다. 1890년대 들어 리앙쿠르암이 서양 지도의 표기 관례로 굳어졌다. 미국은 한국과 일본 사이에서 중립을 표방하기 위해 이 용어를 사용했다.

정되었다.

그 뒤 1950년 8월 7일, 제7차 초안부터 독도는 한국이 돌려받아야 할 영토에서 슬그머니 빠졌다. 한국 정부는 샌프란시스코 회의 대응 과정에서 독도가 '다케시마(리앙쿠르암)'라는 이름으로 일본의 로비 대상이 되고 있다는 사실조차 전혀 알아차리지 못했다.

독도뿐 아니라 영토에 대한 이승만 정부의 대응은 문제가 많았다. 이승만 대통령은 정부 수립 직후인 1948년 8월 18일 기자회견에서 대마도 반환을 최우선 과제로 요구했다. 대일 배상 요구를 위해 최대치를 요구하는 것이 이후 협상에서 유리하다고 판단했기 때문이다. 그러나 이미 연합군 최고사령부가 대마도를 일본령으로 간주한 뒤였기 때문에, 국제사회는 한국의 주장을 과도하고 비합리적인 요구라 여겼다.

한국은 실무적인 측면에서도 준비가 허술했다. 1951년 7월, 덜레스 특사를 만난 양유찬 주미 대사는 평화조약 초안에서 한국 영토에 독도와 파랑도가 반드시 들어가야 한다고 주장했다. 덜레스는 한국이 귀속을 주장하는 두 섬의 위치를 물었다. 자리를 같이했던 한국 대사관 직원은 두 섬 모두 울릉도 근처라고 대답했다. 그러나 그는 정확한 위치를 모르고 있었다. 며칠 뒤 미 국무부는 주한 미국 대사관으로 전화를 해서 독도와 파랑도의 위치를 다시 한 번 물었다. 여전히 정확한 위치를 모르고 있던 대사관에서는 구체적인 답변을 할 수 없었다.

파랑도는 1900년에 이 섬을 처음 발견한 영국 상선 소코트라호의 이름을 따서 '소코트라 암초'라고 불렸으며, 목포에서 중국 항저우로 가는 길목의 표식이었다. 1951년 당시 파랑도의 실체는 불분명했다. 한국 해군의 협조로 실측에 나섰으나 발견하지 못했다. 파랑도는 암초 정상이 바다 표면에서 4.6미터 아래에 잠겨 있었다. 제주도에서 '전설의 섬, 이어도'로 불렸던 이 섬은 1984년이 되어서야 제주대학교의 탐사로 처음으로 실체가 확인되었다.

협상 수단 차원에서 독도와 묶어 대마도의 귀속을 주장하고, 위치도 모르는 상태에서 파랑도의 귀속을 주장한 이승만 정부의 전략은 큰 실수였다. 한국은 영토 주장에 대한 신뢰성을 스스로 무너뜨리는 실책을 범한 것이다. 이승만 정부는 외교력을 발휘하지 못했고, 샌프란시스코에서 독도 문제를 해결할 기회를 놓쳐버렸다. 반면, 일본은 전방위적인 로비를 통해 협정 문안에서 '독도'라는 명칭을 지움으로써 오히려 영토권을 주장할 근거를 마련했다.

일본은 한일회담 과정에서 독도 문제를 국제사법재판소에 제소하자고 한국을 끊임없이 설득했다. 국제사법재판소에서는 분쟁 당사국이 서로 합의해야만 조정 절차가 이루어진다. 김종필-오히라 회담에서 오히라는 "양측이 국내 정치적인 문제로 독도 문제를 해결하는 것이 어렵다면, 국교 정상화 교섭 뒤에는 반드시 이 건을 국제사법재판소에 제소한다는 약속을 한국 측이 해줄 것"을 요청했다.

김종필은 1962년 10월 22일에 이케다 총리와 회담할 때, "문제를 없애기 위해 독도를 폭파하자"라고 말하기도 했다. 박정희 정부 역시 한일협정을 하루빨리 마무리 짓기 위해 골치 아픈 독도 문제를 피해 가고 싶어 했다. 이후 11월 12일, 김종필-오히라 제2차 회담에서 김종필은 '제3국 조정안'을 대안으로 새로 제시했다. 그런데 이 안은 제

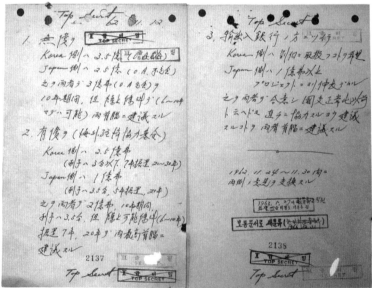

1962년 11월 12일에 김종필 중앙정보부장(왼쪽)은 도쿄에서 오히라 마사요시 외무대신(오른쪽)을 만나 대일 청구권 자금 규모에 합의했다(김종필-오히라 회담). 김종필과 오히라는 양국의 해석 차이를 방지하기 위해 회담 내용을 메모로 남겼다. 메모의 주요 내용은 한국의 대일 청구권 문제 의 해결 방안으로 무상 원조 3억 달러, 유상 원조 2억 달러, 상업 차관 1억 달러 이상을 제공한다 는 것으로, 이는 대일 청구권 문제가 경제협력 방식으로 변화한 것을 의미했다.

2차 회담 전인 11월 8일에 박정희 당시 국가재건최고회의 의장이 내린 긴급 훈령과 다른 내용이었다. 훈령은 "일본 측에서 독도 문제를 다시 제기하는 경우 동 문제가 한일회담의 현안이 아님을 지적하는 동시에 일본 측이 이 문제를 제기하는 것은 한국민에게 일본의 대한^{對韓} 침략의 결과를 상기시킴으로써 회담의 분위기를 경화^{硬化}시킬 우려가 있음을 지적"하라는 것이었다.

그런데 왜 김종필은 이런 발언을 했을까? 김종필은 미국을 염두에 둔 제3국 조정 방안이 현실적으로 쉽지 않다는 점에서, 독도 문제를 미해결 상태로 유지하기 위한 작전이었다고 주장했다. 미국도 독도 문제와 관련해 분쟁을 피해야 한다고 생각했고, 필요하다면 한국과 일본의 공동소유 방안도 검토할 수 있다는 입장이었다.

독도 문제는 협상의 마지막 고비였다. 분쟁 해결에 관한 교환공문을 작성할 때, 일본은 "다케시마 주권에 관한 분쟁을 포함하며"라는 문구를 고집했다. 일본은 어떻게 해서든 독도를 분쟁 지역으로 만들려고 했다. 물론 이 구절은 한국의 반발로 삭제되었다. 결국 최종 문안은 "양국 간의 분쟁은 우선 외교상의 경로를 통해 해결하고, 해결할 수 없는 경우에는 양국 정부가 합의하는 절차에 따라 조정을 통해 해결하기로 한다"로 결정되었다.

한국은 독도라는 단어가 빠져 있으므로 독도가 분쟁 대상이 아니라는 점을 분명히 했다고 강조했다. 그러나 일본은 이 조항에 독도가 해당한다고 해석했다. 한국이 합의하지 않는 이상 일본이 처음에 주장했던 국제사법재판소 제소는 가능성이 없어졌다. 그러나 일본은 '조정'이라는 단어를 끝까지 삽입했다. 이 조항을 둘러싼 양측의 협상은 1965년 6월 22일 오전, 협정 조인식 25분 전에야 끝났다.

어설프게 봉합된
역사의 복수

──────── 한국은 너무 서둘렀다. 일본은 그런 한국의 입장을 이용해 최종 합의 순간까지 최대한의 양보를 끌어냈다. 한일협정은 한국에서 격렬한 반대에 부딪혔다. 지식인들은 '신新을사조약'이라고 규정하면서 '매국외교'라고 규탄했다. 앞서 장면 정부도 한일협상에 적극적이었지만, 협상에 대한 각계각층의 반대 시위는 박정희 정권 때훨씬 격렬했다. 박정희 정부는 국내에서 협상에 대한 여론 수렴의 중요성을 무시했다. 오히려 대학생과 지식인 들의 한일협상 반대 시위를 계엄령과 위수령을 발동해 억압했다. 미국은 자신이 원하는 지역질서를 위해 '민주주의의 후퇴'를 용인했다.

일본 제국주의에 의한 한국 식민지 역사는 한미일 삼각관계의 단층선이자 때로는 지진과 태풍의 근원이었다. 역사 문제를 통해 한일관계를 풀지 않으면, 한미일 삼각관계는 앞으로 나아갈 수 없다. 미국은 처음부터 일관되게 한일 양국의 역사적 화해를 재촉했다. 식민지지배의 불법성을 부정하는 일본과 사과와 반성을 요구하는 한국 사이에서 미국은 언제나 중재자였다. 중재자는 완고한 쪽이 아니라 만만한 쪽에 양보를 요구하는 경향이 있다.

박정희 정권은 명분보다 이익을 중시하면서 '역사 문제'를 후대의 몫으로 넘겼다. 이후 반공전선을 위해, 한미일 삼각관계를 위해, 그리고 경제성장을 위해, '역사 문제'는 언제나 당대가 아니라 후대가 해결해야 할 과제로 밀려났다. 어설프게 봉합된 역사는 망언이라는 옷을 입고 역사 인식 문제로, 혹은 독도라는 영토 문제로 불쑥불쑥 고개를 내민다.

　2015년 12월 한일 양국은 위안부 문제에 대해 '최종적이고 불가역적인 해결'을 선언했다. 전형적인 1965년 방식이다. 정권이 합의한다고 과연 '집단 기억'이 잊힐까? 과거를 대하는 독일의 자세와는 차이가 크다. 독일은 망각이 아니라 기억을 보존하고 기념하고 공유했다. 기억과 성찰이 화해의 근거였고, 민주주의의 동력이었다. 독일은 법적 혹은 경제적 책임에도 적극적이었다. 독일의 기억과 책임이 유럽의 미래를 열었다. 아시아에서는 지금도 과거가 미래의 문을 가로막고 있다. 역사를 바라보는 철학의 빈곤 때문이다. 매듭짓지 못한 역사는 예기치 않은 시점에 훨씬 악화된 형태로 삐져나와 반드시 복수한다는 점을 기억해야 한다.

12

양보 없이는 성과도 없다

캠프데이비드협정

협상일지

1948년	5월	이스라엘 건국 선언, 제1차 중동전쟁 발발
1956년	10월	이집트의 수에즈운하 봉쇄로 제2차 중동전쟁 발발
1967년	6월	제3차 중동전쟁 발발. 이스라엘, 서안지구·시나이반도·가자지구·골란고원 점령
	11월 22일	UN 안전보장이사회 결의안 제242호 채택, 이스라엘의 점령지 철수 촉구
1970년	9월	안와르 엘 사다트 이집트 대통령 취임
1973년	10월	제4차 중동전쟁 발발, 제1차 오일쇼크
1974년	2월	미국, 이집트와의 외교관계 정상화로 이집트에 경제원조 시작
1976년	3월	이집트 사다트 정부, 소련과의 우호협력조약 파기
1977년	1월	지미 카터 미국 대통령 취임
	6월	이스라엘 리쿠드당 당수 메나헴 베긴, 총리 취임
	11월	사다트 대통령, 이스라엘 방문해 의회에서 연설
	12월	베긴 총리, 이집트 이스마일리아 방문
1978년	9월 5~17일	카터 미국 대통령, 사다트 이집트 대통령과 베긴 이스라엘 총리를 캠프데이비드로 초청(캠프데이비드협정 체결)
1981년	10월	이슬람 과격파 군인에 의해 사다트 이집트 대통령 암살
1982년	6월	이스라엘, 레바논 침공
1983년	10월	베긴 총리 사임(1992년 사망)
2000년	7월	클린턴 미국 대통령, 바라크 이스라엘 총리와 아라파트 팔레스타인해방기구 의장 초청(캠프데이비드 Ⅱ 평화협상)
2002년	10월	카터, 노벨평화상 수상

캠프데이비드는 백악관에서 북쪽으로 100킬로미터쯤 떨어진 메릴랜드의 우거진 숲 속에 자리한 미국 대통령의 별장이다. 원래는 1938년 연방공무원 가족을 위한 휴양소로 문을 열었는데, 1942년 프랭클린 루스벨트 대통령이 대통령 별장으로 바꾸었다. 당시에는 그곳을 '상상의 이상향'이란 뜻의 '샹그릴라Shangri-La'로 불렀으나, 1953년 초에 드와이트 아이젠하워 대통령이 자신의 손자 이름을 따서 '캠프데이비드'로 바꾸었다. 대통령을 위한 휴식 공간인 캠프데이비드는 초청객이 늘어나면서 점차 '역사의 현장'으로 세계의 시선을 끌었다.

숲 속의 통나무집,
캠프데이비드

──────── 1943년 봄, 윈스턴 처칠 영국 총리가 캠프데이비드를 방문해 루스벨트와 노르망디 상륙 작전을 의논했다. 아이젠하워는 1959년 흐루쇼프 소련공산당 서기장과 이곳에서 미소 양국의 긴장

캠프데이비드 입구. 통나무로 만든 소박한 안내판 옆에 '제한구역 통행금지'라고 쓴 팻말이 세워져 있다.

완화 방안을 논의했다. 이렇듯 캠프데이비드는 주요 정상들의 회담 장소로 활용되었다.

1977년 지미 카터는 대통령 취임 직후 캠프데이비드를 팔려고 했다. 카터는 대통령 별장을 매각해서 근검절약하는 모습을 국민에게 보여주고 싶었다. 그런데 백악관 군사 담당 국장이 카터 대통령을 찾아와 "캠프데이비드에 무엇이 있는지 아십니까?" 하고 물었다. 카터가 "숲 속의 통나무집 아니냐?"라고 되묻자, 국장은 그곳 지하에는 핵전쟁이 일어났을 때 대통령이 업무를 볼 수 있는 피난시설이 있고, 거기서 6마일 떨어진 곳에는 비상사태에 국방부가 들어갈 거대한 지하시설이 있다고 설명했다. 얼마 후 직접 이곳을 방문한 카터는 더 이상 매각 이야기를 꺼내지 않았다. 그는 캠프데이비드 근처 계곡에서 낚시하는 것을 아주 좋아했다.

1978년 9월 5일, 카터 대통령은 안와르 엘 사다트 이집트 대통령과 메나헴 베긴 이스라엘 총리를 캠프데이비드로 초대했다. 중동은 1948년 이스라엘 건국 이후 30년 동안 네 차례나 전쟁을 치렀고, 언제 다시 터질지 모르는 화약고였다. 카터는 중동 문제 당사자인 이스라엘과 이집트 정상을 초청해 서로 합의를 이룰 때까지 기한 없이 논의해서 문제를 해결하고자 했다.

카터가 캠프데이비드를 협상 장소로 선택한 이유에는 여론의 압력을 차단하려는 목적도 있었다. 캠프데이비드는 군사시설로 분류되어서 언론이 접근할 수 없었다. 임시로 그곳에서 10킬로미터 떨어진 작은 동네의 재향군인회 회관을 프레스센터로 사용했다. 어마어마한 규모의 신문·방송 기자들이 모여들었지만, 숲 속 통나무집에서 무슨 일이 벌어지고 있는지 상상조차 못한 채 무료하게 시간을 보냈다.

협상 준비를 하면서 실무진이 이집트와 이스라엘의 숙소와 회의실을 도청할 계획이라고 보고하자, 카터는 그런 술수를 쓸 수 없다며 단호히 반대했다. 이집트와 이스라엘은 당연히 미국이 도청할 것으로 여겨 중요한 협의를 할 때마다 복도 귀퉁이나 숲 속으로 나와 말했지만 사실 애초부터 그럴 필요가 없었다.

미국과 이집트, 이스라엘이 캠프데이비드에서 함께한 13일을 들여다보면, '협상'이라는 드라마에 나올 법한 모든 장면이 빠짐없이 등장한다. 이성과 감성, 무모함과 집요함, 그리고 분노와 감동이 부딪치며 협상이 나락으로 떨어졌다가 수습되고, 다시 결렬 직전에 극적으로 합의를 보았다. 이 드라마에서 주연 배우들인 카터, 사다트, 베긴은 서로 매우 다른 인물들로, 극적으로 대비되는 배역을 맡았다. 협상은 사람이 하는 일이다. 협상을 둘러싼 구조적인 제약이 있지만, 협상에 임하는 개인들의 스타일도 역시 중요한 영향을 미친다.

순수한 카터,
야심가 사다트, 고집불통 베긴

——————— 미국인들이 남부의 조지아 주지사를 단 한 번 역임한 카터를 대통령으로 뽑은 이유는 '음흉한 닉슨과 그를 사면한 포드'에 대한 반감 때문이었다. 실제로 카터는 실용적이고 구체적이며 논리를 중시했다. 조지아 공대를 졸업한 엔지니어 출신인 데다, 해군사관학교 졸업 후 해군에서 근무하면서 그런 성품이 더욱 강해진 듯하다.

카터가 대통령에 취임했을 때 중동 문제는 너무 복잡하게 얽혀 있어 개입하더라도 정치적 이득을 보기는 어려웠고 오히려 위험을 감수해야 하는 상황이었다. 당시 미국 내 유대인은 인구의 3%, 유권자의 5%에 불과했으나, 그들 가운데 90% 가까이가 반드시 투표를 하는 적극적인 유권자였다. 또한 미국 민주당의 고액 후원자 가운데 60%가 유대인이었다. 카터의 보좌관들은 이스라엘의 양보를 얻어내려면 압력을 행사해야 하는데, 그러면 유대인들의 반감을 사게 될 것이며, 이는 정치적 자살행위와 같다고 경고했다.

하지만 측근들의 충고도 소용이 없었다. 카터는 중동 평화를 자신의 숭고한 사명으로 여겼다. 그는 "정치적 계산으로 접근할 문제가 아니다. 주께서 평화가 이루어지기를 바라고 있으며, 내가 그 방법을 찾도록 도와줄 것"이라고 확신에 찬 목소리로 말했다.

카터를 움직인 것은 단순히 평화에 대한 순수한 열망만은 아니었다. 카터 개인이 아닌, 미국의 국가 이익이라는 관점에서 보면 중동 평화는 매우 중요했다. 1973년 10월 제4차 중동전쟁에서 이스라엘이 초반의 열세를 뒤집고 이집트를 침공하자, 아랍 산유국들은 쿠웨이

카터 대통령(가운데)과 외교팀의 국가안보 보좌관 브레진스키(왼쪽)와 국무장관 밴스(오른쪽).

트에 모여 원유 고시가격을 17% 인상한다고 발표했다. 아울러 이스라엘이 점령지에서 철수할 때까지 원유 생산을 매달 전월 대비 5%씩 줄이고, 미국에는 단 한 방울의 석유도 판매하지 않겠다고 선언했다. 이것이 바로 세계경제를 뒤흔든 '제1차 오일쇼크'였다. 미국은 5년이 지난 1978년 당시에도 여전히 그 후유증에서 벗어나지 못하고 있었다. 따라서 중동 평화는 미국의 에너지 안보를 위해 반드시 필요했다. 한편, 카터 입장에서는 정치적으로 지지율을 반등시킬 계기가 필요했다. 1977년 취임 첫해에 64%에 이르던 지지율이 1978년 6월경에 38%까지 떨어졌다.

　카터 외교팀의 핵심 인물은 즈비그뉴 브레진스키 국가안보 보좌관과 사이러스 밴스 국무장관이었다. 밴스는 분쟁 해결 경험이 풍부했다. 반면, 폴란드 이민자 출신의 브레진스키는 하버드대학에서 국제

정치학을 가르쳤고, 언제나 큰 그림을 그리는 전략가였다. 중동평화 협상 준비 과정에서는 브레진스키가 전략을 세우면, 밴스가 실행 방안을 구상하고, 카터가 최종 결정을 하는 식으로 역할을 분담했다.

캠프데이비드에 초대받은 사다트 이집트 대통령은 야심이 큰 정치인이었다. 1970년 9월 아랍민족주의의 불길을 당겼던 가말 압델 나세르 대통령이 심장 발작으로 갑자기 사망하자, 부통령이던 사다트가 자연스럽게 권력을 이어받았다. 사다트는 권력을 잡자마자 정치권과 군부·경찰 지도부에 대한 대대적인 인적 청산을 단행해 자신의 권력 기반을 확실하게 다졌다.

사다트는 외교에서도 결단력을 발휘해 소련과 관계를 과감하게 끊었다. 1972년 '군사자문단'이라는 이름으로 이집트에 주둔하던 2만여 명의 소련군을 한꺼번에 추방해버린 것이다. 대신 그는 미국과 관계를 회복하기 위해 나섰다. 어려운 경제를 살리기 위해서는 미국의 경제적 지원을 얻어야 한다고 판단했다. 1976년경 사다트 정부의 재정 적자는 20억 달러에 달했다. 외채가 국민총생산을 넘어섰으며, 수출액의 70%를 외채를 갚는 데 써야 할 정도로 악순환의 연속이었다. 나라 살림살이가 어려워지자 할 수 없이 가정용 가스와 밀·설탕 등 식료품에 대한 정부 보조금을 삭감했다. 1976년 말에 식료품 가격은 10배나 올랐고, 폭동이 들불처럼 번졌다.

사다트는 단점도 뚜렷한 인물이었다. 그는 자기중심적이고, 독단적인 성향이 강해 상황을 잘못 판단하는 경우가 많았다. 1973년 제4차 중동전쟁 때 이스라엘 군대가 수에즈운하를 넘어 반격해 오는데도 사다트가 이집트군이 이기고 있다며 전쟁 중단 선언을 거부하는 바람에 이집트군이 많은 피해를 입었다. 그는 또한 영웅이 되고자 하는

캠프데이비드에서 협의 중인 이집트 외교팀. 왼쪽부터 이집트 외교관 오사마 엘바즈, 사다트 대통령, 하산 토하미 부총리, 이브라힘 카멜 외무장관.

욕구가 아주 강했다. 캠프데이비드에 참여한 목적도 이스라엘과 관계를 개선해 1967년 제3차 중동전쟁(6일전쟁)으로 이스라엘에게 빼앗긴 시나이반도를 돌려받아 민족적 자존심을 회복하고, 아랍 진영의 지도력을 확보하기 위해서였다.

사다트와 함께 캠프데이비드에 온 이집트 외교팀의 이브라힘 카멜 외무장관은 사다트의 오랜 친구이자 전장을 함께 누빈 전우이며 동지였다. 1977년 사다트는 카멜과 한마디 상의도 없이 그를 외무장관으로 발표했다. 카멜은 텔레비전을 보다가 자신이 외무장관이 되었다는 사실을 알았다. 그 부하인 외교 담당 국무장관은 부트로스 부트로스-갈리가 맡았는데, 그는 자신의 상관을 전문성이 부족하다는 이유로 무시했다. 그리고 부총리인 하산 토하미는 전직 정보기관의 수장이었음에도 미신을 믿었고, 귀신을 볼 수 있다고 자랑하고 다니는 인물이었다.

캠프데이비드 협상의 또 한 명의 주역인 베긴 이스라엘 총리는유대인 무장 지하조직 이르군 쯔바이 레우미$^{Irgun \ Tsvai-Leumi}$를 이끌던 전사 출신으로, 이스라엘 정계에서는 비주류에 속하는 인물이었다. 베긴은 1940년 스탈린의 비밀경찰에 체포되어 강제수용소에서 복역하다 1942년 석방 후 팔레스타인에서 무장투쟁단체를 이끌었다. 그는 모든 아랍인을 제거해야 한다는 인종주의적 발언을 서슴지 않을 정도로 근본주의자였으며, 팔레스타인을 지배했던 영국에 맞서 폭탄 테러도 마다하지 않았다. 베긴은 1973년에 우익 연합인 리쿠드당을 결성해 당수가 되었다. 정치적으로 그는 30년 동안 여덟 번이나 선거에서 패배한 주변부 정치인이었다. 1977년에 이스라엘에서 리쿠드당의 베긴이 집권한 것은 기적에 가까운 일이었다.

이스라엘의 초대 총리인 다비드 벤구리온은 베긴을 보고 '확실히 히틀러 스타일'이라고 표현했고, 이스라엘의 합리적인 지식인들은 그를 '파시스트'라고 불렀다. 베긴은 행정 경험도 없었고 경제도 잘 몰랐으며, 자기 지역 이외의 국제 문제는 알려고도 하지 않았다. 당시 이스라엘은 국민총생산의 40%를 국방비에 쏟아붓고 있었다. 세계 곳곳에서 많은 사람이 이스라엘로 이주해왔지만, 매달 1,000여 명이 이스라엘을 떠날 만큼 경제 상황이 열악했다. 베긴의 연립내각은 출발부터 삐걱거렸고, 정부에 대한 총리의 통제력은 약했으며, 리쿠드당 내부의 분란도 계속되었다.

그러나 이러한 상황에 대해 베긴은 별로 신경을 쓰지 않았다. 그의 유일한 관심사는 이스라엘의 고토 회복, 다시 말해 영토 확장이었다.

이스라엘의 외무장관 모셰 다얀(왼쪽)과 국방장관 에제르 바이츠만(오른쪽).

베긴은 평화협상 자체에 부정적이었다. 그는 카터와 사다트가 미처 준비하지 못한 카드를 들고 캠프데이비드로 갔다. 그 카드는 바로 언제든지 자리를 박차고 일어나 귀국해도 아무런 상관이 없다는 식의 태도였다.

베긴이 이스라엘 정부를 대표했지만, 그의 팀은 위계를 중시하지 않는 분위기였다. 연립내각의 일원으로서 모두가 동등한 발언권을 가진 주연배우의 역할을 하고자 했다. 이스라엘은 내부 협의를 중시했기 때문에, 미국이나 이집트가 베긴 총리와 협상해서 양보를 얻어내기는 어려운 구조였다.

외무장관인 모셰 다얀은 노동당 출신으로, 벤구리온 내각에서 국방장관을 역임했다. 애꾸눈 전사로 알려진 이스라엘의 전설적인 전쟁영웅인 그는 백전노장이었지만, 남모르는 병을 앓고 있었고 남은 한쪽 눈조차 시력이 사라지고 있었다. 국방장관 에제르 바이츠만은 리쿠드당을 탈당하고 무소속으로 당선된 뒤 다시 리쿠드당이 주도하는 연립정부에 참여한 탓에 베긴과 사이가 좋지 않았다.

이스라엘 팀은 캠프데이비드에서 합의문을 채택할 생각이 없었다. 아무런 준비 없이 빈손으로 가서 언제든지 무엇이든 반대한다는 것이 기본 전략이었다. 서로 간에 약간의 차이는 있었지만 이스라엘 팀은 대부분 협상이 실패해도 잃을 것이 없다는 데 공감했다.

예루살렘을 직접 방문한 사다트의 용기

——————— '캠프데이비드'라는 드라마는 사다트 이집트 대통령의 예루살렘 방문에서 시작되었다. 사다트는 1977년 11월 9일에 있었던 의회 연설에서 이렇게 말했다. "나는 이집트의 아이들과 군인이 죽고 다치는 것을 막을 수만 있다면 지구 끝이라도 여행할 준비가 되어 있습니다. 내가 만약에 크네세트Knesset에 가서 그들과 토론을 하고 싶다고 말한다면 이스라엘이 많이 놀라겠지요." 크네세트는 5세기경 예루살렘에서 소집된 유대인 대표 회의의 이름에서 유래한 이스라엘 의회의 별칭이다.

연설을 들은 이집트 의원들은 사실 아무도 그 말이 실현되리라고 믿지 않았기 때문에 의례적인 박수를 쳤다. 그때 이집트를 방문 중이던 팔레스타인해방기구Palestine Liberation Organization, PLO 의장 야세르 아라파트도 그 자리에 있었지만 마찬가지로 상투적인 연설이라고 생각했

1977년 11월 19일, 이스라엘에 처음 방문한 사다트 이집트 대통령(왼쪽)을 맞이하는 베긴 이스라엘 총리(오른쪽). 아랍 국가들은 사다트가 이스라엘을 방문했다는 것만으로도 분노했다.

다. 카이로의 신문사들 역시 대통령의 '하나 마나 한 빈말'이라고 여겨 다음 날 신문에서 아예 그 부분을 빼고 나머지 연설 내용만 기사로 실었다.

그로부터 열흘 뒤인 11월 19일, 사다트 대통령을 태운 비행기가 이스라엘의 벤구리온 국제공항에 도착했을 때, 이스라엘뿐 아니라 이집트의 국민도 모두 깜짝 놀랐다. 사다트는 이스라엘 건국 이후 첫 번째로 방문한 아랍 국가의 지도자가 되었다. 양국은 그때까지 네 차례 전쟁을 치렀고, 1973년 제4차 중동전쟁의 여진이 지속되고 있는 상황이었다. 공항에는 베긴 이스라엘 총리를 비롯해 전직 정치 지도자와 현직 장군들, 그리고 이스라엘의 거의 모든 외신기자들이 총출동했다.

사다트는 1973년 전쟁 당시 이스라엘 총리였던 골다 메이어의 뺨에 키스하면서 "당신을 만나려고 긴 시간을 기다렸습니다"라고 말했다. 철의 여인으로 알려진 메이어 역시 "우리도 마찬가지랍니다"라고 화답했다. 사다트는 베긴과 악수를 했고, 1973년 수에즈운하를 넘어 이집트로 진격한 이스라엘의 전쟁영웅인 아리엘 샤론과 웃으면서 농담을 주고받았다. 초현실적인 풍경이 아닐 수 없었다. 골다 메이어는 "저들에게 노벨평화상을 줄 것이 아니라, 오스카상을 주어야 할 듯"이라고 옆 사람에게 속삭였다.

사다트를 태운 차량 행렬이 공항에서 시내로 들어갈 때, 이스라엘의 많은 시민이 길가에 나와 그를 환영했다. 환영 인파 중에는 'All you need is love'라고 쓰인 티셔츠를 입고 있는 사람들도 있었다. 평화를 원하는 시민들이 이스라엘에도 존재한다는 사실을 확인한 사다트는 자신의 행동에 더욱 자신감을 갖게 되었다. 그러나 아랍 국가 대부분은 이집트를 비난했고, 이집트 외무장관도 항의의 뜻으로 사임했다. 사다트를 수행한 관료들 역시 썩 내켜 하지 않았다. 심지어 경호원 한 명이 호텔에서 극도의 긴장으로 심장 발작을 일으켜 사망하기도 했다.

사다트는 다음 날 이슬람 사원인 알아크사 모스크를 방문한 뒤, 유명한 홀로코스트 기념관 야드 바셈^{Yad Vashem}으로 향했다. 그는 기념관의 방명록에 "신이여 우리를 평화로 인도하소서. 우리가 인류의 모든 고통을 끝내게 하소서"라고 적었다. 야드는 '기억'이라는 뜻이고, 바셈은 '그리고 이름'이라는 뜻이다. 기념관의 마지막 방에는 나치스의 대학살에 희생당한 600만 명의 이름이 기록되어 있었는데, 기념관을 안내한 베긴 총리의 부모와 형의 이름도 있었다. 이날 사다트는 예수

1977년 11월 20일, 이스라엘 의회 크네세트에서 연설 중인 사다트 이집트 대통령(왼쪽). 사다트는 연설에서 이스라엘이 점령한 땅을 포기하고 철수해야 한다고 말했고, 베긴 이스라엘 총리는 그의 연설에 박수를 치지 않았다.

의 무덤이 있는 성묘교회도 방문했다.

사다트가 크네세트로 갔을 때, 이스라엘 의원들은 그를 따뜻한 박수로 환영했다. 물론 베긴을 비롯한 대부분의 사람들은 사다트가 구체적으로 무엇을 원하는지 알 수 없었기에 불안한 마음으로 그의 연설을 기다렸다. 사다트는 그 자리의 모든 사람이 감히 상상조차 할수 없었던 말들을 쏟아내기 시작했다.

"나는 이집트와 이스라엘의 개별적인 평화협정을 위해 여기 온 것이 아닙니다. 조금의 망설임도 없이 말하겠습니다. 정의가 없는 평화는 아무런 의미가 없습니다. 당신들이 점령한 땅을 포기해야 합니다. 정복의 꿈도 포기해야 합니다. 아랍을 힘으로만 다루려는 믿음도 포기해야 합니다. 우리는 예루살렘을 포함해서 여러분이 점령한 땅에서 완전히 철수하기를 원합니다. 그리고 팔레스타인 사람들에게 그들의 땅을 돌려주어야 합니다."

연설을 듣던 바이츠만 이스라엘 국방장관은 메모지에 "전쟁을 하자는 말이네요"라고 써서 베긴 총리에게 건넸고, 총리는 고개를 끄덕였다. 총리는 박수를 치지 않았다. 그리고 사다트에게 말했다. "우리는 외국 땅을 하나도 갖고 있지 않습니다. 우리는 우리 땅으로 돌아온 것뿐이고, 우리 인민과 이 땅의 결속은 영원할 것입니다." 사다트가 예루살렘으로 올 때 따라온 '희망'은 연설이 끝난 뒤 서서히 '원래의 절망'으로 되돌아갔다.

아랍 세계는 사다트가 무슨 말을 했는지가 아니라 이스라엘을 방문했다는 사실 자체에 분노했다. 이스라엘에 간 것은 이스라엘을 인정한다는 뜻이었다. 이집트의 외교 관료와 온건한 아랍 국가들조차 협상 과정에서 사용할 이스라엘 인정 카드를 너무 일찍 아무런 대가도 없이 썼다고 비판했다.

그리고 아랍인들은 이스라엘의 안내로 예루살렘을 방문한 사실을 모욕으로 여겼다. 예루살렘은 유대교, 기독교, 이슬람교의 성지다. 도시는 하나지만 서로 다른 세 개의 종교적 기억이 엇갈려 있는 공간이다. 예루살렘을 둘러싼 투쟁은 어쩌면 기억의 공존이 아니라 기억의 독점을 추구한 결과다. 이슬람의 입장에서 볼 때 예루살렘은 메가, 메디나와 함께 3대 성지이고, 7세기부터 실제적으로 지배해온 땅이었다. 유대교나 기독교도들이 '통곡의 벽^{The Wailing Wall}'이라고 부르는 곳은 알아크사 모스크의 '서쪽 벽^{Al-Buraq' Wall}'일 뿐이라고 그들은 주장한다.

구원투수로 나선
미국

──────── 사다트의 예루살렘 방문은 폭력의 바람을 일으켰다. 레바논 베이루트의 이집트 대사관은 로켓 공격을 받았고, 베이루트와 시리아의 다마스쿠스 이집트 항공사 건물에는 폭탄 테러가 일어났다. 1978년 3월에는 사다트 대통령의 측근으로 알려진 이집트 작가가 키프로스에서 팔레스타인 강경파에 의해 살해당했다. 또 비슷한 시기에 팔레스타인 전사들이 이스라엘 텔아비브 근처 해안에 상륙해 버스를 인질로 삼고 텔아비브를 향해 돌진하는 사건이 발생했다. 그 사건으로 이스라엘 시민 38명이 사망했다. 베긴이 이에 대한 보복으로 레바논을 폭격해 1,000명 이상의 민간인이 사망했다.

한편, 1977년 크리스마스에는 베긴 총리가 수에즈운하를 끼고 있는 이집트의 도시 이스마일리아를 방문했다. 사다트의 예루살렘 방문에 대한 답방 형식이었다. 불행하게도 이 정상회담에서도 합의된 것은 아무것도 없었다. 베긴은 추상적인 합의라도 원했지만 이집트 외교장관을 비롯한 실무자들은 받아들이지 않았다. 시나이반도 반환을 비롯한 구체적인 현안에서 양쪽의 입장 차이가 너무 컸다. 사다트의 예루살렘 방문으로 시작된 대화의 동력은 베긴의 이집트 방문으로 거의 소진되었다. 오히려 접촉 과정은 불신의 먹구름을 불러왔다.

이집트와 이스라엘은 양자 대화로는 더 이상 나아갈 수 없음을 깨달았다. 마침 카터 행정부가 구원투수로 대기하고 있었다. 사다트는 미국의 역할이 꼭 필요하다고 생각했다. 베긴 역시 미국이 이스라엘 편을 들어주기를 원했다. 1978년 1월 23일, 카터는 밴스 국무장관, 브레진스키 국가안보 보좌관, 월터 먼데일 부통령을 불러놓고 사다트와 베긴을 캠프데이비드로 초청하면 어떨지 의견을 물었다. 밴스는 시기상조라고 말했고, 브레진스키는 해볼 만한 시도라고 대답했다. 다만, 두 사람 모두 이집트의 사다트를 먼저 불러 의견을 조율하고 이스라엘을 압박하는 것이 좋겠다는 의견을 내놨다.

그해 2월 3일, 카터는 부부 동반으로 캠프데이비드에 사다트를 초청했다. 그리고 3월 21일, 베긴도 워싱턴을 방문했다. 카터는 이집트와 이스라엘 사이에서 조금씩 흔들렸다. 협상은 점차 3자협상으로 전환되었다. 이집트와 이스라엘 외무장관이 워싱턴을 차례로 방문했고, 7월에는 밴스 미국 국무장관과 다얀 이스라엘 외무장관, 카멜 이집트 외무장관이 영국에서 만났다. 여전히 입장 차이가 컸다. 카터는 3국 장관급 협의가 아무런 성과 없이 끝나자 자신이 직접 나서야겠다는 생각을 굳혔다. 8월에 카터는 밴스 국무장관을 이집트와 이스라엘로 보냈다. 장관의 손에는 9월 초에 캠프데이비드로 오라는, 카터가 정성 들여 쓴 초청장이 들러 있었다.

말의 육박전,
초기 3일

─────── 1978년 9월 5일, 협상 첫째 날에 사다트가 먼저 캠프데이비드에 도착했다. 사다트는 카터를 친구라고 생각했고, 카터도 1977년에 사다트를 처음 만났을 때부터 솔직한 그를 친밀하게 대했다. 사다트는 카터가 자기편이라고 생각했기 때문에, 자신이 가진 패

를 처음부터 모두 드러냈다. 카터와 만나자마자 사다트는 11쪽의 강경하고 비타협적인 평화 구상을 제시했다. 카터가 그것을 보고 한숨을 짓자 사다트는 웃으며 다시 양보안에 해당하는 세 쪽짜리 종이를 카터에게 내밀었다. 카터는 그 덕분에 이후 사다트의 모든 행동을 예측할 수 있었다. 사다트는 "중동 문제는 99% 미국 손에 달려 있다"라며, 미국과 손을 잡으면 이스라엘을 압박해서 자신이 원하는 것을 얻을 수 있을 거라고 판단했다. 이스라엘이 받아들이면 이집트의 외교적 승리고, 안 받아들이면 이스라엘만 욕을 먹고 이집트와 미국의 관계는 더욱 돈독해질 터이니 손해 볼 것이 없다고 생각했다.

　카터와 사다트가 만나고 두 시간 뒤에 베긴이 도착했다. 베긴은 꼼꼼한 성격답게 협상에서 기술적인 문제에 관심이 많았다. 언제, 어디서, 어떻게 만날 것이며, 배석자는 몇 명으로 할지, 녹음을 하는지 등 구체적이고 실무적인 질문을 먼저 던졌다. 그러고 나서 카터에게 1975년 9월에 제럴드 포드 대통령이 보낸 편지 사본을 들이밀었다. "미국은 어떤 평화 제안도 이스라엘과 먼저 협의한다"라는 내용이었다. 베긴은 이집트가 아니라 이스라엘과 먼저 협의해야 한다는 점을 분명히 했다. 카터는 베긴에게 내일 사다트가 강경한 제안을 하더라도 그것은 토론의 대상일 뿐이니, 너무 기분 나쁘게 대응하지 말았으면 좋겠다고 말했다.

　둘째 날, 마침내 3자가 모였다. 사다트는 '포괄적 해법'이라는 제목의 이집트 제안을 큰 소리로 읽었다. 이스라엘이 시나이반도에서 완전 철수하고, 그동안 그곳에서 파낸 석유를 현금으로 환산해서 이익금을 보상하고, 전쟁에서 피해를 당한 이집트 국민에게 배상금을 지불해야 한다고 주장했다. 그리고 5년 안에 요르단강 서안지구와 가자

평화를 위한 담판을 짓기 위해 마주앉은 베긴, 카터, 사다트. 협상 셋째 날 베긴과 사다트는 이성을 잃고 상대에게 적대적인 감정을 모두 쏟아냈고, 결국 세 사람은 얼굴을 붉힌 채 헤어졌다.

지구에서 이스라엘을 철수시키고 그곳에 팔레스타인 국가를 세워야 한다고 주장했다.

1시간 30분 동안 카터는 불안감으로 안절부절못했고, 베긴은 화난 표정으로 듣고만 있었다. 통고인지 제안인지 알 수 없는 사다트의 연설이 끝났을 때, 베긴은 기가 차다는 표정으로 아무 말도 하지 않았다. 카터가 어색한 침묵을 깨기 위해 "이대로 서명하면, 시간을 절약하겠네"라고 말을 해서 다들 한바탕 웃었다. 베긴은 놀랍게도 정중한 태도로 이집트가 제안서를 작성하느라 고생이 많았고, 동료들과 구체적으로 검토해서 이스라엘의 입장을 밝히겠다고 말했다. 다음 날 다시 만나기로 하고 세 사람은 웃으면서 헤어졌다.

3일째 되는 날, 세 사람이 다시 만났을 때에는 분위기가 사뭇 달랐다. 예의를 차린 탐색전이 끝나고 마침내 전쟁이 시작되었다. 베긴은 사다트에게 1973년 제4차 중동전쟁에서 누가 이기고, 누가 졌는가를 물었다. 베긴은 "우리가 승리했는데, 당신은 마치 우리를 패배자처럼 말했다"라고 화를 내면서, 전날 사다트의 제안서를 한 줄 한 줄 반박하기 시작했다. 사다트 역시 누가 얘기할 때 가만히 듣는 스타일이 아니었다. 두 사람의 목소리가 높아지기 시작했다. 카터가 끼어들어 분위기를 진정시키려고 했으나, 베긴과 사다트는 이미 이성을 잃고 상대에 대한 적대적인 감정을 모두 쏟아내고 있었다. 상대의 말은 듣지 않은 채 책상을 주먹으로 치고 소리를 질렀다.

카터는 뒷짐을 지고 먼 산을 바라보았다. 예측하지 못한 절망적인 광경이었다. 카터는 논리적으로 접근했지만, 전쟁을 겪었던 양국 대표는 감정적이었다. 증오는 화해보다 쉬웠다. 카터는 "여기서 실패하면 다시 전쟁을 겪어야 한다"라고 진심으로 호소했지만, 베긴과 사다트는 카터의 말을 무시한 채 벌떡 일어나 문으로 향했다.

카터는 두 사람의 길을 막고, 하루만 더 타협안을 만들어보자고 간절히 요청했다. 베긴이 동의하자, 사다트도 마지못해 고개를 끄덕였다. 그렇게 세 사람은 얼굴을 붉힌 채 헤어졌다.

중재자는
상황을 통제해야 한다

————— 카터가 처음에 생각한 협상의 구조는 베긴과 사다트가 직접 협상을 하고, 미국이 제3자의 위치에서 심판을 보는 것이었다.

하지만 직접 만나보니 그런 방식은 불가능했다. 할 수 없이 협상 방식을 바꿔 4일째부터는 카터가 협상을 주도할 수밖에 없었다.

카터는 먼저 베긴을 달래야 한다고 생각했다. 그런데 그 생각이 너무 앞선 나머지 결정적인 실수를 저질렀다. 베긴을 만나러 가서 카터는 "사다트가 말한 것은 협상을 유리하게 이끌기 위해 이집트에서 요구할 수 있는 최대치를 제시한 것이고, 양보안이 따로 있다"는 점을 알려주었다. 베긴은 속으로 쾌재를 불렀다. 아무것도 제시하지 않고 기다리면 상대가 양보할 수밖에 없을 거라는 자신들의 전략이 유효했음을 확인한 것이다. 동시에 좀 더 밀어붙이면 더 큰 양보를 얻을 수 있겠다고 판단했다. 베긴은 기분이 좋아 그날 저녁 미국과 함께한 만찬에서 노래를 부르기도 했다.

5일째 되는 날, 오직 미국만 바쁘게 움직이고 있었다. 밴스 국무장관은 이 협상을 준비하기 위해 하버드대학 법대 교수인 로저 피셔의 도움을 받았다. 그는 밴스와 함께 베트남전쟁에 참전한 전우였으며, 하버드대학에서 협상론을 가르치고 있었다. 피셔는 '하나의 문서 절차One-Text Procedure'라는 개념을 추천했는데, 이는 중재자가 공통의 이익을 나열하고 양쪽 의견을 수렴하면서 차이를 좁혀나가는 '하버드 협상론' 가운데 하나였다. 미국 팀은 국무부가 밤을 새워 정리한 23개 항과, 카터 대통령이 각종 보고서와 이집트의 초안 그리고 이스라엘의 입장까지 고려해서 만든 30개항의 '협정 필요 요소'를 놓고 중재안을 정리하느라 바빴다.

이집트와 이스라엘은 미국이 중재안을 마련할 때까지 하릴없이 기다리는 수밖에 없었다. 베긴은 캠프데이비드를 '고급 수용소'라고 불렀고, 사다트도 감옥 같다고 말했다. 세 명의 지도자는 서로 교류를

미국이 중재안을 마련할 때까지 이집트와 이스라엘은 하릴없이 기다리는 수밖에 없었다. 1978년 9월 9일 베긴 이스라엘 총리(왼쪽)는 브레진스키 미국 국가안보 보좌관(오른쪽)과 체스 게임을 하면서 시간을 보냈다.

하지 않은 채 각자 별도의 숙소에서 식사를 했지만, 다른 사람들은 큰 식당에서 공동으로 식사를 했다. 그러나 이집트와 이스라엘은 멀리 떨어진 탁자에 따로 앉아 식사를 할 정도로 접촉 자체를 피했다. 그리고 각자 모여서 잡담을 나누거나 영화를 보고, 탁구나 테니스를 치면서 시간을 보냈다.

유일한 예외는 사다트 이집트 대통령과 바이츠만 이스라엘 국방장관이었다. 사다트는 예루살렘 방문 때부터 붙임성 있는 바이츠만을 자신과 대화가 가능한 사람으로 여겼기에, 캠프데이비드에 와서도 툭하면 그를 불렀다. 바이츠만은 자전거를 타고 사다트의 숙소로 가서 대화를 나누었다.

바이츠만은 사다트와 대화하면서 "이집트가 많이 양보할 것 같지는 않지만 그렇다고 협상이 아무런 성과도 없이 끝나는 것을 원하지는 않는다"는 점을 알아냈고, "사다트와 그의 참모들 사이에는 의견 차이가 있다"는 점도 알게 되었다. 바이츠만은 사다트와 대화한 내용을 동료들과 공유했다. 그러나 사다트는 달랐다. 이집트 팀은 자기 대통령이 카터와 만나 무슨 상의를 했는지, 바이츠만과 무슨 대화를 나누었는지 알 수 없었다. 더욱 불안한 것은 도대체 자신들의 대통령이 무슨 생각을 하는지도 알 수 없었다는 점이다.

게티즈버그 소풍,
살아남은 자의 각오

——————— 9월 10일, 6일째 되는 날은 일요일이었다. 카터는 협상을 잠시 멈추고 캠프데이비드에서 72킬로미터 떨어진 게티즈버그로 소풍을 가자고 제안했다. 멀리 떨어진 시골 마을에서 협상이 어떻게 진행되는지 알 수 없어 아우성치는 언론과 방송의 요구를 고려한 결정이기도 했다. 다만 카터는 출발하기 전에 "중동 평화에 대해서는 잠시 잊고 서로 거론하지 말자. 언론을 향해서도 구체적인 언급을 삼가자"라고 당부했다.

베긴은 가벼운 발걸음으로 나섰다. 그날 새벽 5시에 베긴은 자기 보좌관을 깨워서 문서를 만들었다. 이집트도 안을 제시했고, 일요일 오후에 미국도 중재안을 내놓겠다고 하니, 비록 아무런 준비 없이 빈손으로 왔지만 뭐라도 노력한 흔적을 보여줘야 했다. 그는 긍정적인 용어를 사용하려고 노력했으나 문서를 작성하고 보니 거의 모든 내용이 하지 않겠다는 것뿐이었다.

게티즈버그로 떠나기 전에 베긴은 이스라엘 팀을 모이게 한 다음 자기가 새벽부터 일어나 작성한 이스라엘의 기본 입장을 큰 소리로 읽었다. 조용히 듣던 다얀 외무장관은 "그냥 갖고 있다가 미국이 중재안을 제시할 때까지 기다리자"라고 말했다. 베긴은 미국의 중재안에 큰 기대를 하지 않는다고 말하면서 내일 회담을 끝내고 이스라엘로 돌아가자고 제안했다. 베긴은 이스라엘 항공사 엘 알$^{EL\ AL}$에 출발 준비를 하라고 지시했다.

카터가 게티즈버그를 생각한 것은 단지 가깝다는 이유만은 아니었다. 카터는 베긴과 사다트가 캠프데이비드 협상이 실패하면 앞으로 어떻게 될지 게티즈버그에서 깨닫기를 원했다. 미국의 남북전쟁도 결국은 땅과 주권을 둘러싼 투쟁이었는데, 게티즈버그는 바로 그 남북전쟁 최대의 격전지였다. 협상이 결렬된 뒤 벌어진 전쟁에서 얼마나 많은 사람이 피를 흘려야 했던가. 전쟁의 현장에서 역설적으로 협상의 중요성을 인식하기를 카터는 간절히 바랐던 것이다.

차를 타고 가면서 카터는 베긴과 사다트의 중간에 앉았다. 두 사람은 얼굴을 붉힌 채 헤어진 뒤 지금껏 한마디도 하지 않았다. 어색한 침묵을 깨기 위해 카터는 공통의 주제로 분위기를 좋게 만들려고 노력했다. 카터가 두 사람에게 젊은 시절 감옥에 갇혔을 때 감명 깊게 읽은 책이 무엇이냐고 물었다. 사다트는 《리더스 다이제스트$^{Reader's\ Digest}$》, 베긴은 《성경》과 각종 위인전이라고 말했다.

카터는 게티즈버그 곳곳의 유적지를 다니며 그야말로 열정적으로 역사적 배경을 설명했다. 카터의 증조할아버지가 게티즈버그 전투에

1978년 9월 10일, 카터는 베긴, 사다트와 함께 남북전쟁 최대 격전지인 게티즈버그 유적을 방문했다. 카터는 그곳에서 두 사람이 화해와 평화를 깨닫기를 바랐지만, 경직된 분위기는 풀리지 않았다.

참가해서 부상당한 다리를 끌고 조지아주까지 걸어왔다는 얘기를 했을 때, 베긴과 사다트는 패배한 남군의 후손인 카터를 위로했다. 세 사람 모두 한때 군인이었기 때문에 전투 지역의 지형과 각종 군사 장비들, 그리고 전술에 관심을 보였다.

링컨 대통령의 게티즈버그 연설문이 전시된 기념물 앞에서 베긴은 조용한 목소리로 읽기 시작했다. "이곳에서 영예롭게 죽어간 이들로부터 더 큰 헌신의 힘을 얻어 그들이 마지막 힘을 다 바쳐 지키고자 했던 대의에 우리도 몸을 바쳐야 합니다. 우리는 그들의 죽음이 헛되지 않도록 하겠다고 굳게 다짐합니다." 그의 목소리가 점점 커졌고,

그다음 이어진 마지막 문장, "인민의 인민에 의한 인민을 위한 정부는 이 지상에서 결코 사라지지 않을 것입니다"를 읽을 때는 그 자리에 있는 모든 사람들이 숙연해졌다.

링컨이 게티즈버그에서 말한 '살아남은 자의 의무'는 그곳에 모인 이집트와 이스라엘 대표들 모두에게 현재적 의미로 다가왔다. 두 나라의 전쟁으로 그들은 친구를, 전우를, 친척을 잃었다. 특히 베긴은 나치스의 대학살과 중동전쟁에서 목숨을 잃은 유대인들을 생각하면서 입버릇처럼 늘 '살아남은 자의 각오'를 다짐하던 사람이었다. 카터는 게티즈버그에서 화해와 평화를 깨닫기를 바랐지만, 아무래도 양국 대표들은 복수와 승리를 다짐하는 것처럼 보였다.

베긴의
사이코 수법

———————— 게티즈버그에서 돌아온 뒤 카터는 미국의 중재안을 먼저 이스라엘에 설명했다. 시나이반도에서 이스라엘이 철수하고, 서안지구와 가자지구에서 팔레스타인의 주권을 인정해야 한다는 내용이 포함되었다. 베긴은 먼저 이 조치들의 국제법적 근거인 UN 안전보장이사회 결의안 제242호를 문제 삼았다.

1967년 6월 5일부터 10일까지 6일 동안 벌어진 제3차 중동전쟁에서 이스라엘은 요르단 영토에서 동예루살렘을 포함하는 서안지구를, 이집트 영토에서 시나이반도와 가자지구를, 그리고 시리아 영토에서 골란고원을 점령했다. 그해 11월 22일, UN 안전보장이사회는 결의안 제242호를 채택해 "전쟁에 의한 영토 획득을 인정하지 않는다"라는 원칙 아래 이스라엘에게 "점령한 모든 땅에서 철수"하라고 요구했다. 이스라엘은 즉각 거부했지만, 결의안 제242호는 국제적 합의로 굳어졌다.

베긴은 카터에게 1967년 전쟁을 먼저 시작한 것은 이집트이고, 이스라엘은 다만 방어를 하는 과정에서 국경을 변경할 권리를 얻었을 뿐이라고 주장했다. 카터는 화난 목소리로 "당신은 UN 결의안을 부정하는 겁니까?"라고 물었다. 카터는 만약 UN 결의안 내용을 삭제하면 협상의 근거를 상실할 거라고 생각했다. 그동안 이스라엘은 결의안 제242호를 인정하지 않았다. 특히 '점령한 땅' 앞에 붙는 정관사 'the'가 논란의 불씨를 제공했다. 결의안 가운데 프랑스어본에는 정관사가 표기되어 있는데, 영어본에는 생략되었다. 아랍과 국제사회는 '모든' 점령지에서 이스라엘이 철수해야 한다고 주장했지만, 이스라엘은 '모두'가 아니라 '일부' 등으로 해석할 수 있다고 주장했다. 근거가 매우 희박한 궤변이었다.

베긴은 결의안 제242호의 문제점을 반복적으로 비판했다. 사람 좋은 카터도 결국 폭발하고 말았다. "역시 사다트의 말이 맞네. 당신이 원하는 것은 평화가 아니라 땅이 확실하네요." 카터는 이렇게 소리를 질렀다. "UN 결의안을 폐기할 의도를 알았다면 아예 캠프데이비드에 초대하지도 않았을 거요." 베긴도 지지 않았다. "내 개인 생각이 아니라 11년 동안 이스라엘이 지켜온 원칙입니다." 카터는 "아마도 11년 동안 한 번도 평화를 생각해보지 않았다는 뜻이겠지요"라며 경멸하듯이 대꾸했다.

서안과 가자지구에서 팔레스타인의 자치를 말할 때도 마찬가지였

이스라엘 점령 지역.

다. 베긴은 자치를 인정한다고 말해놓고는 최종적으로 이스라엘 당국이 법을 제정하고 집행해야 하며, 팔레스타인은 이스라엘의 군사적 보호 아래 있어야 한다고 했다. 그리고 팔레스타인 행정부서의 결정에 대해 이스라엘이 거부권을 행사할 수 있어야 한다고 주장했다. 카터는 "그것을 누가 자치라고 부르겠소. 아랍인들 가운데 누가 그것을 받아들이겠냐 말이요"라고 말했다. 한마디로 베긴은 말이 통하지 않았다.

7일째 되는 날 오후부터 시작된 회담은 저녁식사를 위해 잠시 휴식한 뒤 새벽 3시까지 이어졌다. 베긴은 조항 하나하나를 이스라엘 역사와 결부시키며 감정적 설교와 단순논리를 지루하게 반복했다. 베긴이 또다시 UN 결의안 제242호를 받아들일 수 없다고 말하자, 카터는 "베긴 총리, 그것은 이집트 사다트 대통령의 주장이 아니라 미국 정부의 공식 입장이요"라고 말했다. 하지만 아무 소용이 없었다. 그날 방 안의 모든 사람들이 떨리는 입술 사이로 분노를 꾹꾹 눌러가며 참아내는 카터의 모습을 바라보았다.

절망에 휩싸여 숙소로 돌아가는 카터를 다얀 이스라엘 외무장관이 배웅했다. 카터는 그 상태로 잠들 수가 없어 다얀을 붙잡고 테라스에 걸터앉아 얘기를 나누었다. 다얀은 캠프데이비드로 오기 전에 베긴이 자신들을 모아놓고 시나이반도의 이스라엘 정착촌을 절대 철수하지 않을 것이고, 미국이 그것을 강요한다면 회담장에서 퇴장하겠다고 선언했음을 알려주었다. 그리고 다얀은 "이스라엘인들이 카이로나 알렉산드리아에 잠깐 살듯이 시나이반도에서 임시로 살 권리를 사다트가 양해한다면 혹시 베긴을 움직일 수 있을지 모르죠"라면서 실마리를 던져주었다.

독재와 민주주의,
어떤 체제가 협상에 유리할까?

──────── 사다트는 캠프데이비드에 올 때 당연히 시나이반도를 돌려받을 줄 알았다. 이스라엘이 넌지시 그런 의사를 내비쳤고, 미국의 구상에도 당연히 들어가 있는 핵심 사항이었다. 그래서 사다트는 캠프데이비드에서 팔레스타인 문제를 논의하고 싶었다.

그러나 이스라엘은 예상을 깨고 시나이반도를 돌려줄 수 없다고 주장했다. 시나이반도는 1967년 제3차 중동전쟁 때 이스라엘이 이집트로부터 뺏은 땅이다. 1978년 당시 이스라엘은 자국에서 소비하는 원유의 50%를 이곳에서 채굴했다. 그리고 시나이반도에 이스라엘의 공군기지를 건설했다. 시나이반도 반환에 대해 이스라엘은 이집트나 미국이 예상했던 것보다 훨씬 강한 태도를 보였다. 시간이 흘러도 좀처럼 양보할 기미를 보이지 않았다.

이스라엘은 시나이반도 문제로 이집트의 발을 묶어서 자신들에게 불리한 팔레스타인 문제를 회피하고자 했다. 그리고 시나이반도를 돌려준다고 해도 그 근거와 명분이 서안지구와 가자지구에 미치지 않도록 신경을 썼다. 협상이 중반으로 넘어가면서 베긴은 시나이반도와 관련해 한 발짝 물러났지만 여전히 그 문제를 협상 카드로 활용했다. 이집트에 돌려준다는 원칙에 동의했지만, 이번에는 그곳에 이미 지어진 정착촌을 철수할 수는 없다고 버텼다. 베긴은 자신의 선거 공약으로 "은퇴하면 시나이반도의 정착촌에 들어가 여생을 보내겠다"라고 약속했기 때문에 절대 포기할 수 없다고 말했다.

베긴이 워낙 완고했기 때문에 카터는 다시 사다트를 설득하려고 했다. 다얀이 귀띔해준 말도 일리가 있다고 생각했다. 물론 사다트는 이스라엘 정착촌이 시나이반도에 하나라도 혹은 잠시라도 남는 것을 거부했다. 사다트는 협상이 자기 뜻대로 이루어지지 않자 짜증을 내기 시작했다. 이집트 팀의 가장 큰 문제는 바로 사다트였다. 그는 카터와 나눈 얘기를 자신의 동료들에게 말해주지 않았다. 아예 회의를 하지 않았고, 협상 전략을 상의하지도 않았다. 카터가 미국의 중재안을 주고 갔을 때, 이집트 팀은 오랜만에 사다트의 방에 모두 모여 각자 의견을 제시했다. 그러나 사다트는 듣는 것 같지 않았다.

이집트는 사다트에게 모든 권한이 집중되어 있었다. 그래서 미국이나 이스라엘은 모든 문제를 사다트와 협의했고, 굳이 카멜 외무장관을 비롯한 다른 실무자들과 협상할 필요가 없었다. 이집트 협상팀의 일원이었던 갈리는 나중에 "사다트는 무척 서둘렀다. 그가 예측 가능한 인물이라는 점에서 그는 완전히 협상의 아마추어였다"라고 회고했다. 중재자 카터의 입장에서도 완고한 베긴보다 유연한 사다트를 설득하는 것이 쉬웠다.

이스라엘은 툭하면 여론과 의회의 압력을 근거로 양보할 수 없다고 주장했다. 미국도 마찬가지였다. 그러나 이집트는 그런 주장을 할 수가 없었다. 셋째 날에 사다트가 베긴에게 '이집트의 여론'을 거론하자, 베긴이 말했다. "당신이야말로 이집트 국민들의 생각과 믿음을 얼마든지 만들어낼 수 있는데, 무슨 걱정이요." 정부가 언론을 통제하며, 계엄령이 지속되고 있는 이집트의 정치구조를 비꼰 것이다.

미국의 중재안을 보고 이집트 팀의 카멜과 토하미가 사다트와 협의를 하려고 했으나 사다트는 응하지 않았다. 그들은 할 수 없이 자전거를 타고 카터의 숙소로 갔다. 더 이상 지켜볼 수 없는 때가 왔다고 판단한 것이다. 어색하지만 미국 대통령에게 직접 이집트 협상팀의 의견을 말할 필요가 있었다. 그들은 카터에게 "미국의 제안은 이집트가 생각하는 최소한의 기준과 너무 차이가 난다. 외교관계 개선이나 경제·문화 교류에 대해서는 유연하게 양보할 수 있지만, 최소한 이스라엘은 그들이 점령한 시나이반도, 예루살렘과 서안지구, 그리고 가자지구에서 철수해야 한다"라는 점을 분명히 했다. 그렇지 않으면 사우디아라비아와 요르단이 절대 동의하지 않을 것이고, 이집트는 아랍 세계에서 고립될 거라고 경고했다.

사다트도 걱정이 되었는지 요르단의 후세인 국왕에게 전화를 걸어 도움을 청했다. 그러나 후세인 국왕은 "이스라엘이 서안지구에서 완전히 철수하지 않는 한 어떤 합의도 반대한다"라는 점을 분명히 했다. 사다트는 아랍 국가들로부터 떨어져 혼자가 되었고, 카멜은 자기네 대통령이 미국에 속았다고 생각했다.

8일째 되는 날, 카터는 자신의 구상이 얼마나 허황된 것인지를 깨달았다. 며칠째 잠도 몇 시간 못 자고 양쪽을 오갔지만, 결국 거대한 벽 사이에 끼인 자신을 발견했을 뿐이다. 카터는 완전히 자신감을 상실했다. 중간선거는 이제 두 달 앞으로 다가왔지만 경제는 여전히 비틀거리고, 석유 가격은 치솟고, 이란 사태는 악화되고 있었다. 한창 선거 유세를 하러 돌아다녀야 할 대통령이 숲 속 통나무집에서 벌써 일주일을 아무런 소득도 없이 낭비하고 있었다. 민주당의 경쟁자들도 칼을 갈고 있다는 소문이 들려왔다.

베긴은 이스라엘 팀에게 "회담은 끝났다. 다만 우리 손으로 플러그를 뽑을 필요는 없다"라고 말했다. 그들은 느긋하게 휴식을 취하며 상대편이 이제 그만 집으로 가자고 말하기를 기다렸다.

강경파를 배제하고
온건파를 공략하라

─────── 바이츠만이 카터의 호출을 받고 그의 숙소로 갔을 때, 카터는 거의 캠프데이비드의 당구장만 한 크기의 시나이반도 지도를

펼쳐놓고 그 위에 앉아 있었다. 그곳에는 이스라엘 정착촌과 군사기지, 공군 비행장이 자세하게 그려져 있었다. 카터는 바이츠만에게 협상 방식을 변경했다고 알렸다. 의제를 두 가지, 즉 전반적인 중동 평화 문제와 시나이반도 문제로 구분해서 해법을 모색해보자는 것이었다. 카터는 시간의 압박을 받으면서 합의 가능한 두 번째 논의에 집중할 계획이었다. 그리고 이스라엘과 이집트에서 말이 통할 수 있는 사람을 지정해주면 자기가 중심이 되어 해법을 마련하겠다고 했다. 사다트와 베긴을 협상에서 제외하겠다는 뜻이었다.

그날 저녁에 베긴이 카터의 숙소로 찾아왔을 때, 카터는 다시 한 번 몸서리치는 고통을 겪었다. 베긴은 "내 인생에서 가장 중요한 대화"라고 분위기를 잡더니, 결국 "미국의 제안을 모두 거부한다"라고 엄숙하게 선언했다. 시나이반도의 이스라엘 정착촌을 하나도 포기하지 않을 것이고, 사다트의 협박에도 굴복하지 않을 거라며 사실상 카터를 협박했다. 그리고 베긴은 서안과 가자지구를 줄곧 '유대아Judea'와 '사마리아Samaria'라고 부르면서 그곳은 선조들의 땅이라 철수할 수 없고, 특히 예루살렘은 아예 협상의 대상이 될 수 없다고《성경》의 구절을 인용하며 비장하면서도 장황하게 설명했다.

카터는 1시간 30분 동안 이어진 베긴의 지루하고 답답하며 자기중심적인 강의를 분노를 애써 참아가며 끝까지 들었다. 그리고 부드럽게 말했다. "이스라엘 국민은 그렇게 생각하지 않을 것이오. 그들은 평화를 원합니다. 그래서 당신보다 훨씬 낫소." 카터는 일어나서 이제 그만 나가라고 말했다.

9일째 되는 날, 카터의 제안에 따라 양국에서 가장 유연한 두 사람과 카터가 3자회담을 시작했다. 이집트에서는 법률 담당인 오사마 엘바즈를 내세웠다. 그는 하버드대학 법학과를 졸업한 천재적인 법률가로, 사다트의 예루살렘 연설문을 작성한 측근이자 사다트의 후계자인 무바라크 부통령의 오른팔이기도 했다. 이스라엘에서는 아론 바락 대법관이 나섰다.

카터가 UN 결의안 제242호를 먼저 거론했다. 이스라엘은 시나이 반도에서는 철수할 수 있지만 서안과 가자지구에서는 절대 철수하지 않겠다는 입장이었다. 정치적 상징성과 영토 확장이라는 의미도 있었지만 경제적인 이익도 무시할 수 없었다. 점령지는 이스라엘 상품이 판매되는 통제된 시장이었다. 그리고 이스라엘은 예루살렘을 포함하는 서안에서 막대한 관광 수입을 올리고 있었다. 수자원 문제도 있었는데, 당시 이스라엘에서 사용하는 물의 3분의 1을 요르단강 서안에서 대고 있었다.

하지만 이스라엘은 '점령지에서 철수'하라는 결의안 제242호의 원칙을 두 사례에 다르게 적용할 수 없기에 원칙 자체를 거부해왔다. 그때 이스라엘의 바락 대법관이 그야말로 천재적인 해법을 제시했다. "이스라엘도 결의안 제242호가 서안과 가자지구에 적용된다고 동의할 수 있다. 자치협정이 이루어지고 팔레스타인이 행정 권한을 갖게 되면 더 이상 '점령한 땅'이 아니기 때문에 '철수'의 대상이 아니다"라는 절묘한 해법이었다.

카터는 환하게 웃으며 "미국 대법관으로 임명해도 되겠네"라고 말했다. 어두운 하늘에 갑자기 나타난 한 줄기 빛처럼 사라졌던 희망이 다시 나타났다. 합의문 본문에서는 결의안 제242호의 의미만 강조하고 구체적인 내용은 부록으로 돌리기로 했다. 그리고 합의문에서 미국과 이집트는 서안과 가자지구로, 이스라엘은 '유대아'와 '사마리아'

로 각기 다르게 표기하기로 합의하면서 또 하나의 고비도 넘겼다.

　그러나 희망은 그 정도에서 멈추었다. 바락은 베긴이 시나이반도 정착촌 문제에 너무 집착하기 때문에 자신이 결정할 문제가 아니라고 한 발 물러섰다. 엘바즈 역시 자신이 생각하는 해법이 있었지만 사다트를 의식해서 입 밖으로 꺼내기를 꺼렸다. 카터는 한숨을 쉬면서, 시나이 정착촌 문제가 목에 걸린 가시 같다고 생각했다.

　당시 시나이반도에는 이스라엘 정착촌 13곳에 2,000~2,500여 명의 이스라엘 사람들이 살고 있었다. 사다트는 "단 1인치라도 내 땅을 포기할 수 없다"라고 선언했다. 카터는 내키지 않았지만 베긴을 찾아갔다. 그는 혼자서 영화를 보고 있었는데, 역시 예상했던 대로 "정착촌 철거를 요구한다면 어떤 것도 서명하지 않을 것"이라고 말했다.

마음을 비워야 가능한
벼랑 끝 전술

──────── 다시 협상은 난관에 부딪혔다. 한 줄기 빛은 사라지고 먹구름이 하늘을 덮었다. 이스라엘의 바이츠만이 카터에게 사다트와 다얀을 만나보게 하는 것은 어떻겠냐는 제안을 했다. 두 사람은 중동전쟁의 살아 있는 역사였다.

　1973년의 제4차 중동전쟁은 사다트의 치밀한 복수전으로 시작되었다. 당시 이스라엘 국방장관이었던 다얀은 수에즈운하 너머의 방어선을 지나치게 믿었고 결국 방심했다. 사다트는 오랫동안 치밀하게 준비해서 전격적으로 이스라엘의 방어선을 무너뜨렸다. 북쪽에서 시리아가 동시에 협공을 한 것도 사다트가 준비한 일격이었다. 이집 트군은 핵무기를 사용해야 뚫을 수 있다는 수에즈운하 너머의 방어 망을 기습한 뒤 시나이반도를 가로질러 진격했다.

이스라엘은 3일 동안 전투기 49대, 탱크 500대를 잃었고, 병사 3,000명이 사망했다. 물론 이후 이스라엘은 반격에 나서서 아리엘 샤 론이 이끄는 부대가 수에즈운하를 넘어 카이로로 진격할 정도로 전 세를 역전시켰다. 하지만 초기 사다트의 기습공격은 '지지 않는 군대' 라는 이스라엘군의 신화를 무너뜨리기에 충분했다. 전설적인 전쟁영 웅이었던 다얀은 무능한 국방장관으로 전락했다. 심지어 그의 애꾸 눈 사진에 '살인자'라고 쓴 피켓을 들고 시위를 하는 사람들도 있었 다. 다얀은 국방장관을 사임하면서 과거의 명성과 자부심은 물론이 고, 삶의 의미까지도 잃어버렸다.

사다트와 다얀의 만남은 그럴 듯했지만, 결코 현명한 선택이 아니 었음이 금방 드러났다. 사다트는 처음에는 정중하게 그를 맞이했지 만 이내 퉁명스럽게 "당신들은 시나이반도 밖으로 당신들의 인민을 데리고 나가야 한다. 군대도 나가고, 군사기지도 없애고, 정착촌도 철 거해야 한다"라고 잘라 말했다. 다얀도 불쾌한 기억을 떠올리며, "누 가 이스라엘이 시나이반도의 정착촌을 포기할 것이라고 말했다면 그 것은 당신을 속인 것이다. 우리는 시나이반도를 계속 점령하고, 석유 를 계속 퍼 올릴 것이다"라고 내뱉었다. 사다트가 "베긴에게 전하시 오. 장착촌은 절대 안 된다고"라면서 소리를 지르는 바람에 짧은 만 남은 황망하게 끝났다.

9월 15일 열하루째 되는 날, 카터는 시간의 압박을 느꼈다. 희망이 사라진 상황에서 더 이상 시간을 낭비할 수 없었고, 이제는 욕심을 버리고 마음을 비워야 한다고 스스로에게 다짐했다. 그래서 미국의 최종안을 제시하고, 결과가 어떻게 되든 9월 18일 월요일에 의회에 나가 있는 그대로 알릴 생각이었다. 카터는 그런 내용으로 연설문을 작성해달라고 비서실장에게 지시를 내렸다.

그때 얼굴이 하얗게 질린 밴스 국무장관이 뛰어 들어왔다. 사다트 이집트 대통령이 짐을 밖으로 내놓고 헬리콥터를 불러달라고 요청했다는 것이다. 카터는 실패를 받아들였지만 그래도 정중한 이별을 원했다. 드라마를 이렇게 막장으로 끝낼 수는 없었다. 이렇게 헤어지면 그야말로 전무후무한 '역사적 낭패'로 기록될 것이고, 이스라엘은 카터 자신에게 모든 실패의 책임을 떠넘길 터였다. 미국과 아랍 국가들의 관계가 악화되면 당연히 석유 가격이 1973년처럼 치솟을 것이고, 소련이 다시 이 게임에 등장할 것이다. 결국 이 모든 과정은 카터의 정치생명을 끝장낼 것이다. 카터는 사다트에게 갔다.

사다트는 미국의 중재안에서 시나이반도 전체를 비무장지대로 만들고 UN이 관리한나는 내용을 보고 충격을 받은 상태였다. 카터를 믿었는데, 돌아온 것은 거의 모욕에 가까운 안이었다. 게다가 다얀과의 만남은 불에 기름을 붓듯 사다트를 폭발시켰다. 사다트는 캠프데이비드에 더 이상 머물고 싶지 않았다.

사다트를 만난 카터는 "당신이 지금 떠나면 이집트와 미국의 관계도 끝이고, 우리 둘의 우정도 끝입니다"라고 압박하면서도, 시나이반도의 이스라엘 정착촌에 대해 이집트의 입장을 지지할 것이라는 당근도 제시했다. 잠시 후 사다트는 짐을 싸고 출발 준비를 끝낸 이집트 팀을 자기 방으로 불렀다. 사다트의 방에 갔을 때 모두들 그가 매우 기분이 좋아진 것을 보고 어리둥절했다. "카터는 위대한 정치인이야." 사다트는 방금 자신이 카터에게 얻어낸 두 가지를 자랑했다. 하나는 정착촌에 대해 이집트 안을 지지한다는 것이었고, 다른 하나는 카터의 묘수였는데 바로 이집트와 이스라엘 의회에서 각각 협정문을 승인받겠다는 것이었다. "만약 어느 한쪽이라도 반대하면 합의는 없었던 걸로 하겠다는 거지." 이스라엘에서 쉽게 합의를 깰 수 없도록 안전장치를 마련한 것이다.

카터는 곧이어 베긴의 숙소로 가 최후통첩을 했다. 이틀 뒤인 일요일에 회의를 끝내고 월요일에 의회에서 협상 결과를 발표할 예정인데, 현재 상황이라면 '베긴 때문에 정상회담이 실패했다'는 내용이 될 거라고 통고했다. 카터가 나가자 이스라엘 팀 내부에서 분란이 일어났다. 바이츠만은 "우리도 양보할 것은 양보해야 한다"라고 지적했고, 다얀은 "시나이반도의 정착촌 때문에 이집트와 평화를 만들 기회를 잃는 것이 말이 되느냐?"라고 베긴을 몰아붙였다. 그래도 베긴은 꿈쩍도 하지 않았다.

다얀과 바이츠만은 베긴을 설득할 수 있는 방법을 모색했다. 그들은 이스라엘에 있는 아리엘 샤론을 동원하기로 했다. 제4차 중동전쟁때 맹활약했던 샤론은 당시 농업부 장관으로서 정착촌 건설을 책임지는 위치에 있었다. 샤론은 거의 대부분 강경파로 이루어진 베긴 내각에서도 가장 과격한 강경파였다. 그런 샤론이 베긴에게 전화를 해서 "정착촌이 평화회담의 걸림돌이라면, 철수해도 좋다고 생각한다"라고 말했다. 통화가 끝나자마자 옆에 있던 바이츠만이 베긴에게 "우리가 평화를 원한다면 최소한 시나이반도의 정착촌에서 철수해야 한다"라고 강하게 말했다.

미국은 이스라엘이 시나이반도에서 철수한다면 그 대가로 경제적 지원을 하겠다고 일찌감치 약속했다. 이스라엘이 시나이반도의 공군 기지를 옮길 수 없다고 버티는 바람에 할 수 없이 네게브사막으로 옮길 비용 30억 달러를 지원하겠다고 약속한 것이다. 다얀과 바이츠만은 양보 카드인 시나이반도를 막판까지 움켜쥐고 미국의 지원을 얻어냈기 때문에 그 정도면 충분하다고 판단했다. 강경파 샤론의 전화는 확실히 베긴에게 영향을 미쳤다. 카터는 이스라엘 내부의 변화를 다얀과 바락에게 전해 들었다. 롤러코스터처럼 희망과 절망을 오르내린 길고 긴 하루였다.

감동은 협상의
치명적 무기

———————— 9월 16일 열이틀째 되는 날, 아침 일찍 카멜 이집트 외무장관이 사다트를 찾아갔다. 그는 "외무장관이 아니라 당신의 오랜 친구로서 할 말이 있다"라며 말을 꺼냈다. 카멜은 "카터의 안은 당신이 예루살렘에 가서 이루고자 한 것과 명백히 다르다"라고 말했다. 그리고 미국이 '이집트와 이스라엘의 평화'와 '서안과 가자지구를 포함한 팔레스타인 문제'를 분리했고, 안타깝게도 팔레스타인 문제는 하나도 해결된 것이 없다고 설명했다. 또한 이집트와 이스라엘의 평화는 나아지겠지만 다른 지역에서 이스라엘의 점령은 계속될 것이고, 결국 이집트는 아랍 세계에서 고립될 거라고 경고했다. 카멜은 사다트에게 "제발 사악한 문서에 서명하지 마시오"라고 호소했다.

하지만 안타깝게도 사다트는 카터에게 기울어 있었다. 카멜은 할 수 없이 "자신의 사임을 허락해달라"라고 말했다. 사다트는 "이집트에 돌아갈 때까지 비밀로 해달라"라고 말하고는 "다 잘될 거야. 긴장을 풀라고" 하면서 그의 어깨를 두드렸다. 그러나 카멜의 경고처럼 시나이반도에 너무 많은 시간을 쓰는 바람에 실제로 팔레스타인 문제를 다룰 여유가 없었다. 그것은 처음부터 이스라엘의 전략이었다. 미국도 시간에 쫓기자 결국 쉬운 길을 선택했다.

협상 마감이 24시간 앞으로 다가오면서 캠프데이비드는 분주해졌다. 마지막 고비는 두 가지였다. 카터는 협정문에 '이스라엘은 새로운 정착촌 건설을 중단한다'라는 문구를 꼭 집어넣고 싶어 했다. 팔레스타인 문제에 대해서도 어느 정도 구체적인 성과가 있어야 '포괄적 협정'이라고 부를 수 있다는 이유를 내세웠다. 그러나 베긴은 완강했고, 여전히 딴소리를 늘어놓으면서 그 문제에 대해 좀 더 시간을 달라고 요구했다.

9월 17일, 마지막 날이 밝아왔다. 오후 3시쯤 워싱턴으로 돌아가서 서명하고 기념식을 열기로 했다. 협정문의 본문에 대해서는 모두 합의했고, 남은 것은 각각 3국의 입장을 담은 부속서한이었다. 그것은 법적 효력이 없는 그야말로 참고자료였다. 그런데 밴스가 미국의 부속서한을 이스라엘에 전달했을 때 난리가 났다. 미국의 부속서한 중 이스라엘 점령지 목록에 '동예루살렘'이 들어가 있었다. 점령한 땅이라면 당연히 철수해야 한다는 암묵적 의미가 내포되어 있었다.

이스라엘이 1967년 제3차 중동전쟁 때 요르단 영토였던 동예루살렘을 점령했다는 것은 역사적 사실이다. '동예루살렘 점령이 불법'이라는 입장은 UN 안전보장이사회 결의안 제242호의 내용이며, 미국 정부 역시 오랫동안 유지해온 원칙이었다. 이 부속서한에 베긴은 강력하게 항의했다. 그는 동예루살렘을 포기하라는 주장은 자신들보고 죽으라는 소리나 마찬가지라면서 서명하지 않고 즉시 철수하겠다고 말했다.

협상 마감이 몇 시간도 남지 않은 상황에서 물러갔던 절망의 먹구름이 다시 하늘을 덮었다. 카터는 베긴과 이스라엘 팀원들이 엉거주춤 서 있는 곳으로 가서 "총리님, 당신이 부탁한 사진을 갖고 왔소"라고 조용히 말했다. 전날 베긴은 카터에게 세 지도자들이 찍은 사진에 사인을 해주면 손자들에게 갖다주겠다고 말했다.

카터가 건넨 사진에는 베긴의 손자·손녀들의 이름이 한 장 한 장 쓰여 있었다. '아엘렛에게', '오스낫에게'……. 베긴의 입술이 조금씩 떨리기 시작하더니 갑자기 눈가에 이슬이 맺혔다. 이후 베긴은 격앙된 목소리로 '오릿에게', '메이랍에게', '미첼에게' 등 여덟 명의 이름을 모두 불렀다. 베긴은 큰 소리로 울었다. 백전노장 다얀도, 자칭 강경파인 바이츠만도 모두 총리를 따라 눈물을 흘렸다.

카터는 진심을 남아 "당신의 손자들에게 당신과 내가 중동 평화를 이루었다고 말할 수 있기를 바랍니다"라고 말했다. 베긴은 카터를 데리고 자신의 숙소 안으로 들어갔다. 그는 예루살렘의 역사를 장황하게 늘어놓기 시작했다. "예루살렘은 유대인의 영원한 수도요. 내 다리를 자르고 내 손을 잘라도 내 입장을 바꿀 수는 없습니다"라고 말했다. 카터도 차분하게 "평화협상은 신뢰에 기반을 둡니다. 나는 사다트와 약속을 어길 바에는 차라리 회담의 실패를 받아들이겠소"라고 대답했다.

카터는 법적 효력이 없는 부속서한의 표현 때문에 모든 합의를 깨버려도 좋다는 베긴의 태도를 도저히 이해할 수 없었다. 그것은 카터가 생각하는 논리의 영역과는 아무런 관계가 없는 믿음의 영역이었다. 카터는 할 수 없이 천재적인 바락의 도움을 받아 즉석에서 문안을 수정했다. "1967년 7월 4일, UN 총회에서 한 미국 대사의 발언을 재확인한다." 똑같은 내용이지만 표현을 달리 수정한 것이다. 카터가 숙소로 돌아와 기다리고 있던 사다트에게 "아직 베긴 총리가 동의하지 않았다"라고 말하는 순간 전화벨이 울렸다. 그리고 수화기 너머에서 "예루살렘에 관한 당신의 안을 받아들이겠소"라는 베긴의 목소리가 들렸다.

시간에 쫓기면
중요한 것을 빠뜨린다

─────── 모든 고비를 넘었다고 생각했다. 예정된 시간은 훌쩍 지나버렸고, 어둠이 내리기 시작했다. 그런데 이스라엘이 가져온 부속서한에는 정착촌 건설의 동결 기간이 이집트와 이스라엘의 평화협정 논의 기간인 3개월로 적혀 있었다. 3개월이 지나면 새로운 정착촌 건설에 나서겠다는 말이나 마찬가지였다. 카터는 전날 분명히 그렇게 말하지 않았다. "서안과 가자지구에 정착촌을 더 이상 건설하지 않겠다"는 이스라엘의 입장은 자치협상과 연결되어 있었다. 카터는 전날 자신의 노트에 적었던 것을 다시 확인했다.

베긴은 이 항목의 구체적인 표현을 다음 날 제시하겠다고 말해놓고 마감이 임박할 때까지 시간을 끌다가 그야말로 수정할 시간이 없는 마지막 순간에 속임수를 쓴 것이다. 카터는 분명히 하지 않은 자

캠프데이비드협정에 서명한 뒤 사다트 이집트 대통령과 베긴 이스라엘 총리는 서로의 노고를 치하하며 포옹했다. 협정 체결 소식에 전 세계가 흥분했지만, 지금까지도 중동에는 평화가 찾아오지 않았다.

신의 실수를 깨달았다. 그러나 추가 논의를 할 시간은 남아 있지 않았다. 게다가 사다트는 본문의 합의에 만족해 부속서한의 구체적인 부분에 더 이상 관심을 갖지 않았다. 카터도 베긴을 다시 설득하는 데 진저리가 날 지경이었다. 베긴의 협상 전략이 성공한 것이다. 하지만 그것은 캠프데이비드협정이 비극을 잉태했음을 의미했다.

세 사람이 헬리콥터를 타고 백악관 남쪽 정원에 내렸을 때는 벌써 저녁 10시가 넘었다. 사다트와 베긴은 서로에 대한 감정을 감추고 수많은 카메라 앞에서 정치인답게 웃으며 악수하는 모습을 연출했다. 카터는 13일 동안 숲 속 통나무집에서 이룬 협상의 결과를 자랑스럽게 발표했다. 사다트는 카터의 용기를 칭찬하면서 "캠프데이비드 정신이 역사의 새로운 페이지를 썼다"라고 말했다. 베긴도 "캠프데이비드 회담은 지미 카터의 회담"이라면서 치켜세우고는 "우리는 우리 선조들이 이집트에서 피라미드를 지을 때보다 더 고되게 일했다"라고 농담을 했다. 그리고 사다트를 보고서는 "대통령 각하. 오늘밤 위대한 역사를 축하하고 우리가 (평화협정 체결을 위한) 우리의 할 일을 서둘러 끝내기로 약속합시다"라며 의욕을 드러냈다.

카터의 지지율은 합의 발표 직전 13%까지 떨어졌지만, 발표 뒤에 51%로 껑충 뛰었다. 불가능할 것 같던 캠프데이비드협정이 체결되었다는 소식에 세계가 흥분했다. 한 달 뒤에 1978년 노벨평화상 수상자로 사다트와 베긴이 선정되었다. 1979년에는 이스라엘의 의회 승인을 거쳐 이집트-이스라엘 평화협정이 발효되었고, 양국 사이에 평화가 왔다. 그러나 팔레스타인은 아무것도 해결되지 않았다. 이스라엘은 이집트 영토인 시나이반도에서는 철수했지만 서안·가자지구와 골란고원, 즉 전쟁을 통해 얻은 팔레스타인 영토를 포기할 생각은 없었다. 이스라엘은 오히려 모호한 합의를 자의적으로 해석해 정착촌 건설에 본격적으로 나섰다. 카멜이 경고했듯이 이집트는 아랍 세계에서 고립되었다.

사다트의
장례식

───────── 1981년 10월, 이집트 대통령 사다트가 제4차 중동전쟁 8주년 기념식장에서 이슬람 과격파 군인에게 암살되었다. 1980년 미국 대통령 선거에서 레이건에게 크게 패한 카터는 사다트의 장례식

에서 베긴을 만났지만 한마디도 건네지 않았다. 이집트의 카멜은 외무장관직을 사임하고 인권단체에서 일했고, 갈리는 1992년에 제6대 UN 사무총장으로 취임했다. 이스라엘의 다얀은 베긴이 팔레스타인의 자치를 회피하는 것에 항의해 사임했고, 사다트가 암살된 이후 6일 뒤 대장암으로 사망했다. 바이츠만은 자치 약속의 지연과 서안지구 내 공격적인 정착촌 건설에 항의하며 사임했는데, 사임할 때 베긴의 사무실 앞에서 "여기 있는 누구도 평화를 원하지 않는다"라고 소리를 질렀다.

베긴은 1982년 레바논을 침공했다. 이집트와 평화협정을 맺어 뒷문이 안전하다고 판단했기 때문에 마음대로 칼을 휘둘렀다. 그런데 1983년 10월 건강상의 이유로 갑자기 사임한 뒤 1992년 3월 사망할 때까지 베긴은 예루살렘의 아파트에서 은둔하며 지냈다. 그는 9년 동안 부인의 묘지를 가는 일 말고는 일절 외출하지 않았다. 카터는 퇴임 이후 가장 존경받는 전직 대통령이 되었다. 카터는 국제 분쟁을 중재하기 위해 헌신하고 인권 신장에 노력한 공로로 2002년에 노벨평화상을 받았다.

이후 중동평화협상은 흘러간 옛날 영화의 재방송처럼 몇 번이나 반복되었다. 1993년 오슬로협정의 성과로 1994년에 이스라엘의 이츠하크 라빈 총리와 시몬 페레스 외무장관, 그리고 팔레스타인해방기구의 야세르 아라파트 의장이 노벨평화상을 받았다. 빌 클린턴 미국 대통령의 중재 역할을 국제사회는 높이 평가했다. 사다트 이집트 대통령이 암살되었듯이 1995년 라빈 이스라엘 총리도 유대 극우파에 의해 살해되었다. 2000년 7월에도 빌 클린턴 대통령이 에후드 바라크 이스라엘 총리와 야세르 아라파트를 캠프데이비드로 불러 2주일

간 집중 협상을 벌였다. 바로 '캠프데이비드 Ⅱ'라고 부르는 평화협상이다. 그러나 평화는 오지 않았다. 적대적 관계를 경험한 양쪽이 화해할 생각이 없으면, 중재자가 나서봐야 소용이 없다. 중동에서 평화는 너무 멀리 있다. 켜켜이 쌓인 증오들이 새로운 비극을 낳고 있는데도 말이다.

13

잊는 것이 능사는 아니다

에스파냐 망각협정

협상일지

1936년	7월	프랑코의 쿠데타로 에스파냐 내전 발발
1937년	4월	프랑코군, 히틀러의 지원을 받아 바스크 지역 게르니카 함락
1939년	2월	영국·프랑스, 프랑코 정권 승인
	4월	공화파 항복, 에스파냐 내전 종결
1959년	4월 1일	'망자의 계곡' 완공
	7월	바스크 분리를 주장하는 강경단체 '바스크 조국과 자유(ETA)' 결성
1973년	12월	ETA, 마드리드에서 블랑코 총리 암살
1975년	11월	프랑코 사망, 후안 카를로스 1세 국왕 취임
1976년	7월	아돌포 수아레스 총리 임명
	11월	에스파냐 의회, 선거법과 정치개혁법 통과
1977년	1월 23~28일	정치·경제 민주화를 요구하는 시위 발생('검은 일주일')
	4월 9일	수아레스 총리, 공산당 합법화 법령 공포
	6월 15일	에스파냐 총선거 실시, 수아레스(민주중도연합) 두 번째 내각 구성
	10월 14일	사면법 의회 통과
	10월 25일	에스파냐 정부와 정당, 노조와 기업단체들이 '몽클로아협약' 체결
1978년	12월	국민투표를 통해 신헌법 선포
1981년	2월 23일	군부, 쿠데타 시도했으나 실패
1982년	12월	사회노동당 집권, 펠리페 곤살레스 총리 취임
1998년	10월	칠레 독재자 피노체트 체포(2000년 3월 석방)
2004년	5월	에스파냐 정부, 프랑코재단에 대한 정부 지원금 폐지
	11월	프랑코 체제 기념 조형물 철거 법안 통과
2006년	7월 7일	'역사 기억의 해'로 지정
2007년	10월 31일	'역사기억법' 통과

에스파냐의 수도 마드리드에서 북쪽으로 가다 보면 언덕 위로 거대한 십자가가 보인다. 높이만 152미터에 달해 30킬로미터 떨어진 곳에서도 보인다는 세상에서 가장 큰 십자가, 그 아래에 유럽에서 가장 거대한 납골 기념물이 있다. 바로 '망자의 계곡Valle de los Caídos'이다. 십자가 아래로 웅장한 바실리카(가톨릭 공회당)가 있고, 그 안으로 들어가면 제단이 나온다. 바로 이곳에 '독재자 프랑코'가 잠들어 있다. 프랑코의 좌우, 즉 바실리카 양쪽으로는 공식적으로 정확한 숫자가 밝혀지지 않았지만 약 4만 명으로 추산되는 유해가 안치되어 있다.

이곳에 안치된 망자들은 에스파냐 내전(1936~1939)에서 사망한 사람들이다. 내전에서 승리한 프랑코는 이곳을 '화해의 공간'이라고 불렀다. 내전 당사자인 국민파와 공화파를 모두 함께 묻었기 때문이다. 그러나 살아서 원수였던 사람들이 죽어서 화해했다는 것은 단지 승리한 자의 주장일 뿐이다.

이곳에 묻힌 사람들의 85% 이상이 국민파, 바로 프랑코를 지지했던 사람들이다. 나머지 15%에는 공화파도 있고, 공산당 계열의 인사도 있다. 승리자들은 죽은 패배자들을 이곳에 묻을 때 가족에게 알리지도 않았다. '무덤 속 화해'는 진실이 아니었다. 죽은 자는 모르겠으나 최소한 살아 있는 자들은 자신의 가족이나 동지들이 파시스트 곁에 묻혔다는 사실에 경악했다.

망자의 계곡,
비극의 역사

──────── 에스파냐의 현대사를 웅변하는 '망자의 계곡'은 내전이 끝난 직후 착공되어 20여 년간의 공사를 거쳐 1959년 4월 1일에 완공되었다. 이 공사에는 2만여 명의 포로가 강제 동원되었는데, 대부분 공화군 포로와 정치범 들이었다. 강제 노동으로 사망한 사람들도 많았다. 잔인하게도 패배자를 동원해 승리자를 기념하는 건축물을 만든 것이다. '망자의 계곡'은 승리자의 기념물일 뿐, 패배자는 정식으로 초대받지 못했다.

1975년 11월 20일, 83세를 일기로 사망한 프랑코가 '망자의 계곡'에 묻히면서 이곳은 극우파의 성지가 되었다. 해마다 프랑코의 사망일을 기념해 전국에서 극우파들이 모여들었다. 민주화 이후에도 마찬가지였다. '망자의 계곡'이 역사적 성찰의 공간이 되기까지는 많은 세월이 흘러야 했다. 2000년대 이후 프랑코 체제에 대한 반성과 성찰, 그리고 역사적 재평가가 이루어지면서 '망자의 계곡'은 구시대의 상징이자 청산해야 할 역사로 전락했다.

2007년 진보적인 사회노동당이 '역사기억법'을 통과시키면서 프랑

1959년 4월 1일에 완공된 '망자의 계곡'. 이곳은 승리자의 기념물일 뿐, 패배자는 정식으로 초대받지 못했다.

코를 추모하는 행사가 법적으로 금지되었다. 2013년에는 프랑코의 묘를 옮기고, 이곳을 화해의 공간으로 재건축해야 한다는 법안이 제출되었다. 독재자 프랑코는 세상을 떠났지만 그의 주검이 놓인 공간을 둘러싼 논쟁은 지속되었다.

조지 오웰은 "과거를 지배하는 자가 미래를 지배하고, 현재를 지배하는 자가 과거를 지배한다"라고 말했다. 과연 특정 정치 세력이 특별한 목적으로 기억을 독점할 수 있을까? 과거 독재 국가에서 민주주의 국가로 이행했다 하더라도 독재 시기에 벌어진 역사를 어떻게 처리할 것인지에 관한 '기억의 정치'는 국가마다 모두 다르다.

독재자 프랑코가 사망한 이후 에스파냐의 좌우 정치 세력은 기억이 아니라 망각을 선택했다. '과거를 잊자'는 '망각협정(엘 팍토 델 올비도El Pacto del Olvido)'은 '더 이상 과거를 거론하지 말자'는 '침묵협정'이었다. 그러나 망각과 침묵에 대한 약속은 영원하지 않았다. 어느 순간 봇물 터지듯 기억의 정치가 부활했다. 에스파냐 현대사에서 '망자의 계곡'이 겪었던 파란만장한 과정 속에서 어떻게 망각이 기억으로 전환될 수 있었을까?

민주화 이행의 열쇠, 체제 내 개혁파

─────── 프랑코가 사망하던 날 에스파냐 어디서도 샴페인을 살 수 없었다는 농담이 있다. 사망 소식이 알려지자마자 순식간에 샴페인이 동났기 때문이다. 그러나 독재자만 사라졌을 뿐, 모든 것이 그대로였다. 프랑코를 지지하던 세력은 프랑코 체제의 지속을 원했고, 반대쪽 급진좌파는 공화국의 재건을 기대했다. 그리고 그 중간에 있는 사람들, 즉 국왕, 온건한 보수파, 그리고 합리적인 중도좌파 들은 성권의 '평화적 이행'을 원했다.

그런 점에서 '아픈 과거를 잊자'라는 망각협정은 좌우 정치 세력 간 타협의 산물이었다. 어떻게 그것이 가능했을까? 이를 이해하려면 전환기의 에스파냐 정치 상황을 알아야 한다. 1975년 11월에 독재자 프랑코가 죽고 1982년에 사회노동당이 집권할 때까지를 에스파냐의 '민주주의 이행기'라고 한다. 에스파냐는 과거의 아픈 역사를 넘어 민주화에 성공했다. 민주적 선거가 자리를 잡았고, 민주주의 제도가 뿌리를 내렸다. 그 결과 야당인 사회노동당이 집권의 기회를 잡았다.

물론 폭력이 없었던 것은 아니다. 이행기 동안 400여 명이 좌우 세

1975년 11월 20일, 프랑코 사망 기사가 실린 신문을 읽고 있는 마드리드 시민들.

력의 테러로 희생되었다. 프랑코가 죽은 직후인 1976년 초만 하더라
도 에스파냐의 정치적 전망은 어두웠다. 마드리드에서만 20만 명 이
상의 노동자가 파업에 참여했다. 국제 유가가 갑자기 오르고, 실업자
가 넘쳐났으며, 정치 변화에 대한 시민들의 요구가 높았다. 그다음 해
에도 상황이 여전히 불안정했다. 특히 '검은 일주일'이라고 불리는
1977년 1월 23일부터 28일까지 벌어진 시위에서 학생 2명, 공산당계
변호사 5명, 경찰 5명이 사망했다. 당시 진보 세력은 공산당 합법화
같은 정치 민주화와, 부의 공정한 재분배를 비롯한 경제 민주화를 요
구했다. 그러나 보수파를 배후에 둔 정부는 더 이상 양보할 수 없는
상황이었다.

  온건한 중도좌파들은 현실적인 타협을 선택했다. 특히 온건우파와
온건좌파의 협력 정치는 민주주의를 향한 과정이 흔들리거나 후퇴하

● 　후안 카를로스 1세는 이탈리아 로마에서 태어났다. 1931년 에스파냐에 공화제 정권이 들어서자 그의 할아버지 알폰소 13세를 비롯한 왕족 일가가 로마로 망명했다. 내전을 거쳐 정권을 장악한 프랑코는 자신의 부족한 정통성을 보완하기 위해 왕족을 귀국시켰다. 후안 카를로스 1세 역시 1948년에 아버지 돈 후안과 함께 귀국했다. 프랑코는 돈 후안이 자신을 비판하자, 어린 카를로스를 후계자로 삼았다. 카를로스는 1955년에 육군사관학교에 들어가 군 경험을 쌓았고, 1961년에 대학을 졸업했다.

지 않고 앞으로 나아갈 수 있도록 평형추 역할을 했다. 그렇다면 온건우파는 누구인가? 바로 프랑코 체제 내 개혁 세력이다. 그중 에스파냐 국왕 후안 카를로스 1세● 가 중요한 역할을 했다. 1969년에 프랑코로부터 후계자 지명을 받은 후안 카를로스 1세는 프랑코가 죽자 1975년 11월에 국왕에 취임했다. 국왕은 프랑코가 죽은 뒤에도 프랑코 체제의 연속성을 상징하는 존재로서 관료와 군대의 지지를 등에 업고 있었다.

민주주의 이행기에 카를로스 국왕의 존재는 에스파냐 역사에서 축복이었다. 그는 구체제의 지속이 아니라 새로운 체제를 구상했다. 다만, '질서 있고 온건한 변화를 통해서'라는 단서를 달았다. 국왕은 새로운 체제를 수립하기 위해 최선의 노력을 다했다. 그가 가장 먼저 한 일은 프랑코가 살아 있을 때 지명한 아리아스 나바로 총리를 7개월 만에 해임한 것이다. 나바로는 프랑코가 죽은 뒤의 정치 변화를 감당할 능력이 없는 인물이었다.

국왕은 아돌포 수아레스를 대안으로 선택했다. 당시 43세였던 수아레스는 에스파냐 국영방송국 사장을 지냈고, 프랑코 체제 당시 관변단체였던 국민운동 사무총장직을 맡기도 했다. 그는 "새롭지만 전혀 새로운 인물이 아니었고, 젊지만 아주 젊은 것도 아니고, 프랑코파지만 지나친 골수는 아니었으며, 군주제를 옹호했지만 극단적이지 않은" 인물이었다.

국왕의 지원으로 에스파냐 민주주의의 새로운 단계가 시작되었다. 새 내각은 젊었고, 체제 안에서 개혁을 추진하려는 사람들이 많았다. 수아레스 내각은 '법에서 법으로', 즉 프랑코의 법에서 자유민주주의 법으로 이행하고자 했다. 새 내각은 구체제를 체제 내부에서 합법적인 방식으로 해체하고, 외부의 반대 세력과 미래를 위한 합의에 나서겠다는 계획을 세워 하나하나 실천해나갔다. 수아레스 총리가 제안한 '정치개혁법'은 프랑코 시대의 비밀경찰 등 주요 억압 기구들을 폐지하고, 민주적 선거로 새로운 의회와 정부를 구성해 독재체제를 청산하며, 의회 민주주의체제를 도입하는 것을 주요 내용으로 담고 있었다. 수아레스는 정치개혁 법안을 제출하기 전에 TV에 출연해서 "미래의 페이지는 오직 국민들만 쓸 수 있다. 아직 우리의 미래는 기록되어 있지 않다"라고 말했다.

또한 수아레스 총리는 적극적으로 야당과 대화를 해나갔다. 사회노동당 펠리페 곤살레스와 수아레스의 만남과 대화, 그리고 둘이 쌓아간 신뢰는 이후 '타협을 위한 정치'의 밑거름이 되었다. 곤살레스는 수아레스와 만난 이후 "총리가 진정으로 민주주의체제를 수립할 자세가 돼 있다"라고 평가했다. 그리고 총리는 당시 불법단체였던 에스파냐공산당도 주저 없이 만났다. 내전 직후 망명길에 올랐던 공산당 지도자 산티아고 카리요는 프랑코가 죽자 바로 귀국했다. 곧이어 그는 체포되었지만 며칠 뒤 석방되었다. 수아레스 총리의 결정이었다. 총리는 강경파를 제도 안으로 끌어들이는 것이 평화적 이행에 반드시 필요하다고 판단했다. 총리와 카리요는 대화를 통해 '평화적 변화

1977년 4월 9일, 펠리페 곤살레스 사회노동당 사무총장(왼쪽)과 산티아고 카리요 에스파냐공산당 대표(가운데)를 만난 아돌포 수아레스 총리(오른쪽). 수아레스 총리는 의회 민주주의체제를 수립하기 위해 야당과의 대화를 적극적으로 추진했다.

를 위한 타협'에 공감했다.

수아레스 총리는 보수파를 달래는 데도 힘을 쏟았다. 가장 중요한 세력은 군부였다. 그는 개혁을 이루기 전에 내부의 동요를 막는 것이 얼마나 중요한지 잘 알고 있었다. 1976년 9월, 총리는 군부 최고위급 29명으로 이루어진 지휘관 회의를 국왕 이름으로 소집했다. 그는 이 자리에서 정치개혁 법안을 설명했다. 그리고 군부가 우려하는 "공산당을 합법화하지 않을 것이며, 선거에서 반드시 승리할 수 있다"라고 설명했다.

합의의 정치로
위기를 넘자

─────────── 구체제의 손으로 새로운 체제를 만들어내는 것은 쉽지 않은 일이다. 그런데도 1976년 11월, 프랑코 독재체제에서 만들어진 '거수기 의회'가 이행기의 핵심 법안인 선거법과 정치개혁법을 통과시켰다. 이 법안들을 통과시키기 위해서는 전체 의석 3분의 2 이상의 지지가 필요했다. 결과는 압도적 찬성이었다. 일부 극우 세력의 반발이 있었지만 결과는 찬성 425표, 반대 59표, 기권 13표였다. 기득권을 가진 정치집단이 스스로 해산을 결정한 전례 없는 사건이었다. 국왕의 확고한 지지와 여론의 압력이 있었으나, 수아레스 총리가 길을 낸 '타협을 위한 정치'를 결코 과소평가할 수 없다.

특히, 수아레스 총리가 공산당 합법화를 이루어내는 과정에서 보여준 지도력은 주목할 만하다. 군부를 비롯한 보수파는 공산당 합법화를 강력하게 반대했다. 반공은 자신들의 정체성이자 독재를 정당화하는 명분이었으며, 과거의 어두운 폭력을 감추는 수단이었다. 반공이라는 외투를 벗으면 그들의 추악한 실체가 드러날 터이니 당연히 결사적으로 반발했다.

수아레스 총리도 그런 점을 잘 알았다. 그러나 총리는 민주화를 실현하기 위해서는 공산당 합법화가 필요하다는 점을 협상 과정에서 인식했다. 에스파냐공산당 대표였던 카리요의 유연함도 총리가 기존의 입장을 바꾸는 데 한몫했다. 카리요는 공산당 합법화가 이루어지면 에스파냐 국왕과 국기를 인정하고, 의회 민주주의에 참여하겠다는 의사를 밝혔다. 수아레스 총리도 공산당을 장외에 두고 의회정치

1978년 신헌법이 승인되던 날, 의회에서 국회의원들과 함께한 아돌포 수아레스 총리.

를 시작할 수는 없다고 생각했다.

1977년 4월 9일, 정치활동을 쉬는 전국적인 휴가 기간인 '성주간 Holly week'에 수아레스 총리는 공산당 합법화 법령을 공포했다. 그야말로 전격적인 조치였다. 그러자 난리가 났다. 해군장관을 비롯한 일부 장군들이 사의를 표명했다. 군부가 이 조치에 반발해 쿠데타를 일으킬 거라는 소문이 도시의 뒷골목에 휘몰아쳤다. 카를로스 국왕이 나서서 군부 지도자들을 설득하고 분위기를 진정시켰다. 수아레스 총리는 공산당 합법화를 선언하며, "우리는 소수파를 존중해야 합니다. 우리는 함께 살아갈 권리와 의무가 있고 그러기 위해서는 반대파를 수용해야 합니다. 만일, 누군가가 그것에 도전한다면 문명화된 경쟁으로 해결해야 합니다"라고 연설했다.

1977년 6월 15일, 에스파냐 총선거가 실시되었다. 1936년 이후 41

년 만의 민주적인 총선거였다. 수아레스가 이끄는 민주중도연합이 165석, 사회노동당이 118석을 차지했다. 그리고 에스파냐공산당도 20석을 차지했다. 수아레스는 다수당 당수로 두 번째 내각을 구성했다. 그리고 1978년 12월에 국민투표를 거쳐 신헌법이 선포되고, 다음 해 3월에 새로운 총선이 실시되었다.

합의의 정치는 경제 분야로 확대되었다. 1977년 10월에 체결된 '몽클로아협약$^{Pactos\ de\ la\ Moncloa}$'은 사회협약의 대명사가 되었다. 정부와 공산당까지 포함한 주요 정당들, 그리고 노동조합과 기업가단체가 참여한 명실상부한 노사정 협약이었다. 이 협약을 통해 노동조합은 임금 인상 요구를 자제하고, 정부는 그 대신 실업수당을 포함한 사회보장제도를 마련했으며, 기업은 조세 체계의 변화를 수용했다.

내전의 기억과
망각협정

──────── 에스파냐에서는 어떻게 합의의 정치가 가능했을까? 이는 단지 미래에 대한 공감만으로 이루어진 것이 아니다. 과거의 기억에 대한 합의도 중요했다. 바로 '망각협정'이다. 민주화의 문턱에서 독재 시기의 역사를 어떻게 다룰 것인가 하는 문제는 매우 중요했다. 프랑코 체제가 남긴 일그러진 인권 침해의 역사 말이다. 1936년 7월에서 1939년 4월까지 에스파냐는 내전을 치렀다. '20세기 모든 이념들의 격전장'이라고 불린 에스파냐 내전은 바로 프랑코의 쿠데타로 시작되었다.

총살 놀이를 하고 있는 어린이들. 에스파냐 내전 당시 광범하게 자행된 폭력은 내전이 끝난 뒤 '망각' 속으로 은폐되었다.

내전의 결과는 참혹했다. 사망자만 30만 명에 이르렀다. 해외 추방자와 망명자는 그 이상이었다. 1939년 6월에 발표된 통계에 따르면, 27만 명이 구금되어 반인륜적인 고문을 받았고, 그중 5만 명이 처형되었다. 히틀러의 '홀로코스트'와 비교해도 뒤지지 않는 폭압적인 체제였다. 독일과 에스파냐의 인구 비율을 고려할 때, 프랑코 체제가 히틀러 체제보다 폭압의 강도에서 30배 이상이었다는 연구도 있다. 내전 이후도 마찬가지다. 프랑코는 내전에서 승리한 이후 반대파에 대해 철저하게 보복했다. 그들은 반체제 인사와 가족 들을 '빨갱이^{rojos}'로 분류했고, 1941년 국가보안법을 만들어 국가폭력을 제도화했다. 그야말로 유례를 찾아보기 힘든 배제의 정치이자 폭력의 정치였으며, 공포의 정치였다.

내전에서 승리한 프랑코 세력은 과거의 기억을 통제했다. 그들은 내전을 '십자군전쟁'에 빗대었다. 정통 가톨릭교의 수호자가 무신론자인 프롤레타리아와 투쟁해서 승리했다는 것이다. 프랑코 정권의 관변 역사학자들은 내전을 '유럽 최후의 종교전쟁'으로 서술하기도 했다. 실제로 내전에서 승리한 직후 프랑코 정권은 학교 교실에 십자가를 다시 걸었으며, 공화국 시절에 추방당한 예수회 사제들을 불러들였다. 프랑코 정권은 내전의 기억을 지배했고, 그것을 정권의 정당성을 유지하는 기반으로 삼았다. 그들은 쿠데타를 무질서로부터 에스파냐를 구원한 구국의 결단이자 민족 반역자인 공화파에 대항한 애국전쟁으로 규정했다.

또한 제2차 세계대전이 끝난 뒤 히틀러와 무솔리니가 패배자로 비참한 종말을 맞이했을 때, 에스파냐의 대량 학살자 프랑코는 재빨리 반공이라는 외투를 걸치면서 변신했다. 그는 종전 후 에스파냐 내전이 반공주의의 승리라는 점을 더욱 강조하면서 자신의 폭력을 반공 행위로 정당화했으며, 대외적으로는 '서구의 파수꾼'을 자처했다.

에스파냐의 이 아픈 상처를 어떻게 할 것인가? 민주화의 길에서 과거 청산은 미래를 향한 출발점이다. 그러나 에스파냐는 달랐다. 진실을 파헤치지도, 정의를 바로 세우지도, 과거를 청산하지도 않았다. 그대신 온건우파와 온건좌파는 '과거를 잊고, 미래를 위해 협력'하기로 했다. 그래서 정의와 진실을 그냥 덮고 화해하기로 했다. 그것이 바로 '망각협정'이라고 부르는 구두계약이다. 계약의 법적 형식은 1977년의 사면법으로 구체화되었다. 내전 당시와 내전 이후 자행된 모든 정치범죄를 사면했다. 내전의 패자, 즉 공화주의자들에게 연금을 지급하고 해고자들의 복직을 허용함으로써 오랜 시간 미루어온 피해자에

프랑코 사망 이후 실시된 여론조사에서 에스파냐 국민의 61%가 '모두의 사면(Amnistia Total)'에 찬성했다. 결국 1977년 중도우파와 중도좌파는 내전과 내전 후의 좌우 폭력을 모두 덮기 위한 '사면법'에 합의했고, 10월 14일 의회가 승인하면서 '사면법'이 통과되었다.

대한 보상이 이루어졌다. 그러나 사면 대상에 군, 공무원, 경찰 등 프랑코 체제를 유지했던 모든 공권력의 범죄행위도 포함시켜 가해자들까지 용서했다.

정의라는 개념은 존재하지 않았고, 권력 남용에 대한 기소도 없었으며, 진실을 규명하려는 노력도 생략되었다. 프랑코의 불법 쿠데타를 비난하지도, 반인권 범죄에 대한 사법적 책임도 묻지 않았다. 프랑코 집권 기간에 처형되고, 감옥에서 질병과 굶주림으로 사망하고, 강제수용소에서 죽어간 사람들의 억울한 원혼을 그냥 덮어버렸다. 화해라는 이름으로 말이다. 바스크민족주의당 대표의 말처럼, '모두의 사면, 그리고 모든 것의 망각'이었다.

어떻게 망각에 합의할 수 있었을까? 좌도 우도 '오래된 상처를 다시 드러내는 고통'을 피하고 싶었다. 당시 정치인들은 대부분 내전 이후에 태어났다. 중진과 원로 정치인 들도 내전 당시 어렸기 때문에 과거의 폭력행위에 직접 연관돼 있지는 않았다. 물론 우파는 자신들의 전력이 드러나지 않도록 '화해를 위한 망각'을 주장했다. 그런데 좌파는 왜 진실과 정의를 포기했을까? 그들은 우익의 쿠데타를 두려워했다. 프랑코는 죽었지만 프랑코의 국가는 그대로 존재했다. 좌파는 정의·자유·진실이 아니라, 평화·질서·안정을 선택했다.

좌파도 내전에 대한 책임에서 완전히 자유롭지는 못했다. 백색 테러가 더 많았지만 적색 테러도 있었다. 온건한 바스크 민족주의자 가운데 일부는 "양측 모두 유혈 범죄를 저질렀다"라는 점을 강조했다. '우리 모두가 죄인', 그래서 '우리 모두의 책임'이라는 구호로 망각을 합리화한 것이다. 그리고 양쪽은 '다시 전쟁은 안 된다'는 데 합의했다. 내전이 끝나고 이미 프랑코 독재정치가 40년 가까이 지속되면서 관련 문서도 대부분 파기되었다. 설령 남아 있다 하더라도 난공불락의 권력집단인 군부나 교회에 소장되어 있었다.

두 개의 극단,
바스크 분리운동과 군부

─────── 중도좌파와 중도우파의 타협을 재촉한 것은 바깥의 극단 세력이었다. 한쪽에는 바스크 분리주의운동이, 다른 한쪽에는 군부가 있었다. 이들은 폭력에 의존하거나 폭력의 유혹에 언제든지 넘어갈 수 있는 세력이었다.

피카소의 작품 〈게르니카〉를 기억할 것이다. 이 그림은 바스크 지방 사람들이 겪었던 비극을 상징한다. 1937년 4월, 내전 당시 프랑코의 지원 요청에 독일의 히틀러가 바스크 지방의 작은 마을인 게르니카에 부차별 폭격을 가했다. 수민의 3분의 1이 사망하거나 부상을 당했고, 전체 건물의 4분의 3이 파괴되었다.

바스크 지방은 언어도 다르고, 문화도 다르다. 에스파냐 북부와 프랑스 남부에 걸쳐 있는 이 지역 사람들의 독자성은 역사가 매우 길다. 내전 당시 바스크 민족주의자들은 공화파의 편에서 프랑코와 싸웠다. 그렇게 한 유일한 이유는 공화정부가 자치를 허용했기 때문이다. 1936년 10월, 공화정부는 바스크 지역의 자치를 인정하는 자치법을 승인했다. 민족주의자들로 구성된 바스크국민당을 중심으로 사회주의, 공화주의, 공산주의자가 포함된 연립내각이 구성되었다. 그러나 자치정부는 오래가지 못했다. 바스크 지역의 중심 도시인 빌바오

에스파냐에서 분리 독립을 요구하는 지역.

가 함락되었을 때, 전쟁은 끝난 것이나 다름없었다. 바스크 지역 바깥
의 전쟁은 그들과는 아무런 관련이 없었다. 바스크국민당의 일부 지
도자들이 패배를 예측하면서 프랑코 세력과 협상을 시도하기도 했으
나, 프랑코 세력은 이 지역을 점령한 뒤 다른 지역과 마찬가지로 수
많은 사람을 체포하고 즉결 처분했다.

내전이 프랑코파의 승리로 끝난 이후 바스크어를 금지하고 자치권
을 몰수하는 등 강압적인 통합정책이 실시되자, 바스크 분리운동은
점차 폭력적인 성향을 띠었다. 프랑코 체제는 지역의 독자성을 인정하
지 않았고, 국민 통합이라는 과제에 지나치게 집착한 탓에 독자적인
언어와 문화를 가진 지역에 더 많은 폭력을 행사했다. 그런 폭압적인

ETA는 1973년 마드리드에서 폭탄 테러를 일으켜 루이스 카레로 블랑코 총리를 암살했다. 블랑코 총리는 프랑코의 후계자로 지명된 인물이었다.

환경에서 1959년 '바스크 조국과 자유Euzkadi Ta Askatasuna'(이하 'ETA')라는 강경단체가 결성되었다. 바스크 분리를 주장하는 학생운동 세력을 모태로 탄생한 ETA는 급진파들이 모여 독립국가 건설을 주장하며 폭력적 수단을 앞세웠다.

ETA의 첫 번째 테러는 1961년 7월에 프랑코 체제 당시 노병들을 태운 기차를 폭격한 사건이었다. 그날은 내전의 출발인 프랑코의 쿠데타가 일어난 지 25주년이 되는 날이었다. 그때부터 탄압과 저항을 주거니 받거니 하면서 점차 폭력의 강도도 세졌다. 1973년 12월에 ETA는 루이스 카레로 블랑코 총리를 암살했다. 블랑코는 내전 시기에 프랑코 군대의 해군을 지휘했으며, 1973년에 프랑코의 후계자로 지명된 인물이었다. 1975년 프랑코 사망 무렵 에스파냐 감옥에 수감

된 정치범 가운데 ETA 관련자들이 가장 많았다.

바스크인들은 망각협정에 동의하지 않았다. 그들은 프랑코 체제에서 활동한 엘리트들의 숙청과 군대 및 경찰의 즉각적인 해체를 주장했다. 그들은 결코 '우리 모두가 죄인'이라는 구호를 받아들이지 않았다. 그들은 자신들의 폭력이 정당함을 강조하며, 왜 독재자의 폭력과 동일시되어야 하는지에 대해 되물었다. 이들의 암살과 테러는 이후에도 오랫동안 지속되었다.

다른 한편으로 군부의 쿠데타 가능성 역시 에스파냐 사람들에게는 공포 그 자체였다. 내전이라는 비극이 바로 군부 쿠데타로 시작되었음을 모두들 기억하고 있었다. 민주화 과정에서 중도파가 가장 걱정했던 것 또한 군부의 동향이었다. 우려한 대로 결국 1981년 2월 23일, 군부 쿠데타가 일어났다. 그날 무장군인 200명이 국회의사당으로 난입해 수아레스 총리와 의원들을 인질로 잡았다.

군인들이 공포탄을 쏘면서 바닥에 엎드리라고 소리쳤을 때, 의원들 대부분은 의자 밑으로 몸을 숨겼다. 그러나 협박에 굴복하지 않은 인물이 세 명 있었다. 수아레스 총리와 부총리 메야도 장군, 그리고 카리요 에스파냐공산당 대표였다. 수아레스 총리는 조금도 위축되지 않고 쿠데타군과 당당하게 맞섰다. 총리의 호통과 당당한 태도는 마침 개원식을 생중계하던 TV 화면을 통해 국민에게 그대로 전달되었다.

쿠데타 세력 중 일부는 왕궁으로 몰려가 카를로스 국왕에게 쿠데타를 승인하라고 요구했다. 쿠데타 세력은 민간정부를 끝내고 다시 군사정부로 돌아가려고 했고, 당연히 자유선거를 비롯한 민주화 과정 자체를 부정했다. 이때 국왕이 보여준 태도는 지금까지도 전설로 남아 있다. 그는 "나를 밟고 가라"라고 일갈한 뒤 끝까지 버텼다. 그리

1981년 2월 23일 군부는 쿠데타를 일으키고 의회에 난입해 수아레스 총리와 의원들을 인질로 삼았다. 총기가 난사되는 와중에 수아레스 총리와 메도야 부통령, 카리요 에스파냐공산당 대표는 위축되지 않고 쿠데타군에 맞섰다. 국왕도 TV와 라디오를 통해 "민주화 과정을 폭력으로 방해하려는 세력에 단호히 맞설 것"이라고 선언하자, 쿠데타군은 백기 투항을 할 수밖에 없었다.

고 다음 날 새벽 1시 14분, 군 최고사령관인 카를로스 국왕은 군복 차림으로 TV 카메라 앞에 서서 "에스파냐 국민이 승인한 헌법을 부정하는 어떠한 행위도 결코 용서하지 않을 것"이며, "민주화 과정을 폭력으로 방해하려는 세력에 단호히 맞설 것"이라고 선언했다. 국왕과 총리의 단호함에 호응하여 국민들이 거리로 쏟아져 나왔다. 결국 쿠데타 세력은 진퇴양난의 상황에서 백기 투항을 하고 말았다.

며칠간의 소동은 해피엔딩으로 끝났지만, 이 과정에서 국민 대부분은 놀란 가슴을 쓸어내려야만 했다. 여전히 프랑코 체제의 부활을 꿈꾸는 세력이 존재했다. 그들을 다시 깨우지 않으면서 조심스럽게 앞으로 나아갈 수밖에 없었다. 그런 점에서 정치인들 대다수는 '갈등을 불러올 과거'를 덮어버린 망각협정의 현명함에 안도했다. 1979년 이후 좌파가 집권한 일부 지방정부에서 망각협정을 깨고 공화파의 집단 매장지를 발굴한 사례가 있었는데, 1981년 군부의 쿠데타 시도 이후에는 이러한 발굴이 일제히 중단되었다. 쿠데타는 상처를 건드리지 말아야 한다는 무언의 공감대를 재확인하는 계기였다.

피노체트 사건,
망각에서 기억으로 전환

──────── 1982년부터 1996년까지 사회노동당 정부를 이끌었던 곤살레스 총리는 "망각이 내전의 승자와 패자의 화해를 가능케 했다"라고 회고했다. 그리고 "만일 역사적 기억을 회복하려 했다면 재 속에서 꺼지지 않고 이글거리는 원한의 불씨를 다시 타오르게 했을 것"

이라고 말했다. 망각의 이면에는 내전의 재연에 대한 깊은 공포가 자리 잡고 있었다. 역사에 대한 침묵과 망각의 시간은 오래 유지되었다. 1986년 에스파냐 내전 50주년이 되는 해에 곤살레스 총리는 "내전은 역사일 뿐이다. 더 이상 현실 세계에 존재하지 않는다"라고 선언했다. 그것이 2004년까지 사회노동당의 공식 입장이었다.

에스파냐 국민 다수는 망각협정에 동조했다. 이는 정치 엘리트들 간의 타협만은 아니었다. 프랑코 사망 이후 실시된 여론조사에서 61%가 '모두의 사면'에 찬성했다. 대중도 마찬가지로 과거의 아픈 역사가 재연되는 것을 원치 않았다. 물론 어느 누구도 내전의 기억에서 벗어나기 어려웠다. 에스파냐의 한 잡지 기사에 따르면, 1983년 당시 에스파냐 국민 4명 가운데 1명은 내전으로 가족을 잃었고, 10명 중 1명은 망명을 떠난 친척이 있었다. 국민 다수의 일상적인 삶 역시 프랑코 체제와 연결되어 있었다. 어렸을 때부터 각종 파시스트 단체에 소속되어 선동에 동원되었던 기억이 있고, 일부는 이웃이나 친척 또는 가족을 고발한 경험이 있었다. 부끄러운 과거에서 자유로운 사람이 얼마나 되겠는가? 망각은 정치와 언론뿐 아니라 일반 가정의 저녁 식탁에서도 예외 없이 적용되었다.

대중은 프랑코 체제의 반복적인 역사 왜곡에서 자유롭지 못했다. 국민 다수는 내전을 에스파냐의 얼룩진 현대사로 여겼으며 그런 과거를 부끄러워했다. 1970년대라는 시대적 특성도 작용했다. 당시는 냉전 시기로 인권 개념이 보편적 가치로 부상하기 전이었다. 1990년대 들어 라틴아메리카 각국과 남아프리카공화국이 민주화 과정에서 진실을 추구할 수 있었던 것은 탈냉전이라는 시대적 상황에 힘입은 바가 크다. 하지만 1970년대 중반에 시작된 에스파냐의 민주화 과정에서는 그러한 진실 추구가 쉽지 않았다.

그렇다면 에스파냐 국민들은 어떻게 망각에서 깨어날 수 있었을까? 1996~1998년 칠레의 독재자 피노체트 사건이 결정적 계기가 되었다. 1996년 에스파냐 최고형사법원의 수사판사• 마누엘 가르시아-카스테욘은 국외에서 이루어진 집단학살, 테러, 고문에 대해 법적 조치를 취할 수 있는 근거를 찾아냈다. 바로 1985년 에스파냐의 법원기본법에 포함된 '보편적 재판관할권'이었다. 이 법에 따르면 반인륜 범죄의 경우, 에스파냐인 또는 외국인이 국외에서 저지른 범죄에 대해서도 에스파냐 법원이 재판관할권을 행사할 수 있다. 카스테욘 판

> • 에스파냐에서 수사판사는 경찰을 지휘하고, 수사를 담당하며, 피의자를 기소한다. 검사는 기소된 피의자에 대해 공소를 유지하고, 재판에 참가한다. 에스파냐에서 수사판사와 검사의 기능을 합한 것이 우리의 검찰 기능에 해당한다. 다만, 한국에서 검찰은 행정부인 법무부 소속이지만, 에스파냐에서 수사검사와 검사는 사법부 소속이다.

사는 이를 기초로 아르헨티나 군부와 칠레의 피노체트를 기소했다.

피노체트 기소 과정에서 후안 가르세스 검사가 중요한 역할을 했다. 그는 피노체트가 짓밟은 아옌데 대통령의 보좌관 출신이었다. 1973년 9월 11일, 또 하나의 9·11테러라고 불리는 그날, 가르세스는 아옌데와 함께 대통령궁에 머물렀다. 피노체트가 이끄는 쿠데타 세력이 전투기와 탱크로 대통령궁을 폭격하기 직전에 아옌데는 가르세스를 건물 출구로 데리고 갔다. 아옌데는 가르세스에게 말했다. "나는 마지막 순간까지 국민이 뽑아준 대통령의 의무를 다하고 싶네. 자네는 살아남아 자네가 본 것을 세상에 말해주게."

가르세스는 극적으로 칠레를 빠져나와 에스파냐로 망명했다. 그리고 검사가 되어 '살아남은 자의 의무'를 다했다. 그는 칠레를 오가며 피노체트 기소를 위한 다국적 네트워크를 만들고, 피해자들의 명단

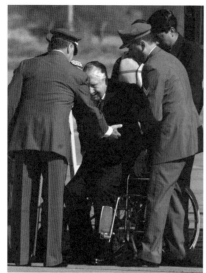

2000년 3월 3일 피노체트를 태운 공군기가 산티아고에 도착하고 나서 얼마 뒤 수행원들이 휠체어를 밀면서 나타났다. 군 당국자들이 다가가자 다 죽어간다던 피노체트는 벌떡 일어나 포옹했다.

을 하나하나 모으는 등 구체적인 범죄 사실을 수집했다. 카스테욘 판사가 피노체트를 기소할 수 있었던 것은 가르세스의 이런 노력 덕분이었다.

이후 에스파냐 법원에서 피노체트 재판이 진행되었다. 피고가 참석하지 않은 궐석 재판이었지만 수많은 희생자 가족이 법정에서 증언했고, 상당한 기록과 관련 증거 들이 제출되었다. 에스파냐와 칠레는 상호이중국적협정을 맺었기 때문에 칠레에서 피노체트 독재정권에 의해 살해된 에스파냐 국민도 많았다. 칠레 법원에 소송을 제기할 수도 있었지만, 그것은 현실적으로 불가능했다. 피노체트는 정권을 내려놓기 전에 자신의 면책을 위한 제도적 장치를 마련해놓았기 때문에 칠레의 사법제도 안에서 그를 법정에 세울 수는 없었다.

그러다 때가 왔다. 1998년 9월에 피노체트가 신병 치료차 런던을 방문했을 때, 발타사르 가르손 수사판사는 그동안 에스파냐 법원에서 진행된 공판 기록을 토대로 피노체트에 대한 두 장의 체포영장을 발부했다. 하나는 칠레에 거주하는 에스파냐 시민을 살해한 혐의였고, 다른 하나는 피노체트 시절에 이루어진 고문과 불법 구금, 살해 혐의에 관한 것이었다. 가르손 판사는 그동안 에스파냐 법원에서 2년 동안 이루어진 상세한 범죄 기록을 첨부한 뒤 피노체트를 체포해서 에스파냐로 넘겨달라고 요구했다. 영국 법원이 체포영장을 발부하자, 경찰이 이를 근거로 피노체트가 입원해 있는 병원에서 그를 체포했다. 영국 법원이 반인륜적 범죄에 대한 국제적 기소권을 인정한 것이다. 이때부터 약 1년간 피노체트의 재판관할권●을 두고 영국, 칠레, 그리고 에스파냐가 떠들썩했다. 그러나 결국 2000년 3월, 영국은 건강 상태를 이유로 피노체트를 석방해 에스파냐가 아니라 칠레로 돌려보냈다. 피노체트는 휠체어에 실려 숨이 넘어갈 듯한 행색으로 칠레로 돌아갔지만, 도착하자마자 벌떡 일어나 지팡이를 집어 던지고 마중 나온 늙은 군인들과 포옹했다.

독재자에 대한 사법적 처벌을 실행하지는 못했지만 독재자 체포 소동을 겪으면서 에스파냐 국민들은 서서히 깨어났다. '자신들의 독재자는 사면해놓고 외국의 독재자를 기소하는 것은 위선이 아닌가' 하는 성찰이 조용히 퍼져갔다. 당시 에스파냐 국민의 압

● 보편적 재판관할권은 이후 에스파냐 내부에서 상당한 논쟁거리가 되었다. 특히 에스파냐 법원이 티베트의 대량 학살을 근거로 장쩌민 전 중국 주석과 리펑 전 총리 등을 기소하자, 중국 정부가 강력하게 반발해 양국 간 외교 문제로 번지기도 했다. 에스파냐 집권당인 국민당은 중국과 경제협력을 하기 위해 2014년 2월에 관련 조항을 개정했다. 보편적 재판관할권에서 피의자의 범위를 에스파냐 국적자, 에스파냐에 체류 중인 외국인, 에스파냐에 일정 기간 이상 거주하는 외국인, 정부가 범죄인 인도를 거부하는 외국인으로 제한했다. 또한 인권단체의 소송 제기 권한을 삭제하고, 반드시 검사나 피해자가 직접 제소하도록 했다.

도적인 다수가 피노체트 체포안에 찬성했다. 피노체트는 무덤에 누워 있는 프랑코와 동일시되었다. 특히 진보 야당은 집권당인 보수 국민당의 소극적 태도를 비판했다. 더 이상 망각협정은 유지되지 않았고, 기억이 정치의 중심으로 돌아왔다. 그사이에 사회의 중심 세대도 바뀌었다. 2000년대에 등장한 세대는 과거에 대한 두려움이 없었다. 내전의 트라우마가 없는 손자 세대가 출현한 것이다.

봇물 터지듯 쏟아진
기억투쟁

──────── 시민사회도 깨어났다. 그중에서도 '역사적 기억회복협회Asociación para la Recuperación de la Memoria Histórica, ARMH'가 중요한 역할을 했다. 이 모임을 주도한 에밀리오 실바는 2000년 어느 날, 레온의 지역 신문에 "프랑코 세력에 의해 총살당한 할아버지의 유골을 찾고 싶다"라는 내용의 투고를 했다. 억울하게 죽은 원혼을 달래고 싶다는 소박한 소망이었다. 내전 희생자들은 죽어서도 차별이 계속되었다. 프랑코 쪽 희생자들은 기념의 대상이었지만, 공화파 진영의 희생자들은 이름 모를 장소에 집단으로 매장된 채 방치되었다.

2000년 당시 에스파냐 전역에 집단 매장된 주검은 4만~6만 명으로 추정되었다. 할아버지의 유골을 찾아 정식으로 다시 매장하겠다는 손자와 손녀의 소망이 들불처럼 타올랐다. '역사적 기억회복협회'가 빠르게 확대되면서 여러 지방에 지부가 설립되었다. 2002년에는 이 시민단체가 중심이 되어 UN에 청원서를 제출했다. 내전과 독재

기간의 실종자 문제를 해결하기 위해 에스파냐 정부가 적극 나설 것을 권고해달라는 내용이었다. UN에서는 이들의 청원을 받아들여 에스파냐 정부에 권고했다.

에스파냐 국민들 사이에서 망각의 시간 동안 억눌러놓았던 기억들이 터져나오기 시작했다. 점차 기억과 관련된 사회운동이 조직되고 체계화되었다. 1996년 보수적인 국민당이 재집권한 상황에서 기억투쟁은 자연스레 보수 정부에 대한 비판으로 이어졌다. 2000년을 기점으로 내전에 관한 영화, 소설, 다큐멘터리, 전시회 등이 '기억의 홍수'라고 할 정도로 봇물 터지듯 넘쳐났다.

2002년 7월에는 갈리시아의 소도시 페롤에서 광장의 상징물이었던 프랑코 동상을 박물관으로 이전했다. 페롤은 프랑코의 출생지로, 거리 곳곳에 그의 동상과 기념물 들이 있었다. 그런데 어떻게 이런 일이 일어날 수 있었을까? 진보 정당인 좌파연합이 이 도시의 의회를 장악했기 때문이다. 페롤에서 프랑코 동상을 철거한 행위는 주변 도시에도 영향을 미쳤다. 에스파냐 각지에서 특히 진보 정당이 집권한 지역에서 프랑코 정권의 조형물들이 철거되기 시작했다.

그리고 2004년 총선에서 사회노동당이 기적적으로 다시 정권을 잡았다. 예상치 못한 승리였다. 선거 일주일 전만 하더라도 여론조사에서 국민당이 앞서고 있었다. 그러나 3월 11일, 총선을 3일 앞두고 터진 마드리드의 연쇄폭탄 테러가 승부의 물길을 돌려놓았다. 200여 명이 사망하고, 1,500여 명이 부상한 유례없는 테러를 정부는 바스크 분리주의운동, 즉 ETA의 소행으로 발표했다. 그러나 진짜 범인은 이슬람 무장단체인 알카에다였다. 국민당 정부는 미국을 따라 이라크에 파병했는데, 당시 이라크 참전병사 중 11명이 사망하면서 이미 여

독재자 프랑코의 고향 페롤의 중앙광장에 서 있던 프랑코 기마상(철거 전). 이 동상은 2002년 7월 4일 밤에 철거되어 박물관으로 옮겨졌다.

론이 들끓고 있었다. 폭탄 테러의 배후가 알카에다로 밝혀지자 갑자기 어론이 급속도로 돌아선 것이다. 대중은 이라크 철수를 공약으로 내건 사회노동당을 지지했다.

국민당 정권의 당파 정치와 우경화에 대한 사회적 불만 또한 선거 결과에 반영되었다. 국민당은 봇물 터지듯 분출한 기억투쟁에 적극적으로 대처하지 않았다. 그들은 "과거를 들쑤시는 것은 국론 분열을 초래할 뿐"이라면서 망각을 고집했다. 그러나 시대는 이제 망각이 아니라, 기억을 요구했다. 쿠데타가 아닌 선거를 통한 민주적인 정권 교체의 경험 이후 민주주의가 자리를 잡아가자 더 이상 두려움이 기억을 가로막는 장애가 될 수 없었다.

선거를 승리로 이끈 호세 루이스 로드리게스 사파테로 총리는 적극적으로 기억을 정치의 무대로 불러왔다. 그는 1960년생으로, '두려움 없이 과거에 접근한 첫 세대'였다. 사파테로 총리는 망각협정에 참여했던 같은 당의 곤살레스 정권과는 다르다는 점을 분명하게 밝혔다. 그는 할아버지가 내전 초기에 프랑코 세력에 의해 처형된 아픈 가족사를 갖고 있었다. 그는 총리 취임 연설에서 할아버지의 유서를 인용했다. "언젠가 때가 되면, 내가 조국의 배신자가 아니라는 점이 밝혀졌으면 좋겠다. 나는 평화를 원했고, 진리를 사랑했으며, 민중의 삶이 나아지기를 바랐을 뿐이다."

철거된 프랑코 동상과
국민에게 돌아온 '기억'

──────── 사파테로 정부는 집권 직후인 2004년 5월, 프랑코재단에 제공하던 연간 15만 유로의 정부 지원금을 폐지했다. 11월에는 좌파 정당들의 동의를 얻어 프랑코 체제를 기념하는 동상과 조형물을 가능한 한 빨리 철거하는 법안을 통과시켰다. 가장 논란이 되었던 것은 1956년에 세워져 49년 동안 마드리드의 정부 신청사 광장에 서 있던 프랑코의 기마 동상이었다.

2005년 3월, 정부는 새벽 2시에 동상 철거 공사를 시작했다. 정부는 나중에 교통 흐름을 방해하지 않기 위해서였다고 말했지만, 불필요한 갈등을 피하고 싶었던 것이다. 철거 계획은 예고되지 않았고, 시 당국에조차 그 사실이 통보되지 않았다. 철거가 끝난 다음 날, 마드리드 시장이 불평을 늘어놓을 정도였다.

철거 소식을 듣고 거리로 나온 일부 네오파시스트들이 반대 구호를 외쳤지만, 지나가는 시민들은 동상 철거에 박수를 보냈다. 이후 프랑코 지지자들 700여 명이 모였지만 동상은 이미 철거가 완료된 뒤였다. 그들은 동상이 철거된 빈 공간에 프랑코의 대형 초상화를 펼쳐놓고 항의성 시위를 벌였다. 물론 철거를 찬성하는 여론이 훨씬 높았다. 심지어 집권당 의원들 중에는 대낮에 떳떳하게 철거하지 왜 새벽에 했느냐고 비판하는 사람들도 있었다. 한 의원은 "부끄러운 것을 치우는 것을 왜 부끄러워하느냐?"라고 비판했다. 물론 야당인 국민당은 "상처의 불필요한 재개봉"이라고 논평하면서, 정부가 "화해를 납치했다"라고 비판했다.

망각협정을 깨야 한다는 여론이 점점 더 높아졌다. 의회는 2006년을 '역사 기억의 해'로 지정했다. 그리고 2007년에 '역사기억법'이 1년여의 논의와 협상 끝에 마침내 통과되었다. 망각에서 기억으로 전환되는 순간이었다. 보수 신문들은 기억의 귀환을 "오래된 상처를 건드려 나라를 혼란에 빠뜨릴 것"이라고 비난했다. 그러나 사파테로 총리는 "과거를 부정하는 사회는 자신의 무덤을 파는 것이다"라고 반박했다.

역사기억법은 내전 희생자들에 대한 보상을 확대하고, 공공시설에서 프랑코 시대의 상징물을 제거했다. 또한 내전과 독재시대의 기록물을 수집해 보관·공개하도록 했다. 가톨릭교회에 새겨져 있는 프랑코 시대의 구호들도 철거 대상에 포함되었다. 그리고 친프랑코 시위를 범죄행위로 규정했으며, 프랑코주의는 어떤 형태로든 표현이 금지되었다. 프랑코 시대의 잘못된 판결도 재심을 받을 수 있도록 했다.

사회노동당은 국민에게 '기억'을 돌려주었다. 물론 정의는 유보되었다. 라틴아메리카 혹은 남아프리카공화국에서 추진되었던 '화해를 위한 진실의 문'은 에스파냐에서는 열리지 않았고, 진상 조사와 책임자 처벌 문제도 건드리지 않았다. 망각협정에서 합의했던 '모두의 사면'은 유효했다. 과거를 향한 현재의 투쟁은 계속될 뿐이다.

기억의
힘

─────── 가해자는 기억이 아니라 망각을 말하며, 불행했던 과거를 잊고 미래를 위해 협력하자고 한다. 그러다가 현재의 권력을 차지하면 과거의 기억을 장악해서 현재의 불의를 유지하고, 미래의 권력을 독점하려 한다. 그러나 망각은 영원하지 않고, 망각의 땅 위에 세워진 화해는 허약할 뿐이다. 정의와 진실을 영원히 막을 수 있다고 생각하는가? 에스파냐의 사례처럼 망각은 일시적이고, 기억은 반드시 부활한다. 기억과 성찰을 강조하는 이유는 불행한 과거를 되풀이하지 않기 위해서다. 베를린의 '살해당한 유럽 유대인들을 위한 기념관' 입구에 새겨진 프리모 레비의 말을 기억할 필요가 있다. 아우슈비츠에서 살아남은 그는 이렇게 말했다. "한번 일어났던 일은 얼마든지 다시 일어날 수 있다. 그것이 우리가 말하고자 하는 핵심이다."

14

싫어도 서둘러 이혼하지 마라

수단과 남수단의 이별 협상

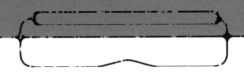

협상일지

1955년		수단 정부와 남부 반군 간 제1차 내전(~1972년)
1956년	1월 1일	수단공화국 영국으로부터 독립
1969년	5월	가파르 니메이리, 쿠데타로 군사정권 수립. 남북부 균형정책 실시
1972년	2월	수단 정부, 남부 반군과 아디스아바바 평화협정 체결
1983년	4월	니메이리 정권의 균형정책 포기와 '이슬람혁명' 선언 제2차 내전(~2005년)
	5월	남부 반군, 수단인민해방운동 결성하고 수단인민해방군 창설
1989년	6월	오마르 알바시르, 쿠데타로 정권 장악
1991년	8월	남부 지역 분열로 무장단체인 남수단방위군 결성
2003년	2월	다르푸르에서 정부군과 남부 반군 간 교전 시작
2004년	9월	UN, 다르푸르 사태를 '대학살'로 규정
2005년	1월 9일	정부군과 남부 반군, 내전 종식을 위한 포괄적 평화협정 체결
2008년	5월	아비에이에서 정부군과 남부 반군 간 교전
2009년	3월	다르푸르 사태 종결 국제형사재판소, 오마르 알바시르 수단 대통령 기소
2011년	1월	남부 수단 분리 독립 찬반 국민투표 실시
	7월 9일	남수단공화국 독립 선포
2012년	9월	수단과 남수단 간 석유 배분을 둘러싼 협정 체결
2013년	12월	남수단 내전 발발

국가도 이혼할 수 있을까? 아프리카 북동부에 위치한 수단
은 아프리카에서 면적이 가장 넓은 나라다. 그동안 수단은 오랫동안
계속된 내전으로 분쟁 교과서에 이름이 빠지지 않는 단골 국가이자
'인도적 위기'의 대명사였다. 지긋지긋한 내전의 출구는 결국 이혼이
었다. 2011년 7월 9일, 아프리카에서 54번째이자 지구상에서 193번
째 나라가 태어났다. 인구 820만 명의 남수단공화국이 수단으로부터
독립한 것이다.

수단의 북부와 남부를 가르는 북위 12도는 지리적인 단층선이지
만, 동시에 차별과 불평등의 분리선이었다. 그들은 오랫동안 싸웠고,
폭력은 폭력으로 복수에는 복수로 대응하며 서로에 대한 증오심을
키웠다. 수단 북부와 남부는 2005년 평화협정을 맺고 6년 동안의 과
도기를 거쳐 마침내 이혼했다. 그렇게 행복한 결말로 끝났으면 얼마
나 좋았을까? 그 뒤로 헤어지는 것이 얼마나 어려운지를 보여주는 또
다른 비극의 서막이 시작되었다.

분리 독립의
그날

──────── 2011년 7월 9일 남수단이 독립하던 날, 독립을 축하하기 위해 많은 손님이 새로운 나라의 수도로 정해진 주바^{Juba}로 모여들었다. 반기문 UN 사무총장과 6년 전 포괄적 평화협정^{Comprehensive Peace Agreement, CPA}을 지켜보았던 미국의 전 국무장관 콜린 파월도 참석했다. 그런데 이날 가장 중요한 손님은 바로 수단 대통령 오마르 알바시르였다. 얼마나 속이 쓰렸겠는가? 그는 "남부 사람들의 의지를 존중한다"라고 말하며 독립을 축하했다. 그러나 북수단의 수도 하르툼에 모여 남수단의 독립기념식을 TV 중계로 지켜보던 수단 국민들에게는 아주 우울한 날이었다. 남수단의 독립으로 수단은 인구의 21%(전체 인구 3,910만 명 중 820만 명), 영토의 26%, 그리고 광활한 유전지대를 잃었다.

남수단공화국 대통령으로 당선된 살바 키르가 헌법에 서명하고 선서를 했다. 그는 "56년 동안 이날을 기다렸다. 오늘은 우리의 심장과 가슴에 영원히 새겨질 날이다"라고 선언했다. 다만, "피 흘렸던 과거를 잊지 말자. 이제는 용서하고, 미래를 향해 가야 한다"라는 말도 빠트리지 않았다. 수단의 국기가 내려지고, 남수단의 새로운 국기가 올려졌다. 주바에 모인 수만 명의 사람들이 외쳤다. "드디어 자유다."

그날 기념식이 열린 곳은 바로 전설적인 남부 반군 지도자 존 가랑의 기념관이었다. 남수단 국민은 내전이 끝나는 결정적 계기를 마련하고, 2011년 분리 독립의 토대를 닦은 건국의 아버지라고 할 수 있는 가랑의 부재를 안타까워했다. 그날 기념식에 참석한 많은 사람은

2011년 7월 9일, 새로운 수도 주바에 모여 독립을 기뻐하는 남수단 국민들. 남수단은 아프리카 대륙의 54번째 독립국가이자 193번째 UN 회원국이 되었다.

남수단공화국 대통령으로 당선된 살바 키르.

그동안 겪었던 고통의 역사를 떠올리며 눈물을 흘렸다. 물론 미래에 대한 희망이 과거의 아픔을 압도했고, 남수단 사람들 모두 눈물과 춤 사위로 새로운 국가의 출발을 환영했다.

남수단은 그렇게 수단과 이혼했다. 함께 살아온 날들은 지긋지긋한 내전의 연속이었다. 남수단 사람들은 "전쟁 중에 태어났고, 전쟁을 하면서 자랐고, 전쟁터에서 결혼했다"라는 말을 자주한다. 이제 헤어졌으니 전쟁은 끝났을까? 이별은 평화를 향한 거대한 전진이 아니라, 다만 새로운 분쟁의 시작을 의미했다. 남수단 독립의 날, 국민들은 '준비 없는 이혼'은 '갈등뿐인 결혼'만큼 고통스럽다는 점을 몰랐다.

내전,
그리고 고통스러웠던 통일

——— 남북수단 산 내전의 역사는 아주 길다. 아주 먼 옛날부터 남부 수단은 북부 수단의 내부 식민지였다. 7세기 중반에 아랍인들이 이주해오면서 북부가 중심이 되고, 남부는 쫓겨난 토착 원주민들이 사는 주변으로 몰락했다. 남부에는 600개의 서로 다른 종족이 130개가 넘는 서로 다른 언어를 사용하고 있다. 또한 북부는 이슬람교를, 남부는 아랍인이 이주하기 전에 존재했던 기독교와 토착종교를 믿었다. 천연자원이나 농사지을 땅은 남부에 더 많았지만, 수단은 북부만 발전했다. 남부는 북부의 착취 대상이었기 때문이다. 오랫동안 북부의 아랍인들은 남부 흑인들을 노예로 취급했다.

19세기부터 시작된 영국 식민지 시기에 남부와 북부의 경계가 더욱 굳어졌다. 영국은 인도와 버마(현 미얀마)에서 그랬듯, 수단에서도 분할 통치 방식의 전통적인 식민지정책을 펼쳤다. 영국은 북부와 남부의 오래된 적대감을 이용해 남북 분리정책을 실시했다. 북부의 이슬람 상인과 성직자가 남부에 접근하지 못하도록 금지하고, 남부에서는 아랍어 교육이 아닌 영어 교육을 장려했다. 왜 영국은 남부를 분리 독립시키지 않았을까? 남부가 떨어져나가면 북부는 경제적인 면에서 상당한 타격을 입고, 결국에는 이집트에 흡수될 가능성이 높았기 때문이다. 과거 여러 차례 수단을 통치한 적이 있는 이집트는 늘 예전처럼 수단에서 영향력을 유지하고 싶어 했다.

1956년 1월 1일, 수단은 영국으로부터 독립했다. 그러나 독립은 희망이 아니라 절망을 잉태했다. 독립도 하기 전에 이미 내전이 시작되었다. 남부와 북부는 독립국가에 대한 개념이 서로 달랐다. 남부는 완전한 자치가 보장되는 연방제를 원했으나, 북부는 통일된 단일국가를 강조했다. 독립 이후 수단의 권력은 대부분 사회·경제적으로 우위에 있던 북부 출신에게 넘어갔다. 800개의 고위 공직 가운데 남부 출신에게는 겨우 여섯 자리만 돌아갔다.

1958년 정국이 혼란한 틈을 타 쿠데타로 정권을 잡은 이브라힘 아부드 장군은 '국가 통일'이라는 명분을 앞세워 남부에 이슬람교를 권장하고, 아랍어 사용을 강요했다. 기독교 선교활동을 금지했으며, 기독교 전통에 따라 일요일이던 안식일을 이슬람교에 맞춰 금요일로 바꾸었다. 북부 출신들이 남부의 행정을 맡았으며, 많은 기독교계 학교를 폐쇄했다. 이슬람화 정책에 저항하는 마을을 불태우기도 했다.

남부에 탄압이 강화되자, 내전의 불길이 더욱 거세게 타올랐다. 남부의 정치인과 군인 들은 이웃 국가인 우간다나 에티오피아로 건너

1958년 정국이 혼란한 틈을 타 쿠데타로 정권을 잡은 이브라힘 아부드 장군(가운데)은 '국가 통일'이라는 명분을 앞세워 남부에 이슬람화 정책을 강요했다. 남부의 저항이 거세지면서 수단 정부군과 남부 반군 간에 본격적이 내전이 전개되었다.

가 무력투쟁의 근거지를 마련하고, 본격적인 내전에 돌입했다. 1955년에 시작되이 1972년까지 이어진 제1차 내전으로 50만 명 이상이 사망했다.

싸우다가 지칠 때쯤 평화가 찾아왔다. 1972년 2월, 에티오피아 황제의 중재로 수단 정부는 남부의 반군과 아디스아바바에서 평화협정을 체결했다. 빛나는 성과였다. 아프리카에서 협상을 통해 평화에 이른 최초의 사례였다. 왜 수단 정부는 남부의 반군 세력과 타협하려고 했을까? 1969년 가파르 니메이리를 중심으로 하는 육군 장교들이 무혈 쿠데타를 일으켜 수단에 군사정권을 세웠다. 정권을 잡은 니메이리는 이슬람 지도자였음에도 국민 통일을 이루기 위해 수단 내부에서 강력한 권한을 행사하는 이슬람 종교 지도자들과 거리를 두는 한편, 남부의 반군 세력과 평화협정을 체결해 정통성을 인정받고자 했다. 마침 이스라엘과 우간다의 이디 아민 정권이 남부를 지원하면서 내전을 둘러싼 국제환경도 유리하지 않았다.

평화협정을 체결했지만 남부와 북부의 불신은 여전했다. 특히 남부 사람들은 수단 정부가 단지 전술적인 차원에서 평화협정에 합의했을 뿐 진정성이 없다고 판단했다. 불신은 협정을 실행하는 과정에서 서서히 모습을 드러냈다. 신뢰가 없으면 합의문은 논쟁의 근원이자 싸움의 발원지가 된다. 서로 다른 해석이 끝없이 반복되면서 양쪽은 지쳐가기 시작했고, 그만큼 증오도 커졌다.

1972년의 아디스아바바 평화협정에는 모호하고 추상적인 조항들이 여럿 있었다. 이럴 때 중요한 것은 이행의 의지다. 서로 협력해서 모호한 합의를 구체화하고, 그 과정에서 서로에 대한 적대적 인식을 전환해야 한다. 그런 노력이 없으면 평화협정 이행 과정에서 평화를 향해 가는 것이 아니라 과거의 전쟁 상태로 되돌아가기 쉽다. 1972년 평화협정에서 핵심 쟁점은 연방제였는데, 남부의 자치를 어느 수준에서 허용할 것인가를 두고 큰 차이를 보였다. 남부는 입법권과 행정권을 행사할 수 있는 완전한 연방제를 요구했지만, 북부는 단지 '낮은 수준의 자치'를 고려했다.

일반적으로 협상의 동력이 떨어지면 협상에서 소외된 사람들 또는 합의에 불만을 품은 사람들이 차이를 부각시키고 그 틈으로 증오를 불어넣는다. 남부에도 처음부터 북부와 협상하는 데 불만을 품은 세력들이 존재했다. 그들은 완전 독립을 주장했고, 자치를 독립을 포기하는 것으로 해석했다. 마찬가지로 북부 수단의 강경파들은 낮은 수준의 자치마저도 강력하게 반대했다.

게다가 남부 사람들은 여전히 북부가 자신들을 경제적으로 착취한다고 생각했다. 일례로 1978년 남부 지역에서 석유가 발견되었을 때, 남부 자치정부는 석유 매장지 근처에 정유시설을 건설하자고 요구했다. 그러나 수단 정부는 남부의 요구를 무시하고, 북부 지역에 정유시설뿐 아니라 홍해의 북부 항구에 이르는 송유관까지 건설해버렸다.

11년간의 불안한 평화는 결국 1983년에 니메이리 정권이 남부와 북부의 균형정책을 포기하고, '이슬람혁명'을 선언하면서 깨졌다. 니메이리는 이슬람 법률에 따라 통치하는 이슬람공화국을 선언하고, 심지어 자신의 신앙심을 과시하기 위해 1,100만 달러어치의 술을 나일강에 쏟아붓기도 했다. 또한 남부의 기독교 문화에 대한 반감으로 유럽식 춤을 금지했다.

이러한 상황에서 군대의 분열과 적대감은 충돌 일보 직전까지 부풀어올랐다. 1972년 평화협정에서 남부 반군을 정규군에 통합하기로 했지만 10년 이상 정규군을 향해 총부리를 겨누며 무장투쟁을 해왔던 반군들이 하루아침에 정규군으로 통합되는 것이 어디 쉬운가? 일부 반군은 무장해제와 귀국을 거부하고 에티오피아에 남아 뒷날을 도모했다. 정규군에 흡수된 반군들도 계급 부여 등 직위 편재 과정에서 차별을 받으며 기존 군대에 섞이지 못했다. 군대 통합 과정에서도 폭력과 충돌이 끊이지 않자, 반군 출신들은 대부분 통합을 거부하고 원래 망명지였던 에티오피아 국경으로 돌아갔다.

1983년에 내전이 다시 일어났을 때, 이들이 바로 반군의 주력이 되어 수단인민해방운동Sudan People's Liberation Movement, SPLM 을 결성했고, 산하에 에티오피아의 지원을 받는 군사조직인 수단인민해방군SPLA을 두고 게릴라 투쟁을 벌였다. 이들은 뒷날 남수단 독립 정부의 핵심 인

1972년 2월 수단 정부와 남부 반군은 아디스아바바에서 평화협정을 체결했지만, 1983년 내전이 다시 일어나자 반군들은 수단인민해방군을 창설해 게릴라 투쟁을 벌였다.

물이 되었다. 신뢰가 없는 통합, 화해가 없는 평화는 결국 다시 내전으로 가는 잠깐의 휴식이었을 뿐이다.

'다르푸르'라는
이름의 지옥

─────── 제2차 내전은 1983년에 시작되어 2005년까지 22년간 계속되었다. 왜 내전이 그렇게 장기화되었을까? 수단 정부와 남부 반군 모두 자신들이 군사적으로 승리할 수 있다고 믿었다. 수단의 내전은 국제전의 성격을 띠면서 시기별로 양쪽에 유리한 환경이 번갈아 펼쳐졌다. 그리고 전쟁이 주로 남부 지역에서 이루어졌기 때문에, 수

단 정부 입장에서는 내전의 피해가 상대적으로 크지 않았다.

북부의 정치인들은 '노예는 노예로 살해하라'는 말을 자주 했는데, 이는 남부의 내부 분열을 부추기기 위해 오랫동안 써온 비열한 수법이었다. 수단 정부는 남부의 일부 부족에게 무기를 제공해 서로 싸우게 하는 등 남부 반군 내부의 갈등을 적극적으로 활용했다. 특히 정부는 딩카족과 주도권 다툼을 벌였던 누에르족과 화해협약을 맺고 무기를 공급해 두 종족의 갈등을 부추겼다.

그 결과 수단 정부군과 남부 반군 사이의 전투보다 남부 내부 투쟁으로 더 많은 사람들이 죽었다. 누에르족 내부에서도 내분이 일어나 전쟁은 거의 다방면에서 동시다발로 벌어졌다. 이러한 내전의 양상은 '만인의 만인에 대한 투쟁'으로 확대되어 수많은 소수 종족이 부족의 생존을 위해 서로 총부리를 겨누었다. 누가 적인지, 누가 친구인지를 알 수 없는 복잡한 전선에서 자신들의 적을 지원하는 부족에 대해서는 무자비한 복수가 이어졌다. 수단 내전의 극악함은 오랜 세월 쌓인 증오의 결과였다.

다르푸르의 비극 또한 이런 배경에서 일어났다. 국제사회에 '인간 존엄에 대한 도전'으로 비쳐진 이 비극은 기후 변화로 인해 시작되었다. '푸르^{fur}족의 고향^{dar}'이라는 뜻의 다르푸르는 수단 서부의 광활한 지역이다. 1970년대에 북부 다르푸르 지역의 사막화가 빠르게 진행되면서, 아랍 유목민들이 가축을 먹일 풀과 물을 찾아 남하하기 시작했다. 정착민들이 사는 지역까지 남하하면서 결국 유목민과 정착민 사이에 갈등이 생겨났다. 정착민들은 자신의 농토에 유목민들의 가축이 접근하지 못하도록 울타리를 치고, 아예 유목이 불가능하도록 들판의 잡풀을 태워버렸다.

대립은 충돌로 이어졌고 결국 군대가 개입하면서 내전으로 불타올랐다. 수단 정부는 '잔자위드Janjaweed'●라는 이름의 아랍민병대에게 무기를 제공해서 학살을 부추겼다. 그러자 1987년 3월, 수단인민해방군이 아랍민병대 일부를 공격했다. 이에 대한 앙갚음으로 수단 정부군과 그들이 지원하는 아랍민병대는 남다르푸르의 한 마을을 공격했고, 심지어 주민들이 숨어 있던 기차에 불을 질러 한꺼번에 1,000여 명을 학살했다. 세계 어떤 분쟁 지역에서도 볼 수 없는 악행들이

● 잔자위드는 아랍어로 '말 등에 탄 악마'라는 뜻으로, 주로 아랍어를 사용하는 아프리카계 유목민을 일컫는다. 이들은 오랫동안 다르푸르의 정착 농민들과 다툼을 겪었다. 잔자위드 세력이 본격적으로 무장을 한 계기는 1980년대 수단의 이웃 국가인 차드 내전의 결과였다. 당시 리비아의 카다피 정부가 지원한 아랍계 반정부 세력이 패배한 이후, 대부분의 무기가 잔자위드 쪽으로 넘어갔다. 수단 정부는 잔자위드를 활용해 이슬람 세력을 지원하고, 남부 반군을 통제하려 했다.

이어졌다. 1990년대 들어 유목민과 정착민의 갈등은 가뭄과 사막화의 진전으로 더욱 심해졌고, 폭력 또한 강도를 더해 끝 모를 복수가 이어졌다. 국제 구호기구들이 처음으로 분쟁 현장에 접근했을 때, 그들은 인간 세상에 펼쳐진 보기 드문 지옥도를 보고 충격을 받았다.

수단 정부는 분쟁을 해결하는 것이 아니라 부추기면서 실질적인 분쟁 당사자 역할을 했다. 2003년 초 남부에 기반을 둔 반군들이 다르푸르에 개입하자 수단 정부는 곧바로 인종 청소에 들어갔다. 공군은 정착민들의 마을을 공습하고, 육군은 지상 공격을 펼쳤다. 그리고 정부가 지원하는 아랍민병대가 인종 청소에 나서면서 7만 명 이상이 사망했다. 정부의 묵인 아래 살인과 약탈, 강간이 대규모로 일어났다.

다르푸르 사태는 평화가 너무 멀고, 또한 평화로 가는 길이 보이지 않는다는 점을 확인시켜주었다. 2004년 2월까지 100만 명 이상의 난민이 발생했다. 다르푸르는 '세계 최악의 인도주의적 위기'로 기록되

었다. 어떻게 1년 이상 지옥이 방치될 수 있었을까? 국제사회는 어렵게 성사된 수단 정부와 남부 반군의 평화협상이 깨질까봐 개입을 주저했다. 특히 아프리카연합$^{Africa\ Union}$의 소극적인 대처로 인해 개입 시기를 놓쳐버렸다. 아프리카연합은 '아프리카의 문제는 아프리카의 해법으로'라는 구호를 내세우면서 서구 국가들의 개입을 꺼렸다. 그렇다고 수단 정부를 직접적으로 비판하지도 못했고, 아프리카연합의 평화유지군을 신속하게 파견하지도 못했다. 아프리카연합에 소속되어 있는 수단 이웃 국가의 이해관계가 서로 조금씩 달랐기 때문이다.

UN 안전보장이사회는 아프리카연합의 '자체 해결 원칙'을 '개입하지 않아도 될 핑계'로 삼았다. 인도적 개입을 둘러싸고 상임이사국 내부의 입장 차이도 컸다. 수단 석유의 3분의 2를 수입하는 중국은 당연히 수단에 대한 제재에 소극적이었다. 러시아도 인도적 개입에 비판적이었다. UN 안전보장이사회는 결국 '경악할 만한 인도적 위기'의 참상이 알려진 뒤에야 개입했다.

다르푸르의 상처는 결국 남부와 북부가 무조건 갈라서야 한다는 '명백한 증거'가 되었다. 수단 민중은 전쟁으로 모든 것을 잃었다. 그러나 권력자들은 얻은 것도 많았다. 수단 정부와 남부 반군 모두에게 내전은 '민주화'를 미루거나 피할 수 있는 명분이었다. 그들은 1998년에 최악의 기근이 닥쳤을 때도, 난민들에게 구호물품이 전달되지 못하도록 국제사회의 구호활동을 방해했다. 그해에만 전쟁과 기근으로 남부 주민 25만 명이 사망하고, 300만 명의 난민이 발생했다. 난민들은 이웃 국가의 난민 캠프로 가거나, 아니면 북수단 수도인 하르툼의 빈민가로 이동했다. 수단 정부는 내전을 이유로 계속해서 초과 예산을 지출했다. 수단인민해방군 역시 모든 재정을 비밀로 유지했다.

평화가 온다면 오히려 잃을 것이 많은 세력이 전쟁을 지속했다. 다른 반군들도 마찬가지였다.

국제사회가 발벗고 나선
평화협정

———————— 그러면 어떻게 2005년 1월에 포괄적 평화협정이 체결되었을까? 한마디로 전쟁 비용의 역전 현상이 일어났기 때문이다. 평화협정을 위한 합의문에 서명하면서, 남부 반군 지도자인 존 가랑은 "전쟁을 계속하는 것이 전쟁을 멈추는 것보다 훨씬 많은 비용이 들었다. 우리는 외부의 압력으로 합의에 도달했다"라고 고백했다. 반군이든 수단 정부든 전쟁이 장기화되자 결국은 전쟁 비용 문제를 고려하지 않을 수 없었다. 국제사회의 지속적인 평화 정착 노력과 적극적인 개입이 비용을 역전시킨 측면도 있었다.

내전이 너무 오래되고 그래서 너무 가난하고 인도적 참상이 끊이지 않자, 국제사회는 수단에 관심을 기울였다. 그야말로 수많은 평화 구상이 제시되었다. 주변국을 포함해 웬만한 국가들은 모두 한 번쯤 수단 평화를 위해 나선 경험이 있었다. 2000년대 들어 국제사회의 노력은 소음처럼 흩어지지 않고 서로 조화를 이루기 시작했다.

동아프리카 주변국 대부분은 남북수단의 갈등 상황이 평화적으로 해결되길 원했다. 특히 수단과 국경을 마주하는 9개국은 내전 중에 발생한 난민 문제를 하루빨리 해결해 그 부담에서 벗어나고자 했다. 국경지대가 불안해지면서 무기 거래나 불법행위가 늘어나자, '동아프리카정부간개발기구$^{Intergovernmental\ Authority\ on\ Development,\ IGAD}$'가 적극적으로 중재에 나섰다. 특히 의장국인 케냐의 역할이 두드러졌다. 케냐는 1998년 나이로비의 미국 대사관 폭탄 테러 사건 이후 국제사회의 반테러 활동에 적극적으로 참여했다. 물론 이집트처럼 분쟁 해결에 소극적인 주변국도 있었다. 북부 수단과 오랫동안 협력관계를 유지해 온 이집트는 만약 남부 수단이 독립하면 수자원협정을 다시 맺어야 하는 상황이었다.

수단에 대한 국제사회의 개입이 극적으로 달라진 것은 역설적이지만, 조지 W. 부시 행정부의 등장과 9·11테러 이후였다. 부시 행정부는 알카에다의 배후 근거지로 수단을 지목했다. 실제로 1989년 6월 쿠데타로 집권한 수단의 오마르 알바시르 장군은 한 손에는 코란을, 다른 한 손에는 칼라시니코프 소총을 들고 연설하는 이슬람 강경파였다. 1991년에 새로운 이슬람 형법을 채택한 수단 정부는 여성들을 공공영역에서 추방하고, 종교를 억압적인 통치 수단으로 삼았다.

수단을 범이슬람운동의 중심지로 만들겠다는 알바시르 정권의 야심에 따라 많은 이슬람 과격단체들이 수단에 근거지를 마련했다. 이때 30대 중반의 오사마 빈 라덴도 찾아왔다. 그는 수단을 아프가니스탄의 무장 게릴라 조직인 무자헤딘의 훈련 근거지로 삼았다. 1996년에 수단 정부가 국제사회의 압력에 따라 빈 라덴을 추방했을 때, 그는 알바시르 정권의 배신에 치를 떨며 아프가니스탄으로 떠났다.

수단 정부는 그런 전력이 있었기에 부시 정권이 아프가니스탄 및 이라크와 전쟁을 시작하자, 미국의 눈치를 보지 않을 수 없었다. 수단 정부는 미국의 반테러 활동에 적극적으로 동참해 테러 용의자들을 미국에 인도하거나 관련 정보를 넘겼다. 그 과정에서 남부 수단의 분리를 강력히 반대해왔던 이슬람 급진 세력과 결별했다. 수단의 정세가 변하자 부시 행정부의 강력한 지지 세력이던 미국의 우파 기독교계는 수단 내전을 기독교에 대한 이슬람의 박해로 보고, 남부 수단에 대한 미국의 인도적 개입을 강력히 촉구했다.

유럽 국가들도 동참했다. 영국은 식민지 역사에 대한 책임을 느껴 처음부터 적극적이었다. 다른 유럽 국가들도 9·11테러 이후로는 수단 문제를 해결하기 위해 미국과 적극적으로 협력했고, 평화협상의 이행 결과를 인도적 지원과 연계했다. 수단 경제가 허약해서 대외 의존도가 높았기 때문에 국제사회의 압력이 그만큼 효과를 발휘할 수 있었다.

물론 수단 내부에서도 변화의 바람이 일었다. 막대한 대외 채무에 시달리고 국제사회의 인도적 지원에 의존해야 하는 상황에서 수단 정부는 변화된 국제환경을 받아들일 수밖에 없었다. 남부 수단에서도 많은 변화가 있었다. 남부의 시민사회는 수단인민해방군의 군사주의와 거리를 두기 시작했다. 수십 년간 앵무새처럼 주장해온 '승리가 눈앞에 왔다'는 구호를 사람들은 더 이상 믿지 않았다. 교회 지도자들도 적극적으로 평화적 해결을 요구하기 시작했다.

평화협정과 존 가랑의
비극적 운명

───────── 2005년 1월 9일, 마침내 포괄적 평화협정이 체결되었다. 30개월간의 집중 협상이 결실을 본 것이다. 아프리카에서 가장

오랫동안 이어진 내전(제1차 내전 1955~1972, 제2차 내전 1983~2005)이 드디어 끝났다. 그동안의 내전으로 250만 명 이상이 사망하고, 500만 명 이상이 삶의 터전을 잃었다. 지칠 만큼 싸운 뒤에야 달아났던 평화가 다시 찾아왔다.

남부 수단의 분리 독립은 오랜 갈등의 예고된 결말이었다. 이웃 국가인 에티오피아에서 1993년에 에리트레아가 분리 독립한 과정은 중요한 선례가 되었다. 1972년부터 11년 동안 평화도 아니고 내전도 아닌 어중간한 과도기에 벌어졌던 연방제 통일을 둘러싼 갈등의 기억도 영향을 미쳤다. 함께 사는 것이 얼마나 어려운지 잘 알고 있었을 뿐 아니라, 내전 동안에 서로가 쌓아올린 증오의 벽이 너무 높다는 사실 또한 분명히 깨달았다.

2011년 1월 9일부터 일주일 동안 남부 수단이 수단의 영토로 남을지 분리 독립할지를 결정하는 국민투표가 이루어졌다. 글을 읽지 못하는 사람이 70%가 넘었기 때문에 투표용지에는 글자는 작고 그림이 더 컸다. 통일^{Unity} 칸에는 '맞잡은 두 손'을 그려넣었고, 분리^{Separation} 칸에는 '한 손'만 그렸다. 수단 남부 10개주 주민들의 98.8%는 '두 손'이 아니라 '한 손'을 선택했다.

평화협정이 처음부터 분리 독립을 목표로 한 것은 아니었다. 모두 남부 수단의 분리 독립을 정해진 일처럼 인식했지만, 실제로 통일의 가능성을 포기하지 않은 사람도 있었다. 바로 수단인민해방운동을 이끈 핵심 인물인 존 가랑이다. 남수단공화국의 독립기념식을 그의 기념관에서 거행한 이유는 그가 가진 상징성 때문이다. 그의 삶은 곧 남수단 투쟁의 역사 그 자체였다.

가랑은 1945년 남부의 가난한 집안에서 태어나 17살에 반군에 가

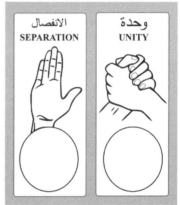

2011년 1월, 남부 수단 분리 독립에 대한 찬반 국민투표가 실시되었다. 글을 읽지 못하는 사람을 위해 투표용지에는 '한 손(분리)'과 '맞잡은 두 손(통일)'이 그려졌다. 남부 주민 대부분은 '두 손'이 아니라 '한 손'을 선택했다.

담했다. 하지만 다행스럽게도 나이가 어리다는 이유로 학교로 다시 보내졌고, 탄자니아에서 대학교육까지 마칠 수 있었다. 그리고 24살 때 미국으로 건너가 아이오와 주립대학에서 농업경제학을 공부했으며, 아프리카로 돌아와 탄자니아에서 박사과정을 밟았다. 그는 학교에 다니면서 아프리카 대학생 혁명전선의 회원으로 참여했다. 탄자니아대학에서 박사학위를 받은 뒤, 그는 한 치의 망설임도 없이 다시 수단으로 돌아와 반군 전사가 되었다.

1972년 아디스아바바 평화협정으로 남부 반군들이 정부군에 통합될 때 가랑도 정부군의 장교가 되었으며, 운 좋게 미국 조지아주 포트베닝 보병학교로 군사 유학을 갔다. 유학이 끝난 뒤 그는 곧바로 수단으로 돌아가지 않고, 다시 아이오와 주립대학에서 공부해 남수단 농업 발전을 주제로 농업경제학 박사학위를 받았다.

수단으로 돌아온 뒤 1983년에 제2차 내전이 벌어지자, 그는 남부 수단의 다양한 분파들을 설득해 수단인민해방운동을 결성했다. 그때부터 그는 남부 투쟁의 지도자이자 중심인물로, 남부를 대표하는 가장 유명한 정치인이 되었다. 그는 남수단의 다수 종족인 딩카족 출신에다 미국에서 오래 생활한 영향력 있는 정치인이었지만, 1980년대에 미국으로부터 적극적인 도움을 얻지는 못했다. 미국은 친소련으로 기우는 리비아의 카다피 정권과 에티오피아의 멩기스투 정권을 견제하기 위해 오히려 남부 수단을 억압하는 니메이리 정부를 지원했다. 미국이 니메이리 정권에 지원한 금액은 총 15억 달러에 달했다.

수단인민해방군의 지도자로서 내전의 한 축이었던 존 가랑을 독선적인 지도자였다고 평가하는 의견도 있다. 그러나 그가 남부 문제를 지역주의가 아니라 수단 자체의 모순으로 인식했다는 점은 높이 평가할 만하다. 가랑은 1984년 에티오피아에서 열린 반군회의에서 '남부 문제는 남부만의 문제가 아니라, 수단의 문제'라고 강조했다.

그는 '과거의 수단'에서는 중심인 북부가 권력과 부를 모두 차지하고, 주변인 남부는 가난하고 뒤처진 데다 정치에서도 소외되었다고 비판했다. 그래서 남부 수단의 문제는 바로 불평등과 양극화의 결과이고, 해법은 남부의 분리 독립이 아니라 '새로운 수단 건설'이라는 점을 강조했다.

　가랑은 '새로운 수단'이 다종족·다문화·다언어·다종교를 담는 용광로 같은 국가, 그러면서도 평화롭게 공존하는 국가가 되어야 한다고 역설했다. 그는 다양성 속의 통일, 인권 존중과 법치, 자원의 공정한 배분, 중심에서 주변으로 권력 분산, 그리고 다양한 정체성의 포용을 국가 목표로 제시했다.

　그러나 가랑은 2005년 1월 평화협정에 서명하고 몇 달이 지난 7월 30일에 의문의 헬기 추락 사고로 사망했다. 그날 남부에서는 폭동이 일어났다. 북부에도 그를 지지하는 사람들이 많았기에 그야말로 남과 북 구분 없이 애도의 물결이 넘쳐났다. '새로운 수단'을 희망했던 사람들에게 그의 죽음은 절망 그 자체였다. 음모론이 넘쳐났고, 우발적인 사고라는 정부의 발표를 국민 대부분이 믿지 않았지만, 그렇다고 다른 증거도 발견되지 않았다.

　가랑은 남부 출신 중에서 유일하게 전국적 지지를 얻을 수 있는 대통령 후보였고, 수단 정부와 협상을 할 수 있는 유일한 남부 정치인이었다. 또한 그는 통일이 가능하고, 그것이 남북 양쪽에 바람직하다고 생각했던 유일한 정치인이었다. 그가 급작스럽게 사망하자 희미하게나마 남아 있던 통일의 가능성은 사그라지고, 분리 독립의 목소리가 대세로 굳어졌다. 그의 죽음 속에서도 평화협정은 살아남았으나, 이후 이행 과정은 교착의 연속이었다. 정치력이 사라진 협상은 마치 윤활유가 말라버린 것처럼 삐거덕대기 일쑤였고, 남부는 노골적으로 분리를 향해 달려가기 시작했다.

　2005년에 체결된 포괄적 평화협정은 크게 세 개의 축으로 이루어졌다. 첫째는 권력과 부의 공정한 배분, 둘째는 남부 수단의 국민투표

2005년 1월 9일 두 차례의 내전 끝에 평화협정이 체결되었다. 알리 오스만 타하 수단 제1부통령 (왼쪽)과 수단인민해방군 지도자 존 가랑(오른쪽)이 평화협정에 서명한 후 악수를 하고 있다.

로 분리 독립 결정, 그리고 셋째는 주변국과 협력하는 것이었다. 이 가운데 가장 쟁점이 되었던 국경 획정, 석유 배분, 외채 배분 등에 관 해서는 부속합의서를 체결하고 계속 협의하기로 했다. 평화협정의 기본 원칙이 합의된 이후에도 2년 이상 집중 협상을 계속했고, 6년의 과도기를 거쳤다. 남부는 과도기를 거친 이후 자신의 운명을 스스로 선택할 권한을 얻었다.

　평화협정은 모호한 부분이 많았고, 핵심 쟁점들은 대부분 뒷날의 과제로 넘겨졌다. 그중에서 결정적인 문제는 협상 주체의 '대표성'이 었다. 남부에서는 수단인민해방군이 협상 당사자로 나섰지만 남부 전체의 대표라고 할 수는 없었다. 남부 역시 지역별, 종족별로 이해관계가 서로 달랐다. 남수단이라는 집단적 정체성이 희미한 상태에서 부족마다 자기 부족의 자치를 요구하는 세력들이 많았다. 북부도 마찬가지였다. 수단 정부 역시 민주적이지 않았고, 서부 지역을 비롯해 공권력이 미치지 못하는 지역들이 존재했다. 평화협정에 초대받지 못한 부족들은 자신들의 존재를 드러내고 싶어 했다. 결국 협상 테이블에 초대받지 못한 이들이 분쟁 당사자로 인정받기 위해 선택한 방식은 다르푸르 같은 '악마적인 만행'이었다.

게다가 평화협정은 중요한 한 가지를 빠뜨렸는데, 바로 '정의' 문제다. 협상 당사자인 수단 정부와 수단인민해방군 모두 내전 기간에 벌어진 학살과 인종 청소에 대한 책임을 묻지 않았다. 더 정확하게 말하면 물을 수가 없었다. 남부는 자신들이 정의를 앞세우면 전쟁이 끝나지 않을 것이라는 점을 잘 알았다. 승리자가 없는 상황에서, 다시 말해 승리자의 정의를 내세울 수 없는 상황에서 남은 것은 어설픈 봉합뿐이었다. 평화협정에 화해의 가능성은 존재하지 않았고, 적대감을 해소할 과정과 절차도 없었다. 유일하게 열려 있는 문은 바로 분리 독립이었다.

이혼 협상,
어떻게 국경과 국적을 나눌까?

─────── 헤어지면 평화가 올까? 이혼한 부부라면 각자 멀리 떠나서 안 보면 그만이다. 그러나 이혼한 국가는 멀리 이사를 갈 수도 없다. 그리고 수단과 남수단은 구체적인 문제들에 관해 합의가 끝나

지도 않은 상황에서 서둘러 이혼부터 했다. 남부는 조상 대대로 이어진 북부의 지배에서 벗어나기만 하면 모든 것이 달라질 거라고 기대했다. 그래서 남은 문제가 많았지만, 일단 이혼부터 하자는 생각으로 서둘렀다. 그러나 준비 없는 이혼은 새로운 분쟁의 시작을 의미했다.

이별 이후의 협상에서 달라지지 않은 것은 불신과 대립이고, 달라진 것은 대화 상대의 법적 지위였다. 남수단은 더 이상 반군집단이 아니라 하나의 엄연한 국가로 변신했다. 따라서 협상의 성격도 내전을 끝내기 위한 국내 협상에서 국가와 국가 간의 국제 협상으로 변했다. 이제 국제사회의 중재와 개입도 달라져야 했다. 국제 협상이 되면서 국제사회는 '주권 존중'의 원칙을 앞세워 UN헌장이나 아프리카연맹의 조약, 또는 관련 문제의 국제법을 중시했다.

이별 이전과 이후, 심판의 역할도 달라졌다. 이별 이전 포괄적 평화협정 체결과 이행 과정의 심판은 동아프리카정부간개발기구였다. 당시 심판은 당연히 원만한 결혼 관계, 즉 통일국가의 유지를 전제로 협상안을 마련했다. 그러나 이별 뒤에는 달라졌다. 새로운 심판으로 '아프리카연합 고위실행위원회'African Union High Level Implementation Panel, AUHIP' 가 결성되었다. 앞서 동아프리카정부간개발기구가 서구 국가의 요청에 따라 수단 분쟁의 해결에 나섰다면, 아프리카연합 고위실행위원회는 아프리카 스스로의 힘으로 지역 문제를 해결하고자 했다.

다르푸르 사태와 마찬가지로 서방 국가들은 '뜨거운 감자'인 수단 문제와 일정한 거리를 두고자 했고, 아프리카연합 고위실행위원회 의장을 맡은 타보 음베키 전 남아프리카공화국 대통령은 '아프리카의 문제는 아프리카의 해법으로'라는 원칙을 다시 한 번 강조했다. 수단 분쟁 해결에 결정적인 역할을 한 미국, 영국, 노르웨이 3국은 재정 지원과 간접 지원으로 역할을 한정했다.

아프리카연합 고위실행위원회의 한계는 뚜렷했다. 수단과 남수단의 분리는 동아프리카 지역 질서의 변화를 의미했고, 걸린 문제마다 각국의 이해관계가 달랐기 때문에 다자간 기구인 아프리카연합 고위실행위원회 내부에서도 의견이 갈라질 때가 많았다. 에티오피아는 수단과 남수난 모두와 좋은 관계를 유지했으나, 케냐와 우간다는 남수단 편에 기울었다. 이집트는 2011년 분리 이전에는 수단 정부 편이었으나, 남수단 분리 이후에는 균형정책으로 돌아섰다. 외부 중재자는 구체적인 중재를 하기 어려웠고, 이혼한 부부는 합의에 익숙하지 않았다.

이혼 협상에서 가장 먼저 해야 할 일은 국경을 나누는 일이었다. 국경 획정을 위한 협상은 쉽지 않았다. 약 20%의 국경이 획정되지 않은 채 분리 독립이 먼저 이루어졌다. 남수단은 수단 전체 영토의 26% 정도를 차지한다. 그러나 수단과 남수단의 국경은 2,000킬로미터 이상 되었고, 대부분의 지역이 나일강 지류에 있었다. 국경이 정해지지 않은 이유는 서로가 자신의 관할권을 주장했기 때문이다. 국경지대는 석유와 광물 등 천연자원이 풍부하고, 방목지와 경작이 가능한 지역을 포함하고 있기 때문에 서로 쉽게 양보하지 않으려 했다.

그리고 평화협정이 모든 부족의 이해를 포괄하지도 않았다. 예를 들어, 남부와 북부의 경계 지역에 있는 코르도판^{Kordofan} 남부 지역의 누바족은 북수단이냐 남수단이냐의 선택이 아니라, 자기 부족의 자치를 오랫동안 요구해왔다. 이 지역과 관련해서 평화협정은 '나중에 협의한다'고 결정했다. 그러나 2011년 남부의 독립 이후 이 지역이 남부에 속하는지, 아니면 북부에 속하는지 아무도 알지 못했다. 이 지

2011년 1월 9일부터 일주일 동안 실시된 남부 수단 국민투표 기간에 아프리카연합 고위실행위원회 의장 타보 음베키는 남부의 여러 지역을 돌며 주민들을 상대로 강연을 했다. 그는 '아프리카 문제는 아프리카의 해법으로'라는 원칙을 강조하며 수단 분쟁을 해결하고자 했다.

역을 어떻게 할 것인지에 관해 언제 누구와 어떻게 협의할지, 논의 주체도 방식도 아무것도 정하지 않았기 때문이다.

아비에이Abyei는 국경 분쟁의 또 다른 핵심 지역이었다. 이 지역은 원래 2011년 남부 수단의 분리 투표 때, 남과 북 어디에 속할지를 투표로 결정하기로 한 지역이다. 그러나 수단 정부가 무단으로 이 지역의 행정권을 장악하는 바람에 투표도 못하고 분쟁 지역으로 남았다. 원래 이 지역은 딩카족이 거주했던 곳인데, 북부의 미세리야족이 목초지를 찾아 가축을 몰고 남하하면서 분쟁이 격렬해졌다.

평화협정을 체결할 당시에 이 지역의 분쟁을 해결하기 위한 대안으로 '유연한 국경Soft Border'이라는 개념이 제시되었다. 경계를 직선이 아니라 점선으로 표시해서, 유목민의 전통적인 생활 방식대로 넘나들 수 있게 허용하자는 것이었다. 그러나 쟁점은 단순히 정착민과 유목민의 관계 설정이 아니었다. 그것보다 더 중요한 것은 바로 이 지역이 유전지대라는 점이었다. 남북 어느 쪽도 외화를 벌어줄 석유를 상대에게 양보할 생각이 없었다. 결국 양쪽의 경쟁은 이 지역의 관할권을 결정하는 투표 자격을 둘러싼 논쟁으로 이어졌다. 남부는 투표권을 정착민들에게 한정해야 한다고 주장했고, 북부는 유목민들의 삶과 관련되어 있기 때문에 그들에게도 투표권을 줘야 한다고 주장했다. 그러다 수단 정부에서 국제사회의 중재를 무시한 채 이 지역에 군대를 배치하고 행정권을 장악했다. 아프리카연합 고위실행위원회 의장인 타보 음베키가 중재에 나서고, UN 안전보장이사회의 결정으로 이 지역에 에티오피아 평화유지군이 파견되었지만, 타협은 이루어지지 않았다.

국적을 정하는 문제도 결코 쉽지 않았다. 당시 내전으로 고향을 잃었던 난민들이 남수단으로 돌아왔다. 그러나 북부에 사는 남부 출신과 남부에 사는 북부 출신들을 강제로 이동시키는 일은 어려운 문제였다. 남부 출신 150만여 명이 북부에 살았고, 북부의 유목민 600만 명이 1년에 8개월 정도는 가축을 먹일 목초와 물을 찾아 남부에 머물렀다. 수많은 남부인이 병원 치료를 받기 위해 북부로 갔고, 수많은 북부 출신 사업가가 남부에 기반을 두고 거주했다. 북부의 건설 사업장과 생산 분야 인력들은 대부분 남부 출신 노동자들이고, 남부의 고등교육기관 종사자들은 북부 출신이 50%가 넘었다.

어떻게 국적을 부여할 것인가? 오랫동안 한 나라에 살았던 사람들에게 둘 중 하나를 선택해야 하는 순간이 왔다. 물론 이 문제를 해결하기 위해 2012년 3월에 수단과 남수단은 4개의 자유협정을 맺었다. 거주의 자유, 이동의 자유, 경제활동의 자유, 그리고 재산권 처분의 자유를 허용한다는 것이다. 그러나 협정 이행을 가로막는 현실의 벽도 존재했다. 양국 관계가 악화되자 수단 정부는 남수단 국민을 추방하기도 했다. 양쪽 모두에서 지역주의가 강화되면서 북부에 사는 남부인, 그리고 남부에 사는 북부인의 삶이 불안해졌다. 이들은 오래 살아서 고향이나 마찬가지인 삶의 터전을 버리고 낯선 고향으로 돌아가야 했다.

나일강의
물 분쟁

─────── 국경 분쟁은 물 이용권과도 관련이 있다. 수단과 남수단의 국경을 따라 흐르는 나일강은 지류까지 포함하면 11개국에 걸쳐 있는 공유하천이지만, 대체로 나일강 하류에 위치한 이집트와 수단이 중심이 되어 강을 통제해왔다. 1959년 11월, 양국은 '나일강 이용협약'을 체결했다. 양국은 나일강의 연간 물 유입량을 84bcm●으로 추정하고, 이 가운데 이집트가 55.5bcm을, 수단이 18.5bcm을 사용하기로 합의했다. 나머지 10bcm은 북부 수단과 남부 이집트의 물 이용에 직접적인 영향을 미치는 아스완하이댐 Aswan High Dam 으로 관리했다.

2005년 수단 정부와 평화협정을 체결할 당시 남수단은 물 이용권 문제를 적극적으

● bcm은 'billion cubic meter'의 약어로, 10억 세제곱미터를 뜻한다. 가로, 세로, 높이가 각각 1km일 때 1bcm이다.

로 제기하지 않았다. 나일강을 둘러싼 주변국의 정치에 얽혀들면 유리하지 않을 거라고 판단했기 때문이다. 나일강 하류에 위치한 이집트-수단과 나머지 상류 쪽 국가들 사이에는 물 이용과 관련해서 오래전부터 갈등이 있었다. 상류 쪽 국가들은 하류 쪽 국가에 불만이 많았다. 그래서 이를 해소하기 위해 1999년 2월에 탄자니아에서 나일강 유역 10개국이 모여 '나일 유역 이니셔티브$^{Nile\ Basin\ Initiative,\ NBI}$'라는 기구를 만들어 나일강 유역 수자원을 균등하게 활용하기로 약속했다. 나일강 하류에 속하는 남수단은 상류 쪽 국가들이 새롭게 물 이용 권리를 주장하는 신생국을 곱지 않게 볼 거라고 생각했기 때문에, 평화협정 체결 당시에는 조용히 있는 것이 주변국으로부터 남수단 분리에 대한 지지 여론을 이끌어내는 데 효과적이라고 판단했다.

하지만 남수단의 이러한 판단은 얼마 못 가 난관에 부딪혔다. 협상에 참여했던 남수단 대표들은 물 이용권과 같은 전문적인 문제의 중요성을 잘 몰랐다. 당시 수단에 배정된 수자원 규모는 18.5bcm이었는데, 대체로 연간 사용량이 14~15bcm밖에 안 되기 때문에 남수단에 나누어줄 여유가 있었다. 그러나 독립이 되자 상황이 달라졌다. 남수단 정부는 얼마 지나지 않아 국가 운영에서 수자원 확보와 관리가 얼마나 중요한지를 깨닫고서 수단 정부를 향해 본격적으로 물 이용 권리를 주장하기 시작했다. 남수단은 수단에 남는 물을 재분배해달라고 요구했지만, 그리 간단한 문제가 아니었다. 남수단이 분리 독립한 이후 결정적인 상황 변화가 일어났기 때문이다.

유전지대가 곳곳에 퍼져 있는 남수단이 떨어져 나가자 수단은 심각한 재정 위기에 직면했다. 그동안 재정 수입에서 상당한 비중을 차지하던 석유 수입이 50% 이상 감소하면서 국가 경제적으로 심각한 타격을 입었다. 전체적인 산업정책의 변화가 불가피한 상황에서 수단 정부는 산업의 기본이 되는 농업으로 관심을 돌렸다. 농업에 대한 투자의 필요성을 재인식하자 트랙터를 비롯한 농업 기계를 수입하기 시작했고, 농업에서 가장 필요한 수자원 관리에 신경을 썼다. 수단 정부는 먼저 나일강 댐의 저수량을 늘리기 위해 댐을 더욱 높이 쌓는 공사를 시작했다.

남수단도 변화가 필요했다. 내전으로 고향을 떠났던 사람들이 돌아오기 시작했다. 2005년 평화협정이 체결된 이후 250만 명이 남수단으로 돌아왔고, 2011년 한 해에만 36만 명이 외국 각지의 난민 캠프에서 고향으로 돌아왔다. 남수단 정부는 돌아온 사람들에게 경작지를 마련해주기 위해 결국 댐 공사를 계획할 수밖에 없었다. 남북수단 양쪽 모두 많은 물이 필요했고, 당연히 물의 재분배 협상은 쉽지 않았다.

재산 분할,
석유와 외채

──────── 이혼 협상의 또 다른 쟁점은 재산 분할이었는데, 남수단의 분리 독립에서는 석유가 바로 그 대상이었다. 분리 독립 이전에 수단의 원유 매장량은 67억 배럴에 이르렀다. 이는 아프리카 국가 가운데 매장량 순위 5위에 해당하는 수준이다. 또한 원유는 과거 수단의 총수출액 가운데 95%, 정부 수입의 60%에 이를 정도로 국가 경제에 압도적인 비중을 차지했다.

수단 역사에서 석유는 빛과 그림자 같은 양면성을 지니고 있다. 국제사회는 수단을 제3세계에서 '네덜란드병'을 앓은 대표적인 사례로 꼽는다. '네덜란드병'은 1960년대 북해에서 대규모 천연가스가 발견되어 갑작스럽게 성장했던 네덜란드가 이후 통화가치 급등과 물가 상승, 임금 인상 등으로 제조업 경쟁력을 잃고 극심한 경제 침체를 겪었던 일을 일컫는 말로, '자원의 저주'라고도 부른다. 수단에서는 석유로 인해 이러한 상황이 빚어졌다.

수단에서 석유가 발견되기 전에 국가의 생명줄은 농업이었다. 그러나 석유 수출이 늘어나자 점차 농업을 경시하게 되어 농산물을 수입하기에 이르렀다. 2000년~2008년 사이 수단 농업 분야의 평균성장률은 3.6%였다. 그 이전 10년 동안의 성장률인 10.8%와 비교해보면 상당한 차이가 있다. 그리고 농업은 국민총생산에서 차지하는 비중이 높지는 않지만 수단 국민의 일자리 가운데 80% 이상을 차지했다. 결국 농업에 대한 업신여김은 실업의 증가와 심각한 식량 위기로 이어졌다.

그리고 석유가 발견된 지역에서는 예외 없이 피바람이 불었다. 수단에서 원유의 70~80%는 남부, 그것도 남부와 북부의 경계 지역이라 할 수 있는 딩카족과 누에르족의 접경지대에 묻혀 있다. 수단 정부는 석유 생산을 위해 오랜 세월 동안 그 지역에 살았던 토착 주민들을 강제로 추방했다. 물론 남부 주민들을 달래기 위해 자신들의 영향력 아래 있는 누에르족 출신의 남수단 정치인 리에크 마차르를 수도 하르툼에 불러 평화협정을 맺는 쇼를 하기도 했다. 그러나 실제로는 인종 청소라고 할 수 있을 정도로 무자비한 폭력을 동원해 주민들을 쫓아내고, 유전 주변에는 아예 출입을 제한하는 차단지대를 설치

수단과 남수단의 국경지대에 분포한 유전지대. 양국은 국경이 획정되지 않은 지역의 유전을 차지하고자 무력으로 유전지대를 점령했다.

했다.

수단 정부는 5개의 정유시설과 송유관, 그리고 항구를 모두 북부에 건설했다. 유전지대에서 홍해 연안의 항구까지 송유관이 지나가는 길이는 1,540킬로미터에 이른다. 2001년 수단은 하루에 24만 배럴의 석유를 생산했다. 그해 수단 정부가 벌어들인 석유 수입은 정부 총예산의 40%를 넘어섰다.

이런 상황에서 남수단이 분리 독립하자, 수단은 거의 대부분의 유전을 잃게 되었다. 결국 수단 정부는 국경이 획정되지 않은 지역의 유전지대를 차지하려고 악착같이 덤벼들기 시작했다. 그 탓에 국경 획정은 점점 더 어려워졌고, 석유는 남북 관계를 악화시키는 불행의 씨앗이 되었다. 2011년 5월에는 석유 매장지이자 수단과 남수단 어느 쪽으로도 귀속이 결정되지 않은 아비에이 지역을 수단 정부가 무력으로 장악했다. 그러자 2012년 4월에는 남수단 군대가 경계선을 넘어 북으로 가 헤그리그^{Heglig} 유전지대를 점령했다. 이에 수단 정부는 강력하게 군사적으로 대응했고, 결국 남수단군은 후퇴했다.

유전지대를 둘러싼 다툼뿐 아니라 정유시설 등 석유산업과 관련된 분쟁도 계속 이어졌다. 특히 정유시설과 수출 항구가 북부에 있었기 때문에, 남수단이 원유를 수출하려면 북부의 시설을 이용할 수밖에 없는 형편이었다. 그런데 유전지대를 잃은 수단 정부가 남수단에 터무니없는 운송비를 요구하는 바람에 결국 운송비를 둘러싼 분쟁이 터져나왔다. 파이프라인으로 북부의 포트수단까지 가는 거리의 원유 운송비는 국제적으로 배럴당 2~3달러에 불과한데, 수단에서는 32달러를 요구했다. 물론 남수단 정부 역시 어처구니없는 가격인 배럴당 41센트를 주겠다며 버텼다.

유전지대 관할권과 운송료에 대한 합리적인 타협이 이루어지지 않자, 양쪽은 벼랑 끝 전술을 선택했다. 수단 정부는 남수단과의 운송료 협상이 교착상태에 빠지자, 8억 달러어치의 석유를 운송비 명목으로 빼앗아갔다. 남수단의 분리 독립 이후 수단 정부는 남으로부터 운송비를 한 푼도 받지 못했다. 2012년 2월에는 남수단 정부가 북수단 항구(포트수단)로 가는 파이프라인을 끊기 위해 아예 석유 생산을 중단했다. 한마디로 같이 죽자는 전략이었다. 석유 생산이 중단되자 기술자들은 현장을 떠났고, 노동자들도 일상의 삶을 이어가기 위해 다른 일자리를 찾아 흩어졌다.

남수단은 대안적인 수출 통로를 적극적으로 모색했다. 케냐의 심해 항구까지 파이프라인을 연결하는 프로젝트를 논의하는 한편, 주변국과 철도망을 구축하는 사업도 검토했다. 남수단의 유전지대에서 케냐의 라무Lamu항까지는 약 1,300킬로미터에 이르고, 50억 달러 이상의 공사비가 필요하다. 실제로 사업을 추진하기 위해서는 경제성 평가라는 벽을 넘어야 하는 것이 또 다른 과제다.

2012년 9월, 수단과 남수단 사이에 석유 배분을 둘러싼 협정이 체결되었다. 남수단이 정상 가격보다 약간 비싸게 수송비를 지불하는 대신, 수단 정부가 청나일 지역의 반군활동을 약화시키는 데 협조하기로 했다. 석유 생산과 파이프라인을 통한 수출이 다시 시작되었지만 이후 남수단에서 내전이 발생하면서 석유 생산에 차질을 빚었다. 석유 수출 대금이 남수단 재정 수입의 95%를 차지하는 상황에서 석유 생산 차질은 곧바로 재정 위기로 이어졌다. 남수단 정부는 군대에 월급을 줄 수 없을 정도로 심각한 재정 위기를 겪었다.

재산 분할에서 또 다른 쟁점은 외채 문제다. 남북수단은 재산을 분할하는 것처럼 빚도 나누어야 했다. 남수단이 독립할 당시 수단 전체의 외채는 414억 달러였다. 외채의 80% 이상이 장기간 수단을 통치했던 니메이리 정권(1969~1985)의 무분별한 과잉투자 때문이었다. 그리고 외채의 40~50%는 원금이 아니라 늘어난 이자였다. 2008년 326억 달러에서 2011년 414억 달러로 또다시 외채가 27% 증가했는데, 이 또한 이자분이 늘어난 것이다.

수단 정부는 과거 정부로부터 물려받은 외채를 갚을 능력도 그럴 의사도 없다. 상환 능력을 상실한 가운데 이자만 계속 늘어나는 상황이다. 게다가 신용이 불량한 상태이기 때문에 국제사회로부터 신규 차관을 얻을 수도 없다. 이미 수단은 1993년 이후 세계은행으로부터 새로운 차관을 얻지 못했다. 남수단이 독립할 때 외채 분할과 관련된

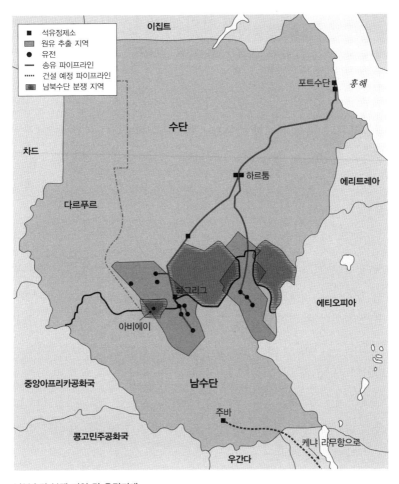

■ 석유정제소
▨ 원유 추출 지역
● 유전
— 송유 파이프라인
┉ 건설 예정 파이프라인
▨ 남북수단 분쟁 지역

이집트

포트수단   홍해

수단

차드

하르툼

에리트레아

다르푸르

에티오피아

해그리그

아비에이

중앙아프리카공화국   남수단

콩고민주공화국   주바

우간다   케냐 라무항으로

남북수단 분쟁 지역 및 유전지대.

협의가 있었으나, 남수단은 '그걸 왜 우리가 분담하느냐'며 받아들이지 않았다. 안타까운 것은 빚을 갚지 않아 새로운 빚을 낼 수 없는 신용불량국이라는 평가가 새로 출범한 남수단에도 그대로 적용된다는 점이다. 남수단은 인도적 지원이나 석유 수출과 관련된 투자를 제외하고, 국제금융기구나 각종 개발은행의 투자를 얻을 수 없다.

내전 안의 내전,
분리 이후의 분열

─────── 남수단은 상당한 수준의 석유, 우라늄, 금, 구리 등의 광물자원과 경작 가능한 광활한 땅을 가진 나라다. 자연으로부터 물려받은 자원을 잘 활용하면 안정적인 국가를 만들고, 지역에서도 모범적인 경제성장을 이룰 수 있는 가능성을 갖고 있다. 그러나 언제나 문제는 자연이 아니라 사람이다.

남부는 남부대로 다종족 사회다. 대체로 남부의 종족 구성은 딩카족이 40%, 누에르족이 20%, 그리고 나머지 40%는 여러 소수 종족으로 구성되었다. 딩카족은 수단인민해방운동의 주축이었다. 2005년에 수단 정부와 체결한 포괄적 평화협정도 대체로 딩카족이 주도했다. 누에르족은 협상이 아니라 일방적인 분리 독립을 주장했다. 물론, 수단인민해방운동 안에서는 다른 종족들이 참여할 수 있도록 언제나 연대의 손길을 내밀었다. 남수단공화국이 출범할 때도 대통령은 딩카족 출신의 살바 키르가 맡았지만, 부통령은 누에르족 출신의 리에크 마차르가 맡았다.

그러나 분열은 피할 수 없는 운명처럼 다가왔다. 그동안 남부의 반군단체들은 북부로부터 분리 독립이라는 공통의 목표가 있었다. 그러나 내전이 진행되는 동안 한 번도 통일된 대오를 이룬 적이 없었다. 광활한 대지, 다양한 부족, 활보하는 무장단체들 때문에 남부 전체를 아우르는 공통의 정체성을 형성하기가 쉽지 않았다.

남부 지역 분열의 역사는 1991년에 시작되었다. 누에르족 출신의 마차르는 존 가랑의 일방적인 의사 결정 방식에 반발해 '남수단방위

남수단 정부 수립 이후 살바 키르 대통령(왼쪽)과 반군 지도자였던 리에크 마차르 부통령(오른쪽)의 협력을 상징하던 홍보판. 그러나 2013년 마차르는 다시 반기를 들고 무장투쟁을 선언했다.

군South Sudan Defence Forces'이라는 별도의 무장단체를 결성했다. 주로 누에르족으로 구성된 이 단체는 딩카족이 중심인 수단인민해방군과 적대적 관계가 되었다. 권위적인 지도자였던 가랑이 사망한 이후에는 분열의 속도가 더 빨라졌다.

2005년 가랑의 사망 이후 살바 키르가 수단인민해방군 내부의 권력을 장악했다. 그는 누에르족 중심의 남수단방위군을 수단인민해방군과 통합하고자 사면정책을 추진하는 등 남부 내부의 종족 갈등을 완화하려고 했다. 또한 키르는 남수단공화국의 대통령이 된 이후 남수단의 지붕 아래 다양한 종족들의 협력을 촉진하자는 '빅 텐트론'을 적극적으로 주장했다.

그러나 권력이 있는 곳에서 분열도 자라게 마련이다. 정부 수립 이후에도 분열은 계속 반복되었고, 정부 운영을 둘러싼 갈등이 서서히 표면에 드러나기 시작했다. 권력에서 배제되거나 주도권에서 멀어진 사람들이 불만을 퍼트려 지도부의 무능함을 공격했다. 마침내 정부 출범 이후 잠재되어 있던 불만들이 터져나오면서 2013년 12월에 남수단 내전이 발생했다. 국가 운영에 필요한 제도가 정상적으로 작동하지 않는 상황에서 반대파는 야당을 만들기 전에 먼저 무장단체를 결성했고, 말이 아니라 총으로 모든 것을 해결하고자 했다.

결성 당시부터 통합이 불가능할 정도로 다양한 세력이 존재했던 수단인민해방군에서 내부 분파들이 떨어져나와 별도의 무장단체를 만들기 시작했다. 그런 상황에서 부통령이었던 마차르가 남수단의 수도 주바를 탈출해 새로운 무장투쟁을 선언하기에 이르렀다. 결국 남수단 정부는 붕괴했고, 내전이 동시다발로 전국에서 일어났다. 다양한 이해관계들이 아무런 규칙도 없이 충돌하고, 적과 아군을 구분하기 어려운 혼돈의 상황이 펼쳐졌다. 남수단 내전은 싸우는 주체가 조금 달라졌을 뿐, 수많은 난민과 비참한 기아 그리고 참혹한 복수라는 과거의 풍경을 되풀이하고 있다. 정전 합의와 파기를 반복하고, 그때마다 국제사회가 압력과 설득을 병행하지만, 실질적인 평화는 멀어 보인다.

적대적 상호의존이
사라진 공백

———————— 오래 싸우다 보면 싸움의 원인을 잊어버릴 수 있다. 매듭을 찾아야 풀 수 있는데, 너무 많이 꼬이면 더 이상 풀기 어렵게 된

다. 수단 내전이 그랬다. 아프리카에서 가장 오래된 내전이었다. 중간에 평화가 오기도 했지만 다시 제2차 내전에 돌입했다. 그리고 다시 많은 시간이 흐른 뒤, 결국 헤어졌다.

그래서 평화가 왔을까? 아직 가야 할 길이 멀다. 오랜 내전이 뿌려 놓은 분열, 증오, 복수가 호시탐탐 길목에 도사리고 있다. 북부 수단과 남부 수단이라는 중심과 주변의 불평등한 관계를 남수단 분리 독립으로 해소했지만, 여전히 그들은 엉켜 있는 실타래를 풀지 못하고 있다. 내전이 진행되는 동안 적의 존재는 자신의 결함을 숨기는 명분이었다. 적대적 의존관계가 사라지자 다시 내부 분열이 발생했다. 내전이 내전을 낳고, 분열이 분열을 낳았다. 언제 어디서부터 이 비극의 길에 들어섰는지를 알 수 없는 상황에서 치유되지 않은 상처들이 널려 있다. 가야 할 길이 너무 멀어 보인다.

15

의지가 없으면 방법도 없다

키프로스 통일협상

협상일지

1923년	7월	로잔조약에 따라 키프로스, 영국 직할 식민지에 편입
1960년	8월	키프로스 독립, 그리스계의 마카리오스 3세가 대통령에 취임
1963년	11월	권력 분점 비율 조정을 둘러싸고 그리스계와 터키계 충돌
	12월	'피의 크리스마스' 사건으로 키프로스 내전 발생
1964년	3월	마카리오스 3세 정부, UN 안전보장이사회 개입 촉구. UN 평화유지군 파견
	8월	터키계를 대상으로 그리스계가 일으킨 폭력 사태에 터키군과 그리스군 개입
1974년	7월	그리스계의 쿠데타로 전쟁 발발(터키군 북키프로스 침공) 남북키프로스로 분단
1983년	11월	북키프로스, 북키프로스터키공화국 선언하고 독립(국제사회 미승인국)
1985년	1월	남북키프로스, 첫 고위급 협상 진행
1993~1994년		남북키프로스, 그린라인에서 충돌 후 신뢰 구축 조치
2002년	11월	코피 아난 UN 사무총장, 남북키프로스에 '아난 플랜' 제안
2003년	3월 11일	네덜란드 헤이그에서 남북키프로스 정상회담 개최
	4월 23일	북키프로스 정부, 그린라인 검문소 개방
	9월 23일	통일운동단체의 '당나귀 월경 사건'
2004년	4월 24일	남북키프로스에서 통일에 대한 찬반 국민투표 실시
2005년	4월	북키프로스, 메메트 알리 탈라트 대통령 당선
2008년	2월	남키프로스, 디미트리스 크리스토피아스 대통령 취임
	3월 21일	남북 정상회담 개최(~2009년 8월까지 40회)
2010년	4월	북키프로스, 데르비스 에로글루 대통령 취임
2011년	10월	남북키스로스 시민들, 통일을 요구하며 완충지대 점령(~2012년 4월)

키프로스는 지중해 동쪽 끝의 아름다운 섬으로, 사랑의 여신 아프로디테가 바다의 거품에서 태어나 도착한 곳이다. 한국의 경기도보다 약간 작은 면적에 110만 명의 인구가 살고 있다. 육지를 기준으로 하면 터키에 가깝지만, 주변 섬 대부분을 그리스가 영유하고 있기 때문에 영해를 기준으로 보면 그리스에 가깝다.

키프로스는 지리적 위치 때문에 고난의 운명을 타고 났다. 유럽과 아시아, 또는 아시아와 아프리카의 길목에 있다는 이유로 키프로스는 언제나 강대국의 소유물이었다. 역사적으로 그리스, 이집트, 로마, 비잔틴제국의 전방 초소였으며, 십자군의 군사기지로도 이용되었다. 그 뒤 이탈리아는 이 섬을 무역의 근거지로, 프랑스는 피난처로 삼았다. 나중에는 오스만제국에 점령당했다가 영국의 식민지가 되었다.

키프로스는 분단의 땅이다. 고난의 역사가 남긴 상처라고 할 수 있다. 섬의 허리를 철조망이 가르고, '그린라인'이라는 경계선을 따라 UN 평화유지군이 주둔해 있다. 남쪽에는 그리스계 주민이 살고, 북쪽에는 터키계 주민이 산다. 또한 그린라인은 수도 니코시아를 관통해 세계에서 하나뿐인 분단수도의 경계선이 되었다. 니코시아의 남

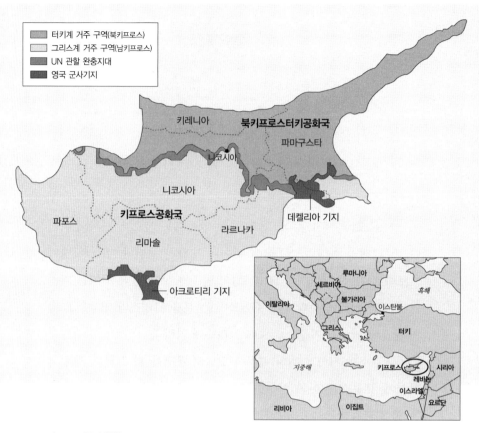

터키계 거주 구역(북키프로스)
그리스계 거주 구역(남키프로스)
UN 관할 완충지대
영국 군사기지

키레니아
북키프로스터키공화국
파마구스타
니코시아
니코시아
키프로스공화국
파포스
데켈리아 기지
라르나카
리마솔

아크로티리 기지

루마니아
세르비아
불가리아
흑해
이탈리아
이스탄불
그리스
터키
지중해
키프로스
시리아
레바논
이스라엘
리비아
이집트
요르단

키프로스 분단 현황.

쪽은 '키프로스공화국'의 수도이고, 북쪽은 '북키프로스터키공화국'
의 수도다. 분단수도 가운데에 벽을 세우고 철조망을 쳐서 통행을
금지하고 있을 뿐 아니라, 곳곳에 지뢰 경고판을 붙여놓았다. 접근
금지 구역인 그린라인의 '완충지대buffer zone'에는 부서진 건물과 무너
진 교회, 사람이 살지 않는 집들이 방치되어 있다. 키프로스는 슬픈
운명의 분단국이다.

왜 당나귀는 그린라인에서
체포되었을까?

───────── 2003년 4월 23일, 북키프로스 정부는 그린라인의 검문소를 개방하고 왕래를 허용했다. 아무도 예상하지 못한 일이었다. 이틀 전에 대통령이 텔레비전에 나와 일방적으로 검문소 세 곳을 개방한다고 발표했을 때, 사람들은 그 말이 무슨 뜻인지 몰랐다. 1974년에 터키와 전쟁을 치르고 분단이 된 지 29년이 흘렀다. 그동안 그린라인은 넘을 수 없는 선이었고, 그 너머는 접근할 수 없는 공간이었다. 분단 이후 태어난 북쪽 사람들에게 남쪽, 즉 그리스계가 사는 곳은 한마디로 갈 수 없는 '미지의 땅'일 뿐이었다. 남쪽 사람들도 자신들의 귀를 의심했다. 왜 문을 열겠다는 것인지, 그리고 얼마 동안 개방할 예정인지 짐작조차 할 수 없었다.

니코시아 구시가지 동쪽에 있는 레드라 팰리스 호텔로 사람들이 모여들었다. 호텔은 하필이면 그린라인 완충지대 안에 있어서 분단이 되자마자 문을 닫았다. 낡은 호텔은 이제 관광객이 아니라 UN군의 숙소로 사용되고 있다. 이곳에 시내와 가장 가까운 검문소가 있어서 그동안 이 호텔에서 남북 정부 간 협상이 몇 차례 열렸다. 또한 양쪽 대표단이 상대 지역을 방문할 때면 이곳 검문소를 이용했다.

개방 이후에는 누구나 이곳 검문소를 지나서 남과 북을 오갔다. 문이 열리고 5개월이 흐른 2003년 9월 22일, 이곳에서 매우 이색적인 시위가 벌어졌다. 그동안 남에서 북으로 갈 때마다 신분증이나 여권을 제출하고 출입 서류를 작성해야 했다. 그래서 "왜 여권을 보여줘야 하는가? 외국에 가는 것도 아닌데"라며 불쾌감을 표시하는 사람이

2003년 9월 22일, 남북의 통일운동단체들이 '진정한 키프로스의 주인'인 당나귀를 끌고 그린라인을 통과하는 시위를 벌였다. 당나귀 주인이 당나귀를 타고 그린라인을 통과할 때 시위대는 자유로운 이동을 요구하는 플래카드를 들고 뒤를 따랐다. '당나귀 월경 사건'으로 알려진 이 시위는 그리스계와 터키계의 차이를 강조하는 반통일론에 대한 도전이었다.

시민단체는 검문소를 통과할 때 제시할 당나귀의 신분증까지 마련했다. 신분증에는 '직업:짐꾼, 출생지:키프로스, 출생일:봄, 거주국:키프로스' 등 당나귀의 신상 정보가 기록되어 있다.

많았다. 이런 불만을 품은 사람들을 대신해 남북 양쪽에서 통일운동을 하는 활동가들이 한 편의 거대한 풍자극을 준비했다. 바로 '당나귀 월경 사건'이다.

당나귀의 출연은 국경 개방 조치를 발표한 라우프 뎅크타시 북키프로스 대통령 때문이다. 뎅크타시는 고립 상황에서 벗어나기 위해 어쩔 수 없이 문을 열었지만, 실제로는 가장 대표적인 반통일론자였다. 그는 "키프로스 민족 같은 것은 존재하지 않는다. 다만, 그리스계와 터키계가 따로따로 살아갈 뿐이다. 진정한 키프로스의 주인을 하나 꼽으라면 당나귀밖에 더 있겠는가?"라고 말한 적이 있다. 그래서 통일운동단체들은 북에서 남으로, 남에서 북으로 당나귀를 끌고 그린라인을 통과하는 시위를 벌이기로 했다. 안타깝게도 북쪽에서는 검문소까지 당나귀를 태우고 갈 트럭을 구하지 못해 그냥 사람들만 왔다.

남쪽 단체는 '진정한 키프로스의 주인'을 위해 신분증까지 만들었다. 남쪽 검문소는 문제없이 통과했다. 출발 전에 당나귀 주인인 73세의 택시 운전사는 기자들을 향해 "단 하나뿐인 진정한 키프로스의 주인이 북키프로스 검문소를 통과하는 것은 아무런 문제가 없을 것"이라고 큰소리를 쳤다. 완충지대를 지나 북쪽 검문소에 도착했다. 먼저 당나귀 서류를 작성했다. 이름은 'Mr. 당나귀', 직업은 '짐꾼'이라고 썼다. 국적 칸에는 '당나귀연방공화국'이라고 적었다. 눈만 껌벅거리는 당나귀 뒤에는 '우리는 키프로스 당나귀의 자유로운 이동을 요구한다'는 플래카드를 든 사람들이 서 있었다.

북쪽 출입사무소 직원은 당나귀가 제출한 서류를 보고 매우 격분했다. 그는 이것을 모욕적인 행동으로 여겼다. 그리고 당나귀가 임신했음이 분명한데, 다시 말해 암놈인데도 'Mr.'라고 썼다고 노발대발했다. 경찰이 나타나 당나귀 주인과 구호를 외친 다른 두 명을 경찰차에 태워 연행했다. 차에 탈 수 없는 당나귀는 다른 경찰관이 끌고 터벅터벅 걸어서 경찰서로 따라갔다. 다음 날, 북키프로스 신문의 1면 제목은 "4명의 키프로스인 체포, 그리스계 2명, 터키계 1명, 그리고 진정한 키프로스계 1명"이었다. 그들은 하루 만에 풀려났지만, '경찰에 대한 부적절한 행동'이라는 죄명으로 벌금을 물었다.

'당나귀 월경 사건'이라는 풍자극을 시도한 목적은 통일을 촉구하기 위해서였다. 그리스계와 터키계의 존재론적 차이를 강조하는 반통일론에 대한 도전이었다. 섬의 토박이인 키프로스 당나귀처럼 양쪽이 섬에서 어울려 살아온 지 400년이 넘었고, 서로 간에 공통점도 많다는 점을 강조했다. 그러나 안타깝게도 통일의 필요성을 강조하는 이런 풍자극에 공감하는 시민들은 그다지 많지 않았다.

이 사건이 있고 몇 달이 지난 2004년 4월에 역사적인 통일 국민투표가 이루어졌다. 중재자로 나선 코피 아난 UN 사무총장이 양쪽 입장을 조정해 만든 통일조약이 국민투표에 부쳐졌다. 남과 북, 모두 찬성하면 통일이 이루어지는 것이다. 그러나 북쪽은 64.9%가 찬성했지만, 남쪽은 75.8%가 반대했다. 눈앞에 다가왔던 통일의 기회는 물거품처럼 사라졌다. 통일 투표의 실패는 큰 상처를 남겼다. 북키프로스 사람들은 남쪽 사람들이 자신들을 어떻게 생각하는지 확인하고서는 절망하거나 분개했다. 북쪽에서는 이제 살아서 통일을 볼 수 없을 거라는 체념이 퍼져나갔다. 마음만 먹으면 언제든지 오고 갈 수 있을 정도로 평화가 왔는데, 왜 남쪽 사람들은 통일을 원하지 않을까? 키프로스섬의 아름다운 풍경에 가려진 그들의 정체가 무엇이기에, 그들의 통일협상은 수십 년 동안 제자리걸음인가?

독립, 내전,
그리고 분단

─────── 역사적으로 여러 세력의 지배를 받았음에도 키프로스의 다수 주민은 늘 그리스계였다. 그런데 16세기에 오스만제국이 이 섬을 점령하면서부터 터키계가 이주해왔다. 이때부터 비극이 시작되었다. 그리스계와 터키계는 언어와 종교가 달랐다. 그런 탓에 서로 소통하지 않았고, 행정도 달리했다. 1878년 영국이 기울어가는 오스만제국과 임차 협정을 체결해 이 섬의 행정권을 양도받았다. 제1차 세계대전 당시 영국은 수에즈운하를 보호하고, 지중해의 안전을 위한다는 명분으로 이 섬을 식민지화한 뒤, 1923년 로잔조약에 따라 패전국인 터키로부터 키프로스의 주권을 넘겨받아 정식 직할 식민지로 삼았다. 그렇게 키프로스는 영국의 식민지가 되었다. 영국은 소수파인 터키계를 앞세워 다수파인 그리스계를 견제하는 분할 통치 전략을 사용했다. 그런 상황에서 양쪽은 서로에 대한 원한을 쌓았다.

영국 당국과 그리스계 주민들의 충돌이 불가피한 상황에서 기름에 불을 붓는 사건이 발생했다. 바로 에노시스Enosis, 그리스어로 '병합'이라는 뜻의 운동이 키프로스섬에 상륙한 것이다. 그리스는 1830년에 오스만제국에서 독립한 뒤로 자국 주민이 거주하는 도서를 병합하는 운동을 적극적으로 추진했다. 1923년 로잔조약으로 키프로스의 주권이 영국으로 넘어가자, 에노시스운동은 키로프스에서 반영운동으로 확산되었다. 1931년 에노시스운동 지지자들이 니코시아의 정부 청사를 불태우자 영국은 강력하게 진압했다. 결국 일부 주동자들이 그리스로 강제 추방당했다.

에노시스운동이 반영운동으로 확대되면서 어린 학생들까지 시위에 동참하는 등 키프로스 독립 열기를 확산시켰다.

영국은 에노시스운동을 저지하기 위해 터키계 주민들과 공동전선을 펼쳤고, 이 과정에서 그리스계와 터키계의 적대의식도 자랐다. 그리스계 주민들은 무력으로 에노시스를 달성하기 위해 지하조직을 만들어 테러활동을 전개했고, 터키계도 같은 방식으로 보복했다. 그리스에서 에노시스운동이 불타오르자, 터키에서도 '분할 아니면 죽음^{Ya} $^{taksim, Ya \, ölüm}$'이라는 구호를 외치며 터키 정부의 개입을 촉구했다.

1960년 키프로스는 영국으로부터 독립했다. 스스로의 힘에 의해서가 아니라 강대국 정치의 결과였다. 영국, 그리스, 그리고 터키는 취리히·런던조약을 체결해 키프로스의 질서를 위해 그리스계와 터키계의 7 대 3 비율의 권력 분점과, 영국의 군사기지 존속 및 그리스군

1960년 8월 16일 키프로스는 영국으로부터 독립했다. 그리스계와 터키계의 권력 분점에 따라 그리스계의 마카리오스 3세(앞줄 왼쪽에서 두 번째)가 대통령을 맡았다. 다음 해 키프로스는 UN의 99번째 회원국이 되었다.

과 터키군 주둔을 전제로 키프로스의 독립을 인정해주었다. 950명의 그리스 군인과 650명의 터키 군인이 키프로스 군대의 훈련을 돕는다는 명분으로 주둔했다. 독립 당시 대통령은 그리스계가 맡았고, 부통령은 터키계에게 돌아갔다. 대통령과 부통령 모두에게 거부권을 주어, 다수파의 독주를 제도적으로 막았다. 독립 당시 인구로 보면, 그리스계는 약 77%였지만, 터키계는 18%에 불과했다(나머지 5%는 기타). 그러나 터키계는 정부 부처 고위직의 30%, 그리고 10석의 장관직 가운데 3석을 차지했고, 군부의 고위직 역시 약 40%를 차지했다. 따라서 다수인 그리스계의 불만이 많았다.

초대 대통령인 마카리오스 3세가 1963년 11월에 그리스계의 불만을 반영해 권력 분점의 비율을 다시 조정하려 하자, 그리스계와 터키계 간에 충돌이 일어났다. 그는 부통령의 거부권을 폐지하려 했으며, 터키계의 권리를 제한하는 헌법 개정을 추진했다. 그러던 중 그해 12월, 그리스계 경찰관이 두 명의 터키계 주민을 살해한 '피의 크리스마스' 사건이 일어났다. 터키계가 보복에 나서자 그리스계는 더 큰 폭력으로 맞섰고, 키프로스는 내전의 어두운 터널로 진입했다. 독립한 지 겨우 3년이 조금 지났을 때다.

내전이 시작되자 다수파인 그리스계는 터키계를 탄압하기 시작했다. 심지어 터키계는 살던 집에서 쫓겨나기까지 했는데, 1964년에는 2만 5,000명 이상(터키계 주민의 4분의 1에 해당)이 고향에서 쫓겨나 난민이 되었다. 그 밖에도 5만 6,000여 명이 적십자사의 도움으로 생명을 유지했다. 정부에 참여했던 터키계도 사직서를 내는 등 대부분 철수했다. 키프로스에서 터키계가 탄압받는 상황을 지켜보던 터키가 마침내 키프로스 내전에 개입하려는 행동을 취했다. 터키는 전투기를 파견해 키프로스 상공을 배회하면서 언제든지 군사적으로 공격할 듯이 압력을 행사했다.

내전이 벌어지자 키프로스 독립조약 보장 국가인 영국·그리스·터키가 키프로스 정부의 동의 아래 공동으로 평화 유지를 위한 병력을 주둔시켰다. 2,700여 명의 3국 군대가 공공질서 유지를 목적으로 키프로스에 상륙했으며, 수도인 니코시아 한가운데를 갈라 철조망으로 그린라인을 긋고 중립지대인 완충지대를 설정했다. 도로가 차단되고, 검문소가 설치되었으며, 남과 북은 분단되었다.

그러나 내전의 불길은 사그라지지 않았고, 꺼지지 않는 잔불처럼 남아 이따금씩 충돌이 계속되었다. 1964년 초에 키프로스의 미래에 대한 영국·그리스·터키 3국의 입장 차이를 확인한 그리스계의 마카리오스 3세 정부는 UN 안전보장이사회의 개입을 촉구했다. 그해에 UN 평화유지군이 키프로스에 파견되었지만, 실상은 영국군이 UN 평화유지군으로 이름표만 바꿔 단 형국이었다. 평화유지군으로 키프로스에 들어온 영국군은 두 개의 해군기지를 유지하면서 키프로스를 전략적 요충지로 활용하고자 했다.

이처럼 UN 평화유지군이 파병되었어도 키프로스의 분쟁은 계속되었다. 그리스계는 자신들이 모국으로 생각하는 그리스와 통합할 것을 요구하면서 소수의 터키계를 탄압했다. 1964년 8월에는 그리스 군대의 지원을 등에 업은 그리스계가 터키계를 대상으로 '인종 청소'에 버금가는 폭력을 행사하는 사건이 벌어졌다. 터키는 이에 대한 보복으로 전투기를 보내 그리스계 키프로스 마을에 폭격을 가했다. 결국 UN 안전보장이사회가 결의안을 통해 양쪽에 즉각적인 폭격 중단(터키)과 지상 공격 중단(그리스)을 촉구했고, 비로소 군사적 대치 상황이 중단되었다. 상황이 이렇게 마무리되자 그리스계는 터키 때문에 군사적 승리가 불가능하다고 판단했다. 그들은 터키를 직접 상대하는 대신 터키계 지역을 봉쇄해 그들이 스스로 이 땅을 떠나도록 압력을 행사했다.

그러다가 1974년 지리적 분단의 순간이 닥쳐왔다. 그리스계가 그리스 군부정권의 지원을 등에 업고 쿠데타를 일으켰다. 다소 온건한 마카리오스 3세 대통령을 쫓아내고, 그리스 통합주의자이자 철저한 반터키주의자인 니코스 샘슨을 대통령으로 임명했다. 그리스와 합병을 주장하는 민족주의 세력이 권력을 잡은 것이다. 샘슨이 자신들을 '민족구제정부'라고 부르기 시작하자, 터키계는 인종 청소에 대한 두

1974년 그리스와 합병을 주장하는 민족주의 세력이 그리스 군부정권의 지원을 업고 쿠데타를 일으켰다. 군부는 탱크를 몰고 들어와 니코시아 시내에 진주했다.

그리스계의 쿠데타 이후 터키계의 요청으로 북키프로스를 침공한 터키군. 터키군이 북부를 차지한 상태에서 휴전이 이루어지면서 결국 키프로스는 남북으로 분단되었다.

려움으로 공포에 떨었다. 바람 앞의 등불 신세가 된 터키계 1만여 명
이 영국 해군기지로 피신하기도 했다. 터키계 주민들은 간절히 영국과
터키의 군사 개입을 요청했다. 이에 영국은 거부했지만, 터키는 4만
명의 군대를 이끌고 섬 북쪽에 상륙했다. 그리고 남으로 밀고 내려와
한 달 만에 섬의 38%를 차지했다.

그리스계는 터키의 개입으로 6,000여 명의 사상자가 발생했다고
추산했다. 그중 2,000여 명은 터키군과 터키계 키프로스 주민이었고,
4,000여 명은 그리스계 키프로스 군인과 그리스계 주민이었다. 그리
고 1,700여 명의 실종자가 발생했다. 터키군이 북부를 차지한 상태에
서 휴전이 이루어졌다. 일부 지역에 설치되었던 그린라인이 섬을 완
전히 남북으로 가르는 선으로 확장되었다. 180킬로미터의 분계선이
그어졌고, '민간인 접근 금지 구역'인 완충지대가 설치되었다.

그리고 주민 교환이 이루어졌다. 북부 지역에 살던 그리스계 주민
15만~20만 명은 남부로, 남부에 살던 터키계 주민 4만~6만 명은 북
부로 이주했다. 주민 교환으로 사람들은 고향뿐 아니라 집과 토지도
잃었다. 터키 정부는 그리스계가 떠난 빈자리에 본토에 살고 있던 터
키인들을 이주시켰다. 처음에는 북키프로스에 주둔한 터키군의 가족
들이 본토에서 섬으로 이주했지만, 점차 주택을 무상으로 제공하는
등 적극적인 유인정책을 펼쳐 터키에서 다양한 사람들이 섬으로 옮
겨왔다. 1974년 전쟁 직후 1만 명 수준이던 터키 본토 이주민들은
2000년대에 이르러 7만 명으로 늘어났다. 그들은 그리스계 주민이
남겨놓은 집과 토지를 차지했다. 이후 북키프로스 주민들은 거의 모
든 것을 터키의 원조에 의존했는데, 1974년 당시 터키는 연간 3억 달
러 정도를 지원했다.

실패한 코피 아난의
통일 중재 노력

─────── 분쟁이 있는 곳에는 언제나 평화를 만드는 사람, 즉 '피스메이커$^{Peace-maker}$'가 존재한다. 키프로스 사례는 평화협상에서 중재자의 역할이 얼마나 중요한지를 잘 보여준다. 그리고 동시에 당사자의 의지가 없으면, 어떤 중재도 소용이 없음을 보여준다. 키프로스 분쟁에서 핵심 중재자는 UN이다. 1964년 UN 평화유지군이 이 섬에 주둔한 이래 키프로스 분쟁의 평화적 해결은 UN 사무총장의 핵심 과제였다. 그것은 1970년대 중반 쿠르트 발트하임 사무총장부터 2016년 현재 반기문 사무총장까지 계속되고 있다.

1974년 이후 몇 번의 협상 기회가 있었다. 대부분 위기 직후에 이루어졌다. 1985년 남북 고위급 대화는 1983년 터키계가 공식적으로 '북키프로스터키공화국'으로 독립한 이후 처음으로 이루어진 협상이다. 하지만 성과는 없었다. 1988년 양쪽이 그린라인에서 충돌한 뒤 부트로스 부트로스 갈리 UN 사무총장의 중재로 1990년에 평화 구상이 논의되었고, 1993~1994년에도 그린라인에서 충돌이 일어나면서 신뢰 구축 조치가 뒤따랐다.

코피 아난 UN 사무총장의 중재 또한 이런 과정의 연장선이었다. 다만, 그의 중재는 앞선 노력들보다 더 적극적이고 구체적이었다. 모든 것은 때가 있고, 협상에서 중요한 것은 타협의 순간을 포착하는 것이다. 1990년대 후반부터 엉킨 실타래를 풀어나갈 환경이 차츰 무르익었다. 먼저 그리스와 터키의 관계가 개선되었다. 2000년대 들어서는 민간 차원이지만 평화 정착을 위한 그리스계와 터키계의 협력이 늘어났다.

2002년 11월, 아난 사무총장은 '키프로스 문제의 포괄적 해결을 위한 협정의 기초'라는 제목을 단, 138쪽이나 되는 문서를 양국 정상에게 보냈다. 이것이 바로 '아난 플랜 I^Annan Plan I'이다. 아난 플랜은 '공동의 국가^Common State'라는 개념 아래 '느슨한 연방제'를 제시했다. 국가명을 '키프로스연방공화국'으로 제시하고, 연방정부와 '두 개의 독자적 주권을 가진 지역정부'를 제안했다. 그리고 영토 재조정, 난민의 재산권 처리, 터키군 철군 일정 등 세부 사항에 대한 방대한 조정 내용을 포함했다. 이후 아난 플랜은 양쪽 의견을 수렴하고 다시 수정하는 과정을 몇 년에 걸쳐 진행하면서 '플랜 I'에서 시작해 '플랜 IV'까지 수정·발전되었다. 아난 플랜을 작성하는 과정에서 미국과 영국은 말할 것도 없고, 그리스와 터키도 적극 지원했다.

문제는 당사자들이다. 2003년 3월 11일, 아난 사무총장은 키프로스의 양쪽 지도자를 네덜란드 헤이그에 초청했다. 마치 1978년에 카터 미국 대통령이 이집트와 이스라엘 지도자를 캠프데이비드에 초청해 끝장 토론을 주선한 것처럼, 아난 총장 역시 20시간 가까이 집중적으로 협상을 중재했다. 양쪽은 끊임없이 수정을 요구했다. 국기國旗의 모양, 국가國歌와 같은 형식적인 내용부터 터키군의 단계적 철군 일정 같은 기술적인 문제, 그리고 과거사와 관련된 예민하고 민감한 문제에 이르기까지 양쪽 모두 자신들의 입장을 주장했다.

헤이그 정상회담의 성과는 없었다. 북키프로스의 뎅크타시 대통령은 국민투표를 실시할 준비가 되어 있지 않다고 말했다. 당시 터키는 이라크전쟁이 일어난 뒤 미군의 기지 사용 문제로 국내 사정이 혼란스러웠다. 터키 정부가 국내 사정으로 북키프로스 문제에 잠시 한눈을 판 사이에 뎅크타시는 오히려 터키의 보수파들을 구워삶았다. 터키군은 전통적으로 자신들의 피로 북키프로스를 지켰다고 생각하는 집단이다. 그렇기 때문에 협상에 반대했고, 조금도 타협할 생각이 없었다. 결국 뎅크타시가 부추겨 터키군의 전·현직 고위 관계자들이 발언을 하기 시작하자, 그 말들은 곧바로 그리스계를 자극했다. 다소 보수적인 그리스계의 타소스 파파도폴로스 키프로스 대통령 또한 여러 조건을 내세우는 바람에 결국 협상은 실패로 돌아갔다.

아난 총장은 헤이그에서 추진한 중재가 실패했음에도 국민투표 계획을 밀어붙였다. 그가 자신감을 가질 수 있었던 것은 '유럽연합'이라는 비장의 카드가 있었기 때문이다. 남쪽의 키프로스공화국은 이미 1990년에 유럽연합 가입을 신청했다. 그동안은 유럽연합 가입 기준을 충족하지 못했지만, 2000년대 들어 유럽연합이 동유럽 국가 10개국을 받아들이면서 상황이 달라졌다. 가입 기준이 완화되었고, 지중해 지역인 말타와 키프로스의 가입이 함께 검토되었다. 아난 총장은 키프로스의 유럽연합 가입 시점을 결정적인 기회로 활용할 생각이었다. 유럽연합 집행위원장인 로마노 프로디는 "이제 키프로스의 분단을 끝낼 역사적 기회가 왔다"라고 말하면서, "유럽연합 안에 철조망, 지뢰, 그리고 평화유지군이 있을 필요는 없다"라고 강조했다.

아난 총장과 유럽연합 집행부는 분단된 키프로스가 아니라, 통일된 키프로스를 유럽연합의 회원국으로 가입시키고 싶어 했다. 그래서 국민투표 시점을 키프로스공화국의 유럽연합 가입(2004년 5월 1일) 일주일 전으로 결정했다. 아난 플랜을 양쪽 모두 찬성하면 연방제 방식으로 통일이 이루어지는 것이다. 남키프로스 정부는 내키지 않았지만 유럽연합의 적극적인 요청을 거부할 수 없었기 때문에 국민투

2004년 4월 24일 남북키프로스의 국민투표를 앞두고 양쪽 시민사회가 나서서 'Yes' 캠페인을 펼쳤다. 그러나 투표 결과 북부 주민들은 64.9%가 통일에 찬성했지만, 남부 주민들은 75.8%가 반대표를 던졌다.

표를 받아들였다. 북키프로스 정부 또한 주민들의 통일에 대한 기대감을 거부할 수 없었다. 다만, 양쪽 정부 모두 국민투표가 가결되는 것을 원하지 않았다.

　남북 양쪽의 시민사회가 나서서 'Yes' 캠페인을 펼쳤다. 이들의 활동은 그린라인을 가로지르는 이성의 연대였다. 2004년 4월 24일, 남북키프로스에서 동시에 투표가 실시되었다. 북부에서 국민투표는 조용한 혁명이었다. 북부 주민들은 64.9%가 찬성했다. 그들은 왜 찬성했을까? 무엇보다 경제적인 기대감이 컸다. 1974년 분단 이후 북키프로스는 외교적으로 고립되고, 국제사회의 경제 제재를 오랫동안 받았다. 남키프로스보다 훨씬 가난하게 살았는데, 2004년 당시 남쪽의 1인당 국민소득은 2만 2,000달러였지만, 북쪽은 7,000달러 정도에 불과했다. 물론 그들은 통일을 낙관적으로만 생각하지 않았다. 과거 학살의 기억이 아직 살아 있고, 차별의 상처도 아물지 않았기에 여전히 남쪽 그리스계를 불신했다. 통일 후 소수파인 자신들의 이익을 보장받을 수 있을지 확신이 없었다. 그들은 망설였지만 합리적인 판단으로 미래를 선택했다. 통일이 되어 유럽연합 회원국이 되면 지금보다 더 잘살 수 있을 것 같은 미래에 대한 기대가 과거의 상처에서 비롯된 불안을 덮었다.

그러나 남부의 그리스계는 달랐다. 그들은 75.8%가 반대했다. 남쪽 그리스계의 파파도풀로스 정권은 노골적으로 반대를 부추겼다. 남쪽 대통령은 TV에 나와 눈물을 글썽이면서, "우리는 'NO'에 투표해야 합니다. 그래야 우리의 미래가 'YES'일 수 있습니다"라고 말했다. 정부가 은밀하게 지원하고, 그리스계 민족주의자들이 앞장서서 '아난 플랜은 터키가 원하는 것'이라는 벽보를 곳곳에 붙이기도 했다.

왜 그리스계는
통일을 반대했을까?

──────── 그리스계 정부는 아난 플랜을 거부한다고 해서 유럽연합 가입이 거절되지 않으리라는 점을 잘 알고 있었다. 회원국 간에 입장 차이가 있기 때문에 아난의 생각처럼 키프로스의 통일 국민투표가 유럽연합 가입 문제와 강력하게 연계될 수 없었다. 결국 시간을 정해놓은 마감 전략은 협상 당사자에 대한 압박으로 작용하지 못했고, 오히려 통일에 대한 국민투표가 부실하게 이루어지는 원인이 되

고 말았다. 다시 말해 국민투표에서 유럽연합 가입 시점이라는 변수는 오히려 역효과를 가져왔다.

남부의 다수는 통일을 반대했다. 민족주의 우파가 들고일어났고, 보수 정부는 통일을 선호하는 좌파 세력과 연대할 생각이 없었다. 먼저, 아난 플랜은 그리스계 주민에게 잘 알려지지 않았다. 정부가 나서서 반대투표를 부추기면서 자세한 내용을 알리지 않았다. 정부는 일부 내용을 너무 늦게 공개했고, 핵심 쟁점들에 대해서는 왜곡해서 전달했다.

가장 대표적인 것이 터키군의 철군 계획이다. 아난 플랜은, 국민투표에서 통과되는 즉시 3만 명 이상의 터키군을 철수시키고, 단계적으로 키프로스의 비무장을 추진하며, 결국엔 터키계뿐 아니라 그리스계 군대도 해체해 완전한 평화국가를 만든다는 내용을 담고 있었다. 그러나 그리스계 민족주의자들은 정반대로 아난 플랜을 왜곡했다. 그들은 터키군 중 일부가 일정 기간 남는 것에 대해 "아난 플랜은 터키군의 주둔을 허용했다"라고 선동했다. 그 바람에 그리스계 주민들이 즉각적인 터키군의 완전 철수를 주장하고 나섰다. 물론 아난 플랜은 철군 일정을 너무 장기적으로 제시했고, 군대 감축 및 평화 보장 방안과 관련된 일정도 모호했다. 그러나 연방제 통일 이후 3만 5,000명의 터키군이 단계적으로 철군해서 마지막에는 650명만 남는다는 계획이 일방적인 정치 선동에 묻혀 시민들에게 제대로 전달되지 않았다.

또한 파파도풀로스 정권은 올바른 정보가 시민들에게 전달되지 못하도록 노골적으로 방해했다. 방송국들은 편파적이었고, 정부는 유럽연합과 UN 관계자들의 인터뷰조차 의도적으로 막았다. 국민투표를 감독하기 위해 파견된 UN 특사에게도 인터뷰 기회가 주어지지 않았고, 방송국의 접근 자체를 정부가 방해했다. 그리스정교회도 적극적으로 반대 캠페인에 동참했다. 그들은 교회에서 "찬성하는 사람들은 불의의 편에 서는 것이다. 그래서 고향을 잃을 것이며, 결국 지옥에 갈 것"이라고 노골적으로 협박했다. 물론 보수 정치권의 입김이 배후에서 작용했다.

그리스계 주민 가운데 젊은 세대들도 통일에 적극적이지 않았다. 그들은 이대로가 좋은데 왜 못사는 북키프로스와 통일을 해야 하는지 모르겠다며 불만을 드러냈다. 2004년에만 그리스계의 1인당 국민소득이 터키계보다 세 배 이상 많았다. 한마디로 통일하지 말고 이대로 살자는 사람들이 훨씬 많았다. 노인 세대들은 그들대로 다시 함께 살면 과거의 문제가 되살아날 수 있다는 두려움을 느꼈다.

그리스계는 또한 키프로스의 유일한 합법 정부라는 정당성을 양보할 생각이 없었다. 1974년 이후 터키와 터키계 키프로스 주민은 침략자이고, 그리스계 키프로스 주민은 피해자였다. 가해자인 터키계와 함께 산다는 결정을 그들은 받아들일 생각이 없었다. 남쪽의 보수적인 파파도풀로스 정권은 아난 플랜을 '터키에 일방적으로 유리한 외국인들의 음모'이며, '외국인들의 키프로스 헬레니즘에 대한 배신'이라고 선전했다.

아난 플랜의 치명적인 약점은 다수파인 그리스계의 오만을 과소평가했다는 점이다. 그들은 양쪽이 권력을 나누는 연방제를 받아들일 생각이 없었고, 오히려 터키 침공 이후 자신들의 잃어버린 재산을 전부 돌려받기를 원했다. 이미 1990년대 들어 일부 실향민들은 유럽사법재판소에 터키를 상대로 재산권 반환 소송을 시작했고, 2000년대 들어와서도 소송이 늘어나는 추세였다. 아난 플랜은 그리스계와 터키계 모두의 양보를 요구했다. 벌써 30년을 살고 있는 터키계의 권리도 존중해야 하기 때문이다. 그래서 그리스계 실향민들을 위한 별도의 보상기금 마련을 대안으로 제시한 것인데, 그리스계는 일부가 아니라 전부를 요구했다.

아난 플랜은 '외부자의 합리성'에 충실한 계획일 뿐, 내부 당사자의 동의를 얻는 데는 실패했다. 즉, 아난 플랜은 국제법과 행정제도 차원에서 해법을 제시했지만, 키프로스를 가르는 심리적 장벽에 대해서는 소홀했다. 남북키프로스는 서로 다른 문화와 언어, 종교를 가진 정체성이 다른 공동체로서, 서로 '적'에게 키프로스를 '팔 수 없다'고 생각했다.

결과적으로 UN의 중재는 실패했다. 당사자가 화해할 생각이 없으면, 어떤 중재도 성공하기 어렵다. 다만, 중재가 적절했는지, 중재자의 협상력이 충분히 발휘되었는지는 의문이다. 유럽연합 가입을 일주일 남겨놓은 상황을 국민투표에 대한 압력 수단으로 활용했지만, 사실 UN은 경제적으로 당근을 줄 능력도, 외교적으로 유럽연합의 단일 결정을 이끌어낼 권한도 없었다. 게다가 채찍을 휘두를 압력 수단도 없었다.

대체로 UN은 미국의 입장을 따르는 경향이 있는데, 미국 역시 키프로스 문제에 소극적이었다. 미국은 그리스와 터키 모두와 전략적 이해관계에 놓여 있었기 때문에 어느 한쪽을 편들려고 하지 않았다. 아난 UN 사무총장은 투표 결과를 보고 난 뒤 절망적인 목소리로 "거부된 것은 단지 통일 계획만이 아니라, 키프로스 문제의 해결 그 자체"라고 말했다. 이후 키프로스 문제는 '외교관의 무덤'이라는 꼬리표가 붙었다.

국경 넘기와 왕래,
그러나 멀어진 통일

─────── 통일 국민투표가 이루어지기 꼭 1년 전에 국경이 개방
되고, 자유 왕래가 이루어졌음을 기억할 필요가 있다. 일반적으로 교
류가 이루어지면 서로 이해의 폭이 넓어지고, 통일에 대한 공감대도
커진다고 생각하기 쉽다. 그러나 키프로스에서 자유 왕래와 통일의
관계는 긍정과 부정을 상쇄해 결국 아무런 영향을 미치지 못했다.

2003년 4월, 북키프로스가 일방적으로 개방을 결심한 것은 고립
때문이었다. 뎅크타시 대통령이 급작스럽게 개방을 발표했을 때, 일
부 북키프로스 사람들은 그의 불순한 의도를 의심했다. 왜냐하면 그
는 통일에 반대해온 인물이었기 때문이다. 사람들은 혹시 문이 열리
면 충돌이 벌어지고, 그러면 그 핑계로 다시 영원히 문을 닫으려는
것이 아닐까라고 넘겨짚기도 했다. 하지만 그런 것은 아니었다.

개방은 북키프로스 시민들의 요구였다. 1974년 분단 이후 북키프
로스는 국제사회의 경제 제재로 어렵게 살았다. 변변한 산업시설도
없었고, 그렇다고 외국 자본을 유치하지도 못했다. 거의 전적으로 터
키에 의존해서 보조금을 지원받고, 터키 본토에서 놀러 오는 관광객
으로 먹고살았다. 그러나 2001년 터키가 경제 위기에 빠지자 북키프
로스는 직접적인 타격을 받았다. 불황기에 가장 먼저 타격을 받는 분
야가 바로 관광산업이기 때문이다.

먹고살기 어려워진 북키프로스 주민들은 뎅크타시 정권을 대상으
로 시위를 벌였다. 마침 남쪽의 그리스계 키프로스는 유럽연합 회원
국 가입을 앞두고 있었다. '저쪽은 이제 유럽연합 회원국이 되고 국제

1964년 내전 당시 레드라 팰리스 호텔(왼쪽)과 2003년 4월 23일 레드라 팰리스 호텔 검문소로 몰려든 사람들(오른쪽). 분단시대의 전방 초소가 하루아침에 남북 접촉의 공간으로 변신했다.

무대에서 어깨를 펴는데 우리는 뭐냐, 개방을 하라'는 목소리가 높아졌다. 고립에서 벗어나기 위해서는 문을 열어야 하는데, 안타깝게도 그들이 가진 문은 남쪽뿐이었다.

2003년 4월 23일 문이 열리던 날, 많은 사람이 문 근처로 몰려들었다. 별도의 허가 절차 없이 신분증이나 여권을 보여주면 북으로 또는 남으로 갈 수 있었다. 키프로스공화국의 비자가 필요하지 않은 유럽공동체나 북아메리카(미국과 캐나다) 관광객도 여권만 보여주면 자유롭게 오고 갈 수 있었다. 1974년 이후 분단의 상징적 장소였던 레드라 팰리스 호텔은 오랜 정적을 깨고 분주하고 소란스러워졌다. 분단시대의 전방 초소가 하루아침에 접촉의 공간으로 변신한 것이다.

개방 첫날, 그린라인을 넘어가는 사람들은 많지 않았다. 대부분은 일단 지켜보았다. 상대 지역에서 어떤 대접을 받을지 아무도 예상할 수 없었기 때문이다. 용기 있는 사람들이 한두 명씩 다녀왔지만 아무 일도 일어나지 않았다. 그제야 사람들은 구경꾼이 아니라, 직접 상대 지역에 다녀오기 위해 출입사무소에 줄을 서기 시작했다. 사나흘이 지났을 때 줄은 더욱 길어졌다. 이제 사람들은 예전과는 정반대로 문이 닫히지 않을지, 그래서 지난 29년간의 세월처럼 다시 그린라인을 넘지 못하게 되는 건 아닌지 걱정했다.

북으로 올라가는 사람들 중에는 실향민이 가장 많았다. 1974년에 전쟁이 일어나고 터키군이 상륙했을 때, 그리스계는 자신이 살던 집과 재산을 그대로 놓아둔 채 황급히 남으로 내려왔다. 그들은 며칠이 지나면 돌아갈 수 있을 줄 알았다. 미처 남하하지 못한 그리스계도 휴전이 되자, 양쪽 정부의 주민 교환 합의에 따라 무작정 남쪽으로 내려와야 했다. 그들은 간단한 옷가지와 그릇 몇 개만 챙긴 채, 조상 대대로 살아온 삶의 터전을 떠났다.

북쪽에서 살던 그리스계 주민들이 남으로 내려왔을 때, 남쪽 주민들은 그들을 따뜻하게 맞아주었다. 그러나 그들은 타지에서 고생해야 하는 실향민일 뿐이었다. 그들은 남쪽 정부가 제공한 피난민 숙소에서 살았는데, 시간이 지나도 대부분 그곳에서 벗어나지 못했다. 타향에서 고달픈 삶을 살면서도 그들은 언제든 북쪽으로 돌아가면 자신의 집과 토지를 되찾을 수 있을 거라는 희망을 버리지 않았다.

그리스계는 대부분 친척끼리 모여 살았기 때문에 단체로 고향을 방문했다. 북쪽 검문소를 통과하면 대기하고 있던 예약 차량을 타고 이동했다. 어느 일행은 버스를 통째로 빌려 타고 이동할 정도로 대가

1974년 터키군의 침공에 북쪽에서 살던 그리스계 주민들은 황급히 남으로 내려왔다. 하루아침에 실향민이 된 그들은 남쪽 정부가 제공한 피난민 숙소에서 살면서 북쪽으로 돌아가면 자신의 집과 토지를 되찾을 수 있을 거라는 희망을 버리지 않았다.

족이었는데, 멀리 고향 마을이 보이자 버스 안은 금방 탄식에 이어 여기저기서 훌쩍거리는 울음소리로 뒤덮였다. 옛날 집에 도착한 일행 중 어떤 아주머니는 자신이 어렸을 때 어머니가 씻겨주던 목욕 그릇의 깨진 조각을 보고 대성통곡했다. 부서지고 무너져버린 부모님의 무덤을 보고 주저앉아 울음을 터트리는 사람도 있었다.

고향을 다시 찾은 사람들에게 고향 땅은 어색하기만 했다. 옛집은 더 이상 자기 소유가 아닌 터키계 주민의 집이었다. 세차를 하고 있다가 불쾌한 표정으로 바라보는 사람도 있었고, 문이 잠겨서 안을 들여다볼 수 없는 집도 있었다. 갑자기 들이닥친 불청객을 바라보는 새 주인의 시선은 불편했다. 물론, 터키계 주민들 대부분은 친절하게 과거의 주인들을 맞아주었다. 집 안으로 초대해 차를 대접하는 사람들도 많았다. 남쪽에서 온 그리스계 주민들은 옛집을 둘러보며 어린 시절 기억의 파편이라도 건지려 애를 썼지만, 너무 많은 세월이 흐른 데다 그동안 집의 주인이 몇 번이나 바뀌었는지도 알 수 없었다. 이따금 '옛날 사진첩을 보지 못했느냐?'고 묻는 사람이 있었지만, 그런 것이 남아 있겠는가? 언제나 꿈속에서 그리워하던 고향 집이 더 이상 내 집이 아니라는 현실은 그때까지 한 번도 겪지 못한 절망적인 체험이었다.

북쪽 지역으로 도박을 하러 가는 사람도 있었다. 터키계 키프로스 주민들이 사는 북쪽은 산업 기반 시설이 없어서 주로 외화를 벌 수 있는 관광산업을 발전시켰다. 일례로 바닷가 근처 리조트 주위에 카지노를 설립해 외국인에게 개방했다. 남북키프로스의 경제력 차이 때문에 북쪽이 물가가 훨씬 싼 편이라 남쪽 그리스계 주민들이 북쪽으로 쇼핑을 하러 가기도 했다. 청바지나 티셔츠는 남쪽에 비해 10배 정도 쌌고, 해산물 같은 음식도 무척 싼 편이었다.

남쪽 정부는 북쪽으로 가는 사람들을 일부러 막지는 않았지만, 그렇다고 환영하지도 않았다. 그래서 개방 초기에는 남쪽 주민들이 북쪽을 다녀오면서도 합법적인 행위인지 아닌지 알 수 없어 불안해했다. 얼마 지나지 않아 남쪽 정부는 북쪽을 방문할 때 쓸 수 있는 돈의 한계를 정하고, 체류 일정 또한 90일 이내로 제한했다.

남으로 오는 사람들도 많았다. 남쪽 정부는 이 또한 막지 않았다. 아니 막을 만한 법적 근거가 없었다. 공식적으로 남쪽의 키프로스공화국은 전체 키프로스섬의 유일한 합법 정부이며, 영토 또한 키프로스섬 전체를 포괄한다고 헌법에 규정되어 있었다. 그들은 북키프로스 정부를 터키가 세운 '괴뢰 정부'로 여겼다. 북쪽은 되찾아야 할 영토이므로, 북키프로스 주민들 역시 키프로스공화국의 국민으로 간주되었다. 헌법상 국민인 북키프로스 주민이 자신의 영토를 방문한다는데 법적으로 어떻게 막겠는가?

남과 북의 검문소가 민간인에게 다시 열리던 날, 양쪽 검문소는 역사적인 개방과 월경을 구경하러 나온 사람들로 북적였다. 북쪽 검문소에 몰려든 터키계 주민들은 불안한 시선으로 월경자들을 지켜보았다. 1960년 독립 이후 1974년 분단까지 그들이 겪었던 참혹한 학살의 기억이 떠올랐다. 살인자의 얼굴을 비극의 현장에서 다시 마주칠수도 있었다. 그런 탓에 1974년 이전 충돌의 기억을 간직한 나이 든세대들은 남쪽으로 갈 엄두를 내지 못했다.

북쪽에서 남쪽으로 가는 사람들은 대부분 젊은이들이었다. 그들은 태어나서 처음으로 맥도널드 햄버거를 사먹기 위해, 또는 최신 영화를 보기 위해 남쪽으로 갔다. 차츰 남북 왕래가 일상화되자 남쪽으로 일하러 가는 사람들이 늘어났다. 대체로 아침에 내려왔다가 저녁에 돌아가는 하루 노동이었다. 왕래를 활용해 사업을 하는 사람들도 많았다. 그들은 휴대폰을 두 개씩 사용했다. 남쪽에서 쓰는 것과 북쪽에서 쓰는 것이 달랐다. 왕래는 이루어졌지만, 통신 서비스 등 다양한영역에서 서로 표준이 달랐기 때문이다.

키프로스공화국 여권을 신청하러 가는 북쪽 사람들도 많았다. 북키프로스는 터키를 제외한 모든 국제사회에서 승인받지 못한 국가였다. 남쪽의 키프로스공화국이 UN 회원국인 동시에 유럽연합 회원국이라는 점을 고려하면, 북쪽은 완전히 고립된 체제였다. 북쪽 터키계주민들은 외국 여행이나 유학, 또는 사업을 할 때 매우 불편했고, 챙겨야 할 절차도 많았다. 그래서 국경 개방 이전에도 북쪽 주민들 가운데 유학이나 사업을 위해 은밀하게 남쪽 여권을 얻는 사람들이 많았다. 국경 개방 이후에는 북쪽 출신이 남쪽 키프로스공화국의 여권을 신청하면 대부분 발급해주었다.

왕래가 이루어지자, 경제 논리가 물 흐르듯 사람들의 행동에 영향을 미쳤다. 대표적으로 북키프로스 국제공항의 이용률이 남쪽 공항보다 높아졌다. 유럽을 비롯해 세계 각지로 나갈 때 그리스의 아테네로 가서 환승하는 것보다 터키의 앙카라로 가는 것이 훨씬 빠르고, 비용도 싸고, 환승 노선도 많았다. 가격으로 치면, 앙카라로 가는 노선이 아테네로 가는 노선의 반값 정도에 불과했다. 남쪽의 그리스계 주민 가운데는 "터키를 싫어하지만, 터키항공은 좋아한다"라고 말하는 이도 있었다.

이렇게 교류가 늘어났지만 그렇다고 통일을 원하는 이들이 늘어난 것은 아니었다. 남북 개방 후 1년 뒤에 실시한 2004년 통일 국민투표에서 그리스계의 75.8%는 통일을 반대했다. 왜 그랬을까? 실제로 남북 접촉 이후에 상대에 대한 인식이 달라진 경우가 많았다. 서로 이익을 나눔으로써 얻게 된 혜택도 많았지만, 문이 열리면서 오랫동안 가라앉아 있던 상처들이 소용돌이를 일으키며 떠오르기도 했다. 북쪽에 가서 옛집을 보고 온 실향민들은 분통을 터트리며 타협이 아니라 수복만이 자신들의 재산을 되찾을 수 있는 길이라 확신했다. 또한 과거의 아픈 기억을 간직한 세대들은 혹시나 남북 간 접촉으로 인해 과거의 비극이 재연되지 않을까 두려워했다. 개방과 교류의 긍정적 효과도 많았지만, 그렇다고 남북 주민이 함께 섞여 살 수 있으리라는 자신감을 갖는 데까지 영향을 미치지는 못했다.

40번의 남북 정상회담,
그 성과와 한계

───────── 아난 플랜은 실패했지만, 그래도 성과는 있었다. 대부분의 쟁점들은 이후 협상의 근거가 되었으며, 통일에 대한 성찰의 계기를 제공했다. 2005년에 북기프로스에서 통일에 우호적인 메메트 알리 탈라트가 대통령에 당선되었다. 그리고 2008년에는 남쪽에서도 남북 관계에 적극적인 디미트리스 크리스토피아스가 대통령으로 취임했다. 두 명의 지도자는 이미 오래전부터 알고 지낸 사이였다.

노동자진보당● 소속이었던 크리스토피아스는 과거 소련에서 공부했다. 그는 러시아어를 유창하게 하며, 14살 어린 나이에 '공산주의 성향의 정당'에 가입한 인물이었다. 그는 대통령 선거 유세에서 "이대로 가면 영구 분단이 될 거"라고 말하며 보수 정부를 강력하게 비판했다. 그는 대통령 취임사에서 "올바르고 실행 가능한 키프로스 문제의 효과적인 해법을 추구"하겠다고 주장하며, 연방제 통일을 비롯해 터키군 철수와 섬 전체의 비무장화를 목표로 제시했다.

2004년 국민투표에서 대부분 통일 반대에 표를 던졌던 그리스계 주민들은 왜 통일에 적극적인 진보 대통령을 선택했을까? 그들은 그동안 보수 정부에 속았다고 여겼다. 보

● 약자로 AKEL(아켈)로 표기하며, 1926년에 창당된 키프로스공산당(PCC)의 후신이다. 공산당이 불법화되자, 1941년에 진보주의자들과 노동운동 세력이 연합해 새롭게 만든 당이다. 반제국주의와 반파시스트 민주주의를 기치로 내걸고 영국의 식민지에서 벗어나기 위한 해방투쟁을 펼쳤으며, 북대서양조약기구에 반대했다. 자주적인 비동맹 노선을 선호하고, 연방제를 바탕으로 터키계와 화해를 적극 주장했다.

수 정부는 유럽연합에 가입하면 찬란한 미래가 보장될 거라고 떠들었지만, 막상 다가온 미래는 결코 찬란하지 않았고 그만큼 대중의 실망감도 컸다. 그래서 대통령 선거에서 북부와 대화를 통해 실용적인 해결 방안을 찾겠다는 공산주의 성향의 당을 선택하게 된 것이다. 노동자진보당은 분단 상황에서도 북부의 노동조합과 우호적인 관계를 유지해왔다.

크리스토피아스 대통령은 집권하자마자 적극적으로 남북 정상회담을 추진했다. 2008년 3월 21일, 첫 번째 정상회담에서 남북 두 정상은 키프로스 문제의 포괄적 해결을 위한 실무자 모임을 구성하기로 합의하고, 권력 분점과 유럽연합 문제, 안보와 영토 문제, 그리고 경제협력 문제를 다루기로 했다.

이후 2009년 8월까지 약 18개월 동안 정확히 40번의 정상회담이 열렸다. 깊은 논의를 통해 차이가 좁혀진 쟁점들도 많았다. 그러나 평행선을 달리는 쟁점도 여전히 있었다. 통일 방안은 연방제로 모아졌으나 그 수준에 대해서는 의견 차이가 있었다. 그리스계는 중앙정부의 권한이 강력한 연방제를 선호했지만, 터키계는 소수파인 자신들의 자치가 보장되는 국가연합 또는 '느슨한 연방제'를 주장했다. 정부 구성에 대해서도 다수인 그리스계는 인구 비례의 원칙을 내세웠지만, 소수파인 터키계는 양쪽 동수로 연방정부를 구성하자고 맞섰다. 연방 대통령은 남과 북이 돌아가면서 맡는 방안에 공감했다.

물론, 대화의 과정에서 건설적인 제안도 있었다. 크리스토피아스 대통령이 제안한 '교차 투표' 같은 것이다. 예를 들면, 남쪽 대통령 선거 때 북쪽 주민들에게도 투표권을 주고, 일정 비율을 반영하자는 제안이다. 상상해보라. 이럴 경우 남쪽 대통령 후보는 북쪽에 적대적인 정책을 무책임하게 주장하기 어렵다. 그렇게 할 수만 있다면 얼마나 좋을까? 그러면 분단을 정쟁의 빌미로 활용하는 과거의 구태에서 벗어날 것이다. 물론 현실적으로 실행하기는 어려운 이상적인 방법이지만 말이다.

<h1 style="text-align:center">두 개의 역사와
기억의 분단</h1>

──────── 정치권의 통일 논의는 뜨거웠지만, 여론은 여전히 차가웠다. 특히 분단시대에 쌓아놓은 상호 적대감은 쉽게 사그라들지 않았다. 그리스계와 터키계의 통일은 과연 불가능할까? 통일운동을 하는 사람들은 양쪽의 공통점을 강조한다. 역사 기록으로 보면, 17세기 그리스정교회가 개인 재산을 교회 재산으로 강탈하는 등 횡포를 부릴 때, 그리스계 가운데 많은 사람이 자신의 재산을 지키기 위해 이슬람으로 개종했다. 400년 이상을 섬에서 함께 살았기 때문에 음식이나 관습에서 공통점도 많았다. 가사만 다르고 리듬이 같은 민요도 많았고, 외모에서도 그리스계와 터키계를 구분하기 어려웠다. 차이는 만들어진 것이고, 현대의 정치로 인해 서로에 대한 증오가 쌓여왔을 뿐이다.

특히 기억의 분단은 미래의 통일을 가로막았다. 양쪽 역사 교과서를 살펴보면, 이른바 '혈통민족주의$^{ethnic\ nationalism}$'를 강조하고 있다. 양쪽 모두 자신들이 고국이라고 생각하는 그리스와 터키의 역사·문화·언어·종교를 중심으로 다루고 있으며, 키프로스의 역사는 상대적으로 적게 다루고 있다.

양쪽은 또한 현대사를 자기중심적으로 서술하면서, '도저히 함께 살 수 없는 이유'를 나열하고 있다. 1960년대 폭력과 관련해서 그리스계의 역사 교과서는 주로 '터키 폭도들의 만행'을 강조한다. 터키 전투기들이 그리스계 시민들을 어떻게 학살했는지 자세히 묘사하면서, 그리스계는 일방적인 피해자라는 점을 강조하고 있다. 또한 인종주의적인 표현과 무슬림을 비하하는 내용도 심심찮게 등장한다. 물론, 그리스계는 2004년 이후 정치환경의 변화를 반영해 역사 교과서를 수정했다. 자극적인 표현이나 노골적인 묘사는 수정되었으나, 역사 교과서의 기본 시각은 크게 달라지지 않았다.

터키계 역시 '혈통민족주의'에 따라 자신들의 역사를 터키 역사의 일부로 서술하고 있다. 교과서에는 '우리의 모국, 터키'라는 부분도 있다. 1964년에서 1974년의 혼란기와 관련해서는 '터키계에 대한 그리스계의 세계에서 유례를 찾아볼 수 없는 야만스러운 학살'이라는 점을 강조한다. 집단학살의 끔찍한 장면을 담은 사진이 교과서에 실려 있으며, 마을별·시간별로 학살이 어떻게 이루어졌는지를 자세히 적고 있다. 또한 1974년 터키의 군사적 개입을 '영웅적인 터키군의 행복한 평화활동'이라는 제목으로 서술했다.

북키프로스에서도 진보적인 정권이 들어서면서 역사 교과서를 수정했다. 2005년에 개정된 교과서는 전반적인 내용을 '시민 민족주의'로 바꾸고, 책 표지에도 국토의 허리를 자른 그린라인을 삭제하고 전체 키프로스 지도를 넣었다. 그리고 교과서에서 '모국motherland'이라는 말을 아예 삭제하고, 그리스계와 터키계의 공통점을 강조했다. 오스만제국 시대와 영국 식민지 시절에 그리스계와 터키계가 협력해서 해방투쟁을 벌였던 역사를 서술하기도 했다. 또한 혼란기의 아픈 상처를 대폭 줄였으며, 폭력의 주체도 '일부 그리스계'로 한정하고, 그리스계가 입은 피해들도 서술했다.

그렇다고 터키계의 수정된 역사 교과서가 중립적이라고 볼 수는 없다. 평화를 강조하고 보편적 가치를 중시했지만, 역시 주체는 터키계 키프로스였다. 그리고 진보 정권에서 보수 정권으로 바뀌고 나서 역사 교과서는 다시 수정되었다. 과거 분단시대로 돌아간 것은 아니지만, 미래 지향적 내용의 비중이 줄어들고 터키계의 시각이 더 많이 반영되었다.

분단국가에는 미래가 아니라 과거를 팔아먹고 사는 사람들이 무척 많다. 그리스계에서 정당을 제외하고, 가장 큰 이익단체는 바로 '실향민단체'다. 그들에게 북쪽은 오로지 수복해야 할 대상일 뿐이다. 이 단체의 로고에는 '나는 잊지 않는다'라는 글귀가 새겨져 있다. 출판계에도 '잃어버린 고향'을 그리는 회고담이 많이 나와 있다. 이런 책에는 무너진 무덤, 방치된 건물의 사진이 실려 있고, 대체로 적대적인 기억들을 재생한다. 기억을 둘러싼 투쟁에서 과거는 미래로 달려가려는 발목을 잡고, 화해가 아니라 증오를 뿌리고 있다.

반쯤 해결된, 그러나 더 이상 진전 없는

————— 2010년 4월, 북키프로스의 대통령으로 데르비스 에로글루가 취임했다. 그는 통일이 아니라 분단을 선호하며 키프로스의 2국가 체제를 주장하고 있다. 그는 대통령 선거 유세에서 슬로바키아

키레니아산맥 중턱에 그려놓은 북키프로스 국기. 축구장 20개 크기의 국기는 남쪽에서 북쪽으로 넘어가는 검문소에서부터 눈에 들어온다. 1983년 11월 15일 북키프로스는 북키프로스터키공화국을 선언했지만, 터키를 제외하고는 국제사회의 인정을 받지 못한 미승인 국가이다. 키프로스는 이처럼 남북으로 분단된 채 세월이 흘러가면서 분단도 자연스러운 상태로 받아들여지고 있다.

와 체코가 분리된 것처럼, 키프로스도 '사이좋은 이혼Soft divorce'을 선택하자고 말했다. '갈등뿐인 결혼'을 고집할 것이 아니라, '평화로운 이웃'으로 살자는 것이다.

2013년 여름, 남키프로스에서는 니코스 아나스타시아데스가 대통령으로 당선되었다. 그는 '낮은 단계의 연방제'를 제안했다. 지금까지 유력한 통일 방안이었던 '연방제'의 수준을 낮춘 것이다. 그는 "새로운 국가에서는 마찰이 적을수록 더 좋고, 느슨한 지역 연합이 복잡한 하나의 행정부보다 훨씬 강하다"라고 말했다.

1974년 분단 이후 40여 년 동안 통일에 관한 거의 모든 방법론들이 쏟아져 나왔다. 그러나 현실에서는 정작 소용이 없었다. 수십 번의 만남과 협상이 있었고, 경제인부터 성직자까지 거의 모든 사람들이 나섰다. 확실한 것은 터키계는 2국가 체제를 선호하고, 그리스계는 자기중심적 통일을 포기하지 않는다는 점이다.

양쪽의 협상은 "모든 것이 합의될 때까지는 아무것도 합의되지 않았음을 의미"했다. 협상에서 '전부 아니면, 전무All or Nothing'라는 시각은 합의에 도달하기 힘들다. 키프로스에서 협상은 언제나 현상을 유지하는 수준에서 크게 벗어나지 못했고, 실패하면 다시 시작했다. 자신의 협상안을 수정하지 않고 언제나 상대의 변화를 요구했으며, 공을 상대에게 넘기는 데 급급한 테니스 게임을 반복했다. 키프로스의 협상을 지켜본 터키의 한 전직 장관은 "모든 해법은 문제를 풀기 위한 것이 아니라, 자신의 입장을 유지하기 위해, 또는 상대편의 제안을 반대하기 위한 것"이었다고 말했다.

남북키프로스는 더 가까워지지도 않았고, 그렇다고 더 멀어지지도 않았다. 키프로스 분쟁은 '평화로운 상태의 동결된 갈등'으로 분류할 수 있다. 1974년 분단 이후 그린라인에서 불법 망명이나 군사적 충돌로 사망한 사람은 단지 10여 명에 불과하다. 그리고 1996년 이후에는 단 한 명의 사망자도 발생하지 않았다. 그린라인을 담당하는 UN 평화유지군은 주둔한 지 50여 년이 흘렀지만, 양쪽 모두에게 '공정한 심판'으로 존중받고 있다. 남북키프로스 양쪽은 2007년부터 해마다 실시하던 요란한 군사훈련도 중단했다.

문제가 해결되지 않은 채 세월이 흐르면서 분단도 자연스러운 상태로 받아들여지고 있다. 이제 그리스계와 터키계 주민 모두 두 개의 언어에 익숙하다. 과거에 함께 살 때는 대체로 양쪽 언어를 모두 할 줄 아는 사람들이 많았다. 그러나 분단의 세월이 쌓이면서 이제는 남북 고위급회담에서 통역관이 필요한 상황이 되었다. 2003년 국경 개방 이후 교차 방문자의 숫자도 시간이 흐를수록 줄어들고 있다.

평화로운 분단의 교착이
정답일까?

──────── 2011년 10월, 니코시아의 레드라 거리 검문소로 사람들이 몰려들었다. 수백 명의 사람들이 북쪽과 남쪽에서 걸어오기 시작하더니 완충지대를 점령했다. 남과 북, 그리스계와 터키계라는 인종적 분단을 뛰어넘어 그들은 사회 불평등과 도시 빈곤, 그리고 분단의 장기화와 군사화를 비판했다. 시위가 처음부터 계획적으로 이루어진 것은 아니었다. 학생, 학자, 예술가, 사회단체 활동가 등 그야말로 다양한 직업의 사람들이 참여했다.

그리스계와 터키계의 활동가들 모두 키프로스의 통일을 요구했다. 그렇지만 그들은 자신들의 행동이 통일운동 차원이 아닌 세계적인 불평등에 대한 도전이라는 점을 강조했다. 세계적인 금융 질서에 저항한 뉴욕의 '월가 점령운동Occupy Wall Street'에 영향을 받은 그들은 자신들의 구호를 '점령당한 땅을 점령하라Occupy the occupied Zone'로 정했다.

처음에는 텐트를 치고 밤을 지새웠지만, 곧 완충지대 안의 버려진 빌딩을 차지하면서 장기전으로 들어갔다. 그들은 '점령당한 완충지대'를 점령해 그곳에서 토론을 하고, 영화를 보고, 워크숍을 개최하면서 버텼다. UN 평화유지군은 완충지대에서 떠나달라고 요청했으나,

강제력을 행사하지는 않았다. 그러나 남쪽의 키프로스공화국 경찰이 결국 2012년 4월, 점령이 시작된 지 6개월 만에 강제 진압에 나섰다.

왕래가 자유로워지면서 남북 양쪽 통일운동 활동가들의 협력도 '점령운동'의 사례처럼 발전했다. 그러나 통일에 대한 여론은 여전히 갈라져 있다. 그리고 사회구조가 변하면서 통일에 대한 인식도 달라지고 있다. 남키프로스에서 그리스 민족주의가 엷어지고 있음은 새로운 현상이다. 경제적 이유로 외국으로 나갔던 사람들이 돌아오면서 새로운 중산층을 형성했으며, 그리스 사람이 아니라 이제는 키프로스 사람이라고 생각하는 그리스계도 늘어나고 있다. 또한 영국 등 유럽 국가에서 퇴직자들의 휴양 이민도 늘어났다. 새로운 세대 또는 국제화 세대는 정치에 관심이 없고, 과거의 증오에 무관심하다. 자연스레 이들은 통일을 바라지 않는다.

교착의 시간이 길어지면 제도적 분단은 굳어지고, 분쟁 해결은 어려워진다. 교류가 이루어지고 있지만, 수면 아래에 있는 분단의 언어들이 고비마다 고개를 내밀고 있다. 여론은 언제나 흔들거린다. 과거의 증오와 미래의 협력 사이에서.

지금 키프로스는 분단과 통일 사이에서 멈추어 서 있다. '해결은 어렵지만, 그렇다고 위험하지도 않은' 그런 상황, 그래서 절박하게 노력하지 않고, 당연히 비용을 지불할 생각도 없는 어중간한 시간들이 흘러가고 있다. 평화가 지켜진다면, 교류가 이어진다면, 이런 분단 상황을 받아들일 수 있을까? 과연 원치 않는 결혼을 강요하는 것보다 차라리 평화로운 이웃으로 사는 게 맞을까? 분단이 길어지면 통일은 참 어렵다.

4부

화해의 기술

화해는 관계의 조건이 아니라, 관계가 지향해야 할 목적 그 자체다. 화해가 없는 평화는 깨지기 쉽고, 화해가 없는 관계는 후퇴하기 쉽다. 어떻게 화해할 수 있을까? 먼저 상대의 말에 귀를 기울여야 한다. 상대의 생각을 알아야 비로소 대화를 시작할 수 있다. 냉전시대 미국과 중국처럼 서로 사이가 좋지 않을 때는 화해의 가능성을 타진해보고 접근하는 것이 좋다. 그래서 비밀협상이 필요하다. 관계를 처음 시작할 때에는 서독의 동방정책처럼 작은 부분부터 단계적으로 접근하는 것이 좋다. 화해로 가는 길에는 '용서의 문'이 있다. 화해를 하기 위해서는 이 문을 열고 들어갈 용기와 노력이 필요하다. 남아프리카공화국에서는 가해자와 피해자 모두 '용서'라는 치유의 노력을 함으로써 화해에 다다를 수 있었다. 하지만 노력과 염원만으로 간단히 화해가 이루어지는 것은 아니다. 북아일랜드와 콜롬비아의 평화협상처럼 상대를 제도 안으로 초대해 동등한 위치에서 출발해야 제대로 화해를 시작할 수 있다.

16

물밑 협상이 성공하려면,
물 위에서 신호를 보내라

미중 관계 개선

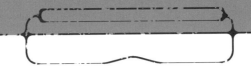

협상일지

1969년	8월	닉슨 미국 대통령, 루마니아 방문. 루마니아의 차우셰스쿠 국가평의회 의장에게 미중 간 중재 역할 부탁
	9월	닉슨, 바르샤바 채널 재개 위해 중국 접촉 지시
	12월 11일	바르샤바에서 레이양 중국 임시대사와 스토셀 미국 대사 회담. 바르샤바 채널 재개
1970년	4월	캄보디아 친미 정권 수립에 미국이 개입하자 바르샤바 채널 중단(가을에 미군이 캄보디아에서 철수하면서 대화 재개)
	10월	마오쩌둥, 미국 저널리스트 에드거 스노 부부 중국 초청
		닉슨, 야히아 칸 파키스탄 대통령에게 중국과의 관계 정상화 의사 전달 요청
1971년	3월	닉슨 행정부, 미국인의 중국 여행 금지 해제
	3월 28일	제31회 세계탁구선수권대회(~4월 7일, 일본 나고야)
	4월 10일	미국 탁구 선수단 중국 방문(핑퐁외교)
	4월 14일	미국, 중국에 대한 무역 제재 완화
	4월 27일	중국, 미국 고위급 인사의 베이징 방문을 환영한다는 의사 전달
	5월 10일	미국, 닉슨 대통령의 중국 방문 의사를 중국 측에 전달
	7월 9일	헨리 키신저 미국 국가안보 보좌관, 비밀리에 중국 베이징 방문
	7월 15일	닉슨, 중국 방문 계획 공식 발표
	10월	중국, UN 가입. 황화 중국 UN 대사와 키신저 간 뉴욕 미중 직접 채널 가동
1972년	2월 21~28일	닉슨, 중국 방문해 마오쩌둥과 정상회담 개최. '상하이 코뮤니케' 발표
	6월	워터게이트 사건으로 닉슨 사임
1979년	1월	미국과 중국 정식 수교

1971년 7월 1일, 닉슨 대통령의 국가안보 보좌관인 헨리 키신저가 아시아 순방에 나섰다. 7월 8일, 인도를 거쳐 파키스탄에 도착한 키신저는 야히아 칸 파키스탄 대통령과 저녁 회담을 마친 뒤 갑작스러운 복통을 핑계로 기자들에게 휴식을 선언했다. 그러나 그는 병원으로 가지 않았다.

다음 날 새벽 3시 30분, 키신저는 파키스탄 외무장관이 운전하는 작은 차를 타고 공항으로 향했다. 그곳에는 베이징으로 가는 파키스탄 대통령의 전용기가 기다리고 있었다. 마침 공항에서 어머니를 기다리고 있던 파키스탄 주재 영국 신문기자가 키신저를 알아보고, 본사에 키신저가 중국으로 가는 비행기를 탔다고 알렸다. "키신저가 중국에 간다고?" 런던 본사 사람들은 모두 헛웃음을 날렸다. 당시 어느 누구도 도저히 상상조차 할 수 없는 일이었기 때문이다. 모두들 그 기자가 간밤에 술을 너무 많이 마신 탓에 헛것을 보았다고 생각했다. 자칫 사전에 드러날 뻔했던 키신저의 역사적인 중국 방문은 그렇게 비밀리에 성사되었다.

'유레카',
키신저의 중국 비밀방문

──────── 키신저와 중국어가 가능했던 그의 측근 윈스턴 로드가 비행기에 오르자, 먼저 와 있던 중국 외교부의 장원진 서유럽·미국 국장이 그들을 맞이했다. 중국도 이 비밀방문의 중요성을 잘 알고 있었다. 그들을 태운 비행기가 정오쯤 베이징 공항에 도착했다.

키신저는 중국에 머물렀던 48시간 가운데 21시간 동안 양국 관계의 다양한 쟁점들을 논의했다. 그중 저우언라이 총리와 17시간 동안 회담을 가졌다. 미국과 중국은 한국전쟁에서 서로 죽고 죽이는 적국이었고, 오랫동안 미국은 공산중국을 국가로 인정하지 않았다. 양국의 비밀스런 만남은 그야말로 세계 질서를 바꾼 극적인 순간이었다.

닉슨 대통령이 처음부터 중국 특사로 키신저를 선택한 것은 아니었다. 30년이 지나서 공개된 백악관 내부 문서를 보면, 닉슨이 중국에 보낼 특사에 관해 키신저와 상의하는 장면이 나온다. 닉슨 대통령이 키신저에게 독일 대사와 영국 대사를 역임한 데이비드 브루스를 염두에 두고 있다고 말하자, 키신저는 어울리지 않는 인물이라고 단호하게 말했다. 닉슨이 다시 "록펠러 상원의원은 어때?"라고 묻자, 키신저는 한때 자신의 상관이기도 했던 인물에 대해 "전혀 전문성이 없다"라고 깔아뭉갰다. 닉슨이 또다시 UN 대사로 있던 조지 H. W. 부시를 거명하자, "절대 안 된다. 그는 너무 약하고 영리하지도 않다"라고 폄하했다.

키신저는 애초부터 이 역사적 임무를 다른 사람에게 맡길 생각이 전혀 없었다. 그는 "우리가 왜 중국에 가야 하는지"를 닉슨에게 다시

1971년 7월 9일, 중국을 비밀리에 방문한 키신저 미국 국가안보 보좌관(왼쪽)은 저우언라이 총리(오른쪽)를 만나 미중 정상회담에 관해 논의했다. 곧이어 양측은 닉슨 미국 대통령이 중국을 방문할 예정이라는 공식 발표를 하기에 이르렀다.

한 번 상기시키면서 적임자의 조건을 나열했다. 키신저는 당시 파리에서 북베트남과 비밀협상을 진행 중인 사람이 자신임을 강조하면서, 닉슨 행정부 외교정책의 가장 중요한 목표는 베트남에서 명예롭게 철수하는 것이고, 이를 위해 반드시 중국의 협조가 필요하다는 점을 설명했다. 동시에 소련과 관계를 맺는 데 중국 카드를 활용할 필요가 있고, 대통령의 중국 방문을 실무적으로 그리고 비밀리에 준비해야 한다는 설명도 빠뜨리지 않았다. 결국 이 모든 조건을 갖춘 적임자는 단 한 명뿐이었다. 키신저는 국가안보 보좌관인 자신이 나설 수밖에 없음을 강조했고, 닉슨도 결국 동의했다.

중국에서 키신저는 자신에게 주어진 임무를 성공적으로 완수했다.

저우언라이 총리와 닉슨 미국 대통령의 중국 방문에 합의했고, 현안에 대해서도 공감대를 모았다. 그리고 닉슨 방문 이전에 몇 차례 실무회담을 통해 타이완 문제를 비롯한 양국의 입장 차이들을 계속 협의하기로 했다. 닉슨 대통령은 워싱턴에서 애타게 키신저의 방문 성과를 기다렸다. 파키스탄으로 돌아온 키신저는 잠시 동안 야히아 칸 대통령을 만난 다음, 곧바로 이란의 테헤란으로 날아가 전보를 보냈다. 전보 내용은 '유레카Eureka', 단 한마디였다. 중국 비밀방문이 성공할 경우 쓰기로 한 두 사람 사이의 암호였다.

키신저의 중국 비밀방문은 대통령과 키신저의 수행원을 제외하고는 아무도 몰랐다. 심지어 국무장관인 윌리엄 로저스에게도 알리지 않았다. 키신저가 베이징에 도착하던 날, 타이완을 방문할 예정이던 스피로 애그뉴 미국 부통령은 영문도 모른 채 아프리카로 행선지를 바꾸어야 했다.

비밀협상은 신뢰가 없는 관계에서 사전에 미리 협상의 성과를 조율하기 위해 필요한 과정이다. 하지만 그보다 중요한 것은 당사자들 간의 관계 개선 의지이다. 키신저의 중국 비밀방문도 갑자기 이루어지지 않았다. 미국과 중국은 서로 관계를 개선해야 할 이유가 있었다. 그러나 오랜 세월 적대관계로 인해 불신이 깊었고 마땅한 대화 채널도 존재하지 않았다. 먼저, 대화 채널을 찾아 상대 의사를 확인한 뒤 만남을 만들어가는 과정은 결코 쉽지 않았다. 고비를 넘고 진통을 조율해 불신을 극복하는 과정을 거친 다음에야 닉슨과 키신저는 중국에 갈 수 있었다.

중소 분쟁,
삼각관계를 활용하라

————————— 닉슨은 여러 가지 측면에서 문제적 인물이다. 워터게이트 사건●으로 임기 도중에 사임한 대통령이지만, 다른 한편으로 동서 긴장 완화를 일컫는 '데탕트détente' 외교의 주인공이기도 하다. 닉슨은 한때 반공주의의 상징이었지만, 대통령으로 당선된 이후에는 실용주의 외교의 상징적 인물로 변신했다.

그의 실용주의 외교는 미국이 처한 현실을 반영했다. 닉슨이 대통령으로 당선된 1968년 한 해에만 베트남 전쟁터에서 1만 5,000여 명의 미군이 사망했다. 53만 6,000여 명의 베트남 참전 병력 중 누적 사망자는 이미 3만 명을 넘어서고 있었다. 반전 시위가 도시를 휩쓸었고, 평범한 시민들도 이제는 베트남전쟁의 수렁에서 벗어나기를 간절히 원했다. 막대한 국방비로 인해 감당할 수 없을 정도로 불어난 재정 적자도 골칫덩이였다. 베트남전쟁에서 명예롭게 철군하는 일은 닉슨 행정부의 당면 과제였다.

닉슨은 상원의원으로 일했을 뿐 아니라 아이젠하워 대통령 밑에서 8년 동안 부통령을 지내면서 많은 외교적 경험을 쌓았다. 닉슨의 자평대로 그는 '외교를 사랑했다'. 그에게는 또한 유능한 보좌관인 헨리 키신저가 있었다. 독일 출신 유대인인 키신저는 나치

● 1972년 6월, 민주당 선거운동 본부가 있던 워싱턴 D.C.의 워터게이트 호텔에서 도청장치가 발견되고 침입자들이 체포되었다. 닉슨 행정부는 침입 사건과 관련이 없다고 주장했으나, 이후 닉슨 측근들에게서 관련 증거가 드러나고 닉슨 자신이 사건 은폐에 적극적으로 개입한 녹음 테이프가 공개되었다. 결국 하원 사법위원회에서 대통령 탄핵을 가결해 1974년 8월 9일 닉슨은 사퇴했다. 그는 미국 정치사에서 임기 중 물러난 유일한 대통령이 되었다. 워터게이트 사건이 밝혀지는 과정에서 《워싱턴포스트》를 비롯한 언론의 탐사보도가 중요한 영향을 미쳤다.

닉슨 대통령은 워터게이트 사건으로 임기 도중 사임하게 되지만, 루마니아 방문을 비롯해 중국과의 관계 개선 등 동서 긴장 완화에 앞장선 '데탕트' 외교의 상징적 인물이다.

스의 마수에서 벗어나기 위해 미국을 탈출구로 선택했다. 하버드대학에서 19세기 유럽 열강의 세력 균형을 연구한 그는 이제 미중소 삼각외교의 시기가 다가왔음을 깨달았다.

　닉슨 역시 삼각외교의 중요성을 잘 이해하고 있었다. 소련과 관계를 풀어갈 때 '베이징 카드'는 쓸모가 많을 터였다. 더 이상 공산중국의 존재를 무시할 수 없는 시대가 왔고, 중국의 존재를 인정해야 한다면 미국이 먼저 다가갈 필요가 있었다. 특히나 베트남전쟁을 매듭짓고 아시아의 군사적 긴장을 완화하기 위해서는 중국과 화해하는 일이 무엇보다 중요했다. 닉슨은 자신만이 "중국에 갈 수 있다"라고 확신했다. 한때 우파의 상징이던 자신에게 색깔론을 덧씌울 사람은 없을 것이며, 자기 같은 사람이 가야 침묵하는 다수, 즉 미국의 보수적 중산층도 중국과 화해의 길을 받아들일 거라고 자신했다.

마침 중국과 소련의 갈등이 고조되고 있었다. 미국이 중국과 소련의 벌어진 틈을 파고들어 삼각관계의 꼭짓점에 자리 잡을 때가 온 것이다. 1968년 8월 소련 탱크가 체코의 프라하를 짓밟았을 때, 중국은 직접적인 위협을 느꼈다. 소련이 공산주의 국가를 군사적으로 침략할 수 있다는 우려가 현실로 나타난 것이다. 그리고 다음 해인 1969년 3월, 중소 양국은 영유권 문제로 우수리강 유역의 다만스키섬(중국명 전바오섬)에서 군사적으로 충돌했다. 5월까지 국경 충돌은 간헐적으로 이어졌다.

8월 들어 소련이 중국의 핵무기 기지를 선제공격할 거라는 소문이 퍼지기 시작했다. 워싱턴 주재 소련 대사 아나톨리 도브리닌은 키신저에게 "만약 소련이 중국을 군사적으로 공격하면, 미국은 어떻게 할 것인가?"라는 질문을 던지기도 했다. 8월 13일에는 신장웨이우얼자치구에서 대규모 국경 충돌이 다시 일어났다. 8월 27일에는 중국공산당 중앙위원회와 중앙군사위원회 합동회의에서 소련의 군사적 공격에 대비할 계획을 세웠는데, 주민과 산업시설의 대피 계획을 결정하고, 8월 28일 대규모 동원령을 내렸다.

그러나 더 이상 긴장이 고조되는 것을 원하지 않았던 중소 양국은 다른 한편으로 긴장 국면의 출구를 찾고 있었다. 마침 북베트남의 호찌민이 사망하면서 중소 양국이 만날 수 있는 명분이 생겼다. 9월 6일, 소련의 코시긴 총리가 호찌민 장례식에 참석하기 위해 하노이에 도착했다. 그런데 그때는 이미 저우언라이가 하노이에 다녀간 뒤였다. 며칠 차이로 둘의 만남은 어긋났다. 코시긴은 베트남 외교부에 중국 대표인 리셴녠에게 메시지를 전달해달라고 부탁했다. 모스크바로 돌아가는 길에 베이징에 들러 중국 지도자들과 대화를 하고 싶다는 내용이었다. 마오쩌둥은 비공식 회담임을 못 박고 회담 장소 또한 공항으로 제한해 코시긴의 요청을 받아들였다.

저우언라이와 코시긴의 베이징 공항 회담은 이런 우여곡절 끝에 겨우 성사되었다. 4시간 동안 진행된 회담에서 양국은 국경 문제의 평화적 해결에 합의하고, 무역 확대와 경제협력, 특히 철도와 항공 협력을 합의했다. 회담 이후 양국의 긴장은 완화되었지만 불신은 앙금처럼 여전히 남아 있었다.

결국 미국과 중국의 관계 개선을 재촉한 것은 중소 분쟁이었다. 중국 입장에서 보면 중소 전쟁을 걱정하던 시점에 미국이 다가온 것이고, 미국 또한 중국과 소련이 싸울 때 다가가는 것이 협상력을 높일 수 있다고 판단했다. 세계는 미소 양극체제에서 점차 미중소 삼각체제로 전환되고 있었다.

바르샤바 채널을
유지하라

───────── 중국과 대화가 필요하다고 느낀 닉슨은 맨 먼저 대화 채널부터 찾았다. 하지만 오랫동안 적대관계로 지냈기에 마땅한 채널을 찾기가 쉽지 않았다. 실낱처럼 겨우 이어지고 있는, 물론 중단되기 일쑤인 채널이 하나 있었는데, 바로 바르샤바의 양국 대사관이었다. 바르샤바 채널은 양국 관계에 악재가 발생하면 항의의 표시로 닫히기 일쑤였다. 당시에도 1969년 2월, 중국 외교관이 네덜란드의 헤

이그 주재 미국 대사관으로 망명하는 바람에 바르샤바 채널이 중단된 상태였다.

1969년 9월, 닉슨과 키신저는 바르샤바 채널을 빨리 다시 열기로 결정하고, 월터 스토셀 바르샤바 주재 미국 대사에게 중국과 곧바로 접촉하라고 지시했다. 키신저의 재촉이 있었지만 미국 대사가 중국과 접촉하는 것은 쉽지 않았다. 12월 3일, 스토셀 대사는 바르샤바 문화궁전에서 열린 유고슬라비아의 패션쇼에 참석했다. 마침 그 자리에는 중국 외교관들도 참석해 있었다. 스토셀이 무작정 그들에게 다가갔는데 마침 중국 외교관들이 밖으로 막 나가고 있었다. 스토셀이 쫓아가자 중국 외교관들은 뛰기 시작했다. 스토셀도 그들을 따라잡기 위해 뛰었다. 겨우 꽁무니의 중국 측 통역을 따라잡은 스토셀은 서툰 폴란드어로 "중국 대사관에 전해줄 중요한 메시지가 있다"라고 소리쳤다.

중국 대사관은 미국 대사의 심상치 않은 행동을 베이징에 보고했다. 마오쩌둥과 저우언라이는 닉슨이 서두른다는 인상을 받았다. 그들은 안도하며 마침내 때가 왔음을 직감했다. 그날 폴란드 미국 대사인 스토셀의 달리기가 미중 관계의 전환점이 되었다.

사실 중국도 조심스럽게 외교정책의 전환을 준비하고 있었다. 중소 분쟁이 격렬해지자 저우언라이는 마오쩌둥과 상의해 경험 많은 네 명의 퇴역 장군인 천이, 예젠잉, 쉬샹첸, 녜룽전에게 새로운 외교전략을 작성해달라고 부탁했다. 그들은 문화혁명의 광풍으로 밀려나 있었지만 혁명 동지이자 건국 공신이며, 경험이 풍부한 백전노장들이었다. 전직 장군들은 1969년 9월 17일, 〈현 정세에 관한 우리의 견해〉라는 보고서를 완성했다. 보고서에서 그들은 "미국과 소련에 대한 투쟁 수단으로 '협상'을 사용해야 하며, 특히 소련과의 대결을 준비하기 위해 '미국 카드'를 쓸 때가 왔다"라고 지적했다. 또한 구체적인 방안으로 중국과 미국 사이에 대사급 대화를 곧바로 다시 시작해야 한다는 내용이 포함되었다.

당시 중국 정계에는 여전히 급진주의자들이 영향력을 행사하고 있었다. 린뱌오와 장칭 등 문화혁명 주도 세력은 미국 제국주의에 머리를 숙이고 관계 개선을 진행하는 것에 불만을 제기했다. 이런 상황에서 저우언라이가 문화혁명 피해자인 네 명의 전직 장군에게 새로운 정세 판단을 맡긴 것은 이들의 복권을 의미할 뿐 아니라, 외교 분야만큼은 문화혁명의 영향에서 벗어나겠다는 확실한 의지의 표현이었다. 동시에 최소한 외교 분야에서 저우언라이의 주도권이 회복되었음을 알리는 신호였다.

중국도 바르샤바 채널의 중요성을 잘 알고 있었다. 그해 6월 이미 저우언라이는 바르샤바 채널을 다시 열기 위해 레이양을 임시대사로 임명했다. 그는 외교부 교육국장을 역임한 경험 많은 외교관이었다. 저우언라이는 폴란드로 떠나기 전에 레이양 대사를 불러 그동안 중미 접촉 과정을 설명하고, 현재 양국의 관계와 바르샤바 채널의 유지가 얼마나 중요한지를 강조했다. 그리고 관련 서류들을 직접 건네주며 숙지하도록 했다.

1969년 12월 11일, 바르샤바의 중국 임시대사 레이양은 마오쩌둥의 승인 아래 스토셀 미국 대사를 중국 대사관으로 초청했다. 이로써 1년여 동안 중단되었던 바르샤바 채널이 다시 가동되었다. 1970년 1월 20일, 미중 양국의 대사급 대화가 재개되었고, 2월 20일에도 또다시 회담이 열렸다. 그러나 제136차로 기록된 이 회담이 마지막이

1969년 8월 8일, 루마니아에 도착한 닉슨 미국 대통령(왼쪽)은 차우셰스쿠 루마니아 국가평의회 의장(오른쪽)을 비롯해 루마니아 국민들에게 큰 환영을 받았다. 닉슨은 제2차 세계대전 이후 미국 대통령으로서는 처음으로 공산권 국가를 방문했다. 방문 당시 닉슨은 차우셰스쿠에게 중국과의 관계를 개선하는 데 중재 역할을 부탁했다.

었다. 1970년 4월 말, 닉슨이 캄보디아 내부의 베트남 공산당 근거지를 파괴하기 위해 대규모 군사 공격을 시작하고, 미국 중앙정보국이 개입해 중립적인 캄보디아 시아누크 국왕을 몰아내고 친미 론놀 정권을 세우자, 중국은 바르샤바 채널을 즉각 닫았다.

바르샤바 채널의 근본적인 한계도 있었다. 바르샤바 채널은 미국 국무부의 통제를 받고 있었기에 대사관에서 국무부를 거쳐 백악관으로 연결되는 과정에서 비밀을 유지하기 어려웠다. 닉슨과 키신저는 미중 대화를 백악관이 직접 주도하기를 원했다. 1969년 들어 이미 백악관은 다른 채널을 찾고 있었다. 관계 개선을 위한 탐색 과정에서 채널은 많으면 많을수록 좋다. 미국의 눈에 들어온 채널 가운데 또 하나가 바로 루마니아 채널이었다.

1969년 8월, 닉슨은 루마니아를 방문했다. 제2차 세계대전 이후 미국 대통령이 공산권 국가를 직접 방문한 것은 그때가 처음이었다. 닉슨은 중국과 관계가 좋았던 루마니아의 지도자 차우셰스쿠 국가평의회 의장에게 중재 역할을 부탁했다. 차우셰스쿠는 그해 9월에 이온 게오르게 마우레르 총리를 중국에 보냈다. 마우레르 총리는 호찌민의 장례식에 참석하는 길에 베이징에 들러 저우언라이에게 닉슨의 메시지를 전했다.

그리고 1970년 10월 차우셰스쿠가 워싱턴을 방문했을 때, 닉슨 대통령은 "미중 관계에서 루마니아가 계속 피스메이커로서 역할을 해줄 것"을 부탁했다. 키신저는 차우셰스쿠에게 중국의 메시지는 반드시 국무부를 거치지 말고 백악관에 직접 알려야 한다는 점을 다시 한번 강조했다.

차우셰스쿠는 미국에서 돌아오자마자 게오르게 라둘레스쿠 부총리를 중국에 보내 저우언라이에게 닉슨의 새로운 메시지를 전달했다. 닉슨은 차우셰스쿠에게 "언제든지, 어떤 채널이든 관계없이 미중 양자 대화를 재개할 준비가 되었다"라고 했고, "경제·과학기술 분야에서 교류 확대를 원한다"는 점을 분명히 전달해달라고 했다. 닉슨의 메시지를 전달받은 저우언라이는 루마니아 부총리에게 "중국 또한 미국의 특사를 언제든지 만날 준비가 되었다"라고 대답했다. 저우언라이의 메시지는 워싱턴의 루마니아 대사를 통해 키신저에게 전달되었다. 키신저가 루마니아 대사의 메시지를 닉슨에게 보고했을 때, 닉슨은 그 문서에 "우리가 너무 서두르는 것처럼 보여. 좀 속도를 늦추자"라고 적었다.

물 위에서
신호를 보내라

———————— 채널은 대화의 형식이다. 중요한 것은 형식이 아니라 대화의 내용이고, 특히 관계 개선의 의사를 담은 확실한 신호를 상대에게 전달하는 것이 필요하다. 1969년 말, 닉슨 대통령은 바르샤바 채널을 통해 타이완해협에 있는 미군 제7함대의 경계활동을 대폭 줄였다는 점을 중국에 알렸다. 폴란드의 미국 대사가 길거리에서 쫓아와 중요한 메시지가 있다고 말한 다음 날인 1969년 12월 4일, 중국은 억류되어 있던 미국인 두 명을 즉각 석방했다. 그들은 그해 2월 요트를 타고 광둥성의 중국 영해로 들어갔다가 체포되었다. 억류자의 석방은 미국을 향한 중국의 긍정적인 신호였다.

1970년은 신뢰와 불신이 각축을 벌인 과도기였다. 불신이 깊으면 언제든지 관계가 악화될 여지가 있다. 특히 대화 의지가 약하면 그나마 있던 신뢰도 단번에 날려버리고 다시 과거의 익숙한 대립 상태로 돌아가려는 유혹에 직면한다. 미국이 캄보디아에 군사적 공격을 감행하는 바람에 중단된 미중 양국의 대화는 그해 가을 캄보디아에서 미군이 철수하면서 재개 국면으로 접어들었다.

중요한 것은 중국이 정세 악화 속에서도 계속 긍정적인 신호를 보냈다는 점이다. 중국은 1970년 7월에 1958년부터 간첩혐의로 중국에 억류되어 있던 미국인 목사를 석방했다. 또한 마오쩌둥은 개인 친분을 활용해 미국에 확실하게 메시지를 전달하고자 했다. 바로 그해 10월 1일, 중화인민공화국 창건 기념행사에 에드거 스노 부부를 초청한 것이다. 에드거 스노는 미국인 기자로 1930년대 중국공산당 근거지

1970년 10월 1일, 톈안먼 성루에서 중국 건국 21주년 기념식을 주관한 마오쩌둥 주석(가운데)이 미국 저널리스트 에드거 스노(왼쪽)와 다정하게 이야기하는 장면이 전 세계에 타전됐다. 이는 미중 관계의 변화를 알리는 신호였다.

인 옌안에 직접 들어가 마오쩌둥과 저우언라이를 인터뷰한 뒤《중국의 붉은 별Red Star Over China》(1937)을 출간했다. 에드거 스노는 중국공산당 지도부를 국제사회에 알린 장본인으로, 마오쩌둥을 비롯한 중국 지도부와 오랫동안 개인적인 친분을 유지해왔다.

톈안먼 광장이 내려다보이는 성루에서 미국인이 마오쩌둥 바로 옆에 나란히 서서 행진을 관람하는 장면은 매우 상징적이고 이례적이었다. 12월 25일자《런민르바오人民日報》에 마오쩌둥과 나란히 선 스노의 사진이 실렸는데, 저우언라이가 직접 사진 크기를 결정했다고 한다. 사진은 닉슨에게 보내는 신호이기도 했지만, 동시에 중국 인민에게 보내는 미중 관계 변화의 예고였다.

그리고 12월 18일, 마오쩌둥은 스노와 긴 인터뷰를 했다. 그는 "모든 미국인, 좌파·우파·중도파 가릴 것 없이 누구라도 중국 방문을 허용할 것"이라고 말하면서, "닉슨 대통령의 중국 방문을 환영하며, 그래서 양국의 현안을 해결하자"라고 직접적이고 구체적인 제안을 했다. 인터뷰 기사는 몇 달 뒤인 1971년 4월 30일자 《라이프Life》에 실렸다.

마오쩌둥의 말은 사실 닉슨의 제안에 대한 대답이었다. 닉슨 대통령은 1970년 10월에 《타임》과 인터뷰를 하면서, "내가 죽기 전에 하고 싶은 일이 있다면 중국에 가는 것이다. 내가 어렵다면 내 아이들이라도 갈 수 있으면 좋겠다"라고 간절하게 말했다. 이미 닉슨은 여러 번 '중국에 가고 싶다'는 말을 되풀이하고 있었다. 닉슨 행정부는 1971년 2월 25일에 두 번째 〈외교정책 보고서〉를 발간했는데, 미국 정부 문서에서 처음으로 중국의 공식 국호인 '중화인민공화국People's Republic of China, PRC'을 사용했고, 중국과 관계를 개선할 필요성에 대해 실었다. 대중국 정책의 전환을 공개적으로 밝힌 것이다.

중국은 닉슨의 이런 긍정적인 신호를 높이 평가했다. 저우언라이는 키신저를 만났을 때, "우리는 처음부터 닉슨 대통령이 베이징에서 우리를 만나고 싶어 한다는 것을 알고 있었고", 중국을 대등한 대화 상대로 여긴 점을 높이 평가한다고 말했다.

그러나 에드거 스노를 통한 마오쩌둥의 메시지를 닉슨 행정부는 알아채지 못했다. 중국 지도부가 평가하는 스노의 영향력과 미국 내부의 평판에는 큰 차이가 있었다. 다행스럽게도 정책 전환을 위한 일관된 신호가 지속되었다. 1971년 3월, 닉슨 행정부는 미국인의 중국 여행 금지를 해제했다. 그해 4월에는 영화처럼 극적으로 '핑퐁외교'가 이루어졌다. 그동안 간헐적으로 표현해오던 서로를 향한 긍정적 신호들이 한곳으로 모아지면서 거대한 전환이 이루어졌다.

우연을 잡아라,
핑퐁외교

─────── 핑퐁외교는 나비효과처럼 작은 우연에서 시작되었다. 1971년 3월 28일부터 4월 7일까지 일본 나고야에서 제31회 세계탁구선수권대회가 열렸다. 4월 4일, 19세의 미국 선수 글렌 코완은 체육관에서 몸을 풀다가 자국 선수단 차량을 놓치고서 우연히 중국 선수단 버스를 얻어 타게 되었다. 그런데 아무도 아는 체를 하지 않자 코완은 몹시 당황했다. 중국은 선수들과 미국인의 접촉을 엄격하게 금지했다. 미국 대표단과 만나면 대화는 물론 인사도 하지 말라는 지침이 있을 정도였다. 미국과 경기를 해야 할 경우에도 악수는 하되 팀 깃발은 교환하지 않기로 했다.

당시 양국 사이에 우호적인 신호들이 오가고 있었지만, 그것은 상층부의 드러나지 않는 움직임이었고, 실무 수준으로 내려오면 여전히 냉전이 지속되고 있었다. 버스 안의 어색한 침묵을 깬 것은 중국 선수 좡쩌둥이었다. 그는 1961년부터 1965년까지 3회 연속으로 세계 대회에서 단식 우승을 차지한 유명한 선수였다. 당시 그는 중국 선수단 부단장을 겸하고 있었다.

그는 코완에게 말을 걸었다. 한눈에 미국 사람임을 알 수 있을 정도로 코완은 장발에다 자유분방한 이미지를 풍겼다. 좡쩌둥은 코완에게 중국의 명산인 황산^{黃山}이 그려진 수건을 선물로 줬다. 5분간의 동행이었다. 그러나 그들이 버스에서 내렸을 때 역사적인 장면이 연출되었다. 주변에 있던 많은 사진기자가 중국 선수단 버스에서 내리는 미국 선수를 보자마자 우르르 몰려왔다. 코완은 황산이 그려진 수

1971년 일본 나고야에서 열린 제31회 세계탁구선수권대회 기간 중 우연히 중국 탁구 선수단의 버스에 타게 된 미국 탁구 선수 글렌 코완(오른쪽)에게 중국의 쫭쩌둥 선수(왼쪽)가 황산이 그려진 수건을 선물로 주었다.

건을 들고 쫭쩌둥과 함께 기념사진을 찍었다. 그리고 다음 날 코완은 중국 친구에게 답례로 평화를 상징하는 3색 깃발 위에 영어로 'Let it be'라는 문구를 새긴 티셔츠를 주었다.

나고야 대회가 끝난 뒤 미국 대표단의 한 임원이 유고슬라비아 선수단이 중국을 방문한다는 소식을 듣고, 미국도 중국에 가고 싶다고 지나가듯이 중국 대표단에게 말했다. 중국 대표단은 미국 대표단의 발언을 상부에 보고했다. 그러나 그때까지도 중국 지도부는 미국 탁구 선수들을 초청할 의사는 없었다. 특히 중국 외교부는 미국 선수단 초청이 중국에 유리하지 않다는 의견을 제시했다.

중국 지도부는 대회 참가 전에 외교관계가 없는 일본에서 열리는 대회에 참가할 것인지에 대해 이미 격론을 벌였다. 당시 중국 외교부와 국가체육위원회는 선수단을 보내지 말자고 건의했다. 선수단 파견은 마오쩌둥의 결단이었다. 물론 일본탁구협회장 고토 고지의 적극적인 설득도 있었다. 고토는 중국 지도자들에게 "만약 중국이 대회에 참여하면 타이완을 아시아탁구협회에서 퇴출시킬 것이며, 만약 실패하면 자신이 아시아탁구협회장을 사임하겠다"라고까지 하면서 중국의 참여를 독려했다. 세계적인 탁구 강국인 중국의 참여가 일본탁구협회 입장에서는 매우 중요했다.

마오쩌둥 주석은 신문에 나온 코완과 쫭쩌둥의 사진을 보고서 미국 선수단을 초청하기로 결정했다. 마오쩌둥과 저우언라이는 이런 기회를 애타게 기다리고 있었다. 미국 대표단이 일본을 떠나기 하루 전, 나고야 현지에 마오쩌둥의 지시가 전달되었다. 주일 미국 대사관은 신속하게 백악관에 이 사실을 보고했고, 닉슨 대통령은 전문을 읽은 뒤 바로 그 자리에서 승인했다. 닉슨 또한 바라던 바였고, 이미 키신저와 저우언라이 사이에 비밀채널이 가동되던 시점이었다.

1971년 4월 10일, 미국 탁구 선수들은 홍콩과 중국을 잇는 뤄후羅湖 다리를 건넜다. 미국과 중국의 관계를 바꾸고, 이후 20세기를 전쟁의 역사가 아니라 화해의 역사로 돌려세우는 전환의 순간이었다. 그들이 건넌 다리는 단순한 다리가 아니라 역사의 다리였다. 미국 선수들은 중국에서 일주일을 보내면서 중국에 대한 미국인의 인식을 획기적으로 바꿔놓았다.

미국 신문들은 날마다 "중국 사람들이 무척 친절하게 대해줘서 아주 좋아요", "인종차별이 없는 것 같아서 좋아요", "중국은 자유가 있어요" 등등 어린 선수들과 대표단 임원들의 즉흥적인 인상기를 실어

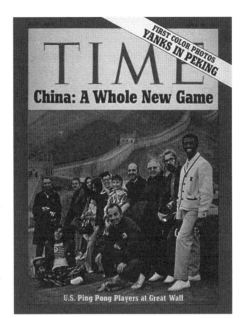

1971년 4월, 미국 탁구 선수단은 중국 정부의 정식 초청을 받아 일주일 동안 중국에 머물렀다. 1971년 4월 26일자 《타임》에서는 미국 탁구 선수단의 만리장성 방문 기념사진을 표지에 게재하고, 특집 기사로 중국의 대미 정책에 관한 내용을 다루었다.

날랐다. 그중 심리치료를 담당했던 한 임원은 "중국 체제가 너무 좋다. 미국으로 돌아가면 나는 마오쩌둥 사상을 가르치고 싶다"라고 말하기도 했다. 4월 14일, 저우언라이가 미국 선수들에게 만찬을 베풀던 날, 닉슨 행정부는 21년간 계속된 중국에 대한 무역 제재를 완화하는 새로운 조치를 발표했다.

탁구 선수들의 역사적인 중국 방문이 끝났을 때, 미국인들에게 중국은 전혀 다른 나라가 되어 있었다. 중국은 더 이상 '죽의 장막Bamboo Curtain'에 가려진 '빨갱이' 나라가 아니었다. 미국에서 20년 만에 처음으로 중국의 UN 가입을 지지하는 여론(45%)이 반대 여론(38%)을 앞질렀다. 1950년부터 해마다 갤럽 여론조사를 실시해왔는데, 1971년의 결과는 극적인 변화였다. 마침내 1971년 10월, 중국은 타이완을 대신해서 UN에 가입했다. 우연히 시작된 스포츠 교류 덕분에 마침내 미중 관계가 극적으로 바뀌었다. 이후 핑퐁외교는 스포츠가 화해의 수단이 될 수 있음을 증명하는 상징이 되었다.

외교는
대통령이 하는 것

─────────── 대화의 환경이 무르익자 닉슨과 키신저는 이제 확실한 채널을 만들어야 한다고 생각했다. 두 사람은 모두 국무부를 믿지 못했다. 닉슨은 외교정책에 자신이 있었다. 그는 "이 나라는 안에서는 대통령이 없어도 돌아간다. 그러나 외교정책에서는 반드시 대통령이 필요하다"라고 말했다. 그리고 "국무장관은 중요하지 않다. 외교정책은 대통령이 한다"라는 생각이 확고했다. 있으나 마나 한 인물인 로저스를 국무장관으로 임명한 이유도 여기에 있었다.

닉슨은 현상 유지에 익숙한 외교 관료들에게 불만이 컸다. 당시 중국과 관계를 개선하는 일에 미국 국무부는 부정적이었다. 1970년 3월, 국무부의 동아시아태평양 담당 차관보인 마셜 그린이 "미중 관계 개선이 가져올 이득이 크지 않다"라는 보고서를 올렸지만, 중국에 가고 싶은 열망에 사로잡힌 닉슨에게 이런 보고서가 눈에 들어올 리 없었다. 1971년 6월, 국무회의를 하던 닉슨은 관료들의 보수주의를 강하게 비판했다. 관료들 대부분이 백악관의 정책에 반대할 뿐 아니라 오히려 압박을 한다고 분통을 터트렸다.

닉슨이 국무부 관료들을 싫어한 이유는 현상 변화에 보수적이라는 이유도 있었지만, 다른 한편으로는 정보 유출 때문이었다. 닉슨은 중요한 문제를 공개적으로 논의해서 결론을 내리는 개방적인 리더가 아니었다. 그는 비밀주의를 선호했다. 국무부는 중요 현안을 결정하는 데서 소외되기 일쑤였다. 그에 반비례해서 백악관의 위상과 역할은 점차 높아졌다. 닉슨 행정부가 들어서면서 외교정책을 담당한 백악관 국가안전보장회의는 인원도 대폭 늘고 기능도 확대되었다. 당연히 국가안보 보좌관인 헨리 키신저의 위상도 높아졌다.

닉슨과 키신저는 국무부 관료들을 거쳐야 하는 대사관 채널이 아니라, 백악관이 직접 소통할 수 있는 비밀채널을 찾기 시작했다. 이미 루마니아 채널이 가동되고 있었지만, 더욱 효과적인 채널이 필요했다. 그때 유력하게 부상한 채널이 바로 파키스탄이었다. 1970년 10월, 파키스탄 대통령 야히아 칸은 UN 창설 25주년 기념식에 참석하기 위해 뉴욕의 UN 본부를 방문했다. 그때 닉슨은 야히아 칸을 만나 중국에게 관계 정상화 의사를 전달해달라고 부탁했다. 그해 11월에 야히아 칸은 중국을 국빈 방문했고, 닉슨의 메시지를 저우언라이 총리에게 전달했다. 저우언라이는 "정상으로부터 정상을 통해 정상에게" 전달된 첫 번째 메시지라고 평가했다.

백악관-파키스탄 대통령-워싱턴 주재 파키스탄 대사를 통해 미국의 특사 방문에 관한 의견들이 조금씩 구체적으로 조율되었다. 1971년 4월 27일, 파키스탄 대사가 저우언라이의 메시지를 전달했다. 저우언라이가 직접 쓴 두 장의 편지에는 너무 늦게 답을 보내 미안하다는 인사와 함께, 고위급 인사의 베이징 방문을 환영한다면서 "닉슨 대통령의 특사, 예를 들어 키신저나 혹은 로저스 국무장관도 좋고, 아니면 닉슨 대통령이 직접 오는 것도 환영한다"라고 적혀 있었다.

그리고 1971년 5월 10일, 키신저가 파키스탄 대사를 통해 닉슨 대통령의 메시지를 저우언라이에게 전달했다. 핵심 내용은 닉슨 대통령이 중국을 직접 방문할 것이며, 이 문제를 논의하기 위해 키신저 국가안보 보좌관이 방문할 예정인데, 이 모든 내용을 철저하게 비밀로 진행해야 한다는 것이었다.

국내 지지 기반을
만들어라

─────── 외교정책의 전환을 위해서는 국내에 지지 기반을 만들어야 한다. 닉슨 대통령의 메시지를 전달받은 저우언라이는 맨 먼저 정당성을 마련하는 절차에 돌입했다. 5월 25일, 저우언라이는 고위급 외교 관료들과 키신저 방문에 대한 대책을 협의했고, 다음 날인 26일에는 당 정치국 회의를 소집했다. 그리고 미국과 진행할 협상을 대비해 세 가지 기본 입장을 결정했다. 첫째, 타이완에서 미군의 철수를 계속 요구하되, 더 이상 미중 관계 개선의 전제조건으로 미국에게 타이완과 관계를 단절하라고 주장하지는 않는다. 둘째, 타이완 해방은 중국의 국내 정치이지만 오직 평화적인 방법으로 이루어져야 한다. 셋째, 타이완 문제가 가까운 장래에 해결되지 않아도 양국 수도에 연락사무소를 개설한다.

저우언라이는 이 세 가지 원칙을 정치국 회의에서 통과시켜 협상에서 유연하게 움직일 수 있는 근거를 확보했다. 6월 2일, 저우언라이는 파키스탄 채널을 통해 "닉슨 대통령의 중국 방문을 위한 키신저의 방문을 환영한다"라는 메시지를 백악관에 전달했다. 그날 닉슨은 아주 오래된 쿠르브아지에^{Courvoisier} 브랜디를 따서 키신저와 축배를 들었다. 6월 10일, 닉슨은 의회와 협의해서 중국에 대한 무역 제재를 한 단계 더 완화했다.

7월 9일, 역사적 사명을 띠고 베이징에 간 키신저는 그야말로 가슴 졸이며 최선의 노력을 다했다. 그의 입장에서는 모든 것이 불투명했다. 그러나 저우언라이는 이미 마오쩌둥과 협의를 마쳤을 뿐 아니라 정치국 회의를 통해 유연성을 확보했기에 더 여유가 있었다. 저우언라이는 닉슨의 방문 시기를 1972년 여름으로 제시했다. 키신저의 방문 이후 거의 1년 뒤의 시점이었다. 그리고 저우언라이는 닉슨이 먼저 소련 지도자와 정상회담을 하는 것도 괜찮다는 의견을 전하며 짐짓 여유를 부렸다.

키신저는 미소 정상회담과 관련해 "원칙적으로 합의했을 뿐 아무것도 구체적으로 정해진 것이 없다"라고 언급한 뒤, 닉슨 대통령의 방문 시기에 대해 "여름은 너무 늦다"라고 말했다. 그러면서 중국이 제시한 1972년은 미국 대통령 선거가 있는 해인데, 선거를 앞두고 중국을 방문하면 정치적으로 논란이 일어 효과가 반감될 수 있다고 주장했다. 그 결과 닉슨의 방문 시기는 그보다 이른 봄으로 수정되었다.

키신저가 미국으로 돌아온 다음, 7월 15일(베이징 시간 16일 오전 10시 30분)에 닉슨은 키신저가 비밀리에 중국을 방문했다는 사실과 다음 해 2월에 대통령인 자신이 중국을 방문할 예정이라고 발표했다. 미국뿐 아니라 세계가 깜짝 놀란 '중대 발표'였다. 키신저가 닉슨에게 전한 중국 방문 보고서에는 이런 대목이 있다. "우리는 추상적으로 공산주의 국가를 다루어서는 안 된다. 이데올로기와 현실정치^{realpolitik}를 구분할 줄 알아야 한다." 닉슨과 키신저의 현실주의 외교는 그렇게 시작되었다.

키신저의 중국 방문 이후 미중 관계는 급속도로 가까워졌다. 미국과 중국은 파리의 대사관 채널을 이용해 실무적인 문제들을 협의했다. 10월 20일, 키신저는 다시 상하이를 방문해 닉슨의 중국 방문에 대한 실무 문제들과 양국의 주요 현안들을 구체적으로 점검했다. 1971년 10월, 중국이 UN 회원국이 되고, 뉴욕에 중국의 UN 대표부가 들어서면서 미중 양국은 안정적인 대화 채널을 확보했다. 중국의 초대 UN 대사였던 황화와 키신저 사이에 뉴욕 채널이 가동되면서 양국 간 직접 대화의 시대가 열렸다.

1971년 7월과 10월, 키신저가 두 차례 중국을 방문한 사이에 중국에서는 정치적 격변이 일어났다. 바로 9월에 일어난 '린뱌오 사건'이다. 마오쩌둥의 가장 충성스러운 학생이자 공식적인 후계자로서 문화혁명을 주도하고 있던 린뱌오가 쿠데타 계획을 세웠다가 실패한 뒤 도주 중에 몽골 사막에서 비행기 사고로 사망했다. 린뱌오의 사망으로 저우언라이는 입지를 더욱 확고히 다졌다. 그동안 외교정책에서 저우언라이와 마오쩌둥이 주도권을 행사해왔지만, 정치국에 린뱌오가 있는 것과 없는 것의 차이는 컸다.

린뱌오 사건은 마오쩌둥에게 상당한 충격을 주었다. 특히 마오쩌둥 스스로 그를 후계자로 지명했다는 점에서 정치력에 큰 오점이 되었다. 이런 상황에서 마오쩌둥은 외교정책의 성과로 정치적 위기를 상쇄하고 자신의 위신과 권위를 회복하고 싶어 했다.

닉슨의 중국 방문에 대해 미국에서는 지지하는 분위기가 높았다. 야당인 민주당 역시 비판 대신 적극적인 지지를 표명했다. 오히려 불만의 목소리는 공화당 내부에서 나왔다. 당시만 하더라도 세계는 냉전의 한가운데에 있었다. 특히 타이완 장제스 정부의 강력한 로비가 의회와 학계, 언론계에 집중되던 시기였다.

공화당 강경파들은 냉전 이데올로기를 국내 정치에 효과적으로 활용할 수 없는 상황을 우려했다. 당시까지 공화당은 선거에서 민주당을 색깔론으로 몰아붙이는 수법을 자주 사용했다. 그러나 닉슨의 중국 방문으로 이제 더 이상 민주당을 향해 '중공에 유화적'인 정당이라는 정치 공세를 펼칠 수 없게 된 것이다. 1972년 선거를 앞두고 닉슨은 재선을 위한 확실한 실적으로 중국 방문을 생각했지만, 공화당은 오히려 의회 선거에서 전통적인 '색깔론'을 사용할 수 없게 된 점을 안타깝게 여겼다.

상대를
존중하라

─────── 1972년 2월 17일, 백악관 남쪽 정원에서 3,000여 명의 환송을 받으며 닉슨 대통령이 앤드류 공군기지로 가는 헬리콥터에 탑승했다. 그는 출발하기 전에 자신의 중국 방문을 '평화를 위한 여행'이라고 명명했다. 닉슨을 태운 비행기는 하와이와 괌을 거쳐 마침내 2월 21일 월요일, 베이징 공항에 도착했다.

세계를 바꾼 일주일은 그렇게 시작되었다. 비행기에서 내린 닉슨은 영접 나온 저우언라이의 손을 잡았다. 역사적인 악수였다. 저우언라이는 1954년 한반도 통일 문제와 인도차이나 문제를 다루기 위해

UN 참전국을 비롯한 19개국 외무장관이 참석했던 제네바 회담을 떠올렸다. 중국이 국제 외교무대에 공식적으로 첫 등장한 회의이자 한국전쟁에서 서로 적으로 싸웠던 미국과 외교무대에서 처음으로 대면한 자리였다. 당시 덜레스 미국 국무장관은 저우언라이의 악수를 공개적으로 거부했다. 저우언라이 개인으로서는 모멸감을 경험한 순간이었고, 외교적으로는 미국과 중국의 적대적 관계를 보여주는 장면이었다. 그때를 생각하며 저우언라이는 닉슨의 악수를 존중의 표시로 해석했다. 양국 관계가 극적으로 전환되는 상징적인 순간이었다.

닉슨과 키신저는 줄곧 상대를 존중하는 태도를 보였다. 마오쩌둥을 만나러 갔을 때도 마찬가지였다. 닉슨은 정치인으로서만이 아니라 마오쩌둥의 시인이자 철학자다운 면모에 대해서도 관심을 기울였다. 그는 방문 기간 중 만찬사나 건배사를 할 때, 직접 마오쩌둥의 시를 인용했다. 특히 닉슨은 마오쩌둥의 시 "시간은 급하다. 만년은 너무도 길다. 날짜를 붙잡고 시각을 붙잡아두세"를 인용하면서, 자신에게 주어진 역사적 기회를 살리겠다는 의지를 드러냈다. 동시에 중국 지도자를 존경하고, 중국 인민을 존중한다는 점을 강조했다.

마오쩌둥은 이렇게 화답했다. "난 지난 선거에서 당신을 찍었소. 나는 우파를 좋아합니다. 좌파는 말만 하지만, 우파는 그 말을 실천하지요." 키신저도 끼어들었다. "하버드에서 강의할 때, 학생들에게 주석님의 어록을 읽혔지요." 마오쩌둥은 자신과는 철학적 문제를 토론하고, 실무적인 문제들은 저우언라이 총리와 협의하라고 말했다.

중국이 마련한 만찬의 분위기도 화기애애했다. 닉슨 대통령은 미국 역사에 대한 저우언라이의 풍부한 지식에 놀라워했다. 저우언라이는 음식뿐 아니라 만찬장의 음악까지도 세심하게 신경 썼다. 캘리

1972년 2월 21일, 베이징 공항에 도착한 닉슨 대통령은 마중 나온 저우언라이 총리와 역사적인 악수를 나누고 곧이어 마오쩌둥 주석을 만났다. 닉슨의 중국 방문은 미중 관계의 정상화가 시작되었음을 상징했다. 왼쪽부터 저우언라이, 통역관, 마오쩌둥, 닉슨, 키신저.

포니아 출신인 닉슨 대통령을 위해 캘리포니아산 샴페인과 오렌지, 그리고 미국식 요리들을 내왔다. 그리고 만찬장에는 〈밀짚 속의 칠면조Turkey in the Straw〉, 〈언덕 위의 집Home on the Range〉, 〈아름다운 미국America the Beautiful〉 등 닉슨에게 익숙한 미국 민요가 흘러나왔다. 저우언라이는 손님을 배려해 연주곡 하나까지 세심하게 골랐다. 1971년 10월, 키신저가 두 번째로 중국을 방문했을 때는 독일 출신인 그를 고려해 베토벤 교향곡을 선곡하기도 했다. 중국은 외교에서 내용만큼 분위기가 중요하다는 점을 잘 알고 있었다.

만찬 중에 대화를 나눌 때도 가능하면 상대방에게 관심을 표하는 내용을 소재로 삼았다. 2월 24일, 닉슨 일행이 만리장성을 다녀온 저녁 만찬에서 저우언라이는 마오쩌둥의 시 가운데서 "장성에 오르지 않고서는 사내대장부라 할 수 없다不到長城非好漢"라는 구절을 소개하면서 닉슨을 '대장부'로 치켜세웠다.

닉슨 역시 만찬장에서 발언할 내용을 조심스럽게 골랐다. 닉슨은 베이징 현지와 워싱턴의 대통령 연설문 담당자들이 협의해 작성한 초안을 검토한 뒤 직접 수정해서 활용했다. 당시 닉슨은 조지 워싱턴의 퇴임사 가운데 "미국은 모든 국가에 대해 선의와 정의를 행하고, 평화와 화해를 만들어야 한다"라는 구절과, 링컨의 게티즈버그 연설문에서 "우리가 여기서 말한 것은 오래 기억되지 않는다. 우리가 이곳에서 한 행동만이 세계를 변화시킬 수 있다"라는 말을 인용하기도 했다.

외교에서는 영원한 적도 동지도 없다

─────── 미중 양국의 공동선언서 작성은 결코 쉽지 않았다. 저우언라이는 '평화공존 5원칙'이라는 중국 외교 원칙을 강조했다. 그 내용은 영토 보전과 주권의 상호 존중, 상호 불가침, 상호 내정 불간섭, 평등과 상호 이익, 그리고 평화공존이다. 이 원칙은 1954년 4월 중국과 인도가 맺은 '티베트 지방-인도 통상교통협정'에서 처음으로 등장했다. 그해 6월 28일, 저우언라이와 네루 총리가 발표한 공동성명에서도 양국 관계의 기본 원칙으로 다시 한 번 이 내용이 강조되었다. 미국과 대화하면서 저우언라이는 타이완 문제가 중국의 내정에 속하는 문제라는 점을 강조하기 위해 5원칙을 앞에 내세웠다. 국내문제에 미국이 개입하지 말라고 병풍을 친 것이다.

또한 저우언라이는 베트남, 타이완, 그리고 한국, 일본에서 미군이 철수해야 한다고 주장했다. 주일 미군이 철수해야 한다는 저우언라이의 주장에 키신저는 "만약 미국이 일본에서 철수하면 일본은 재무장할 것"이라는 논리로 맞섰다. 그 밖의 다른 쟁점들은 키신저의 사전 방문을 통해 대부분 조율되었다. 가장 어려웠던 협상은 바로 '하나의 중국'이라는 원칙을 둘러싼 갈등이었다. 중국은 1949년 건국 이후로 '중국은 하나이며, 중화인민공화국이 정통 정부'라는 주장을 해왔다. 1955년 제네바에서 처음으로 미국과 중국이 대사급 협의를 시작했을 때에도 중국은 미국의 '두 개의 중국' 정책에 반발하면서, '하나의 중국' 원칙을 강력하게 주장했다.

중국은 타이완이 중국의 일부라는 점을 미국이 인정하기를 원했다. 그리고 타이완에서 미군의 철수를 주장하며 구체적인 일정을 원했다. 닉슨에게도 타이완 문제는 이중적인 난제였다. 앞에는 완강한 중국이 있고, 뒤에는 타이완을 편드는 '차이나 로비' 세력이 버티고 있었다. 무엇보다 미국의 오랜 친구였던 타이완과 이별한다는 것은 큰 파문을 불러올 일이었다. 1970년 봄, 몇 번의 연기 끝에 워싱턴을 방문한 장징궈 타이완 부총리에게 닉슨은 "결코 당신을 배신하지 않을 것이다"라고 약속했다. 그러나 국가의 이익을 먼저 추구하는 실용주의자 닉슨에게 우정이나 의리는 부차적인 문제였다.

닉슨은 중국의 문을 두드리면서도 타이완을 달래기 위해 애그뉴 부통령을 여러 차례 타이베이에 보냈다. 부통령은 닉슨과 키신저가 얼마나 중국에 가까이 가 있는지 알지 못한 채, 상투적으로 미국이 타이완의 뒤통수를 치지는 않을 것이니 안심하라고 큰소리를 쳤다. 그런 탓에 타이완은 실제로 뒤통수를 맞았을 때 큰 충격을 받았다. 타이완은 키신저가 중국에 다녀온 사실을 닉슨 대통령이 공개적으로 발표하기 30분 전에야 알았다. 타이베이의 미국 대사도 한 시간 전에

High Lob

저우언라이와 닉슨이 공을 주고받는 사이에서 어느 쪽 공도 받지 못하고 있는 장제스 타이완 총통. 미국과 중국의 관계 개선 과정에서 소외된 타이완의 모습을 보여주는 만평이다.

겨우 본국으로부터 소식을 들었다. 소련 주미 대사 도브리닌이 12시간 전에 키신저로부터 직접 전해들은 것과 비교해보면, 닉슨과 키신저의 머릿속에 타이완은 존재하지 않았던 것이나 마찬가지였다. 그야말로 냉혹한 국제정치의 현실, 그 자체였다.

중국 역시 미국과 중국의 관계 개선이 주변국에 미칠 영향을 걱정했다. 베트남전쟁이 아직 끝나지 않은 데다, 북한을 비롯한 사회주의 주변국들은 미국 제국주의에 대한 투쟁을 체제 유지의 명분과 동력으로 삼고 있었다. 중소 분쟁이 지속되고 있는 상황에서 베트남, 북한 등 주변국을 자기편에 묶어두는 일도 매우 중요했다.

키신저가 처음 중국을 방문했던 1971년 7월 10일, 저우언라이가 키신저와 열띤 논의를 하다가 잠시 자리를 비운 적이 있었는데, 마침 베이징에 와 있던 북한 대표단의 만찬 행사에 참석하기 위해서였다. 문화혁명 당시 홍위병들이 김일성 개인숭배를 비판하면서 북중 관계는 최악의 위기를 겪었다. 중국은 미묘한 국제 정세에서 북한과 관계를 개선하기 위해 최선의 노력을 다했다. 며칠 뒤인 7월 15일, 저우언라이는 직접 북한을 방문해 키신저와 협의한 내용을 알려주었다. 그날은 미중 양국이 키신저의 중국 비밀방문과 그 결과인 닉슨의 중국 방문 계획을 공개적으로 발표하기 하루 전이었다.

합의가 어려울 때는
'상하이 코뮤니케'처럼

————— 많은 쟁점이 타결되었지만 타이완 문제와 관련해서는 끝까지 진통이 이어졌다. 더 이상 차이를 좁히기 어렵다는 판단이 들자, 양국은 서로의 차이를 각자 서술하기로 했다. 중국은 타이완이 본토에 귀속되어야 하는 하나의 지방일 뿐이고, 타이완 해방은 중국의 국내 문제라는 점을 분명히 표현했다. 미국 측의 문안을 둘러싸고 오랫동안 협상이 진행되었다. 결국 미국은 "타이완해협의 모든 중국인이 하나의 중국이며, 타이완은 중국의 일부라는 점을 확인하고, 미국 정부는 이러한 지위에 도전하지 않는다"라고 적었다.

키신저는 '인정한다^{recognize}'라는 단어를 피하고, '당신들이 주장하니 그런 줄 알겠다'는 의미에 가까운 '확인한다^{acknowledge}'는 단어를 의도적으로 사용했다. 타이완에 대한 중국의 주권 주장을 미국이 직접적으로 수용하는 것을 어떻게든 피하고 싶었기 때문이다. 미국 내에 타이완을 버리고 중국을 선택하는 것을 강력히 반대하는 보수파들이 존재했고, 다른 동맹국들 역시 눈을 부릅뜨고 지켜보고 있었다. 양국은 타이완에서 미군 철수가 '최종 목표'라는 점을 확인했지만, 구체적인 시기를 못 박지는 않았다. 문서를 자세히 들여다봐야 구체적인 차이를 알 수 있는 그야말로 현란한 협상의 기술이 발휘된 문장들이었다. 저우언라이는 최종 문안이 완성된 뒤에 "역시 박사가 쓸모가 있네"라는 말로 키신저의 기지에 호의를 표했다.

최종 문안에 양국이 합의한 직후, 닉슨과 키신저 앞에는 그야말로 큰 소동이 기다리고 있었다. 미국 국무부는 문안 협상 과정에서 철저하게 배제된 탓에 구체적인 내용을 전혀 모르고 있었다. 로저스 국무장관이 최종 문안을 닉슨 대통령에게 받았을 때는 이미 닉슨과 마오쩌둥의 승인이 끝난 뒤였다. 국무부는 강력히 반발하며 문안 표현을 둘러싸고 조목조목 문제를 제기하기 시작했다. 특히 아시아에서 미국의 방위 공약에 해당되는 국가를 한국과 일본만 거론한 것을 문제 삼았다. 타이완과 필리핀을 빠뜨린 것은 마치 1950년 딘 애치슨 국무장관이 미국의 방어선을 거론하면서 한국을 빠뜨려 결국 한국전쟁의 빌미를 제공한 것과 비슷하다고 성토했다. 그리고 타이완 주민 가운데 독립을 주장하는 사람이 많기 때문에 '모든 중국인all chinese'이 아니라, 정관사가 붙은 '중국인the chinese'이라고 표현해야 한다고 주장했다.

로저스 국무장관은 무시당한 데 대한 분노와 소외감으로 폭발 직전에 있는 국무부의 분위기를 등에 업고 닉슨 대통령에게 문안 수정을 강력하게 요구했다. 닉슨 대통령은 할 수 없이 키신저에게 추가 수정을 지시했다. 키신저가 문안을 다시 조정해야 한다고 중국 책임자였던 차오관화에게 말하자, 그는 몹시 화를 냈다. "이럴 거면 공동 선언을 채택하지 말고, 그냥 가시오. 그래서 닉슨 대통령이 아무런 성과도 없이 여행객처럼 중국을 방문한 것으로 합시다" 하고 소리를 질렀다. 그리고 중국이 너무 양보를 많이 했기 때문에 더 이상 양보할 수 없고, 게다가 정치국에서 최종 승인한 문서를 다시 수정할 방법이 없다는 실무적인 이유를 늘어놓았다. 난감한 상황이었다.

결국 저우언라이가 나설 수밖에 없었다. 그는 마오쩌둥과 다시 상의했다. 마오쩌둥은 타이완 문제만 아니라면 얼마든지 수정할 수 있다는 입장이었다. 다시 문안을 조정했다. 키신저는 할 수 없이 모든 중국인이라는 표현을 그냥 받아들였고, 한국과 일본에 관해서는 군사동맹을 의미하는 단어 대신 긴밀한 관계와 유대라는 정치적 표현으로 고쳤다. 고친 문구는 다시 닉슨과 마오쩌둥의 승인을 받았다. 이렇게 해서 미국과 중국의 공동선언문이 최종 마무리되었다.

양국은 최종 일정을 마무리하는 상하이에서 공동선언문을 발표하기로 했다. 아직은 서로 차이가 적지 않았기 때문에 법적 구속력이 있는 조약이나 협정을 체결할 수 없었다. 그래서 '알리다'라는 뜻의 프랑스어에서 유래한 '코뮤니케' 형식을 취하기로 했다. 코뮤니케는 정치적 약속을 의미하는 '공동선언'이라고 할 수 있다.

상하이 코뮤니케는 서로 입장 차이가 클 때 어떻게 솜씨 좋게 타협할 수 있는지를 보여주었다. 그것은 각자의 주장을 병기하는 방식으로, 중국식 표현으로 '각인각설^{各人各說}'의 주장을 담는 것이다. 서로의 차이를 존중하면서, 명분과 실리를 모두 절충할 수 있는 형식이기도 하다. 상하이 코뮤니케는 외교관계를 바라보는 미국의 입장과 중국의 입장을 각각 서술하고, 양국의 합의 내용을 그다음에 적었다. 타이완 문제를 바라보는 시각, 동아시아에 대한 입장, 양국 관계 정상화의 필요성, 그리고 다양한 분야의 교류 확대 등 매우 폭넓은 현안들을 담았다.

비밀주의의
한계

─────── 1972년 2월 27일, 상하이를 떠나기 전날 마지막 만찬 사에서 닉슨 대통령은 "1만 6,000마일의 바다와 22년 적대의 세월을 가로지르는 다리를 놓았다"라고 말했다. 그리고 '세계를 바꾼 일주일'이라고 자평했다. 그날 밤 닉슨과 키신저는 새벽 2시까지 중국술인 마오타이를 마시며 자축했다. 닉슨이 미국에 돌아온 뒤 실시된 갤럽 여론조사에 따르면, 미국인 가운데 68%가 닉슨의 중국 방문으로 세계 평화가 향상되었다고 응답했다.

아마도 워터게이트 사건으로 불명예스럽게 대통령직에서 물러나지 않았다면, 노벨평화상은 키신저 혼자의 몫은 아니었을 것이다. 닉슨은 외교정책에서 대통령의 역할이 얼마나 중요한지를 보여주었다. 현대 외교는 정상외교 중심으로 돌아가기 때문에 대통령(또는 총리)이 아닌 누군가가 대신할 수 없다. 기본적으로 외교는 '대통령 의제'에 해당된다. 닉슨은 외교를 아는 대통령이었다. 자신이 동원할 수 있는 외교적 관계망을 총동원해서 신호를 보냈고, 사전 협상 과정이 길을 잃지 않도록 주도했으며, 쟁점 사항에서 협상이 교착상태에 빠졌을 때 돌파구를 제시했다. 현실을 중시하는 관료적 시각만으로는 오랜 적대관계를 뛰어넘기가 어렵다.

그러나 새로운 미중 관계는 닉슨이 사라지면서 동력이 약화되었다. 비공식적 채널과 막후 접촉에 지나치게 의존했던 닉슨식 외교의 한계도 드러났다. 1976년 대통령 선거에서는 민주당, 공화당 할 것 없이 모든 후보가 데탕트를 비판했다. 1976년 4월, 포드 대통령은 더

닉슨(왼쪽에서 두 번째)이 중국을 처음 방문한 후 7년이 지난 뒤에야 중국과 미국은 정식으로 외교관계를 맺었다. 1979년 1월 1일 정식 수교 직후인 1월 29일, 덩샤오핑 중국 부총리(오른쪽)는 카터 미국 대통령(왼쪽)의 초청으로 워싱턴을 방문했다.

이상 '데탕트'라는 단어를 사용하지 말라고 행정부에 지시하기도 했다. 그 뒤 '데탕트'라는 단어는 '힘을 통한 평화'라는 말로 교체되었다. 닉슨과 키신저의 외교정책은 중앙집권적이고 개인적인 외교의 한계를 보여주었다. 미국과 중국의 수교는 결국 1979년 카터 행정부 시기가 되어서야 결실을 보았다.

17

진심만큼 강한 무기는 없다

빌리 브란트의 동방정책

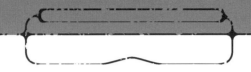

협상일지

1949년	5월 23일	독일연방공화국(서독) 수립
	10월 7일	독일민주공화국(동독) 수립
1961년	8월 13일	동독, 국경 폐쇄하고 서베를린 둘레에 장벽 설치
1963년	6월 26일	케네디 미국 대통령, 서베를린 방문
	12월 25일	베를린 통행증 협정 체결. 서베를린 시민들, 동베를린 방문(2주간)
1966년	11월	빌리 브란트, 외교부 장관 취임. '할슈타인 원칙' 폐기
1967년	1월	서독, 루마니아와 수교
1968년	1월	서독, 유고슬라비아와 수교
	12월	동·서독 무역협정 체결로 경제협력 가속화
1969년	4월	사회주의 국가 간 경제상호원조회의(코메콘) 정상회의에서 서구 국가와의 경제협력 결정
	9월 15일	서독 본 주재 소련 대사, 사민당 당사 방문해 협상 제안
	10월 28일	서독에 사민당·자유민주당 연립정부 출범. 빌리 브란트 총리 취임
	12월 17일	동독의 울브리히트 국가평의회 의장, 서독 하이네만 대통령에게 회담 제안 서신 발송
1970년	1~5월	에곤 바르, 빌리 브란트에게 권한을 위임받아 소련과 협상 진행
	3월 19일	제1차 동서독 정상회담(에어푸르트)
	5월 21일	제2차 동서독 정상회담(카셀)
	8월 12일	서독, 소련과 모스크바조약 체결
	12월 7일	서독, 폴란드와 바르샤바조약 체결. 오데르-나이세 라인 인정
1972년	4월 27일	빌리 브란트, 불신임 투표에서 승리
	5월 26일	동서독 간 교통조약 체결
	12월 21일	동서독기본조약 체결
1989년	11월 9일	베를린장벽 붕괴

베를린장벽이 무너졌다. 1989년 11월 9일, 민주주의를 열망하며 "우리가 바로 인민이다$^{Wir\ sind\ das\ Volk}$"라고 주장했던 동독 시민들이 무너진 장벽 위에서 통일을 열망하며 "우리는 하나의 민족이다$^{Wir\ sind\ ein\ Volk}$"라고 외쳤다. 베를린과 독일, 그리고 유럽과 세계를 동과 서로 갈랐던 장벽이 마침내 무너진 것이다. 독일은 통일로 나아갔고, 유럽도 통합의 발걸음을 재촉했다. 그렇게 20세기가 끝났다. 그리고 냉전시대가 역사의 무대에서 작별을 고했다.

장벽은 하루아침에
무너지지 않았다

———————— 장벽은 어떻게 무너졌을까? 제재와 압박으로 무너졌다는 사람들이 있다. 그러나 압박은 사회주의 정권들의 유지 명분이었고, 제재는 주민들의 고통만 키웠다. 장벽은 갑자기 무너진 것이 아니라, 틈이 균열로 그리고 구멍으로 커지면서 약해진 것이다. 무너지는

1961년 8월 13일, 서베를린과 동베를린을 구분하는 장벽을 더욱 강화하라는 동독 당국의 지시에 따라 군인들이 베를린장벽을 확장하고 있다.

순간이 아니라, 무너지는 과정에 주목해야 한다.

베를린상벽이 붕괴될 당시 서독 총리는 기독교민주연합당(이하 '기민당')의 헬무트 콜이었다. 우리는 그를 '통일을 이룬 지도자'라고 부른다. 그런데 장벽이 무너지고, 통일을 이룬 시점에서 사람들은 또 한 명의 정치인을 호명했다. '통일을 만든 사람', 바로 사회민주당(이하 '사민당')의 빌리 브란트다. 빌리 브란트는 1989년 11월 베를린장벽의 붕괴를 바라보면서, "하나의 뿌리에서 나왔던 두 체제가 이제 함께 자란다"라고 말했다. 브란트는 신에게 감사했다. 살아서 장벽의 붕괴를 볼 수 있을 줄이야.

장벽은 독일이 제2차 세계대전에서 패배하고 1949년 분단될 때 바로 세워진 것이 아니다. 1961년 8월 12일 자정을 기점으로 동독 군인과 경찰들이 국경을 폐쇄하고, 다음 날부터 서베를린 둘레에 철조망을 치기 시작했다. 이틀 뒤에는 동에서 서로 베를린의 허리를 갈라 벽돌을 쌓고 담장을 만들었다. 장벽에서 100미터 이내의 건물은 철거되었다. 장벽은 하루아침에 가족을 갈라놓았다. 장벽을 사이에 두고 서로 다른 삶, 문화, 그리고 정치가 자라났다.

빌리 브란트는 장벽이 세워질 당시 서베를린 시장이었다. 서베를린은 분단의 섬이자 경계의 도시다. 서독에서 서베를린으로 가려면 동독 지역을 거쳐야 한다. 냉전시대 동서 진영 사이에 긴장이 높아지면서 베를린은 고립되었다. 봉쇄된 베를린은 언제 터질지 모르는 국제정치의 뇌관이었다. 장벽이 세워질 때도 서베를린 시민들은 두려움에 떨었다. 1963년 6월, 소련의 경고를 받으면서도 케네디 미국 대통령이 비행기를 타고 서베를린을 방문했다. 케네디가 서베를린의 자유를 강조하며 "나도 베를린 시민이다$^{Ich\ bin\ ein\ Berliner}$"라는 연설을 했던 그날, 브란덴부르크 문 앞에 45만 명의 시민이 몰려들었다.

그 자리에 서베를린 시장 빌리 브란트도 있었다. 그는 위기의 순간에 좌절하지 않았고 두려움에 떨지도 않았다. 그는 장벽이 무너져야 문제가 해결될 것이라고 생각했다. 어떻게 장벽을 무너뜨릴 것인가? 장벽이 세워진 지 2년, 케네디가 다녀간 그해에 빌리 브란트 시장은 동독에 협상을 제안했다. 크리스마스 기간에 헤어진 가족과 친척을 만나게 하자는 것이었다. 빌리 브란트의 제안으로 '베를린 통행증 협정'이 성사되어 1963년 12월 25일부터 1964년 새해까지 2주일간 서베를린 사람들이 동베를린을 방문했다. 한동네에 살던 가족들이 하루아침에 헤어진 뒤 처음으로 다시 만났다.

굳게 닫힌 문이 열리자, 장벽에 금이 가기 시작했다. 그것이 동독과

(위) 1963년 6월 26일 케네디 미국 대통령(앞줄 왼쪽)이 서베를린을 방문했을 당시 서베를린 시장이었던 브란트(앞줄 오른쪽)를 비롯해 아데나워 서독 총리(뒷줄 왼쪽에서 두 번째) 등이 함께 자리했다. (아래) 케네디의 연설을 듣기 위해 모인 45만 명의 군중 앞에서 케네디는 '자유' 베를린 시민을 격려하며 "나도 베를린 시민이다"라는 마지막 멘트로 유명한 연설을 했다.

서독 간 교류와 접촉의 시작이었다. 다행히도 문이 다시 닫히지는 않았다. 1970년 양쪽 독일 총리들이 두 번의 만남을 가졌다. 어색한 만남이었다. 마음의 벽은 높았고, 서로 오해도 많았다. 특별한 합의나 조약을 체결하지도 못했다. 그러나 장벽에 바람이 통하는 구멍이 만들어졌다.

빌리는
누구인가?

─────── 1969년 10월 28일, 서독에서는 사민당 주도로 자유민주당(이하 '자민당')과 함께하는 연립정부가 출범했다. 연립정부의 총리는 빌리 브란트가 맡았다. 그는 취임 연설에서 "또 하나의 국가로서 동독의 존재를 인정하며, 대등한 자격으로 협상"하겠다고 선언했다. 그동안 동독은 서독의 대화 제안에 그 전제조건으로 국제사회에서 동독을 국가로 승인해야 한다고 요구했다. 브란트는 총리로 취임하자마자 동독과 대화를 가로막았던 장애물을 치웠다.

얼마 뒤인 12월 17일, 동독의 발터 울브리히트 국가평의회 의장이 서독의 구스타프 하이네만 대통령에게 편지를 보냈다. 양 독일의 우호적인 공존과 선린관계를 촉진하기 위해 만나자는 제안이었다. 덧붙여 울브리히트는 동독 협상 대표로 빌리 슈토프 총리를 지명했다. 하이네만 서독 대통령의 수락 편지가 다시 동독에 전달되었고, 빌리 브란트 서독 총리는 1970년 1월 22일 빌리 슈토프 동독 총리에게 "아무런 조건 없이 만나자"라고 제안했다. 3월부터 정상회담 준비를 위한 실무협상이 동베를린에서 열렸다.

실무협상에서는 의제보다 회담 장소 문제가 더 큰 쟁점이 되었다. 동독은 서독 총리를 동베를린으로 초대했다. 다만, 육로가 아닌 비행기를 타고 오는 것이 조건이었다. 동독은 서베를린에 대해 국제법상 특수한 지위에 있는 지역으로, 서독의 영토가 아니라고 주장했다. 그래서 서독의 수도 본에서 서베를린을 경유하지 말고 바로 동베를린으로 오라고 한 것이다.

하지만 브란트 서독 총리는 그럴 수 없었다. 그는 1957년부터 10년 동안 서베를린 시장이었다. 1961년 8월, 장벽이 세워져 서베를린이 서독으로부터 고립되는 이른바 '베를린 위기'를 직접 겪었고, 그 장벽에 틈을 내서 교류의 물꼬를 튼 장본인이었다. 그런 그였기에 당연히 서베를린을 경유할 생각이었고, 장벽을 걸어서 통과하고 싶어 했다.

정상회담 장소를 둘러싼 신경전이 뜨거웠다. 동독은 서베를린을 인정하지 않았고, 서독 역시 동베를린에서 정상회담을 개최하는 데 부정적이었다. 특히 서독 외교부는 동베를린에서 정상회담이 열리면 동독의 수도를 승인하는 것으로 해석될 여지가 있다며 반발했다. 그렇지만 서독 여론은 분단의 상징인 베를린이 아닌 다른 곳에서 회담을 개최하는 것에 대해 부정적이었다. 당시 서독의 한 여론조사에 따르면, 서독 주민의 86%가 베를린 이외 지역에서 정상회담을 하는 것에 반대했다. 장소 문제로 정상회담 개최 여부가 불투명해지자, 브란트 총리가 나섰다. 중요한 것은 만남이고, 협상의 내용이었다. 그는 회담 장소가 본질적인 문제가 아닌 만큼, 제3의 장소를 토의하자고 제안했다. 마침내 3월 12일, 제4차 실무협상에서 동독이 국경도시인 에어푸르트^{Erfurt}를 제안했고, 서독이 이를 수용했다.

1970년 3월 19일 빌리 브란트 서독 총리(오른쪽)가 탄 기차가 에어푸르트 중앙역에 도착하자 기다리고 있던 빌리 스토프 동독 총리(왼쪽)가 일행을 맞이했다. 동서독 정상의 첫 만남이었다.

회담 전날인 1970년 3월 18일, 브란트 서독 총리를 태운 특별 열차가 저녁 8시에 본을 출발했다. 브란트는 기차를 타면서, "정치는 인류의 평화에 기여할 때만 의미가 있다"라고 소감을 밝혔다. 기차는 다음 날 아침 7시 45분에 동독 국경역인 게어스퉁겐에 도착했다. 마중을 나온 동독 외무부 의전장과 내각 사무처장이 열차에 올라 영접했다. 그리고 이곳에서 서독 기관차를 동독 기관차로 교체했다. 서독의 객차를 동독의 기관차가 끌고 가는 물리적 결합이 이루어졌다.

오전 9시 30분에 기차는 에어푸르트 중앙역에 도착했다. 역에는 슈토프 동독 총리가 기다리고 있었다. 그리고 회담 장소인 에어푸르트 호텔로 함께 이동했다. 브란트가 호텔에 도착해서 짐을 풀고 있을 때 수많은 동독 시민이 호텔 입구로 몰려왔다. 그들은 '빌리'를 외쳤다. 브란트는 동독 시민들이 자신들의 지도자인 빌리 슈토프를 외치는 줄 알았다. 그러나 그들이 환호한 인물은 또 다른 빌리였다. 바로 서독 총리 빌리 브란트 말이다.

창가로 다가간 브란트는 한 손을 들어 화답했다. 그러나 곧바로 두 손을 낮게 펼쳐 자제를 부탁했다. 사려 깊은 행동이었다. 자신은 곧 돌아가지만 그들은 이 땅에 살아야 하고 자신 때문에 피해를 입어서는 안 된다고 생각한 것이다. 그 장면을 지켜본 수행원들은 모두 울었다. 브란트도 미처 예상치 못한 분단의 광경에 눈물을 흘렸다.

슈토프는 동독 주민들이 서독 대표인 빌리 브란트를 환호하는 데 충격을 받았다. 동독 경찰과 보안대원들도 예상치 못한 상황에 당황했다. 점심때쯤 동독 측은 관제 시위를 조직했다. 이번에는 '빌리'가 아니라 '슈토프'를 외치게 했다. 그리고 국제법상 동독을 국가로 승인하라는 구호를 외치게 했다. 정상회담이 끝나고 나서 슈토프는 어떻게 군중이 경찰 저지선을 뚫고 호텔 입구까지 와서 '빌리'를 외쳤는지 책임을 추궁했다.

10시부터 12시까지 오전 회담을 하고, 점심식사 뒤 3시부터 오후 회담을 했다. 그리고 서독의 요청으로 나치스 희생자 추모비를 방문해, 브란트 총리가 헌화를 했다. 저녁 6시 30분에 총리들만의 단독 회담이 열렸고, 저녁 8시에 브란트 총리는 다시 서독으로 출발했다.

동서독의 첫 번째 정상회담은 성과가 없었다. 동독에서는 동독 승인과 UN 동시 가입 등 근본적인 문제를 먼저 해결하자고 주장했다. 반면, 서독은 양국 간의 대화와 소통, 그리고 인적 교류의 활성화 방안을 강조했다. 동독이 정치적 접근을 우선한 반면, 서독은 단계적 접근을 내세웠다.

혼란으로 끝난
제2차 카셀 정상회담

──────── 1970년 5월 6일, 두 번째 정상회담을 준비하기 위한 실무협상이 본에서 열렸다. 동독 대표단은 자동차로 본에 왔다. 두 번째 정상회담 장소는 서독의 국경도시 카셀Kassel로 결정되었다. 그런데 제1차 정상회담이 끝나고 제네바에서 세계보건기구WHO 총회가 열릴 예정이었다. 당시 동독이 회원국 가입을 신청했는데, 서독의 입장이 변수였다. 서독에서 동독을 국제법적으로 승인하는 문제는 여전히 논란 중이었다. 동독은 서독이 만약 회원국 가입을 반대하면 카셀 정상회담을 취소하겠다고 위협했다. 난감한 상황이었다. 서독 외교부는 묘안을 찾았는데, 다행히 5월 15일 세계보건기구 총회에서 동독의 회원국 가입 결정을 1년간 유예한다는 소식이 전해졌다.

5월 21일, 슈토프 동독 총리가 특별 열차를 타고 카셀에 도착했다. 하지만 카셀에는 그보다 앞서 도착한 서독 시위대가 모여 있었다. 정상회담을 둘러싼 서독 내부의 갈등이 카셀에서 분출되었다. 1968년 창당이 허용된 서독공산당은 동독 총리의 방문을 계기로 자신들의 세력을 과시하고자 했다. 서독공산당은 모든 당원에게 휴가를 내고 카셀로 모이라고 권유했다. 독일민족당, 청년연맹 등을 비롯한 우익 단체들도 단단히 벼르고 있었다. 서독 정부는 법이 허용하는 범위에서 시위를 허가했다.

슈토프 동독 총리가 기차역에 도착하자, 양쪽에서 시위대가 구호를 외치기 시작했다. 시위 분위기가 거세지면서 기차역에서 회담 장소로 이동하는 과정에서 결국 사고가 났다. 군중 속에서 한 사람이

1970년 5월 21일 카셀에서 열린 동서독 정상의 두 번째 만남에서 큰 소동이 벌어졌다. 회담장인 캐슬 호텔에 게양된 동독 국기를 서독 극우단체 청년 세 명이 끌어내려 훼손한 것이다(왼쪽). 카셀 회담을 저지하기 위해 회담장 앞에서는 독일민족당 당원들이 시위를 벌이기도 했다(오른쪽). 이 때문에 양국 간 외교적 마찰이 빚어졌다.

갑자기 경찰 통제선을 뚫고 나와 동독 총리가 탄 차량으로 돌진했다. 그는 소형 폭발물 두 개를 달리는 차량을 향해 던졌다. 다행스럽게도 차는 손상을 입지 않고 그대로 도로를 질주했다.

회담장도 어수선한 분위기였다. 서독 극우단체 청년 세 명이 취재 허가증을 위조해 회담장에 들어와서는 걸려 있던 동독 국기를 끌어 내려 찢어버렸다. 회담장 밖에서는 우익단체들과 공산당 계열 시위 대가 격렬하게 충돌했다. 슈토프 총리를 비롯한 동독 측은 강하게 항 의했고, 동독 국기를 다시 달고 나서야 정상회담이 시작되었다. 그 뒤 에도 극우파와 극좌파의 충돌로 나치스 통치 시대의 희생자 탑 헌화 행사가 지연되었다.

브란트 서독 총리는 20개항에 이르는 동서독 쟁점에 대해 서독의 입장을 제시했다. 그러나 합의에 이르지 못했고 성과는 없었다. 카셀의 난리법석만 상처로 남았다. 과거와 미래가 충돌했고, 서독 내부의 이념 갈등은 언제 터질지 모를 정도로 한껏 부풀어 올랐다. 슈토프 총리는 동독으로 돌아가 서독 우익단체들의 시위를 강력히 비난했다. 동독과 서독의 관계는 잠시 소강상태에 빠졌다.

털신을 신은
작은 발걸음 정책

───────── 빌리 브란트의 외교 행보, 즉 당시 동독을 비롯한 동유럽 국가와 진행한 화해정책을 일컬어 '동방정책^{Ostpolitik}'이라고 한다. 사민당의 동방정책은 1966년 사민당과 기민당의 대연정大聯政으로 브란트가 외교부 장관을 맡으면서 그 모습을 드러냈다. 브란트는 먼저 '할슈타인 원칙$^{Hallstein\ Doctrine}$'을 폐기했다. 콘라트 아데나워 정부에서 외교부 차관이었던 발터 할슈타인의 이름을 딴 이 원칙은 한마디로 '동독을 승인한 국가와 외교관계를 수립하지 않는다'는 것이다. 할슈타인 원칙은 아데나워 총리 시절(1949~1963)에 '힘의 정치'를 표방하면서 내세운 냉전 논리의 산물이었다.

분단 이후 동독은 두 개의 주권을 가진 '두 국가론'을 주장했지만, 서독은 정부 수립 직후부터 '단독 대표권'을 주장했다. 당연히 동독을 국제법상 국가로 인정하지 않았다. 그런 상황에서 빌리 브란트가 '할슈타인 원칙'을 폐기한 것은 동독을 인정하고 양 독일의 공존을 추구하겠다는 의지의 표명이었다. 1967년 1월 31일, 서독 정부는 동독과 외교관계를 수립하고 있던 루마니아와 수교했다. 그리고 다음 해 1968년 1월 31일에는 할슈타인 원칙을 내세워 외교관계를 단절했던 유고슬라비아와도 다시 수교를 했다.

결정적인 전환은 1969년에 사민당이 극적으로 집권에 성공하면서 시작되었다. 그해 9월 28일 선거에서 기민당과 기독교사회연합당(이하 기사당)이 46.1%를 득표한 데 비해 사민당은 42.7%를 얻는 데 그쳤다. 그런데 5.8%를 얻은 자민당이 연합정부의 파트너로 사민당을 선택한 덕분에 극적으로 사민당이 주도하는 사민·자민 연립정부가 구성되었다. 선거 다음 날 미국의 리처드 닉슨 대통령이 기민당의 선거 승리를 축하하는 전보를 보냈다가, 나중에 브란트 총리에게 사과를 하는 촌극이 벌어지기도 했다. 사민당의 집권으로 동방정책은 날개를 달았다.

한편, 동방정책을 언급할 때 브란트 총리 외에 또 한 명의 인물을 반드시 기억해야 한다. 바로 브란트의 보좌관이며, 오랜 정치적 동지인 에곤 바르다. 바르는 동방정책의 이론적 설계자로 알려져 있다. 그는 이미 브란트와 1963년부터 같이 일했다. 동방정책의 핵심인 '접근을 통한 변화Wandel durch Annäherung'라는 개념도 그가 만들었다. 바르는 "현상을 변화시키기 위해서는 먼저 있는 그대로의 현상을 인정해야 하며, 동독에서 자유의 발전은 새로운 정책을 펼치기 위한 전제 조건이 아니라 그로부터 기대되는 결과"라고 주장했다. 브란트가 1963년 남부 독일 투칭Tutzing에서 열린 기독아카데미 정치토론회 연설에서 "동방정책이란 군사적으로 현상을 유지하면서, 정치적으로 그것을 극복하는 것"이라고 말했던 것도 같은 맥락이다.

'현상을 변화시키기 위한 현상의 인정'이라는 개념을 둘러싸고 서

동방정책의 설계자 에곤 바르(왼쪽)와 빌리 브란트 총리(오른쪽). 브란트가 1960년 서베를린의 시장으로 당선되었을 때, 바르를 공보 담당관으로 임명했다. 이때부터 브란트와 바르는 정치적 동반자로서 동방정책을 실행해나갔다. 사진은 1963년 12월 17일 서베를린 쇠네베르크 시청에서 열린 기자회견에서 바르가 발언하고 있는 장면이다.

독 내부에서 격렬한 논쟁이 벌어졌다. 분단의 현실을 인정해야 분단 상황을 극복할 수 있다는 동방정책을 서독의 보수 세력은 분단을 고착화하고, 통일을 포기하는 것이라고 비판했다.

 과연 그럴까? 브란트는 이런 비판에 대해, "한 걸음도 나아가지 않는 것보다는 작은 발걸음이라도 앞으로 나아가는 것이 낫다"라고 대응했다. 말만 세게 할 것이 아니라 하나라도 실천하는 것이 더 중요하다는 판단이었다. 그래서 동방정책을 털신을 신은 '작은 발걸음 정책Der Kleine Schritt'이라고도 부른다. 소리를 내지 않고 조용조용 한 걸음씩 걷는다는 뜻으로, 한마디로 이 개념은 "통일이 아니라, 현재 가능한 것부터 단계적으로 실천해가는 원칙"이다.

브란트와 바르는 더 이상 통일을 말하지 않았다. 당장 실현하기 어려운 통일보다는 당면한 긴장 완화와 걸린 문제의 해결에 집중했다. 문제를 해결하기 위해서는 대화와 협상을 해야 하고, 그 출발은 상대의 존재를 인정하는 것이다. 브란트 정부는 분단을, 국경선을, 동독 체제를 인정했다. 그리고 공존을 추구했다.

동방정책, 유럽의 질서를 바꾸다

───────── 1968년 미국 대통령 선거에서 리처드 닉슨이 당선되면서 데탕트, 즉 국제적 긴장 완화의 물결이 일었다. 브란트와 바르는 자신들이 오랫동안 '분단의 땅' 베를린에서 느끼고, 준비하고, 다듬었던 이상을 실현할 때가 왔음을 직감했다. 그들은 기회를 놓치지 않았다.

브란트 정부는 미국의 닉슨 행정부가 만든 세계적인 데탕트 공간을 활용했다. 서독과 미국은 서로 협력했다. 그러나 갈등도 많았다. 닉슨 대통령과 그의 국가안보 보좌관 헨리 키신저는 자신들의 세계 전략에서 서독의 동방정책을 하위 요소로 여겼다. 데탕트의 주역을 빼앗기지 않으려는 경쟁심도 있었다. 1970년 12월 《타임》에서 브란트를 올해의 인물로 선정하고 그 이유를 "브란트가 철의 장막 이후 유럽의 비전을 가장 흥미롭고 희망적으로 추진하고 있다"라고 설명했을 때, 닉슨과 키신저는 탐탁지 않아 했다. 1971년 봄, 미국의 한 여론조사에서 미국인이 존경하는 외국 지도자를 선정한 적이 있는데, 첫

삽화가 프리츠 베렌트가 동방정책에 대해 그린 삽화 〈누가 저 반대편까지 가서 일하는가?〉(1969. 12. 13). 브란트 서독 총리가 소련과 새로운 관계를 맺기 위해 애쓰고 있음을 강조하고 있다.

번째로 인도의 인디라 간디, 그다음으로 빌리 브란트가 꼽혔다. 이런 상황에서 닉슨과 키신저는 동방정책의 속도에 불만이 많았다.

브란트와 바르는 먼저 동서독 관계를 미소 경쟁 구도에서 분리하고자 했다. 1969년 10월 1일 키신저 미국 국가안보 보좌관이 바르에게 처음으로 전화를 했을 때, 바르는 "외교정책을 독자적으로 판단할 것"이라고 말했다. 닉슨 대통령은 공개적으로 동방정책을 비난하지는 않았으나 외국 지도자들에게 불편한 감정을 숨기지 않았다. 1970년 8월, 서독이 소련과 무력 포기 및 유럽의 현행 국경선 인정을 요점으로 하는 모스크바조약을 체결하자, 미국의 키신저는 프랑스 측에 모스크바조약이 "서방 동맹국 관계를 심각하게 악화시킬 수 있다"라고 언급했다. 또한 키신저는 브란트의 동방정책을 '내용 없는 데탕트'라고 부르기도 했다.

하지만 닉슨 행정부가 공개적으로 동방정책을 비판할 수는 없었다. 브란트 정부 역시 유럽 지역의 데탕트를 추구했기 때문이다. 방법론을 둘러싸고 의견 차이는 있었지만 전략적 목표는 같았다. 1970년 어느 날, 바르가 워싱턴을 방문해 키신저와 대화를 나누었다. 바르는 소련과 진행한 협상을 비롯해 동서독 관계에 대해 모든 것을 설명하고 미국의 이해를 구했다. 당시 키신저는 독일의 의도를 의심했다. 그러자 바르가 말했다. "나는 당신에게 조언을 구하기 위해서가 아니라 통보하러 온 거요. 우리는 반드시 성공할 겁니다."

브란트와 바르는 유럽의 한가운데라는 독일의 지정학적 위치에 주목했다. 그래서 독일이 유럽의 동과 서를 잇는 다리가 될 때, 미래가 열릴 것이라고 생각했다. 냉전시대 분단국가가 취할 수 있는 가장 효과적이고 의미 있는 외교정책 방향이었다. 닉슨 행정부가 중국과 소련의 갈등을 이용해 미중소 삼각외교를 추진했듯이, 브란트 정부도 동독과 관계를 개선하기 위해 적극적으로 '소련'이라는 카드를 활용했다. 바르는 1970년 초에 키신저와 만났을 때, "소련이 서독과의 관계에 적극적인 이유는 중국과의 갈등 때문에 서방과 평화를 유지하고 싶어 하는 것"이라고 분석했다.

소련은 1968년 체코 '프라하의 봄'을 무력으로 진압한 뒤 상당한 외교적 부담을 안게 되었다. 당시 소련과 서독의 긴장 완화 노력은 멈칫했다. 그러나 소련은 체코 침공을 '데탕트로 가는 길에서 일어난 교통사고' 정도로 여겼다. 1969년 봄, 소련과 중국의 갈등이 국경 분쟁으로 심각해지자 소련은 서유럽과 관계를 개선하는 일에 속도를

베를린장벽이 건립된 지 9년이 지나서야 동쪽으로 가는 길이 조금 열렸다. 1970년 8월 12일 모스크바에서 빌리 브란트 서독 총리(왼쪽)와 알렉세이 코시긴 소련 총리(오른쪽)가 서독-소련 간 조약에 서명했다(모스크바조약). 이는 '접근을 통한 변화'가 시작되었음을 의미한다.

내기 시작했다. 1969년 9월 15일, 서독 본 주재 소련 대사가 사민당 당사를 방문했다. 무력 포기 문제를 포함해 모든 것을 협상하자는 소련의 입장을 전달하기 위해서였다.

소련과 서독의 협상은 예비접촉을 거쳐 본회담으로 단계적으로 진행되었다. 본격적인 협상은 바르의 몫이었다. 브란트는 바르에게 협상 권한을 전적으로 위임했다. 1970년 1월부터 5월까지 세 차례의 협상과 14차례에 걸친 회담 대표들의 만남, 그리고 40여 시간의 밀고 당기는 과정을 거쳐 조약을 체결하기에 이르렀다. 물론 브란트도 중요한 역할을 했다. 1971년 레오니트 브레즈네프 소련공산당 서기장이 조르주 퐁피두 프랑스 대통령에게 독일보다는 독일 총리를 더 신뢰한다고 말할 정도로, 소련과 서독의 협상에서 브란트의 인간적 매력은 특히 빛났다. 외교는 사람이 하는 것이라는 말 그대로, 브란트는 진솔하고 사려 깊은 행동으로 협상 상대의 신뢰를 이끌어내는 재주가 있었다.

한편, 서독 내부에서는 소련과 관계를 개선하는 일에 반대가 심했다. 소련에 대한 적대감은 오랜 역사의 일부였고, 반공주의도 여전히 기승을 부리던 시절이었다. 기민·기사당은 브란트 정부가 모스크바에 놀아나고 있다고 강하게 비판했다. 하지만 모든 과정을 거친 뒤 1970년 8월, 모스크바조약이 체결되었다. 이 조약은 동서 긴장 완화의 기초가 되었으며, 1975년 유럽에서 다자간 안보협력을 제도화한 '헬싱키 프로세스'●의 근거가 되었다.

● 1975년 7월, 헬싱키에서 미국, 소련을 포함한 유럽 지역 35개국이 참여해 '유럽의 안전 보장 및 상호협력에 관한 헬싱키 최종 의정서'를 채택했다. 이를 계기로 유럽안보협력회의가 공식 출범하여 유럽의 집단안보가 제도화되었다. '헬싱키 프로세스'는 주권 존중, 경제협력, 인권 신장 등 포괄적 안보를 추진하면서 유럽의 탈냉전을 가져온 일련의 과정을 일컫는다.

빌리 브란트,
바르샤바에서 무릎을 꿇다

———— 우리는 한 장의 사진을 기억한다. 1970년 12월, 비가 부슬부슬 내리던 바르샤바의 유대인 게토 추모비 앞에서 빌리 브란트 총리가 무릎을 꿇었다. 사진기자들도, 폴란드 정부도, 심지어 수행원들까지도 예상하지 못한 행동이었다. 그때 왜 무릎을 꿇었냐고 나중에 물었을 때, 브란트는 이렇게 말했다. "인간의 말로써 표현할 수 없을 때 할 수 있는 행동을 했을 뿐이다." 독일을 대표해서 그는 폴란드 국민에게 사과했다. 무릎을 꿇을 필요가 없는 사람이, 무릎을 꿇지

1970년 12월 7일, 폴란드 바르샤바의 유대인 게토 추모비를 방문한 빌리 브란트 서독 총리가 유대인 희생자에게 헌화한 뒤 무릎을 꿇었다. 이 장면은 동유럽은 물론 서유럽 사람들의 마음을 움직였다. 과거로부터의 해방은 미래를 향한 문을 열었다.

않은 모든 사람을 대신해서 무릎을 꿇었다.

감동만큼 강력한 협상의 기술이 있을까? 물론 감동은 기술의 영역이 아니다. 마음에서 우러나오는 진정성이 있어야 가능하다. 폴란드 사람들은 감동했다. 그날 브란트의 사과로 폴란드는 과거의 원한을 씻을 수 있었고, 다시 아픈 역사가 반복되지 않을 거라고 안도할 수 있었다. 서독이 전후에 일관되고 철저하게 보여준 과거에 대한 성찰이 밑받침이 되었지만, 브란트의 마음에서 우러나온 용기가 역사적 화해를 가능케 했다.

그날 폴란드 사람들만 감동한 것이 아니다. 한 장의 사진이 주는 깊은 울림은 동유럽을 휘돌아 서유럽 사람들의 마음도 움직였다. 이제 독일과 함께 미래로 갈 수 있겠다는 확신을 갖게 된 순간이었다.

그날 브란트는 "아무도 이 역사에서 벗어날 수 없다"라고 참회했지만, 유럽은 이제 20세기 두 번의 세계대전이 남긴 증오의 기억으로부터 해방될 수 있었다. 과거의 응어리가 풀리자, 유럽은 미래의 문으로 들어갈 수 있었다.

브란트 정부는 폴란드와 관계 개선 과정에서 폴란드가 줄기차게 요구해오던 당시 국경선을 사실상 인정했다. 바로 오데르-나이세^{Oder-Neisse} 라인이었는데, 오데르강에서 나이세강으로 이어지는 이 국경선은 제2차 세계대전에서 독일이 패배한 결과로 성립된 경계선이었다. 포츠담협정에서 소련은 폴란드의 동쪽 영토 18만 제곱킬로미터를 자국의 영토로 편입했다. 그 대신 폴란드의 영토 보존을 위해 독일 영토였던 10만 3,000제곱킬로미터를 폴란드의 서쪽 영토로 넘겼다. 소련이 자국의 서부 영토를 회복하기 위해 독일의 동부 영토를 폴란드에 넘겨준 것이다.

폴란드 정부는 독일에서 얻은 영토를 국가 존립에 대한 문제로 인식했다. 폴란드는 이곳을 원래 폴란드 땅이라 주장하면서 '수복 영토'라고 불렀다. 그리고 소련에 넘겨준 폴란드 동부 지역에 살던 사람들을 이곳으로 이주시켰다. 물론 이 지역에서 몇백 년 이상 살았던 독일인들은 추방되었다.

서독 정부는 오랫동안 1937년의 국경이 정당하다고 주장하면서 오데르-나이세 라인을 인정하지 않았다. 1969년 10월 브란트가 총리로 취임했을 때, 브와디스와프 고무우카 폴란드공산당 총서기는 동독 정부가 1950년에 국경선을 인정한 것처럼 서독 정부도 오데르-나이세 라인을 인정하라고 요구했다.

서독 내부에서는 영토 회복을 바라는 여론이 높았다. 오데르-나이

—— 1945년 이후 국경선	▨ 폴란드에 편입된 독일제국 영토
---- 1939년 폴란드 국경선	▦ 소련에 편입된 폴란드 영토
	■ 체코슬로바키아에 반환된 영토

오데르-나이세 라인으로 재편된 폴란드 국경.

세의 동쪽에서 추방된 수백만 실향민들은 언젠가 자신의 땅으로 돌아가겠다는 희망을 결코 포기하지 않았다. 그들은 조직적으로 폴란드와 서독의 협상에 압력을 행사했다. 공산주의에 대한 반감도 여전히 컸다. 폴란드를 은근히 무시하는 사람들도 많았다. 이런 상황 속에서 브란트 정부는 어떻게 영토를 포기하고 폴란드와 바르샤바조약을 맺을 수 있었을까?

바로 브란트의 역사 인식이 중요한 역할을 했다. 그는 독일이 전후 질서를 인정할 때가 되었음을 인식했다. 이제 독일은 과거 영토에 대한 미련을 버리고, 미래로 나아가야 할 갈림길에 섰다고 판단했다. 특히 경제적인 관점에서도 동방을 향한 확장은 매우 중요한 과제였다. 이미 동유럽 국가들은 서유럽 국가와 경제협력을 시작했다. 더 이상 머뭇거리다가는 서독은 동구권 시장을 빼앗길 거라는 절박감이 작용했다. 특히 사민당의 연립정부 파트너인 자민당은 기업의 이해를 대변했는데, 중부 유럽 시장의 개척과 확대가 국경선 문제보다 더 중요하다는 입장이었다.

급변하는 유럽 질서, 폴란드의 선택

———————— 폴란드는 원래 서독과 관계를 개선하는 데 소극적이었다. 과거사 문제 때문만은 아니었다. 폴란드는 급변하는 유럽의 질서를 불안한 마음으로 지켜보고 있었다. 1960년대 중반 중소 관계가 악화되자 고무우카 폴란드공산당 서기장은 소련이 서유럽과 관계를 개선하기 위해 나설 것으로 예상했다. 소련이 중국에 집중하기 위해서는 유럽의 평화가 필요했기 때문이다.

폴란드는 유럽의 질서 변화를 예측하고 대비하고자 했다. 먼저, 동독에 접근해 소련과 서독의 관계 개선 상황에 공동으로 대응하자고 제안했다. 1967년 봄, 폴란드·동독·체코가 일련의 우호조약을 체결한 것도 유럽의 질서 변화에 대한 대응이었다. 서방 언론들은 이를

'철의 삼각협력'이라고 불렀다.

그러나 동독과 폴란드의 관계는 원활하지 않았다. 동독 내부에서는 폴란드와의 경제협력에 부정적이었다. 폴란드의 고무우카 서기장과 동독의 발터 울브리히트 국가평의회 의장의 관계도 좋지 않았다. 그들은 그동안 국내외 정책을 둘러싸고 자주 어긋났다. 1967년 11월, 모스크바에서 열린 '소비에트혁명' 50주년 기념식에 참석했던 고무우카는 울브리히트에게 "왜 당신들은 우리 폴란드 제품을 사지 않느냐? 당신들은 우리를 마치 식민지처럼 다룬다"라고 불만을 드러냈다. 울브리히트 또한 "당신이 그런 식으로 말하니, 그런 취급을 당하는 거야"라고 소리를 질렀다. 양국의 관계는 1970년 12월 고무우카가 물러날 때까지 악화일로를 걸었다.

서독이 폴란드와 관계를 개선하겠다는 의사를 계속해서 밝혔으나 고무우카는 강경한 태도를 유지했다. 1968년 사민당 전당대회에서 브란트가 폴란드와 서독의 국경을 인정하겠다고 밝혔을 때도 폴란드는 여전히 시큰둥했다. 당시 폴란드가 관심을 기울인 문제는 국경선이 아니었다. 그들은 진심으로 유럽 질서의 변화를 두려워하고 있었다. 서독의 동방정책은 두 가지 차원에서 폴란드에 불안감을 가져왔다. 하나는 서독과 소련의 협상 과정에서 과거처럼 강대국 정치의 희생양이 될 수 있다는 것이었고, 다른 하나는 독일이 다시 통일되어 유럽의 질서가 바뀌면 과거 불행한 역사가 재연될 수 있다는 불안감이었다.

고무우카의 입장이 결정적으로 바뀐 시점은 1968년 말과 1969년 초였다. 소련이 서독과 양자협상을 시작하자, 폴란드도 더 이상 관계 개선을 미룰 수 없었다. 이미 1967년 소련을 포함한 바르샤바조약기구^{WTO} 국가들은 서독과 관계를 맺을 때 공동보조를 취하기로 합의했는데, 소련이 먼저 움직인 것이다. 다행히 소련은 폴란드의 이해가 걸린 문제인 오데르-나이세 라인을 인정하라고 서독에 요구하고 있었지만, 그렇다 하더라도 고무우카는 폴란드만 뒤처질 수 없다는 판단을 했다.

경제적인 측면에서도 변화는 피할 수 없었다. 1969년 4월, 소련과 동유럽 사회주의 국가들의 경제협력기구인 경제상호원조회의(일명 코메콘^{COMECON}) 정상회의가 열렸다. 이 회의에서 중요한 결정이 내려졌다. 지금까지 관성적으로 강조해왔던 사회주의 국가 간 경제통합을 대신해 서구 국가와 경제협력을 새롭게 전개하기로 했다. 서구 국가에 경제를 개방하자는 공감대를 구체화한 것이다. 고무우카는 이 결정을 사회주의 경제권의 정치적 붕괴라고 해석했다. 그리고 독일의 경제적 재통합을 위한 문이 열렸다고 판단했다. 동독과 서독의 경제협력은 이미 1968년 무역협정을 체결하면서 빠른 속도로 증가하고 있었다. 이러한 상황에서 폴란드는 서독과 경제협력을 더 이상 미룰 수 없었다.

내부의 반대를
뛰어넘는 용기가 필요

──────── 서독의 움직임은 동독에 대화 압력으로 작용했다. 이미 동방정책의 성과가 드러나고 있었고, 자칫하면 동독만 고립될 상황이었다. 그런 점에서 브란트와 바르의 동방정책은 단계적이고 실

용적이면서 사실은 대단히 공세적인 정책이었다. 통일 뒤 동독 관료 출신 인사들은 "'털신을 신은 작은 발걸음'이 탱크보다 대포보다 훨씬 위협적이었다"라고 털어놓았다.

동독과 서독은 두 번의 정상회담을 마치고 잠시 호흡을 가다듬었다. 그러나 대화 중단 상태는 오래가지 않았다. 동서독 관계의 정상화를 위한 협상에 또다시 바르가 나섰다. 실무회담이 성공적으로 이루어져 1972년 5월에 교통조약이 체결되었다. 이 조약으로 동서독의 여행 제약 조건이 완화되자, 인적 교류가 본격적으로 늘어났다.

그리고 1972년 12월에 동서독기본조약이 체결되었다. 브란트 정부는 동서독 관계의 정상화와 상호협력을 위해 동독을 국가로 인정했다. 기본조약은 국제법상 조약으로 동독의 국가 승인, 동서독의 UN 동시 가입, 상주대표부 설치 등을 주요 내용으로 했다. 통행 규제를 완화하고, 이산가족의 재결합, 그리고 우편물 교환과 같은 협력의 기초 방안들도 합의했다. 동서독기본조약이 체결되었을 때, 브란트는 "우리는 더불어 사는 방법을 만들었고, 이제 함께 사는 법을 배워야 한다"라고 말했다.

앞으로 나아가는 변화 과정에서 내부의 반발은 피할 수 없다. 현재를 변화시키는 일이 어디 그렇게 쉬운가? 오랫동안 적대적 관계가 만들어낸 고정관념은 깊고 강하고 넓게 퍼져 있었다. 미래를 향해 전진하기 위해서는 이러한 고정관념을 뛰어넘어야 한다. 갈등을 두려워할 것이 아니라 오히려 기득권과 부딪치고 투쟁해야 한다. 브란트를 우리가 위대한 정치인이라고 부르는 이유가 여기에 있다. 동방정책은 엄청난 국내 반발을 무릅쓰고 추진되었다.

맨 먼저 공무원들이 저항했다. 브란트 정부가 들어선 이후 18개월

간 외무부가 의도적으로 비밀을 흘린 사례가 54건이나 되었다. 특히 소련과 진행하던 모스크바회담 내용을 보수적인 신문인《빌트^{Bild}》에서 폭로한 사건은 엄청난 후폭풍을 몰고 왔다. 동독을 국가로 인정하고, 오데르-나이세 라인을 폴란드 국경선으로 인정하는 내용이 포함된 비공개 합의문 초안이 그대로 언론에 공개되었다. 과거 독일제국의 영토였던 이 지역을 영원히 포기하는 결과를 가져왔다고 야당이 들고일어났다. 실향민들을 중심으로 한 보수 세력은 브란트를 반역자로 규정했고, 영토를 팔아먹었다고 비난했다.

결국 야당인 기민당과 기사당은 총리 불신임 투표를 제기했다. 그들은 승산이 있다고 판단했다. 사민·자민당의 연립정부는 의석수에서 여유가 없었다. 양당의 연립 이후 다소 보수적인 자민당 의원 10명이 탈당해서 기민당으로 당적을 옮긴 탓에 의석수는 사민·자민당이 250석, 기민·기사당이 246석이었다. 여기에 자민당 일부 의원들이 불신임안을 지지한다고 밝혔다. 불신임안이 통과될 가능성이 매우 높았다. 기민당 대표로서 불신임안을 주도적으로 추진한 라이너 바르첼은 통과를 확신했다. 그는 소련과 재협상을 하기 위해 투표 이틀 뒤의 날짜로 모스크바 항공편을 예약하고, 집권 이후 추진할 외교 정책의 방향을 선전포고하듯 떠들어댔다.

그러나 1972년 4월 27일에 치러진 불신임 투표 결과는 야당의 패배였다. 단 두 표 차이였다. 불신임안을 통과시키기 위해서는 과반수인 249표가 필요했는데, 야당은 247표밖에 얻지 못했다. 브란트를 비롯한 사민당은 불신임 통과를 저지하기 위해 최선을 다했다. 가능한 모든 수단을 동원해서 흔들리던 기민당 의원 일부를 설득하는 데 성공한 것이다. 브란트는 당시를 회고하면서, "정치인은 주위의 근거 없

1972년 4월 27일 총리 불신임 투표에서 빌리 브란트가 단 두 표 차이로 승리하자 불신임안을 주도적으로 추진했던 라이너 바르첼이 악수를 청하며 축하하고 있다.

는 칭찬이나 비난에 마음을 쓰기보다는 역사를 생각하며 앞으로 나아가야 한다"라고 말했다.

1972년 12월에 체결된 동서독기본조약의 의회 비준도 진통을 겪었다. 여야 간 격렬한 논쟁이 벌어졌고, 1973년 5월 11일에 268표 대 217표의 결과로 조약이 승인되었다. 동서독기본조약에 대한 반발은 끊임없이 이어졌다. 동서독기본조약이 체결된 이후 동방정책을 가장 반대했던 바이에른주 기사당 주정부는 이 조약을 '분단조약'이라고 규정하고 헌법소원을 냈다.

하지만 브란트는 결코 흔들리지 않았다. 그는 목표가 분명했으며, 갈등을 미래를 향한 진통이라고 생각했다. 그리고 용기를 가지고 일관성 있게 일을 추진하면 결국 국민도 그 뜻을 알게 될 것이라고 확신했다. 불신임 파동을 거치면서 오히려 역풍이 불었다. 발목을 잡는 야당에 대한 국민들의 시선도 곱지 않았다. 그런 과정에서 소련과 체결한 모스크바조약, 폴란드와 체결한 바르샤바조약이 의회에서 통과되었다. 그리고 마침내 1972년 11월 19일에 실시된 총선거에서 사민당은 압승을 거두었다. 1973년 7월 31일, 서독 연방헌법재판소는 동서독기본조약이 두 개의 독립적인 국가 간 국제법적 협약인 동시에 독일 내적 관계를 규정하고 있는 '이중적인 성격'을 지녔기 때문에 위헌이 아니라고 판결했다.

불가능한 것을
가능하게 만드는 정치

──────── 1970년 미국의 시사주간지 《타임》에서 브란트를 올해의 인물로 선정하면서 한 말을 기억할 필요가 있다. "정치 지도자들 대부분은 사건이 발생하면 그제야 대응하지만, 브란트는 아예 역사를 만든 사람이다." 위대한 정치는 시시때때로 변하는 여론에 춤추는 것이 아니라 여론을 끌고 가고, 사건에 대응하는 것이 아니라 역사를 만들고, 과거의 관성에 안주하는 것이 아니라 미래를 향해 전진한다.

브란트는 1971년 노벨평화상을 받았다. 그는 동방정책을 통해 소련과 모스크바조약을 체결함으로써 유럽의 질서를 바꾸었고, 폴란드와 바르샤바조약을 맺어 동유럽과 서유럽의 경계를 허물었으며, 동서독 관계 정상화로 통일로 가는 길을 만들었다.

브란트가 걸었던 길은 가시밭길이었다. 결코 쉽지 않았고, 내부 반발도 많았다. 그러나 그는 "정치란 불가능한 것을 가능한 것으로 만드는 예술"이라는 비스마르크의 말을 좋아했다. 어느 시대나 어느 사회나 '가능성의 예술'을 보여줄 용기 있는 정치인을 목 놓아 기다린다. 합의를 명분으로 현실과 타협하지 않으면서, 역사적 책임감을 가슴에 새기고, 시대적 과제를 해결하는 데 두려움을 느끼지 않는 그런 지도자 말이다.

18

일단 용서하라

남아프리카공화국 민주화 협상

협상일지

1948년	5월	국민당이 총선에서 인종차별정책(아파르트헤이트)을 내세움(1949년부터 입법화)
1962년	8월	넬슨 만델라, 국가반역죄로 수감
1989년	8월	프레데리크 벨렘 데 클레르크 남아프리카공화국 대통령 취임
	9월	아프리카민족회의 정치범 석방, 국가보안기관 폐쇄
	10월, 12월	만델라, 죄수의 신분으로 데 클레르크 대통령과 회담
1990년	2월	데 클레르크, 민주화 조치 발표. 넬슨 만델라 석방
	8월	아프리카민족회의, 무장투쟁 중단 선언
1991년	7월	만델라, 아프리카민족회의 의장으로 선출. 남아프리카공화국 핵비확산 조약 가입(1993년까지 핵무기 완전 폐기)
	12월	민주남아프리카공화국회의 개최
1992년	3월	개혁정책에 대한 국민투표 실시
	6월	보이파통 학살 사건 발생
1993년	4월 10일	남아프리카공화국 공산당 크리스 하니 사무총장 암살
	12월 10일	만델라·데 클레르크, 노벨평화상 공동수상
1994년	4월 27일	최초의 민주적 다인종 선거 실시. 아프리카민족회의 승리 인종차별정책인 아파르트헤이트 완전 폐지 선언
	5월 27일	남아프리카공화국 최초의 흑인 대통령 넬슨 만델라 취임
1995년	12월	남아프리카공화국 진실화해위원회 설립
1998년	7월	진실화해위원회 활동 종료
1999년	6월	타보 음베키, 만델라에 이어 대통령 취임
2013년	12월 5일	넬슨 만델라 사망

"나라는 위대한 아들을 잃었고, 국민은 아버지를 잃었다."
2013년 12월 5일, 남아프리카공화국의 제이콥 주마 대통령은 넬슨 만델라를 떠나보내며 이렇게 표현했다. 20세기 가장 위대한 지도자로 불리는 만델라가 95세의 나이로 세상을 떠났을 때 슬픔은 아프리카를 넘어 지구촌 전체를 덮었다.

어떤 말로 이 사람을 표현할 수 있을까? 장례식에서 그의 오랜 친구이자 또 다른 노벨평화상 수상자인 데스몬드 투투 주교가 "이 놀라운 사람이 있어서, 우리는 인간으로서 자긍심을 느낀다. 마디바Madiba를 우리에게 주신 신께 감사드린다"라고 애도했을 때, 많은 사람이 고개를 끄덕였다. '마디바'('존경받는 어른'이라는 뜻)라는 애칭으로 불린 만델라에 대한 가장 적절한 헌사였다.

만델라는 살아생전에 이렇게 말한 적이 있다. "한 사람이 태어나서 자신이 속한 국가와 국민을 위해 해야 할 의무를 다 마쳤다면 편안하게 안식을 취할 수 있다. 난 그런 노력을 했다고 믿고, 그래서 영원히 잠잘 수 있다"라고. '20세기의 위대한 해방자'는 그렇게 우리 곁을 떠났다.

보기 드문 성숙한 인간,
넬슨 만델라

──────── 말 그대로 '세기의 장례식'이었다. 인류 역사에서 이토록 폭넓은 사랑과 존경을 받은 정치인이 또 있을까? 그의 장례식에는 70여 개국의 국가 정상과 수십 명의 전직 정상이 참여했다. 그들 중에는 친구도 있었지만, 서로 원수지간인 경우도 있었다. 미국 대통령과 이란 대통령은 UN 총회장 밖에서 처음 얼굴을 마주쳤고, 영국 총리는 오랫동안 식민통치를 해왔던 짐바브웨의 대통령과 마주치자 그의 눈길을 외면했다. 마침내 만델라가 이스라엘과 팔레스타인, 그리고 중국과 티베트 등 서로 만나고 싶지 않은 여러 국가 지도자들을 한자리에 불러 모았다.

각국 정상들이 대거 참석한 탓에 남아프리카공화국 정부는 의전에 골치를 썩었다. 할 수 없이 UN 총회 방식을 따라 국력의 차이나 외교적 우선순위를 무시하고, 그야말로 알파벳 순서대로 정상들의 자리를 배치했다.

만델라는 어떻게 이런 존경을 받을 수 있었을까? 1990년 2월 11일, 넬슨 만델라가 빅터 버스터 교도소에서 풀려났을 때, 그의 나이 71세였다. '27년', 날짜로 치면 '1만 일'. 그 긴 시간 동안 감옥에 갇혀 있었기 때문에 우리가 그를 기억하는 것은 아니다. 다시 세상에 나온 이후 24년 동안 그가 보여준 화해의 정치는 기적이었고, 감동 그 자체였다. 인종차별정책(아파르트헤이트)●이 남긴 증오와 폭력이 너무 어두웠기 때문에 만델라가 보여준 용서와 화해의 정치는 더욱 빛났다.

넬슨 만델라에 관한 수많은 수식어가 있지만 "이 세상에서 보기 드문 성숙한 인간"이라는 앙드레 말로의 찬사가 가장 잘 어울린다. 만델라는 정치적 성과뿐 아니라 인간성 그 자체로도 많은 사람의 귀감이 되었다. 그는 겸손하고 관대하며 따뜻한 지도자였다. 또한 진실하고 적극적이지만 양보할 줄 아는 협상가였으며, 물러설 때를 아는 사람이었다.

장례식에 참석한 버락 오바마 미국 대통령은 "우분투Ubuntu 정신이야말로 만델라가 우리 모두에게 준 소중한 선물이다"라며 만델라의 철학을 '우분투'라는 단어로 표현했다. '우분투'는 '인간은 서로 얽혀 있다'는 뜻의 남아프리카어로, 인간은 혼자서는 살아갈 수 없고 다른 사람을 통해 진정한 인간으로 거듭날 수 있다는 철학이 담긴 말이다. 만델라는 '우분투'라는 말을 자주 사용했다. 그는 백인과 흑인이 어울려 살아야 한다는 당위를 토속적인 남아프리카어로 표현하며 숙명처럼 여겼다.

● 17세기 중엽에 백인의 이주와 더불어 제도로 확립되어, 1948년 네덜란드계 백인인 아프리카너를 기반으로 하는 국민당의 단독 정부 수립 후 '아파르트헤이트'라는 이름으로 한층 더 강화됐다. 백인, 흑인, 컬러드, 인도인 등으로 인종 등급을 나누고 공공시설을 비롯해 거주 구역과 업무 구역을 따로 설정했다. '신분증 소지법' 등으로 유색인종의 사회적 접촉을 제한하고, 정치 참여를 배제했다. 또한 인종별로 별도의 교육 기준을 적용했으며, 직업 선택에도 제한을 두었다. 아파르트헤이트는 국내외의 저항과 비난을 받아오다가 1990년 백인 정권과 아프리카 민족회의의 넬슨 만델라 간의 협상 끝에 급속히 해체되기 시작해, 민주적 선거에 의해 넬슨 만델라가 대통령으로 당선된 뒤인 1994년 4월 27일에 완전히 폐지되었다.

우분투 철학처럼 만델라가 주인공으로 돋보일 수 있었던 것은 성실한 조연이 있었기 때문이다. 이 감동적인 드라마에서 반드시 기억해야 할 또 한 사람이 있다. 만델라를 세상으로 돌려보냈을 뿐 아니라 권력을 잃을 것을 알면서도 흑인 정당 및 단체들과 협상에 나섰던 프레데리크 빌렘 데 클레르크다. 그는

인종차별정책에 반대한다는 이유로 1958년에 반역죄로 기소된 넬슨 만델라가 프리토리아에 있는 법원 재판에 참석한 뒤 나오고 있다. 그는 1961년 오랜 법정 소송 끝에 내란 혐의에 대해 무죄 선고를 받고 석방되었으나 1962년 다시 체포되어 5년형을 선고받았고, 수감 중이던 1964년 6월에는 종신형에 처해져 27년간 감옥에서 살았다.

1990년 2월 11일, 넬슨 만델라가 27년간의 수감 생활을 끝내고 아내 위니의 손을 잡고 케이프타운 가까이 위치한 빅터 버스터 교도소(현 후루트 드라켄스타인 교도소)의 문을 나오고 있다.

고르바초프와 함께 20세기 가장 위대한 패배자로 기억된다. 손뼉도 마주쳐야 소리가 나듯이 협상은 상대가 있어야 한다. 20세기 정치사에서 보기 드문 사건으로 기억될 이 기적 같은 드라마는 어떻게 일어났을까?

전환기의 지도자, 데 클레르크

—————— 1936년에 태어난 데 클레르크는 전형적인 '아프리카너 Afrikaner'였다. 유럽에서 아프리카로 이주해 정착한 지 오래된 백인들은 자신들이 외부인이 아니라 '아프리카인'이라는 점을 강조하기 위해 스스로를 '아프리카너'라고 불렀다. 또한 자신들이 피와 땀으로 지키고 가꾸었으므로 아프리카 땅은 자신들의 것이라고 여겼다. 데 클레르크는 아프리카너로 자랐고, 인종차별정책의 수혜자였다. 그의 아버지는 장관을 지냈고, 가까운 친척 중에 상원의원이 있을 정도로 엘리트 집안 출신이었다. 그는 어렸을 때부터 "내 피 속에 정치가 흐른다"라고 말할 정도로 정치인으로서 자질을 타고났다.

데 클레르크는 인종차별정책의 집행자인 국민당에서 정치 경력을 쌓았으며, 정치적 성향은 다소 보수적이라는 평가를 받았다. 교육부 장관 시절에는 흑인 학생들이 백인 대학에 다니는 것을 반대한 장본인이었다. 1989년에 그가 피터 빌렘 보타에 이어 대통령이 되자, 아프리카민족회의ANC● 지도부가 당황할 정도였다.

그런 탓에 데 클레르크가 대통령에 취임한 이후 보여준 행동은 매

● 남아프리카공화국 백인 정권의 인종차별정책에 대항해온 흑인 해방운동 조직으로, 1925년에 정식으로 발족했으며, 전신은 1912년에 탄생한 '남아프리카 원주민민족회의'이다. 처음에는 비폭력 저항운동을 벌였으나, 1960년 샤프빌 사건을 계기로 불법화되자 무장투쟁으로 기울게 되었다. 1962년에는 의장이던 넬슨 만델라가 체포되었다. 그 후 게릴라 활동을 확대하는 한편, 합법화와 만델라 석방을 요구하며 정부 측과 대화를 시작했으나 무장투쟁을 포기하라는 정부 측의 요구에 불응해 대화가 중단되었다. 1990년 2월 넬슨 만델라가 27년 만에 감옥에서 풀려난 뒤 곧이어 무장투쟁 중단을 선언했다. 1994년 4월 27일 치러진 민주적인 총선에서 아프리카민족회의는 60% 이상의 득표로 압승을 거둬 남아프리카공화국 최초로 흑인 정권을 출범시켰다.

우 파격적이었다. 취임 직후인 1989년 9월, 데 클레르크는 아프리카민족회의의 간부급 정치범을 아무런 조건 없이 석방했고, 7만 명이 참가한 아프리카민족회의가 주관한 대중집회를 허용했다. 또한 악명이 높았던 국가보안기관을 폐쇄했다. 이후 감옥에 갇혀 있던 넬슨 만델라와 대화를 시작해 마침내 그를 석방했으며, 동시에 아프리카민족회의를 합법화했다. 데 클레르크는 자신의 기득권인 인종차별정책을 스스로 포기했다.

어떻게 이런 일이 가능했을까? 개혁을 하면 백인들이 가졌던 많은 것을 잃을 게 뻔한데, 그 결과를 알면서 왜 그랬을까? 전환기의 지도자는 자신의 지지자들이 원하는 것이 아니라, 시대가 부여한 역사적 책임에 복무할 줄 알아야 한다. 1990년 2월, 의회에서 민주화 조치를 발표할 때, 데 클레르크는 "역사는 이 나라 지도자들의 어깨 위에 막중한 책임을 부여했다. 남아프리카공화국의 미래는 우리에게 달려 있다. 우리는 결코 흔들리거나 실패하지 않을 것"이라고 말했다. 그는 자신에게 주어진 역사적 책임을 회피하지 않았다. 시대의 기차가 방향을 전환할 때임을 예감한 데 클레르크는 한발 앞서 먼저 변화를 선택했다.

당시 남아프리카공화국의 입장에서 변화는 선택 사항이 아니라 더 이상 피할 수 없는 당위였다. 남아프리카공화국은 이제 국제사회의

1990년 2월 2일 데 클레르크 대통령은 아프리카민족회의 지도자인 구속된 넬슨 만델라를 조건 없이 석방하고, 아프리카민족회의(ANC), 범아프리카주의회의(PAC) 그리고 공산당(SACP)을 합법화하며 국가 비상사태를 해제한다고 발표했다.

제재에서 벗어나고자 했다. 그동안 남아프리카공화국은 인종차별정책으로 인해 국제사회로부터 경제 제재를 받았다. 제재에 참여하는 국가들이 너무 많아서 대외무역을 할 수 없을 정도였다. 국제사회에서 남아프리카공화국에 대한 제재는 역사적으로 가장 성공한 국제적 압력으로 평가받는다. 국제사회의 제재로 인해 1975년에서 1991년 사이 남아프리카공화국의 연간 성장률은 3% 이하로 떨어졌으며, 국민 1인당 실질소득도 25% 이상 감소했다.

　냉전 종식의 영향도 무시할 수 없었다. 1989년에 베를린장벽이 붕괴되고, 소련이 해체되면서 사회주의 국가들이 하나둘 체제를 전환하는 마당에 아프리카민족회의를 과거처럼 '빨갱이'로 몰아 탄압할 수도 없었다. 갈등의 본질을 덮고 탄압을 정당화해온 색깔론 카드를 더 이상은 쓸 수 없었다. 냉전이 끝나자 서방 국가들도 이제 흑인 정권의 등장을 수용할 만한 여유가 생겼다. 그동안 소련은 아프리카를 적극적으로 지원했다. 이에 대해 서방 국가들은 한편으로는 인종차별정책을 이유로 경제 제재를 취하면서도, 사회주의 세력의 확장을 저지하는 교두보로 남아프리카공화국의 전략적 가치를 어느 정도 인정하고 있었다.

아프리카를 둘러싼 패권 경쟁이 끝나자 서방 국가들이 백인 정권을 지원할 이유도 자연스레 사라졌다. 더욱 중요한 것은 미국의 정책 변화였다. 미국은 아프리카민족회의가 시장체제를 존중한다면 그들을 지지할 의사가 있음을 밝혔다. 미국 국무부의 아프리카 담당 차관보는 "이제 세계는 다수의 지배권을 인정해야 한다"라고 말했다. 다수를 차지하는 흑인들의 아프리카 지배의 정당성을 인정한 것이다. 이런 상황에서 남아프리카공화국의 백인 정권은 변화를 선택할 수밖에 없었다.

스스로 핵무기를
폐기하다

────────── 남아프리카공화국의 국내 상황도 인종차별정책을 지속할 수 없는 한계에 이르렀다. 인구 구성에서 백인의 비중이 눈에 띄게 낮아지고 있었다. 1910년에서 1960년까지 백인은 총인구의 20% 정도였으나, 1985년에는 15%로 떨어졌다. 1990년대 초 당시 예측에 따르면, 2010년에는 백인의 비중이 11%까지 내려갈 것으로 전

망되었다. 대부분 백인이 차지했던 숙련 혹은 비숙련 노동시장에서 노동력 부족 현상이 갈수록 뚜렷해졌다. 이에 비해 흑인들이 도시에 들어오면서 '조용한 혁명'이라고 불릴 정도로 많은 변화가 일어났다. 먼저 백인 인구의 감소로 발생한 일자리의 공백을 흑인들이 채워나 갔다. 그뿐 아니라 흑인이 집주인이 되고 사업가가 되었으며 막강한 소비자로 등장했다.

1988년 다수 백인들의 종교인 네덜란드 개혁교회가 인종차별정책 인 '아파르트헤이트'를 포기해야 한다고 요구하면서 더불어 '인종주 의는 죄악'이라고 고백했다. 교회는 그동안 백인 지배를 정당화하는 대표적인 기구였다. 그러나 점차 인종차별정책에 반대하면서 흑인들 의 민권운동을 돕는 교회가 하나둘 생겨나기 시작했다.

국제적 압력과 국내의 변화가 동시에 일어났고, 인구 변화와 경제 구조도 새로운 흐름을 요구했다. 때가 왔음을 인식한 데 클레르크는 시대가 자신에게 부여한 역할을 충실히 수행하기로 결심했다. 역사 를 돌이켜보면 변화를 수용하지 않아서 나라를 비극으로 몰아간 지 도자가 얼마나 많은가? 데 클레르크는 변화하는 현실을 받아들였고, 전환기의 지도자에게 맡겨진 임무를 피하지 않았다.

데 클레르크가 역사적으로 높은 평가를 받는 이유는 여러 가지가 있지만, 그중 스스로 핵무기를 폐기한 일을 빼놓을 수 없다. 핵무기를 개발하고서 스스로 폐기한 나라는 거의 없다. 남아프리카공화국은 우라늄 광산을 다수 보유하고 있어 핵무기 개발에 유리한 입장이었 다. 제2차 세계대전 말기에 미국에서 추진된 핵무기 개발 계획인 '맨 해튼 프로젝트'에 사용된 우라늄도 남아프리카공화국산이었다.

남아프리카공화국은 1989년에 핵무기를 스스로 해체하기 시작해

1993년까지 2년 6개월에 걸쳐 완전 폐기했다. 데 클레르크 정부는 1991년 7월 핵비확산조약에 가입하고, 9월에 국제원자력기구의 안전조치협정에 서명했다. 그리고 그해 11월부터 2년여 동안 국제원자력기구의 핵사찰을 115회 받았다. 스스로 핵무기를 폐기한 가장 모범적이며 유일한 사례다.

남아프리카공화국은 왜 핵무기를 포기했을까? 당시 이 나라를 둘러싼 대외환경의 변화가 가장 큰 동인이었다. 1980년대 이후 소련의 국력이 쇠퇴하고, 앙골라에서 소련군이 철수하면서 대량 살상 무기를 소유해야 할 필요성이 줄어들었다. 또한 국내의 정치적인 상황도 중요한 역할을 했다. 데 클레르크 정부는 1990년 만델라를 석방하는 등 개혁정책을 추진하면서 국방비를 축소할 생각이었다. 군사력을 더 이상 강화하기 어려운 상황에서 정부가 평화 노선을 채택하자 핵무기를 포기할 수 있는 환경이 마련된 것이다. 이미 남아프리카공화국의 군사력은 핵무기를 포기한다 하더라도 주변 국가들을 압도하는 수준이었기 때문에 대외관계에서 군사력 비중은 별로 신경 쓸 문제가 아니었다. 그보다는 오히려 향후 정치 변화가 불투명한 상황에서 핵무기를 흑인 정권에 넘겨줄 수 없다는 판단이 작용했다.

물론 데 클레르크가 양보만 한 것은 아니다. 그가 만델라와 협상에 나선 것은 어느 정도 자신감이 있었기 때문이다. 그는 다수의 흑인에게 권력을 넘겨주되, 그 과정에서 자신이 이끌던 국민당의 권력을 어떻게 유지할지를 고민했다. 그가 준비한 카드는 권력 나누기였다. 3~4개 정당이 돌아가면서 대통령을 맡고, 의회도 상원과 하원의 양원제로 운영하되 상원은 정당별 동수로 구성하자는 제안이었다. 흑인들이 하원을 차지하더라도 백인들이 상원과 순환대통령제를 통해 거부권을 행사할 수 있으리라는 판단이었다.

이를 위해 데 클레르크는 먼저 변화를 수용할 수 있도록 국민당의 개혁을 준비했다. 1990년 이후 데 클레르크가 이끌던 국민당은 좀 더 공개적이고 대중적인 다인종 정당으로 체질을 바꾸어나갔다. 백인들만의 정당이 아니라 인도계를 비롯한 유색인종을 대표하는 당으로 거듭나고, 새로운 상황에 어울리는 경쟁력을 갖추기 위해 노력했다.

하지만 협상 결과는 국민당이 주장한 권력 나누기가 아니라 아프리카민족회의가 지켜온 다수의 지배로 귀결되었다. 권력은 흑인에게 돌아갔다. 국민당도 총선 득표율에 따라 하원과 내각에서 일부 의석을 차지했지만, 데 클레르크가 생각했던 '권력을 공유할 만큼의 영향력'을 확보하지는 못했다. 그렇지만 그들이 목표로 삼았던 "다수의 지배를 양보해서 소수가 존중받을 수 있는 기반을 확보"하겠다는 전략은 결코 실패하지 않았다.

대화는 상대를 인정할 때
가능하다

———————— '누가 먼저 대화를 시작할 것인가?' 오랫동안 갈등을 거듭하며 지속되어온 분쟁이 결국 이 문제에 사로잡혀 한 발짝도 움직이지 못하는 경우를 많이 보았다. '상대가 변해야 나도 변한다'는 식의 집착과 '모든 문제는 상대에게 있다'는 편견에 사로잡혀 대화를 먼저 제안하지 않는 것이다. 인종차별정책을 기반으로 권력을 유지해온 국민당뿐 아니라 무장투쟁으로 저항해온 아프리카민족회의 역

시 대화를 나약함의 대명사로 여겼다.

팽팽한 적대감을 허문 이는 넬슨 만델라였다. 만델라가 죄수의 신분으로 비밀협상을 시작했을 때, 그는 먼저 동료들과 상의하지 않았다. 적대적인 정치 상황에서 백인 정권과 대화를 한다는 것은 배신으로 간주될 수 있는 매우 위험한 선택이었다. 그래도 만델라는 어느 정도 성과를 갖고서 동지들을 설득할 생각이었다. 마침내 협상을 시작했다고 알렸을 때, 그의 오랜 정치범 동지조차 "우리가 아니라 그들이 먼저 회담을 시작하길 바랐는데……"라며 아쉬워했다.

대화가 이루어지기 전, 탐색은 불가피하다. 만델라는 이미 데 클레르크가 집권하기 전 보타 정부와 4년 이상 대화를 진행했다. 무장투쟁에 관한 입장, 공산당과의 관계, 그리고 산업 국유화 등 쟁점을 둘러싸고 서로의 의견을 충분히 교환했다. 만델라는 대화 초기에 법무부 장관을 비롯한 보타 정부의 핵심 인사들이 아프리카민족회의에 관해 아는 것이 별로 없다는 사실에 충격을 받았다. 물론 아프리카민족회의도 마찬가지였다. 만델라가 석방되고 공식 협상이 시작되었을 때, 당시 협상팀에 참여했던 타보 음베키(뒷날 만델라의 뒤를 이어 대통령에 당선됨)는 첫 번째 만남 뒤에 "상대측 백인들이 머리에 뿔이 없다는 것을 알았다"라고 고백할 정도였다.

국민당은 만델라와 진행한 비밀협상을 통해 아프리카민족회의가 대화가 가능한 상대임을 알게 되었다. 만델라도 마찬가지였다. 1989년 10월과 12월, 만델라는 죄수의 신분으로 데 클레르크를 만났다. 서로의 입장 차이는 컸다. 그러나 만델라는 데 클레르크의 경청하는 자세를 높이 평가했다. 만델라는 동료들에게 데 클레르크에 대해 "우리와 같이 비즈니스를 할 수 있는 사람"이라고 평가했다. 그 표현은

1991년 12월 20일, 넬슨 만델라가 이끄는 아프리카민족회의를 비롯해 18개 정당 및 사회단체가 참여해 처음으로 공식적으로 구성한 민주남아프리카공화국회의가 시작되었다. 이 회의는 헌법과 선거 방식을 논의하는 중요한 자리였다.

영국의 대처 총리가 고르바초프를 처음 만난 직후 한 말이다.

그렇지만 대화는 기대만큼 쉽지 않았다. 데 클레르크가 민주화 조치를 발표한 1990년 2월부터 역사적인 선거가 이루어진 1994년 4월까지, 협상은 중단과 재개를 반복했다. 위기의 고비마다 비틀거리면서도 협상이 깨지지 않은 이유는 언제나 상대가 동반자라는 점을 잊지 않았기 때문이다.

1991년 12월, 민주남아프리카공화국회의CODESA가 열렸을 때의 일이다. 정치권을 대표해서 18개 정당 및 사회단체가 모두 모여 헌법과 선거 방식을 논의하는 중요한 회의였다. 데 클레르크는 연설 순서가 마지막이라는 점을 활용해 그 기회에 아프리카민족회의를 비난했다. 여전히 무장투쟁을 고집하는 아프리카민족회의의 태도를 비판하면서 회의의 주도권을 잡고자 했던 것이다. 상대방 입장에서는 가만히 두고 볼 수 없는 노회한 술수였다. 만델라는 단상으로 올라가 "정부가 몰래 뒤에서 폭력을 부추기고 있다"라고 비판했다. 그리고 "이런 일을 모르면 정부 수반의 자격이 없다"라고 데 클레르크를 향해 직격탄을 날렸다. 모욕적인 상호비판이었지만 다행히도 협상은 깨지지 않았다. 그들은 다음 날 불편한 마음을 애써 감추고 다시 악수를 했다. 시대적 과제가 중요했기에 그들은 개인의 감정을 통제할 수 있었다.

만델라는 협상 과정에서 데 클레르크의 평판을 손상시키지 않으려 무던히 노력했다. 1993년에 두 사람이 노벨평화상을 공동수상했을 때, 만델라는 수상 연설에서 공로를 데 클레르크에게 돌렸다. 왜 그랬을까? 상대가 약해지면 협상 동력도 떨어지기 때문에 무엇보다 상대를 존중할 필요가 있다.

데 클레르크 역시 마찬가지였다. 그는 "우리는 때때로 격렬하게 부딪쳤지만, 국가적으로 중대한 상황이 벌어지면, 우리의 차이를 잠시 한쪽으로 치워놓았다"라고 말했다. 정치는 사람이 하는 것이다. 지도자들 사이의 개인적 관계는 신뢰 형성에 매우 중요하다. 데 클레르크는 만델라를 존중했고 함께 문제를 풀어나갈 동반자로 생각했다. 뒷날 데 클레르크는 "우리 두 사람은 퇴임 이후 좋은 친구가 되었다"라고 회고했다.

상호존중이 대화의 시작이라면, 양보는 협상의 디딤돌이다. 만델라는 백인들의 두려움을 이해했다. 그는 인종차별정책을 비판했지만 그런 말을 할 때조차도 백인들의 공을 아낌없이 칭찬했다. 그는 언제나 "백인들은 우리의 친구이며, 지금까지 그들이 이 나라의 발전에 기여했음을 평가한다"라는 말을 빼놓지 않고 자주 언급했다.

협상 초기 쟁점이었던 주요 산업의 국유화를 둘러싼 논란에서도 만델라는 과감하게 양보했다. 금광을 비롯한 광물산업은 1990년대 초 남아프리카공화국 국내총생산^{GDP}의 14%, 총수출의 45%를 차지할 정도였다. 전통 좌파와 노동조합, 그리고 공산당은 광산에 대한 국유화를 강력히 주장했다. 그러나 만델라는 이 문제가 재산권 전반에 영향을 미칠 수 있는 민감한 사안이라고 생각했다. 남아프리카공화국의 모든 자본가가 이 협상을 지켜보고 있었다. 국유화를 결정하면 자본가들이 자본을 해외로 빼돌릴 것은 불을 보듯 뻔한 일이었다. 결국 만델라는 강경파를 설득해 광산에 대한 정부 지분을 20% 정도 확보하는 것으로 타협했다.

적은
내부에 있다

─────── 만델라와 데 클레르크, 둘 다 가장 어려웠던 점은 내부 협상이었다. 데 클레르크의 개혁 조치에 백인들은 공공연하게 저항했다. 인종차별정책을 지지하는 대규모 군중집회가 열리고, 만델라와 데 클레르크를 암살하려는 시도도 있었다. 공무원들이 태업으로 반발하는 바람에 행정 조치들도 잘 이행되지 않았다. 특히 지방에서는 개혁 관련 법률과 규정이 거의 실행되지 못했다.

아주 오랫동안 관행처럼 유지되어온 인종차별은 단지 제도개혁만으로 쉽게 사라지지 않았다. 예를 들어 병원만 하더라도 백인이 가는 병원과 흑인이 가는 병원이 따로 있었다. 1990년 4월 보건부 장관이 차별을 폐지한다고 선언했을 때, 구체적인 실행 방안은 병원의 판단

백인과 백인 외 인종을 구분해 계단을 따로 사용하도록 한 인종차별정책의 한 사례. 이처럼 일상생활에 깊이 뿌리 내린 인종차별은 제도개혁만으로 쉽게 사라지지 않았다. 백인과 흑인 모두 '차별 폐지'에 적응하는 데 시간이 걸렸다.

에 맡겼다. 이제 흑인들도 백인들이 다니던 병원을 이용할 수 있게 된 것이다. 그러나 그 뒤 1년이 지났을 때도 백인 병원에서 흑인들을 볼 수는 없었다. 병원이 정부의 결정을 무시한 측면도 있겠지만, 흑인들도 백인 병원에 갈 심리적인 준비가 되지 않았던 것이다.

국가폭력도 여전했다. 흑인 시위대에 대한 무차별 발포와 백인 우익단체와 흑인 폭력단체의 민간인 학살도 지속되었다. 개혁정책에 대한 반발이 조직적으로 이루어지면서 백인들의 마음도 흔들렸다. 1992년 초 국민당 지지 기반인 지역의 보궐선거에서는 노골적으로 협상에 반대하는 보수당이 당선되었다. 국민당 내부에서도 반발이 만만치 않았다. 일부 보수파 의원들은 데 클레르크에게 "당신이 결국 나라를 흑인들에게 팔아먹었다"라며 격렬히 비난했다.

데 클레르크는 벼랑 끝 전술을 선택했다. 1992년 3월, 그는 국민투표를 들고나왔다. 새로운 헌법 제정을 위해 1990년 2월부터 대통령이 시작한 개혁이 계속되기를 지지하는지 그 찬반을 묻는 투표였다. 투표 대상은 18세 이상의 백인에 한정했다. 데 클레르크는 이 투표에서 만약 반대표가 더 많으면 공직을 사퇴하겠다고 배수진을 쳤다.

데 클레르크는 선거를 앞두고 적극적으로 백인들을 설득했다. 많은 변화가 있겠지만 그럼에도 백인들의 정치적 지위는 유지될 것이며 반드시 그렇게 하겠다고 자신을 믿어달라고 호소했다. 당시 아프리카민족회의는 난감했다. 백인들만의 투표라는 형식을 비판하기는 했지만 투표 결과에 나라의 운명이 달려 있는데 마냥 모른 체할 수는 없었다. 결국 아프리카민족회의도 적극적으로 백인들에게 찬성표를 던질 것을 호소했다. 결과는 찬성이 69%였다. 대다수 백인들은 데 클레르크를 신뢰했고, 자신들의 운명을 맡기기로 결정했다. 데 클레르크는 이렇게 과감한 결단으로 협상력을 회복했다.

만델라의 상황도 데 클레르크와 크게 다르지 않았다. 그는 27년간 감옥에 있었다. 아프리카민족회의는 대규모 조직이고, 그야말로 다양한 분파들의 집합체여서 내부 조율이 쉽지 않았다. 협상이 시작되었을 때, 만델라가 오랫동안 갇혀 있던 로벤섬에는 정부의 사면에 반대하며 석방을 거부하는 정치범 25명이 있었다. 그들은 "협상이 아니라 전투에서 승리한 뒤에 떠나겠다"라고 선언했다. 만델라가 로벤섬을 찾아가 이들을 설득했다. 그는 협상도 투쟁의 연속이라고 강조했다.

1990년 8월 아프리카민족회의가 무장투쟁 중단을 선언했을 때, 일부 현장 활동가들은 이 조치를 조직에 대한 배신으로 간주하고, 이를 주도한 만델라를 독재자로 비판했다. 1991년 7월, 만델라가 아프리카민족회의 의장으로 선출되었을 때도 그는 지역 조직들과 긴밀하게 협의하지 않고 중요한 일을 독단적으로 처리한다는 비판을 받았다. 이 어수선한 조직에서 만델라가 지도력을 유지할 수 있었던 것은 어쩌면 그의 개인적 품성이 중요한 역할을 했기 때문이다. 물론, 그의 도덕적 권위와 아프리카민족회의 지도층과 맺어온 긴밀한 관계 또한 무시할 수 없다. 그러나 그는 타고난 겸손한 성품으로 이따금씩 터져 나오는 분란을 잠재웠다.

만델라는 언제나 멀리 내다보려고 노력했다. 그는 항상 "며칠 혹은 몇 주의 시간으로 보면 비관적이지만, 몇십 년을 내다보면 낙관적일 수 있다"라고 말했다. 만델라의 영향력은 그가 어떤 어려움 속에서도 희망의 끈을 포기한 적이 없고 언제나 낙관적이었기에 가능했다. 공직에서 은퇴한 이후 만델라에게 리더십의 비결을 물었을 때, 그는 "너무 일찍 논쟁에 개입하지 마라"라는 조언을 했다. 아프리카민족회의 내부에서 격렬한 토론이 붙으면 만델라는 대체로 듣는 편이었다. 결정을 해야 할 때는 언제나 각 측의 입장을 먼저 정리해 공통점을 찾은 뒤 자신의 생각을 살짝 얹었다. 만델라는 토론에 참여한 사람들이 자신의 의견이 어느 정도 반영되었다는 생각을 가질 수 있도록 토론을 이끌어나갔다. 특히 만델라는 자기 주장이 아니라 상대의 논리로 설득하는 솜씨가 뛰어났다.

협상은 언제나 양면성을 가진다. 상대편과 자기편 모두를 만족시키는 것은 매우 어려운 일이다. 특히 내부 강경파를 통제할 수 있는 정치력이 반드시 필요하다. 1992년 6월, 협상에 반대하는 백인과 보수적인 흑인 무장단체가 민간인 45명을 살해하는 사건이 발생했다. 바로 보이파통Boipatong 학살 사건이다. 그러나 아무도 체포되지 않았으

1993년 4월 10일, 남아프리카공화국 공산당 사무총장인 크리스 하니가 피살당했다. 이에 분노한 시민들이 거기로 쏟아져 나왔고, 남아프리카공화국의 혼란은 계속되었다.

며 경찰은 조사도 하지 않았다. 아프리카민족회의의 인내심이 바닥을 쳤다. 거리로 나온 시위대는 "만델라, 우리에게 총을", 그리고 "대화가 아니라 전투를 통한 승리"라는 구호를 외쳤다.

만델라의 말처럼 동이 트기 직전이 가장 어둡다. 일시적인 협상 중단은 불가피했다. 그렇다고 다시 무장투쟁을 할 수도 없었다. 만델라가 진퇴양난의 상황에서 생각한 것은 바로 대중집회였다. 그해 8월 정부청사 앞에서 10만 명이 참여하는 거대한 옥외 집회가 열렸다. 만델라는 대중집회를 강경파들이 분노를 표출하는 공간으로 활용했다.

이후에도 암살과 폭력으로 인한 위기의 순간들이 많았다. 만델라는 협상을 파괴하려는 세력의 술수에 말려들어서는 안 된다며 내부 강경파들을 설득했다. 1993년 4월 10일, 크리스 하니가 암살되었을

COSATU - THE WORKERS' VOICE

ANC - THE WORKERS' CHOICE

1994년 4월 27일 사상 최초로 실시된 민주적 다인종 선거에 투표하기 위해 길게 늘어선 유권자들(위)과 당시 넬슨 만델라를 비롯해 남아프리카공화국 노동조합회의(COSATU)의 연합 지도자 24인의 선거 포스터(아래). 이 선거에서 아프리카민족회의는 62%의 득표율로, 국회에서 400석 가운데 252석을 차지했다. 의회가 구성된 뒤 아프리카민족회의 지도자인 만델라가 대통령에 지명되었다.

때도 마찬가지였다. 크리스 하니는 남아프리카공화국 공산당 사무총장이었고, 아프리카민족회의 산하의 무장단체를 이끌고 있었다. 만델라의 뒤를 이을 차세대 지도자이기도 했다. 암살의 동기는 분명했다. 화해를 중단시키고 인종 전쟁을 계속하겠다는 계산에서 이루어진 암살이었다. 분노한 흑인들이 거리로 쏟아져 나왔다.

만델라는 그날 밤 TV에 출연해서 대중에게 호소했다. 먼저 암살자들의 번호판을 기억해서 신고한 백인 여성을 치켜세웠다. 그리고 흑인과 백인이 아니라 새로운 남아프리카공화국을 만들려는 사람들과 이러한 변화를 거부하는 어둠의 세력을 대비해 언급했다. "지금은 우리가 일치단결해서 크리스 하니가 목숨을 바쳐 이루고자 했던 자유, 바로 우리 모두의 자유를 파괴하려는 사람들과 맞서야 할 때"라고 선언하면서, "전쟁을 숭배하는 사람들, 피에 굶주린 사람들이 이 나라를 위험에 빠뜨릴 행동을 하도록 촉발해서는 안 된다"라는 점을 강조했다. 만델라는 추모 열기를 국민당 압박의 기회로 활용하는 동시에 내부의 분노가 상대편 강경파를 자극하지 않도록 통제했다.

용서의 힘,
화해의 정치

───────── 만델라는 "용서는 영혼을 자유롭게 한다"라고 말했다. 그에게 용서는 전략적 선택이었다. 오랜 세월 공권력을 장악해왔던 백인들이 여전히 경찰과 군, 그리고 검찰과 사법부를 차지하고 있었다. 새로운 국가는 증오를 재생산하는 복수가 아니라, 흑백이 함께 공존하는 화해를 요구했다. 만델라는 공무원의 지위 보장을 약속했다. 특히 인종차별정책에 앞장섰던 경찰에 대해 고백하면 사면해주겠다고 약속했다. 상부 명령에 의한 행동이라도 그것이 반인륜적 범죄라면 처벌할 수 있다는 뉘른베르크 전범 재판●의 사례를 따르지 않겠다고 확실하게 밝혔다.

이러한 타협의 결과로 '진실화해위원회'Truth and Reconciliation Commission'

● 　　　제2차 세계대전이 끝난 뒤 독일의 뉘른베르크에서 나치스 독일의 전쟁 범죄자와 유대인 학살 관련자들에 대한 군사재판이 이루어졌다. 1945년 10월 18일부터 다음 해 10월 1일까지 이루어진 제1차 재판에서는 주요 전쟁 범죄자 22명을 기소해서 12명에게 사형을 선고했다. 나머지 범죄자들에 대해서도 무기징역 등 중형을 선고했다. 1946년 12월부터 1949년 3월까지 이루어진 제2차 재판에서는 유대인 학살에 관여한 의사, 관료, 법률관 185명을 기소했고, 이 중 25명에게 사형을, 20명에게 무기징역을 선고했다. 뉘른베르크 재판에서는 처음으로 '반인도적 범죄'를 처벌했으며, 전쟁 범죄의 책임을 국가가 아니라 개인에게 물었다. 승리자에 의해 정의가 이루어진 대표적인 사례이기도 하다.

가 탄생했다. 라틴아메리카 국가의 몇몇 사례를 참조해서 만들었지만 남아프리카공화국의 진실화해위원회는 이후 '전환기 역사 청산'의 상징이 되었다. 위원회의 설치 및 권한과 의무는 의회에서 법률로 제정되었다. 1995년 임시헌법을 만들 때, 가장 중요한 쟁점은 사면 조항이었다. 과거 백인 정권 아래에서 공권력을 행사했던 군부와 경찰 들은 당시에도 여전히 치안을 담당하고 있었다. 그들은 벼랑 끝 전술로 나왔다. "경찰이나 보안군들이 감옥에 가야 한다면, 우리는 선거 과정의 안전을 보장할 수 없다"라고 공개적으로 말했다. 또한 아프리카민족회의가 사면에 동의하지 않으면, 협상은 물론이고 민주화를 위한 조치도 중단될 수밖에 없다며 노골적으로 협박했다. 결국 만델라와 아프리카민족회의 고위 간부들은 "사면이 없으면, 선거도 없다"는 그들의 압력을 받아들였다.

그러나 피해자들은 강력하게 반발했다. 피해자 가족들은 단지 복수를 원하는 것이 아니라는 점을 분명히 밝혔다. 그들은 새로운 국가를 건설하기 위해서는 어두운 과거를 반드시 청산해야 하고, 정의를 바로 세워야 한다고 역설했다. 따라서 법에 의한 처벌을 요구하며 사면을 강력하게 반대했다.

그러나 만델라는 미래를 향해 전진하려면 어쩔 수 없이 타협할 수밖에 없다는 점을 잘 알았다. 다만, 사면을 받기 위해서는 두 가지 조

1995년 12월에 '전환기 역사 청산'을 목적으로 설립된 남아프리카공화국 진실화해위원회는 데스몬드 투투 주교를 위원장으로 임명해 아파르트헤이트 기간 중 인권 침해와 국가적 범죄 실태를 조사했다. 진실화해위원회의 성과를 둘러싸고 다양한 평가가 있지만, 화해와 통합에 가까이 다가간 것은 부정할 수 없다. 위원회는 1998년 7월까지 활동하고, 같은 해 10월에 보고서를 냈다.

건이 충족되어야만 했다. 첫째는 정치적 목적에 한정된 범죄행위에 대해서만 사면이 가능했다. 사적인 이득을 취했거나, 개인 간의 원한과 복수로 인한 범죄행위는 사면 대상에서 제외했다. 둘째는 진실이다. 가해자는 범죄행위를 충분히 공개해야 한다. 청문회가 120여 차례 열렸고, 피해자 4,000여 명이 증언했다.

　과연 진실이 화해로 이어지는 지름길일까? '용서를 해야 할 사람이 누구인지, 그리고 무엇을 용서해야 할지 알아야 할 것 아닌가'라는 질문은 당연하다. 청문회 과정에서 증명되었지만, 진실 자체가 치유의 과정이었다. 청문회에 나온 고문 피해자는 "지금까지 내가 겪었던 고통을 말할 수 없다는 사실이 오랫동안 나를 아프게 했다. 이제 털어놓으니, 후련하다"라고 말했다.

그러나 진실은 또한 불편했다. 차라리 모르는 것이 나았을 텐데, 진실이 드러나면서 파장이 일었다. 한 경찰관의 아내가 있었다. 그녀는 남편을 가정적이고 아이들을 사랑하고 가끔 꽃을 사들고 올 정도로 낭만적인 사람으로 알고 있었다. 또한 그가 범죄 예방과 공공질서 유지에 힘쓰는 성실한 경찰인 줄만 알았다. 청문회가 시작되었을 때 그녀는 경악했다. TV에 나온 그녀의 남편은 민주화 인사들을 납치하고 고문하고 살해하는 데 가담했다고 고백했다. 그녀가 알고 있던 사람이 아니었다. 이처럼 진실이 밝혀지면서 그 충격으로 이혼한 사례가 적지 않았다. 진실을 고백하는 것 자체가 한편으로는 형벌이었다.

물론 청문회 기간 중에 아름다운 화해가 이루어진 경우도 많았다. 그러나 진실과 화해 사이의 거리는 가깝지도, 단순하지도 않았다. 화해는 두 가지 의미가 있었다. 하나는 개인 차원, 즉 가해자와 피해자들 사이의 화해이고, 다른 하나는 국가 통합을 위한 화해다. 개인 차원과 국가 차원의 화해 사이에는 큰 강이 놓여 있었다. 진실화해위원회는 국가 통합이라는 명분을 앞세워 개인 간의 화해를 강요한 측면이 있었다. 진실화해위원회 설치와 관련된 법률의 정식 명칭이 바로 '국가 통합과 화해 증진을 위한 법'이다. 이 위원회의 위원장으로 임명된 투투 주교는 진실과 화해 사이에 용서의 중요성을 제기했다. 그는 이렇게 호소했다. "친애하는 남아프리카공화국 국민이여, 관대함과 아량을 보여주시기를……."

그러나 용서가 어디 그렇게 쉬운가? 피해자 가족들은 신이 아니라, 단지 인간일 뿐이었다. 청문회에 나온 한 어머니는 아들이 살해된 과정을 듣고서, "나는 그들을 용서하지 않을 것이다. 나는 우리 아들처

진실화해위원회의 청문회는 120여 차례 열렸고, 피해자 4,000여 명이 증언했다. 진실이 드러나는 것은 불편하고 고통스러운 과정이었지만, 용서와 화해라는 결실을 이루었다.

럼 그들이 죽는 것을 보고 싶다"라며 울부짖었다. 일부 피해자들은 "정의는 어디에 있는가?"라고 외치면서 사면에 반발했다.

용서를 숙명처럼 받아들인 사람들도 물론 있었다. 청문회에 한 미망인이 나왔는데, 그녀의 남편은 민주화운동을 하다 실종되었다. 오랜 세월 그냥 그렇게만 알고 있었다. 그런데 청문회에 가해자가 나타났다. 그는 그녀의 남편을 "납치해 고문한 뒤 불에 태워 죽였다. 그리고 시신은 강에 버렸다"라고 털어놓았다. 그녀가 용서를 선택하는 과정은 결코 쉽지 않았다. 그러나 그녀는 "내 남편은 모든 남아프리카공화국 사람들을 위해, 이 나라의 평화를 위해 싸웠다. 내가 용서하지 않으면 어떻게 평화가 가능하겠는가?"라고 말하면서, 정치 현실이 그리고 국가의 미래가 강요한 용서를 담담히 받아들였다.

진실화해위원회의 또 다른 특징은 일방적으로 가해자의 책임만 묻지 않았다는 점이다. 아프리카민족회의는 오랫동안 무장투쟁을 전개했다. 그 과정에서 반인권적인 폭력행위도 많이 일어났다. 진실화해위원회는 인종차별 철폐를 위해 투쟁했던 사람들의 폭력에 대해서도 책임을 물었다. 그들이 감당해야 할 책임의 무게는 달랐지만, 어두운 시대의 역사적 책임을 공유하고자 하는 시도는 화해의 과정을 촉진했다. 물론 진실화해위원회의 성과를 둘러싸고 다양한 평가가 나왔다. 한계, 분노, 실망의 다른 한편으로 용서, 화해, 통합의 물결이 일었다. 그래서 만델라가 말한 시대의 과제, 즉 "억압받는 사람과 마찬가지로 억압하는 사람도 해방되는 세상"에 조금 더 가까이 다가간 것은 부정할 수 없다.

언덕을 올라야 넘어야 할 산이
많다는 것을 안다

──────── 1994년 선거에서 아프리카민족회의는 승리했다. 그리고 만델라는 대통령이 되었다. 그는 '상처 입은 사람들을 위한 치유 Healing 의 시대'가 왔음을 선언했다. 데 클레르크는 부통령직을 맡았다. 그는 그것을 굴욕이라고 생각하지 않았다. 화해의 다리가 되어달라는 시대의 요구를 담담히 받아들인 것이다. 자유를 향한 거대한 첫걸음은 만델라의 용기와 더불어 데 클레르크 같은 전환기의 지도자가 있었기에 가능했다.

전쟁보다 어려운 대화였다. 그렇게 남아프리카공화국은 폭력의 시

1994년 사상 첫 다인종 선거에 의해 구성된 남아프리카공화국 제헌의회 의원들은 새 대통령에 넬슨 만델라(오른쪽)를 제2부통령에 프레데릭 데 클레르크 당시 대통령(왼쪽)을 선출했다.

대와 이별하고 화해의 시대를 맞이했다. 만델라는 1994년 대통령 취임 연설에서 "우리는 흑인이든 백인이든 모든 국민이 어떤 두려움도 없이 당당히 걸어가는 사회, 인간 존엄이 보장되는 '무지개 나라 Rainbow Nation'를 만들자"라고 제안했다. 차이들이 어울려 찬란히 빛나는 '무지개 나라'는 남아프리카공화국의 국가 목표다. 아직 가야 할 길은 멀다. 만델라의 말처럼 "커다란 언덕을 올라야, 넘어야 할 산이 더 많다는 것을 알 수 있다". 화해는 한 번 하고 끝나는 것이 아니다. 신뢰가 무너질 때마다, 적대의 기억이 살아날 때마다 반복해야 하는 순환적 과정이다. 용서의 정치도 마찬가지다. 어울려 살아가기 위해 끊임없이 얼싸안아야 한다. 만델라는 떠났다. 그러나 남아프리카공화국 사람들 곁에, 그리고 평화와 화해를 위해 싸우는 지구촌 사람들 곁에 언제나 '마디바'는 함께할 것이다.

19

길이 막히면 탁월한 중재자를 써라

북아일랜드 평화협정

협상일지

1949년	4월	아일랜드 남부 26개 주, 아일랜드공화국으로 독립(북부 6개주는 영국 통치 지역으로 남음)
1972년	1월 30일	영국 공수부대, 데리에서 가톨릭 시위대에 발포('피의 일요일' 사건)
	7월	아일랜드공화국군, 벨파스트에서 폭탄 테러('피의 금요일' 사건)
		영국 히스 정부, 북아일랜드를 영국 직할 통치로 전환
1973년	12월	영국·아일랜드공화국·북아일랜드 여야당 정당 대표, 서닝데일협정 체결
1974년	2월	서닝데일협정 반대파의 총선 승리로 협정 무효화
1976년	9월	영국 정부, IRA 정치범 수감자를 일반 형사범 취급, 정치범 수감자들, '담요투쟁' 개시(~1980년)
1981년	5월 5일	보비 샌즈 단식투쟁 중 사망. 유럽에 영국 정부를 비판하는 시위 확산
1985년	11월	영국—아일랜드협정 체결
1993년	12월	영국·아일랜드공화국 정부, 다우닝가 선언 발표
1996년	6월	영국·아일랜드공화국 정부, 북아일랜드 평화회담 공동의장으로 조지 미첼 임명
1997년	5월	영국 노동당 선거에서 압승. 토니 블레어 총리 취임
1998년	4월 10일	성금요일협정 체결
	5월 22일	헌법개정을 위한 남북아일랜드 국민투표 실시
1999년	12월 1일	영국, 북아일랜드에 행정권 반환. 연립정부 출범
2000년	2월	IRA의 무장해제 불이행에 대한 항의로 트림블 총리 사임
2005년	7월	IRA, 비평화적 수단 포기 선언
2007년	3월	민주연합당 이언 페이즐리와 신페인당 게리 애덤스, 공동정부 구성 합의

1998년 4월 7일 화요일, 북아일랜드의 수도 벨파스트. 자정이 넘었지만, 벨파스트의 의회 건물은 환했다. 불 켜진 창문으로 협상의 열기가 전해졌다. 전 미국 상원의원이자 당시 북아일랜드 평화회담 위원장 조지 미첼이 자정이 막 넘은 시각에 65페이지나 되는 협상 초안을 각 정파들에게 돌렸다.

미첼은 1996년 6월에 위원장을 맡으면서 넉넉잡고 6개월 정도 고생할 각오를 했다. 그런데 벌써 2년의 시간이 흘렀다. 여전히 의견 차이가 커서 한쪽에서 환영하면 다른 쪽에서 자리를 박차고 나가고, 그들을 설득해서 다시 회담장에 데려오면 얼마 못 가 이번에는 다른 정파가 자리를 박차고 나가는 과정이 반복되고 있었다. 그래서 1998년 초에 미첼은 협상 마감 시간을 정했다. 바로 4월 9일 목요일 자정. 이제 3일 남았다. 만약 합의에 실패하면 짧게는 30년, 길게는 400년의 내전을 끝낼 절호의 기회를 잃는 것이다. 의회 안의 모든 사람들이 서로 목표는 달라도 지금 이 순간이 '역사의 결정적 갈림길'이라는 점을 알았다. 그러니 누가 잠들 수 있겠는가?

예수가 십자가에
못 박히던 날의 합의

──────── 협상 초안을 검토하기 시작한 데이비드 트림블 얼스터 연합당^{Ulster Unionist Party} 대표는 토니 블레어 영국 총리에게 전화를 해서 자신은 협상안을 거부하겠다고 말했다. 블레어는 곧바로 비행기를 타고 런던에서 북아일랜드 벨파스트로 날아왔다. 블레어는 협상에 참여하는 모든 대표에게 직접 전화를 했고, 곧바로 그들과 일대일 협상에 들어갔다. 그는 이후 3일 동안 단 한 번 외출했을 뿐, 끼니도 대부분 샌드위치로 때웠다.

4월 8일 수요일. 이제 낮과 밤을 따질 여유도 없다. 모든 시간은 하루 24시간을 넘어 목요일 자정을 기준으로 돌아가고 있었다. 창밖에는 찬바람이 불고, 때아닌 눈발이 날렸다. 4월에 어울리지 않는 눈바람이 협상장의 분위기를 대변했다. 유치원 어린이들이 평화를 기원하는 편지를 전달하러 왔을 때는 봄기운이 돌았지만, 곧 서로 다른 구호를 외치는 시위대들이 등장하면서 다시 찬바람이 휘몰아쳤다.

4월 9일 목요일. 드디어 마지막 날이다. 그러나 협상은 더 이상 앞으로 나아가지 못하고, 제자리에서 맴돌았다. 서로가 자기에게 유리한 항목을 '넣자, 빼자, 못 받는다, 받아야 한다'라면서 옥신각신했다. 벌써 몇 주째, 무한 반복되는 장면이다. 마감 시간이 가까워지면서 신경전은 가열되고 긴장감은 부풀어 올랐다. 회담장 안에서는 밖에 있는 자기편 사람들이 결과를 어떻게 받아들일지 알 수 없었다. 그렇게 저녁이 왔고, 어둠이 내렸다. 의회 건물 안에 있던 모든 사람이 꼬박 밤을 새웠다. 누구도 잠들 수 없는 밤이었다.

1998년 4월 10일, 성금요일협정이 체결되었음을 보도한 영국의 일간지. 이 협정으로 북아일랜드의 폭력의 시대는 거의 막을 내렸다.

4월 10일 금요일. 또다시 아침이 왔다. 위원장 미첼이 정한 마감 시간은 이미 지났다. 그러나 아무도 '경기는 끝났다'고 호루라기를 불지 않았다. 창밖은 화창했다. 이날은 그리스도의 십자가 수난일, 즉 세상을 위해 예수 그리스도가 십자가에 못 박힌 날이었다. 그래서 금요일 앞에 '성' 자를 붙여 '성금요일'이라고 불렀다. 얼스터연합당은 또다시 합의문에 불만을 제기했다. 미첼은 "이제 토론은 끝났고, 투표를 할 시각"이라고 재촉했다.

블레어 영국 총리는 빌 클린턴 미국 대통령에게 전화를 걸었다. 아일랜드계 미국인인 클린턴은 북아일랜드 평화회담에 적극적으로 개입하고 있었다. 블레어는 클린턴에게 얼스터연합당을 비롯해 합의문에 불만을 제기하는 사람들을 설득해달라고 부탁했다. 클린턴은 즉

석에서 몇몇 북아일랜드 정치인과 전화회담을 열었다. 블레어도 동참해 적극적으로 설득했다.

마침내 합의가 이루어졌다. 오후 5시가 넘어서고 있었다. 의회 건물을 걸어 나오는 정치인들은 모두 눈물을 글썽였다. 2년여의 장기 협상, 그리고 밤낮없이 이어진 2주간의 집중 협상으로 몸은 지쳐 있었지만 마침내 해냈다는 감동으로 발걸음은 날아갈 듯했다. 이름하여 '성금요일협정Good Friday Agreement'을 국제사회는 '기적'이라고 부른다. 북아일랜드 분쟁은 갈등의 골이 깊고 대립의 역사가 오래되어 '풀기 어려운 협상'의 대명사로 일컬어졌다. 그동안 몇 번의 평화협상이 이루어졌고, 의미 있는 합의도 있었다. 그러나 평화는 신기루처럼 나타났다 사라지고, 손을 뻗으면 다시 저만치 달아났다. 어떻게 평화가 이 비극의 땅에 자리를 잡았을까?

슬픈 아일랜드,
원한의 역사

─────── 북아일랜드 분쟁은 역사가 길고, 성격이 복잡하다. 아일랜드인이라면 치매에 걸리더라도 딱 하나 잊지 않는 것이 있는데, 바로 '원한'이라는 말이 있을 정도다. 증오의 기억은 16세기로 거슬러 올라간다. 1541년 아일랜드를 침공한 영국 왕 헨리 8세는 다음 해부터 아일랜드 국왕을 겸임하며 식민정책을 추진했고, 아일랜드 북부에 영국 신교도를 집중적으로 이주시켰다. 바다를 건너온 신교도들은 토지를 소유하면서 아일랜드에 살던 가톨릭(구교) 토착민들과

충돌하기 시작했다. 이때부터 북아일랜드 신교 주민과 아일랜드 가톨릭 토착민 사이에 갈등의 불씨가 타올랐다.

17세기 중반에 영국에서 청교도혁명이 일어나면서 아일랜드에서도 영국의 지배에 반대하는 폭동이 일어났다. 그러나 권력을 잡은 크롬웰이 이를 제압하면서 1653년 아일랜드 전체가 영국의 식민지가 되었다. 당시 아일랜드인의 3분의 1이 죽거나 추방당했으며, 아일랜드의 많은 토지 소유권이 영국 이주민에게 넘어갔다. 또한 아일랜드 가톨릭교도들의 공직 진출과 재산 소유를 제한하는 등 영국의 아일랜드 탄압이 나날이 극심해졌다.

영국의 마지막 가톨릭 왕이었던 제임스 2세가 1689년 추방당한 뒤 아일랜드를 거점으로 가톨릭의 부활을 시도했으나, 1690년 7월 신교 측에서 내세운 윌리엄 3세와 맞붙은 전쟁에서 패하는 바람에 북아일랜드에서 신교의 패권이 확립되었다. 결국 아일랜드는 1801년에 영국에 병합되어 1921년까지 영국령으로 유지되었다.

영국과 아일랜드는 지배자와 피지배자의 입장에서 오랫동안 싸웠다. 억압과 저항을 서로 주고받으면서 세월의 흐름만큼 원한을 쌓았다. 그러다 1921년 영국-아일랜드조약으로 '아일랜드자유국' 설립이 합의되었고, 다음 해인 1922년에 새로운 정부가 출범했다. 이때 영국계 신교도가 많은 북아일랜드 6개 주는 아일랜드자유국에 소속되기를 거부했다. 분단의 길로 들어선 것이다. 1949년 아일랜드 남부 26개 주가 영연방에서 이탈해 '아일랜드공화국'으로 완전히 독립했을 때에도, 아일랜드 북부 6개 주는 영국의 통치 지역으로 남았다.

분단이 되면서 북아일랜드 내부의 갈등은 더욱 격렬해졌다. 북아일랜드 분쟁은 단순한 종교 갈등을 넘어선다. 신교도들은 이주 초기

부터 토지를 소유하고서 점차 사회의 중산층으로 성장했다. 이러한
상황은 20세기에 들어서도 달라지지 않았다. 가톨릭교도들의 투표권
은 제한적이었고, 관료와 경찰들도 대부분 신교도 중심으로 충원되
었다. 주요 기업의 소유주는 대부분 신교도들이었고, 그들은 편파적
으로 신교도들만 고용했다. 경제 발전은 신교 거주 지역인 반^{Bann}강
동쪽 지역에 집중되었고, 서쪽 지역은 방치되었다. 가톨릭교도들의
주거환경은 열악했고, 1960년대 들어 실업률이 갈수록 높아졌으며,
평균소득은 신교도와 비교할 수 없을 정도로 낮았다.

오랫동안 차별받으며 원한을 쌓아온 가톨릭 주민들이 신교 주민들
과 본격적으로 충돌한 것은 1960년대 후반이다. 북아일랜드의 가톨
릭 주민들은 더 이상 차별에 순종하지 않았다. 당시 미국의 마틴 루
터 킹이 이끌던 민권운동에 영향을 받은 가톨릭 주민들은 자신들의
인권을 주장하면서 차별정책에 저항하기 시작했다. 그들은 백인이었
지만 미국 흑인들의 처지와 다를 바 없다고 생각했다. 유럽에 휘몰아
친 학생운동과 베트남전쟁 반대운동의 바람도 한몫했다. 거리행진
과정에서 경찰과 충돌하면서 곳곳에서 유혈 폭력 사태가 벌어졌다.
1969년 8월, 더 이상 북아일랜드 당국이 통제할 수 없을 정도로 사태
가 심각해지자, 영국 정부는 질서 회복을 명분으로 군을 투입했다. 억
압과 저항의 강도가 또 한 차례 달라지는 결정적 전환점이었다.

이후 벨파스트에는 아예 신교도와 가톨릭교도의 거주 지역을 구분
하는 장벽이 세워졌다. '평화선$^{peace\ lines}$'이라 불리는 이 장벽은 모든 것
을 갈라놓았다. 학교도, 신문도, 정당도, 문화도, 스포츠도, 그리고 역
사책도 달랐다. 외모로는 구분하기 어렵지만, 그들은 서로 다른 종류
의 사람들이었다.

1960년대 후반 가톨릭 주민과 신교 주민의 충돌을 막기 위해 벨파스트에 임시로 세우기 시작한 분리 장벽이 점차 북아일랜드의 다른 지역으로 확대되어, 총연장거리 21마일에 이른다. 북아일랜드 당국은 2023년까지 모든 장벽을 철거할 계획이다.

인구의 60%를 차지하는 신교도들은 자신을 영국인으로 생각하고, 북아일랜드와 영국의 통합을 주장해왔기에 '통합파'라고 불렸다. 그 반대편에서 아일랜드의 독립을 추구해온 가톨릭교도들은 '민족파'라고 불렸다. 통합파와 민족파 내부에서 각각 온건파와 강경파가 생겨나면서 갈등의 구조는 더욱 복잡해졌다. 통합파 내부에는 온건한 성향의 얼스터연합당과, 좀 더 보수적이고 강경한 민주연합당Democratic Unionist Party이 있었다. 민주연합당을 '충성파'라고 달리 부르기도 한다. 이후 통합파를 지지하는 무장조직인 얼스터방위군UDA과 얼스터의용군UVF이 조직되었다.

민족파도 마찬가지로 온건파와 강경파로 갈라졌다. 온건파를 대표하는 정당에는 사회민주노동당이, 강경파 쪽에는 신페인Sinn Féin당이

있었다. 신페인은 아일랜드어로 '우리 스스로'(영어로는 'We Ourselves')
라는 뜻으로, 아일랜드인만이 북아일랜드의 주인임을 강력히 암시하
는 말이다. 또한 준군사조직인 아일랜드공화국군$^{Irish\ Republican\ Army}$(이하
'IRA')이 결성되었는데, 이들은 무장투쟁을 가장 중요한 수단으로 생
각했다. IRA와 신페인당을 포괄하여 '공화파'라고 부르기도 한다.

 1969년 영국군의 투입 이후 저항도 거세지고 탄압도 도를 넘어섰
다. 복수와 보복이 끝없이 이어졌다. 1969년에서 1998년 사이에
3,500여 명이 사망했다. 북아일랜드 인구가 160만 명 정도임을 고려
할 때, 결코 적은 수가 아니다. 인구와 국토 면적을 함께 고려하면, 분
쟁의 강도도 매우 높은 편이었다. 북아일랜드는 오랫동안 '서유럽의
상처'를 상징했으며, 영국 입장에서는 '식민주의의 치부'였다.

 1970년 갈등이 풀리지 않은 채 어수선한 상황에서 영국에 보수당
정부가 들어서자 충돌의 파열음이 더욱 커졌다. 결국 1972년 1월 30
일, 북아일랜드 제2의 도시 데리(혹은 런던데리)에서 영국 공수부대가
재판 없는 구금에 항의하기 위해 모인 1만여 명의 가톨릭 시위대에
발포해서 14명이 사망하는 사건이 발생했다. 바로 '피의 일요일' 사
건이다. 이 도시는 원래 이름이 '데리'인데, 17세기에 영국인들이 이
주하면서 런던이라는 지명을 앞에 붙여 '런던데리'라고 부르기 시작
했다. 그래서 지금까지도 신교 통합파는 런던데리라고 부르고, 가톨
릭 민족파는 원래 이름인 데리를 고집하고 있다. 당시 영국 정부는
시민들이 먼저 총을 쏘고 폭탄을 던졌다고 주장했다. 그러나 사실은
도망가는 시위대를 향해 영국군이 먼저 조준 사격을 한 것으로 밝혀
졌다. 게다가 사망자의 절반은 10대 청소년이었다. 분노한 아일랜드
시민들이 더블린의 영국 대사관을 불태우고 무너뜨렸다.

1972년 1월 30일 '피의 일요일' 사건. 북아일랜드 데리에서 영국 공수부대가 재판 없는 구금에 항의하기 위해 모인 1만여 명의 가톨릭 시위대에 발포해서 14명이 사망하는 사건이 발생했다.

'피의 일요일' 사건이 일어나고 1년 뒤인 1973년 1월 31일, 시민들은 사건 당시 영국 공수부대의 발포로 사망한 14인의 사진을 들고 진상 규명을 촉구하는 시위를 벌였다.

'피의 일요일' 사건을 계기로 IRA는 본격적인 무장투쟁에 나섰다. 또한 이 사건은 영국 입장에서는 매우 수치스런 과거사였다. 1998년 토니 블레어 영국 총리의 제안으로 발족한 '피의 일요일 조사위원회'는 2010년에 최종 보고서를 발표했다. 12년 동안의 조사활동을 통해 38년 전의 과거사에 대한 진실을 발표한 것이다. 결론은 "군인들이 아무런 사전 경고도 없이 발포했다"는 것이다. 노동당의 블레어 정권에서 조사를 시작했지만, 조사 결과 발표는 보수당의 데이비드 캐머런 총리의 몫이 되었다. 캐머런 총리는 "먼저 총을 쏜 것은 군인들이었습니다. 매우 유감스럽게 생각합니다. 그날의 일은 정당하지 않고, 정당화될 수도 없습니다. 정부와 국가를 대신해 매우 죄송스럽게 생각합니다"라고 사과했다.

물론 가톨릭 강경파들의 폭력도 있었다. 1972년 7월, 벨파스트에서 IRA의 폭탄 공격으로 9명이 사망하고, 130여 명이 부상을 당하는 '피의 금요일' 사건이 발생했다. 이때부터 1998년 평화협상까지의 시기를 '혼란기'라고 부른다. 이 사건을 계기로 1972년 당시 영국의 에드워드 히스 정부는 1921년 아일랜드자유국의 독립과 함께 이루어졌던 북아일랜드의 자치를 끝내고 영국의 직할 통치로 전환했다.

보비 샌즈의 단식투쟁과
정치의 재발견

———————— 저항과 탄압의 악순환이 되풀이되면서 사람들은 '평화'라는 말의 상투성에 넌더리를 쳤다. 군사적 진압을 서슴지 않으면

서도 저항을 폭력이라고, 비도덕적 행위라고 주장하는 공권력에 분노했다. 저항하는 사람들도 평화를 굴복이라고 생각했고, 정치를 배신으로 간주했다. 그들은 무장투쟁을 중단하면 '영국으로부터 해방'이라는 근본 목표를 포기하는 것으로 여겼다.

강경파로 인해 사태는 더욱 나빠졌다. 특히 1980년대에 영국 총리를 지낸 마거릿 대처의 강경한 대응은 문제를 해결하지도 못한 채 오히려 깊은 원한만 남겼다. 이로 인해 영국은 전 세계의 조롱거리가 되었다. 1976년 영국 정부는 그동안 IRA수감자들에게 부여해왔던 '정치범'의 지위를 없애고 일반 형사범으로 취급하겠다고 선언했다. 다른 범죄자들과 마찬가지로 죄수복을 입어야 하며, 처우도 동일하게 하겠다는 것이었다. IRA 관련 정치범들은 이 방침을 거부했다. 그들은 '민족해방전쟁의 전쟁포로'로 대우받기를 원했다. 그들은 일반 죄수복을 거부하며 나체로 담요만 두른 채 생활했다.

4년 이상 이어진 '담요투쟁'이 성과를 얻지 못하자, IRA는 1981년부터 '단식투쟁'에 들어갔다. 이 과정에서 10여 명의 정치범들이 단식으로 결국 죽음을 맞이했다. 특히 보비 샌즈의 사례는 '북아일랜드' 문제가 국제적으로 주목받는 계기가 되었다. 단식투쟁을 벌이던 보비 샌즈는 1981년 3월 9일 보궐선거에 옥중 출마를 했다. 통합파와 민족파가 치열하게 경쟁하던 벨파스트 남부의 선거구였다. 상대 후보는 매우 강경하고 보수적인 얼스터연합당의 해리 웨스트였다. 온건한 민족파인 사회민주노동당은 후보를 내지 않았다. 보비 샌즈를 지지하는 사람들은 자신들을 '반-H블록^Anti-H Block'이라고 불렀는데, H블록은 보비 샌즈가 수감되어 있는 메이즈 교도소의 구역 이름이었다. 보비 샌즈는 보궐선거에서 51.2%의 지지를 받아 48.8%의 표를 언은 얼스터연합당의 웨스트를 이겼다. 한마디로 기적이었다.

선거에서 이겼지만 보비 샌즈는 단식을 중단하지 않았다. 교황 요한 바오로 2세가 특사를 보내 단식 중단을 권유했지만, 받아들이지 않았다. 그의 요구는 분명했다. 자신들을 정치범으로 대우해달라는 것이었다. 하지만 대처 총리는 강경한 입장을 조금도 누그러뜨리지 않고 정치범 인정을 끝까지 거부했다. 샌즈가 혼수상태에 빠졌을 때, 그의 가족들은 의사의 도움 대신 정치적 순교를 선택했다. 66일째 되는 날, 그는 차가운 감방에서 숨을 거두었다. 그의 나이 27세였다.

보비 샌즈의 단식투쟁은 실패했다. 목숨까지 걸었지만 끝내 요구 사항을 관철시키지는 못했다. 영국 보수당과 보수 언론들은 대처의 단호함이 승리했다고 자평했다. 과연 그럴까? 보비 샌즈가 사망한 뒤 상황은 반전되었다. "한 마리의 종달새를 가둘 수는 있지만, 그 종달새의 노래까지 가둘 수는 없다." 보비 샌즈가 옥중에서 발표한 자작시처럼, 종달새의 노랫소리는 북아일랜드를 넘어 전 세계로 울려 퍼졌다.

보비 샌즈가 사망하자 유럽에서는 영국을 비판하는 시위가 거세게 일었다. 이탈리아 밀라노에서는 수천 명의 시위대가 영국 국기를 불태우며 시위를 벌였고, 노르웨이 오슬로에서는 엘리자베스 2세 영국 여왕의 초상화를 걸어놓고 토마토를 던지며 영국을 비난했다. 프랑스의 많은 도시에서는 거리 이름을 '샌즈'로 바꾸고 그를 추모했다. 미국에서도 뉴욕을 비롯해 곳곳에서 샌즈의 죽음을 애도하고, 영국 정부를 비판하는 시위를 벌였다. 남아프리카공화국의 로벤섬에 갇혀 있던 만델라는 샌즈의 죽음에 깊은 영감을 얻었고, 동조 단식으로 그를 추모했다. 그동안 IRA는 테러리스트의 이미지가 강했지만, 보비

1981년 보궐선거 당시 신페인과 IRA가 발행하는 북아일랜드 공화주의 신문 《포블락트(AN PHOBLACHT)》에 실린 보비 샌즈 지지 기사(왼쪽)와 검은색 기를 들고서 단식 투쟁 중 사망한 보비 샌즈와 정치범들을 추모하는 행렬(오른쪽). 옥중 출마한 보비 샌즈는 선거에서 승리했지만 단식투쟁을 멈추지 않고 결국 정치적 순교를 선택했다.

샌즈를 통해 '제국주의에 저항하는 양심'으로 재평가되었다.

북아일랜드 내부에서도 샌즈의 죽음은 중대한 영향을 미쳤다. 처음에 IRA 지도부는 보비 샌즈가 나선 보궐선거에 대한 지원을 꺼렸다. 대중들이 어떻게 평가할지 알 수 없었기 때문이다. 그러나 대중은 적극적으로 지지했다. IRA에 대한 나라 안팎의 지지는 정치적 수단이 폭력적 수단보다 더 효과적일 수 있다는 가능성을 보여주었다.

강경한 민족파인 신페인당은 자신들에게 우호적으로 변한 환경에 자극을 받아 적극적으로 정치무대에 진출하기로 결정했다. 1982년에 신페인당은 처음으로 당의 이름을 걸고 북아일랜드 총선에 참여했다. 12명이 출마해서 7명이 당선되었으며, 정당 투표에서도 10.1%의

지지를 얻었다. 온건민족파인 사회민주노동당이 18.8%를 얻은 것과 비교해보면, 무시할 수 없는 약진이었다. 그리고 1983년 북아일랜드가 포함된 영국 의회 선거에서 신페인당의 지지율은 13.4%로 증가했고, 당 대표인 게리 애덤스가 벨파스트 서쪽 선거구에서 당선되었다. 단식투쟁은 역설적으로 정치의 힘을 재평가하는 계기가 되었다. 신페인당과 IRA는 대중의 지지를 확인할 수 있었고, 국제사회의 열렬한 지지와 물질적 지원에 힘을 얻었다.

　대처 총리의 강경 대응으로 북아일랜드는 많은 피를 흘려야 했고, 영국은 국제사회의 지지를 잃었다. IRA의 일부는 신페인당을 통해 정치에 참여했지만, 여전히 다수는 무장투쟁을 선호했다. 그러나 1980년대 후반으로 접어들면서 IRA의 테러에 대한 가톨릭 주민들의 반발이 점차 늘어났다. 그러나 그들은 전투 중단을 선언할 수 없었다. IRA가 만약 비폭력 노선으로 전환하면, 대처 정부가 자신들이 승리했다고 선전할 가능성이 높았기 때문이다. 이처럼 힘에 의한 평화는 완성될 수도 없고, 오랫동안 지속될 수도 없다.

분쟁의 피로감,
협상의 때가 왔다

──────── 1990년대에 접어들자 내전의 피로감이 서서히 퍼져나갔다. 국제적으로는 냉전이 해체되고 있었다. 냉전 상황에서 미국을 비롯한 서방 국가들은 영국 정부의 입장을 고려해 북아일랜드 문제에 적극적으로 개입하지 않았다. 냉전이 해체되자 상황은 달라졌다.

영국 정부도 그동안은 냉전 논리에 편승해 IRA를 좌파로 몰아 문제의 본질을 은폐했지만, 이제 더 이상은 그럴 수 없었다.

북아일랜드 내부에서도 일상의 평화를 원하는 사람들이 늘어났다. 1990년대 들어 IRA가 전쟁 중단을 선언한 것도 이러한 대중의 정서를 반영했기 때문이다. 신교와 가톨릭이라는 이분법을 벗어나 보편적 인권과 민주주의, 그리고 평화를 강조하는 시민사회의 역할도 강화되었다. 특히 교파를 초월해 협력을 강조해온 동맹당^{Alliance Party}의 지지율이 올라갔다. 동맹당은 합리적인 중산층을 겨냥해 1970년대에 결성되었지만, 대립의 시대에는 마땅히 기를 펼 수가 없었다. 그러나 1997년 선거에서 8%의 표를 얻으면서 무시할 수 없는 원내 정당으로 떠올랐다.

경제적 이유도 한몫했다. 1990년대 들어서자 아일랜드공화국이 '유럽의 환자'라는 오명을 벗고 '켈트족의 호랑이^{Celtic Tiger}'로 변신하기 시작했다. 아일랜드공화국의 경제가 연간 7% 이상 성장할 때, 북아일랜드 경제는 성장 지체와 높은 실업률에 시달리고 있었다. 아일랜드공화국의 성장을 부러운 눈으로 바라보던 북아일랜드 경제계는 이제 내전을 멈추고 평화를 정착시켜 투자를 유치하자고 주장했다.

북아일랜드 밖에서는 오랫동안 풀기 어려웠던 '세계적 분쟁들'이 하나하나 해결되고 있었다. 독일은 통일되었고, 남아프리카공화국은 흑인 정권의 탄생을 앞두고 있었다. 결정적으로 영국의 정치가 변화하면서 북아일랜드를 바라보는 시각도 달라지기 시작했다. 1997년 7월, 영국의 토니 블레어가 이끄는 노동당이 선거에서 압승을 거두었다. 정권을 잡은 노동당은 이제 국내 보수파의 눈치를 보지 않고 적극적으로 북아일랜드 협상에 개입할 수 있게 되었다.

그동안 영국 보수당에 의존해서 지위를 유지해온 북아일랜드의 통합파는 현상 유지를 원했다. 즉, 북아일랜드가 아일랜드공화국과 통일이 되는 것을 원하지 않았다. 통일이 되면 그들은 다수파가 아니라 소수파로 전락하기 때문이다. 그러나 블레어 정권은 현상 유지가 아니라 변화를 원했다. 북아일랜드 문제는 더 이상 미룰 수 없는 영국의 부끄러운 얼룩이었다.

미국도 중요한 역할을 했다. 특히 클린턴 대통령은 임기 동안 세 번이나 북아일랜드를 직접 방문했다. 1995년과 1998년에 이어 2000년 12월에도 북아일랜드를 방문했는데, 그때가 클린턴 대통령의 마지막 외국 방문이었다. 당시 한반도에서는 클린턴 대통령의 북한 방문을 간절히 기대했지만, 결국 그의 선택은 북아일랜드였다.

왜 그랬을까? 클린턴은 원래 아일랜드 혈통이었다. 미국 인구 중 이른바 아일랜드계는 3,400만 명에 달한다. 미국 전체 인구의 12%에 해당하는 숫자다. 미국의 아일랜드계는 대기근 시대(1845~1852)●에 아메리카로 이주한 사람들로, 이들은 대기근이 자연재해가 아니라 정치적 차별의 결과라고 여겼다. 아일랜드계의 다수는 영국에서 이주해 온 신교도들의 박해를 피해 아메리카로 건

● 1830년대에 영국인 지주들이 아일랜드 토지를 대부분 차지하면서 토착민인 아일랜드 사람들은 영세한 소작농으로 전락했다. 영국의 식민화정책에 따라 아일랜드 사람들은 할 수 없이 쓸모없는 습기 찬 땅에서도 잘 자라는 감자를 대량 재배했고, 그런 이유로 감자가 주식이 되었다. 1845년 유럽을 휩쓸던 감자 마름병이 아일랜드에 들어왔다. 감자 농사의 씨가 마른 상황에서도 영국은 군대를 동원해 다른 작물들을 본국으로 실어갔다. 5~6년 사이에 아일랜드인 850만 명 중에서 120만 명이 굶주림으로 사망했고, 200만 명 이상이 살기 위해 해외 이민에 나섰다. 아일랜드 기근은 '자연현상'이 아니라 불평등과 차별의 결과였다. 아일랜드 대기근은 영국에 대한 뿌리 깊은 원한을 낳았다.

너온 가톨릭계였다.

미국의 아일랜드 공동체는 베네딕트 앤더슨이 말한 '장거리 민족주의long-distance nationalism'의 대표 사례다. 앤더슨은 "세금을 내지도 않고, 사법부의 구속을 받을 걱정도 없으며, 투표도 하지 않는 사람들이 멀리 떨어져서 안정적이고 안락한 환경에 살면서, 돈을 보내고 무기를 보내면서, 과거의 기준에 사로잡혀 현실적으로 받아들일 수 없는 근본주의적 요구를 하는 경향이 있다. 왜냐하면 그들은 결과에 직접적인 영향을 받지 않기 때문에 책임감이 없다"라고 비판했다. 대체로 아일랜드 공동체는 북아일랜드 평화에 적극적이었다. 클린턴이 1992년 선거 유세에서 자신이 당선되면, "북아일랜드 평화협상에 적극적으로 개입할 것"이라고 강조한 이유가 여기에 있다.

조지 미첼이 보여준
중재자의 자격

———————— 1996년 6월, 영국과 아일랜드공화국 정부는 조지 미첼을 북아일랜드 평화회담의 공동의장으로 임명했다. 클린턴 미국 대통령도 이 조치를 환영하면서, 그를 미국 정부의 북아일랜드 평화회담 특사로 임명해 힘을 실어주었다. 미첼은 그때까지 북아일랜드를 한 번도 방문한 적이 없었다. 그러나 어느 정도 자신감은 있었다. 그는 1989년부터 1995년까지 미국 상원 원내총무로 일하면서 풍부한 협상 경험을 쌓았다. 성금요일협정은 그의 헌신적인 중재로 이루어진 일이다. 그가 마련한 협상 초안이 협정문의 기초가 되었다.

미첼이 하리 홀케리 전 핀란드 총리와 존 드 샤스텔레인 전 캐나다 국방장관과 함께 평화회담의 공동의장에 임명되었을 때, 그들을 기다리고 있던 것은 난관뿐이었다. 협상을 언제 시작할지, 의제와 규칙, 결정 방식 등 아무것도 정해진 것이 없었다. 모든 것이 협상의 대상이었다. 규칙을 위반했을 때 제재를 할 힘도 없었고, 반대로 협상을 촉진하기 위해 보상할 능력도 없었다. 미첼은 사용할 수 있는 자원뿐 아니라 권한도 권력도 없는 중재자였다. 미첼은 공동의장으로 임명되고 얼마 지나지 않아 기자에게 이렇게 말했다. "난 아무런 힘도 없어요. 내가 가진 유일한 무기는 설득력이라고 할까?"

미첼은 첫 번째 회의에서 비로소 이 협상이 녹록지 않다는 것을 눈치챘다. 어느 쪽도 상대의 말을 끝까지 들을 준비가 돼 있지 않았기 때문에 회의 자체를 진행할 수 없었다. 그래서 협상의 내용보다 먼저 협상 절차와 규칙을 정하는 데 집중했다. 토론의 기본 원칙을 결정하는 데 세 달이 걸렸다. 그리고 1996년 9월부터 1997년 10월까지 1년 동안 앞으로 논의해야 할 항목과 논의 순서를 정하는 데 시간을 투자했다. 그리고 1998년 3월까지 다섯 달 동안 가장 기초적인 합의의 윤곽을 짰다. 연립정부 구성, 정치제도, 정치범 석방, 무장해제 등 과거 평화회담에서 쟁점이 되었던 안건들은 뒤로 돌려 마지막 2주일 동안 집중적으로 논의했다.

왜 미첼은 내용이 아니라 절차를 강조했을까? 협상 참여자들이 많았기 때문에 협상 테이블에서는 토론 질서가 중요했다. 합의를 강제할 물리적 힘이 없는 중재자가 정당성과 권위를 발휘하려면 절차와 질서를 강조할 수밖에 없었다. 최초의 만남도 영향을 미쳤다. 강경통합파인 민주연합당을 이끌고 있었던 이언 페이즐리는 왜 영국과 아일랜드가 자신들과 상의하지 않고 의장을 선임하고, 회담의 기본 원칙을 발표하느냐고 강하게 항의했다. 그러고는 대표단을 이끌고 퇴장해버렸다. 미첼이 나서서 모든 협상의 규칙을 참여자들이 결정하는 것으로 변경하고 나서야 그들은 다시 돌아왔다.

협상의 주요 쟁점부터 논의했다면 아마 한 발짝도 나아가지 못했을 것이다. 오히려 불신이 커져 더욱 심각하게 대립했을 것이다. 그러나 절차에 대해 장시간 논의를 하면서 양쪽 다 상대가 말할 때 듣는 습관을 갖게 되었다. 회의 운영과 관련해서도 민족파와 통합파의 구분을 넘어선 합리적인 공감대가 조금씩 확대되기 시작했다. 미첼은 절차를 논의하면서 '충분한 합의'를 이끌었고, 절대 다수결로 결정을 서두르지 않았다. 논의 결과가 특정 세력의 일방적인 승리로 끝난다면 합의 사항을 이행하기 어렵기 때문이다.

미첼은 협상을 시작하기 전에 효율적인 토론 형식부터 검토했다. 첫 번째 회담에 모인 사람들은 70명이 넘었다. 10개 정당과 조직의 대표들이 참여하다 보니, 논의의 초점을 잡기가 쉽지 않았다. 미첼은 먼저 논의가 가능한 수준으로 회담 규모를 줄였다. 주제별로 실무 그룹을 따로 구성하거나 전체 회의보다는 다수의 양자회담을 조직했다. 의견을 묶어서 합의 가능한 수준으로 압축하는 과정이 필요했다.

그리고 미첼은 민주주의 원칙을 존중하고, 대화를 통해 해결 방안을 찾아야 하며, 무엇보다 비폭력에 근거해야 한다는 회담 원칙을 발표했다. 또한 앞서 밝힌 원칙을 위반하면 회담에서 배제한다는 규정을 두었는데, 그에 따라 결국 양쪽 군사조직들이 배제되었다. IRA와 관련이 있던 민족파의 신페인당도 협상 초기에는 회담에 참여할 수 없었는데, 1997년 7월에 IRA가 정전을 선언하면서 '미첼 원칙'에 부합하는 협상 당사자로서 회담에 참여할 수 있게 되었다. 그러나 얼스터연합당의 데이비드 트림블을 제외한 나머지 통합파의 강경파들은 신페인당의 참여에 반발해 퇴장하기도 했다.

중재자에게 가장 필요한 덕목은 무엇일까? 미첼은 뒷날 자신의 협상 기술은 '침묵'이었다고 털어놨다. 상반되는 주장을 듣고 또 들었다. 그러면서 그는 미소를 짓고, 고개를 끄덕이고, 상대가 말하기를 기다렸다가 다시 고개를 끄덕이고, 미소를 짓는 행동을 반복했다. 그는 14년간 미국 민주당 상원의원으로 지내면서 그 가운데 6년간 원내총무를 맡았는데, 뒷날 "내가 여당 총무일 때, 16시간 동안 연설을 들은 적이 있다. 그때의 경험이 북아일랜드 평화협상에서 많은 도움이 되었다"라고 말했다.

중재자는 침묵할 때도 있어야 하지만 동시에 협상의 불이 꺼지지 않도록 불쏘시개 역할을 해야 할 때도 있다. 협상 과정에서는 의견 차이로 교착상태에 빠질 때가 있다. 중요한 것은 어떤 상황에서도 비관이 절망으로, 그래서 협상 포기로 이어지지 않도록 해야 한다. 그는 협상 쟁점과 직접적인 관계는 없지만 조금이라도 진전된 사항이 있으면 언론에 알렸다. 그래서 협상 당사자들이 이탈하지 않도록 격려했고, 협상장 밖에 있는 사람들의 비관을 예방했다. 1998년 봄에 강경파들의 폭력이 늘어나면서 많은 사람이 과거처럼 협상이 실패할 거라고 비관할 때, 그는 "협상이 성공에 가까워질수록 이를 원하지 않는 사람들이 있다. 나는 협상이 막바지에 이를수록 평화에 반대하는 사람들의 폭력이 증가할 수 있다고 생각한다"라고 말했다. 이처럼 그는 혼란을 희망의 증거로 제시하면서 사람들을 안심시켰다.

협상은 왜 계속되어야 하는가? 협상이 끝난 뒤 미첼은 그동안 비틀

1998년 4월 10일, 북아일랜드 평화협정에 서명한 뒤에 카메라 앞에 선 (왼쪽부터) 버티 아헌 아일랜드공화국 총리, 조지 미첼 평화회담 위원장, 토니 블레어 영국 총리.

거리는 대화를 끌어안고 필사적으로 지속해온 이유에 대해 이렇게 말했다. "지난 2년 동안 대화를 이어가는 것이 가장 중요한 목적이었다. 왜냐하면 합의 없이 대화가 중단되면 즉각 폭력이 재개되기 때문이다."

협상이 진행 중이던 2년 동안 많은 부침이 있었다. 무장단체의 정전 약속은 쉽게 깨졌고, 상층의 합의 사항은 자주 휴지 조각처럼 쓸모없게 변했다. 협상의 끝을 기약할 수 없는 나날을 보내며 오직 인내심으로 가느다란 대화의 끈을 이어갈 때, 절망과 분노의 폭탄이 터졌다. 무고한 시민들이 목숨을 잃었고, 새로운 분노가 더해졌다. 만약에 이런 상황에서 협상의 불꽃이 꺼진다면 폭력의 강도만 높아질 뿐이었다. 그래서 미첼은 인내를 협상의 중요한 덕목으로 강조했다.

성금요일협정이 체결되었을 때, 참여자들 대부분은 미첼의 인격을 칭찬했다. 오랜 협상 과정에서 쌓인 개인적인 친밀감이 막판 협상에서 긍정적인 영향을 미쳤다. 미첼은 북아일랜드 협상이 진행되는 동안 사랑하는 형제의 죽음과 재혼한 부인이 유산하는 아픔을 겪기도 했다. 이런 고통스런 아픔 속에서도 그는 자기가 맡은 역사적 배역을 충실히 소화했다.

중도를 잡고, 강경파를 배제하지 마라

─────── 북아일랜드 평화협상처럼 다자간 회담에서 합의를 이끌어내기 위해서는 중도로 의견을 모아야 한다. 그래서 민족파와 통합파, 특히 양쪽 온건파의 대화가 중요했다. 과거 몇 차례 협상이 진행되었음에도 실패한 이유는 북아일랜드에서 다수를 차지하는 통합파가 변화를 거부했기 때문이다. 1972년 피로 얼룩진 한 해를 보내고, 다음 해 12월에 북아일랜드 문제를 해결하기 위해 영국과 아일랜드공화국, 북아일랜드의 여야 정당 대표가 영국의 공무원 연수원인 '서닝데일Sunningdale'에 모여 합의했던 평화협정(서닝데일협정)이 깨진 이유도 그 때문이었다.

당시 서닝데일협정의 핵심 내용은 권력 분점이었다. 북아일랜드에서는 다수당인 신교의 얼스터연합당과 가톨릭의 사회민주노동당 중심의 연립정부를 구성하기로 했다. 그리고 북아일랜드 행정부 대표 7명과 아일랜드공화국 정부 대표 7명으로 구성된 아일랜드 전체 평의회를 만들었다. 일종의 각료회의인 전체 평의회에서는 만장일치로 결정하기로 했다. 통일을 원하는 민족파의 요구를 들어주는 동시에 통일을 반대하는 통합파의 거부권을 보장한 것이다.

그러나 이 합의의 결정적 문제는 양쪽 강경파를 배제했다는 점이다. 합의가 발표되자 강경파들은 결과를 인정하지 않았다. 북아일랜드 신교도 강경파는 평의회를 통일의 전 단계로 규정했고, 이는 북아일랜드가 아일랜드공화국에 흡수될 거라는 신교도들의 불안감을 자극했다. 강경파는 통합파 노동조합을 부추겨서 총파업을 일으켰다. 1974년 1월 1일, 서닝데일협정에 따라 연립정부가 출범했지만, 1주일도 못 가서 결국 껍데기만 남았다. 그해 2월 영국 총선에서 북아일랜드에 배정된 12석 중 11석을 서닝데일협정에 반대하는 세력들이 차지했다. 영국 총선에서도 보수당이 패배하면서, 서닝데일협정은 완전히 동력을 상실했다.

1980년대도 마찬가지였다. 극단적인 단식투쟁으로 격렬한 충돌이 벌어진 뒤, 영국의 대처 정부는 어쩔 수 없이 타협을 모색했다. 1985년 11월, 대처 총리와 아일랜드공화국의 개럿 피츠제럴드 총리가 '영국-아일랜드협정'에 서명했다. 1922년 아일랜드자유국 설립 이후 양국 관계에서 가장 중요한 진전을 이루었다. 양국은 정치·안보·법률·국경 등 4개 분야에서 협력하기로 합의하는 한편, 북아일랜드 문제를 정기적으로 논의하기로 했다. 특히 양국은 북아일랜드에서 급진적인 신페인당이 약진하는 것을 보고 합의를 서둘렀다.

양국은 다수 주민의 동의 없이 북아일랜드의 지위를 변경하지 않기로 합의했다. 대처 총리는 이 정도면 통합파도 동의할 수 있으리라 생각했다. 영국의 보수당은 통합파인 얼스터연합당과 오랫동안 동맹

1985년 11월 15일, '영국-아일랜드협정'을 체결한 개럿 피츠제럴드 아일랜드공화국 총리(왼쪽에서 세 번째)와 마거릿 대처 영국 총리.

을 유지해왔던 터라, 그들의 지지를 의심치 않았다. 그러나 그것은 대처 총리의 착각이었다. 통합파는 북아일랜드 문제에 아일랜드공화국이 개입하는 것 자체를 반대했다. 서닝데일협정에 들어갔던 "북아일랜드는 영국의 일부"라는 문구가 사라진 것에 대해서도 강력하게 반발했다. 통합파는 대처 총리가 자신들을 배신했다고 판단했고, 총파업과 대규모 군중이 참여하는 시민 불복종운동으로 불만을 표시했다. 북아일랜드 상황을 잘못 판단한 대처 총리는 통합파의 반발을 보고 깜짝 놀랐다.

즉각적인 영국군 철수와 남북아일랜드 통일을 주장하던 민족파 역시 협정의 타협적인 내용에 반발했다. 결국 영국과 아일랜드공화국의 관계는 개선되었지만, 양국이 원했던 '북아일랜드의 평화와 화해'는 어림도 없었다. 이처럼 회담에서 강경파를 배제하면, 합의에 이르더라도 합의를 이행하기는 어렵다.

벨파스트에서 얼스터연합당을 비롯한 통합 지지자들이 '영국−아일랜드협정' 체결에 반발해 항의 시위를 벌였다.

북아일랜드 내부에서는 여전히 충돌이 계속되었다. 민족파와 통합파 양쪽의 극단에 무장단체들이 있었다. 무장단체들은 변화를 원하지 않았다. 민족파인 IRA 역시 1990년대 들어 몇 번의 정전 선언을 시도하는 동안 번번이 조직 내 격렬한 노선투쟁을 겪었다. 협상에 가까이 갈수록 강경파는 떨어져나갔다. 무장투쟁만이 목적을 이룰 수 있는 수단이라고 믿는 사람들은 점차 소수파로 전락했지만, 쉽게 자신의 신념을 버리지 않았다.

무장단체들은 서로 총을 겨누었지만, 동시에 적대적으로 의존했다. 1994년 민족파와 통합파의 온건 정당들이 평화협상 분위기를 조성하기 위해 준군사조직의 '전투 중단'을 결정했을 때의 일이다. IRA 지도자가 은밀하게 통합파 군사조직들에게 만나자는 제안을 했다. 그들은 벨파스트 남쪽에 있는 호텔에서 만나 협상의 전제조건으로 무장해제를 요구한다면 함께 반대하기로 비공식 협정을 맺었다.

이처럼 강경파는 대체로 협상에 부정적이다. 따라서 협상에서 합의를 이끌어내기 위해서는 양쪽 중도파의 역할이 중요하다. 중재자 미첼도 협상을 시작할 때, 민족파와 통합파에서 다수를 차지하는 온건한 얼스터연합당과 사회민주노동당의 의견 수렴이 가장 중요하다고 보았다. 영국의 토니 블레어 정부가 협상에 적극적으로 임하고 미국의 클린턴 행정부까지 나서자, 양쪽 온건파는 용기를 얻었다. 오랫동안 현상 유지를 원하며 평화협상을 무산시켰던 통합파 내부에서도 인식의 변화가 일어났다. 통합파는 북아일랜드의 인구 변화를 주목했다. 한때는 신교도들이 60%에 달했으나 1990년대 중반에 들어와서는 50%대 중반까지 떨어졌다. 통합파는 이러한 상황에서는 더 이상 차별정책으로 신교도의 기득권을 유지하기 어렵다고 판단했다.

사회민주노동당 당수인 존 흄과 얼스터연합당의 트림블은 대화를 통해 합의에 이르렀다. 그들은 성금요일협정의 성과를 인정받아 1998년 10월에 노벨평화상을 받았다. 온건한 합리주의자들은 한편으로 상대와 타협하고, 다른 한편으로 내부의 요구를 절충하면서 협상 상대와 내부 강경파 사이에서 아슬아슬한 줄타기를 거듭했다.

신페인당, 총이냐
투표함이냐의 갈림길에서

─────── 북아일랜드를 둘러싼 국제환경의 변화로 과연 협상의 시대가 열린 것일까? 어떤 사람들은 상처가 곪을 대로 곪아, 다시 말해 갈등 상황이 한계에 이르러서야 평화가 왔다고 주장한다. 그러나

평화는 저절로 주어지지 않는다. 환경 변화와 갈등 당사자들의 노력이 어울려야 이루어지는 일이거니와, 무엇보다 환경 변화를 활용하는 주체의 의지가 중요하다. 결정적인 계기는 민족파 가운데 무장투쟁을 중시했던 강경파 공화주의자들의 변신이었다. 그들은 폭력 노선의 부작용을 인식했다. 1905년 신페인당이 창설된 이후 내부에는 줄곧 급진파와 온건파의 갈등이 존재했다. 1919년 신페인당의 지도자였던 마이클 콜린스가 무장단체인 IRA를 만들고 난 뒤로는 정치 참여와 무장투쟁을 둘러싸고 노선 갈등을 반복했다.

신페인당은 과격파와 거리를 두었으나 무장투쟁의 필요성 자체를 부정하지는 않았다. 그들은 "한 손에는 총을, 다른 손에는 투표함을"이라는 구호를 내세우며 양면 전술을 유지했다. 그러나 국제환경이 변하고 국내에서도 폭력에 대한 피로감이 퍼지면서 총과 투표함이 충돌하기 시작했다. 폭력은 결코 득표에 도움이 되지 않았다.

국제사회도 이제 총을 내려놓으라고 적극적으로 설득했다. 1994년 1월, 미국이 게리 애덤스에게 비자를 발급한 이유도 여기에 있다. 애덤스는 IRA 전사 출신으로, 오랜 투옥 경험이 있는 인물이었다. 당시 영국에서는 그를 테러리스트로 규정한 터라 미국의 비자 발급을 강력히 비난했다. 미국 내에서도 클린턴 대통령의 결정을 비판하는 여론이 적지 않았다. 그러나 클린턴은 제도권 내의 정당인 신페인당의 대표를 맡고 있는 애덤스의 역할에 주목했다. 애덤스가 미국을 방문한 뒤인 그해 8월에 IRA가 정전을 선언한 것은 클린턴 대통령의 '접촉을 통한 변화' 전략이 거둔 성과였다.

물론 영국 정부도 "폭력을 중단하면 협상에 참여할 수 있다"라고 꾸준히 설득했다. 영국은 이미 1990년대 존 메이저 정부 때부터 신페인당과 비밀접촉을 유지했고, 오랫동안 대화를 통해 상대에 대한 신뢰를 쌓아왔다. 평화회담 과정에서 통합파는 언제나 강경민족파인 신페인당의 애덤스를 배제하라고 주장했지만, 당시 블레어 영국 총리는 단호히 거부했다. 갈등의 핵심 당사자를 제외하고서는 평화를 이룰 수 없다고 생각했기 때문이다.

신페인당은 또한 1980년대 후반부터 온건민족파와 대화를 시작했다. 사회민주노동당의 흄과 신페인당의 애덤스, 두 사람의 대화는 신페인당의 노선 변화에 중요한 영향을 미쳤다. 몇 년 동안 우여곡절을 겪으며 진행된 흄과 애덤스의 대화는 결국 신페인당의 노선 변화와 1998년 성금요일협정의 합의를 이끌어냈다.

흄이 애덤스와 대화하며 가장 강조한 것은 '영국에 대한 관점 변화'였다. 그동안 IRA를 비롯해 강경파 공화주의자들은 영국을 '제국주의'로 규정했다. 그래서 자신들의 투쟁을 민족해방투쟁으로 여겼다. 그러나 흄은 애덤스에게 과거의 낡은 도식에서 벗어나자고 요구했다. 흄은 영국이 통합파의 편을 들지 않을 수 있다는 '영국의 중립 가능성'을 제기하며, 갈등의 축은 영국 제국주의자들이 아니라 통합파라는 점을 강조했다. 신페인당은 영국과 직접 대화하는 과정에서 흄의 지적이 일리가 있음을 확인했다.

흄과 애덤스의 대화는 1993년경 집중적으로 이루어졌고, 결국 다음 해에 IRA의 정전을 이끌어내는 데 중요한 역할을 했다. 물론 당시 북아일랜드 경제계의 요구도 있었다. 상공회의소, 산업연맹, 그리고 대형 노동조합들이 연대하여 전쟁 종식과 정치 협상을 요구했다. 이들은 통합파와 민족파 모두에게 적극적인 영향력을 행사했다.

1993년 흄은 영국 의회에서 "애덤스와 나눈 대화는 지난 20년 동

(왼쪽부터) 신페인당의 게리 애덤스와 앨버트 레이놀즈 아일랜드공화국 총리, 그리고 사회민주노동당의 존 흄. 흄과 애덤스의 대화는 1993년경 집중적으로 이루어졌고, 다음 해에 IRA의 정전을 이끌어내는 데 중요한 역할을 했다.

안의 경험에서 가장 희망적인 평화 정착의 신호"라고 평가했다. 영국 정부는 통합파의 소외감을 고려해 이를 공개적으로 지지하지는 않았다. 아일랜드공화국 정부도 흄과 애덤스의 대화를 환영하지 않았다. 영국이 아일랜드공화국과 진행해온 공동선언을 포기할지 모른다는 걱정과 함께, 평화 정착의 공을 그들에게 빼앗기기 싫었기 때문이다. 이런 측면에서 보면 흄과 애덤스의 대화로 1993년 12월의 '다우닝가 선언'이 촉발되었다고 할 수 있다. 영국과 아일랜드공화국 정부는 다우닝가 선언에서 신교도와 가톨릭교도가 똑같이 무장투쟁을 끝낸다는 조건 아래 신페인당을 포함한 모든 정파가 북아일랜드 평화협상에 참여할 수 있다고 규정했다. 신페인당의 정치적 실체를 인정한 것은 그때가 처음이었다.

'창의적 모호성'은
'선의의 거짓말'일까?

────────── 1998년에 체결된 성금요일협정은 아일랜드공화국과 영국, 그리고 북아일랜드의 8개 정당이 참여한 다자협정이다. 65페이지에 달하는 협정문에 정리된 합의 내용은 폭넓고 자세하다. 협정문에는 북아일랜드의 의회 구성과 정부 구조 등을 비롯해 선거 일정과 선출 방식까지 밝히고 있다. 특히 남북아일랜드의 장관급 위원회를 구성해 1년에 두 차례 상호협력을 위한 회담을 개최하기로 했다. 위원회는 농업, 교육, 교통·물류, 환경, 관광, 사회보장 등 관련 분야의 협력을 모색하고, 필요한 사법적 협력을 논의한다. 그 밖에 유럽연합과 협력하는 방안에 대해서도 논의하기로 했다. 이러한 합의 사항은 북아일랜드 통합파의 존재를 인정할 수밖에 없고, 당장 남북아일랜드가 통일을 하기 어려운 상황에서 모색된 낮은 단계의 국가연합 방안이라 할 수 있다.

가장 오래된 쟁점인 (아일랜드 내부의) 통일이냐, (영국과 아일랜드의) 통합이냐 하는 문제는 북아일랜드 주민 다수의 선택에 맡겼다. 그리고 오래전부터 통합파가 요구해왔던 아일랜드공화국 헌법 제2조와 제3조에 대한 개정을 합의했다. 헌법 제2조 영토 조항에서 "아일랜드 섬 전체를 영토로 한다"라는 규정을 "아일랜드 섬에서 태어난 개인은 아일랜드 민족의 구성원으로 한다"라고 변경했다. '영토에 기초한 전통적 민족 개념'을 폐기하고, '정체성을 중시하는 민족 개념'으로 변경한 것이다. 헌법 제3조에서는 통일이 평화적으로 이루어져야 한다는 기존 서술을 유지하면서, "통일을 위해서는 남북아일랜드 주민 다수의 동의가 필요"하다는 단서 조항을 새롭게 넣었다. 통일을 바라지 않는 통합파의 의견을 수용한 것이다.

물론, 증오의 세월이 길었던 만큼 몇 가지 쟁점에서 합의가 어려운 부분도 있었다. 협상은 일방적으로 이루어지는 것이 아니기 때문에 서로 양보할 수 있는 부분이 있지만, 그렇지 않은 쟁점들도 분명히 있다. 도저히 타협하기 어려운 문제가 있다 하더라도 그것 때문에 합의를 무산시키는 것은 어리석은 일이다. 그럴 때 사용하는 협상의 기술이 바로 '창의적 모호성Creative Ambiguity'이다.

창의적 모호성은 세 가지 뜻을 담고 있다. 첫째는 쟁점에 대한 차이가 크기 때문에 구체적으로 서술하지 않고 양쪽 입장을 포괄할 수 있도록 추상적으로 모호하게 규정하는 것이다. 대체로 양쪽의 주장을 포함하기 때문에 관련 당사자들은 자신에게 유리하다고 해석하는 경향이 있다. 둘째로 창의적 모호성은 각 진영의 강경파들을 설득하기 위한 명분이 될 수 있다. 상대에게 양보했다는 내부 비판을 막기 위한 조항이기도 하다. 셋째는 당장 해결하기 어려운 문제에 창의적으로 대응할 수 있는 여지를 남기는 것이다. 차이를 좁히는 것은 합의 이후 후속 노력의 몫이다. 물론 모호함은 언제나 갈등의 씨앗이고, 합의를 위협할 수도 있다.

성금요일협정에서 가장 쟁점이 된 부분은 "분쟁 당사자들은 무력 사용을 중지하고, 2년 이내에 무장을 해제한다"는 조항이었다. 통합파는 이 조항을 '무장해제가 이루어지지 않으면 정치범은 석방되지 않을 것이며, 신페인당도 정부에 참여할 수 없다'고 해석했다. 그러나 신페인당과 IRA는 무장해제가 정치범 석방 및 연립정부 구성과 관련이 있다고 생각하지 않았다. 해당 문제들은 한 조항에 포함되는 것이 아니라 서로 다른 조항이었다. 따라서 직접적인 관련이 없다는 해석도 가능했다.

그러나 중요한 것은 통합파의 인식이었다. 그동안 몇 차례의 협상이 실패로 돌아간 것은 바로 무장해제 시점 때문이었다. 따라서 통합파는 1998년 4월 10일, 이미 미첼이 정한 마감 시간을 넘긴 금요일 오전까지도 이 문제와 관련된 구체적인 합의가 없으면 자신들은 서명할 수 없다고 버티고 있었다.

그런데 통합파의 마음을 어떻게 돌렸을까? 사실 여기에는 속임수가 있었다. 블레어 영국 총리가 "IRA의 무장해제는 북아일랜드 국민투표 직후 시작될 것이고, 만약 IRA가 무장을 해제하지 않으면 신페인당은 정부에 참여할 수 없다는 점을 보증한다"라는 약속을 편지 형식의 문서로 작성해 얼스터연합당의 트림블에게 전달했다. 편지가 없었다면 협상은 성사되지 않았을 것이다. 그러나 편지 내용은 사실이 아니었다. 물론 성금요일협정과 완전히 모순되는 것은 아니었지만, 협정문의 합의 수준과 분명한 차이가 있었다. 한마디로 '선의의 거짓말'이었다.

당시 블레어는 역사적인 평화 정착의 기회를 놓칠 수 없다고 생각했고, 일단 합의를 한 다음 후속 노력으로 모호한 점을 구체화하면 된다고 자신의 행동을 합리화했다.● 통합파 지도부는 그의 말을 믿고 서명했다. 트림블은 여전히 불안해하면서 의심하는 통합파 사람들에게 블레어의 편지를 보여주었다. 영국 총리가 이렇게까지 보증을 했다는

● 블레어 총리는 2010년에 발간한 회고록 《토니 블레어의 여정(A Journey)》에서 트림블에게 전달한 편지와 관련해, "그것은 협상에서 사용되는 전형적인 미묘한 뉘앙스였다. 우리는 (신페인당을) 배제할 것이라고 말하지 않았다. 다만 배제되도록 협정 변경을 지지할 것이라고 말했을 뿐이다"라고 해명했다.

점을 강조했다. 이후 블레어의 편지를 믿었던 통합파 지도부는 정치적으로 매우 곤란한 상황을 겪었다.

외교적인 기술인 '창의적 모호성'은 이후의 과제이고, 여백이다. 미첼이 말한 것처럼 어려운 문제의 해법은 그 안에 새로운 문제의 씨앗을 포함하고 있다. 그래서 합의 이후 협력을 통해 모호한 합의 사항을 구체화해야 한다. 모호성이 갈등의 씨앗이 될지, 아니면 협력의 과제가 될지는 결국 분쟁 당사자들이 합의 이후 어떻게 하느냐에 달려 있다. 무장해제 시점을 둘러싼 갈등은 합의 이후 해결해야 할 가장 중요한 과제였다.

그날 이후,
온건파의 몰락

──────── "우리가 무엇을 반대하는지는 알기 쉽지만, 진심으로 무엇을 원하는지는 알기 어렵다." 북아일랜드 분쟁을 다룬 켄 로치 감독의 영화 〈보리밭을 흔드는 바람〉에 나오는 대사다. 과연 성금요일협정으로 평화가 왔을까? 1998년 5월 22일, 북아일랜드와 아일랜드공화국에서 성금요일협정에 바탕을 둔 국민투표가 실시되었다. 아일랜드공화국의 헌법 개정 국민투표에서는 56%의 유권자가 참여해 94%의 지지를 보냈다.

북아일랜드에서는 유권자의 81%가 투표했고, 그중 71%가 찬성했다. 투표 과정에서 초당파적인 시민사회 조직들이 중요한 역할을 했다. 그들은 평화를 위해 당파를 넘어서 협력하자고 호소했다. 물론 협

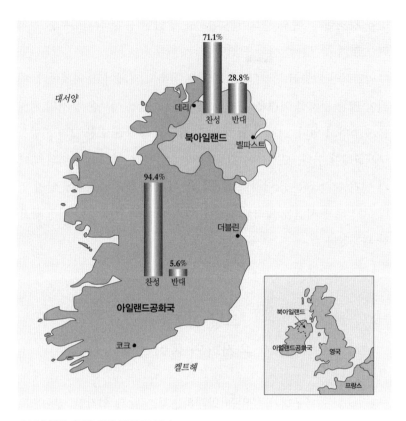

1998년 헌법 개정을 위한 국민투표 결과.

정에 찬성하는 사람들이 훨씬 많았다. 그러나 투표 결과는 여전히 양쪽의 입장 차이를 반영하고 있었다. 가톨릭 주민의 99%가 지지했지만, 신교 주민의 지지율은 57%에 불과했다. 강경 통합파인 민주연합당은 적극적으로 반대 운동을 벌였다.

그리고 6월 25일에 총선거가 있었다. 전체 108석 가운데 얼스터연합당이 28석, 사회민주노동당이 24석을 얻었다. 성금요일협정에 반대했던 민주연합당은 20석을 얻었다. 신페인당이 18석을 얻었고, 나머지를 소수 정당들이 나누어 가졌다.

신페인당은 장관직 가운데 두 석을 차지했다. 그러나 통합파는 IRA가 완전히 무장해제를 할 때까지 신페인당이 장관직을 맡으면 안 된다고 주장했다. 당연히 신페인당은 무장해제의 시점을 특별히 지정하지 않았다고 반론을 폈다. '창의적 모호성'을 둘러싸고 해석의 차이가 다시 벌어진 것이다.

1999년 가을, 교착 상황을 해소하기 위해 미첼이 통합파를 설득했다. 그해 12월 1일자로 영국은 북아일랜드에 행정권을 돌려주었다. 27년간 지속되었던 영국의 직할 통치가 마침내 끝났다. 얼스터연합당의 트림블이 총리를 맡았고, 새로운 연립정부가 출범했다.

다양한 세력들의 권력 분점은 자주 삐거덕거렸다. 문제는 역시 IRA의 무장해제를 둘러싼 갈등이었다. 2000년 2월, 트림블 총리가 IRA의 무장해제 약속이 이루어지지 않는다고 불만을 제기하면서 총리직을 사임했다. 이후 트림블 총리와 신페인당의 당수인 애덤스의 집중적인 대화를 통해 IRA가 무장해제 단계를 밟기 시작하면서, 4개월 동안의 국정 공백 사태는 마무리되었다. 그러나 1년 뒤 트림블은 다시 사임했다. 약속이 지켜지지 않는다는 것이 그 이유였다. 이번에는 영국과 아일랜드공화국 정부가 나서서 중재했다. 2001년 미국에서 9·11테러가 발생하고, 조지 W. 부시 행정부가 '테러와의 전쟁'에 나서면서 IRA의 무장해제에 대한 국제적 압력도 높아졌다. 신페인당도 적극적으로 나섰다. 신페인당의 애덤스가 나서서 IRA의 무장해제를 촉구했다. 고립무원의 상황에서 IRA는 적극적으로 무장해제에 나섰고, 얼스터연합당은 다시 행정부에 복귀했다.

미묘한 갈림길이 계속 이어졌고, 정국은 여전히 불안했다. 2002년

10월에는 경찰이 신페인당의 의회 사무실을 급습하는 일도 있었다. IRA의 조직원으로 추정되는 4명을 체포했고, 통합파의 두 정당은 신페인당을 몰아내지 않으면 정부에서 철수하겠다고 위협했다. 2002년 10월, 국정 공백 상태가 장기화되자 영국이 돌려주었던 행정권을 다시 회수하는 사태가 발생했다.

그리고 2003년 11월 선거에서 중요한 변화가 발생했다. 민족파와 통합파 내부에서 모두 강경파가 온건파를 앞지른 것이다. 강경한 민주연합당이 얼스터연합당을 눌렀고, 신페인당이 사회민주노동당을 앞섰다. 민주연합당은 IRA가 완전히 무장해제할 때까지 신페인당과 함께 정부를 구성할 수 없다고 선언했다. 이에 대해 다행히도 민족파를 대변하는 다수 정당이 된 뒤 그만큼의 책임감을 느낀 신페인당이 적극적으로 나서서 IRA의 무장해제를 재촉했다. 2005년 7월, IRA는 비평화적 수단을 포기한다는 선언을 했다. 이후 국제 검증기구들 역시 무장해제 과정을 긍정적으로 평가했다.

그리고 2007년 3월, 민주연합당의 이언 페이즐리와 신페인당의 게리 애덤스 사이의 역사적인 만남이 이루어졌다. 그들은 공동정부 구성에 합의했다. 통합파와 민족파 양쪽 강경파들이 드디어 손을 잡았다. 오랫동안 북아일랜드 의회를 감싸고 있던 안개가 걷히고, 실질적인 평화를 향한 행진이 시작되었다. 평화가 자리를 잡으면서 경제도 살아났다. 성금요일협정 이후 2007년까지 북아일랜드 경제는 연평균 5.6% 성장했다. 실업률도 1997년의 8.8%에서 2007년 4.3%까지 떨어졌다. 그리고 가톨릭교도와 신교도 사이의 실업률 차이가 눈에 띄게 줄어들었다. 차별은 여전히 존재했지만, 그 차이가 줄어들고 있음은 새로운 희망을 보여주는 것이었다.

오래 싸웠다고
평화를 포기하지 마라

─────── 폭력은 다만 줄었을 뿐, 결코 사라진 것이 아니었다. 2013년 봄처럼, 평화 정착에 불만을 품은 일부 사람들이 목적도 모호하고 공감도 얻을 수 없는, 지진이 지나간 자리에 나타나는 여진 같은 건조한 폭력을 되풀이했다.

평화는 아직도 멀다. 그러나 북아일랜드는 화해를 시작했고, 갈등을 해결할 수 있는 제도에 익숙해지고 있으며, 차별을 줄이고 장벽을 허물기 위해 노력하고 있다. 북아일랜드와 아일랜드공화국은 이주의 자유를 약속하고 협력을 확대하며, '실질적인 통일'을 향해 나아가고 있다. 갈등의 골이 깊다고, 내전의 역사가 길다고 평화가 불가능한 것은 아니다. 절망의 계곡에서 모두가 주저앉으려 할 때, 희망을 포기하지 않은 사람들이 아주 오랫동안 갈라진 틈을 메우기 위해 노력했다. 성금요일협정 이후에도 평화는 완성된 것이 아니라, 여전히 '만들어가야 할 과정'이었다. 포기하지 말아야 한다. 아일랜드 출신의 시인 예이츠의 말처럼 '평화는 천천히 오는 것'이다.

20

제도 안으로 초대하라

콜롬비아 평화협상

협상일지

1964년	5월	콜롬비아 정부군, 게릴라 토벌 개시. 콜롬비아무장혁명군 결성
1965년		민족해방군 결성
1970년	4월 19일	무장단체 M-19 결성
1980년	2월 27일	M-19, 도미니카 대사관 점거
1982년	8월	벨리사리오 베탕쿠르 대통령 집권(~1986). 콜롬비아무장혁명군과 평화 협정 개시
1985년	11월 6일	M-19, 대법원 점거. 정부군, 무력 진압
1990년	3월 9일	M-19 해체, '평화를 위한 민족행동'을 조직하고 총선 참여
	4월 2일	'민주동맹 M-19' 정당 창설. 대통령 선거 참여
2002년	2월	콜롬비아무장혁명군, 잉그리드 베탕쿠르 대통령 후보 납치로 평화협상 결렬
	8월 7일	알바로 우리베 대통령 취임
2005년	6월	우리베 정부, 무장반군 사면법인 '정의와 평화법' 제정
2008년	7월	잉그리드 베탕쿠르 구출
2010년	8월 7일	후안 마누엘 산토스 대통령 취임
	8월 10일	콜롬비아-베네수엘라 정상회담
2011년	10월	M-19 출신의 구스타보 페트로, 콜롬비아 수도 보고타 시장 당선
2012년	6월	산토스 정부, '정의와 평화법' 보완해 '평화기본법' 제정
	8월	산토스 정부, 쿠바에서 콜롬비아무장혁명군과 비밀협상 시작(10월 노르웨이, 11월 쿠바에서 협상 계속)
2014년	5월	정부와 콜롬비아무장혁명군, 불법 마약 생산 및 거래 중단 합의
	6월 15일	콜롬비아 대통령 선거에서 산토스 재선 성공
2015년	9월 23일	산토스 대통령과 로드리고 론도뇨 콜롬비아무장혁명군 사령관, 첫 정상회담 개최

콜롬비아는 가브리엘 가르시아 마르케스의 소설《백 년의 고독》의 무대다. 인구는 4,700만 명이지만 국토 면적은 한반도의 다섯 배이고, 원유·니켈·구리 등 광물자원이 풍부하며, 꽃과 커피의 세계적인 수출국으로 유명하다. 반면, 콜롬비아는 가장 오랫동안 내전을 겪고 있는 나라다. 19세기에 시작된 내전은 21세기인 오늘날에도 여전히 진행형이다. 일상은 늘 폭력에 노출되어 있다. 정치인은 암살당하고, 기업인은 납치되고, 평범한 사람도 단지 몸을 부딪쳤다고 총을 맞는다. 이런 잔인성은 콜롬비아 내전의 두드러진 특징이다.

폭력의 역사와
마르케스의 고독

──────── 내전으로 많은 사람이 사망했다. 콜롬비아에서 삶과 죽음은 멀리 떨어져 있지 않다. 무장반군은 농촌 지역을 차지하고서 농민들의 토지를 빼앗고 젊은 청년들을 산으로 끌고 갔다. 농민들은

폭력을 피해 집과 토지를 포기하고 도시로 흘러 들어갔다. 결국 콜롬비아는 실향민이 전 세계에서 시리아 다음으로 많은 나라가 되었다. 도시로 간 농촌 사람들은 거대한 빈민촌을 형성했고, 그곳은 또 다른 폭력의 저수지가 되었다.

마르케스가 《백 년의 고독》을 썼던 1960년대는 콜롬비아에서 '폭력의 시대'였다. 콜롬비아인들은 누구나 태어날 때부터 복수를 유산으로 물려받았으며, 비극적인 사연 한두 개쯤은 간직하고 있다. 마르케스는 폭력의 대물림을 라틴아메리카의 기괴함과 광기로 상징화했다. 《백 년의 고독》이 세상에 나왔을 때, 사람들은 '진정한 소설의 귀환'이라고 칭찬하며 '마술적 리얼리즘'이라는 이름을 붙였다. 환상과 현실을 구분할 수 없는 마술 같은 묘사는 알고 보면 실성하지 않고는 견딜 수 없는 깊은 슬픔의 표현이다.

1982년 노벨문학상 수상 연설에서 마르케스는 "매일 헤아릴 수 없이 죽어가는" 라틴아메리카의 현실이 "고갈되지 않은 창작의 샘물"이라고 말했다. 당시 막 대통령에 당선된 벨리사리오 베탕쿠르는 콜롬비아 최초의 노벨문학상 작가에게 장관직이나 아니면 원하는 나라의 대사직을 제안했다. 하지만 마르케스는 거절했다. 권력 근처에 있는 것을 즐기지만 권력을 직접 갖고 싶지는 않았다. 그는 처음 작가가 되기로 결심했을 때부터 라이너 마리아 릴케의 "글을 쓰지 않고도 살 수 있을 거라 믿는다면 글을 쓰지 마라"라는 말을 한 번도 잊은 적이 없었다. 1992년 마르케스는 멕시코와 쿠바 등지에서 오랜 유랑 생활을 마치고 콜롬비아로 돌아왔다.

마르케스는 스스로를 '콜롬비아의 마지막 낙관주의자'라고 불렀다. 그는 쿠바의 피델 카스트로와 친구처럼 지내면서 클린턴 행정부 시절 미국과 쿠바의 관계 개선을 중재하기도 했다. 무장반군과 협상을 시도하던 콜롬비아의 안드레스 파스트라나 대통령도 마르케스의 주선으로 카스트로를 만난 적이 있다. 마르케스는 매일 글을 썼지만, 평화의 중재자 역할도 즐거워했다.

콜롬비아는 오랫동안 이어진 내전만큼 평화협상의 역사도 길다. 수십 년 동안 협상은 불신의 문턱을 넘어서지 못하고 좌절을 거듭했다. 그러나 '낙관주의자 마르케스'처럼 절망의 끝에서 다시 평화를 노래했다. 백 년 이상 고독한 콜롬비아에 과연 평화의 시대가 올까?

왜 총을 들고
산으로 갔을까?

─────── 1819년 에스파냐로부터 독립한 콜롬비아는 전통적으로 보수당과 자유당 두 정파가 대립하며 정치 역사를 이어왔다. 민주주의는 제도로만 존재했고, 일상에서는 주먹이 앞섰다. 두 패로 갈려 해가 뜨고 질 때까지 싸웠다. 말로 시작해서 주먹으로 그리고 총으로, 폭력은 점점 강도를 더해가면서 피를 뿌렸다.

1860년에 자유당이 추진한 '진보의 시대'에는 가톨릭교회를 비롯한 보수 세력과 식민지 유산을 청산하고자 했다. 그런데 1885년에 보수당이 집권하면서 청산했던 '과거'를 되돌리고 다시 '보수의 시대'를 열었다. 마르케스 소설의 무대였던 '천일전쟁', 즉 1899년 8월에 시작된 내전은 '백 년 비극'의 시작이었다. 전쟁은 자유주의자들의 반란으로 시작되었다. 수세에 몰린 집권 보수당의 요청으로 1902년 11월에 미국 군대가 개입하면서 내전은 끝났다. 10만 명 이상이 사망했고, 미국이 개입하면서 당시 콜롬비아의 영토였던 파나마가 독립하게 되었다. 미국은 개입의 대가로 파나마운하 지대의 소유권을 요구했다.

정치 폭력의 배후에는 경제적 불평등이 도사리고 있었다. 1931년 콜롬비아 정부의 토지 조사에 따르면, 1823년에서 1931년까지 전체 토지의 4분의 3을 1,000헥타르 이상의 대토지 소유자들이 차지했다. 가족영농을 할 수 있는 규모인 20헥타르 이하 토지 소유자는 단지 1.2%에 불과했다. 이러한 불평등은 1870년 이후 콜롬비아에 커피가 크게 유행하면서 훨씬 심해졌다. 커피농장을 무대로 자본과 노동의 대립이 본격화되었다.

콜롬비아 정치에서 토지개혁과 경제적 양극화는 언제나 '미완의 과제'로 다음 세대에 넘겨졌다. 도시와 농촌, 지주와 소작농, 자본과 노동의 차이가 크게 벌어지자, 제도 안의 정치는 제도 밖의 양극화를 반영해 극단으로 치달았다. 콜롬비아에서는 1948년부터 1965년까지의 시기를 '라 비올렌시아La Violencia', 즉 '폭력의 시대'라고 부른다. 1948년 그해에 자유당의 대통령 후보 호르헤 엘리에세르 가이탄이 암살되면서 폭력의 불씨들이 세차게 타오르기 시작했다. 이 기간에만 암살과 폭탄 테러로 최소한 25만 명 이상이 사망했다.

1953년 구스타보 로하스 피니야 장군이 쿠데타를 일으켜 보수당의 라우레아노 고메스 정권을 몰아냈다. 자유당은 직접 가담하지는 않았지만 공개적으로 쿠데타를 지지했다. 피니야 장군은 권력을 장악하고 자유당원들을 대부분 석방했다. 자유당은 피니야가 민간인들에게 권력을 돌려주고 퇴장하기를 기대했다. 그러나 피니야는 그럴 생각이 없었다. 그는 '폭력의 시대'를 끝내고 '평화의 시대'를 열자고 선언하며, 제3세력당을 만들어 적극적인 개혁정책을 펼쳤다. 마침 아르헨티나에 후안 도밍고 페론이 등장해 복지와 사회보장제도를 적극적으로 확대하면서 노동자들의 지지를 얻고 있었다. 피니야도 여성들의 참정권을 확대하고 노동자들과 협력하면서 페론과 유사한 정책을 펼쳤다.

피니야의 등장은 자연스럽게 자유당과 보수당의 동맹을 낳았다. 정치적 혼란 속에서도 콜롬비아 경제는 성장했고, 양당의 정치 엘리트들은 막대한 이익을 챙겼다. 양당의 기득권 세력은 자신들의 이익을 지키기 위해 피니야를 몰아내기로 합의했다. 다시 양당이 지원하는 쿠데타가 일어나고, 1958년 '국민전선National Front'이 만들어졌다.

국민전선은 한마디로 반피니야 연합을 위한 양당의 공식 협약이다. 협약의 주요 내용은 16년간 양당이 돌아가면서 대통령을 맡고, 대통령 후보는 서로 상의해서 결정하며, 모든 공직을 양당이 공평하게 반으로 나누자는 노골적인 권력 분점 약속이었다. 1959년 쿠바혁명 이후 라틴아메리카에서 공산주의 확산을 걱정하던 미국이 개입을 시도하고, '오늘 개혁해서 내일의 혁명을 피하자'라는 구호가 이 지역을 배회하던 때에 콜롬비아의 국민전선은 매우 효과적으로 보였다. 양당은 1974년까지 '평화를 위하여'를 외치며 서로 한 번씩 사이좋게 권력을 나눠 먹었다.

그러나 평화는 오지 않았고, 폭력도 멈추지 않았다. 그들이 주장하는 '역사적 합의'는 반쪽짜리였고, 잘난 엘리트들만의 타협이었다. 기득권 연합은 민중을 정치 공간에서 추방했다. 농민과 도시 빈민, 좌파들을 대표하는 정치가 제도권 밖으로 밀려났다. 보수 양당이 사회·경제적 변화를 요구하는 목소리에 귀를 닫으면서, 인구의 1%에 불과한 대지주들이 국토의 50%를 차지하는 극심한 양극화가 더욱 굳어졌다.

초대받지 못한 사람들은 제도권 밖으로 걸어 나가 총을 들고 산으로 갔다. 무장반군의 역사가 시작된 것이다. 그리고 콜롬비아는 다시 새로운 폭력의 시대로 넘어갔다. 반군의 역사는 초라하게 시작되었다. 지주들의 폭력을 피해 산속으로 달아난 농민들은 자신을 지키기 위해 무장을 했다. 규모도 콜롬비아 정부군이 신경 쓰지 않아도 될 정도로 소규모였으며, 각지에 흩어져 활동했다. 국토가 넓은 데다 안데스산맥을 따라 넓게 펼쳐진 정글과 산악 지역에 가로막혀 정부군이 접근하기도 어려웠다.

1959년 쿠바에서 혁명의 바람이 불어왔다. 체 게바라가 쿠바에서 산업부 장관의 안락한 삶과 작별하고, 영원한 혁명을 위해 라틴아메리카의 정글로 돌아왔다. 쿠바가 본격적으로 혁명을 수출하면서, 콜롬비아 무장반군들도 이념의 깃발을 치켜들고 질적으로 변화하기 시작했다. 반군의 이념과 무기 수준, 그리고 군사 기술도 달라졌다. 반군들이 무시할 수 없는 세력으로 성장하자, 콜롬비아 정부는 군대를 보냈다. 1964년 5월, 정부군이 남부 산악지대를 중심으로 토벌을 시작했다. 콜롬비아에서 현대적 의미의 게릴라 전쟁이 개막된 것이다.

무장반군 중에서 가장 대표적인 단체는 콜롬비아무장혁명군Fuerzas Armadas Revolucionarias de Colombia, FARC이다. 1964년 48명의 전사로 출발한 무장혁명군은 2년이 지나자 350명으로 불어났다. 사령관은 상점 주인 출신으로, '마누엘 마룰란다 벨레스Manue Marulanda Vélez'라는 가명을 썼다. 그는 농민들이 어설프게 작성한 주장들을 다듬어서 강령으로 만들고, 콜롬비아 수도 보고타에 마르크스주의 정부를 세우겠다는 목

경제적 불평등을 견디지 못한 사람들이 무장반군을 결성하면서 새로운 폭력의 시대가 열렸다. 1964년 결성 당시 콜롬비아무장혁명군. 앉아 있는 사람이 사령관 마누엘 마룰란다 벨레스다.

표를 정했다.

　공산당과 연결되어 있던 농민들이 콜롬비아무장혁명군으로 모여들었다. 대부분 1950년대에 토지개혁과 농촌 발전을 주장해온 농민들이었는데, 이들은 "모든 문을 두드렸지만 대답이 없어, 결국 총을 들기로 했다"라고 말했다. 콜롬비아무장혁명군은 불법단체인 콜롬비아공산당을 지지했지만, 당으로부터 자금을 받거나 직접 군사훈련을 받은 적은 없었다. 2005년 콜롬비아무장혁명군은 약 1만 8,000명까지 늘었다.

　두 번째로 큰 반군 무장단체는 민족해방군Ejercito de Liberacion Nacional, ELN이다. 쿠바혁명의 영향으로 1965년에 조직되었는데, 좌파 지식인, 학생, 해방신학을 받아들인 가톨릭 급진파 들이 주요 구성원이다. 콜롬

콜롬비아에서 두 번째로 큰 반군 무장단체인 민족해방군. 쿠바혁명의 영향을 받아 1965년에 조직되었으며, 좌파 지식인, 학생, 해방신학을 받아들인 가톨릭 급진파 들이 주요 구성원이다.

비아무장혁명군에 비해 이념적 성향이 훨씬 강하며, 사회주의혁명을 목표로 베네수엘라 국경지대를 근거지로 활동했다. 1980년대에는 조직원이 5,000명에 이르기도 했으나 점차 쇠퇴해 2013년에는 2,000명 수준으로 줄어들었다.

　콜롬비아 무장반군에는 좌파만 있는 것이 아니다. 1980년대에는 우익 민병대도 등장했다. 부유한 지주들이 반군으로부터 안전을 지키기 위해 고용한 사병들이 시간이 흐르면서 민병대라는 이름으로 일종의 사병연합을 구성했다. 국제인권기구인 엠네스티^{Amnesty International}는 내전 기간에 벌어진 인권 침해의 70%가 우익 민병대의 소행이라고 발표했다. 우익 민병대는 1988년 1,500명으로 시작해 2002년에는 1만 2,000명까지 늘어났다.

혁명은 사라지고,
범죄만 남아

────────── 냉전의 종식은 콜롬비아에서 '이념의 시대'가 끝났음을 의미했다. 무장반군들에 대한 소련과 쿠바의 지원이 중단되었다. 베를린장벽이 무너지고, 소련이 해체되고, 동유럽에서 사회주의가 무너지자, 반군들이 치켜들었던 '사회주의혁명'의 깃발도 점차 빛이 바랬다.

혁명은 길을 잃었지만 무기를 내려놓을 수도 없었다. 불평등한 세상은 달라지지 않았고 돌아갈 곳도 없었다. 무장반군들은 '식구들'을 먹여 살리기 위해 생존투쟁으로 전환했다. 명분의 가면을 벗은 폭력은 추악하고 더럽고 잔인한 범죄 그 자체였다.

무장반군이 선택한 생계 수단은 마약 거래와 납치, 그리고 갈취였다. 1990년대 콜롬비아무장혁명군의 수입 중 48%는 마약업자로부터 받은 돈이었고, 36%는 점령 지역 농민과 상공업자들을 대상으로 한 금품 갈취, 8%는 납치를 통한 수입, 나머지는 약탈이었다. 2000년대 초에 콜롬비아무장혁명군은 콜롬비아산 코카인의 60% 정도를 통제했다. 민족해방군도 마찬가지다. 수입의 60%는 해당 지역 주민들을 대상으로 한 갈취, 28%는 납치, 6%는 마약 밀매를 통해 이루어졌다.

무장반군이 처음부터 마약에 손을 댄 것은 아니었다. 마약업자들의 등을 치기 시작한 것은 1982년부터다. 먼저, 코카인의 원료인 코카 재배를 보장하고, 가공 공장을 보호해주는 대가로 '코카인 현물'과 '돈'을 뜯었다. 반군들은 '혁명세'라고 불렀지만, 그것은 한낱 갈취일 뿐이었다. 무장반군들은 처음에는 마약업자들의 뒤를 봐주고 대가를 챙겼지만, 점차 마약 생산과 거래의 주체로 변신했다. 대형 마약 카르텔의 배후에는 무장반군들이 있었다.

직접 마약을 생산하고 판매하면서 수입이 늘어나고 살림이 나아지자 콜롬비아무장혁명군의 숫자도 늘었다. 그러나 반군들은 명분뿐 아니라 민중의 지지까지 모두 잃었다. 농민들에게 무장반군은 코카 재배를 위해 토지를 강제로 수용하고, 젊은이들을 납치하는 산적에 불과했다. 민중은 더 이상 무장반군을 지지하지 않았다. 진보적 지식인들도 등을 돌리고, 학생운동으로부터 충원되던 인력도 끊겼다. 운동은 타락했고, 범죄만 남았다.

정부와 무장반군이 늘 싸우기만 한 것은 아니다. 때때로 협상이 이루어지고, 평화협정이라는 합의가 채택되기도 했다. 하지만 오래가지 않았다. 1964년에 내전이 시작된 이래 두 번의 협상이 있었다. 베탕쿠르 대통령 집권기(1982~1986)에 처음으로 정부와 무장반군 가운데 가장 규모가 큰 콜롬비아무장혁명군 사이에 평화협정이 체결되었다. 핵심적인 합의 사항은 반군들의 정치 참여 보장이었다. 1980년에 콜롬비아무장혁명군은 무장을 유지한 채, 자신들의 의사를 대변할 합법 정당인 '애국연맹Unión Patriótica'의 결성을 지원했다. 애국연맹은 1986년 대통령 선거에 참여해 3위를 차지했고, 1988년 지방선거에서는 수백 명의 지방의원과 여러 명의 시장을 배출하기도 했다.

그러나 이들의 정치 참여는 곧 무자비한 보복에 직면했다. 1986년과 1988년 선거에 참여한 애국연맹 후보자들은 우익 민병대의 공격을 받아 2,000명 이상이 암살되고 납치되었다. 공개적인 학살이나 마찬가지였다. 이 과정에서 애국연맹의 대통령 후보도 암살되었다. 콜롬비아무장혁명군은 정치 참여를 멈추고 다시 무장투쟁으로 돌아갔

콜롬비아무장혁명군의 지원을 받아 결성된 합법 정당 '애국연맹'의 선전 포스터(1985). 애국연맹은 1986년 대통령 선거에 참여해 3위를 차지했고, 1988년 지방선거에서는 수백 명의 지방의원과 여러 명의 시장을 배출하기도 했다.

다. 제도권에 안착하고 총을 버릴 수 있는 기회는 사라졌다.

파스트라나 대통령 집권기(1998~2002)의 평화협상도 성공하지 못했다. 이 시기에는 무장반군의 군사력이 정부군과 맞설 정도였다. 또한 마약 거래 등 각종 불법 수입으로 조직원들의 숫자도 가장 많을 때였다. 무장반군들은 협상의 전제 조건으로 비무장지대 설정을 요구했다. 정부군과 경찰은 토벌 작전 구역 가운데 스위스 크기의 땅을 비무장지대로 설정하고 그곳에서 철수했다. 정부가 협조하는 상황에서도 무장반군들은 이 지역을 군대의 훈련, 인질 구금, 코카 재배지로 활용하고, 국제 마약업자들과 접촉하는 장소로 악용했다. 결국 정부군이 철수한 지역은 비무장지대가 아닌, 말 그대로 불법지대로 전락했다. 이 시기 무장반군들은 시간을 벌기 위해 협상에 참여했다.

결국 2002년 초 대통령 선거의 여성 후보였던 잉그리드 베탕쿠르 전 상원의원이 콜롬비아무장혁명군에 의해 납치되는 사건이 일어나면서 정부와 무장반군 간의 협상은 깨졌다. 평화협상이 결렬되자, 무장반군들은 지방행정을 무력화시키는 전술을 구사했다. 당시 콜롬비아 전체 1,098개 시 가운데 158개 시가 치안 공백 상태가 되었고, 협박을 받은 131개 시의 시장들이 직무를 팽개치고 달아났다.

무장반군에 대한 대중의 반감이 고조되었을 때, 강경우파인 알바로 우리베라는 정치인이 등장했다. 2002년에 그는 국민의 기대를 등에 업고 무소속으로 대통령 선거에 출마했다. 우리베는 강력한 군사력으로 확실하게 반군을 소탕하겠다는 공약을 내세워 당선되었고, 집권하자마자 반군에 대한 대대적인 공세를 시작했다. 힘의 균형이 정부군으로 기울자, 반군들은 동시다발적인 폭탄 테러로 대응했다.

우리베 정권은 나라 밖에서 테러와 전쟁에 나선 미국의 조지 W. 부시 행정부와 적극적으로 협력했다. 콜롬비아가 미국에 공동으로 게릴라 소탕 작전을 펼치자는 제안을 할 무렵에는 마약 문제로 골치를 앓던 부시 행정부 역시 적극적으로 게릴라 소탕에 개입하려던 참이었다. 라틴아메리카에서 테러와의 전쟁은 곧 마약과의 전쟁을 의미했다. 무장반군들이 대형 마약업자들이었기 때문이다. 1999년 UN은 코카인의 주원료인 코카잎의 70%가 콜롬비아에서 생산된다고 밝혔다. 콜롬비아 국민총생산에서 마약으로 벌어들이는 돈의 비중이 2~4%를 차지했다. 미국으로 흘러 들어가는 마약의 대부분은 콜롬비아와 볼리비아가 생산지였다. 미국은 평화유지군이라는 명목으로 콜롬비아에 군대를 보내고 군사기지 세 곳을 만들었다. 또한 2000년에

알바로 우리베 콜롬비아 대통령(왼쪽)과 조지 W. 부시 미국 대통령(오른쪽). 우리베 정권은 나라 밖에서 테러와의 전쟁에 나선 부시 행정부와 적극적으로 협력했다.

서 2007년 사이 미국은 콜롬비아에 50억 달러 이상을 지원했다.

이 과정에서 콜롬비아 정부군은 비약적으로 발전했다. 병력은 1986년 7만 6,000명에서 우리베 정권이 출범한 2003년에 20만 명으로 늘었다. 우리베의 두 번째 임기가 끝난 2010년에 병력은 다시 28만 3,000명으로 늘어났고, 경찰도 15만 9,000명으로 증가했다. 1990년대와 비교해보면 두 배 가까이 증가한 규모였다.

무장반군에 대한 우리베 정권의 강경 전략은 효과가 있었다. 콜롬비아무장혁명군의 지도부가 일부 제거되고, 반군의 점령 지역이 축소되었다. 납치도 줄어들었다. 1990년대 후반 무장반군에 의한 납치는 연간 3,000건에 달했으나, 2002년에서 2009년 사이에는 1년에 200건 정도로 줄었다. 우리베는 이런 성과를 바탕으로 콜롬비아에서 19세기 이후 최초로 연임에 성공한 대통령이 되었다.

M-19, 총을 버리고
제도 안으로 들어가다

─────── 콜롬비아의 모든 무장반군들이 범죄단체로 전락한 것
은 아니다. 총을 내려놓고 제도권 안으로 들어온 세력도 있다. 대표적
으로 'M-19'라는 무장단체가 있는데, 이때 'M'은 '운동Movement'을, 19
는 1970년 4월 19일을 의미한다. 그날은 총선거가 실시된 날이자 부
정선거가 자행된 날이며, 동시에 타락한 민주주의를 규탄하는 새로
운 혁명 세력이 탄생한 날이기도 했다.

M-19는 주로 대학생과 도시 중산층, 지식인 출신들로 구성되었고,
자생적 사회주의를 지향했다. 농촌에 근거지를 둔 기존 무장반군과
달리 구성원들 대부분이 도시에 거주했고, 예전과 다른 투쟁 방식으
로 자신들의 뜻을 전달하고자 했다.

대표적으로 1974년 M-19는 보고타의 박물관에서 '라틴아메리카
의 해방자'라 추앙받는 시몬 볼리바르의 칼을 훔쳤다. 볼리바르는 에
스파냐의 식민지 군대와 싸워 라틴아메리카를 해방시키고, 콜롬비아
·에콰도르·파나마·베네수엘라를 통합하는 '위대한 콜롬비아Gran
Colombia'를 꿈꾸었던 인물로, 콜롬비아만이 아니라 라틴아메리카 전체
의 진정한 영웅이었다. 그의 칼은 독립과 해방, 그리고 정의를 상징했
다. M-19는 볼리바르의 칼을 박물관이 아니라 투쟁의 현장으로 돌려
보내야 한다고 주장했다.

1970년대 도시 중심의 혁명운동을 추구했던 M-19는 노동운동과
연계해 활동하면서 경영자 편에 선 노동조합 지도자를 납치하거나
암살하기도 했다. 그들은 스스로 '가난한 자들의 벗'이라는 점을 강조

했다. 실제로 로빈 후드처럼 부자들에게서 뺏은 돈이나 음식, 장난감 등을 빈민촌에 가서 직접 나눠주었다. M-19는 대중과 함께 호흡하려 노력하면서 자신들의 행위를 대중에게 효과적으로 전달하기 위한 방법을 고민했다.

또한 M-19는 다른 무장단체들의 무분별한 폭력을 비난했다. 당시 콜롬비아무장혁명군을 비롯한 많은 무장단체가 주기적으로 권력투쟁을 벌이며 무자비한 내부 숙청을 반복하고 있었다. 이에 반해 M-19는 명분 없는 폭력 행사를 자제하고, 조직을 민주적으로 운영하려고 했다. 특히 여성에게 적극적으로 문호를 개방해 조직 내에서 여성들이 고위직에 오르기도 했다.

M-19 역시 폭력을 수단으로 이용하긴 했지만, 그들은 정치적 메시지를 중요시했다. 1980년 2월 27일 대낮에, M-19 소속 17명의 게릴라들이 보고타 시내 중심가에 있는 도미니카 대사관으로 쳐들어갔다. 마침 대사관에서 도미니카 독립기념일을 축하하기 위해 많은 외교관이 모여 파티를 열고 있었다. 게릴라들은 총을 쏘면서 대사관으로 진입해 미국 대사를 포함한 14개 국가의 대사와 60여 명을 인질로 잡았다. M-19는 5,000만 달러의 돈과 구속된 동료 게릴라들의 석방, 그리고 정치개혁을 요구했다.

대사관 점거는 61일 동안 계속되었다. M-19는 피해를 줄이기 위해 노력했고, 자신들이 폭력배가 아니라는 점을 강조했다. 사태 초기에 인질 중 여성들을 먼저 석방했고, 부인이 아프거나 집안에 사정이 생긴 대사들을 풀어주었다. 콜롬비아 정부는 외국 대사들의 목숨이 걸린 문제여서 강경 진압 대신 협상을 선택했다. 정부와 게릴라들은 다양한 문제를 둘러싸고 대화를 했다. 게릴라들은 자신들이 요구했던 인질의 몸값을 대폭 줄이고, 동료 게릴라들의 석방 규모도 정부가 제시한 안을 받아들였다. 어떻게 마무리할 것인지에 대해서도 논의했다.

마침 쿠바의 카스트로가 중재에 나섰다. 게릴라들은 시민들의 박수를 받으며 점거 현장을 빠져나와 마지막까지 남은 12명의 외교관 인질과 함께 카스트로가 보나타 국세공항으로 보낸 쿠바항공 여객기에 올라탔다. 쿠바에 도착해 외교관 인질을 석방했고, 게릴라들도 며칠 뒤에 콜롬비아로 조용히 돌아왔다.

매우 예외적인 사건이었다. 당시 대부분의 무장단체들은 '승리 아니면 죽음'이라는 이분법에 익숙했기 때문에 제3의 선택인 '협상'을 배제했다. 그러나 M-19는 달랐다. 당시 정부와 진행한 협상은 이후 평화협정의 계기가 되었다. 콜롬비아뿐 아니라 국제적으로도 M-19의 명성을 날린 역사적 인질 사건이었다.

인질 전략은 한 번 더 시도되었다. 이번에는 비극으로 끝났다. 1985년 11월 6일, M-19 소속 게릴라 35명이 차량 세 대에 나눠 타고 대법원 건물로 돌진했다. 대법원장을 비롯해 300여 명을 인질로 잡고 대통령 면담을 요구했다. 그들은 평화협정의 약속을 지키지 않는 정부를 비판하면서 각종 범죄 기록과 재판 기록 등을 태우기 시작했다. 베탕쿠르 대통령은 비상각료회의를 열고 신속하게 진압을 결정했다. 게릴라들이 건물에 진입하고 세 시간 만에 콜롬비아군은 장갑차를 몰고 대포를 쏘면서 대법원으로 진격했다. 200여 명의 인질을 구할 수 있었지만, 대법원장을 비롯한 12명의 판사, 그리고 군인과 게릴라 등 모두 120여 명이 사망했다.

진압 과정에서 M-19의 간부 6명도 사망했다. 비극적 결말이었고,

1985년 11월 6일, M-19 소속 게릴라가 일으킨 대법원 테러 사건. 당시 정부군의 진압 작전 중 많은 사상자가 발생했다. 비극적 결말이자 폭력의 한계가 드러난 사건이었다. 이 사건을 계기로 M-19는 평화적 수단을 모색하게 되었다.

폭력의 한계를 드러낸 사건이었다. M-19 내부에서도 평화적 수단의 중요성을 재확인했고, 정부도 많은 사상자를 낸 진압 작전으로 비판을 받았다. 이후 M-19는 1989년에 정부와 평화협정을 맺고 무기를 내려놓기로 했다. 평화협정은 3단계로 구성되었다. 1단계에서는 긴장 완화로 신뢰를 조성하고, 2단계로 무장단체를 해산하고 정치 참여를 보장하며, 마지막으로 사면과 경제적 지원, 그리고 안전보장 조치로 사회 재통합을 완성하는 것이었다.

M-19는 혁명을 이루는 데 평화가 더 효과적인 수단이라는 점을 인식한 유일한 무장반군 단체였다. 정부와 무장반군, 심지어 동네 깡패들조차 폭력이 권력을 얻고 지키고 키우기 위한 유일한 수단이라

1989년에 정부와 평화협정을 맺고 무기를 내려놓기로 한 M-19는 1990년 3월 8일 모든 무기를 정부에 넘겨주고 다음 날 공식 해체를 선언했다. 사진에서 하얀 모자를 쓴 사람이 M-19의 지도자인 카를로스 피사로이다.

고 생각하는 사회에서 M-19의 판단은 쉽지 않은 결정이었다. 이러한 M-19의 '역사적인 결단'에 내부 민주주의가 중요한 영향을 미쳤다. M-19의 조직원들은 조직의 출범 동기가 부정선거 규탄이었기 때문에 민주주의를 중요한 가치로 내세웠다. 단체의 해산과 무장해제 결정 역시 민주적인 투표로 결정했다. 투표에 참여한 230명의 조직원 가운데 227명이 안건에 찬성했다. 이 과정에서 지도자 카를로스 피사로의 역할이 매우 중요했다. 그는 정부를 상대로 협상이라는 모험을 시작하고, 얼마든지 폭력으로 돌아갈 여지가 있는 수많은 변수들을 조정하면서 협상 과정을 이끌었다.

콜롬비아 정부는 이들의 과거 활동을 사면해주고, 제도권 정당으로 변신할 수 있는 기회를 제공했다. 물론 이행 과정에서 어려움도 많았다. 특히 제도권 정당들은 게릴라들의 정치 참여를 부정적으로 생각했고, 필요한 법률 개정에 소극적이었다. 의회의 비협조로 정부가 약속을 이행하기 어려운 상황에 처했다. 협상이 깨질 수 있는 고비마다 가톨릭교계를 비롯한 평화를 원하는 세력들이 적극적으로 중재에 나섰다. M-19 내부에서도 평화에 대한 갈망이 크게 일어났다.

M-19는 1990년 3월 9일에 마침내 해체되었다. 보고타의 박물관에서 훔친 볼리바르의 칼도 돌려주었다. 그리고 이틀 뒤 '평화를 위한 민족행동'이라는 연대 기구를 구성해 총선에 참여했다. 피사로는 보고타 시장 선거에 나가 7.8%의 표를 얻었다. 단지 이틀간의 선거운동으로 3등이 된 것은 한마디로 기적이었다. 몇몇 지방의 시장 선거에서는 당선자도 나왔다.

선거 이후인 1990년 4월 2일에 M-19는 '민주동맹 M-19'라는 정당을 만들어, '비폭력 좌파운동'의 깃발을 들고 정치에 참여했다. 이 정당은 과거 콜롬비아무장혁명군의 정당 조직이었던 '애국연합'을 포함해 비폭력운동에 공감하는 좌파들의 연대를 적극적으로 모색했다. 쉽지 않은 과정이었고 어려운 고비들도 많았다.

보고타 시장 선거에서 가능성을 확인한 피사로는 '민주동맹 M-19'의 대통령 후보로 1990년 5월 선거에 나섰다. 그러나 4월 26일, 비행기를 타고 지역 유세를 가다 공중에서 암살당했다. 나중에 밝혀졌지만 암살자의 배후에는 마약 카르텔이 있었다. 피사로는 그해 대통령 선거에 나섰다가 암살당한 세 명의 후보 중 한 명이었다. 그러나 M-19는 평화를 향한 행진을 멈추지 않았다. 피사로를 대신해 안토니오 나바로 울프가 후보로 나섰고, 그는 짧은 기간 유세를 했음에도 12.5%를 얻어 3위를 차지했다.

이후 M-19의 지지율은 초기의 열광적인 분위기와 달리 점차 하락해 2000년대 들어서는 소수 정당으로 전락했다. 그러나 그들의 역사적 선택은 다른 무장단체들에게 큰 영향을 미쳤다. 진보 정치의 이합집산이 계속되고 있는 콜롬비아 정치권에서 M-19 출신 정치인들은 여전히 주목받고 있다.

인질 협상의 백과사전:
베탕쿠르와 몬카요의 사례

——————— 무장반군들이 인질을 납치해 가두고 대가를 요구하는 이른바 '인질 전략'의 목적은 여러 가지다. 경제적 대가는 물론이고, 정치적으로 공포를 조성해 협상 수단으로 활용하면서 언론과 국제사회의 관심을 끌기 위해서다. 인질 전략은 아주 오래된 분쟁에서 언제나 등장하는 전통적인 방법이다. 콜롬비아에서도 정치인이나 기업인에 대한 납치가 내전 초기부터 빈번했다. 그러나 소련과 쿠바의 지원이 중단된 1990년대 이후로 훨씬 늘어났다. 인질극을 통해 정치적인 메시지를 전달하기보다는 순전히 몸값을 요구하는 쪽으로 변하면서 인질 전략은 점차 '납치 산업'으로 전락했다.

잡혀 있는 인질을 어떻게 구할 것인가와 관련해 두 가지 상반된 의견이 존재한다. 하나는 테러리스트와 협상을 하지 말아야 한다는 의견이다. 협상을 하더라도 인질 석방 가능성이 높지 않으며, 요구를 들어주면 불법행위가 재발될 수 있기에 불법단체를 협상 상대로 인정하지 말아야 한다는 것이다. 다른 하나는 협상을 해서 인질을 살려야 한다는 의견이다. 반드시 물밑 협상이 필요하고, 설득을 통해 평화적인 방식으로 해결해야 한다는 주장이다.

콜롬비아에서는 납치와 인질 사건이 워낙 자주 일어나 그야말로 인질 협상 사례에 관한 백과사전을 만들어도 될 정도다. 권위 있는 중재자가 나서서 평화롭게 해결한 사례도 있고, 무력 진압으로 대규모 사상자가 발생한 사례도 있다. 2000년대 후반 콜롬비아에서 벌어진 두 사건은 마치 영화처럼 극적이다.

그중 하나가 2008년 7월에 있었던 잉그리드 베탕쿠르 구출 작전이다. 베탕쿠르는 보고타에서 태어났지만, 유네스코 콜롬비아 대사였던 아버지를 따라 유네스코 본부가 있는 파리에서 살았다. 그녀는 파리의 라틴계 사람들이 모여 사는 동네에서 파블로 네루다의 시를 읽으며 어린 시절을 보냈다. 정치인과 고위 관료를 많이 배출한 프랑스 명문 대학 시앙스 포$^{Science\ Po}$(국립정치학교)를 졸업했고, 프랑스 남자와 결혼해 프랑스 국적을 갖고 있었다.

그녀의 인생은 1989년 콜롬비아의 자유당 대통령 후보 루이스 카를로스 갈란의 암살 사건을 계기로 극적으로 바뀐다. 1989년 8월 18일, 정부와 마약업자들의 유착관계를 비판하는 행진에서 갈란이 총에 맞아 사망한 그날, 갈란의 바로 옆에서 미스 콜롬비아 출신인 베탕쿠르의 어머니도 함께 걸었다. 어머니는 기적적으로 살아났지만, 베탕쿠르는 조국의 암울한 현실에 큰 충격을 받았다. 그녀는 프랑스에서 보장된 안락한 삶을 과감히 포기하고 콜롬비아로 돌아왔다.

그녀는 1994년 자유당 소속으로 하원의원에 당선되었고, 1998년에는 상원의원, 2002년에는 '녹색산소당'의 대통령 후보가 되었다. 마약 퇴치를 강력하게 주장했던 베탕쿠르는 마약 카르텔 조직이나 마찬가지인 무장반군의 적이 되었다. 그녀는 무장반군의 위협에 굴복하지 않고 대통령에 당선되면 반군들의 범죄를 처벌하고, 마약을 뿌리 뽑겠다고 선언했다. 프랑스 신문《르 몽드》는 베탕쿠르를 "아름답고 약하지만 그러나 강한" 여인이라고 표현했다.

2002년 2월, 베탕쿠르는 무장반군의 영향력이 강한 남부 지역에서 유세를 하다가 납치되었다. 그동안 콜롬비아무장혁명군이 고위 정치인을 납치한 사례가 여럿 있었지만, 베탕쿠르만큼 국내외에 관심이 집중된 인질은 없었다. 이중국적자였기 때문에 콜롬비아 정부뿐 아니라 프랑스 정부도 적극적으로 개입했다.

억류는 장기화되었고, 인질 협상에서 가능한 모든 방법이 제시되었다. 2007년 8월, 우리베 대통령은 할 수 없이 베네수엘라의 우고 차베스 대통령에게 도움을 요청했다. 강경한 보수우파였던 우리베가 오죽했으면 사회주의를 공공연히 주장하는 21세기 좌파의 상징인 차베스에게 손을 내밀었겠는가? 그만큼 절실했다. 차베스는 무장반군들에게 영향력이 있었고, 실제로 인질 석방을 몇 차례 성사시키기도 했다. 우리베는 파격적인 조건도 내세웠다. 장기간 잡혀 있는 인질들을 풀어주면 콜롬비아 정부 역시 감옥에 있는 400여 명의 무장반군을 석방하겠다는 것이었다.

차베스가 중재자로 나섰다. 그는 베네수엘라 TV에 출연해 콜롬비아무장혁명군 사령관과 우리베 대통령이 만나 협상하라고 제안하면서, 비무장 중립지대를 만들어 인질 협상을 하자는 중재안을 제시했다. 우리베는 반군 지도자와 대통령인 자신을 동일한 협상 상대로 지목하는 차베스에게 상당한 불쾌감을 느꼈다. 미국도 차베스가 나서는 것을 달가워하지 않았다. 결국 차베스의 중재는 실패했다.

그러던 중 천금 같은 기회가 찾아왔다. 2008년 3월 26일에 콜롬비아무장혁명군 사령관 마룰란다가 심장마비로 사망했다. 이에 앞서 3월 1일에 후계자로 알려진 라울 레이어스가 이미 정부군에 의해 사살된 터라, 콜롬비아무장혁명군의 지도 체계에 일시적인 공백이 발생했다. 오랫동안 틈을 노리던 미국과 콜롬비아 정부 당국의 공작이 빛을 볼 수 있는 기회였다.

납치 이후 6년의 시간이 흐른 2008년 7월 어느 날, 그야말로 영화 같은 구출 작전이 이루어졌다. 아무런 표시가 없는 흰색 헬기 두 대가 콜롬비아 남부 밀림지대에 착륙했다. 헬기에서 내린 사람들은 세자르라는 이름의 지역 책임자에게 인질들을 새로운 지도자에게 데리고 가야 한다고 말했다. 그들은 체 게바라 티셔츠와 콜롬비아무장혁명군 제복을 입고 있었다. 베탕쿠르, 미국 기업인 3명, 그리고 콜롬비아 군인 등 인질 15명이 손발이 묶인 채, 두 대의 헬기에 나눠 태워졌다. 세자르와 3명의 지역 반군들도 함께 탔다.

인질을 감시하던 게릴라들이 지켜보는 가운데 헬기가 이륙했다. 그때 베탕쿠르는 "우리는 정부군이다. 당신들은 이제 자유다"라는 목소리를 들었고, 그 순간 뒷좌석의 세자르와 반군들은 즉시 제압되었다. 정보전과 심리전이 만들어낸 영화 같은 작전이었다.

반군 일부를 사전에 매수해 내부의 협조를 받았고, 지도부가 사망하고 후계 체계가 불안정한 상황을 적극 활용했다. 반군의 사기는 떨어졌고, 우리베 대통령의 인기는 치솟았다. 베탕쿠르 구출 작전 직후 그의 지지율은 한때 91%에 이를 정도였다.

또 다른 감동의 드라마도 있었다. 무장반군들이 여론에 굴복한 사건이다. 2007년 6월, 한 아버지가 길을 나섰다. 그의 아들은 10년 전

2008년 7월 2일, 콜롬비아군의 구출 작전으로 풀려난 잉그리드 베탕쿠르가 보고타 공군 비행장에 도착해 어머니와 남편을 만났다.

에 군인으로 근무하다가 콜롬비아무장혁명군에 의해 납치되었다. '구스타보 몬카요'라는 이름의 교사 출신 아버지는 '아들을 석방하라', '정부는 협상에 나서라'는 구호를 외치며 걷기 시작했다. 그의 고향인 남부 지역에서 수도 보고타까지 1,186킬로미터, 46일간 이어진 행진은 처음에는 미약했으나 점차 커다란 감동의 물결을 일으켰다.

쇠사슬에 묶인 채 갇혀 있는 아들과 고통을 나누겠다는 마음으로 아버지 역시 손목에 쇠사슬을 묶은 채 딸과 함께 아들의 석방을 요구하며 기나긴 길을 걸었다. 아버지는 길을 가다 마을에 들러 사연을 호소하고 지지 서명을 받았다. 여러 사람들의 격려가 쏟아지고, 비슷한 사연을 간직한 사람들이 한 명 두 명 함께 걷기 시작했다. 인질 석방을 위해 노력하는 종교계와 비정부기구들도 인터넷 홈페이지를 만

2010년 3월, 콜롬비아무장혁명군은 인도적 조치라는 이름으로 파블로 에밀리오 몬카요 병장을 석방했다. 몬카요 병장은 13년 만에 아버지의 품에 안겼다.

들어 이들의 사연을 널리 퍼뜨렸다. 행진의 물결은 정부와 반군 모두에게 압력이 되었다.

마침내 '한 명의 아버지'와 그와 함께 걸었던 사람들이 보고타의 볼리바르광장에 도착했을 때, 수천 명의 사람들이 그들을 기다리고 있었다. 그중에는 우리베 대통령도 있었다. 따듯한 격려의 물결이 일었지만 금방 성과로 이어지지는 않았다. 이후 정부와 반군은 서로 책임을 떠넘기면서 신경전을 벌였다.

아버지는 포기하지 않았다. 다시 1,400킬로미터를 걸어서 베네수엘라까지 행진했고, 차베스 대통령에게 도와달라고 요청했다. 차베스는 가능한 모든 방법으로 지원을 하겠다고 약속했다. 콜롬비아무장혁명군은 결국 여론의 압력에 굴복했다. 한 아버지의 집념이 만든 감동의 드라마였다. 2010년 3월, 콜롬비아무장혁명군은 인도적 조치라는 이름으로 '파블로 에밀리오 몬카요'를 석방했다. 13년 만에 아들은 아버지의 품에 안겼다.

명분을 잃은
반군의 협상력

──────── 정부와 콜롬비아무장혁명군의 평화협상은 2010년에 후안 마누엘 산토스 대통령이 집권하면서 새로운 국면으로 접어들었다. 산토스는 우리베 정권에서 국방부 장관(2006~2009)을 지내는 동안 무장반군과 전쟁을 치르며 영웅이 되었다. 하지만 집권 이후 산토스는 무장반군과의 관계에서 전임 대통령인 우리베와는 다른 길을 걸었다.

그는 진정한 의미의 '평화 대통령'이 되고 싶었다. 그래서 아주 신중하게, 그러나 진정성을 갖고 협상을 준비했다. 2010년 취임하자마자 산토스는 차베스 베네수엘라 대통령과 관계 개선에 나섰다. 차베스는 여전히 콜롬비아무장혁명군에 영향력이 있는 인물이었다. 그는 무장반군들을 회담장으로 데려오는 데 결정적인 역할을 할 수 있었다. 우리베 정부 후반기에 콜롬비아와 베네수엘라의 관계는 최악이었다. 우리베는 차베스가 무장반군에게 피난처를 제공했다고 비난했고, 차베스 또한 우리베 정권이 미국에 군사기지를 제공한 것을 비판했다. 우리베의 후임인 산토스 또한 정치 노선으로 보면 베네수엘라의 차베스와 정반대에 서 있었지만 두 지도자는 양국의 관계 개선에 공감했다. 2010년 8월 10일에 열린 정상회담에서 산토스는 양국의 적대관계를 청산하고 '처음부터 다시 시작하자'고 말했고, 차베스도 양국 관계의 '새로운 장을 열자'고 화답했다. 무장반군의 활동 무대가 베네수엘라 국경 지역에 걸쳐 있었기 때문에 양국의 협력은 매우 중요했다.

산토스 정부는 2012년 8월, 쿠바에서 콜롬비아무장혁명군과 비밀협상을 시작했다. 서로 협상 의지를 확인하고 예비회담이라는 형식으로 의제를 조율했다. 이어서 그해 10월 노르웨이 오슬로에서 공식 회담을 열었으며, 이후 11월 19일부터 다시 쿠바로 옮겨 협상을 계속했다. 협상 장소를 제3국으로 정한 점은 협상의 과도한 열기를 진정시키는 데 도움이 되었다. 그리고 베네수엘라와 칠레, 쿠바와 노르웨이를 협상 과정에 참여시켜 양쪽의 약속 이행을 평가하는 심판관 역할을 맡겼다. 중재국들은 이후 협상이 교착상태에 빠지거나 우발적인 사건으로 중단되었을 때 적극적으로 장애물을 제거했다.

콜롬비아무장혁명군은 분명한 협상 목표를 갖고 있었다. 협상을 통해 자신들의 정당성을 주장하고, 협상 테이블을 정치 선전의 공간으로 활용해 분쟁 당사자의 합법적 지위를 얻고자 했다. 또한 전통적으로 무장반군은 군사력을 회복하기 위해 시간을 버는 목적으로 협상을 활용했는데, 콜롬비아무장혁명군 역시 협상이 진행되는 동안 전투 중단을 요구했다.

그러나 산토스 정부는 이를 거부했다. 반군이 단지 시간을 벌면서 정치 선전을 위해 협상에 임하는 전술에 말려들지 않겠다는 의지의 표현이었다. 산토스 대통령은 협상을 시작하면서 "과거 협상의 실수를 되풀이하지 않겠다"라고 다짐했다. 그는 이제까지 왜 협상이 실패했는지에 대해 잘 알고 있었다. 그런 만큼 앞으로의 협상에서는 효과적이고 실질적인 성과를 거두고자 했다.

산토스 정부는 서두르지 않았다. 콜롬비아무장혁명군에 대한 형편없는 평판은 산토스 정부의 협상력을 높여주었다. 협상이 시작되던 2012년의 한 여론조사에 따르면 국민의 77%가 평화협상에는 찬성하지만, 반군 지도자의 정치 참여에 대해서는 반대 의견이 72%로 매우 높았다. 그리고 국민 가운데 68%가 무장반군의 범죄를 용서하지 말아야 한다고 응답했다. 이러한 분위기에서 협상이 성공하면 산토스 대통령은 평화를 만든 역사적 인물이 될 것이고, 실패하더라도 그 책임은 반군에게 돌아갈 터였다.

협상 참여자의 의지는 우발적인 사건을 처리하는 과정에서 증명된다. 의지가 부족하면 쉽게 대결 구조로 돌아간다. 2014년 11월, 콜롬비아무장혁명군의 지역 지부가 현역 장군인 루벤 다리오 알사테를 납치하는 사건이 벌어졌다. 정부와 군부, 그리고 시민단체 들은 콜롬비아무장혁명군이 협상 의지가 없다고 비난했다. 신뢰가 부족하면 이처럼 상대방이 단지 시간을 벌기 위한 수단으로 협상을 활용한다고 의심한다. 산토스 정부는 곧바로 협상을 중단했다.

콜롬비아무장혁명군 입장에서는 억울했다. 그 사건은 중앙 조직과 관계없는 지역 지부에서 일으킨 일이었다. 조직은 위계 구조로 이루어졌지만 불법 경제활동과 깊은 관계를 맺고 있는 지역 지부의 모든 행동을 통제할 수는 없었다. 조직은 방대했고, 정부군의 토벌로 지역 사이의 유기적인 소통이 쉽지 않았다. 지역 조직에 대한 강력한 처벌도 어려웠다. 지역별로 평화협상에서 이탈해 범죄집단으로 변신할 가능성이 얼마든지 있었기 때문이다. 콜롬비아무장혁명군은 정부의 일방적인 협상 중단 선언이 '우발적인 사건이 일어나도 협상을 계속한다'는 애초의 합의를 어긴 것이라며 비판했다.

하지만 다행스럽게도 협상 중단 상황은 오래가지 않았다. 쿠바와 노르웨이가 회담 중재국 자격으로 신속하고 적극적으로 개입해 억류된 장군을 석방시켰다. 회담이 다시 시작되면서 갈등이 완화되었을 뿐 아니라, 난관을 극복하는 과정에서 오히려 서로 신뢰가 쌓였다.

어떻게 산적을
정치와 사회에 통합시킬까?

──────── 산토스 정부와 콜롬비아무장혁명군은 협의를 통해 의제를 정했다. 6개의 의제는 토지개혁, 정치 참여, 마약 거래 중단, 피해자의 권리, 무장해제, 평화협정의 이행이었다. 2013년 5월, 협상은 농업 발전에 대한 예비합의에 도달했고, 11월부터 반군의 정치 참여 문제에 대해 부분적으로 합의했다.

협상에서 중요한 쟁점은 농촌개혁, 정치 참여, 그리고 사회적 재통합이 선순환을 이루어야 한다는 점이었다. 농촌개혁은 무장반군이 무기를 내려놓을 수 있는 명분이었다. 여러 수준이 있고, 정부 또한 농촌 발전의 필요성을 인식하고 있기 때문에 공감대를 모으기가 어렵지 않았다.

그런데 가장 큰 문제는 반군들의 정치 참여였다. 반군들을 제도권 안으로 초대하는 데 가장 중요한 열쇠는 시민의 지지다. 그동안 시민들은 무장반군을 폭력과 불법, 그리고 비민주적이고 권위주의적인 집단으로 기억하고 있었다. 평화협상 기간에 무기를 버리고 마을로 내려간 무장반군 중 일부는 적응하는 데 많은 어려움을 겪었다. 기존의 제도권 정당들도 '새로운 세력의 유입'을 반기지 않았고, 자신들의 자리를 양보할 생각도 없었다. 무장반군 스스로 이미지를 개선하기 위해 노력해야 지지를 받을 수 있고, 그래야 제도 안의 정당으로 변신할 수 있다.

다만, 정부는 무장반군들의 정치 참여와 사회 재통합이 가능하도록 환경을 만들어야 한다. 2014년 양쪽은 가장 중요한 쟁점인 '이행기에 이루어져야 할 정의'에 관해 논의했다. 과거 범죄에 대한 사면권의 범위를 어느 수준으로 정할 것인지를 둘러싼 협상이었다.

물론 과거에도 순차적으로 '무장단체 해산·무장해제·사회적 재통합'을 시도한 적이 있었다. 2003년에서 2012년까지 10년 동안 5만 3,000여 명이 무기를 버리고 사회로 돌아왔다. 그중 콜롬비아무장혁명군이 1만 5,000명, 민족해방군이 3,000명이었다. 그리고 나머지 우익 민병대가 3만 5,000명으로 압도적으로 많았다.

우리베 정권은 이를 위해 2005년 6월에 '정의와 평화법'을 제정했다. 당시 쟁점은 무장반군들의 불법행위와 인권 침해를 법적으로 사면해주는 것이었다. 무장반군들이 자발적으로 불법행위에 대해 진실을 말하면 심사를 해서 사면 또는 감형을 결정하고, 피해자들에게 보상하는 진실-정의-보상의 과정을 따랐다. 또한 정부 관련 부처와 시민사회 대표, 그리고 피해자 단체가 함께 참여하는 '국가 보상과 화해위원회'를 설립해 무장반군의 해산 과정과 피해자 보상을 위한 기준을 마련했다. 2012년까지 4만여 건의 범죄를 심사했고, 청문회에 7만 7,000여 명의 피해자가 참여해 증언을 했으며, 5,000구의 시신이 발굴되었다.

그러나 2005년에 마련한 '정의와 평화법'의 한계도 분명했다. 이 법의 수혜자는 대부분 우익 민병대였다. 우익 민병대의 불법행위와 연관된 정부군 관계자들은 처벌에서 제외되었고, 기소된 중대 범죄 관련 인물들도 극소수를 제외하고 모두 사면되었다. 이 때문에 면책 특권을 남발했다는 평가를 받았으며, 진실과 화해가 아니라 망각과 용서를 받아들였다는 비판을 받았다. 행정 절차도 공정하게 이루어지지 않았다. 예를 들어, 무장단체 조직원들에게 사회 통합을 위한 정부 지원금과 직업교육의 혜택이 돌아갈 거라는 사실이 알려지자, 무장단체 조직원의 숫자가 협상 당시보다 훨씬 많아졌다. 무장단체가 해체되기 직전에 가입한 사람들이 많았기 때문이다.

대체로 무장해제에서 사회 재통합까지 7년 정도의 기간이 걸릴 것으로 추정해 1인당 연간 3,000달러를 정부가 지원하기로 했다. 그 밖에도 교육, 보건 등 간접 비용으로 1인당 3,000달러 정도가 더 필요한 상황이었다. 이러한 비용에 대해서는 무장반군의 사회적 재통합을 위해 기업과 사회단체들이 적극 지원하기로 했다. 대형 슈퍼마켓 가맹점을 운영하는 엑시토EXITO 같은 기업은 이들을 직접 고용했고, 다른 기업들도 이들이 생산한 물품을 구매하거나 창업 자금을 지원해 통합을 도왔다.

물론 이탈자들도 많았다. 1만 명 정도가 도시의 신흥 범죄단체에 다시 가입한 것으로 밝혀졌다. 무장해제는 평화협상의 시작일 뿐, 가해자와 피해자 사이의 용서와 화해의 과정은 따로 이루어져야 했다.

2012년 6월, 산토스 정부는 '평화기본법'을 제정했다. 2005년의 '정의와 평화법'을 보완한 것이다. '이행기에 이루어져야 할 정의'에서 균형을 잡는 것은 여전히 어려운 과제다. 명백한 인권 유린 행위를 무조건 사면할 수도 없고, 그렇다고 너무 엄격하게 처리하면 무장 반군들이 반발하기 때문이다. 한편, 피해자들의 입장도 중요하다. 단지 경제적 보상만으로 그들이 겪은 고통을 해소하기는 어렵다. 산토스 정부는 '역사기억센터'를 만들어 과거사에 대한 성찰과 기억의 중요성을 강조했다.

과제는 쌓여 있어도
협상은 계속된다

───────── 협상은 몇 번의 고비를 맞으면서도 쓰러지지 않았다. 2014년 5월, 정부와 콜롬비아무장혁명군은 불법적인 마약 생산과 거래를 중단하기로 합의했다. 2000년대 초반만 해도 콜롬비아는 전 세계 코카인의 90%를 공급했지만, 그동안 지속적인 마약 퇴치 활동으로 반군 세력이 약화되고, 생산지가 페루 등으로 옮겨가면서 꾸준히 줄어들었다.

2015년 9월 23일, 마침내 쿠바의 수도 아바나에서 산토스 대통령과 로드리고 론도뇨 콜롬비아무장혁명군 사령관이 악수를 했다. 협상이 시작된 지 3년여 만에 이루어진 첫 번째 정상회담이었다. 양쪽의 만남을 위해 라울 카스트로 쿠바 국가평의회 의장과 프란치스코 교황이 적극적으로 도왔다. 특히 교황은 7월에 이루어진 남아메리카 4개국 순방 과정에서 콜롬비아 평화협상을 촉구했고, 9월 20일에 아바나의 혁명광장에서 열린 미사에서 "우리는 또 실패할 권한이 없다"

2015년 9월 23일, 라울 카스트로 쿠바 국가평의회 의장(가운데)의 중재로 이루어진 평화협상에서 산토스 대통령(왼쪽)과 로드리고 론도뇨 콜롬비아무장혁명군 사령관(오른쪽)이 악수했다. 협상이 시작된 지 3년여 만에 이루어진 첫 번째 정상회담이었다.

라고 강조하면서, 콜롬비아의 평화협상이 반드시 성공하기를 기원했다. 산토스 대통령과 론도뇨 사령관은 최종 평화협정을 6개월 안에 마무리하기로 합의했다.

물론 해결해야 할 과제도 산더미처럼 쌓여 있다. 먼저, 무장반군 내부에서 평화협상에 대한 합의를 모으는 것이 쉽지 않은 과제다. 그동안 콜롬비아무장혁명군은 대표성과 조직의 결속력을 고민하면서 협상 대표를 여러 차례 바꾸었다. 번번이 협상 대표가 바뀌는 바람에 논의의 지속성이 약해진 것은 사실이지만, 그 대신 협상 쟁점에 대한 입장과 책임을 나눌 수 있었다.

과연 정부와 맺은 최종 합의 사항을 하부 조직들이 따를지는 의문이다. 지역적인 이해관계의 문제도 있지만 반군 조직 내의 지위와 교육 수준, 인종과 나이, 성별에 따라 합의의 이행 수준은 달라질 것이다. 소년 병사 문제도 만만치 않다. 콜롬비아무장혁명군 병력 중에는 미성년자인 소년병의 비중이 20~30%에 이르는 것으로 알려져 있다. 무장반군들은 소년 병사들에 대한 사회의 도덕적 비판을 우려해 공식적인 재통합 과정에서 이들을 빠뜨릴 가능성이 매우 크다.

한편, 콜롬비아 안에서도 무장반군과 진행하는 협상에 대해 상반된 의견이 존재한다. 2014년 6월 15일에 실시된 대통령 선거 결선 투표가 결정적인 고비였다. 선거 과정에서 무장반군을 바라보는 상반된 시각이 서로 부딪쳤다. 우리베 전 대통령이 지원하는 야당 후보는 평화협상을 강력하게 반대하며, '반군은 협상의 대상이 아니라 소탕의 대상'이라고 목소리를 높였다. 산토스는 '평화협상을 계속해서 폭력의 시대를 평화의 시대로 전환하겠다'고 약속했다. 콜롬비아 국민 다수는 평화협상이 지속되어야 한다는 데 의견을 같이했다. 그 결과 산토스 대통령이 재선에 성공했다.

재선 이후 산토스 정부는 협상의 장애물을 하나하나 넘어야 했다. 일단, 평화협상에 대한 군부의 저항이 만만치 않았다. 2014년 12월, 산토스 대통령은 명령을 위반하고 규율을 어기는 장교들을 즉각 해임하겠다고 경고했다. 군부 강경파는 협상은 소용없는 일이고, 결국 실패할 거라고 공공연히 떠들었다. 협상팀의 컴퓨터를 해킹하거나 위협하는 일도 일어났다. 국방 분야는 분쟁이 지속되어야 자신들의 기득권을 유지·발전시킬 수 있기 때문에 평화를 원하지 않았다.

무장반군들은 무장해제의 조건으로 안보개혁을 요구했다. 이웃 국가인 엘살바도르나 과테말라에서도 경찰과 군대의 개혁이 평화협정의 핵심 요소였다. 콜롬비아무장혁명군은 안보개혁의 구체적인 방안으로 국방비 감축과 교전 규칙의 개정을 요구했다. 이에 대해 정부는 안보 분야가 협상의 대상이 아니라는 입장을 보이며 한발 물러났다. 당장 개혁을 시도할 여력이 없는 상황에서는 군부의 입장을 고려해 변화를 뒤로 미루는 방법도 나쁜 선택이 아니었다.

협상 과정에서 경험했던 차이와 불신은 합의 사항을 이행하는 과정에서도 반복될 것이다. 무장해제와 내전 기간에 일어난 다양한 범죄에 대한 처리, 그리고 포괄적인 사회개혁에 대한 양쪽의 입장 차이는 언제든지 합의 사항의 이행을 중단시키거나 후퇴시킬 수 있다. 서로에게 상처를 준 과정이 길었기에 치유의 과정도 짧지는 않을 것이다. 그러나 콜롬비아는 아주 오래된 내전의 터널을 벗어났다. 총을 버린 사람들을 제도 안에 포용하는 것은 이제 정치의 몫이다.

현실과 희망 사이, 구스타보 페트로

———————— 2011년 수도 보고타의 시장으로 구스타보 페트로가 당선되었다. 그는 M-19 출신으로, 시장에 당선된 뒤 1980년대 도미니카 대사관 진입 사건과 대법원 점거 사건 당시 그가 어떤 역할을 했는지가 논란의 대상이 되었다. 페트로는 테러행위에 가담하지 않았다고 자신을 변호했지만, 보수 언론과 정치인 들은 그가 관련이 있음을 주장했다. 하지만 그 주장을 뒷받침할 만한 증거는 없었다. 페트로는 M-19가 해산하고 정당으로 변신하는 과정에 중심적인 역할을 했다.

그런데 2013년 12월, 페트로가 보고타 시장직에서 물러나는 사건이 일어났다. 공직 감찰원이 보고타시의 쓰레기 수거 사업자 선정 과정에서 절차 위반과 권한 남용을 이유로 페트로 시장을 해임하고, 15년간 공직 출마를 금지한 것이다. 과도한 조치이자 명백한 정치보복이었다. 공직 감찰원장은 대통령이 임명하는 것이 아니라 국회에서 선출한다. 감찰원장인 알레한드로 오도르네스는 산토스 대통령이 지명한 후보자를 물리치고 재선에 성공한 보수적 인물이었다.

우리베 정권 시절 페트로는 상원의원으로 활동하면서 보수 정치인과 우익 게릴라 들의 관계를 폭로해 수십 명의 의원을 감옥에 보냈다. 특히 페트로가 우익 정치의 자금줄인 복권사업의 비리를 폭로하고, 마약 카르텔과의 관계를 밝혀내자 우익 정치인들은 그를 '공동의 적'으로 여겼다.

시민들 대부분은 시장의 면직을 반대했다. 페트로 또한 미주인권위원회Inter-American Commission on Human Rights, IACHR에 호소하며 법적 투쟁을 시작했다. 다행히 법원은 공직 감찰원의 조치가 부당하다는 판결과 함께 시장의 복직을 결정했다. 더군다나 콜롬비아무장혁명군까지 나서서 페트로의 해임을 강력하게 비판하자, 평화협상에 공을 들이고 있던 산토스 대통령은 신속하게 법원의 결정을 받아들였다. 페트로는 자신의 지지자들과 함께 걸어서 다시 시청으로 돌아갔다.

페트로가 시장으로 일했던 보고타는 농촌에서 쫓겨난 농민들이 거대한 빈민촌을 이루어 모여 살고, 부자와 가난한 사람들의 삶이 마치 국경선처럼 남과 북으로 나뉜 빈부 격차가 굉장히 심한 도시다. 전직 게릴라 출신인 시장은 내전 피해자들을 위해 시 재정으로 사회적 주택을 건설해 저렴한 가격으로 분양하고, 수도와 전기 요금을 대폭 내려 가난한 사람들의 생활비 부담을 줄이는 한편, 대중교통 정비와 의

M-19 출신의 구스타보 페트로 시장(가운데)은 임기 중에 면직되었다가 2014년 4월 23일 법원으로부터 복직 판정을 받고 지지자들과 함께 걸어서 다시 시청으로 돌아갔다.

료 및 교육개혁에 힘썼다.

구스타보 페트로는 가난한 사람들의 벗이자 전직 무장반군으로서 제도 편입에 성공한 인물이다. 하지만 그는 여전히 우익 정치인들의 적으로서, 반군들이 총을 내려놓는다 해도 제도 정치권에서 썩 환영받지 못하고 있음을 보여준 사례다. 2015년 10월 25일에 실시된 보고타 시장 선거에서는 중도우파 성향의 엔리케 페날로사 후보가 당선되었다. 2004년부터 좌파 진영은 후보 단일화 전술로 3회 연속 보고타 시장에 당선되었지만, 정치적 성공은 계속되지 않았다. 제도 안에서 꿈꾸는 희망과 현실 사이에는 분명 틈이 존재한다. 평화협정 이후에 펼쳐질 정치에서 다수의 마음을 얻기 위해서는 또 다른 '협상의 지혜'가 필요하다.

참고문헌

1부 인내의 힘

1장 ― 힘이 없으면 시간이라도 벌어라: 뮌헨협상

A. J. P. 테일러 지음, 유영수 옮김, 《제2차 세계대전의 기원》, 지식의 풍경, 2003.

Brent Dyck, "Neville Chamberlain: Villain or Hero?", *Historian*, winter 2011, Issue 112.

Daniel Treisman, "Rational Appeasement", *International Organization 58*, spring 2004.

Igor Lukes, *Czechoslovakia between Stalin and Hitler: The Diplomacy of Edvard Benes in the 1930's*, New York, Oxford: Oxford University Press, 1996.

Jonathan Murphy, "Peace in Our Time: Constructing Parallels between Britain's failure to appease Hitler and British Policy towards Republican dissidents in Northern Ireland", ERAS, edition 12, Issue 2, March 2011.

Norrin M. Ripsman and Jack S. Levy, "Wishful Thinking or Buying Time? The Logic of British Appeasement in the 1930s", *International Security*, vol. 33, no. 2, Fall 2008.

Patrick Finney, "The Romance of Decline: The Historiography of Appeasement and British National Identity", *Electronic Journal of International History 1*, June 2000.

Robert J. Beck, "Munich's Lessons Reconsidered", *International Security*, vol. 14, no. 2, Autumn 1989.

Robert C. Self, *Neville Chamberlain: A Biography*, Vermont; Ashgate Publishing Ltd., 2006.

Timothy W. Ryback, "Dateline Sudetenland: Hostages to History", *Foreign Policy*, winter 1996~1997, No. 105.

2장 ― 벼랑 끝에도 대안은 있다: 쿠바 미사일 위기

로버트 댈럭 지음, 정초능 옮김, 《케네디 평전 I, II》, 푸른숲, 2007.

장준갑, 〈케네디와 흐루시초프: 위기 극복의 지도력〉, 《서양사학 연구》 제22집, 2010.

Alex Gillespie, "Dialogical dynamics of trust and distrust in the Cuban Missile crisis", Ivana Markova and Alex Gillespie, *Trust and Conflict: Representation, Culture and Dialogue*, London and New York, Routledge, 2012.

Anatoly Dobrynin, *In confidence: Moscow's Ambassador to six Cold war Presidents*, New York, Random House, 1995.

Beth A. Fisher, "Perception, Intelligence errors, and the Cuban Missile Crisis", *Intelligence and National Security*, 13;3, 1998.

Bruce J. Allyn, James G. Blight and David A. Welch, "Essence of Revision; Moscow, Havana, and the Cuban Missile Crisis", *International Security*, vol. 14, no. 3, Winter 1989/90.

David R. Gibson, "Avoiding Catastrophe: The Interactional Production of Possibility during the Cuban Missile Crisis", *American Journal of Sociology*, vol. 117, no. 2, September 2011.

Graham Allison, "The Cuban missile crisis at 50: Lessons for U.S. Foreign Policy Today", *Foreign Affairs*, November 2012.

Marc Trachtenberg, "The Influence of Nuclear Weapons in the Cuban Missile Crisis", *International Security*, vol. 10, Issue. 1, Summer 1985.

Michael Dobbs, "The End was Near: New information about the Cuban Missile Crisis shows just how close we came to nuclear Armageddon", *Military History*, November 2010.

Michael Dunne, "Perfect Failure: the USA, Cuba and the Bay of Pigs 1961", *The Political Quarterly*, vol. 82, no. 3, July-September 2011.

Süleyman Seydi, "Turkish-American Relations and the Cuban Missile Crisis, 1957~63", *Middle Eastern Studies*, vol. 46, no. 3, 2010.

3장 — 올 때까지 문을 열어두어라: 라틴아메리카 비핵지대조약

카이 버드·마틴 셔윈 지음, 최형섭 옮김, 《아메리칸 프로메테우스》, 사이언스북스, 2010.

Alfonso Garcia Robles, Acceptence Speech on the Occasion of the award of the Nobel Peace Prize in Oslo, December 10, 1982 (http://www.nobelprize.org/nobel_prizes/peace/laureates/1982/robles-acceptance.html).

Arturo C. Sotomayor Velazquez, "Civil-Military Affairs and Security Institutions in the Southern Cone: The Sources of Argentine-Brazilian Nuclear Cooperation", *Latin American Politics and Society*, Volume 46, Issue 4, December 2004.

Arturo C. Sotomayor, "Brazil and Mexico in the Nonproliferation Regime", *The Nonproliferation Review*, vol. 20, no. 1, Feb. 2013.

Isabella Alcañiz, *Ideas, Epistemic Communities and Regional Integration: Splitting the Atom in Argentina and Brazil*, Ph. D. Political Science in Northwestern University, 2004.

John R. Rddick, "The Tlatelolco regime and Nonproliferation in Latin America", *International Organization*, 35. 1, Winter 1981.

John R. Redick, "Nuclear Illusions: Argentina and Brazil", The Henry L. Stimson Center, *Occasional Paper*, no. 25, December 1995.

Jonathan Benjamin-Alvaro, "Cuba and the Nonproliferation Regime: A Small State Response to Global Instability", *The Nonproliferation Review*, 10:3, 2003.

José Goldemberg and Harold A. Feiveson, "Denuclearization in Argentina and Brazil", *Arms Control Today*, March 1994.

José Goldemberg, "Looking Back: Lessions from the Denuclearization of Brazil and Argentina", *Arms Control Today*, vol. 36, no. 3, Apr. 2006.

Michael Anthony Barletta, "Ambiguity, Autonomy and the Atom: Emergence of the Argentine-Brazilian Nuclear Regime", *Ph. D. Political Science*, University of Wisconsin-Madison, 2000.

Michael Barletta, "Pernicious Ideas in World Politics: Peaceful Nuclear Explosives", *Paper Prepared for the Annual Meeting of the American Political Science Association*, San Francisco, 30. August~2 September, 2001.

Mónica Serrano, "Common Security in Latin America: The 1967 Treaty of Tlatelolco", University of London, Institute of Latin American Studies, Research Papers 30, 1992.

Peter R. Lavoy, "The Ending Effects of Atoms for Peace", *Arms Control Today*, Dec. 2003.

Randy Rydell, "Going for Baruch: The Nuclear Plan that Refused to Go Away", *Arms Control Today*, Jun. 2006.

Roulhac d'Arby Toledano, "The Rise and Fall of the Argentine Military Industrial Complex: Implications for Civil-Military Relations", Ph. D. Department of Latin American Studies, Tulane University, 2000.

Savita Pande, "Regional Denuclearization-I Tratelolco Treaty: How Successful", *Strategic Analysis*, 22:1, 1998.

Tatiana Coutto, "An International History of the Brazilian-Argentine Rapprochement", *The International History Review*, 36:2, 2014.

William Epstein, "The Making of the Treaty of Tlatelolco", *Journal of the History of International Law 3*, 2001.

4장 — 서두르면 망한다: 예멘 통일협상

김국신, 〈통일 과정에서 남북 예멘 내부의 권력투쟁〉, 《통일정책연구》 제10권 2호, 2001.

조상현, 〈예멘 내전과 남북한 통일 교훈 분석: 통합 유형을 중심으로〉, 《중동연구》 제31권 2호, 2012.

Abubakrm al-shamahi, "Blessing in disguise: End of Saudi aid to Yemen", *ALJAZEERA*, 2013. 10. 24.

Ibrahim Sharqieh, "A Lasting Peace? Yemen's Long Journey to National Reconciliation", *Brookings Doha Center Analysis Paper*, no. 7, February 2013.

International Crisis Group, "Breaking Point? Yemen's Southern Question", *Middle East Report*, no. 114, October 2011.

Jillian Schwedler, "Yemen's Aborted Opening", *Journal of Democracy*, vol. 13, no. 4, October 2002.

Khaled Fattah, "A Political History of Civil-Military Relations in Yemen", *Alternative Politics- Special Issue*, 1, November 2010.

Mark N. Katz, "Yemeni Unity and Saudi Security", *Middle East Policy*, 1;1, 1992.

Sophia Dingli, "The Politics of (Re)Unification; Lessons from Yemen for Cyprus", *The Cyprus Review*, vol. 24;2, Fall 2012.

Stephen W. Day, "The Political Challenge of Yemen's Southern Movement", *Carnegie Paper Series*, no. 118, March 2010.

Stephen W. Day, *Power-Sharing and Hegemony; A Case Study of the United Republic of Yemen*, Ph. D. The Faculty of the Graduate School of Arts and Sciences of Georgetown University, 2001.

Stephen W. Day, *Power-Sharing and Hegemony; A Case Study of the United Republic of Yemen*, Ph. D. The Faculty of the Graduate School of Arts and Sciences of Georgetown University, 2001.

5장 ― 성과에 집착하지 마라: 300년의 중소국경협상

에즈라 보겔 지음, 심규호·유소영 옮김,《현대 중국의 건설자: 덩샤오핑 평전》, 민음사, 2011.

윤태룡, 〈중러 영토 분쟁의 해결: 그 타협의 원칙과 독도〉,《민족연구》제53권, 한국민족연구원, 2013.

이정남, 〈중국과 러시아 간의 영토 분쟁과 해결 방식〉, 이동률 외,《중국의 영토 분쟁》, 동북아 역사재단, 2008.

지재운, 〈1969년 진보도 사건 이전의 중소 관계 연구〉,《중국학 연구》제20집, 2001.

첸지첸 지음, 유상철 옮김,《열 가지 외교 이야기》, 랜덤하우스, 2004.

흐루시초프 지음, 정홍진 옮김,《흐루시초프》, 한림출판사, 1985.

Anne Gordon, 〈중소 국경 분쟁 조정에 관한 고찰〉,《중소연구》제19권 3호, 1995.

Danhui Li, Yafeng Xia, "Jockeying for Leadership; Mao and the Sino-Soviet Split, October 1961~July. 1964", *Journal of Cold War Studies*, vol. 16, no. 1, winter 2014.

David Bachman, "Mobilizing for War; China's Limited Ability to Cope with The Soviet Threat", *Issues & Studies 43*, no. 4, December 2007.

Dong Wang, "The Quarrelling Brothers: New Chinese Archives and Reappraisal of the Sino- Soviet Split, 1959~1962", Cold War International History Project, *Working Paper*, #49, February 2006.

Elizabeth McGuire, "China, The Fun House Mirror; Soviet Reations to the Chinese Cultural

Revolution 1966~1969", Berkeley Program in Soviet and Post-Soviet Studies, *Working Paper Series*, Spring 2001.

E. V. Mikhailova, "Appearance and Appliance of the Twin-Cities Concept on the Russian-Chinese Border", ISPRS/IGU/ICA Joint Workshop on Borderlands Modelling and Understanding for Global Substantiality, December 2013.

Michael S. Gerson, "The Sino-Soviet Border Conflict: Deterrence, Escalation and The Threat of Nuclear War in 1969", Center for Naval Analyses, November 2010.

Jing dong Yuan, "Sino-Russian Confidence Building Measures: A Preliminary Analysis", *Working Paper*, No. 20, January 1998.

Wilson Center Digital Archive: International History Declassified, "May. 16. 1989. Meeting between Mikhail Gorbachev and Deng Xiaoping", Excerpts, 1995.

Yang Kuisong, "The Sino-Soviet Border Clash of 1969: From Zhenbao Island to Sino-American Rapprochment", *Cold War History*, no. 1, August 2000.

2부 인정의 가치

6장 ─ 적을 동업자로 만들어라: 유럽석탄철강공동체

고봉만, 〈프랑스와 유럽: 유럽 통합의 선택에 관한 역사적 접근〉, 《프랑스 문화예술 연구》 제2집, 2000.

김남국, 〈유럽 통합과 민주주의의 결여〉, 《국제정치논총》 제44집 1호, 2004.

김승렬, 〈제2차 세계대전 이후 미국의 유럽 통합정책: 유럽석탄철강공동체를 중심으로 (1945~1951)〉, 《사총(史叢)》 제55집, 2002. 9.

김승렬, 〈평화와 공동번영을 위한 '생산의 연대'?-프랑스의 유럽석탄철강공동체 계획(슈만 플랜)의 기원과 의미(1945~1950)〉, 《프랑스사 연구》 제6호, 2002.

김유정, 〈국경을 초월한 유럽 통합 지식 네트워크: 장 모네의 유럽 합중국 행동위원회를 중심으로 1955~1975〉, 《통합유럽연구》 제5호, 2012.

박지현, 〈스트라스부르(Strasbourg)의 유럽화, 민족 갈등에서 유럽 통합의 수도로〉, 《서양사학 연구》 제27집, 2012.

이용재, 〈엘리제조약을 위하여: 유럽 통합과 독일-프랑스 화해의 샛길〉, 《프랑스사 연구》 제19호, 2008.

장 모네 지음, 박제훈 · 옥우석 옮김, 《유럽 통합의 아버지 장 모네 회고록》, 세림출판, 2008.

황영주 · 이승근, 〈초기 유럽 통합 과정에서 냉전의 영향: 마샬 플랜과 슈망 플랜을 중심으로〉, 《국제지역연구》 제17권 1호, 2003. 6.

Betty Birkenmeier, Paula Phillips Carson and Kerry D. Carson, "The Father of Europe: An

Analysis of the Supranational Servent Leadership of Jean Monnet", *International Journal of Organization Theory and Behavior*, 6(3), Fall 2003.

Constantin Chira-Pascanut, "Discreet Players; Jean Monnet, Transatlantic Networks and Policy-Makers in International Co-operation", *Journal of Common Market Studies*, vol. 52, no. 6, 2014.

Constantin Chira-Pascanut, *The Schuman Plan: Vision, Power and Persuasion*, Ph. D. Department of History, University of Victoria, 2012.

Franco Piodi, *From the Schuman Declaration to the Birth of the ECSC: The Role of Jean Monnet*, European Unions, European Parliament Archive and Documentation Center, 2010.

Kevin Featherstone, "Jean Monnet and the Democratic Deficit in the European Union", *Journal of Common Market Studies*, vol. 32, no. 2, June 1994.

Michael Berger, "Motives for the Foundation of ECSC", *Poznan University of Economics Review*, vol. 13, no. 3, 2013.

Michael Creswell and Marc Trachtenberg, "France and the German Question, 1945~1955", *Journal of Cold War Studies*, vol. 5, no. 3, summer 2003.

7장 — 총은 내려놓고 만나라: 한국전쟁 휴전협상

기광서, 〈한국전쟁에 대한 소련의 입장: 유엔 안보리 불출석과 '드러나지 않은' 개입〉,《중소연구》제34권 3호, 2010.

김경학, 〈인도 정착 한국전쟁 중립국 선택 포로의 이야기〉,《인도연구》9(11), 2004.

김남균, 〈1952년 미국 대통령 선거와 한국전쟁〉,《미국사 연구》제20집, 2004.

김보미, 〈한국전쟁 시기 북중 갈등과 소련의 역할〉,《현대북한연구》제16권 2호, 2013.

김보영, 〈정전회담 쟁점과 정전협정〉,《역사비평》통권 제63호, 2003년 여름.

김보영, 〈한국전쟁 휴전협정과 전쟁의 유산〉,《역사와 현실》제80호, 2011년 6월.

김선숙, 〈한국전쟁의 휴전협상 과정에 관한 연구〉,《21세기 정치학 회보》제12집 2호, 2001.

김학재,《판문점 체제의 기원: 한국전쟁과 자유주의 평화기획》, 후마니타스, 2015.

백선엽, 〈6.25전쟁 60년: 판문점의 공산주의자들(117): 북한대표의 독설〉,《중앙일보》, 2010년 6월 24일자.

백선엽, 〈6.25전쟁 60년: 판문점의 공산주의자들(118): 파리의 공습〉,《중앙일보》, 2010년 6월 29일자.

신준영, 〈중립국 선택한 인민군 포로 주영복의 증언〉,《월간 말》, 1993년 11월호.

이병주, 〈한국전쟁 휴전회담 신석: 중국 측 신 자료로 본 공산군 측 협상 전략, 전술〉,《중소연구》통권 제58호, 1993년 여름.

이선우, 〈한국전쟁기 중립국 선택 포로의 발생과 성격〉,《역사와 현실》제90호, 2013년 12월.

자성문·조용전 지음, 윤영주 옮김,《중국인이 본 한국전쟁: 판문점 담판》, 한백사, 1991.

조성훈, 〈왜 이승만은 휴전협정에 반대했을까?〉, 《내일을 여는 역사》 제21호, 2005년 9월.

조성훈, 《한국전쟁과 포로》, 선인, 2010.

K. S. 티마야 지음, 라윤도 옮김, 《판문점 일기》, 소나무, 1993.

Avram Agov, "North Korea's Alliances and the Unfinished Korean War", *The Journal of Korean Studies*, vol. 18, no. 2, Fall 2013.

Conversation between Stalin and Zhou Enlai, August 20, 1952 in Cold War International History Project Bulletin, vols. 6-7.

Document No. 96, Record of a Conversation between Stalin, Kim Il Sung and Peng Dehuai. 4, September 1952. James Person(ed), *New Evidence on the Korean War*, June 2010.

Donald W. Boose, Jr, "The Korean War Truce Talks: A Study in Conflict Termination", *Parameters*, Spring 2000, 30;1.

James I. Matray, "Mixed Message: The Korean Armistice Negotiations at Kaesong", *Pacific Historical Review*, vol. 81, no. 2, 2012.

James Person(ed), *New Evidence on the Korean War*, June 2010.

John Lewis Gaddis, *George F. Kennan: An American Life*, New York, The penguin Press, 2011.

Shen Zhihua and Yafeng Xia, "Mao Zedong's Erroneous Decision During the Korean War: China's Rejection of the UN Cease-fire Resolution in Early 1951", *Asian Perspective 35*, 2011.

8장 — 만만한 상대는 없다: 타슈켄트 정상회담

샤시 타루르 지음, 이석태 옮김, 《네루 평전》, 탐구사, 2009.

조길태, 《인도와 파키스탄: 대립의 역사》, 민음사, 2009.

조길태·이은구·고경희, 〈인도와 파키스탄의 충돌과 카슈미르 문제〉, 《남아시아 연구》 8(1), 2002.

D. C. Jha, "Indo-Pakistan: Relations Since the Tashkent Declaration", *The Indian Journal of Political Science*, vol. 32, no. 4, October-December, 1971.

David R. Devereux, "The Sino-Indian War of 1962 in Anglo-American Relations", *Journal of Contemporary History*, vol. 44, no. 1, 2009.

Debidatta Aurobinda Mahapatra, "Kashmir in Soviet/Russian Foreign Policy Calculations", *Himalayan and Central Asian Studies*, vol. 12, no. 2, 2008.

Douglas C. Makeig, "War, No-War, and the India-Pakistan Negotiating Process", *Pacific Affairs*, vol. 60, no. 2.

Farooq Bajwa, *From Kutch to Tashkent: The Indo-Pakistan War of 1965*, London, Hurst & Company, 2013.

Gauvav Ghose and Patrick James, "Third-Party Intervention in Ethno-Religious Conflict: Role Theory, Pakistan and War in Kashmir 1965", *Terrorism and Political Violence*, vol. 17, no. 3,

2005.

Jonathan Colman, "Britain and the Indo-Pakistani Conflict: The Rann of Kutch and Kashmir, 1965", *The Journal of Imperial and Commonwealth History*, vol. 37, no. 3, 2009.

Lubna Kanwal, "Kashmir Issue and the Inter-Provincial Politics of Pakistan 1947~1969", *Pakistan Vision*, vol. 15, no. 2, 2014.

Lubna Abid Ali, "Towards the Tashkent Declaration", *South Asian Studies*, vol. 23, no. 2, July. 2008

Michael Edwardes, "Tashkent and After", *International Affairs*, vol. 42, no. 3, Jul 1966.

Nasser Ahmed Kalis, Shaheen Showkat Dar, "Geo-Political Significance of Kashmir: An Overview of Indo-Pak Relations", *Journal of humanities and Social Science*, vol. 9, Issue. 2, 2013.

Paul M. McGarr, "After Nehru, What? Britain, the United States and the Other Transfer of Power in India 1960~1964", *The International History Review*, vol. 33, no. 1, 2011.

Rathnan Indurthy & Muhammad Haque, "The Kashmir Conflict: Why it defies Solution", *International Journal on World Peace*, vol. xxvii, no. 1, march 2010.

S. P. Seth, "Russia's Role Indo-Pak Politics", *Asian Survey*, vol. 9, no. 8, Aug 1969.

Sajad Padder, "Cross-Loc Trade: Peace and Process", *Social Sciences Review of Pakistan*, vol. 1, no. 2, winter 2014.

Salmaan Taseer, *Bhutto: A Political Biography*, Noida, India, Vikas Publishing House, 1980.

Siddhartha Pash, "Remembering Lal Bahadur Shastri: The Little Big Man of Ibdia", *Orissa Review*, October 2010.

Sudhir Kumar Singh and Ana Ballesteros Peiro, "Confidence Building Measures Between India and Pakistan", *Himalayan and Central Asian Studies*, vol. 8, no. 4, Oct~Dec, 2004.

Varun Vaish, "Negotiating the India-Pakistan Conflict in Relation to Kashmir", *International Journal on World Peace*, september 2011.

9장 — 고집부리다 발목 잡힌다: 레이캬비크 정상회담

미하일 고르바초프 지음, 이기동 옮김, 《미하일 고르바초프 최후의 자서전: 선택》, 도서출판 프리뷰, 2013.

박인숙, 〈레이건 행정부의 전략방어 정책(Strategic Defence Initiative) 추진 배경에 대한 분석〉, 《미국사 연구》 제35집, 2012.

Alan R. Collins, "Grit, Gorbachev and the end of the cold war", *Review of International Studies*, 1998.

B. Wayne Howell, "Reagan and Reykjavik: Arms Control, SDI, And The Argument from Human Rights", *Rhetoric & Public Affairs*, vol. 11, no. 3, 2008.

Barbara Fornham, "Reagan and The Gorbachev Revolution: Perceiving the End of Threat",

Political Science Quarterly, vol. 116, no. 2, summer 2001.

Christoph Bluth, "American-Russian Strategic Relations; From Confrontation to Cooperation", *The World Today*, vol. 49, no. 3, 1993.

Deron Overpeck, "Remember! It's Only a Movie; Expectations and Receptions od The Day After(1983)", *Historical Journal of Film, Radio and Television*, 32;2, 2012.

F. Stephen Larrabee and Allen Lynch, "Goebachev; The Road to Reykjavik", *Foreign Policy*, no. 65, winter 1986~1987.

Jack F. Matlock, *Jr. Reagan and Gorbachev; How the Cold War Ended*, New York; Random House, 2004.

James P. Pfiffner, "The Paradox of President Reagan's Leadership", *Presidential Studies Quarterly*, 43, no. 1, march 2013.

Ken Adelman, *Reagan at Reykjavik: Forty-Eight Hours That Ended the Cold War*, New York, Broadside books, 2014.

Peter J. Westwick, "Space-Strike Weapons and The Soviet Response to SDI", *Diplomatic History*, vol. 32, no. 5, November 2008.

Robert Samuel, "Conservative intellectuals and The Reagan-Gorbachev Summit", *Cold War History*, 12;1, 2012.

S. Miller, "Review Essay Reagan's Star Wars Magic", *Survival; Global Politics and Strategy*, 42;4, 2000.

10장 — 소수파를 배려하라: 미얀마의 소수민족 평화협상

대외경제정책연구원, 〈2013년 신흥 지역 연구센터 동향 세미나〉 제14호, 2013. 8. 9.

박은홍, 〈버마의 봄, 변화의 거대한 행보는 계속될 것인가〉, 《황해문화》, 2013. 3.

신상진, 〈중국의 미얀마 코캉 사태 대응 전략: 북한 급변 사태에 주는 시사점〉, 《통일정책연구》 제20권 12호, 2011.

이유경, 〈자비심 사라진 부처의 나라: 미얀마종족·종교 갈등의 현장을 가다〉, 《한겨레 21》 제 979호, 2013년 9월 30일자.

장준영, 〈미얀마의 개혁·개방: 원인과 전망〉, 제주평화연구원 JPI 정책포럼, 2012-01.

장준영, 〈황금에서 다이아몬드로: 미얀마의 발전국가 전략과 가능성〉, 《국제정치논총》 제52집 4호, 2012.

장준영, 〈미얀마 신정부하 군부의 역할변화: 통치자에서 수호자로〉, 《아시아연구》 18(3), 2015.

Adam Cooper, "Peacemaking in Myanmar; Progress to date and Challenges ahead", Oslo Forum, 2012.

Alain Guilloux, "Myanmar: Analyzing Problems of Transition and Intervention", *Contemporary Politics*, vol. 16, no. 4, December 2010.

Bibhu Prasad Routray, "Myanmar's National Reconciliation: An Audit of Insurgencies and Ceasefire", Institute of Peace and Conflict Studies, *IPCS Special Report*, 138, March 2013.

BiYoshiro Nakanish, "Post-1988 Civil-Military Relations in Myanmar", Institute of Developing Economics Discussion Paper, no. 379, 2013. bhu Prasad Routray, "Myanmar's National Reconciliation: An Audit of Insurgencies and Ceasefire", Institute of Peace and Conflict Studies, *IPCS Special Report*, 138, March 2013.

Brian Joseph, "Political Transition in Burma: Four Scenarious in the Run-up to the 2015 Elections", *SAIS Review*, vol. 32, no. 2, Summer-Fall 2012.

Chris Lewa, "North Arakan: an Open Prison for the Rohingya in Burma", *Forced Migration Review*, 32, 2009.

David I. Steinberg, "The Problem of Democracy in the Republic of the Union of Myanmar: Neither Nation-state Nor State-Nation?", *Southeast Asian Affairs 2012*.

David I. Steinberg, "Whatever Happened to Myanmar as the 'Outpost of tyranny'?", East-West Center, Asia Pacific Bulletein, number. 187, November 27. 2012.

Evan Hoffman, "An Analysis of the Negotiations between The Government of Myanmar and Kachin Independence Organization", University of Canterbary Bercovitch Data Center, Working Paper Series, no. 2, August 2014.

Helene Maria Kyed and Mikael Gravers, "Non-State Armed Groups in the Myanmar Peace Process; What are the Future Options?", DIIS(Danish Institute for International Studies), 2014. 7.

International Crisis Group, "Myanmar's Military; Back to The Barracks?", *Asia Briefing*, no. 143, 22. April 2014.

Jasmin Lorch and Kristina Roepstorff, "Myanmar's Peace Process; The Importance of Federal Reforms and an Inclusive National Dialogue", SWP(Stiftung Wissenschaft and Politik) Commemts, 29, september 2013.

Jessica Avalon, "Causes of Preventable death amongst ethnic minorities in Eastern Myanmar", *Cross-sections*, vol. VIII, 2012, p. 108.

Kai Ostwald and Paul Schuler, "Myanmar's Landmark Election: Unresolved Questions", ISEAS Yusof Ishak Institute, no. 68, 8. December 2015.

Kevin Woods, "Ceasefire Capitalism; Military-Private Partnership, Resource Concessions and Military-State Building in Burma-China Borderland", *Journal of Peasant Studies*, vol. 38(4), 2011.

Kyaw Yin Hlaing, "Understanding Trcent Political Changes in Myanmar", *Contemporary Southeast Asia*, vol. 34, no. 2, 2012.

Kyaw Yin Hlaing, "Understanding Trcent Political Changes in Myanmar", *Contemporary*

Southeast Asia, vol. 34, no. 2, 2012.

Lee Jones, "The Political Economy of Myanmar's Transition", *Journal of Contemporary Asia*, 2013.

Lee Jones, "Explaining Myanmar's Regime Transition: The Periphery is Central", *Democratization*, 2014.

Marco Bünte, "Burma's Transition to Quasi-Military Rule: Rules to Guardians", Armed Forces & Society, July 2013.

Marte Nilson, "Will Democracy bring peace to Myanmar?", *International Area Studies Review*, 2013. 16(2),

Medha Chaturvedi, "Myanmar's Ethnic Divide: The Parallel Struggle", IPCS(Institute of Peace Conflict Studies) Special Report, 131, June 2012.

Mattew J. Walton, "Ethnicity, Conflict, and History in Burma: The Myths of Panglong", *Asian Survey*, vol. 48, no. 6, November 2008.

N. Ganesan, "Interpreting Recent Developments in Myanmar as an Attempts to Establish political legitimacy", *Asian Journal of Peacebuilding*, vol. 1, no. 2, November 2013.

Omar CT Encarnacion, "Reconciliation after Democratization: Coping with the past in Spain", *Political Science Quarterly*, vol. 123 no. 3, 2008.

Renaud Egreteau, "Assessing recent ethnic peace talks in Myanmar", *Asian Ethnicity*, vol. 13, no. 3, June 2012.

Roy Licklider, "Comparative Studies of Long Wars", Chesta A.Crocker, Fen Osler Hampson, and Pamela Alall, *Grasping the Nettle: Analyzing Cases of Intractable Conflict*, Washington D.C.: United States Institute of Peace Press, 2005.

Syeda Naushin Parnini, Mohammad redzuan Othman and Amer Saifude Ghazali, "The Rohingya Refugee Crisis and Bangladesh-Myanmar Relations", *Asian and Pacific Migration Journal*, vol. 22, no. 1, 2013.

Than, Tin Maung, "Dreams and Nightmares: State building and Ethnic conflict in Myanmar(Burma)", Kusuma Smitwongse and W. Scott Thompson(edt), *Ethnic Conflicts in Southeast Asia*, Singapore: Institute of Southeast Asian Studies, 2005.

Yoshiro Nakanish, "Post-1988 Civil-Military Relations in Myanmar", Institute of Developing Economics Discussion Paper, no. 379, 2013. 1. 10.

3부 양보의 역설

11장 — 쉽게 타협하면 역사가 복수한다: 한일협정

김려실, 〈사상계 지식인의 한일협정 인식과 반대운동의 논리〉, 《한국민족문화》 제54호, 2013년

2월.

김태기, 〈1950년대 초 미국의 대한 외교정책: 대일강화조약에서의 한국의 배제 및 제1차 한일회담에 대한 미국의 정치적 입장을 중심으로〉, 《한국정치학회보》 제23집 1호, 1999년 7월.

남기정, 〈샌프란시스코 평화조약과 한일 관계: '관대한 평화'와 냉전의 상관성〉, 《동북아 역사 논총》 제22호, 2008년 12월.

박진희, 《한일회담: 제1공화국의 대일 정책과 한일회담 전개 과정》, 선인, 2008.

박창건, 〈한일어업협정 전사로서의 GHQ-SCAP 연구: 맥아더 라인이 평화선으로〉, 《일본연구 논총》 vol. 39, 2014.

박태균, 〈한일회담 시기 청구권 문제의 기원과 미국의 역할〉, 《한국사연구》 제131호, 2005.

서중석, 〈박 정권의 대일 자세와 파행적 한일 관계〉, 《역사비평》 통권 제30호, 1995년 봄.

신운용, 〈한일협정의 본질과 대일 민간 청구권 회복운동〉, 《남북문화예술》 통권 제15호, 2014년 12월.

아사노 토요미, 〈제국 청산 과정으로서의 한일 교섭: 샌프란시스코 강화조약과의 관련성을 중심으로〉, 《아세아연구》 제55권 4호, 2012.

안소영, 〈한일회담에 대한 외교 사상적 고찰: 청구권 문제를 둘러싼 외교 기조의 전환을 중심으로〉, 《일본학 연구》 제22집, 2007년 9월.

오제연, 〈평화선과 한일협정〉, 《역사문제연구》 제14호, 2005년 6월.

이원덕, 〈박정희와 한일회담: 회고와 전망〉, 《명지대 국제한국학 연구소 제6회 학술대회》, 2007년 2월.

이원덕, 〈일본의 전후 배상외교에 관한 고찰 - 국제 비교의 관점〉, 《동북아역사논총》 22호, 2008년 12월.

이원덕, 〈일본 측 한일회담(1945~1965) 외교문서 중 독도 관련 문서의 검토〉, 《영토해양연구》 제3권, 2012년 6월.

이원덕, 〈한일 과거사 청산의 구조: 청구권 문제와 기본 관계의 타결 과정을 중심으로〉, 《대구사학》 제69권, 2002.

이원덕, 〈한일회담과 일본의 전후 처리 외교〉, 《한국과 국제정치》 제12권 1호, 1996.

이재봉, 〈한일협정과 미국의 압력〉, 《한국 동북아 논총》 제54권, 2010.

장박진, 《식민지 관계 청산은 왜 이루어질 수 없었는가》, 논형, 2009.

정병준, 〈윌리엄 시볼드와 독도 분쟁의 시발〉, 《역사비평》, 2005년 여름.

정일준, 〈한국 지식인의 대일 인식과 한일회담〉, 《한국사연구》 제131호, 2005.

조성훈, 〈제2차 세계대전 후 미국의 대일 전략과 독도 귀속 문제〉, 《국제지역연구》 제17권 2호, 2008년 여름.

조세형, 〈한일 관계 50년 갈등과 협력의 발자취〉, 대한민국역사박물관, 2014.

조아라, 〈한일회담 과정에서의 미국의 역할: 케네디 정권기 청구권 교섭을 중심으로〉, 《일본비평》 제10호, 2014년 2월.

조윤수, 〈1965년 한일 어업협상의 정치 과정〉, 《영토해양연구》 제6권, 2013년 12월.

조윤수, 〈한일회담과 독도〉, 《영토 해양 연구》 제4권, 2012년 12월.

Leszek Buszynski, "The San Francisco System: Contemporary Meaning and Challenges", *Asian Perspective 35*, 2011.

12장 ─ 양보 없이는 성과도 없다: 캠프데이비드협정

알렌 파페 지음, 유강은 옮김, 《팔레스타인 현대사》, 후마니타스, 2009.

유달승, 〈예루살렘: 분쟁의 도시에서 평화의 도시로〉, 《국제지역연구》 제13권 제4호, 2010.

홍미정, 〈캠프데이비드협정과 정착촌 정책(1977~1991)〉, 《경기사학 7》, 2003.

홍미정, 〈예루살렘 소유권 논쟁〉, 《한국중동학회 논총》 제25집 2호, 2005.

Andrew Z. Katz, "Public Opinion and the Contradictions of Jimmy Carter's Foreign Policy", *Presidential Studies Quarterly*, Dec. 2000.

Jason Brownlee, "Peace Before Freedom: Diplomacy and Repression in Sadat's Egypt", *Political Science Quarterly*, vol. 126, no. 4, winter 2011~2.

Jacob Bercovitch, "A Case Study of Mediation as a Method of International Conflict Resolution: The Camp David Experience", *Review of International Studies*, 1986.

Jimmy Carter, *White House Diary: Jimmy Carter*, New York; Farrar, Straus and Giroux, 2010.

Lawrence Wright, *Thirteen Days in September: Carter, Begin and Sadat at Camp David*, New York; Alfred A. Knopf, 2014.

Shibley Telhami, "Evaluating Bargaining Performance: The Case of Camp David", *Political Science Quarterly*, vol. 107, no. 4, winter 1992~1993.

William B. Quandt, *Camp David: Peace Making and Politics*, Washington D.C.; The Brookings Institution, 1986.

13장 ─ 잊는 것이 능사는 아니다: 에스파냐 망각협정

곽재성, 〈과거 청산의 국제화와 보편적 관할권의 효과: 피노체트 사건의 영향을 중심으로〉, 《라틴아메리카 연구》 vol. 20, no. 2, 2007. 6.

김현균·임호준, 〈현 단계 스페인 과거사 청산의 동향과 전망〉, 《이베로아메리카 연구》 제17권, 2006.

송기도, 〈스페인 민주화 과정: 합의의 정치〉, 《이베로아메리카 연구》 제3권, 1992. 12.

앤터니 비버 지음, 김원중 옮김, 《스페인 내전: 20세기 모든 이념들의 격전장》, 교양인, 2009.

팔로마 아귈라, 〈제도적 유산과 집단기억: 스페인의 민주주의 이행〉, 제프리 K. 올릭 엮음, 최호근·민유기·윤영휘 옮김, 《국가와 기억》, 민주화운동기념사업회, 2006.

황보영조, 〈스페인 내전 연구의 흐름과 전망〉, 《역사학보》 제174집, 2002.

황보영조, 〈스페인 민주화와 아돌프 수아레스의 정치활동〉, 《역사와 경계》 61, 2006.

David Sugarman, "From Unimaginable to Possible: Spain, Pinochet and the Judicialization of Power", *Journal of Spanish Cultural Studies*, vol. 3, no. 1, 2002.

Georgina Blakeley, "Digging up Spain's Past: Consequences of Truth and Reconciliation", *Democratization*, 12:1, 2005.

Madeleine Davis, "Is Spain Recovering its Memory? Breaking the Pacto del Olvido", *Human Rights Quarterly*, vol. 27, no. 3, Aug. 2005.

Omar G. Encarnación, "Democracy and Dirty Wars in Spain", *Human Rights Quarterly*, vol. 29, 2007.

Omar G. Encarnación, "Reconciliation after Democratization: Coping with the Past in Spain", *Political Science Quarterly*, vol. 123, no. 3, 2008.

Pablo Sánchez León, "Overcoming the violent past in Spain, 1939~2009", *European Review*, vol. 20, no. 4, 2012.

Rosanne Van Alebeek, "The Pinochet Case: International Human Rights Law on Trial", *British Yearbook of International Law*, 71(1), 2000.

14장 — 싫어도 서둘러 이혼하지 마라: 수단과 남수단의 이별 협상

더글러스 H. 존슨 지음, 최필영 옮김, 《수단내전: 원인, 실상 그리고 평화》, 양서각, 2011.

마틴 메러디스 지음, 이순희 옮김, 《아프리카의 운명》, 휴머니스트, 2014.

박찬기, 〈다르프르 내전의 배경과 원인에 관한 연구〉, 《중동연구》 제26권 2호, 2007.

Alan J. Kuperman, "Darfur: Strategic Victimhood Strikes Again?", *Genocide studies and Prevention*, vol. 4, No. 3, Winter 2009.

Aleksi Ylönen, "Building a State without the Nations; Peace-Through Statebuilding in Southern Sudan 2005~2011", *UNISCH Discussion Papers*, no. 33, October 2013.

Christopher Zambakari, "In Search of Durable Peace; The Comprehensive Peace Agreement and Power Sharing in Sudan", *The Journal of North African Studies*, no. 1, vol. 18, 2013.

Christopher Zambakari, "South Sudan and The Nation-Building Project; Lessons and Challenges", *International Journal of African Renaissance Studies*, vol. 8(1), 2013.

Emmanuel Kisiangani, "North and South Sudan; A divorcing couple who need each other", *African Security Review*, 20.1, March 2011.

Hugh Vondracek, "A Single Rasid Hand; Prospects for Peace in the Sudanese Rivalry", *African Security*, 2014. 7:4.

International Crisis Group, "South Sudan; A Civil War by any Other Name", *African Report*, no. 217, April 2014.

James Traub, "Unwilling and Unable: The Faild Response to the Atrocities in Darfur", Global Centre for the Responsibility to Protect, 2010.

J. Stephen Morrison and Alex de waal, "Can Sudan Escape its Intractablity?", Chester A. Crocker, Fen Osler Hampson, and Pamela Aall, Grasping the Nettle : Analyzing Cases of Intractable Conflict(Washington, DC : United States Institute of Peace Press, 2005).

Khalid Mustafa Medani, "Stripe and Secession in Sudan", Journal of Democracy, vol. 22, No. 3, July 2011.

Maria Gabrielsen Junbert and Qystein H. Rolandsen, "After the Split; Post-Secession Negotiations between South Sudan and Sudan", Norwegian Peacebuilding Resource Center, Report, December 2013.

Marina Ottaway and Mai El-sadany, "Sudan; From Conflict to Conflict", The Carnegie Papers, Carnegie Endowment for International Peace, May 2012.

Salman M. A. Salman, "Water Resources in the Sudan North-South Peace Process and the Ramifications of the Secession of South Sudan", Erika Weinthal, Jessica Troell and Mikiyasu Nakayama(eds), *Water and Post-Conflict Peacebuilding*, Newyork; Routledge, 2013.

15장 — 의지가 없으면 방법도 없다: 키프로스 통일협상

법무부,《남북 키프로스 교류협력 법제연구》, 2009.

우덕찬, 〈키프로스 문제의 역사적 배경과 갈등〉,《중앙아시아 연구》제8호, 2003.

Ahmet Sözen, "Heading Towards the Defining Movement in Cyprus; Public Opinion vs Realities on the Ground", *Insight Turkey*, vol. 12, no. 1, 2012.

Arion Melidonis, "Crisscrossing the Green Line; Voices of the Cyprus Conflict", Ph. D. The Faculty of Princeton University, 2011.

Chrysostomos Pericleos, "Cyprus: A last Window of Opportunity? Natural Gas Revives Solution Dynamic", *Insight Turkey*, vol. 14, no. 1, 2012.

Erol Kaymak & Hubert faustmann, "Cyprus: Efforts to Solve the Cyprus Problem", *European Journal of Political Research*, 49, 2010.

Gallia Lindenstrauss, "Moving Ahead in Cyprus, Looking back at the Failure of the Annan Plan", Strategic Assessment, vol. 10, no. 4, February 2008.

Harry Anastasiou, "Nationalism as a Deterrent to Peace and Inter-ethnic Democracy; The Failure of Nationalist Leadership from the Hague Talks to the Cyprus Referendum", *International Studies Perspectives*, no. 8, 2007.

International Crisis Group, "Divided Cyprus; Coming to Terms on an Imperfect Reality", *Europe Report*, N. 229, 14. March 2014.

John Frederick Oswald, "The Social and Spatial Dimensions of Ethnic Conflict; Contextualizing the Divided City of Nicosia, Cyprus", Ph. D. The Faculty of the Graduate School of The University of Texas at Austin, 2013.

Keith Webb and A. J. R. Groom, "Settlements in Unended Conflicts: The Case of Cyprus", *The Cyprus Review*, vol. 21:1, spring 2009.

Mete Hatay and Rebecca Bryant, "Negotiating the Cyprus Problems", TESEV Publications, 2011.

Micháis S. Michael, "The Cyprus Peace Talks: A Critical Appraisal", *Journal of Peace Research*, vol. 44, no. 5, Sep. 2007.

Michlinos Zembylas, "Critical Discourse Analysis of Multiculturalism and Intercultural Education Politics in the Republic of cyprus", *Cyprus Review*, vol. 22:1, spring 2010.

Muzaffer Ercan Yilmaz, "Past Hurts and Relational Problems in the Cyprus Conflict", *International Journal on World Peace*, vol. XXVII, no. 2, June 2010.

Neophytos Loizides, "Negotiated Settlements and Peace Referendums", *European Journal of Political Research*, 53, 2014.

Nicola Solomonides, "One State or Two? The Search for a Solution to the Cyprus Problem", *International Public Policy Review*, vol. 4, no. 1, september 2008.

Vincent Morelli, "Cyprus: Reunification Proving Elusive", *Congressional Research Service*, June. 25. 2013.

Yiannis Papadakis, "History Education in Divided Cyprus: A comparison of Greek Cypriot and Turkish Cypriot Schoolbooks on the 'History of cyprus'", *International Peace Research Institute*, Oslo(PRIO) Report, 2/2008.

4부 화해의 기술

16장 — 물밑 협상이 성공하려면, 물 위에서 신호를 보내라: 미중 관계 개선

마상윤, 〈적에서 암묵적 동맹으로: 데탕트 초기 미국의 중국 접근〉, EAI NSP Report 69,《동북아 데탕트-탈냉전 국가 대외 전략 비교연구》, 2014년 4월.

이동율, 〈중국의 1972년 대미 데탕트: 배경, 전략, 역사적 함의〉,《국가 전략》, 2014년 제20권 제3호.

알리샤 C. 셰퍼드 지음, 차미례 옮김,《권력과 싸우는 기자들》, 프레시안북, 2009.

Adam Cathcart, "Nixon, Kissenger and Musical Diplomacy in the Opening of China, 1971~1973", *Yeonse journal of International studies*, spring 2012.

Dan Caldwell, "The Legitimation of the Nixon-Kissinger Grand Design and Grand Strategy", *Diplomatic History*, vol. 33, no. 4, september 2009.

James K. Sebenius and Laurence A. Green, "Henry A. Kissenger: Background and Key Accomplishments", *Harvard Business School Working Paper*, 15-040, November 24, 2014.

Jan Bečka, "Building The Road to Beijing, 1969~1976: The Influence of Domestic Political Factors on the American Foreign Policy during the Nixon and Ford Administrations", *ACTA Universitatis Carolinae-Studia Territorialia*, XII, 2008.

Margaret Macmillan, *Nixon and Mao: The Week that Changed the World*, New York, Random House Trade Paperbacks, 2007.

Michelle Murry Yang, "President Nixon's Speechs and Toasts during his 1972 Trip to China: A Study in Diplomatic Rhetoric", *Rhetoric & Public Affairs*, vol. 14, no. 1, 2011.

Nancy Bernkopf Tucker, "Taiwan Expendable? Nixon and Kissenger go to China", *The Journal of American History*, Vol. 92 Issue 1, Jun. 2005.

Robert Dallek, *Partners in Power: Nixon and Kissinger*, New York, Harper Collins Publishers, 2007.

Samuel Tofte, "The Politics of a Gesture; The Impact of Nixon's Visit to China on Nixon's Presidency", *Psi Sigma Siren*, vol. 7, Issue. 2, Article 4, 2012.

Yafeng Xia, "China's Elite Politics and Sino-American Rapprochement, January 1969~February 1972", *Journal of Cold War Studies*, vol. 8, no. 4, Fall 2006.

Yang Kuisong, "The Sino-Soviet Border Clash of 1969: From Zhenbao Island to Sino-American Rapprochement", *Cold War History*, vol. 1, no. 1, 2000.

Zhai Qiang, "Mao's China and Romania; In the Shadow of Sino-Soviet Relations", *Journal of Sino-Western Communications*, vol. 5, Issue 2, December 2013.

17장 ― 진심만큼 강한 무기는 없다: 빌리 브란트의 동방정책

그레고어 쉘겐 지음, 김현성 옮김, 《빌리 브란트》, 빗살무늬, 2003.

김승렬, 〈독일·폴란드의 국경 분쟁과 역사 분쟁〉, 김승렬 외, 《유럽의 영토 분쟁과 역사 분쟁》, 동북아역사재단, 2008.

김진호, 〈1970년대 오더 나이세 국경선 문제와 서독·폴란드 간 경제 협력〉, 《독일연구》, vol. 19, 2010.

로타 드 메지어, 〈동서독 관계에서 정상회담의 의미와 역할〉, 통일연구원 학술회의 총서 01-04, 2001년 8월.

빌리 브란트 지음, 정경섭 옮김, 《빌리 브란트: 동방정책과 독일의 재통합》, 도서출판 하늘땅, 1990.

이동기, 〈빌리 브란트: 민주사회주의와 평화의 정치가〉, 《역사비평》, 2013년 봄호(통권 제 102호).

통일부, 《동서독 정상회담 자료집》, 2000년 6월.

David C. Geyer, "The Missing Link: Henry Kissinger and the Back-Channel Negotiations on Berlin", GHI Bulletin Supplement 1, 2003.

Douglas Selvage, "The Treaty of Warsaw: The Warsaw Pact Context", GHI Bulletin Supplement 1, 2003.

Luke A. Nichet, *Richard Nixon and Europe: Confrontation and Cooperation*, 1969~1974, Graduate College of Bowling Green State University, Ph. D, August 2008.

Mary Elise Sarotte, "The Frailties of Grand Stategies: A Comparison of Détente and Ostpolitik", Fredrik Logevall and Andrew Preston(ed), *Nixon in the World: American Foreign Relations*, 1969~1977, New York, Oxford University Press, 2008.

Robert Dallek, *Partners in Power: Nixon and Kissinger*, New York, Harper Collins Publishers, 2007.

Werner D. Lippert, "Richard Nixon's Detente and Willy Brandt's Ostpolitick: The Politics and Economic Diplomacy of Engaging the East", Vanderbilt University, History, Ph. D, August 2005.

18장 — 일단 용서하라: 남아프리카공화국 민주화 협상

넬슨 만델라 지음, 김대중 옮김,《만델라 자서전: 자유를 향한 머나먼 길》, 두레, 2006.

Betty Glad and Robert Blanton, "F. W. de klerk and Nelson Mandela: A Study in Cooperative Transformational Leadership", *Presidential Studies Quarterly*, vol. 27, no. 3, 1997.

Chux Gervase Iwa, and Gbadamosi T. Adeola, "Leadership Effectiveness, Truth Commissions and Democratization in Africa", *Journal of Social and Development Sciences*, vol. 2, no. 3, september 2011.

Elaine Mackinnon, "Grasping at the Whirlwinds of Change: Transitional Leadership in Comparative Perspective. The Case Studies of Mikhail Gorbachev and F. W. de Klerk", *Canadian Journal of History*, 43, spring 2008.

Hermann Giliomee, "Surrender Without Defeat: Afrikaners and the South African Miracle", *Daedalus*, spring 1997.

Princeton N. Lyman, "Nelson Mandela's Legacy at Home and Abroad", *Journal of Democracy*, vol. 25, no. 2, April 2014.

Tristan Anne Borer, "Reconciling South Africa or South Africans? Cautionary Notes from the TRC", *African Studies Quarterly*, vol. 8, Issue. 1, Fall 2004.

19장 — 길이 막히면 탁월한 중재자를 써라: 북아일랜드 평화협정

구갑우, 〈탈식민적 분단국가의 재생산: 남북한과 아일랜드-북아일랜드의 사회적 장벽 비교〉, 《한국과 국제정치》 제28권 제3호, 2012년 가을.

마리 피츠더프 지음, 김지향 옮김, 〈역사를 바꾼다: 북아일랜드의 평화 구축〉, 《여성과 평화》 창간호, 2000년 9월.

박지향, 《슬픈 아일랜드: 역사와 문학 속의 아일랜드》, 새물결, 2002.

원태준, 〈에드워드 히스, 바오로 6세, 그리고 북아일랜드의 혼란기〉, 《사총》 제82호, 2014년 5월.

토니 블레어 지음, 유지연·김윤태 옮김, 《토니 블레어의 여정》, RHK, 2014.

Bairbre de Brún, "The Road to Peace in Ireland", *Berghof Reserch Center for Constructive Conflict Management*, Berghof Transition Series, no. 6, 2008.

Daniel Curran and James K. Sebenius, "The Mediator as Coalition Builder: George Mitchell in Northern Ireland", *International Negotiation*, 8, no. 1, 2003.

Eamonn Ó Kane, "Anglo-Irish Relations and the Northern Ireland Peace Process: From Exclusion to Inclusion", *Contemporary British History*, vol. 18, no. 1, spring 2004.

Gegham Baghdasaryan, "Mechanisms of Public Participation and Multi-Track Diplomacy in Peace Process: Lessons from Northern Ireland", 2014. 5.

Henry McDonald and Patrick Wintour, "The Long Good Friday", Observer, Sunday. 12. April 1998.

Ian McAllister, "The Armalite and the Ballot Box: Sinn Féin's Electoral Strategy in Northern Ireland", *Electoral Studies*, 23, 2004.

Kirk Simpson, "Political Strategies of Engagement: Unionists and Dealing with in Northern Ireland", *British Politics*, no. 8, 2013.

Kristin Archick, "Northern Ireland: The Peace Process", *Congressional Research Service*, January. 8. 2014.

Paul Dixon, "An Honourable Deception? The Labour Government, The Good Friday Agreement and the Northern Ireland Peace Process", *British Politics*, 2013. 8.

Tilman Brúck and Neil T. N. Ferguson, "Money Cant' Buy Love but Can It Buy Peace? Evidence from the EU Programme for Peace and Reconciliation", *HICN Working Paper*, 1777, July 2014.

20장 ─ 제도 안으로 초대하라: 콜롬비아 평화협상

강경희, 〈탈냉전 이후 콜롬비아의 군사화와 자유권적 인권〉, 《라틴아메리카 연구》, vol. 20, no. 2, 2007.

까밀로 에찬디아 까스띠야, 〈콜롬비아 무장혁명군: 불패신화의 종말〉, 《라틴아메리카-변화하는 지정학》, 서울대학교 라틴아메리카연구소, 2009.

추종연, 〈콜롬비아의 평화협상과 평화 정착 주요 과제〉, 《Journal of the Institute of Iberoamerican Studies》, 2013.

Carlo Nasi, "Colombia's Peace Processes, 1982~2002: Conditions, Strategies and Outcomes", *Virginia M. Bouvier(eds) Colombia: Building Peace In a Time of War*, Washington D.C.: United States Institute of Peace Press, 2009.

David J. Topel, "Hostage Negotiation in Colombia and the FARC: Deconstructing the problem", *IBEROAmerica Gloval*, vol. 2, no. 1, The Hebrew University of Jerusalem, 2009.

Ed Vulliamy, "Interview: Ingrid Betancourt", *The Observer*, 2008. 11. 30.

Marc Chernick, "The FARC at the Negotiating Table", *Virginia M. Bouvier(eds) Colombia: Building Peace In a Time of War*, Washington D.C.: United States Institute of Peace Press, 2009.

Marcela Velasco Jaramillo, "The Territorialization of Ethnopolitical Reforms in Colombia: Choco as a Case Study", *Latin American Reserch Review*, vol. 49, no. 3, 2014.

Maria Derks-Normandin, "Building Peace in the Midst of Conflict: Improving Security and Finding Durable Solutions to Displacement in Colombia", Brookings -LSE, Project on International Displacement, September. 17. 2014.

Mauricio Garcia Duran, Vera Grabe Loewenherz, Otty Patino Hormaza, "The M-19's Journey from Armed Struggle to Democratic Politics", Berghof Series, *Resistance/Liberation Movements and Transition to Politics*, no. 1, 2008.

Nicolas Urrutia, "Negotiating with Terrorists: A Reassessment of Colombia's Peace Policy", *Stanford Journal of International Relations*, 2006.

International Crisis Group, "Left in the Cold? The ELN and Colombia's Peace Talks", *Latin American Report*, no. 51, February 2014.

International Crisis Group, "The Day after Tomorrow: Colombia's FARC and the End of the Conflict", *Latin America Report*, no. 53, December 2014.

Jon Lee Anderson, "The Power of Gabrial Garcia Marquez", *The New Yorker*, 1999. 9. 27.

Jorge Orlando Melo, "Challenges Facing the Colombian Peace Negotiations", Norwegian Peacebuilding Resource Center, November 2013.

Juns S. Beittel, "Peace Talks in Colombia", Congressional Research Service, *Analyst in American Affairs*, April. 3. 2014.

Rodrigo Villamizar, "The Good, The Bad, The Ugly and The Colombian Peace Plan", *Crime, Law & Social Change*, 40, 2003.

Virginia M. Bouvier, "Building Peace in a Time of War", Virginia M. Bouvier(ed), *Colombia: Building Peace in a Time of War*, U.S. Institute of Peace Press, 2009.

사진 출처 및 소장처

Gamma-Keystone via Getty Images / 이매진스

Getty Images / 이매진스

국제원자력기구

The LIFE Images Collection/Getty Images / 이매진스

독일 연방문서보관소

로널드 레이건 도서관

Laurentgauthier / 위키 미디어 커먼스

미국 국립문서기록관리청

미국 대통령실

미국 에너지부

미국 연방정부

미국 의회도서관

Bettmann Archive / 이매진스

셔터스톡

연합뉴스

유럽연합

UIG via Getty Images / 이매진스

조선일보

존 F. 케네디 도서관

키프로스공화국 내무부 언론정보사무국

포괄적핵실험금지기구 공식 사진 스트림

해리 S. 트루먼 도서관

찾아보기

협상의 전략

세계를 바꾼 협상의 힘

지은이 | 김연철

1판 1쇄 발행일 2016년 7월 4일
1판 4쇄 발행일 2016년 10월 17일

발행인 | 김학원
경영인 | 이상용
편집주간 | 김민기 위원석 황서현
기획 | 문성환 박상경 임은선 김보희 최윤영 조은화 전두현 최인영 이혜인 이보람
디자인 | 김태형 유주현 구현석 박인규
마케팅 | 이한주 김창규 이정인 함근아
저자·독자서비스 | 조다영 윤경희 이현주(humanist@humanistbooks.com)
조판 | 홍영사
용지 | 화인페이퍼
인쇄 | 청아문화사
제본 | 정성문화사

발행처 | (주)휴머니스트 출판그룹
출판등록 | 제313-2007-000007호(2007년 1월 5일)
주소 | (03991) 서울시 마포구 동교로23길 76(연남동)
전화 | 02-335-4422 팩스 | 02-334-3427
홈페이지 | www.humanistbooks.com

ⓒ 김연철, 2016
ISBN 978-89-5862-335-9 03340

• 이 도서의 국립중앙도서관 출판예정도서목록(CIP)은 서지정보유통지원시스템 홈페이지(http://seoji.nl.go.
  kr)와 국가자료공동목록시스템(http://www.nl.go.kr/kolisnet)에서 이용하실 수 있습니다.(CIP제어번호:
  CIP2016015200)

만든 사람들

기획 | 최인영(iy2001@humanistbooks.com) 강창훈
편집 | 엄귀영
디자인 | 유주현
지도 | 홍영사